# 財務会計

辻山栄子 編著
吉野真治・山﨑尚・羽根佳祐 著

中央経済社

# 序

2000年を境に，日本の会計基準はそれ以前の個別財務諸表主体から連結財務諸表主体の基準へと大きく変貌を遂げた。日本企業の経済活動が，連結集団や国際化を抜きにしては語れない時代に突入したことがその背景にあったことは改めて指摘するまでもない。この流れを受けて，会計基準の策定も，金融庁長官の諮問機関である企業会計審議会から，民間の常設基準設定機関として2001年に設立された企業会計基準委員会（ASBJ）へと移譲され，経済環境の変化と会計基準策定の国際的な流れにより迅速に対応できる体制が整った。

現在の日本の会計基準は，第２次世界大戦後の日本経済の近代化に大きく寄与した「企業会計原則」の時代とは規模も複雑さも隔世の感がある。では，そのどこが「企業会計原則」を支えていた企業会計の基本原理と異なり，どこが通底しているのか。それは企業活動の変化に対応して不可避の変化・発展なのか，あるいは基準策定の国際化に伴うパワーポリティクス（政治化）の産物なのか。

本書は，日本の会計基準を中心とした財務会計を学ぼうとする読者がそのような問題意識を頭の片隅に置きながら学ぶことを期待して編集されている。

第１部は，財務会計の初学者を対象にして，伝統的な利益計算の仕組みと簿記の原理をコンパクトに理解できるように構成されている。さらに第１部では，第１部で学習する「企業会計原則」と第２部で学習する「企業会計基準」の異同について，初学者が混乱しないように配慮されている。

第２部は，ASBJが設立された2001年以降の会計基準を前提にして，「連結処理」を念頭に置いて構成されている。第２部では，現行の企業会計基準に関する解説がほぼ網羅され，中級・上級の学習者，実務家，資格試験の受験者にとっても十分読み応えのある内容になるように工夫されている。特に，IFRSとのコンバージェンスを目指して開発されている現行の日本基準について，読者が状況を理解してより納得感が深まるように，可能な限り多くの【設例】を用いて読者の理解に役立つような解説が加えられ，必要に応じて【コラム】を追加して基準の背景にも言及している。

本書は結果的に全30章という大部な構成になっているが，学部の講義では第

1部のみを，また学部のゼミや資格試験では第2部まで使用することも期待されている。新しい会計基準の「なぜ」にこだわった本書が，初学者から中級・上級の学習者，実務家，資格試験の受験者に至るまでの幅広い読者に役立つことができれば望外の幸せである。

本書の編著者は，2000年を境にした世界の会計基準の激動期に，日本基準の開発を担っていた企業会計審議会とASBJの委員として，また国際会計基準審議会（IASB）に設置されていた基準諮問会議の委員として，会計基準をめぐる世界的な議論の応酬の現場に図らずも身を置く機会に恵まれた。さらに，日本版概念フレームワークの起草メンバーにも加わった。そこでの貴重な知見を本書に十分に活かすことができているかは甚だ心もとないが，幸い，コミュニケーションを密に保てる3人の若い共著者に恵まれ，2年余の検討を重ねて，漸く本書の刊行に漕ぎつけることができた。また検討の過程では，井手健二氏（龍谷大学）と山下奨氏（武蔵大学）にも有益な助言をいただいた。ただし本書にありうべき誤りはすべて編著者の責に帰するものであることはいうまでもない。

最後に，中央経済社の山本継社長には本書の出版を快諾していただき，田邉一正氏には本書の企画の段階から終始有益なアドバイスを頂戴して根気強く付き合っていただいた。ここに記して心より感謝の意を表する次第である。

2025年1月

**辻山 栄子**

# 目　次

## 第1部　財務会計の基礎

第 1 部

# 財務会計の基礎

# 財務会計の意義と機能

**学習のポイント**

会計は，経済主体の経済活動を貨幣額で認識・測定し，その結果を企業内外の利害関係者が行う経済的意思決定に役立つ情報に変換して伝達するためのシステムである。財務会計は，このうち企業外部の利害関係者に情報を伝達する機能を担っている。本章では，財務会計に限らず会計は社会の中でどのような役割を果たしているのか，そして会計にはどのような領域があるのか，なかでも財務会計はどのような役割を果たしているのかについて解説する。

## 1 会計の意義と領域

**会計**（accounting）は，経済主体の経済活動を貨幣額を用いて認識・測定し，その結果を企業内部の経営者・経営管理者や企業外部の利害関係者が行う経済的意思決定に役立つ情報に変換して伝達するためのシステムである。測定対象となる経済主体は営利組織（企業）と非営利組織に大別されるが，前者の経済活動を対象とする会計は企業会計，後者の経済活動を対象とする会計は非営利会計とよばれている（**図表1－1**）。

企業会計は利益の獲得を主目的とする営利企業の活動を測定してその情報を企業の内外の関係者に伝達する役割を担っているが，情報の受け手が企業の外部者であるのか内部者であるのかによって**財務会計**（financial accounting）と**管理会計**（management accounting）に分類される。財務会計は企業外部の利害関係者に情報を伝達する会計の領域で，外部報告会計ともよばれている。管理会計は最高経営責任者（CEO）を頂点とする企業内部の各階層の経営管理者に情報を伝達する会計の領域で，内部報告会計ともよばれている。本書はこのうちの財務会計を対象としている。

企業経営の担い手である経営者と，企業の内部情報に直接アクセスできない企業外部の利害関係者（株主等）との間にはおのずと情報の非対称性（情報格差）が生じる。財務会計は企業外部の利害関係者に情報を提供して，情報の非

**図表1－1 ■会計の領域**

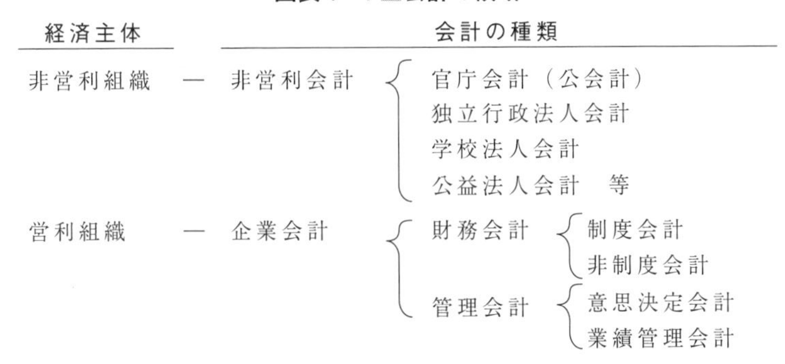


対称性を緩和する機能を担っているが，情報の提供者と受け手の間の利害が一致しないことがありうる。つまり企業経営者は株主等の利益を犠牲にして私利に走る可能性が潜在的に潜んでいる。また株主等が適切な投資判断をする際に必要な情報を流さなかったり歪めたりする可能性もある。そのため企業の外部に発信される情報の範囲や信頼性が担保されるように，金融商品取引法によるディスクロージャー制度（利益情報等の計算開示方法に関する定め）をはじめ，会社法や法人税法等の法規制が必要になる。特に大企業は重要な社会的な責任を負っていることから，企業外部の独立した第三者である公認会計士による監査証明が必要とされている。財務会計に対する法規制の詳細は第3章で学ぶが，財務会計のこの領域は制度会計とよばれている。

一方，企業を取り巻く社会経済的な環境は日々刻々と変化しているが，そのような状況のなかで効率的な経営のかじ取りを行うためには，企業経営者は企業を取り巻く社会経済環境と企業自身の内部情報を的確に収集して経済的意思決定に活かすことが不可欠である。管理会計はそのような経営管理のための情報を提供する役割を担っている。管理会計の主たる目的は企業内部の合理的な経営判断（意思決定）と業績管理に資する情報を提供することにあるが，通常は情報の作成者と受け手の利害が一致しているから，法制度の規制を受けずに企業みずからが自由に設計することができる。そのため管理会計の分野ではより合理的な経営判断に資するようなさまざまな技法が開発され続け，企業も情報に独自の工夫を凝らしている。

## 2 財務会計の意義と企業を取り巻く利害関係者

本書が対象としている財務会計は，経済主体の経済活動を貨幣額を用いて認識・測定した結果を企業外部の利害関係者（主として企業所有者である株主）が行う経済的意思決定に役立つ情報に変換して伝達するためのシステムである。

現代の企業は，企業所有者以外にもさまざまな**利害関係者**とかかわりをもっている。そのため現代の企業は企業の所有者（株式会社の場合には株主）ばかりではなく，より広範な利害関係者に対して情報を提供することが求められている。つまり現代の企業は企業所有者だけでなく，債権者，従業員，仕入先，顧客，行政機関，地域住民のような企業を取り巻くさまざまな利害関係者と関係をもちながら社会の中で企業活動を続けているため，それらの利害関係者に対しても一定程度の説明責任を果たす社会的役割を負っているといえる（**図表1－2**）。

**図表1－2 企業を取り巻く利害関係者の情報利用**

| 情報利用者 | 主たる利用目的 |
|---|---|
| 証券投資者 | 企業価値評価（投資収益やリスクの予測） |
| アナリスト | 企業価値評価（同上） |
| 株主 | 投資決定，経営者の監視･評価，企業価値評価（同上） |
| 社債権者 | 財政状態・経営成績の監視，投資決定 |
| 金融機関 | 与信決定，財政状態・経営成績の監視 |
| その他の債権者 | 財政状態・経営成績の監視 |
| 従業員 | 企業の安定性・成長性・給与水準の判断 |
| 地域住民 | 環境の保全・SDGs評価 |
| 消費者 | 価格水準の判断･SDGs評価 |
| 国と地方自治体 | 公平な課税 |

さらに近年では，企業は営利の追求のみでなく国連が掲げている**持続的開発目標**（**SDGs**：Sustainable Development Goals）[1]の達成や，地球環境や社会環境そして**企業統治**（**ESG**：Environment Social Governance）[2]に配慮した経営が求められるようになっている。そのため企業情報の中核をなす会計情報（財務情

1 2015年9月の国連サミットで採択された「持続可能な開発目標」で，2030年を期限とする世界共通の17の目標を設定して，貧困や飢餓，暴力を撲滅し，地球環境を壊さずに経済を持続可能な形で発展させ，人権が守られている世界を実現することを目指している。

報）に加えて非財務情報に対する市場のニーズが高まっている。そのような市場のニーズに応えて，企業は，金融商品取引法で求められている有価証券報告書に加え，CSR（Corporate Social Responsibility）報告書，統合報告書，サステナビリティレポートなどを自主的に開示する傾向が強まっている。さらに2023年１月31日に改正された「企業内容等の開示に関する内閣府令等」により，企業が環境・社会・経済の３つの観点から持続可能な社会の実現に貢献するために行っている活動や取組みに関する情報（サステナビリティ情報）を開示することが義務化され，2023年３月期決算から有価証券報告書等において「サステナビリティに関する考え方及び取組」の記載欄が新設されることになった[3]。

## 3　財務会計の機能

以上のように，企業は現代社会のなかで多様な利害関係者とかかわりを持ちながら存続しているが，そのような利害関係者に対する情報発信を担っている財務会計には，主として次の３つの機能がある。

### (1)　受託責任解除機能

アカウンティングの直訳である会計は，本来，説明責任ないしは報告責任（accountability）を果たすことを意味するものとされている。古くは荘園の領主から荘園の保全・管理を委任された管理者は，荘園財産の善良な保全管理を行うことによってその役割（**受託責任**：stewardship）を誠実に果たすとともに，その結果を会計報告することによって受託責任から解除された。荘園の所有者と管理者の間の委託受託関係を支えてきたのは会計情報であったといっても過言ではない。その後，現代的な企業が台頭したのちも，会計情報は資金の出資者としての株主や銀行に対して資金運用に関する説明責任を果たすための役割を担っている。

現代では財務会計の役割は，より普遍的なエイジェンシー関係の視点から捉

2　Environment（環境）・Social（社会）・Governance（企業統治）の頭文字をとった略語で，企業の安定的な成長のための重要な観点とされている。また投資家が投資判断をする指針の１つとされている。

3　また有価証券報告書等の「従業員の状況」の記載において，女性活躍推進法に基づく女性管理職比率・男性の育児休業取得率・男女間賃金格差等の多様性の指標に関する開示も求められている。

えられるようになっている。つまり財務会計は自己の資金の管理と運用を委託する者（principal）とその資金の管理と運用の権限を受託する者（agent）の間のエイジェンシー関係における説明責任・報告責任を果たす役割を担っている。なおエイジェンシー関係においては，受託者は委託された財産の単なる保全・管理にとどまらず委託された財産の効率的な運用についても委託されているものと解され，財務会計はその顚末に関する説明責任を果たす役割を担っている。

### (2) 利害調整機能（契約支援機能）

財務会計を用いて計算される利益情報を中心とする会計情報は，受託委託関係以外にも企業を取り巻くさまざまな利害関係者間の利害調整に役立っている。財務会計のこの役割のことは，しばしば**利害調整機能**ないしは**契約支援機能**とよばれている。たとえば金融規制，料金規制，配当規制，法人課税等の公的規制や私的契約において，個々の規制や契約に詳細な規定を盛り込む代わりに会計情報に基づく規定を用いることで社会的なコストが軽減されている。

#### ① 配当規制

その代表的なものとしては，会計情報に基づく配当規制がある。企業の財産に対して劣位の請求権しかもたない株主[4]は，より早期により多くの配当を求める傾向があるのに対し，債権者は企業に対する貸付の回収を脅かすような配当を防ぎ財産の保全を求める傾向がある。そのような一般的な利害対立を調整するためには，個々の契約に詳細に書き込む代わりに会社法に会計情報に基づく配当制限条項を設けるほうが社会的なコストを軽減できる。

#### ② 税務申告

また企業の税務申告の際にも，財務会計上の利益額が用いられている。つまり課税所得は，財務会計上の利益額から出発して課税所得と会計上の利益との差異を「申告調整」[5]という形で調整することによって計算されている。会計上の利益は，社会の構成員としての担税力を示す課税所得計算の基礎として使われ，社会的な利害調整に役立っている。

---

4 株式会社の株主は会社の倒産時には会社の債権者に対して出資額を限度とした有限責任のみを負っているが，代わりに会社の残余財産に対する請求権は債権者に対して劣位の立場にある。

5 詳しくは第18章を参照。

#### ③　財務制限条項

さらに会計情報は，企業と債権者との間で取り交わされる財務的な特約にも利用されている。債権者は企業に対して株主より優位な財産請求権を持つとしても，債権者が企業の財務状態を調べてリスクに見合う金利で貸付けを行ったのちに企業の財務状態を急速に悪化させるような行動を企業がとった場合には権利が損なわれてしまう。たとえば他に債権者がいないことを確認して貸し付けたのちに企業が他の債権者からも多額の資金を調達してしまう場合や，貸し付けた資金を投資ではなく配当に回してしまうことなどである。そのような事態を防ぐために，債権者はあらかじめ企業との間で債権者の利益が損なわれないような契約を取り交わす必要がある。ただし貸付後の企業の行動を広範に制限するような事項を契約に盛り込むことは難しい。そのような場合には，会計情報を用いた自己資本比率や負債比率に対する制限条項（コベナンツ）を設けて，制限を逸脱した場合には直ちに返済を求められるような契約を取り交わすことがある。ここでも会計情報は利害関係者間の利害調整の役割を果たしている。

### (3)　情報提供機能（意思決定支援機能）

一方，資本市場を通じて株式投資を行う現代の株主は企業から発信される利益情報を中心とした財務情報に依拠して投資判断を行っている。そのため，現代の財務会計に求められる主たる役割は投資家の合理的な意思決定にとって有用な情報を提供することであるといわれている。投資家は投資の意思決定を行う際に会計情報を用いて企業価値を評価し，さらに当該意思決定の成否を事後的に検証し，絶えず意思決定を修正する際に会計情報を用いている。財務会計のこの役割のことは，しばしば**情報提供機能**ないしは**意思決定支援機能**とよばれている。本書で学ぶ現行会計基準の多くは主としてこの目的を念頭において策定されている。

ただし財務会計に求められている受託責任解除機能，利害調整機能（契約支援機能）と情報提供機能（意思決定支援機能）を有効に果たすための会計情報のあり方は必ずしも一致するとは限らない。そのため各機能の間でトレードオフの関係がしばしば顕在化している。その詳細は次章以下で解説するが，ここでは財務会計が担っている3つの機能のうち，特に情報提供機能と他の2つの機能の間でそのようなトレードオフの関係が存在していることを指摘しておこう。

そしてこの点が，第３章で学習する現行の日本基準の重層化の一因になっている。

## 4　財務会計のプロセス

財務会計では，企業の経済活動や経済事象を貨幣額で認識・測定して，その結果を企業外部の利害関係者が行う経済的意思決定に役立つ情報に変換して伝達するが，経済事象を記録する際には複式簿記という独特の記帳システムが用いられている。財務会計はこのシステムを用いて記録されたデータを，ある一定期間ごとに区切って，経済社会によって求められている情報に変換して企業外部に伝達する。**図表１－３**は企業の経済活動を測定して伝達する財務会計のプロセスを示したものである。

**図表１－３■財務会計のプロセス**

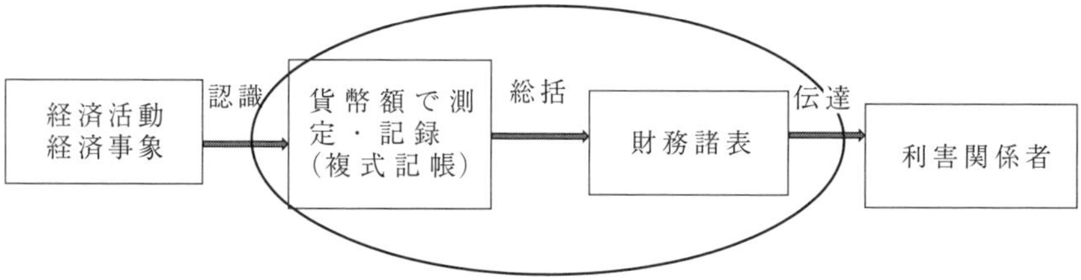

経済活動
経済事象
認識
貨幣額で測定・記録（複式記帳）
総括
財務諸表
伝達
利害関係者

財務会計において用いられている複式簿記という記帳システムは，15世紀末にはすでにイタリア商人のなかで広く用いられていたが[6]，その後も時代を超えて世界的に用いられている。ただしこの記帳メカニズム自体は，記録された結果をどのように加工して利害関係者に伝達すべきかという考え方という面ではニュートラルなシステムである[7]。

一方，複式簿記を用いて記帳された経済事象や経済活動を現在の経済社会的な環境における情報ニーズに対応してどのように総括して財務諸表[8]という形

6　複式簿記について記述された最古の文献としては諸説あるが，数学者ルカ・パチョーリ（Fra Luca Bartolomeo de Pacioli）によるズムマ（Summa de Arithmetica; 1494）が知られている。その後，福澤諭吉訳『帳合之法４巻』（1873-1876）によって日本で最初に西洋式簿記が紹介された。
7　複式簿記の簡単な原理については次章で解説する。
8　財務諸表の様式について，くわしくは第９章と第14章で解説する。

式で利害関係者に伝達するのかに対する考え方を扱っているのが財務会計である。したがって財務会計における諸規則は時代の変化とともに変化してきた。たとえば，現代では製品や商品を販売する際に代金を受け取っていなくても売上が計上されるが，これは現代の経済社会のもとでは商品や製品を顧客に引き渡した時点で代金請求権が発生し，販売行為が不可逆的な段階に達していると考えられるため，代金を回収するまで売上の計上を待つ必要はないという考え方が共有されているからである。

ただし，このような財務会計の考え方は複式簿記の記帳方法にも影響を与えている。複式簿記のメカニズム自体は時代を超えて普遍的なものであるが，記帳の入口である認識の時点を決めるのは財務会計の役割である。前述の売上の例では，売上計上を現金収入まで待つのか，商品や製品の引渡時点とするのかを決めるのは財務会計の役割である。また一定期間を区切って記録を総括することを会計では「決算」とよんでいるが，決算の方法はあらかじめわかっているから，可能な限り決算を容易に行えるような記帳方法が工夫されている。このように財務会計における会計記録の方法，複式記録の総括の方法，そして伝達の方法はその時代の社会的な合意を基礎にして導かれている。

## 5　財務会計の基礎概念

### (1)　一般に認められた会計原則（GAAP）

では財務会計におけるルールはどのようにして決められるのであろうか。それを決めるのは，その時代の規制当局でもなければ会計学の研究者でもない。その時代の社会経済的な環境のもとで企業の実務のなかで培われた会計慣行のベストプラクティスが集約されて実践規範となり「一般に認められた会計原則(Generally Accepted Accounting Principle：GAAP)」となる。したがってGAAPには制度として書かれた原則ばかりではなく，一般に認められた実務慣行が含まれている。本書で学習するのは主として制度のなかに取り入れられたGAAP，つまり書かれたGAAPであるが，その背後には社会実践の中で培われてきた実務慣行が存在するということを念頭においておこう。

財務会計の理論は，GAAPの合理性を説明し，社会経済の変化に伴う会計ニーズの変化に対応したGAAPの変化の合理性を明らかにする役割を担っている。

### (2) 基礎概念

現代の経済社会の円滑な運営にとって不可欠なインフラともいえる会計情報を生み出すための財務会計は，いくつかの基礎概念のうえに成り立っている。本書の第10章では複雑化した現代社会における財務会計の概念フレームワークについて解説するが，ここではそれに先立って財務会計に横たわる基礎概念のうち最も基本的な3つの概念を取り上げて解説を加えておくことにする。これらの3つの基礎概念は，財務会計において最も普遍的な概念であり，現代会計におけるさまざまなルールは，ここで取り上げる次の3つの基礎概念を前提（暗黙の合意）[9]にして導かれているといえるからである。

#### ① 会計単位

会計が記録の対象としているのは，「会計単位」にかかわる経済事象である。財務会計における会計単位は，通常，企業単位になる。この場合の企業とは，しばしば**企業実体**（エンティティ：entity）とよばれることがあるが，その単位は，法的形式に左右されない実質によって決められる。現代の企業にはさまざまな法的形態が存在している。個人企業もあるし，会社もある。また会社の形態には株式会社，合名会社，合資会社，合同会社がある。しかし会計では，それらの法的形態とは無関係に，企業という会計単位に焦点を当てて記録を行う。

企業を会計単位とするということは，企業が個人企業であればオーナー（所有者）からは切り離された「個人企業」，株式会社であればそのオーナーである株主からは切り離された「株式会社」そのものの立場から記録を行うことを意味する。たとえば，個人企業のオーナーが自分の企業から現金を持ち出したとしよう。その場合，オーナーの全財産という見地からは企業にある現金と自分の手元にある現金に違いはないかもしれない。しかし，企業という会計単位の経済状態はこのことによって変化しているから，企業の立場から記録を行う場合には現金の減少という事実は記録の対象とされなければならない。会計が記録の対象としているのは，所有者とは切り離された，企業という会計単位そのものに関する経済事象である。

---

9 これらは会計公準とよばれることがある。

さらに上場企業の場合には，１つの会社が単独で活動を行うのではなく，むしろ１つの会社が複数の会社をその支配下において，それらを含む複数の会社が１つの企業集団を構成して経済活動を行っている。そのような場合には，その企業集団（連結グループ）を会計単位として情報が伝達されるほうが，投資家がより合理的な経済的意思決定ができると考えられている。そのため，現代の上場企業については，通常，連結グループを会計単位として財務諸表を作成することとされている。

#### ②　継続企業

会計は，それぞれの会計単位に発生した経済事象を記録の対象としている。財務会計では企業が会計単位になるが，企業は半永久的に継続する存在であるという仮定のもとで記録を行う。この仮定（前提）は**継続企業**，あるいは**ゴーイング・コンサーン**（going concern）とよばれている。

会計における利益計算は，基本的に企業は半永久的に継続するものだという前提に立って，その継続中の企業を人為的な「会計期間」に区切って行う。そのため，たとえばある期に大型の設備投資をしたとしても，その投資額をその期だけで回収するという前提ではなく投資の効果が及ぶ期間で回収するという前提に立って利益の計算を行う。逆にいえば，継続中の企業を人為的な会計期間に区切って行われる利益計算が合理性をもっているのは，この前提をおいて利益計算を行っているためであるということができる。

#### ③　貨幣測定

会計では，企業において生じた経済事象の記録は，貨幣額によって記録される。そのことによって，企業が所有する異なる属性の２つ以上の経済的資源に関する数値の合計値がはじめて意味を持つ。企業が保有する経済的資源を異なる単位で測定して，それらを足し合わせてみても，その数字は何の意味ももたない。たとえば，建物２棟と自動車２台を合計した４という数字は，何の意味も持たないが，両者を貨幣という共通の単位で測定した建物価額10億円と自動車価額４百万円の合計額10億４百万円には意味がある。また，この価額を他の企業が保有する資産価額と比較することも可能になる。つまり，経済活動を貨幣額によって測定することによって，測定値を加算減算することが可能になり，経済活動の状況や結果を伝達することも可能になる。このように，会計情報の最も基本的な特性は貨幣単位によって測定された情報ということにある。

ただし，このようにすべての会計情報は貨幣単位によって測定された情報であるということは，逆にいえば，企業に関するすべての経済情報を会計情報のみから得ることはできないということを意味していることに留意する必要がある。たとえば，天才的なカリスマ社長によって牽引されてきた企業において，今年度限りで社長が引退したという情報は重大な意味があるが，そのような情報は会計情報としては伝わってこない。そのため投資家は会計情報と非会計情報をあわせて投資判断を行う必要がある。したがって，現代の企業は会計情報とともにそのような非会計情報を多様なチャネルを通じて積極的に情報開示（ディスクローズ）する傾向にある。

コラム1

**会計主体論**

上で示されている3つの基礎概念のほかにも，適切な処理を行うための会計の基礎的前提として，「そもそも企業（会社）は誰のもので，会計は誰のための情報なのか」という問いに対する答えが必要になる。つまり会計処理の妥当性を判断するためには，誰の立場から会計処理を行うべきかという見解が前提になる。この問題は「会計主体論」ともよばれている。

会計主体論に関する主な見解としては，次の2つがある[10]。

・資本主説（Proprietary Theory）
・企業主体説（Entity Theory）

このうち前者は，企業は出資者（資本主）のものであるという見解で，会計処理は資本主に対する情報提供を目的にして行われるべきであるという見解であり，後者は企業そのものが独立した存在であるという見解である。いずれの見解を採用するのかにより会計処理（利益の計算方法や貸借対照表の貸方区分）が異なることになる。

たとえば，企業が固定資産を取得するための補助金を受領したときは，株主（資本主）の立場から会計処理をする資本主説によると，株主からの資金の受入れのみが企業の払込資本とされ，それ以外の資金の受入れは企業の利益とされる。他方，株主は債権者と同等の資金提供者にすぎないとみたうえで，企業の立場から会計処理する企業主体説によると，国や地方自治体からの資金の受入れであっても，それが企業資本の充実を目的とされていることから，払込資本（資本剰余金）として会計処理することになる。また支払配当金と支払利息の扱いについても，資本主説では支払利息は費用で支払配当金は利益処分になるのに対し，

10 この他にも代理人説（企業は委託者から代理人に委託された存在と考える見解）や資金説（企業は出資された資金の集合体であると考える見解）等がある。

企業主体説では両者ともに費用になる[11]。

本書の次章以下で学習する会計処理の内容，特に利益計算の方法は概ねこのうち資本主説の立場に立脚していると考えられている。株主以外への支出（支払利息）を費用として処理するのはその典型例である。

11　ただし両者ともに利益処分とみる考え方もある。

# 第2章 利益計算の仕組み

学習のポイント

財務会計では，一定期間の企業活動の成果を「利益」という金額に集約して利害関係者に伝達する。財務会計において作成される最も重要な情報はこの「利益」であると考えられている。財務会計における利益は「発生主義会計」と呼ばれる仕組みを使って計算されるが，発生主義会計においては収入と支出の差額ではなく，収益と費用の差額が利益になる。会計上の利益計算の仕組みについては，「収入と収益」の違いと「支出と費用」の違いを理解することが効率的な学習につながる。

## 1 発生主義会計の意義

会計の知識のない人が一定期間の経済活動を行って，ある時点でその期の利益を計算しようとする場合には，現金収入と現金支出を比べて，収入（receipt）のほうが多ければ黒字（利益），支出（expenditure）のほうが多ければ赤字（損失）と判断するのが常である。このような利益の計算方法は現金主義会計（cash-basis accounting）とよばれている。一方，企業会計において用いられている**発生主義会計**（accrual accounting）[1]では，現金収支（キャッシュフロー）に関する情報を基礎にしながら，企業活動の成果（利益）をより適切に把握できるように，現金収入を「**収益**（revenue）」に，また現金支出を「**費用**（expense）」に変換したうえで，収益から費用を差し引いた差額として利益（net income: net profit）を導き出す。

企業の全期間を通算すると，事業開始時に投下した現金を事業清算時に回収した現金から差し引いた差額が利益の総額になるから，現金主義会計と発生主義会計のどちらを用いても利益の総額と現金収支差額は一致する（これを「一

1 発生主義という用語は，費用を財・用役の消費に即して捉える狭義の意味で捉えられることもあるが，ここでいう「発生主義会計」は現金主義会計と対置される利益計算システムをさす広義の意味で用いられている。

**致の原則**」という）。しかし15世紀から17世紀の東方貿易の時代のように一航海ごとに成果を計算する時代と違って，現代の企業は原則的に半永久的に事業が継続されるものという前提に基づいて経営活動が営まれている。この前提は，継続企業（going concern：ゴーイング・コンサーン）の前提とよばれているが，この前提のもとでは企業の活動期間を人為的に区切ってその期間の成果（利益）を計算する必要がある。このような利益計算は一般的に「**期間損益計算**（periodic accounting of profit and loss）」とよばれているが，期間損益計算においては現金主義会計を用いた場合の利益と発生主義会計を用いた場合の利益は異なってくる。

たとえば数年間にわたって使える設備を購入した場合などに，設備を購入した期の現金収入から設備投資額の全額を差し引いてその期の成果を計算するのは合理的ではない。そのような場合には，設備投資に使った支出を投資の効果が及ぶ期間にわたって期間配分（allocation）して利益を計算するほうが合理的である。また企業が顧客に商品や製品を販売する場合，販売代金をその期のうちに必ず回収できるとは限らない。しかし現代社会では顧客に商製品が引き渡されれば法的に売上債権を獲得できるから，必ずしも代金の回収を待たずに商製品の引渡しをもってその期の企業活動の成果と考えるほうが合理的である。

このように発生主義会計では，ある期間の企業成果をより合理的に把握できるように，収入を「期間収益」に，支出を「期間費用」に変換して，両者の差額としての利益（期間利益）が導き出される。**図表2－1**は発生主義会計のプロセスを示したイメージ図である。

**図表2－1 ▒ 発生主義会計における情報変換**

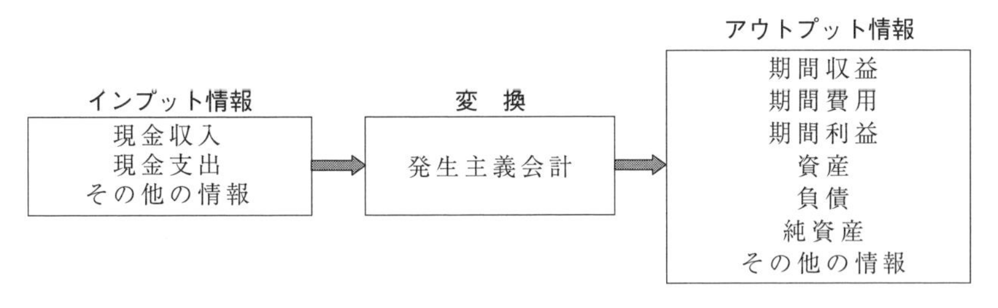

## 2　発生主義会計の仕組み

### (1)　発生主義会計の基礎概念

発生主義会計においては，前章で学んだ財務会計における3つの基礎概念に加えて，次の3つの基礎概念が中核的な役割を果たしている。換言すれば，これら3つの基礎概念に基づく利益計算システムのことが「発生主義会計」とよばれている。

・実現（realization）

・原価配分（cost allocation）

・収益と費用の対応（matching）

発生主義会計においては，その期の成果をよりよく示すように収入を「期間収益」に変換し，支出を「期間費用」に変換して，両者の差額である利益が導かれることは前述したが，その際，収入を収益に変換する際の基礎概念が「実現（realization）」であり，支出を費用に変換する際の基礎概念が「**原価配分**（cost allocation）」である。さらに費用のうちから「期間費用」を導き出す際の基礎概念が「収益と費用の対応（matching）」である。

**図表2－2**は発生主義会計を用いた利益計算プロセスを単純化して示したものである。ここでは単純化のために企業の製品・商品の販売プロセスを想定している。企業は対価を支払って企業外部から経済的資源（会計ではこれを「資産（assets）」とよぶ）[2]を獲得する。獲得された資産は企業内部で消費（consume）され，姿を変えていく。製造業であれば調達された原料や労務費が仕掛品に配賦され，完成するとさらに製品原価に配賦されていく。ただしその過程で資産が消費されてもそれが直ちに「期間費用」として認識されることはない。消費された資産は「期間費用」として認識されるまではさまざまな資産原価に再配分されるだけである。消費された原価のうちどこまでが「期間費用」になるのかを決めるのは「期間収益」との対応関係である。

---

2　概念的には，サービスも取得後ただちに消費されている経済的資源として捉えることができる。

図表2－2 発生主義会計を用いた利益計算プロセス

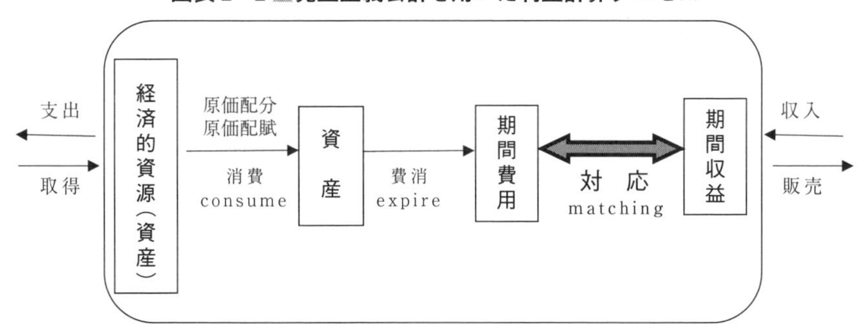


つまり企業が製品・商品を外部に販売すると収益が実現したと考えられ，当該対価が「期間収益」として認識される。するとこの収益獲得に貢献した原価（つまり期間収益に対応する原価）がその期の「期間費用」として認識される。投下された原価は収益獲得に貢献して費消（expire）されたことになる。このように，3つの基礎概念に依拠して利益を計算するシステムは現金主義会計に対して「発生主義会計」と総称されている。以下では，このシステムをよりくわしく解説する。

### (2)　期間収益の計算

経済事象を会計記録に含めることを会計上は「**認識**（recognition）」とよんでいるが，「実現」概念は収益の認識に関する基礎概念である。企業の利益計算を行うためには，前述のとおりまず計算対象となる会計期間における企業の成果である「収益」が認識されている必要がある。発生主義会計における利益計算の出発点は，その期に帰属する収益の額を測定し認識することである。もし収益をその期の現金収入を用いて認識するのであれば，収益認識は簡単な作業である。しかし企業活動の成果を示す収益は，必ずその会計期間における現金収入を伴うものとは限らない。そこで，企業活動がどのような段階に到達したら企業の成果（収益）として認識していいのか，という問題が会計上重要な問題になる。換言すれば，企業活動の成果（収益）はいつ「実現」したと考えるのかが問題になる。このことは，**収益認識の実現主義**とよばれている。

企業活動におけるどのような事象を企業の成果として認識することが合理的といえるのかは，経済社会の発展とともに変化してきた。換言すれば「収益の実現」の具体的な指標は，その経済社会における収益獲得にとって「決定的な事象（critical event）」とは何かに関する社会的な合意によって決められてきたといえる。その昔は企業が製品や商品を顧客に販売して代金を受け取った時に収益を認識していたが，現代においては収益は現金の受取りとは無関係に，企業の成果が客観的に達成されたとみなせる時に収益が実現したものとして認識（記録）することとされている。そしてそれは原則として「販売の完了」時であるとされている。

資本主義経済の発展，信用経済を前提にした現代の社会においては，販売が完了すると販売代金が確定し代金の請求権が発生するから，企業の成果を客観的に貨幣額で測定することが可能になる。販売という事象によって，企業の成果はほぼ不可逆的，つまり後戻りできない段階に達したと考えられているのである。このように，現代社会においては「販売」が実現主義の具体的な指標として用いられているから，実現主義はしばしば**販売基準**ともよばれている。

なお標準的な販売形態を想定した場合の販売完了のより具体的な指標としては，商品・製品であればその「引渡し」，サービスであればその「提供」とされている。しかし，近年の複雑な取引形態を想定すると，販売の完了時を判断するのは実際にはそれほど簡単なことではない。また販売形態によっては商品製品の引渡し以前でも企業の成果が不可逆的な段階に至っているとみなされうる場合には，商品製品の引渡しを待たずに収益が認識されることもある。そのくわしいルールについては第4章で改めて解説するが，ここでは，発生主義会計のもとでは「収入」と「収益」という用語は厳密に区別されて用いられていることを確認しておこう。

### (3)　期間費用の計算

前項の収入と収益の関係は，支出と費用についても同様に当てはまる。発生主義会計においては，資産を獲得するためになされた期中の現金支出（取得原価）のすべてを収益から控除するのではなく，その一部ずつを各年に配分して控除することになるが，現金支出のうち各年の利益計算に反映される部分は会計上「期間費用」とよばれている。たとえばある期に購入した設備が数年間にわたって使えるものなら，設備投資額を購入年度の費用とするのではなく，使用可能な期間に配分して収益から控除するのが合理的である。

では現金支出のうち費用にならなかった部分はその後どのように扱われるのであろうか。それは将来の収益を生み出すための経済的資源（資産）として翌期以降に繰り越されていく。現金支出のうち当期の費用にならずに翌期以降の費用として繰り越されていく原価（cost）は，企業の「資産」として記録され，翌期以降の費用になっていくのである（**図表2－3**）。発生主義会計では「支出」と「費用」，さらには「原価」という用語は厳密に区別して用いられている。

**図表2－3■資産原価と費用**

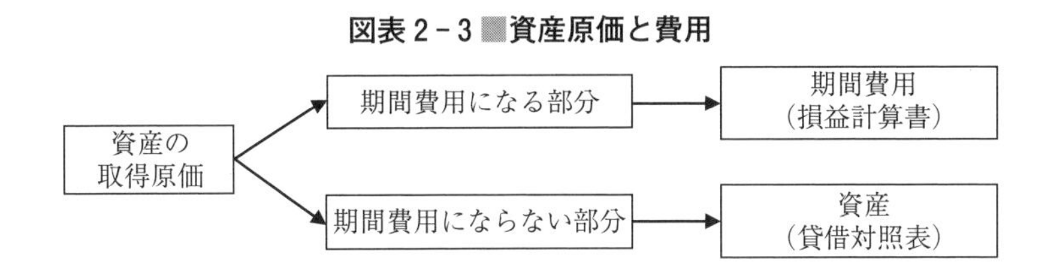


### (4)　収益と費用の対応

では，資産の原価はいつ利益計算上の期間費用に算入されるのであろうか。前項では，数年間使える設備の原価（支出）はそれが使える期間に配分して費用に算入していくということを学んだ。しかしすべての支出がそのようにして期間費用に算入されるわけではない。資産の取得原価が期間費用に算入されるのは，その資産（あるいはその一部）が企業収益の獲得に「貢献」したとみなされる期間（会計年度）である。つまり発生主義会計においては，まず期間収益を算定したうえで，その獲得に貢献した原価を期間費用として算定し，両者の差額としての利益が導き出される。しばしば発生主義会計における最も中心的な概念は「**対応**（matching）」であるといわれるのは，そのためである。

商業を営む企業であれば，購入した（仕入れた）商品がすべて販売されていればその購入代金は費用になるが，その一部が在庫として残っている限り，期間費用にはならずに資産として翌期以降に繰り越されていく。そして，その期に売れたものの原価（これを会計上は売上原価という）だけが，期間費用に繰り入れられる。

一方，製造業では，少し事情が複雑になる。製造業では，材料を購入し，それに加工を施して製品を製造するが，製品の製造に使われた（消費された）原材料の原価は，まずはいったんすべて製品の原価（これを製品原価という）として資産の原価になり，そのなかでその期に売れた製品の原価だけが売上原価として（つまり収益に対応する原価として）期間費用に算入される。工場の労働者の賃金も同様である。労働サービスに対して支払われた賃金（労務費）は，いったん製品の原価に加算されて製品の原価の一部になり，その後その製品が販売された時に期間費用になる。さらには工場で使われる工場建物や設備の原価もいったんその使用可能期間に配分したうえで，さらに各期に生産された製品の原価に配分して製品原価を計算し，売れたものだけが期間費用に算入される。

**図表2－4▒資産から費用（売上原価）への流れ**

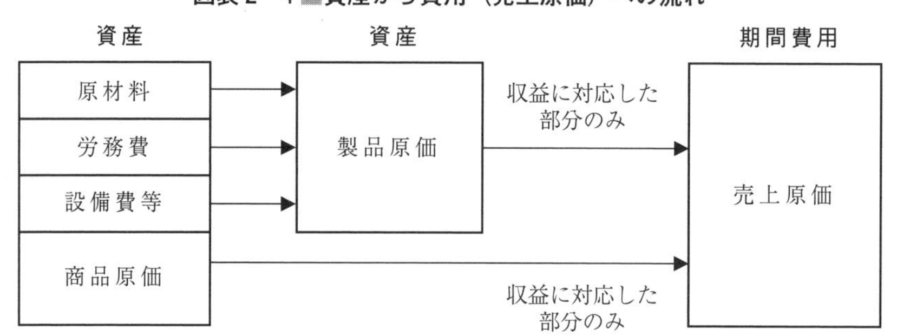


しかし費用のなかには，このように売上との**個別的・直接的な対応関係**が観察できないものもある。企業の管理部門が数年間にわたって使用できる設備を購入した場合，その設備の原価がどの期間のどの収益に対応しているのかを決めることはできない。そこで同じ設備費であっても管理部門の設備の場合には，それを使えると見込まれる「期間」に配分して期間費用に算入される。また製造部門とは直接関係がない管理部門や販売部長の給与等についても同じことがいえる。販売部長の毎期の給与がどの期のどの売上と対応しているのかを見極めることは，至難の業である。そのため社長や販売部長等の給与や，本社の水道光熱費のような一般管理に関連する費用は，それらが発生したその期の売上と期間的あるいは間接的に対応しているものとして，そのまま期間費用に繰り入れる。つまり社長や販売部長の給与や本社建物のような一般管理に関連する費用は，毎期の収益（売上）との直接的な対応ではなく，**期間的・間接的な対応関係**によって期間費用に繰り入れることとされている[3]。

3　ただし管理会計においては合理的な経営管理に役立つように，より柔軟で精緻な対応関係をとらえる方法が開発されている。

以上のことを念頭に置いて，もう一度前掲の図表2－2を確認しておこう。企業は，まず経済活動を行うためにさまざまな経済的資源を企業外部から調達する。商業を営む企業なら，商品を購入する（仕入れる）であろうし，製造業を営む企業なら，原材料を企業外部から購入する。その際，企業はそれらを取得するために支出を行う。購入と同時に現金で支払う場合もあるし，掛で購入して後日代金を支払う場合もあるが，いずれにしてもそれらの支出額は，会計上はまず企業の「資産」の取得原価として記録される。発生主義会計においては，これらの支出額を直ちに利益計算上の期間費用として扱う代わりに，まずは「資産」の取得原価として記録するのである。

**図表2－2▒発生主義会計を用いた利益計算プロセス（再掲）**

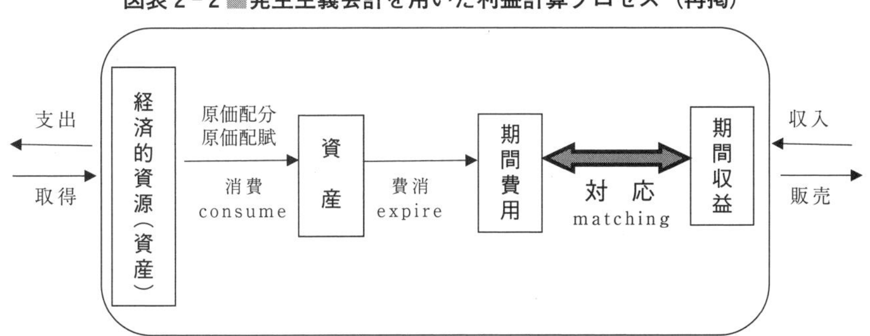


そのうえで，資産の取得原価のうちその期間の収益に対応する部分だけが費消（expire）された資産として期間費用に繰り入れられていく。この対応関係は個別的・直接的に把握できるものもあれば期間的・間接的に把握されるものもある。いずれにせよ，期間費用は資産の原価のうち収益に対応する部分として導き出される。そのため原価の配分方法も，期間収益との対応関係をよりスムーズに認識できるようにさまざまな手法が開発されている。たとえば，仕入れた原材料等を各製品に配賦して製品原価を計算しておくのは，製品が販売された時に期間費用になる金額と資産として繰り越される金額を容易に導き出せるようにするためである。

### (5)　発生主義会計を用いた利益計算

次に設例を用いて，以上で解説した発生主義会計の基礎概念の意味を再確認しておくことにしよう。以下に示す例題は複式簿記の知識を持たない読者を念頭に置いている。そのため解答は，下に掲げた簡単な損益計算書の空欄①～④を下のヒントを参考にして埋める形で行うこととする。

### 設例2－1 発生主義会計を用いた利益計算

A社は高級家具の輸入販売を主たる業務とする会社である。次の資料は，同社の4月から5月における取引のすべてである。A社は，タイムリーに業績を把握するために，毎月月次損益を算定している。下の損益計算書の空欄を埋める形で，A社の5月の月次損益を計算しなさい。

＜資料＞

| 月 | 日 | A社の取引 |
|---|---|---|
| 4月 | 2日 | 1月に現金300万円で仕入れてあった家具＃005を顧客B氏に500万円で販売することにし，手付金50万円を受け取った。 |
| | 5日 | 家具＃010を320万円の掛で仕入れた。 |
| | 15日 | A社は販売費や一般管理費等の支払いは月末締め翌月15日払いの取決めにしているため，3月分の経費100万円（振込料込）を銀行預金から振込みで支払った。 |
| | 25日 | 3月に手付金25万円を受け入れていた顧客C氏が来店し，残金225万円を現金で支払ったので家具＃002の配送を手配した。この商品の仕入原価は150万円であった。なおA社の家具は翌日には顧客に届くような専門業者に委託し，原則としてその都度10万円を現金で支払っている。 |
| | 30日 | 4月分の諸経費は120万円で，支払いは翌月15日を予定している。 |
| 5月 | 2日 | 2月に現金150万円で仕入れてあった家具＃006を顧客D氏に300万円で販売し，代金は全額現金で受け取った。D氏からこの家具を海外にいる友人まで届けるよう依頼されたので，専門の業者に依頼し，配送を完了した。この発送費20万円は，6月10日に業者に支払うこととした。 |
| | 5日 | 4月5日に仕入れた家具＃010の掛け代金320万円を預金から振り込んだ。 |
| | 15日 | 先月末締めの4月分の諸経費120万円を預金から振込みで支払った。 |
| | 20日 | 顧客B氏が来店し，家具＃005の残金450万円をクレジット決済し，専門業者に10万円を支払って家具の配送手続きを完了した。クレジット代金がA社に現金入金されるのは通常翌々月末である。 |
| | 25日 | 2月に現金550万円で仕入れてあった家具＃007を顧客E氏に800万円で販売することにし，手付金80万円を現金で受け取った。 |
| | 31日 | 5月分の諸経費は100万円で，支払いは翌月15日を予定している。 |

月次損益計算書

5月1日～5月31日　　　　（単位：万円）

| | | | |
|---|---|---|---|
| Ⅰ | 売上高 | | ① |
| Ⅱ | 売上原価 | | ② |
| | 売上総利益 | | |
| Ⅲ | 販売費及び一般管理費 | | |
| | 発送費 | ③ | |
| | 諸経費 | ④ | |
| | 営業利益 | | |

① 実現主義（販売基準）に従えば，5月の収益（売上）として認識されるのはどの家具の売上か。
② 5月の売上に対応する商品の原価（売上原価）はいくらか。
③ 5月の売上に関連する発送費（未払分を含む）はいくらか。
④ 未払分を含めて，5月の諸経費はいくらか。

■解説

① 現行の企業会計では，企業が生み出す価値の対価が外部との取引を通じて確定した（とみなされる）とき，その販売収益（売上高）が「実現した」とみなされる。そのような収益の「実現」時点としては，具体的には「販売」時点が選ばれるのが一般的である。この場合の「販売」時点とは，一般的には財の引渡しないしは用役の提供時点をさすと解されている。本設例でも，家具の売上は家具が買い手に引き渡されて，代金の請求権が生じた時に認識されることになるから，家具＃005および＃006が5月の売上として認識される。
② 家具＃005と＃006が販売されたので，この2つの商品の原価は5月の売上に対応した売上原価になる。
③ 5月の売上に計上された家具＃005と＃006の梱包郵送作業の発送費は，たとえ未払いでも売上に対応させて5月の費用に計上しなければならない。
④ 5月の諸経費は未払いであっても5月の損益計算に反映させる。

以上のことを踏まえて，損益計算書の空欄を埋めると次のようになる。発生主義会計を用いた場合の5月の「利益」と5月の現金預金収支差額マイナス70万円（＝300万円－320万円－120万円－10万円＋80万円）は一致していないことがわかるだろう。

月次損益計算書

5月1日～5月31日　　　　（単位：万円）

| | | | |
|---|---|---|---|
| Ⅰ | 売上高 | | ①　800 |
| Ⅱ | 売上原価 | | ②　450 |
| | 売上総利益 | | 350 |
| Ⅲ | 販売費及び一般管理費 | | 130 |
| | 発送費 | ③　30 | |
| | 諸経費 | ④　100 | |
| | 営業利益 | | 220 |

本章で学んだ発生主義会計という考え方に基づく具体的な会計基準については，次章以下で詳細に解説するが，そのエッセンスは本章で示した3つの基礎概念に集約することができる。時代を超えて普遍的な複式簿記の原理とは異なり，個別の会計ルールは時代の変化に伴って変化し続けている。しかし，その基礎にある考え方は個別基準の変化ほどには変化していない。500年の時を超えて普遍的な複式簿記の原理ほどではないが，少なくとも世紀を超えて現代会計の基本原理であり続けてきた。

### (6)　発生主義会計における資産評価

以上のように，発生主義会計においては企業が外部から調達した資産の原価のうち翌期以降に繰り越されていく原価額が基本的に貸借対照表における資産の評価額になる。このことは一般に資産評価の**取得原価主義**とよばれている。

なお資産の原価（取得原価）は，いつかは必ず期間費用に配分され，やがては資産から姿を消していく。ある資産の原価は，そこから流出した部分（費用に転化した部分）と残っている部分（資産として繰り越された部分）に常に必ず余すところなく配分されなければならず，その資産が販売等を通じて企業の外部に出ていった時には，原価のすべてが費用になるというルールは，会計上非常に重要な意味を持っている。資産評価のルールについては本書の第10章で改めて解説するが，資産の評価に取得原価を用いる場合と時価を用いる場合のいずれであっても，結局はその資産から生じる利益の総額はその資産の売却によって得られる収益から取得原価を差し引いた額と一致する。会計情報の信頼性・堅牢性は，このようなメカニズムを通じて担保されているといえる。

たとえば100円で購入した資産の期末時価が120円で，翌期末の時価が135円，そしてそれを翌々期に145円で売却したとしたら，これを毎期末時価評価すると当期の評価益は20円，翌期の評価益は15円，そして翌々期の売却益は10円で総額45円になる。しかしこの資産を評価替えしないまま翌々期に売却すると売却益は45円になり，この資産を毎期末時価評価した場合の利益総額45円と一致する。

なお近年，貸借対照表の資産・負債の評価額そのものの情報価値をより高めるべきだという要請を受けて，資産・負債評価における取得原価主義に一部修正が加えられている。その詳細については，第10章以下の各章で解説するが，発生主義会計といえども，また資産の評価方法として原価を用いても時価を用いても，所詮は現金収支の枠組みのなかの原価の配分計算にすぎないということを，ここでは理解しておこう。

## 3　複式簿記の仕組み

### (1)　複式簿記の原理

では，500年余の時代を超えて変わらずに使い続けられている複式簿記という記帳システムとはどのようなものであろうか。財務会計を理解するうえで複式簿記の知識は必ずしも不可欠ではないが，第4章以下では会計処理が複式簿記を使って解説されていることが多いため，ここではごく簡単にその原理を解説しておく。

**図表2－5■企業活動の複式記帳**

（単位：千円）

財産目録

| | |
|---|---|
| 現金預金 | 30,000 |
| 設備 | 50,000 |
| 建物 | 100,000 |
| 土地 | 150,000 |
| 合計 | 330,000 |

→

貸借対照表

| 資産 | | 負債 | |
|---|---|---|---|
| 現金預金 | 30,000 | 借入金 | 230,000 |
| 設備 | 50,000 | 資本 | |
| 建物 | 100,000 | 資本金 | 100,000 |
| 土地 | 150,000 | | |
| 合計 | 330,000 | 合計 | 330,000 |

**複式簿記**とは，企業の経済的資源の動きをその背後にある請求権（claim）[4]の動きと関連づけて2面的に記帳するシステムである。そのことをごく単純化して示したものが**図表2－5**である。簿記の知識のない人が企業の財産状態を記録する場合には，左にある財産目録のような形式を用いるのが常であろう。しかし複式簿記を用いた場合には，その財産（簿記ではこれを**資産**という）の請求権は誰にあるのかが同時に示される。企業が所有する資産と請求権の関係を同時に報告するための表は図表2－5の右に示されているように会計上貸借対照

4　請求権は古くは持分（equity）とよばれていた。請求権をめぐる争いは衡平裁判所（equity court）の所管であったためといわれているが，最近では，たとえばエクイティ投資などのように，equity という用語は「所有者請求権」や「資本」のようなより狭義の意味で使われるようになっている。

表（Balance Sheet：B/S）とよばれている。なお，この表の負債は債権者請求権，資本は所有者請求権を表している。

### ① 会計等式

つまり複式簿記では，企業の資産は常に請求権に等しいということを前提にした次のような等式（会計等式）を用いて，すべての経済事象はこの等式を前提にして記録される。

資産＝請求権

この式の右辺の企業資産に対する請求権は債権者請求権と所有者請求権に分かれるが，会計上前者は**負債**（liability），後者は**資本**（capital）ないし純資産（net assets）とよばれている[5]。したがって上の等式は一般的に次のように表され，これは貸借対照表等式とよばれている。

資産＝負債＋資本（純資産）

また次の式は資本等式とよばれているが，この等式は債権者に請求権のない資産はすべてその企業の所有者に請求権があるということを表している。

資本（純資産）＝資産－負債

複式簿記による記帳は，企業資産の変動をもたらすすべての事象を貸借対照表等式の2つ以上の変動として記録するシステムである。複式簿記が複式記帳（double entry）システムと呼ばれるのはそのためである。たとえばある資産の増加は，必ず①他の資産の減少，②負債の増加，③資本の増加のいずれかを伴っているから，それを一対の動きとして記録するのである。

### ② 複式記帳のルール

複式記帳では，資産の増加を等式のどちらに記録するのかというルールが決まれば，残りのルールはおのずと決まる。現在の一般的なルールとしては，資産（の増加）は貸借対照表等式の左辺に記録することになっているから，負債

5 この部分は伝統的に「資本」とよばれてきたが，近年ではこの部分の構成が複雑化してきていることから，「純資産」とよばれるのが一般的になっている。詳しくは第8章を参照。

と資本を含めて他のすべての増減記録のルールは自動的に次のように決まっている。

資産の増加は左辺，減少は右辺
負債の増加は右辺，減少は左辺
資本の増加は右辺，減少は左辺

また複式記帳においては，形がアルファベットのTに似ていることからT勘定とよばれる次のような様式を用いて，その左右への記入を使い分けることによってマイナス記号を使わずに経済事象を迅速に記録するように工夫されている。なおこのT勘定の左側は「借方（debtor）」，右側は「貸方（creditor）」とよばれている[6]。貸借対照表というよび名は，借方と貸方がバランス（常に一致）している表という意味である。

（借）　**資産**　（貸）

| | |
|---|---|
| 増加 | 減少 |

（借）　**負債**　（貸）

| | |
|---|---|
| 減少 | 増加 |

（借）　**資本**　（貸）

| | |
|---|---|
| 減少 | 増加 |

### ③　記帳手続—仕訳と転記

実際の記録の際には資産，負債そして資本に属する多数の内訳勘定科目が設けられ，それぞれに属する科目の間の関係として記録される。たとえば企業が銀行から100万円を借り入れて設備を購入した場合の記録は次のようになる。

**設備（資産）**

| | |
|---|---|
| 1,000,000 | |

**借入金（負債）**

| | |
|---|---|
| | 1,000,000 |

このような記録方式を用いることで，文章で記録するよりも取引を迅速に記

6　このよび方は，中世の商人の備忘記録においては商人本人からみて借り手（debtor）は資産，貸し手（creditor）は負債という位置づけであったことに由来すると言われている。そして日本に初めて複式簿記を紹介した書とされる福澤諭吉著『帳合之法』においては，「勘定方」の「方」が人を表しているように，debtorは借方，creditorは貸方と訳された。ただし，今日では借方はT勘定の左，貸方は右とだけ覚えておくほうが賢明だろう。

録することが可能になるだけでなく，文章の読み違いによるミスを防ぎ，決算時には各勘定ごとの増減と残高を迅速かつ正確に把握することができる。

ただし実務上は，日々の経済事象を記録する際には各勘定に直接記入する代わりに，まずは次のように「**仕訳**（journal entry）」とよばれる方法で借方と貸方への記録を行ったうえで，これを「**総勘定元帳**（ledger）」（略して元帳）とよばれる帳簿の各勘定に**転記**（posting）する。そうすることで，元帳の異なる勘定に取引を直接記入することで起こりうるミスや貸借の不一致等を防ぐことができる。例えば上記の設備の購入の際には，まずは次のような仕訳が行われて，これが各勘定に転記されている。近年ではこの仕訳のデータをPC等で入力すると，PC上で転記が自動的に行われるようになっているが，原理は同じことである。

| | | | | |
|---|---|---|---|---|
| （借） | 設　　備 | 1,000,000 | （貸）借　入　金 | 1,000,000 |

仕訳に際して重要な点は，経済事象の複式記帳に際しては常に借方と貸方の金額が一致している必要があるという点である（**貸借一致の原則**）。たとえば上の例で設備の購入の際に当初予定していた銀行借入だけでは足りず一部が納入業者に対する未払になっていたとする。その場合の仕訳は次のようになるが，仕訳の際には必ず借方の合計と貸方の合計が一致していなければならない。そのため，期首に「資産＝負債+資本」という関係が成立していれば，一期間の仕訳の数がいかに多くても，仕訳を各勘定に転記した結果として，期末には必ず「資産＝負債+資本」という関係が成立していることになる。

| | | | | |
|---|---|---|---|---|
| （借） | 設　　備 | 1,200,000 | （貸）借　入　金 | 1,000,000 |
| | | | 未　払　金 | 200,000 |

### (2)　取引の総量記録

加えて複式簿記には，実は資産や負債そしてその差額である純資産（資本）というようないわばストックの記録システムに加えて，利益の獲得に結びつくような期中の財やサービスの流れ（フロー）の総量を事後的に把握できるようなもう１つの工夫が施されている。たとえば10万円で仕入れた商品を13万円で現金販売したとしよう。この取引を資産（ストック）の変動のみに着目して仕訳すると次のようになる。

| | | | | | |
|---|---|---|---|---|---|
| （借） | 現　　金 | 130,000 | （貸） | 商　　品 | 100,000 |
| | | | | 商品販売益 | 30,000 |

この仕訳を各勘定に転記しておけば，期末に現金や商品の残高や商品販売益（資本の増加）を計算することはできる。しかしそれではその期の資本増加（つまり利益の獲得）がどのようにしてもたらされたのか，どのくらいの販売量があったのかというフロー情報（資本増減の原因）は把握できない。つまり利益の源泉に関する情報はわからない。そのため，利益の獲得に貢献するような期中の取引については直接資本の増減として記録する代わりに，あらかじめその増加要因を「収益」，減少要因を「費用」として記録しておけば，資産の流れ（フロー）に関する情報も掴めるようになる[7]。そのことを念頭において仕訳を行うと次のようになる。

| | | | | | |
|---|---|---|---|---|---|
| （借） | 現　　金 | 130,000 | （貸） | 収　　益 | 130,000 |
| （借） | 費　　用 | 100,000 | （貸） | 商　　品 | 100,000 |

このように仕訳をすることによって，現金や商品の変動だけでなく，期末の資本の増減要因についての次のような情報を把握することが可能となる。

収益－費用＝利益（資本の増加）

先述の貸借対照表等式にこの点を加味すると，フロー情報である収益と費用が加わって次のようになる。

資産＝負債＋資本＋（収益－費用）

そこでさらにマイナス記号を使わない勘定記録のために右辺の費用を左辺に移項すると次の式が導かれる。

資産＋費用＝負債＋資本＋収益

この関係を勘定科目に反映させると次のようになる。

---

7　同じ利益の増加要因であっても，企業の本業ではない固定資産の売買損益等については固定資産売却益このような純額を用いた仕訳が行われている。

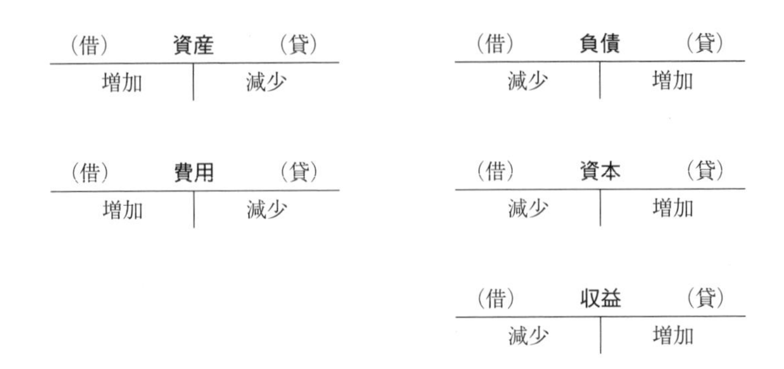


なお通常は商品販売の都度その商品の原価（売上原価）を記録することはせず，収益（売上）だけを記録しておいて，売上原価の計算は期末にまとめて行うが，その具体的な方法については第5章で解説する。

**図表2－6**は，本章で学んだ複式簿記のしくみを前章の図表1－3に反映させたものである。

**図表2－6　複式記帳と財務会計**

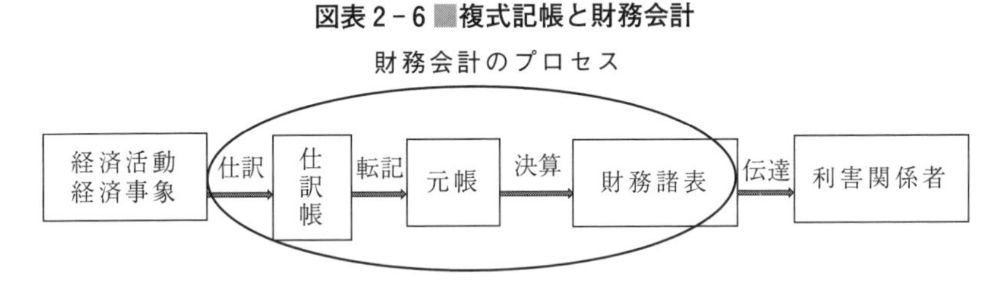


以上の知識を用いて，前出の設例2－1のデータを複式簿記を用いて記録すると，次のようになる。なお実際の仕訳の際はカッコ内に示されている勘定科目が用いられる。

（単位：万円）

| | 仕訳 | | | |
|---|---|---|---|---|
| | 借方 | | 貸方 | |
| 4月 | | | | |
| 2日 | 資産（現　金） | 50 | 負債（前受金） | 50 |
| 5日 | 資産（商　品） | 320 | 負債（買掛金） | 320 |
| 15日 | 負債（未払金） | 100 | 資産（預　金） | 100 |
| 25日 | 資産（現　金） | 225 | 収益（売　上） | 250 |
| | 負債（前受金） | 25 | | |

| | | | | |
|---|---|---|---|---|
| | 費用（発送費） | 10 | 資産（現　金） | 10 |
| | 費用（売上原価） | 150 | 資産（商　品） | 150 |
| 30日 | 費用（管理費） | 120 | 負債（未払金） | 120 |
| 5月 | | | | |
| 2日 | 資産（現　金） | 300 | **収益**（売　上） | 300 |
| | **費用**（発送費） | 20 | 負債（未払金） | 20 |
| | **費用**（売上原価） | 150 | 資産（商　品） | 150 |
| 5日 | 負債（買掛金） | 320 | 資産（預　金） | 320 |
| 15日 | 負債（未払金） | 120 | 資産（預　金） | 120 |
| 20日 | 負債（前受金） | 50 | **収益**（売　上） | 500 |
| | 資産（売掛金） | 450 | | |
| | **費用**（発送費） | 10 | 資産（現　金） | 10 |
| | **費用**（売上原価） | 300 | 資産（商　品） | 300 |
| 25日 | 資産（現　金） | 80 | 負債（前受金） | 80 |
| 31日 | **費用**（管理費） | 100 | 負債（未払金） | 100 |

上記の仕訳記録を各勘定科目に転記した結果を用いて収益と費用を集計すると，前掲の損益計算書がより容易に導き出せることを確認できるはずである。

**月次損益計算書**

5月1日～5月31日　　（単位：万円）

| | | | |
|---|---|---|---|
| Ⅰ | 売上高 | | 800 |
| Ⅱ | 売上原価 | | 450 |
| | 売上総利益 | | 350 |
| Ⅲ | 販売費及び一般管理費 | | 130 |
| | 発送費 | 30 | |
| | 諸経費 | 100 | |
| | 営業利益 | | 220 |

### (3)　決算と財務諸表

**図表2－7**は，開始貸借対照表から出発し，期中の取引を複式簿記を用いて記録した結果を一表にまとめて残高試算表を作成し，その収益と費用の金額に対して発生主義会計の考え方に基づいて期末に決算手続を施して作成した決算修正後残高試算表を貸借対照表項目と損益計算書項目に分けて財務諸表を作成する流れを示したイメージ図である。

図表2－7に示されているように，開始貸借対照表では資産=負債+資本という貸借対照表等式が成立している。そのため期中の取引がいかに多くても，それらをすべて複式簿記を用いて記録した結果をそこに加えて作成した残高試算

図表2-7■会計記録と財務諸表

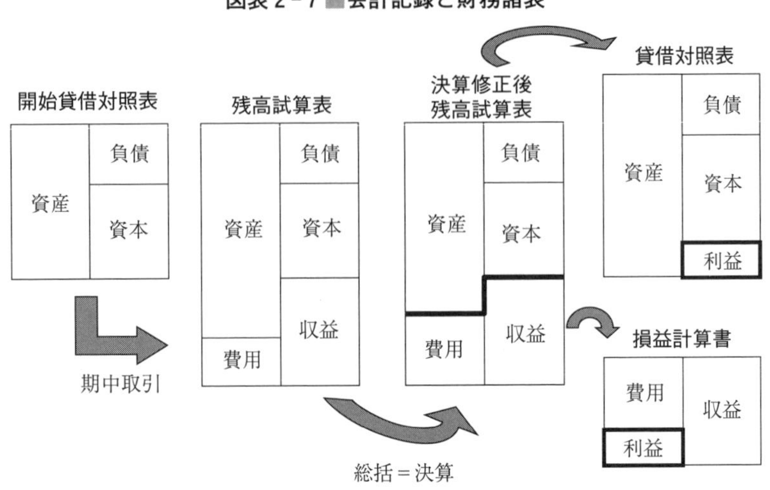


表においても，資産＋費用＝負債＋資本＋収益という関係は必ず保たれている。そこで毎期末に試算表の収益と費用の金額を発生主義会計を用いた利益計算にマッチするように決算手続きを施して修正後残高試算表を作成したうえで，これを貸借対照表項目と損益計算書項目に切り分ければ財務諸表を導くことができる。貸借対照表上の利益と損益計算書上の利益は次のとおり一致していることは，図表2-7からも容易に読み取れるだろう。

資産－（負債＋資本）＝収益－費用＝利益

なお翌期には，前期末に導き出された貸借対照表の利益が資本の部に繰り入れられたものが再び開始貸借対照表になる。

# 日本の企業会計制度

**学習のポイント**

日本の企業会計制度は一般にトライアングル体制といわれてきた。具体的には，企業会計にかかわる法規である会社法（商法），法人税法，金融商品取引法は，会計に関する詳細な規定を各々別個に設ける代わりに，「一般に認められた会計原則（GAAP）」に関する斟酌規定や準拠規定をおいて，具体的な会計処理についてはGAAPの定めに委ねることで，会計処理を相互に連携させる体制が採られてきた。古くは「企業会計原則」がこのGAAPとしての中心的な役割を担ってきたが，企業活動のグローバル化と複雑化に伴ってGAAPも多様化している。また長い間一体化していた会社法と金融商品取引法における「利益額」の乖離も大きくなっている。その点を念頭において日本の企業会計制度の現状を理解しておこう。

## 1　企業会計をめぐる法規制

本書では，日本企業に適用されている現行のGAAPのうち，主として2001年に設立された**企業会計基準委員会**（Accounting Standards Board of Japan: ASBJ）から公表されている「企業会計基準」について学ぶが，それに先立ち本章では，日本企業に現在適用されているさまざまな会計基準と，それらがどのような法的な根拠に基づいて日本企業に適用されているのか（各基準の法的

**図表3－1■企業会計をめぐる法規制**

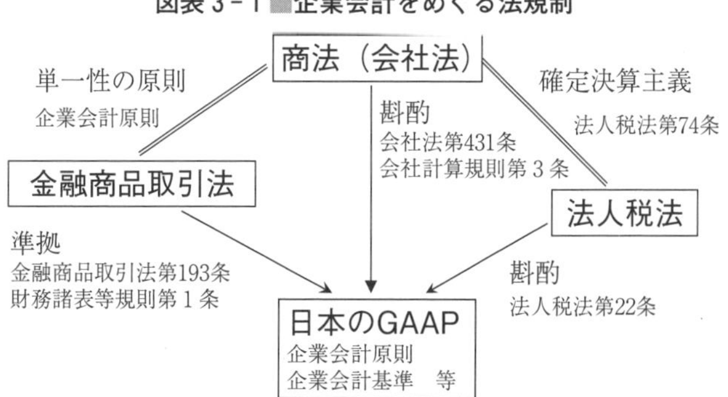

規範性）を整理しておく。

**図表３－１**は日本企業の会計処理をめぐる法規制とGAAPの関係を示したものである。企業会計にかかわる３つの法規である会社法，法人税法，金融商品取引法は相互に関連しつつ，各法規にはGAAPに関する斟酌規定もしくは準拠規定が設けられて会計処理間の整合性が保たれてきた。ただし日本におけるGAAPの多様化に伴い，図表３－１に示されている３つの法規制の関係にも近年変化が生じている[1]。

### (1)　会社法とGAAP

日本企業（会社）[2]が遵守すべき会社法には固有の会計規定（会社計算規則）が設けられているが，特に定めのない会計処理についてはGAAPに対する次のような斟酌規定が置かれている（下線は筆者）。

> ①　会社法第431条「株式会社の会計は，一般に公正妥当と認められる企業会計の慣行に従うものとする。」
> ②　会社計算規則第３条「この省令の用語の解釈及び規定の適用に関しては，一般に公正妥当と認められる企業会計の基準その他の企業会計の慣行をしん酌しなければならない。」

上記の斟酌規定において指示されているGAAP（会計慣行ないし会計基準）は，長い間「**企業会計原則**」（以下，本章では「原則」という）を指すものとされていたが，現在ではこれに後述するさまざまな基準が含まれているものと解釈されている。

### (2)　法人税法とGAAP

日本の法人税法において課税対象とされる課税所得は，「益金」から「損金」を差し引いて計算することとされているが（法人税法第22条１項），この益金と損金は課税所得計算のために別途計算する代わりに，企業会計における利益の額を基礎にして計算することとされ，税務申告時には企業会計における収

1　たとえば，「企業会計原則」の一般原則における「単一性の原則」は図表３－１に示されているように，会社法上の利益の額と金融商品取引法上の利益の額は一致していなければならないことを求めていたが，現在では両者の間に乖離が生じている。

2　本書では主として企業のうち会社組織を想定しているが，以下では特に断りのない限り企業と会社という表現を区別せずに用いている。

益と益金の差異ならびに費用と損金の差異だけを調整する方式（申告調整方式）が採用されている。そのうえで，企業会計における収益と費用の額についてはGAAPに従って計算するものとされている（同法22条第4項）。

① 法人税法第22条第2項「内国法人の各事業年度の所得の金額の計算上当該事業年度の益金の額に算入すべき金額は，別段の定めのあるものを除き，……当該事業年度の収益の額とする。」
② 同第4項「第2項に規定する当該事業年度の収益の額及び前項各号に掲げる額は，一般に公正妥当と認められる会計処理の基準に従って計算されるものとする。」

さらに法人税法上の損金の額についても，別段の定めのあるものを除いては企業会計上の売上原価や販売費，一般管理費その他の費用等の金額を基礎にして計算することとされている（同第3項）。

なお，このように課税所得の計算を企業会計における利益計算に基づいて会社法で確定した決算（これを「確定決算」という）に依拠して行う方式（法人税法第74条）は一般に「**確定決算主義**」といわれている。そのため，企業はあらかじめ法人税の計算を念頭において企業会計上の決算を組む傾向がある。これは法人税の企業会計に対する「逆基準性」[3]とよばれている。

### (3) 金融商品取引法とGAAP

また日本の上場企業等が準拠すべき金融商品取引法では，準拠すべき会計処理について財務諸表等の用語，様式及び作成方法に関する規則（財務諸表等規則）が設けられているが，そこでも特段の定めのない会計処理については指定されたGAAPに基づいて処理することとされている。

① 金融商品取引法第193条「この法律の規定により提出される貸借対照表，損益計算書その他の財務計算に関する書類は，内閣総理大臣が一般に公正妥当であると認められるところに従って内閣府令で定める用語，様式及び作成方法によりこれを作成しなければならない。」
② 財務諸表等規則第1条第1項「財務諸表（カッコ内省略）の用語，様式及び作成方法は，第一条の三を除き，この章から第八章までの定めるところによるもの

3　会社法上の確定決算に基づいて法人税の計算を行うことが，逆に法人税の計算に基づいて会社法上の決算が組まれる結果を招いていることをさす。たとえば法人税法上の損金は別段の定めのない限り企業会計上の費用として計上されていることが求められているから，法人税法上の損金として計上したい場合にはあらかじめ企業会計上の費用に計上しておくことになる。

とし，この規則において定めのない事項については，一般に公正妥当と認められる企業会計の基準に従うものとする。」

③　財務諸表等規則第1条第3項「企業会計の基準についての調査研究及び作成を業として行う団体であって次に掲げる要件[4]の全てを満たすもの（特定団体）が作成及び公表を行った企業会計の基準のうち，公正かつ適正な手続の下に作成及び公表が行われたものと認められ，一般に公正妥当な企業会計の基準として認められることが見込まれるものとして金融庁長官が定めるものは，第一項に規定する一般に公正妥当と認められる企業会計の基準に該当するものとする。」

ここで一般に公正妥当と認められる企業会計の基準は，長い間「原則」をはじめ企業会計審議会から公表された基準を指すものとされてきた（同第2項）。しかし2001年にASBJが設立されてからは，ASBJから公表される基準は財務諸表等規則にそのまま取り入れられる形式が採られることになり，さらに2009年からは同第1条に以下の第3項が加わることで，特定団体としての要件を満たすとされているASBJから公表される基準（企業会計基準）は金融庁長官の承認を経てGAAPとして認められることになっている。

このように，金融商品取引法の適用対象企業の個別財務諸表に適用される現行の日本基準には，①ASBJから公表された「企業会計基準」と，②企業会計審議会から公表された「原則」を含む諸基準のうちASBJから公表された「企業会計基準」によってオーバールールされていない基準が含まれている[5]。

一方，連結財務諸表については，上記の日本基準のほか一定の要件を満たす企業については，**IASB**（International Accounting Standards Board: 国際会計基準審議会）から公表される**国際財務報告基準**（International Financial Reporting

4　掲げられている要件とは，①利害関係を有する者から独立した民間団体，②特定の者に偏らない多数の者からの継続的な資金提供，③高い専門的見地から企業会計の基準を作成する能力を有する者による合議機関（基準委員会）の設置，④基準委員会が公正かつ誠実に業務を遂行，⑤基準委員会が会社等を取り巻く経営環境および会社等の実務の変化への適確な対応ならびに国際的収斂の観点から継続して検討を加えること，である。

5　より具体的には，現行の日本基準には次のものが含まれている。

①　ASBJが公表した企業会計基準

②　企業会計審議会が公表した会計基準（「原則」等を含む。）

③　ASBJが公表した企業会計基準適用指針

④　ASBJが公表した実務対応報告

⑤　ASBJが公表した移管指針，監査・保証実務委員会報告及び業種別監査委員会報告のうち会計処理の原則及び手続を定めたもの

Standards: IFRS）のうち金融庁長官が公正妥当な会計基準と定めた「指定国際会計基準」（連結財務諸表規則第93条）[6]および「修正国際基準（Japan's Modified International Standards：JMIS）」[7]も一般に公正妥当と認められる企業会計の基準に該当するものとされている（同94条）。加えて米国証券取引委員会に登録している連結財務諸表提出会社に対しては，米国基準による連結財務諸表をそのまま提出することが特例として認められている（同95条，96条）。

## 2　日本におけるGAAPの変遷

前述のように，日本では会計諸法規が斟酌・準拠すべきGAAPとしての役割を長い間「原則」が果たしてきた。しかし1990年代以降，企業活動と資本市場のグローバル化が進展するのに伴って，「原則」だけでは対処できない取引形態が増加してきた。それに対処するために，日本の会計基準は1990年代以降いわゆる「会計ビッグバン」と称されるまでにドラスティックな進化を遂げてきた。本節では，現行の会計基準の特徴を理解するために，まずは日本のGAAPの変遷を概観しておく。

### (1)　1990年以前の会計基準

日本において長い間GAAPとして不動の地位を維持してきたのは，1949年7月に当時の経済安定本部に設置されていた企業会計制度対策調査会中間報告として公表された「原則」であった。その後，この「原則」をはじめとした会計基準の所掌官庁は経済安定本部から大蔵省，財務省，金融庁へと引き継がれてきたが，企業会計審議会（BAC）がそれらの諮問機関として基準開発の役割を一貫して担ってきた。企業会計審議会からは時代の要請に対応して次のような基準が公表されたが，「原則」そのものは数次にわたり部分修正が加えられたものの基本的な利益計算の考え方は維持されてきた。

1962年「原価計算基準」

---

6　①連結財務諸表の適正性を確保するための特段の取組みに係る記載を行っていること。②指定国際会計基準に関する十分な知識を有する役員または使用人を置き指定国際会計基準に基づいて連結財務諸表を適正に作成することができる体制を整備していること。

7　ASBJがIFRSを修正することにより作成及び公表を行った会計基準のうち，金融庁長官が公正妥当なものとして定めたもの（連結財務諸表規則第94条）。

1975年「連結財務諸表原則」
1977年「中間財務諸表作成基準」
1979年「外貨建取引等会計処理基準」

### (2)　1990年代の会計基準

しかし1990年代になると，日本の企業活動の国際化，金融市場のグローバル化に伴って，新しい会計基準を整備・改善する必要性が増加した。また必ずしも既存の「原則」の枠にとらわれずに基準を制定する傾向が強まった[8]。いわゆる「会計ビッグバン」と称される時代の到来である。この時期には企業会計審議会から以下のような会計基準が相次いで公表されている。

1993年「リース取引に係る会計基準」
1998年「連結キャッシュ・フロー計算書等の作成基準」
1998年「中間連結財務諸表等の作成基準」
1998年「退職給付に係る会計基準」
1998年「税効果会計に係る会計基準」
1998年「研究開発費等に係る会計基準」
1999年「金融商品に係る会計基準」

しかし企業会計審議会は，1990年代末に着手した次の2つの基準の公表を最後に会計基準の開発を終了し，2001年以降は監査基準の設定と会計基準設定の大局的な判断のみに携わることになった。

2002年「固定資産の減損に係る会計基準」
2003年「企業結合に係る会計基準」

### (3)　2001年以降の会計基準

2000年代になると，企業を取り巻く経済環境の変化と国際化の度合いはさらに激しくなり，よりタイムリーな会計基準の設定が求められるようになった。加えて，新しい会計基準の設定に際しては2001年に組成されたIASBとの連携が不可欠な時代になった。そのため日本においても常設の民間機関であるASBJが設立され，**図表3－2**のように，それまで企業会計審議会と日本公認会

---

8　その最初の基準が1999年に公表された「金融商品に係る会計基準」である。同基準では，売買目的有価証券については「原則」における取得原価評価についての定めではなく，同基準の規定に従って期末の時価評価のほうを優先すべきことが定められている。

計士協会（JICPA）が分担して担っていた基準開発を一括して担うことになった。なお図表3－2にある「実務指針」のメンテナンスは，2024年7月にASBJに包括的に移管され，2024年7月現在有効な実務指針が14本の「**移管指針**」としてASBJに引き継がれている。

**図表3－2 ▒日本のGAAPの階層**

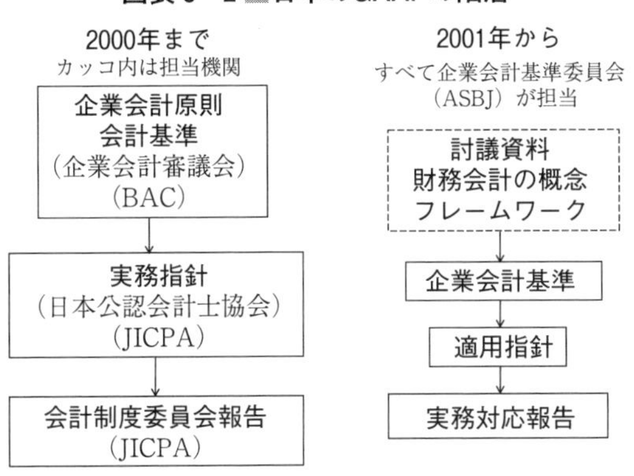


ASBJは，1973年に米国において会計基準設定の独立性と公平性を担保するために設立された会計基準の設定機関である財務会計基準審議会（Financial Accounting Standards Board: FASB）に倣って2001年に会計基準の国際的な収斂（convergence）を目的に掲げて設立されたIASBと同様に，民間の基準設定機関として設立された機関であり，2001年に設立された（財団法人）財務会計基準機構（FASF）の中に置かれている。民間団体であるASBJについては，設立に先立って関連する10団体[9]から全面的な支持が表明されるとともに，金融庁からはASBJから公表される基準等を，その都度，財務諸表等規則ガイドラインに取り入れる方針が表明された。その後，前述のように2009年以降はASBJから公表される企業会計基準は財務諸表等規則ならびに連結財務諸表規則において一般に公正妥当と認められる企業会計の基準とされている。

9　経済団体連合会，日本公認会計士協会，全国証券取引所協議会，日本証券業協会，全国銀行協会，生命保険協会，日本損害保険協会，日本商工会議所，日本証券アナリスト協会，企業財務制度研究会。

### (4) 中小企業の会計基準

#### ① 中小企業の会計に関する指針

会計基準の国際化のなかで上記のように進化してきた現行基準は，「原則」と比べて質・量ともに複雑化してきた。またIASBから公表されるIFRSとのコンバージェンスをはかるために頻繁に変更が加えられることになった。さらに第10章で解説するように時価（公正価値）評価の範囲も拡大している。その結果，日本の上場企業と会社法上の大会社を想定して策定された基準に対する不満の声が中小企業の間で高まることになった。そのため，ASBJを中心に日本公認会計士協会，日本税理士会連合会，日本商工会議所の関係4団体に，中小企業庁，法務省，金融庁がオブザーバーとして加わって，2005年に「中小企業の会計に関する指針」（以下，本章では指針という）が公表された。この指針はその後毎年一部改訂が加えられて今日に至っている。

指針は，中小企業のなかでも主として会計参与設置会社[10]を想定して策定されたもので，あくまでもASBJから公表される基準における基本的な考え方を維持したうえで中小企業の過度な負担を軽減するために一部に簡便的な処理を認めたものであるため，経済実態が同じであれば同じ会計処理が適用されるべきだというスタンスが貫かれている。つまり中小企業に対して，コスト・ベネフィットの観点に照らして，より適した会計処理の指針を示すという姿勢が保たれているため，企業会計基準と指針はシングルスタンダードだと解されている。

#### ② 中小企業の会計に関する基本要領

一方，指針は主として会計参与設置会社を想定して策定されたものであり，ASBJ 基準（企業会計基準）と基本的な考え方が共通しているため，より小さな企業にとっては負担が重すぎるという声が高まった。そのため中小企業庁を中心に中小企業の会計に関する検討会が組成されて中小企業に固有の会計基準

10 定款に基づいて任意に会計参与を置く株式会社（会社法第2条8号）を指す。会計参与には社外の税理士・公認会計士等の会計専門家のみが就任することができ，取締役と共同で計算関係書類を作成して会社とは別にその計算関係書類を5年間備え置いて，会社の株主や債権者の請求に応じて，閲覧や謄本等の交付に対応することが義務づけられている。そのことにより会社法上の計算書類の信頼性の向上に資することが期待されている。

が検討された。その成果として2012年に公表されたのが「中小企業の会計に関する基本要領」(以下，本章では基本要領という）である。

基本要領は，基本的に金融商品取引法の規制の適用対象会社および会社法上の会計監査人設置会社ではない会社を対象としたものとされ，基準を安定的に継続利用可能なものとするためIFRSの影響を受けない内容とすることが明記されている（5項)。またその中身は「原則」の基本的な考え方と共通する内容になっている。つまり基本要領の「利用上の留意点」の内容は「原則」の一般原則に酷似したものであり，「原則」における利益計算の考え方が基本的に踏襲されたうえで，1990年代に企業会計審議会から公表された会計基準が一部採り入れられている[11]。

### (5)　日本における会計基準の多様性

以上のような経緯を経て，現行の企業会計制度においては企業の区分ごとに適用可能な基準が複数存在している。**図表3－3**に示すように，金融商品取引法の適用対象会社（公開会社：主として上場会社）と会社法上の会計監査人設置会社（大会社）の連結財務諸表については，日本基準のほか，先述のように3つの会計基準から任意の基準を選択することが可能になっている。さらに，そ

**図表3－3 ■日本の会計基準の多様性**

| | 対象企業 | | | | | |
|---|---|---|---|---|---|---|
| | 上場企業 | | 非上場企業 | | | |
| | | | 大会社 | | その他 | |
| 会計基準 | 連結 | 個別 | 連結 | 個別 | 連結 | 個別 |
| 日本基準 (*1) | ○ | ○ | ○ | ○ | ○ | ○ |
| 指定国際会計基準 | ○ | × | ○ | × | ○ | × |
| 修正国際基準（JMIS） | ○ | × | ○ | × | ○ | × |
| 米国財務会計基準 (*2) | ○ | × | ○ | × | ○ | × |
| 中小企業会計指針 | × | × | × | × | － | ○ |
| 中小企業会計基本要領 | × | × | × | × | － | ○ |

○適用可，×適用不可，－適用の想定外

(*1) 企業会計審議会から公表されている「原則」をはじめとする会計諸基準およびASBJから公表されている「企業会計基準」を含む。くわしくは本章の脚注5を参照。

(*2) 米国証券取引委員会に登録している会社のみ認められている。

11　たとえば売買目的有価証券の時価評価等。

れ以外の会社が適用可能な会計基準として「指針」と「基本要領」の２つが加わっている。

## 3　会計基準の多様性の背景

### (1)　利益計算をめぐる多様なアプローチ

以上のように，日本の会計基準は1990年代の会計ビッグバン以降ドラスティックに変化し，多様化している。その理由は，単に経済活動の多様化とグローバル化によって会計基準の中身が複雑化したためだけではない。その背景には，金融市場の発達とともに会計情報に求められる機能をめぐる見解の変化，そしてその結果として会計上の利益計算のあり方に対する見解の変化がある。

現代の財務会計の３つの機能には受託責任解除機能，契約支援機能，そして意思決定支援機能があることは第１章で学んだとおりだが，そのいずれにとっても最適な基準のあり方が必ずしも一致しているとは限らない。そのため，会計基準のあり方，とりわけ企業活動の成果を表す利益計算のあり方をめぐる見解の対立が，しばしば基準設定に影響を与えている。

**図表３－４■利益計算に対する２つのアプローチ**

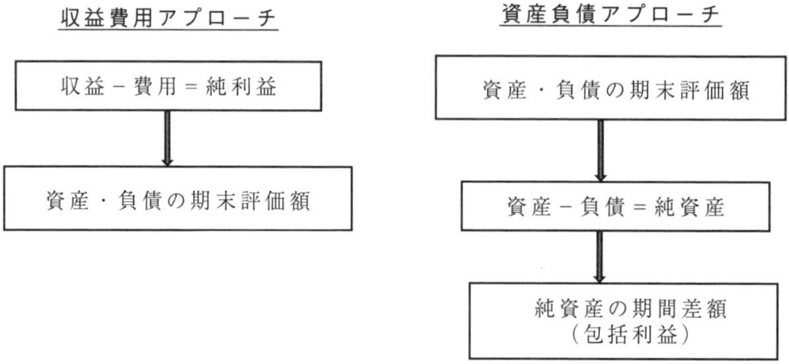

**図表３－４**は利益計算をめぐる２つの見解をごく単純化して示したものである。このうち左側の収益費用アプローチは，第２章で学んだ利益計算の仕組みと一致するアプローチで，利益はその期の収益から費用を差し引いて計算される。このアプローチでは収入と支出の額を測定値の基礎として用いて，それを

期間配分することで求められる収益と費用の差額として利益が導かれる。また期末の貸借対照表上の資産は取得原価のうち将来に繰り越される額，負債は基本的に借入等の将来の弁済額を基礎にして決定されることになる。このアプローチは損益法ともいわれ，「原則」はほぼこの考え方に沿って規定されている。

一方，右側の資産負債アプローチでは，資産と負債の期末評価額から出発してその差額である毎期の純資産が決まり，その2期間差額としての利益（包括利益）が導かれる。ただしこのアプローチでは，資産と負債の期末評価の方法は損益法のように一意には決まらない。期末の時価（公正価値）の情報価値が高いとしても，どの資産までを時価評価することが適切なのかは一概には決まらない。例えば製造業の工場建物を時価評価してその差額をその期の企業成果とみるのは合理的ではないであろう[12]。一方，発達した金融市場を前提にすれば，売買目的で保有している有価証券の評価額を売却まで取得原価のままで据え置くことは合理的ではない。したがって，どの資産や負債を期末に評価替えすることが妥当なのか，また仮にある資産を期末に時価評価したとして，その時価評価差額を業績に含めるべきか否かということをめぐっては国際的にも論争が続いている。そのため，会計基準の国際的な比較可能性を高めるために時価情報の採用に積極的なIFRSをそのまま日本基準として受け入れることについては懐疑的な意見も多い。特に伝統的に純利益情報を重視してきた日本基準に対し，必ずしも純利益の情報価値を認めず包括利益を損益計算のボトムラインとすべきだという見解が根強いIASBが作成するIFRSを自国基準として受け入れることは難しい問題を含んでいる。

### (2)　周辺制度の制約

さらに本章の第1節でも学んだように，日本の会計基準はさまざまな法制度と密接に結びついている。各々の法制度において会計基準が果たす役割は1つではない。日本の会計基準はそのような制約のなかで法制度との調和を図りながら漸進的に進化してきた。そのため，国際的な比較可能性を高めるためにIFRSないし米国基準をそのまま無批判的に国内基準化することはそれほど簡

12　ただし国際会計基準（IAS）第16号では固定資産を時価評価して時価評価差額を業績に含めることが認められている。

単なことではない。

次章以下で学ぶことになる日本の企業会計基準は，そのような背景の中で選択されてきた着地点といっても過言ではない。その点を念頭において学習を進めることで日本基準に対する理解がより深まるであろう。

## 4　現行会計基準の一覧

以下は，ASBJから公表されている現行「企業会計基準」の一覧である。

| 基準番号 | 基　準　名 | 公表年 | 最終改正 | 本書の該当章 |
|---|---|---|---|---|
| 第１号 | 自己株式及び準備金の額の減少等に関する会計基準 | 2002年 | 2015年 | 第８章 |
| 第２号 | １株当たり当期純利益に関する会計基準 | 2002年 | 2020年 | 第29章 |
| 第４号 | 役員賞与に関する会計基準 | 2005年 | — | 第23章 |
| 第５号 | 貸借対照表の純資産の部の表示に関する会計基準 | 2005年 | 2022年 | 第８章 |
| 第６号 | 株主資本等変動計算書に関する会計基準 | 2005年 | 2022年 | 第８章 |
| 第７号 | 事業分離等に関する会計基準 | 2005年 | 2024年 | 第26章 |
| 第８号 | ストック・オプション等に関する会計基準 | 2005年 | 2022年 | 第23章 |
| 第９号 | 棚卸資産の評価に関する会計基準 | 2006年 | 2019年 | 第５章 |
| 第10号 | 金融商品に関する会計基準 | 2006年 | 2024年 | 第15章<br>第16章 |
| 第11号 | 関連当事者の開示に関する会計基準 | 2006年 | 2016年 | 第29章 |
| 第12号 | 四半期財務諸表に関する会計基準 | 2007年 | 2020年 | 第30章 |
| 第16号 | 持分法に関する会計基準 | 2008年 | 2024年 | 第13章 |
| 第17号 | セグメント情報等の開示に関する会計基準 | 2008年 | 2020年 | 第27章 |
| 第18号 | 資産除去債務に関する会計基準 | 2008年 | 2024年 | 第22章 |
| 第20号 | 賃貸等不動産の時価等の開示に関する会計基準 | 2008年 | 2024年 | 第29章 |
| 第21号 | 企業結合に関する会計基準 | 2008年 | 2019年 | 第24章<br>第25章 |
| 第22号 | 連結財務諸表に関する会計基準 | 2008年 | 2024年 | 第11章<br>第12章 |
| 第23号 | 「研究開発費等に係る会計基準」の一部改正 | 2008年 | — | 第25章 |
| 第24号 | 会計方針の開示，会計上の変更及び誤謬の訂正に関する会計基準 | 2009年 | 2020年 | 第28章 |
| 第25号 | 包括利益の表示に関する会計基準 | 2010年 | 2024年 | 第12章 |
| 第26号 | 退職給付に関する会計基準 | 2012年 | 2016年 | 第21章 |
| 第27号 | 法人税，住民税及び事業税等に関する会計基準 | 2017年 | 2022年 | 第18章 |
| 第28号 | 「税効果会計に係る会計基準」の一部改正 | 2018年 | 2021年 | 第18章 |
| 第29号 | 収益認識に関する会計基準 | 2018年 | 2024年 | 第４章 |
| 第30号 | 時価の算定に関する会計基準 | 2019年 | — | 第15章 |

| 第31号 | 会計上の見積りの開示に関する会計基準 | 2020年 | — | 第28章 |
|---|---|---|---|---|
| 第32号 | 「連結キャッシュ・フロー計算書等の作成基準」の一部改正 | 2023年 | — | 第14章 |
| 第33号 | 中間財務諸表に関する会計基準 | 2024年 | — | 第30章 |
| 第34号 | リースに関する会計基準 | 2024年 | — | 第20章 |
| 第35号 | 「固定資産の減損に係る会計基準」の一部改正 | 2024年 | — | 第19章 |
| 第36号 | 「連結キャッシュ・フロー計算書等の作成基準」の一部改正（その2） | 2024年 | — | 第14章 |

また，企業会計審議会から公表されている現行会計基準の一覧は，以下のとおりである。

| 基　準　名 | 公表年 | 最終改正 | 本書の該当章 |
|---|---|---|---|
| 企業会計原則 | 1949年 | 1982年 | 第1部 |
| 外貨建取引等会計処理基準 | 1979年 | 1999年 | 第17章 |
| 連結キャッシュ・フロー計算書等の作成基準 | 1998年 | — | 第14章 |
| 研究開発費等に係る会計基準 | 1998年 | — | 第25章 |
| 税効果会計に係る会計基準 | 1998年 | — | 第18章 |
| 固定資産の減損に係る会計基準 | 2002年 | — | 第19章 |

# 収益の認識と測定

**学習のポイント**

本章では，会計上の利益を計算する基礎になる収益と費用のうち「収益の認識と測定」について学ぶ。収益の認識とは，収益を「いつ」会計上の記録の対象にするのかということであり，収益の測定とは，収益を「いくら」で記録するのかということである。第2章で学んだとおり，収益の認識については伝統的に「実現」という概念が用いられてきたが，2018年にASBJから公表された企業会計基準第29号「収益認識に関する基準」では「実現」に代えて「履行義務の充足」という概念が用いられている。本章では，「収益の実現」という考え方に基づく「企業会計原則」の具体的な規定について学んだうえで，履行義務の充足という考え方に基づく企業会計基準第29号の規定について学ぶ。

## 1　収益の意義と認識

収益（revenues）とは，企業の主たる営業活動から生じる成果を意味する[1]。企業が製品の製造販売（または商品の仕入販売）あるいはサービスの提供活動を通じて獲得する収益は，当該収益を獲得するうえで「最も決定的な事象（critical event）」あるいは「不可逆的事象（irreversible event）」が発生したとみなされる時点，換言すれば収益の獲得が確実になったとみなされる時点で認識される。そのため収益を認識すべき時点は，その時代の商業信用制度，市場の成熟度などの経済環境によって歴史的に変化してきた。本章では収益の認識に関して，第2章で学んだ実現概念に基づく「企業会計原則」（以下，本章では「原則」という）の規定，ならびに「履行義務の充足」概念に基づく企業会計基準第29号（以下，本章では基準29号という）の規定について解説する。

1　収益に関するより厳密な定義については，本章末のコラム2(1)を参照。

## 2　収益認識に関する「実現」の考え方

第2章では，収益は「実現した時」に認識することとされていることを解説した。では収益が「実現した時」とは具体的にどのような時のことを指すのであろうか。それは収益の獲得が確実になったとみなされる時点のことで，現在の経済社会のもとでは原則として顧客に対して「財またはサービスの提供」がなされた時とされ[2]，このことは一般に収益認識の「販売基準」とよばれている。企業会計において収益認識に原則として販売基準が用いられるのは，現在のような信用経済を前提にすると，取引に基づいて顧客に「財またはサービスが提供」されれば，代金の回収まで待たなくても取引価格の客観性と代金回収の法的な裏づけが担保されるからである。そのため企業は商製品の販売時に次のように売掛債権と売上（ここでは仮に1,600円）を計上する。

商製品の販売時

| | | | | |
|---|---|---|---|---|
| （借）売　掛　金 | 1,600 | （貸）売　　　上 | 1,600 |

販売代金の回収時

| | | | |
|---|---|---|---|
| （借）現　　　金 | 1,600 | （貸）売　掛　金 | 1,600 |

なお「販売基準」を適用するためには，具体的に何をもって「販売の完了」とみなしうるのかを特定する必要がある。次にその点を確認しよう。

### (1)　一般的な商製品の製造・販売と収益認識

**図表4－1**は製造業における製品の製造販売活動に関する一般的な流れを示したものである。市場見込生産品（いわゆる汎用品）であればまず製品を製造し，その後に顧客から受注して製品を引き渡す。それと同時に代金を回収することもあれば代金回収までに一定期間を要することもある。商業であれば図の生産活動の代わりに仕入（購買）活動が行われるが，その点を除けば全体の流れは製造業と変わらない。この流れを念頭に置いて，企業の収益（売上）がどの時点で認識されるのかに関する具体的なルールをみていこう。以下では，商製品

2　「原則」第二・三Bでは，「商品等の販売または役務の給付」と表現されている。

図表4-1 企業の製造販売の一般的な流れと収益認識

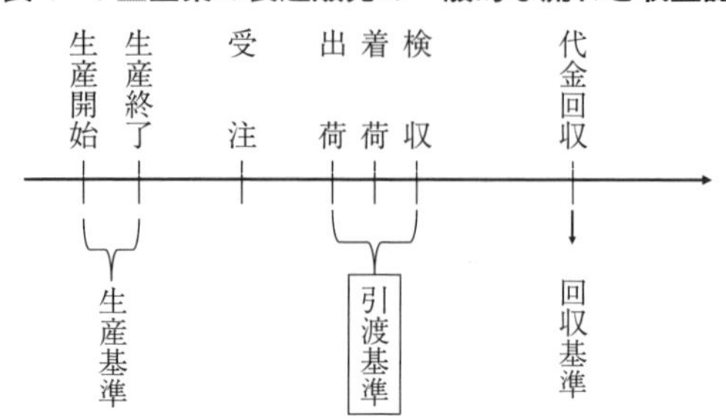


販売に関する最も一般的な販売形態から，特殊な販売形態の収益認識までを順を追ってみていく。

前述のとおり収益認識には原則として「販売基準」が適用されるが，より具体的には顧客との受注契約に基づいて商製品が顧客に引き渡された時もしくはサービスが提供された時に販売が完了したものとみなされる。したがって「販売基準」はしばしば「**引渡基準**」とも呼ばれる。なお図表4-1に示されている商製品の出荷・着荷・検収のうちどの時点を商製品の引渡し時点と捉えるのかに関しては，販売の実態に即して最も合理的だと判断される時点が選ばれる[3]。なお以下の①～③の特殊販売に関する販売基準の具体的な適用は次のようになる（「原則」注6）。

### ① 委託販売

委託販売とは，企業（委託者）が自己の商品（委託品）の販売を他の企業（受託者）に依頼する取引のことをいう。委託販売については，委託者が受託者に商品を引き渡した時ではなく，受託者が委託品を顧客に販売した日をもって売上収益の実現の日とする。したがって決算手続中に仕切精算書（売上計算書）が到達すること等により決算日までに委託品が販売された事実が明らかとなったものを当期の売上収益に計上する。なお企業間の連絡が郵送によっていた時代には仕切精算書が委託者に届くまでに時間がかかっていたから，「原則」では当該仕切精算書が到達した日をもって売上収益の実現の日とみなすことができるとされているが，デジタル化が進んだ近年ではより迅速に企業間の情報の

3 ただし，後述するように基準29号においては「検収基準」が原則とされている。

やり取りがなされていることから，決算手続終了日までに受託企業の売上情報が委託企業に到達していないことは稀であろう。

#### ②　試用販売

試用販売とは，得意先（顧客）が買取りの是非を判断する前に試用に供するために商品を発送して顧客の買取り意思を確認する取引のことをいう。試用販売についてはたとえ商品が相手に引き渡されても顧客が買取りの意思表示をしない限り販売契約が成立したことにはならず，代金請求権も発生していない。そのため試用販売については，顧客が商品の買取りの意思を表示した時点で収益を認識する。

#### ③　予約販売

予約販売とは，雑誌の定期購読のように予め代金を受け取って購入予約を受け付ける取引をいう。予約販売については，決算日までに商品の引渡しまたは役務の給付が完了した分だけを当期の売上高に計上する。そのため，予約金受取額のうち残額は貸借対照表の「負債の部」に記載して次期以後に繰り延べる。

**設例4－1　予約販売の収益認識**

当社は，雑誌の定期購読者Aから1年分の購読料を前もって受領し，毎月末に雑誌を読者に届けている。雑誌の年間購読料は12,000円であり，当期は3回分発送している。

**■購読者Aからの年間購読料の受領時の処理**

| | | | | |
|---|---|---|---|---|
| （借） | 現金預金 | 12,000 | （貸）前受金 | 12,000 |

**■当期のAに対する雑誌3回分の発送に対応する売上処理**

| | | | | |
|---|---|---|---|---|
| （借） | 前受金 | 3,000 | （貸）売上 | 3,000 |

### (2)　長期請負工事の収益認識

上記の特殊販売については，いずれも「販売基準」を適用することを前提にしたうえで，販売完了の時点をいつとするのかを問題にしていたが，長期の請負工事に関する収益認識については別途の定めがある（「原則」注7）。なぜなら長期の請負工事は，図表4－1の製造販売の流れとは異なり，通常，製造（工事）より先に請負契約が成立しているため販売価格と顧客が決まっている。そのため次の2つの基準の選択適用が認められている。

①　工事完成基準

②　工事進行基準

このうち①は「販売基準」に該当し，工事が完成してその引渡しが完了した時に工事収益を計上する。②は「生産基準」に該当し，決算期末に工事の進行程度（進捗度）を見積り，適正な工事収益率によって工事収益の一部を当期の工事収益に計上する。

**設例4－2　長期請負工事の収益認識**

当社は，総請負価額10,000千円，見積総工事原価8,000千円の長期工事に関する契約を取り交わした。工事に着手してからの当期中に生じた工事原価は2,000千円であった。この例では，以下のように工事完成基準による当期の利益はゼロ，工事進行基準による当期の利益は500千円になる。

**①　工事完成基準による処理（当期）**

工事完成基準による場合には工事が完成するまでは収益を計上せず，発生した費用は「未成工事支出金」という資産勘定に計上する。

**■当期の処理**

| | | | | | |
|---|---|---|---|---|---|
| （借） | 未成工事支出金 | 2,000 | （貸） | 現　金 | 2,000 |

**■工事完成時の処理**

| | | | | | |
|---|---|---|---|---|---|
| （借） | 完成工事未収金 | 10,000 | （貸） | 工事収益 | 10,000 |
| | 工事原価 | 8,000 | | 未成工事支出金 | 8,000 |

**②　工事進行基準による処理（当期）**

工事進行基準による場合には工事の進捗割合に応じて収益を計上し，借方には売掛金に相当する「工事未収金」を計上する。

| | | | | | |
|---|---|---|---|---|---|
| （借） | 工事未収金 | 2,500 | （貸） | 工事収益 | (*1) 2,500 |
| | 工事原価 | 2,000 | | 諸費用 | 2,000 |

(*1) 工事進捗度　2,000万円÷8,000万円＝25％
工事収益　10,000万円×0.25=2,500万円

## (3)　割賦販売の収益認識

さらに割賦販売のように販売から代金回収までが長期にわたる場合に適用される回収基準（割賦基準）もある。「原則」（注６）によれば，割賦販売は通常の販売とは異なりその代金回収の期間が長期にわたり，かつ分割払いであることから代金回収上の不確実性が高いので，貸倒引当金および代金回収費，アフター・サービス費等の引当金の計上について特別の配慮を要し，その算定に当たっては不確実性と煩雑さを伴う場合が多い。そのため収益の認識を慎重に行

うため，割賦金の回収期限の到来の日または入金の日をもって売上を計上することが認められる。

ただし現代では割賦販売よりクレジット決済等のほうが一般的になり，仮に割賦で販売したとしても企業は信販会社等を通じて債権を流動化することが容易になっている。また基準29号では後述のとおり「顧客に対する支配の移転」に着目して「履行義務の充足」時に収益を認識するため，割賦販売については販売基準のみが適用されることとされ，割賦基準の適用は認められていない[4]。

**設例4－3　割賦販売の収益認識**

当社は，当期の商品販売により，割賦売掛金が1,000千円生じた。このうち当期に300千円分の代金を回収し，残りは未回収のまま次期以降に繰り越された。この商品の利益率は20％とする。この例では，割賦売上から割賦売上原価を控除して求められる当期の売上総利益は，販売基準では200千円，割賦基準では60千円になる。

① 販売基準による会計処理

| | | | | | |
|---|---|---|---|---|---|
| （借） | 売掛金 | 1,000 | （貸） | 売上 | 1,000 |
| （借） | 売上原価 | 800 | （貸） | 商品 | 800 |
| （借） | 現金預金 | 300 | （貸） | 売掛金 | 300 |

② 割賦基準による会計処理

| | | | | | |
|---|---|---|---|---|---|
| （借） | 現金預金 | 300 | （貸） | 売上 | 300 |
| （借） | 売上原価 | 240 | （貸） | 商品 | 800 |
| | 割賦商品 | 560 | | | |

## 3　企業会計基準第29号「収益認識に関する会計基準」

### (1)　基準29号導入の経緯

第2節で説明したように，従来は「原則」における「実現」の考え方に即して売上が計上されていたが，企業活動の国際化と，バージョンアップ付ソフトウェアの販売（複合要素契約）のような販売契約の複雑化に伴い，企業の成果を表示する収益について日本でもより包括的な基準開発が求められるようになった。そのため2018年（2020年改正）にASBJから公表されたのが基準29号で

4　基準29号との整合性を図るという観点等から，法人税法においても割賦基準（長期割賦販売等における延払基準）の適用は禁じられることになった。

ある[5]。基準29号では，会計基準の国際的なコンバージェンスの一環として，また企業間の財務諸表の国際的な比較可能性を高めるという観点から，2014年に公表されていた国際財務報告基準（IFRS）第15号「顧客との契約から生じる収益」（以下，IFRS15号）の基本的な原則をそのまま取り入れることを出発点として，これまでの日本の実務に照らして適用が困難な課題に対しては国際的な比較可能性を大きく損なわせない範囲で追加的な対応を図るという方針のもとで基準が開発された[6]。

なおIFRS15号は「顧客との契約から生じる」収益を対象にしているため，たとえば企業の固定資産の売却益のようなものは基本的に基準29号の規定対象から除外されている[7]。

### (2)　収益認識の5つのステップ

基準29号では，収益は次のような5つのステップによって認識測定することとされている（17項）。

ステップ1：顧客との契約を識別する。
ステップ2：契約における履行義務を識別する。
ステップ3：取引価格を算定する。
ステップ4：取引価格を契約における履行義務に配分する。
ステップ5：履行義務の充足時に（または充足するにつれて）収益を認識する。

以下では設例4－4を用いてこれらの5つのステップの流れを簡単に概観したうえで，各ステップの論点を確認していこう。

---

5　基準29号の適用対象企業としては，日本の公認会計士監査対象会社約1万社が想定されている。それ以外の企業においては，第3章で解説されているように，「原則」および中小企業に関する「会計指針」ないし「基本要領」が適用されることが想定されている。

6　さらに重要性が乏しい取引については「重要性等に関する代替的な取扱いの定め」も置かれている。なお連結財務諸表と個別財務諸表については，同一の会計処理が求められている。

7　その他にも次の基準等の対象となる取引については適用対象から除外されている。①「金融商品に関する会計基準」，②「リースに関する会計基準」，③保険法の対象になる保険契約，④同業他社との商品製品の交換取引，⑤金融商品の組成または取得に際して受け取る手数料，⑥「不動産流動化実務指針」の対象となる不動産の譲渡，⑦「資金決済法」上の暗号資産および「金融商品取引法」上の電子記録移転有価証券権利等に関連する取引

**設例4－4**　**収益認識の5つのステップ（商品の販売と保守サービスの提供）**[8]

A社は，当期首にB社（顧客）と，標準的な商品Xの販売と2年間の保守サービスを提供する1つの契約を締結した。A社は，当期首に商品XをB社に引き渡し，当期首から翌期末まで保守サービスを行う。契約書に記載された対価の額は12,000千円である。なお商品Xと保守サービスの独立販売価格は各々10,000千円と2,000千円である。

| 収益認識のステップ | |
|---|---|
| ステップ1　顧客との契約を識別する。 | |
| | 本契約には，商品Xの販売と2年間の保守サービス契約が含まれている。 |
| ステップ2　契約における履行義務を識別する。 | |
| | 商品Xの販売と保守サービスの提供を履行義務として識別し，それぞれを収益認識の単位とする。 |
| ステップ3　取引価格を算定する。 | |
| | 両履行義務の取引価格は12,000千円である。 |
| ステップ4　取引価格を契約における履行義務に配分する。 | |
| | 商品Xおよび保守サービスの独立販売価格に基づき，取引価格12,000千円を各履行義務に配分し，商品Xの取引価格は10,000千円，保守サービスの取引価格は2,000千円とする。 |
| ステップ5　履行義務の充足時に（または充足するにつれて）収益を認識する。 | |
| | 履行義務の性質に基づき，商品Xの販売は一時点で履行義務を充足すると判断し，商品Xの引渡時に収益を認識する。また，保守サービスの提供は一定の期間にわたり履行義務を充足すると判断し，当期および翌期の2年間にわたり収益を認識する。 |

この契約に関する収益認識のプロセスをよりわかりやすく示すと，**図表4－2**のようになる。

8　指針30号設例1を一部修正。

図表4－2 ■収益認識に関する5つのステップ

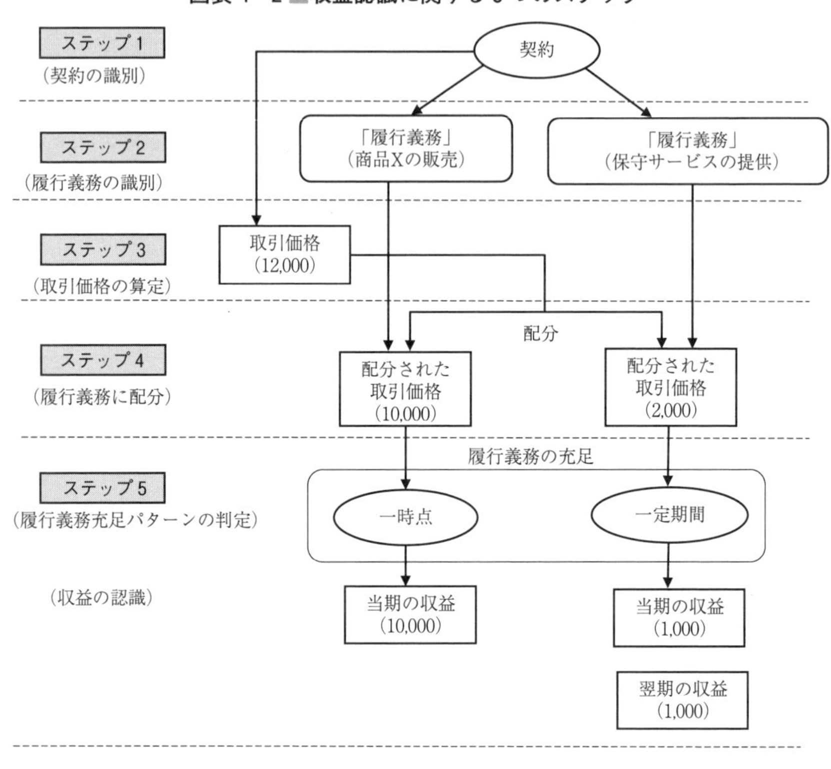


そして，この契約に関する当期の収益は次のとおりとなる。

| | | |
|---|---|---|
| 商品Xの販売 | 10,000千円 | |
| 保守サービスの提供 | 1,000千円 | （2年分を均等に配分した場合） |
| 合計 | 11,000千円 | |

### ①　契約の識別（第1ステップ）

収益認識にあたっては，まず顧客との契約を識別する。契約とは，複数当事者間に法的強制力のある権利義務を生じさせるような取決めであって，書面・口頭・取引慣行のいずれによるかは問わないが（20項），以下の5つの要件のすべてを満たす契約がある場合に収益を認識する（19項）。

（i）当事者が契約を承認し義務の履行を約束している。
（ii）当事者の権利が識別できる。
（iii）当事者の支払い条件を識別できる。

（iv）企業の将来キャッシュ・フローを変化させる経済的実質がある。
（v）対価が回収できない可能性より回収できる可能性のほうが高い。

これらの要件を満たす契約がある場合には，契約が履行された段階で収益を認識する。なお対価が回収できない可能性が高い場合には，回収できる可能性がある部分だけが収益認識の対象となる。また形式上は別個の契約でもそれが適切とみなされれば，同一顧客と同時期に締結した複数の契約を結合して単一の契約とみなして会計処理を行う（27項）。

いったん識別した契約について，約束されている財やサービスの範囲または価格が変更された場合には，変更の状況に応じて次のように取り扱う（30項，31項）。

（i）新たな財やサービスが追加されて契約の範囲が拡大し，追加分について独立価格に見合う対価が増額されている場合には，追加分は独立の契約として取り扱う（30項）。
（ii）上記（i）以外で財やサービスの範囲に変化がない場合には，既存の契約の変更として処理する（31項(1)）。
（iii）上記（i）以外で財やサービスの範囲の変化を伴う場合には，既存の契約が解約され新契約が締結されたと仮定して処理を行う（31項(2)）。

### ②　履行義務の識別（第2ステップ）

#### （i）収益認識の単位

次に契約に含まれる履行義務を識別する。基準の最大の特徴は契約における履行義務を識別して，履行義務を単位として収益を認識することにある。履行義務を収益認識の単位とすることにより，複数要素契約についても統一的な収益認識が可能になる。

履行義務とは，顧客との契約において，次の(a)または(b)のいずれかを顧客に移転する約束をいう。

(a) 別個の財またはサービス（あるいは別個の財またはサービスの束）
(b) 一連の別個の財またはサービス（特性が実質的に同じであり，顧客への移転のパターンが同じである複数の財またはサービス）

顧客との契約において，財やサービスが顧客に移転する約束は，それぞれが企業にとっての履行義務である。契約に含まれる履行義務は，（ア）当該履行義務から顧客が単独で（または他の経済的資源と組み合わせて）便益を享受することができ，（イ）契約に含まれる他の約束と区別できる必要がある（34項）。ただし契約全体に照らして重要性が乏しい財やサービス（たとえば出荷や配送サービス）については，別個の履行義務としないこともできる。

#### （ii）本人と代理人の区別

収益認識に際しては，企業が財やサービスの提供の当事者であるのか，取引の仲介者であるのかによって異なる処理をする。当事者の場合には取引の「本人」として取引の総額を収益に計上し，取引の「代理人」の場合には，受取額から他の当事者への支払額を控除した純額を収益に計上する（企業会計基準適用指針第30号「収益認識に関する会計基準の適用指針」（以下，本章では指針30号という）39項）。

なお当該取引において企業が本人に該当するためには，顧客への提供前の財やサービスを企業が支配している必要があるが，そのためには企業が約束の履行に主たる責任を負い，売れ残りなどの在庫リスクを負担し，価格設定について裁量権を有していることが重要な判断の指標になる。

#### （iii）追加のサービスを取得するオプションの提供

小売店のポイント制度，航空券に付与されたマイレージ，ソフトウェア販売に伴う無料のバージョンアップのように，財やサービスの提供に加えて追加の財やサービスを取得するオプションを企業が顧客に付与した場合，当該オプションは追加的な履行義務になる。この場合には，追加的なオプションについても履行義務を認識し，独立販売価格に基づき取引価格を配分する。そしてオプションに配分された価格は履行義務が遂行されるまで契約負債（または前受金）等の負債として認識する。

**設例４-５　追加オプションの会計処理**

当社は顧客が商品を購入するごとに５％のポイントを付与し，次回以降の購入時に１ポイントにつき１円の値引を受けることができる制度を採用している。当社が引き渡した商品の独立販売価格は10,000円であり，顧客がポイントを利用する確率は70％と見積もられている。

| （借） | 現　　金 | 10,000 | （貸） | 売　　上 | 9,662 |
|---|---|---|---|---|---|
| | | | | 契約負債 | (*1) 338 |

(*1) 販売価格10,000×ポイント5％×利用確率70％＝350
350÷(10,000+350)＝338

#### (iv) 財やサービスに関する保証の付与

財やサービスの販売に際して，別個の保証をつける場合がある。合意された仕様の遵守に加えて保証期間が通常より長期に及ぶなど，追加的なサービスを顧客に提供するものであれば，その追加的保証サービスを別個の履行義務として識別して設例4-5と同様の処理を行う[9]。

ただし，移転されたサービスが合意された仕様に従っていることを保証するだけであれば，別個の履行義務として識別せずに取引価格全体を売上に計上したうえで，保証に伴って発生が見込まれるコストについて製品保証引当金を設定する。たとえば法律で要求されていたり，保証対象期間が短かったり，欠陥品の返品コストを企業が負担するような保証はこれに該当する可能性が高い（指針30号37項）。

### ③　取引価格の算定（第3ステップ）

#### (i) 取引価格による収益の測定

収益は取引価格に基づいて測定する（基準29号46項）。取引価格とは，財やサービスを顧客に移転するのと交換に企業が権利を得ると見込む対価の額をいう（47項）。対価が現金以外の場合には，対価の時価が取引価格となる（59項）。なお企業が顧客から受け取る消費税は，企業が税務当局に代わって消費者から受け取る額であるから，売上には含めず，売上は税抜方式で処理しなければならない。

#### (ii) 変動対価

顧客と約束した対価のうち，変動する可能性のある部分[10]は変動対価という。

---

9　製品とともに保証サービスが提供されている取引については，第7章の設例7-2をあわせて参照。

10　従来は，この部分は売上に含めたうえで売上値引や売上割戻等として控除する形で表示されるのが一般的だった。

変動対価の具体例としては次のようなものがある（指針30号23項）。

(a) 仮価格での取引や交渉中の売上値引
(b) 大量取引による代金減額分としての売上割戻や返金
(c) 早期納品を促すインセンティブ対価や割増金または納品遅延のペナルティとなる対価の減額
(d) 返品権付き販売

変動対価を含む取引は，変動部分の金額を見積もるとともに，対価の不確実性が事後的に解消される際にそれ以前に計上した収益の著しい減額が生じない可能性が高いと見込まれる金額だけを売上収益に計上し，各決算期に金額の見直しを行う。なお変動部分の見積りに際しては，最頻値（最も発生の確率が高い単一の金額）と，期待値（発生の可能性がある対価を確率で加重平均した金額）による方法のうち，企業が権利を得ることになる対価の額をより適切に予測できる方法を選択し，これを首尾一貫して適用する（51，52項）。

**設例4－6　変動対価の会計処理（対価の減額）**

当社は，製品を@100円で販売するが，年間に1,000個を超えて購入した顧客については@95円に減額することを約束している。

当社は第1四半期に顧客Aに200個を掛けで販売したが，この時点では年間販売量が1,000個を超えないことが予想されている。

| | | | | | |
|---|---|---|---|---|---|
| （借） | 売掛金 | 20,000 | （貸） | 売上 | 20,000 |

第2四半期に顧客Aに400個を掛けで販売し，年間販売量が1,000個を超えることが予想されるようになった。

| | | | | | |
|---|---|---|---|---|---|
| （借） | 売掛金 | 37,000 | （貸） | 売上 | (*1) 37,000 |

(*1) 400個×@95－200個×(@100－@95)＝37,000円

**設例4－7　変動対価の会計処理（返品権付き販売）**

当社は，製品10個（原価80円，売価100円）を販売し，代金として現金を受け取った。当社の取引慣行では，顧客が未使用の製品Xを30日以内に返品する場合，全額返金に応じることとしている。当社は3個が返品されると見積もり，この3個は通常の販売価格で再販可能であると予想した。

| | | | | | |
|---|---|---|---|---|---|
| （借） | 現金預金 | 1,000 | （貸） | 売上 | (*1) 700 |
| | | | | 返品負債 | (*2) 300 |
| （借） | 売上原価 | 560 | （貸） | 商品 | 800 |
| | 返品資産 | (*3) 240 | | | |

(*1) 売価100円×7個
(*2) 売価100円×3個
(*3) 原価80円×3個

#### （iii）金融要素

対価の回収を相当期間にわたり猶予するなど，顧客に対して信用の重要な便益が供与される場合は，取引価格に金融要素が含まれるので，対価額から金利相当分を除去した額で売上収益を計上する。ただし財やサービスの移転時点から対価回収時点までの期間が1年以内であれば，金利分を調整しないことができる（56項-58項）。

割賦販売の取引価格は，対価回収までの猶予期間の利息相当額だけ通常の販売価格より高く設定されるのが通常である。したがって利息相当額に重要性があれば，割賦売上債権と売上収益は利息相当額を除いて計上するとともに，利息相当額は割賦売上債権の回収期間にわたって償却原価法[11]で受取利息として計上する。また取引価格に含まれる金融要素の影響額は損益計算書において通常の売上高とは区別して表示する（78-3項）。なお割賦販売の収益は販売基準に基づいて計上しなければならない。

**設例4-8　金融要素の会計処理**

当社は，商品を10,000円で割賦販売し代金は毎年2,500円の4回分割払いで受け取ることとした。この販売の代金総額に含まれる利息相当額（実効利子率年5％）には重要性があると判断し，利息部分は売上収益から除外したうえで，割賦売上債権の回収期間にわたって計上する（計算上の端数は最終的に四捨五入）。

2,500円の4回払いの現在価値：$9{,}308 = 2{,}500 + \frac{2{,}500}{1.05} + \frac{2{,}500}{1.05^2} + \frac{2{,}500}{1.05^3}$

**■販売時（第1回割賦代金の受領時）の処理**

| | | | | | |
|---|---|---|---|---|---|
| （借） | 割賦売掛金 | 9,308 | （貸） | 売上 | 9,308 |
| | 現金預金 | 2,500 | | 割賦売掛金 | 2,500 |

**■第2回代金回収時（2年度）の処理**

| | | | | | |
|---|---|---|---|---|---|
| （借） | 現金預金 | 2,500 | （貸） | 割賦売掛金 | 2,160 |
| | | | | 受取利息 | (*) 340 |

(*) 前期末割賦売掛金6,808円×0.05＝340円

---

11　償却原価法とは，償還金額より安く（高く）取得した場合に，その差額を利益（損失）として償還時に一度に計上せずに償還期間に応じて毎期利息として計上し，当期に配分すべき金額を帳簿価額に加算（減算）する方法をいう。くわしくは第15章5節を参照。ここでは金融要素が加味されて収益の金額が本来の販売価額より高く設定されているものとして，本来の販売価額との差額を金融要素として償却原価法で処理することが求められている。

<償却原価法による受取利息の計算>

| | | 代金回収 | | | |
|---|---|---|---|---|---|
| | | 1回目 | 2回目 | 3回目 | 4回目 |
| 受取額 | | 2,500 | 2,500 | 2,500 | 2,500 |
| 内利息 | | 0 | 340 | 232 | 119 |
| 内元金 | | 2,500 | 2,160 | 2,268 | 2,381 |
| 売掛金残高 | 9,308 | 6,808 | 4,648 | 2,381 | 0 |
| 2,500の現在価値 | | 2,500 | 2,381 | 2,268 | 2,160 |

#### ④　履行義務への配分（第4ステップ）

取引価格が複数の履行義務に対するものである場合は，取引開始日の独立販売価格の比率に基づき，取引価格を履行義務に配分する（66項，68項，69項）。

独立販売価格が直接に観察できない場合には，次の（ⅰ）または（ⅱ）の方法で見積る。ただし同一の財またはサービスを異なる顧客に同時またはほぼ同時に幅広い価格帯で販売しているか，当該財またはサービスの価格を企業が未だ設定しておらず独立して販売したことがない履行義務については，（ⅲ）の方法を使用することができる（指針30号31項）。なお採用した見積り方法については，類似した状況であれば首尾一貫して適用する。

（ⅰ）その財やサービスの販売市場を評価して，顧客が支払うと見込まれる価格を見積もる方法
（ⅱ）履行義務の充足に要するコストの見積額に適切な利益相当額を加算する方法
（ⅲ）取引価格の総額から他の財またはサービスの独立販売価格を控除する方法

契約で約束した財やサービスの独立販売価格が契約の取引価格を上回る部分は，売上値引の性質を有するから，識別された履行義務に対して比例配分する（70項）。ただし合理性があれば一部の履行義務だけに値引相当額を配分してもよい（71項）。

#### ⑤　履行義務の充足による収益の認識（第5ステップ）

IFRS15号および基準29号の特徴は，契約を履行義務に分解して，各履行義務の充足に即して収益を認識していくことにある。**履行義務の充足**とは「約束した財やサービスに対する支配が，企業から顧客に移転すること」をいう（35項）。財やサービスに対する支配とは，その財やサービスの使用を指図し，それが有する便益のほとんどすべてを享受する能力を意味する（37項）。

#### （i）履行義務を充足するパターンの判定

履行義務が充足されているか否か（換言すれば「財やサービスに対する支配」が企業から顧客に移転しているか否か）を判定するためには，まず履行義務が充足される2つのパターンを識別する必要がある。その1つは（a）履行義務が一定の期間にわたって充足されるパターンであり，もう1つは（b）履行義務が一時点で充足されるパターンである。判定には次の3つの要件を用いて，要件のうちいずれかを満たす場合には（a）とし（38項），満たさないものは（b）とする（39項）。

（ア）企業による履行義務の充足につれて，顧客が便益を享受すること
（イ）履行義務の充足につれて，資産の創出やその価値増加が生じ，それにつれて顧客がその資産を支配すること
（ウ）企業が顧客との契約における義務を履行することにより，別の用途に転用できない資産が生じ，かつ履行済部分の対価の収受を強制できる権利を有すること

なおこれら3要件に照らして（a）に分類された場合でも，履行義務の充足期間がごく短ければ，履行義務完了の時点で収益を認識する（つまり（b）の会計処理をする）ことができ（指針30号95項，96項），船舶による輸送サービスでは一航海を単一の履行義務として（b）の会計処理をすることができる（指針30号97項）。

#### （ii）一定期間にわたる収益の認識

一定期間にわたり充足される履行義務に分類された取引は，履行義務の充足の進捗度を見積もって，これに基づいて収益を一定期間にわたり認識する（41項）。この会計処理が適合する可能性が高い取引の代表的なものとしては，事前の契約に基づく継続的なサービス提供や，建物の建設工事・造船・ソフトウェア制作などがある。これらの取引は図表4－1における取引の流れとは異なり，生産の前に顧客との契約に基づき取引価格が特定されていて，生産した財やサービスの販売に関する不確実性がほとんどないため，生産に伴って収益を認識することに合理性が認められる。この点は本章**2**(**2**)の長期請負工事の収益認識でみたとおりである（設例4－1を参照）。

なおこの会計処理の結果が十分な信頼性を有するためには，履行義務の進捗度を合理的に見積もることができる必要がある（44項）[12]。そのための方法とし

ては次の方法があるが，企業は提供する財やサービスの性質を考慮してこのうち合理的と判断される方法を選択し，類似のものにはその方法を一貫して適用しなければならない（42項）。

**図表 4-3 ■履行義務の充足の進捗度の見積り方法**

| | |
|---|---|
| アウトプット法 | 契約で約束したサービスのうち，企業が現在までに移転した部分の顧客にとっての価値の割合を，生産単位数や経過期間などを考慮して直接的に見積もる方法 |
| インプット法 | 企業が履行義務を完全に充足するのに必要と予想されるインプットの合計額のうち，現在までに投入されたインプットの割合を発生したコストや労働時間などを指標として見積もる方法 |

なお不動産や金銭の貸付およびビル清掃や設備のメンテナンスのように，事前に締結された契約に基づいて継続的なサービスの提供を行う取引（継続的役務の提供）については，通常，契約対象の全期間のうち企業がサービスを提供した経過期間に基づいて進捗度を見積もる場合が多い。アウトプット法の一種であるこの方法は，時間基準とよばれることがある。

また見積もった進捗度は毎決算日に見直すことが求められており，見積りの変更によって生じた影響額は「会計上の見積りの変更」として変更年度の損益に含める（43項）。さらに工事原価総額が工事収益総額を超過して損失の発生が見込まれる場合は，すでに計上した損失額を除く将来の損失予想額について，工事損失引当金を計上して当該年度の損失として処理する。

**設例 4-9　長期請負工事の収益認識**

当社は，総請負価額10,000千円，見積総工事原価8,000千円の長期工事に関する契約を取り交わした。工事に着手してからの1年間に生じた工事原価は2,000千円であった。この工事について当社は，①他の顧客に転売することは禁止されている。また②顧客が債務不履行となった場合に，約束どおりに履行を継続するならば約束された対価のすべてに対して強制力のある権利を有している。

この契約にかかわる収益の認識に当たっては，まずこの取引に適用すべき履行義

12　進捗度を合理的に見積もることができない場合でも，発生する費用を回収することが見込まれる場合には，進捗度を合理的に見積もることができる時まで「原価回収基準」により処理する（基準29号45項）。この方法による場合には，かかった原価のうち回収可能な金額によって売上を計上する。なお，この場合には利益は生じない。

務充足のパターンを判定する必要があるが，①と②の契約条件に照らすと，この取引は履行義務が一定の期間にわたって充足されるパターンに関して（ⅰ）に示されている3つの要件のうち（ウ）に該当しているため，一定の期間にわたり収益を認識することになると判断されるので，一定期間にわたって充足される履行義務として収益認識する。なお工事進捗度の見積りにはインプット法（原価比例法）を用いることとする。

基準29号においては，工事の進行に伴って受け取る対価に関する権利は「契約資産」[13]とし，企業が顧客に移転した財またはサービスと交換に受け取る対価に対する企業の権利のうち無条件のものは「顧客との契約から生じた債権」とする（勘定科目は完成工事未収金，売掛金等）。

■当期の会計処理

| | | | | | |
|---|---|---|---|---|---|
| （借） | 契約資産 | 2,500 | （貸） | 工事収益 | 2,500 |
| （借） | 工事原価 | 2,000 | （貸） | 諸費用 | 2,000 |

工事進捗度　2,000万円÷8,000万円＝25％

■工事完成時の会計処理

| | | | | | |
|---|---|---|---|---|---|
| （借） | 完成工事未収金 | 10,000 | （貸） | 契約資産 | 10,000 |

#### （ⅲ）一時点での収益の認識

一時点で充足される履行義務に分類される取引は，資産に対する支配が企業から顧客に移転した時点で収益を認識する（39項）。ここでいう支配の移転の時点は次の指標を考慮して決定する（40項）。

(a) 企業が対価を収受する現在の権利を有していること
(b) 顧客が資産に対する法的所有権を有していること
(c) 企業が資産の物理的占有を移転したこと
(d) 顧客が資産の所有に伴うリスクを負い，経済価値を享受していること
(e) 顧客が資産を検収したこと

一時点で認識される収益については，基本的に「原則」と同様に「販売基準」が適用されているが，販売の完了時点を上記のような客観的な指標に基づいた「支配の移転」に着目して特定するところに基準29号の特徴がある。そのためIFRS15号や基準29号の収益認識は「支配モデル」を採用しているといわれることがある[14]。一時点での収益の認識に関する処理は，結果的に「原則」

---

13　逆にあらかじめ対価を受け取ったもの，または対価を受け取る期限が到来しているものは「契約負債」という。

14　なお「支配モデル」については，コラム2の（4）を参照。

と同様に実現に着目した「販売基準」と同様の処理といえよう。

なお割賦販売については商品の引渡し時点で顧客に支配が移転しているから，販売基準のみが認められることになる。また基準29号では，顧客の検収によって支配が移転したことになるが，国内取引で出荷から検収までの期間が数日間程度の通常の期間であれば，出荷時や着荷時などの前もって決められた一時点で収益を認識することができるとされている。

コラム2

## 収益の認識をめぐる論点

### (1) 収益の定義

ASBJの討議資料「財務会計の概念フレームワーク」では，「収益（revenues and gains）とは，企業の資産の増加もしくは負債の減少要因のうち株主との取引（資本取引）以外のもので，投資のリスクから解放されているもの」と定義されている。ここでいう「投資のリスクから解放されている」とは，企業が投資の際に期待した成果が事実として達成されている（あるいは達成されなかった）ことをいう。したがって広義の収益のなかには商品や製品等の「販売」から得られる狭義の収益（revenues）のみならず固定資産や有価証券等の「売却」から得られる利得（gains）も含まれる。また値上がりを期待した金融商品については時価の変動による事後的な評価差額も利得（gains）に含まれる。ただし本章の解説は，このうち狭義の意味での収益（revenues）の認識と測定に限定されている。

IFRSでは伝統的に顧客との取引による収益（売上）だけではなく利得（gains）を含めた意味で収益（incomeないしrevenues）という用語が使われてきたが，日本や米国ではこのうち利得（gains）を除く部分だけを意味する用語として収益（revenues）が用いられてきた。そのためIFRS15号ではあえて「顧客との契約に基づく収益」という表現を用いて，同基準の対象を販売収益（狭義の収益）に限定している。また基準29号の規定も基本的に販売収益を対象としている。

### (2) 実現概念の変遷

会計上「実現」が利益計算上の要件として用いられるようになったのは，少なくとも第1次世界大戦以降のことであるとされている。この時期に会計上の収益認識に際して「実現」概念が用いられるようになったのは，それまでの現金収支に基づく利益計算に対して，顧客との取引に着目した利益計算が必要とされるようになったためである。

その後，「収益を認識すべき時点として適格な事象」に対して収益が実現したという表現（広義の実現概念）が用いられていた時代から，やがて実現を「販売の完了（既販売事象）」と同義（狭義の実現概念）で用いるのが一般的になった。その結果，抽象度の高い実現という概念に代えて，広義の実現については

「収益の認識」，狭義の実現については「販売の完了」という表現が用いられるようになっている。またIFRS15号や基準29号では，収益の認識について実現という用語の代わりに履行義務の充足や支配の移転という用語が用いられている。

さらに金融資産等については保有したまま（つまり狭義の意味では未実現のまま）収益を認識する会計基準の導入に伴って，国際的には収益の認識に関して「実現」という用語自体がタブー視されるようになっている。なお金融投資も含めた収益認識と実現の考え方の関係については，第10章で学ぶ「リスクからの解放」概念をあわせて参照してほしい。

### (3) IFRS15号の導入の背景

IFRS15号「顧客との契約から生じる収益」は，1990年代に相次いだIT産業の収益計上をめぐる不正問題や2001年の相次ぐ会計不祥事に対処し，さらにマイレージの付与等の複数要素契約（multiple element agreement）に代表される新しい複雑な取引形態に対処するために，IASBとFASBが収益に関するより包括的な会計基準を開発することを目指して2002年に共同でスタートさせた収益認識プロジェクトの成果としてIASBから2014年に公表されたものである。なおFASBからもほぼ同じ内容のTopic660が同時に公表されている。そのため，日本の基準29号は売上表示の国際的な比較可能性を高めるという観点から可能な限りIFRS15号をそのまま受け入れようという立場に立脚して策定されている。

### (4) 支配モデルと工事進行基準

IFRS15号を開発する過程で，IASBは当初，長期請負工事の収益認識を定めたIAS11号「工事契約」と一般的な収益認識を定めたIAS18号「収益」を統合し得る包括的な収益認識基準の開発を目指していた。その結果として，例えば顧客に対する物理的な移転や法的権利の移転等の客観的で観察可能な「財およびサービスの支配の移転」に着目して収益を認識する収益認識モデル（いわゆる「支配モデル」）を開発することを試みた。

そのため，長期請負工事については顧客に物理的な支配が移転した時に収益を認識する「完成基準」のみを認め，「進行基準」を認めない討議資料が2008年に公表された。しかしこの案は市場関係者からの反対に遭ったため，「進行基準」を容認せざるを得ないことになった。その結果，「完成基準」のような「客観的に観察可能」な「支配の移転」ではなく，「実質的に支配が移転した」といえる指標（基準29号のステップ5に掲げられている3つの指標）を設けて，当該指標に該当する場合には「一定期間」にわたって顧客に支配が移転しているとみなして収益を認識することとし，それ以外の場合には「一時点」で収益を認識するという基準の建て付けになった。したがってIFRS15号や基準29号はIASBが当初めざしていた「支配モデル」とは異質なものになっている。

# 棚卸資産と売上原価

**学習のポイント**

本章では，棚卸資産の会計処理を学習する。学習にあたっては，第2章で学習した取得原価主義の考え方を踏まえ，①取得原価の算定，②原価配分，③期末評価という3つの場面に分けて論点を整理するとよい。また，③期末評価の場面では，比較的新しいルールとして，収益性の低下に基づく簿価切下げが導入されている。このような会計処理が伝統的な取得原価主義会計の枠組みの中でどのように位置づけられているのかを考えてみると，日本の会計基準に関する理解がより深まるであろう。

## 1　棚卸資産の範囲

**棚卸資産**（inventory）とは，企業がその営業目的を達成するために所有し，かつ，売却を予定する資産をいい，商品，製品，半製品，原材料，仕掛品等がこれに該当する。たとえば，土地や建物等の不動産は，企業がそれらを使用目的で保有する場合には，次章で学習する固定資産に分類されるが，不動産販売業者がそれらを販売目的で保有する場合には，棚卸資産に該当することになる。

一方で，企業会計基準第9号「棚卸資産の評価に関する会計基準」（以下，本章では基準9号という）では，売却を予定しない資産であっても，販売活動および一般管理活動において短期間に消費される事務用消耗品等は，棚卸資産に含めることとされている（3項）。これは，このような財貨について，短期的に消費されることや実務上の便宜を考慮して棚卸資産に含めていた企業会計原則と関係諸法令との調整に関する連続意見書第四「棚卸資産の評価について」（以下，本章では連続意見書という）の考え方を踏襲したためである。

## 2　取得原価

第2章で学習したように，「企業会計原則」（以下，本章では「原則」という）

第三・五では，貸借対照表に記載する資産の価額は，原則として，当該資産の取得原価を基礎として計上しなければならないとされている。棚卸資産についても，**取得原価主義**に基づき，原則として購入代価または製造原価に引取費用等の付随費用を加算して取得原価とする[1]。

材料や商品等の購入代価については，原則として，送状価額から値引額，割戻額等を控除した金額とする。一方で，現金割引額は，理論的にはこれを送状価額から控除すべきといわれるが，実務上は現金割引制度が広く行われていないこと等から，送状価額から控除しないことが認められている。

また，製品等の製造原価については，実際原価だけではなく，適正な原価計算基準[2]に従って予定価格または標準原価を適用して算定した原価によることができる。一方で，製品の生産量に比例して発生する変動費のみを用いて製造原価を算定する直接原価計算制度を採用している場合には，貸借対照表に記載する原価は固定費込みの原価に修正する必要がある。

## 3　原価配分

棚卸資産の取得原価は，**原価配分の原則**に従い，当期の費用たる部分と将来の期間の費用となる部分とに配分され，後者が貸借対照表に棚卸資産として記載される。第2章で学習したように，商品を例にすると，その取得原価は，当期の費用たる売上原価と，次期以降の費用となる繰越商品に配分する[3]。ただし，消費された原価のどこまでが期間費用になるのかを決めるのは，「収益と費用の対応」の概念であることに留意する必要がある。製造業における原材料であれば，それが消費されることで原価配分が行われたとしても，材料費が期間費用として計上されることはない。それらは，いったん製造原価に配分されたう

1　重要性の原則の適用により，棚卸資産の取得原価に含められる引取費用，関税，買入事務費，移管費，保管費等の付随費用のうち，重要性の乏しいものについては，取得原価に算入しないことができる。

2　1962年に企業会計審議会から公表された「原価計算基準」では，実際原価（財貨の実際消費量をもって計算した原価）と，標準原価（財貨の消費量を科学的，統計的調査に基づいて能率の尺度となるように予定し，かつ，予定価格または正常価格をもって計算した原価）が示されている。

3　商品売買の一般的な記帳方法である三分法では，期中は外部仕入高を商品の取得原価（仕入勘定）に反映し，それと期首繰越商品の原価の合計額が，決算時に売上原価と期末繰越商品に配分される。

えで，製品の売上原価のように実現収益の獲得に貢献した原価のみが，その期の期間費用として計上される。

以下では，棚卸資産の原価配分の手続を解説するが，棚卸資産の場合には，次章で学習する固定資産とは異なり，消費部分と未消費部分を個別に把握することができる。そのため，棚卸資産は，消費数量と未消費数量のそれぞれに単価を乗じることによって，原価配分が行われる。

### (1)　数量計算

棚卸資産の払出数量を計算する方法としては，**棚卸計算法**（定期棚卸法，periodic inventory method）と**継続記録法**（恒久棚卸法，perpetual inventory method）がある。**図表5－1**で示すように，棚卸計算法は，実地棚卸によって期末棚卸資産の数量を確定し，これを記録された受入数量および期首数量から差し引くことによって払出数量を算定する。他方，継続記録法は，棚卸資産の受入数量と払出数量を継続して記録し，在庫数量を常に明らかにしておく。

**図表5－1■棚卸資産の数量計算**

①　棚卸計算法

| | |
|---|---|
| 期首商品 50個 | 払出数量 370個（差　額） |
| 当期仕入 450個 | 期末商品 130個（実地棚卸） |

②　継続記録法

| | |
|---|---|
| 期首商品 50個 | 払出数量 370個（在庫記録） |
| 当期仕入 450個 | 期末商品 130個（在庫記録） |

棚卸計算法は，事務的に簡便であるものの，減耗数量が払出数量に混入し，払出数量の計算が不正確になるおそれがあるため，重要性の乏しい棚卸資産に限りその適用が認められる。他方，継続記録法は，在庫記録によって払出数量を正確に計算することができるが，減耗数量を把握することができない。そのため，継続記録法の適用にあたっては，帳簿記録の不完全性を補うために，実地棚卸を行って在庫記録と突合する必要がある。

### (2)　単価計算（評価方法）

棚卸資産の消費数量と未消費数量が確定した場合には，それぞれに単価を乗じることによって原価配分が行われる。基準9号では，棚卸資産の評価方法について，個別法，先入先出法，平均原価法および売価還元法の中から選択した方法を適用して売上原価等の払出原価と期末棚卸資産の価額を算定することとされている（6-2項）[4]。

### ①　個別法

個別法（specific cost method）とは，取得原価の異なる棚卸資産を区別して記録し，その個々の実際原価によって期末棚卸資産の価額を算定する方法をいう。この方法を量産品に対して適用すると，払出単価を恣意的に選択することによる利益操作のおそれがある。そのため，個別法は，宝石や中古車等のように個別性が強い棚卸資産の評価に用いられる。

### ②　先入先出法

**先入先出法**（first-in, first-out method：FIFO）とは，最も古く取得されたものから順次払出しが行われ，期末棚卸資産は最も新しく取得されたものからなるとみなして期末棚卸資産の価額を算定する方法をいう。この方法は，「古いものから先に払い出す」と仮定するため，企業の一般的な在庫管理の流れと一致する。また，継続的な物価上昇を前提とすると，期末棚卸資産の単価が直近の市場価格を反映することになる。

### ③　平均原価法

平均原価法とは，取得した棚卸資産の平均原価を算出し，この平均原価によって期末棚卸資産の価額を算定する方法をいう。この場合の平均原価の算出方法としては，**総平均法**（weighted average method）と**移動平均法**（moving average method）がある。前者は，一期間の平均単価を算定し，それに基づいて払出単価と期末棚卸資産の金額を算定する。他方，後者は，棚卸資産を受け入れる都度，加重平均単価を算定し，それに基づいて払出単価と期末棚卸資産の金額を算定する。総平均法は，移動平均法と比較して，簡便な方法といえるが，1年間の総平均単価を使用することを前提とすると，期末まで払出単価を

4　棚卸資産の評価方法は，事業の種類，棚卸資産の種類，その性質およびその使用方法等を考慮した区分ごとに選択し，継続して適用しなければならない。

確定できないという問題がある。

#### ④ 売価還元法

**売価還元法**（retail inventory method）とは，値入率等の類似性に基づく棚卸資産のグループごとの期末の売価合計額に，原価率を乗じて求めた金額を期末棚卸資産の価額とする方法をいう。売価還元平均原価法による原価率の算定式を示すと，以下のようになる。

$$\frac{\text{期首繰越商品原価}+\text{当期受入原価総額}}{\text{期首繰越商品売価}+\text{当期受入原価総額}+\text{原始値入額}+\text{値上額}-\text{値上取消額}-\text{値下額}+\text{値下取消額}}$$

売価還元法によると，棚卸資産の自然的分類（形状，性質，等級等の相違による分類）に基づく品種の差異は考慮せず，異なる品目を値入率等の類似性に従って適正なグループにまとめ，１つのグループに属する期末棚卸資産の売価合計額に原価率を乗じて期末棚卸資産の原価額を算定することから，企業の事務負担を軽減することができる。そのため，この方法は，取扱品種の極めて多い小売業等の業種において用いられる。

#### ⑤ 最終仕入原価法

最終仕入原価法とは，最終仕入原価によって期末棚卸資産の価額を算定する方法をいう。この方法によると，期末棚卸資産の一部は実際取得原価で評価されるものの，最終仕入数量を上回る部分は実際取得原価とは異なる価額で評価される可能性があることから，取得原価主義に反するおそれがある。そのため，この方法の使用は，期末棚卸資産の大部分が最終の仕入価格で取得されている場合や，重要性が乏しい場合に限り容認されている。

#### ⑥ 後入先出法

**後入先出法**（last-in, first-out method：LIFO）とは，最も新しく取得されたものから棚卸資産の払出しが行われ，期末棚卸資産は最も古く取得されたものからなるとみなして，期末棚卸資産の価額を算定する方法をいう。物価変動時に収益と同一の価格水準の費用を計上すべきという考え方に基づくと，後入先出法は，棚卸資産の購入から販売までの保有期間における市況の変動により生じる保有損益が期間損益から排除され，適正な期間損益計算に資すると考えられる。

しかし，後入先出法によると，貸借対照表価額が古い単価を用いて計算されるため，最近の再調達原価の水準と大幅に乖離してしまう可能性がある。また，棚卸資産の期末数量が期首数量を下回る場合には，期間損益計算から排除されてきた保有損益が当期の損益に計上されることから，企業が棚卸資産の購入量を調整することによって，当該保有損益を意図的に当期の損益に計上することができるという指摘がある[5]。さらに，後入先出法の「新しいものから先に払い出す」という仮定は，一般的な棚卸資産の実際の流れを忠実に表現しているとはいえず，IFRSでは，後入先出法の採用が認められていない。

基準9号では，会計基準の国際的なコンバージェンスを図ることを重視し，後入先出法の使用が認められていない。

**設例5-1　棚卸資産の評価方法**

当社（決算日3月末）におけるX1期の商品の受払いは以下のとおりである。

| 取引日 | 取引内容 | 単価 | 数量 |
|---|---|---|---|
| 4月1日 | 前期繰越 | 100円 | 50個 |
| 6月10日 | 仕入 | 120円 | 150個 |
| 8月20日 | 販売 | 300円 | 140個 |
| 10月31日 | 仕入 | 150円 | 190個 |
| 12月1日 | 販売 | 340円 | 230個 |
| 2月10日 | 仕入 | 160円 | 110個 |
| 3月31日 | 次期繰越 | − | 130個 |

この場合の売上原価および繰越商品の金額ならびにそれらの計算方法は以下のとおりである。

| | 売上原価 | 繰越商品 |
|---|---|---|
| ①　先入先出法 | 48,500円 | 20,600円 |
| ②　総平均法 | 51,134円 | 17,966円 |
| ③　移動平均法 | 48,668円 | 20,432円 |
| ④　最終仕入原価法 | 48,300円 | 20,800円 |
| ⑤　後入先出法 | 54,500円 | 14,600円 |

5　具体的には，決算日直前の棚卸資産の購入量を減らすことによって意図的に期首在庫に食い込みを生じさせ，累積した保有損益を期間損益に反映することが考えられる。

① **先入先出法**

| 期首商品<br>@100円×50個<br>＝5,000円 | 売上原価<br>＝48,500円<br>（差額） |
|---|---|
| 当期仕入<br>@120円×150個<br>**@150円**×190個 →<br>**@160円**×110個 →<br>＝64,100円 | 期末商品<br>**@150円**×20個<br>**@160円**×110個<br>＝20,600円 |

② **総平均法**

| 期首商品<br>@100円×50個<br>＝5,000円 | 売上原価<br>**@138.2円**×370個<br>＝51,134円 |
|---|---|
| 当期仕入<br>@120円×150個<br>@150円×190個<br>@160円×110個<br>＝64,100円 | 期末商品<br>**@138.2円**×130個<br>17,996円 |

平均単価**@138.2円**
＝（5,000円＋64,100円）÷500個

③ **移動平均法**

| 期首商品<br>@100円×50個<br>＝5,000円 | 売上原価<br>**@115円**(*1)×140個<br>**@141.6円**(*2)×230個<br>＝48,668円 |
|---|---|
| 当期仕入<br>@120円×150個<br>@150円×190個<br>@160円×110個<br>＝64,100円 | 期末商品<br>**@157.17円**(*3)×130個<br>＝20,432円 |

④ **最終仕入原価法**

| 期首商品<br>@100円×50個<br>＝5,000円 | 売上原価<br>＝48,300円<br>（差額） |
|---|---|
| 当期仕入<br>@120円×150個<br>@150円×190個<br>**@160円**×110個 →<br>＝64,100円 | 期末商品<br>**@160円**×130個<br>20,800円 |

(*1)（5,000円＋@120円×150個）÷（50個＋150個）＝@115円
(*2)（115円(*1)×60個＋@150円×190個）÷（60個＋190個）＝141.6円
(*3)（141.6円(*2)×20個＋@160円×110個）÷（20個＋110個）＝157.16･･･円

⑤ **後入先出法**

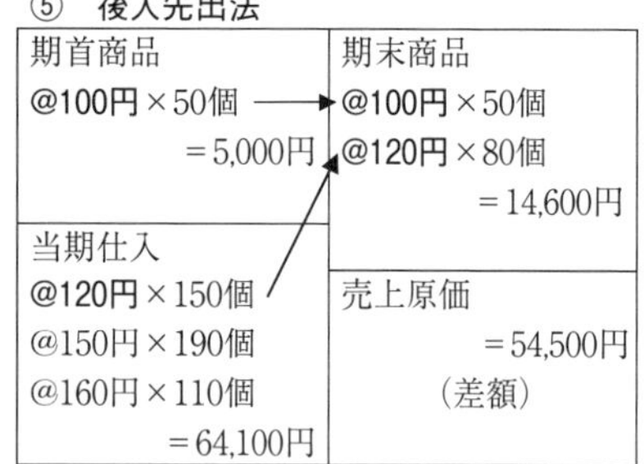

**設例５－２**　**売価還元平均原価法**

当社は商品を売価還元法によって評価しており，当該商品に関する情報は以下のとおりである。

① 期首商品原価：6,000円　② 期首商品売価：7,300円
③ 当期仕入原価：27,750円　④ 原始値入額：14,250円
⑤ 値上額：1,000円　⑥ 値上取消額：300円
⑦ 値下額：5,750円　⑧ 値下取消額：750円
⑨ 期末商品売価：10,000円

この場合は，以下で図示したように，期末商品の金額は7,500円となり，当期の売上原価の金額は26,250円となる。

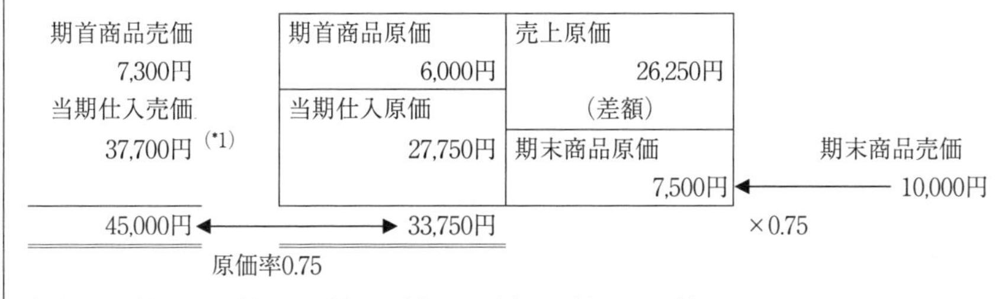


(*1) 27,750円＋14,250円＋1,000円－300円－5,750円＋750円＝37,700円

# 4　期末評価（評価基準）

2006年に基準９号が公表されるまでは，**原価法**が原則的な棚卸資産の評価基準であり，**低価法**[6]は例外的な評価基準と位置づけられてきた。しかし，基準９号の適用により，通常の販売目的で保有する棚卸資産は，取得原価をもって貸借対照表価額とし，期末における正味売却価額が取得原価よりも下落している場合は，当該正味売却価額をもって貸借対照表価額とすることとされている。

## (1)　評価基準の考え方

「原則」が原価法を採用していた理由は，当期の損益が期末時価の変動また

6　連続意見書において，低価法（低価基準）は，価格変動に基づいて，期末棚卸資産の取得原価が時価を超える事実が発生している場合には，時価をもって期末棚卸資産の評価額とし，取得原価が時価を超えていない場合には，取得原価をもって期末棚卸資産の評価額とする評価基準とされている。

は将来の販売時点に確定する損益によって歪められてはならないという考え方に基づき，棚卸資産の原価を当期の実現収益に対応させることにより，適正な期間損益計算を行うことができると考えられてきたためといわれる。その一方で，連続意見書は，低価法が容認されてきた理由として，各国において用いられてきた慣行的評価思考であり，実務界からも広く支持されていたこと，通常の営業過程においてどの程度の資金に転化するのかを示すことも有用であること等を挙げている。低価法の論拠は，一般に，期末に保有する棚卸資産に関して将来の損失が見込まれるときには，損失を早期に計上すべきという保守主義の原則にあるものとされてきた。このような「原則」の考え方は，「名目上の取得原価（原始取得原価）で据え置くこと」を取得原価基準の本質とみる考え方に基づいているといわれる。

一方で，第15章および第19章で学習するように，今日においては，金融資産や固定資産の収益性が低下した場合には，回収可能な額まで帳簿価額を切り下げることが要求されており，取得原価基準は，将来の収益を生み出すという意味においての有用な原価，すなわち回収可能な原価だけを繰り越す考え方とみることもできる。このように「原価＝取得に要した支出額」とみるのではなく，「原価＝回収可能原価」と解釈すると，低価法を取得原価基準に基づく会計処理（原価法の枠内）として位置づけることができる。このような考え方に基づき，基準9号では，**収益性が低下した場合における簿価切下げ**は，取得原価基準の下で回収可能性を反映させるように，過大な帳簿価額を減額し，将来に損失を繰り延べないために行われる会計処理とされている（36項）。そして，棚卸資産は，通常，販売によって資金の回収を図ることから，評価時点における資金回収額を示す正味売却価額が帳簿価額を下回っている場合には，収益性が低下していると考え，帳簿価額の切下げを行うことになる。

### (2) 簿価切下げの会計処理

通常の販売目的で保有する棚卸資産は，期末における正味売却価額が取得原価よりも下落している場合には，当該正味売却価額をもって貸借対照表価額とし，取得原価と当該正味売却価額との差額は当期の費用として処理する。

**設例5-3 簿価切下げの会計処理**

当社は，決算日に商品の実地棚卸を実施し，以下の事実が判明した。

① 期末商品の取得原価は@50円であり，決算日における帳簿棚卸数量は110個，実地棚卸数量は100個であった。

② 実地棚卸数量の中には品質低下品が20個含まれており，それらの正味売却価額は@７円である。また，それら以外の期末商品（良品）の正味売却価額は@42円である。

この場合，当社は，決算日に以下のように仕訳する。

| | | | | | |
|---|---|---|---|---|---|
| （借） | 棚卸減耗費 | (*1) 500 | （貸） | 商品 | 2,000 |
| | 商品評価損 | (*2) 1,500 | | | |

(*1)（帳簿棚卸数量110個－実地棚卸数量100個）×取得原価@50円＝500円

(*2) 640円 (*3) ＋860円 (*4) ＝1,500円

(*3)（取得原価@50円－正味売却価額（良品）@42円）×実地棚卸数量（良品）80個＝640円

(*4)（取得原価@50円－正味売却価額（品質低下品）@７円）×実地棚卸数量（品質低下品）20個＝860円

### ① 正味売却価額の算定

**正味売却価額**とは，売価（購買市場と売却市場とが区別される場合[7]における売却市場の時価）から見積追加製造原価および見積販売直接経費を控除したものをいう[8]。

売却市場において市場価格が観察できないときには，合理的に算定された価額[9]を売価とする。また，営業循環過程から外れた滞留または処分見込等の棚卸資産について，合理的に算定された価額によることが困難な場合には，その状況に応じ，帳簿価額を処分見込価額（ゼロまたは備忘価額を含む）まで切り下げる方法や，一定の回転期間を超える場合に規則的に帳簿価額を切り下げる方法により，収益性の低下の事実を反映する。

なお，消費者への直接販売と代理店経由の間接販売を行っている場合や正規販売とアウトレット販売のように，企業が複数の売却市場に参加し得る場合には，実際に販売できると見込まれる売価を用いる。また，複数の売却市場が存在し売価が異なる場合であって，棚卸資産をそれぞれの市場向けに区分できないときには，それぞれの市場の販売比率に基づいた加重平均売価等を用いる。

---

7　購買市場とは，資産を購入する場合に企業が参加する市場をいい，売却市場とは，資産を売却する場合に企業が参加する市場をいう。

8　見積追加製造原価および見積販売直接経費が売価を超えるときには，正味売却価額はマイナスとなる。このような場合には，マイナスの正味売却価額を反映させるために引当金による損失計上が行われることがある。

9　期末前後での販売実績に基づく価額を用いる場合や，契約により取り決められた一定の売価を用いる場合が含まれる。

### ② 再調達原価の使用

再調達原価とは，購買市場と売却市場とが区別される場合における購買市場の時価に，購入に付随する費用を加算したものをいう。製造業における原材料等のように再調達原価のほうが把握しやすく，正味売却価額が当該再調達原価に歩調を合わせて動くと想定される場合には，継続して適用することを条件として，再調達原価（最終仕入原価を含む）によることができる。これは，将来の売価が期末の売価より下落することが想定される場合には，期末の再調達原価まで帳簿価額を切り下げることにより，実質的に将来の予想売価を基礎とするのと同様の簿価切下げが可能になると考えられるからである。

### ③ 収益性低下の判断および簿価切下げの単位（グルーピングの要否）

収益性の低下の有無に関する判断および簿価切下げは，原則として個別品目ごとに行う。第19章で学習する固定資産の減損処理とは異なり，棚卸資産に関する投資の成果は，通常，個別品目ごとに確定するため，収益性の低下を判断し，簿価切下げを行う単位も個別品目単位とすべきといえる。

ただし，複数の棚卸資産を一括りとした単位で行うことが適切と判断されるときには，グルーピングを行う。たとえば，補完的な関係にある複数商品の売買を行っている企業において，いずれか一方の売買だけでは正常な水準を超えるような収益は見込めないが，双方の売買では正常な水準を超える収益が見込めるような場合[10]には，グルーピングを行うほうが投資の成果を適切に示すことができると判断される。

### ④ 売価還元法を採用している場合

売価還元法を採用している場合においても，正味売却価額が帳簿価額よりも下落している場合には，当該正味売却価額をもって貸借対照表価額とする。ただし，基準9号では，従来の実務等が考慮され，値下額等が売価合計額に適切に反映されている場合には，以下の計算式に基づく原価率（売価還元低価法の原価率）により求められた期末棚卸資産の帳簿価額は，収益性の低下に基づく簿価切下額を反映したものとみなすことができるとされている（13項）。

---

10 たとえば，企業が販売促進のために製造した製品については，それ単体で販売するのではなく，補完的な関係にある商品・製品とともに販売することによってキャッシュを獲得できる。

$$\frac{\text{期首繰越商品原価}+\text{当期受入原価総額}}{\text{期首繰越商品売価}+\text{当期受入原価総額}+\text{原始値入額}+\text{値上額}-\text{値上取消額}}$$

上記の計算式では，前述の売価還元平均原価法による原価率の算定式とは異なり，分母に「値下額」と「値下取消額」が含まれていない。そのため，売価還元低価法の原価率は，売価還元平均原価法による原価率と比べて，分母の金額が大きくなり，原価率は小さくなる。以下の**図表5－2**で示すように，正味売却価額が再調達原価に歩調を合わせて動くことを前提として「(値下げの影響を除外した) 低価法原価率」を「(期末棚卸資産の) 値下げ後の売価」に乗じることによって，再調達原価を見積るわけである。

**図表5－2 ■低価法原価率を用いた再調達原価の見積り**

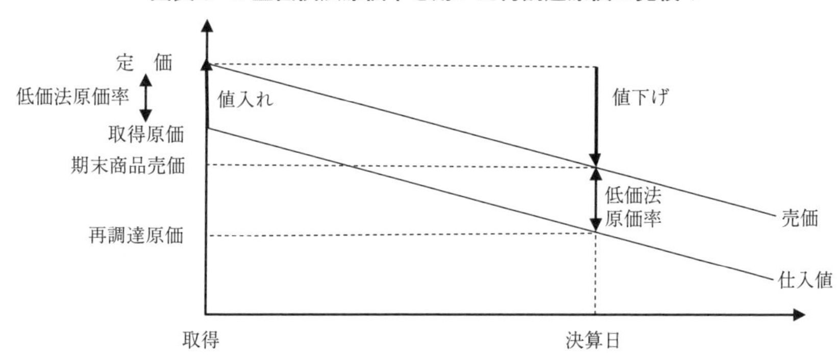


## 設例5－4　売価還元低価法

当社は，売価還元低価法を使用しており，値下額等が売価合計額に適切に反映されている。設例5-2における商品に関する情報を前提とすると，期末商品の金額は6,750円となり，当期の売上原価の金額は27,000円となる。

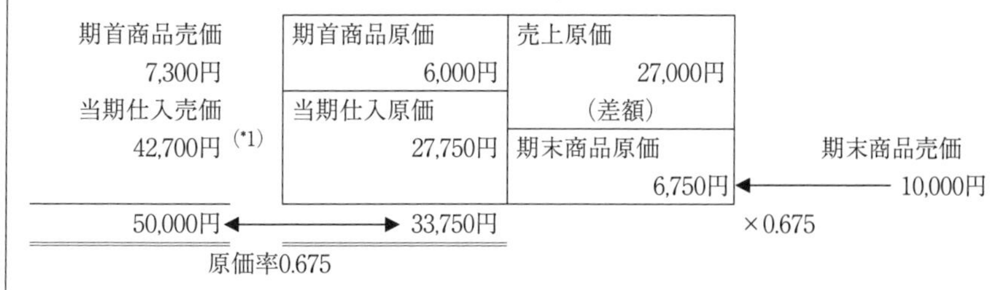


(*1) 27,750円＋14,250円＋1,000円－300円＝42,700円

#### ⑤　洗替え法と切放し法

前期に計上した簿価切下額の戻入れに関しては，当期に戻入れを行う方法（**洗替え法**）と行わない方法（**切放し法**）が考えられる。第19章で学習する固定資産の減損処理においては，損失発生の可能性の高さを要件とする蓋然性規準が採用されていることから，減損損失の戻入れは行われない。これに対して，棚卸資産の収益性の低下は，期末における正味売却価額が帳簿価額を下回っているかどうかによって判断し，損失発生の蓋然性が考慮されていないことから，洗替え法によって正味売却価額の回復という事実を反映する必要があると考えられる。その一方で，収益性の低下に基づき過大な帳簿価額を切り下げ，将来に損失を繰り延べないために行われる会計処理においては，正味売却価額が回復した場合であっても費用処理した金額を戻し入れるべきではないと考え，切放し法を支持する見解もある。

基準9号では，洗替え法と切放し法のいずれが実務上簡便であるかは企業により異なること等を踏まえ，両者を棚卸資産の種類ごとに選択適用できることとされている（14項）[11]。

### (3)　開　示

通常の販売目的で保有する棚卸資産について，収益性の低下による簿価切下額は，売上原価とする。これは，通常の販売目的で保有する棚卸資産の収益性が低下した場合の簿価切下額は，販売活動を行う上で不可避的に発生したものであるため，売上高に対応する売上原価として扱うことが適切と考えられるからである。ただし，棚卸資産の製造に関連して不可避的に発生すると認められるときには製造原価として処理する。また，収益性の低下に基づく簿価切下額が，臨時の事象に起因し，かつ，多額であるときには，特別損失に計上する[12]。

## 5　トレーディング目的で保有する棚卸資産

当初から加工や販売の努力を行うことなく単に市場価格の変動により利益を

11　売価の下落要因を区分把握できる場合には，物理的劣化や経済的劣化，もしくは市場の需給変化の要因ごとに選択適用できる。

12　臨時の事象とは，重要な事業部門の廃止や災害損失の発生等が該当し，この場合には，洗替え法を適用していても，簿価切下額の戻入れを行ってはならない。

得る**トレーディング目的で保有する棚卸資産**[13]は，第15章で学習する売買目的有価証券と同様に金融投資の性格を有することから，これと同様に時価をもって貸借対照表価額とし，その評価差額は当期の損益として処理する[14]。

なお，トレーディング目的で保有する棚卸資産に関する損益は，原則として，純額で売上高に表示する。

コラム3

**棚卸資産の簿価切下げ**

本章で学習したように，「原則」および連続意見書では，低価法は，取得原価基準の例外と位置づけられており，「期間損益計算の見地からすると合理性をもたない」と指摘されている。一方，基準9号では，収益性が低下した場合における簿価切下げは，取得原価基準の下で行われる会計処理と位置づけたうえで，適正な期間損益計算の観点から要請される会計処理とされている。両者は，一見すると相反する主張をしているように見える。しかし，取得原価基準を，名目上の取得原価で据え置く考え方とみるのか，それとも，将来の収益を生み出す有用な原価のみを繰り越す考え方とみるのか，という両者の前提の相違を考慮すると，いずれの主張も成立しうることになる。「原則」および連続意見書は，前者の考え方を前提としていることから，棚卸資産の期末評価にあたって，過去の支出額ではなく正味売却価額まで切り下げる低価法は，取得原価基準の例外と解釈される。一方で，基準9号は，固定資産や金融資産の収益性が低下した場合の簿価切下げが広く受け入れられていることを踏まえ，後者の考え方を前提とし，棚卸資産の帳簿価額の回収不能部分は，将来の収益獲得に貢献しないという意味で，有用な「原価」とはいえないことになる。そのため，回収可能価額である正味売却価額まで評価額を切り下げる会計処理は，取得原価基準の枠内に位置づけられる。低価法を取得原価基準の枠内で説明する考え方は，基準9号固有の考え方ではなく，残留有用原価説（残留有効原価説）あるいは回収可能原価説として古くから知られている。

難解で奇妙な議論と思われるかもしれないが，複数の抽象的な概念を操作し，ルール全体の体系性やその基礎にある考え方を検討することは，会計学の面白さの1つといえる。個々の会計基準の学習だけに終始するのではなく，ルール全体の体系性にも目を向けてほしい。

13　たとえば，トレーディング目的で保有する金地金等の現物商品（コモディティ）が該当する。
14　トレーディング目的で保有する棚卸資産として分類するための留意点や保有目的の変更の処理，時価の注記等についても，第15章で学習する売買目的有価証券に関する取扱いに準じる。

# 第6章 有形固定資産と減価償却

**学習のポイント**

本章では，有形固定資産の会計処理を学習する。学習にあたっては，第5章で学習した棚卸資産の会計処理と同様に，①取得原価の算定，②原価配分，③期末評価（減損処理については，第19章で学習する）という3つの場面に分けて論点を整理するとよい。その際には，販売目的で保有している棚卸資産の会計処理と使用目的で保有している固定資産の会計処理の異同点に注意して学習を進めると，効率的に理解を深めることができるであろう。

## 1　有形固定資産の範囲

**図表6－1**で示すように，「財務諸表等規則」（以下，本章では「財規」という）において，貸借対照表の資産の部は，流動資産，固定資産および繰延資産に区分し，固定資産については，有形固定資産，無形固定資産および投資その他の資産に分類することとされている（14条）。

**図表6－1■資産の部の区分表示**

| 貸借対照表 | | |
|---|---|---|
| 資産の部 | | |
| Ⅰ　流動資産 | XXX | |
| Ⅱ　固定資産 | | |
| 1.　**有形固定資産** | **XXX** | |
| 2.　無形固定資産 | XXX | |
| 3.　投資その他の資産 | XXX | |
| Ⅲ　繰延資産 | XXX | |

本章で学習する**有形固定資産**（property, plant and equipment: PPE）とは，企業が使用目的で保有する物理的実体のある資産をいう。たとえば，企業が所有する土地，工場，本社ビル等の不動産や，営業車，機械，備品等がこれに該当する。「財規」では，有形固定資産について，**図表6－2**のように区分して表示

することされている（22条，23条）。

**図表6－2 有形固定資産の具体例と区分表示**

| 具　体　例 | 区分表示 |
|---|---|
| 建物および暖房，照明等の付属設備 | 建物 |
| 岸壁や煙突等の土地に定着する土木設備や工作物 | 構築物 |
| 機械及び装置ならびにコンベヤー等の搬送設備その他の付属設備 | 機械装置 |
| 船舶及び水上運搬具 | 船舶 |
| 鉄道車両，自動車その他の陸上運搬具 | 車両運搬具 |
| （耐用年数1年以上の）工具，器具及び備品 | 工具器具備品 |
| 土地 | 土地 |
| リースの借手が原資産をリース期間にわたり使用する権利 | 使用権資産 |
| 有形固定資産の建設のための支出および充当した材料 | 建設仮勘定 |

有形固定資産と前章で学習した棚卸資産との重要な差異として留意する必要があるのは，有形固定資産は，棚卸資産のように売却によって投資を回収するのではなく，継続的な使用によって投資を回収することを期待して保有することである[1]。図表6－2の建物を例に挙げると，建設業を営む企業が販売目的で建物を所有している場合には，当該建物は棚卸資産に分類される。その一方で，製造業を営む企業が営業用店舗として建物を所有している場合には，当該建物は有形固定資産に分類されることになる。このような棚卸資産と有形固定資産の保有目的の差異に起因して，後述するような会計処理の相違が生じることになる。

## 2　取得原価

固定資産は，前章で学習した棚卸資産と同様に，**取得原価主義**に基づき，原則として，当該資産の取得原価を基礎として計上する。企業会計原則と関係諸法令との調整に関する連続意見書第三「有形固定資産の減価償却について」

1　有形固定資産についても，それを売却することによって投資を回収することもできる。しかし，仮に売却による回収額のほうが使用による回収額よりも高い場合には，合理的な経営者はその有形固定資産を売却するはずであるため，有形固定資産については，基本的にそれを継続保有することを想定してよい。

（以下，本章では連続意見書という）は，固定資産の取得形態ごとに取得原価の算定方法を示している。

### (1)　購入の場合

固定資産を購入によって取得した場合には，棚卸資産を購入によって取得した場合と同様に，原則として，購入代金に買入手数料，運送費，荷役費，据付費，試運転費等の付随費用を加えて取得原価とする[2]。

### (2)　自家建設の場合

固定資産を自社で製造（自家建設）した場合には，棚卸資産を製造した場合と同様に，適正な原価計算基準に従って製造原価を計算し，これに基づいて取得原価を算定する。

固定資産の自家建設に要する資金を借入れによって調達した場合には，その利息（**借入資本利子**）を取得原価に算入するかが論点となる。「原価計算基準」五において，非原価項目の例として支払利息が示されているように，借入資本利子については，原則として固定資産の取得原価に算入しない。借入資本利子については，固定資産の取得に要する支出額ではなく，資金調達によって生じた財務費用と考え，これを借入期間にわたって費用化するわけである。

その一方で，連続意見書では，「建設に要する借入資本の利子で稼働前の期間に属するもの」という要件を満たす場合は，これを取得原価に算入することが容認されている[3]。このような要件を満たす借入資本利子は，国際会計基準における適格資産にかかる借入費用の資産化と同様に，固定資産の取得と密接な因果関係があると認められることから，固定資産の取得に要した支出額とみなすこともできる。このように自家建設に要する借入資本利子を原価算入した場合には，固定資産の使用によって獲得される収益と対応させるために，減価償

---

2　正当な理由がある場合には，付随費用の一部または全部を加算しない額をもって取得原価とすることができる。

3　企業会計原則と関係諸法令との調整に関する連続意見書第四「棚卸資産の評価について」では，棚卸資産の購入に要した利息あるいは棚卸資産を取得してから処分するまでの間に生じる利息を取得原価に含めるかについて，利息は期間費用とすることが一般の慣行であるから，これを含めないことを原則とすべきであるとされている。なお，日本公認会計士協会から公表されている「不動産開発事業を行う場合の支払利子の監査上の取扱いについて」では，一定の要件を満たす支払利息の原価算入が認められている。

却によって費用化されることになる。

### (3) 現物出資の場合

株式を発行し，その対価として固定資産を受け入れた場合には，企業会計基準第８号「ストック・オプション等に関する会計基準」に基づき，対価として用いられた自社の株式の契約日における公正な評価額と，取得した固定資産の公正な評価額のうち，いずれかより高い信頼性をもって測定可能な評価額で取得原価を算定する（15項）。たとえば，公開企業が現物出資によって固定資産を受け入れた場合は，通常，自社の株式の市場価格により信頼性のある測定が可能であると考えられるため，これに基づいて取得原価が算定される。

ここでは，固定資産と自社の株式の等価交換が前提とされているため，いずれの評価額を用いたとしても，取得原価が異なることはない。しかし，いずれかの公正な評価額の測定が困難なケースも想定されることから，このような規定が定められている。

### (4) 交換の場合

日本公認会計士協会から公表されている監査第一委員会報告第43号「圧縮記帳に関する監査上の取扱い」では，自己所有の固定資産と交換に固定資産を取得した場合の会計処理について，譲渡資産の帳簿価額を取得資産の取得原価とする見解と，譲渡資産または取得資産の時価を取得資産の取得原価とする見解[4]が示されている。そのうえで，同一種類，同一用途の固定資産を交換によって取得した場合には，前者の見解によって取得原価を算定することとされている。これは，同一種類，同一用途の固定資産間の交換の場合は，譲渡資産と取得資産との間に連続性が認められるので，会計上両者を同一視することができ，実質的に交換取引がなかったと考えられることを論拠としている。すなわち，譲渡資産に対する投資が継続していると考えられることから，交換損益は認識せず，譲渡資産の帳簿価額を引き継ぐことになる。

一方で，上記以外の交換の場合は，後者の見解によって取得原価を算定する。この場合には，交換資産間で種類または用途が異なることから，譲渡資産に対

4　ここにおける交換取引は等価交換が前提とされているため，譲渡資産の時価と取得資産の時価は一致することが想定されている。

する投資をいったん清算したうえで，改めて時価で取得資産に対する投資を行ったと考え[5]，その時点のいずれかの時価をもって取得原価とする。

### (5)　贈与の場合

固定資産を無償取得した場合には，取得に要した支出額がゼロであることから，取得原価主義によると，当該固定資産を簿外処理することも考えられる。しかし，このように会計処理すると，当該固定資産が貸借対照表に計上されず，また，損益計算書に減価償却費も計上されないことから，企業の財政状態および経営成績に関する財務諸表利用者の判断を誤らせるおそれがある。そこで，固定資産を贈与された場合には，時価等を基準として公正に評価した額をもって取得原価とする。

### (6)　資本的支出と収益的支出

固定資産に関連する支出のうち，当該固定資産の原価に算入される支出を**資本的支出**（capital expenditure）といい，支出時の費用とされる支出を**収益的支出**（revenue expenditure）という。有形固定資産の稼働後においては，その機能を維持するために修繕を行うことが一般的であり，このような修繕費については，収益的支出として支出時の費用とされる。その一方で，企業は，有形固定資産の耐用年数を延長させるための支出を行ったり，当該資産の能力や価値を高めるための支出を行うこともある。このような支出については，将来の収益獲得に貢献すると考えられることから，当該収益と対応させるために資本的支出として固定資産の取得原価に算入し，減価償却によって費用化されることになる。

### (7)　圧縮記帳

「企業会計原則」（以下，本章では「原則」という）では，国庫補助金，工事負担金等で取得した資産については，国庫補助金等に相当する金額をその取得原価から控除することが認められている[6]（注24）。このような会計処理は，**圧縮記帳**（reduction entry）とよばれる。

---

5　第26章で学習する事業分離に関する会計処理のルールは，ここで学習した「投資の継続・清算」という概念を用いて規定されている。

国から資本助成を目的とした補助金が交付され，当該補助金を用いて機械装置を購入するケースを考えてみよう。補助金の交付時において，企業は，国庫補助金受贈益を収益認識すると，補助金相当額の一部が課税によって国に返還されることで補助効果が減殺されてしまい，また，残額については株主に対する配当原資に含まれることになる。そこで，補助金相当額の圧縮損を計上することで，国庫補助金受贈益と相殺し，一時に課税の対象となることや配当原資とされることを回避するために，圧縮記帳が認められている。

ただし，圧縮記帳は，あくまでも課税の繰延べを目的とする会計処理であって，税金支払額の総額が減少するわけではない点に注意する必要がある。圧縮損の計上により有形固定資産の取得原価が減少すると，その後の期間に計上される減価償却費の総額は，圧縮損の金額分だけ小さくなる。その結果として，圧縮記帳を採用した場合の純利益の金額は，それを採用しなかった場合の純利益の金額よりも大きくなり，それが課税の対象となる。圧縮記帳を用いると，補助金の交付時に一時の課税対象とされることは回避できるが，その後の会計期間においては，補助金相当額が課税対象とされるわけである。

圧縮記帳の方法には，（ｉ）補助金相当額を固定資産の取得原価から直接減額し，同額の費用を計上する**直接減額方式**と，（ii）補助金相当額の圧縮積立金を設定する**積立金方式**がある。「原則」では，直接減額方式が示されているが，この方式によると，有形固定資産の取得原価が減額されるため，取得原価主義との関係が問題となり，また，その後の減価償却費も過少計上されるという問題が指摘される。これに対して，積立金方式によると，有形固定資産が取得原価によって評価され，そのような評価額に基づく減価償却費が計上される一方で，圧縮積立金の取崩しによって補助金相当額が徐々に益金算入され，課税の繰延べが行われることになる。

**設例6－1　圧縮記帳**

当社は，X1年度期首に国庫補助金200円の交付を受けた。同日に機械装置（定額法，耐用年数４年，残存価額ゼロ）を現金600円で購入し，補助金相当額の圧縮記帳を行った。

この場合，X1年度における当社の仕訳は，以下のとおりである。

6　この場合は，貸借対照表上，（ｉ）取得原価から国庫補助金等に相当する金額を控除する形式で記載する方法と，（ii）取得原価から国庫補助金等に相当する金額を控除した残額のみを記載し，当該国庫補助金等の金額を注記する方法のいずれかにより表示する。

① 直接減額方式を採用している場合

| | | | | | |
|---|---|---|---|---|---|
| (借) | 現金 | 200 | (貸) | **国庫補助金受贈益** | **200** |
| (借) | 機械装置 | 600 | (貸) | 現金 | 600 |
| (借) | **機械装置圧縮損** | (*1) **200** | (貸) | 機械装置 | 200 |
| (借) | 減価償却費 | (*2) 100 | (貸) | 減価償却累計額 | 100 |

(*1) 機械装置圧縮損200円と国庫補助金受贈益200円が相殺され，補助金相当額が一時に課税されることが回避される。
(*2) 取得原価（600円－200円）÷４年＝100円

② 積立金方式を採用している場合

| | | | | | |
|---|---|---|---|---|---|
| (借) | 現金 | 200 | (貸) | **国庫補助金受贈益** | **200** |
| (借) | 機械装置 | 600 | (貸) | 現金 | 600 |
| (借) | **繰越利益剰余金** | **200** | (貸) | **圧縮積立金** | (*3) **200** |
| (借) | 減価償却費 | (*4) 150 | (貸) | 減価償却累計額 | 150 |
| (借) | **圧縮積立金** | (*5) **50** | (貸) | **繰越利益剰余金** | **50** |

(*3) 圧縮積立金200円は，課税所得の計算上，損金として処理されることにより，国庫補助金受贈益200円と相殺される。
(*4) 取得原価600円÷４年＝150円
(*5) 圧縮積立金取崩額50円は，課税所得の計算上，益金として処理される。結果として，国庫補助金受贈益200円は，耐用年数（４年）にわたって徐々に課税の対象に含められることになる。

## 3 原価配分

既に学習したように，資産の取得原価は，資産の種類に応じた**原価配分の原則**によって，各事業年度に配分しなければならない。有形固定資産は，その取得原価を耐用期間にわたり，所定の計画に基づいて計画的，規則的に費用として配分するとともに，同額だけ資産価額を減少させる。このような原価配分の手続を**減価償却**（depreciation）という[7]。

### (1) 減価償却の目的

減価償却は，有形固定資産の決算日における価値あるいは時価に基づく評価

7 土地については，その耐用年数が無限であり減価が生じないことから，非償却資産として減価償却は行わない。また，建設仮勘定についても，それが稼働するまでは，減価償却は行われない。

の手続ではなく，取得原価を計画的・規則的に配分する手続である点に注意する必要がある。仮に，有形固定資産の時価が上昇したとしても，評価額の切上げを行うことはないし，反対に時価が下落したとしても，当初の計画に基づく原価配分を継続する。

また，IFRSでは，資産に具現化された経済的便益の消費を反映するように減価償却を行うことが要求されているが，日本の会計基準は，有形固定資産を使用することによる会計期間ごとの減価を個別的に把握することは困難であるという考え方を前提としている[8]。有形固定資産については，このような考え方に基づき，「減価を仮定」して原価配分を行うわけである。

減価償却の目的は，**図表6－3**で示したように，計画的，規則的な原価配分を行うことによって収益との対応を図り，適正な期間損益計算を行うことにある。

**図表6－3 ■減価償却による原価配分**

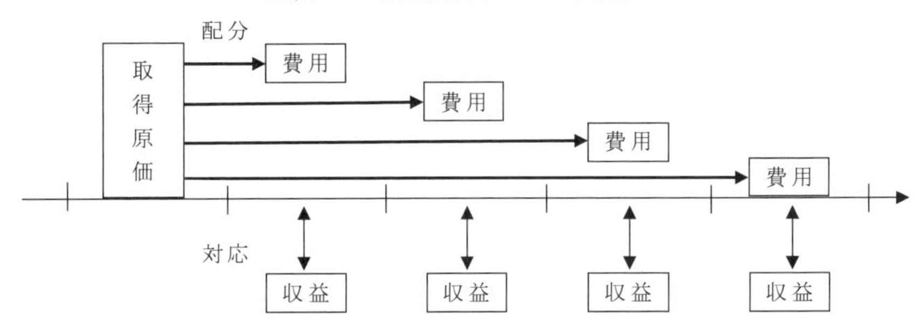


## (2)　減価償却の計算方法

減価償却費の計算にあたっては，すでに解説した取得原価のほかに，①残存価額，②耐用年数，③減価償却方法を決定する必要がある。

### ①　残存価額

**残存価額**（scrap value：salvage value）とは，固定資産の耐用年数到来時において予想される当該資産の売却価格または利用価格である。各期間にわたっ

8　後述するように減価が主として固定資産の利用に比例して発生する場合があり，そのような場合には，生産高を基準として減価償却が行うことが合理的である。

て配分される減価償却費総額は，固定資産の取得原価から耐用年数到来時におけるその残存価額を控除した額となる。

残存価額は，各企業が資産の特殊的条件を考慮して合理的に見積りを行うべきものであるが，実務上は，多くの企業が法人税法の規定に従って残存価額を設定している。以前の実務においては，取得原価の10％を残存価額とすることが多かったが，法人税法の改正により，2007年4月1日以後取得する減価償却資産については，残存価額が廃止され，耐用年数経過時点に備忘価額（1円）まで償却できることとされている。日本公認会計士協会から公表されている監査・保証実務委員会実務指針第81号「減価償却に関する当面の監査上の取扱い」（以下，本章では「監査上の取扱い」という）では，このような実務についても，特段の事情がない限りは妥当なものとして取り扱われている。

### ②　耐用年数

**耐用年数**（service life）とは，減価償却資産の取得原価から残存価額を控除した金額を，規則的，合理的に費用として配分すべき期間をいう。固定資産は，利用ないし時の経過による固定資産の磨滅損耗を原因として減価する。また，物質的にいまだ使用に耐える状態であっても，技術革新等の外的事情により固定資産が陳腐化し，あるいは不適応化したことによっても減価が生ずる。前者は**物質的減価**といい，後者は**機能的減価**という。固定資産の耐用年数の決定にあたっては，物質的減価と機能的減価の双方を考慮する必要がある。

固定資産の耐用年数には，**一般的耐用年数**と企業別の**個別的耐用年数**とがある。一般的耐用年数は，耐用年数を左右する諸条件を社会的・平均的に考慮して決定されたものであり，固定資産の種類が同じであれば，個々の資産の置かれた特殊的条件にかかわりなく全国的に画一的に定められた耐用年数である。これに対して，個別的耐用年数は，各企業が自己の固定資産の特殊的条件を考慮して自主的に決定する耐用年数である。理論上は，同種の固定資産であっても，操業度の大小，技術水準，修繕維持の程度，経営立地条件の相違等によってその耐用年数も異なるべきものであるといえる。しかしながら，実務上は，法人税法に基づく一般的耐用年数を用いることが一般的であり，「監査上の取扱い」では，このような実務についても，特段の事情がない限り妥当なものとして取り扱われている。

### ③　減価償却方法

原価の配分基準としては，期間を配分基準とするものと，生産高（利用高）を配分基準とするものがある。前者の代表的な計算方法としては，定額法，定率法および級数法があり，後者の計算方法としては，生産高比例法がある[9]。

#### （i）定額法

**定額法**は，以下の算式のとおり，固定資産の耐用期間中，毎期均等額の減価償却費を計上する方法である。

減価償却費＝（取得原価－残存価額）÷耐用年数

これは，固定資産の要償却額（＝取得原価－残存価額）のうち，毎期「1÷耐用年数の割合」を減価償却費として計上することを意味するため，以下のように書き換えることもできる。

減価償却費＝要償却額×償却率

#### （ii）定率法

**定率法**は，固定資産の耐用期間中，毎期期首未償却残高に一定率を乗じた減価償却費を計上する方法である。以前の実務においては，いわゆる旧定率法の償却率（法人税法の規定に基づき，取得原価の10%を残存価額とする償却率）が用いられていた。具体的には，以下の計算式に従って減価償却費が計上されていた[10]。

$$償却率＝1－\sqrt[耐用年数]{\frac{残存価額}{取得原価}}$$

減価償却費＝帳簿価額×償却率

しかし，前述のように，法人税法の改正により残存価額が廃止されたことに伴い，現在の実務においては，残存価額をゼロとする償却率を用いる償却（い

9　経営者は，使用する減価償却方法を選択し，それを重要な会計方針として注記する。この点については，第28章で学習する。

10　定率法を用いる場合には，「取得原価」でなく，「帳簿価額」に償却率を乗じる点に注意してほしい。

わゆる200%定率法）が行われている。この場合の償却率および減価償却費は，次のように計算される。

償却率＝定額法による償却率×200%
減価償却費＝帳簿価額×償却率

たとえば，耐用年数５年の減価償却資産の場合，定額法の償却率は0.2（＝1÷５年）であり，200%定率法による償却率は，これに200%を乗じた0.4となる。しかし，このような償却率を用いて減価償却を行っていくと，減価償却費が逓減することによって耐用期間中に備忘価額までの償却を完了することができない。そこで，特定事業年度以降は，残存年数による均等償却に切り替えて備忘価額まで償却することとされている。この均等償却に切り替えるか否かを判定するために，取得原価に保証率[11]を乗じることによって償却保証額を計算する。この償却保証額は，200%定率法によって算定される減価償却費の最低限度額となり，これを下回るほどに減価償却費が逓減してしまう場合には，均等償却に切り替えるわけである。具体的には，以下の算式のとおり，償却保証額と，前述の償却率によって計算された調整前減価償却費を比較することによって減価償却費を計算する。

調整前減価償却費＝帳簿価額×償却率・・・①
償却保証額＝取得原価×保証率・・・・・・②
①≧②の場合
→ ①を減価償却費とする。
①＜②の場合
→ 未償却原価を均等償却する。

### （iii）級数法

**級数法**は，以下の算式のとおり，固定資産の耐用期間中，毎期一定の額を算術級数的に逓減した減価償却費を計上する方法である。

算術級数総和＝耐用年数×（耐用年数＋1）÷2
減価償却費＝要償却額×残存耐用年数÷算術級数総和

---

11 償却保証額を計算するための償却率，改定償却率および保証率は，「減価償却資産の耐用年数等に関する省令」別表第十で定められている。

たとえば，耐用年数3年の有形固定資産の算術級数と減価償却費の関係を図示すると，**図表6－4**のようになる。この方法は，定率法の簡便法といわれ，定率法による減価償却費の急激な逓減を緩和する点が特徴となる。

**図表6－4　級数法**

| | 1年目 | 2年目 | 3年目 | |
|---|---|---|---|---|
| 算術級数 | 3 | 2 | 1 | → 総和6 |
| 減価償却割合 | 3/6 | 2/6 | 1/6 | |

#### （iv）生産高比例法

**生産高比例法**は，固定資産の耐用期間中，毎期当該資産による生産または用役の提供の度合いに比例した減価償却費を計上する方法である。この方法は，当該固定資産の総利用可能量が物理的に確定でき，かつ，減価が主として固定資産の利用に比例して発生するもの，たとえば，鉱業用設備，航空機，自動車等について適用することが認められる。

**設例6－2**　**減価償却方法**

当社は，X1期首に現金900円を支払い，車両（耐用年数5年，総走行可能距離20万km）を購入した。以下の①～⑤に基づき，X1期（走行距離3万km）に計上される減価償却費を計算する。

①　定額法（残存価額ゼロ）を採用している場合
②　旧定率法（残存価額10%，償却率0.369）を採用している場合
③　200%定率法（残存価額ゼロ，保証率0.108，改定償却率0.5）を採用している場合
④　級数法（残存価額ゼロ）を採用している場合
⑤　生産高比例法（残存価額ゼロ）を採用している場合

**①　定額法を採用している場合**

（借）減価償却費 (*1) 180　（貸）減価償却累計額　180

(*1) 取得原価900円÷5年＝180円

**②　旧定率法を採用している場合**

（借）減価償却費 (*2) 332　（貸）減価償却累計額　332

(*2) 帳簿価額900円×償却率0.369＝332円

### ③　200%定率法を採用している場合

（借）減 価 償 却 費　(*3) 360　（貸）減価償却累計額　360

(*3) 調整前償却額360円(*4)＞償却保証額97円(*5)　∴　減価償却費360円
(*4) 帳簿価額900円×償却率0.4(*6)＝360円
(*5) 取得原価900円×保証率0.108＝97円
(*6) 1÷5年×200%＝償却率0.4

### ④　級数法を採用している場合

（借）減 価 償 却 費　(*7) 300　（貸）減価償却累計額　300

(*7) 取得原価900円×残存耐用年数5年÷算術級数総和15(*8)＝300円
(*8) 5×（5＋1）÷2＝15

### ⑤　生産高比例法を採用している場合

（借）減 価 償 却 費　(*9) 135　（貸）減価償却累計額　135

(*9) 取得原価900円×当期走行距離3万km÷総走行可能距離20万km＝135円

なお，①～④の当該車両の耐用年数における帳簿価額の変化は，以下のように図示することができる。

| | ①定額法 | ②旧定率法 | ③200%定率法 | ④級数法 |
|---|---|---|---|---|
| X1期首 | 900円 | 900円 | 900円 | 900円 |
| X1期末 | 720円 | 568円 | 540円 | 600円 |
| X2期末 | 540円 | 358円 | 324円 | 360円 |
| X3期末 | 360円 | 226円 | 194円 | 180円 |
| X4期末 | 180円 | 143円 | 97円 | 60円 |
| X5期末 | 0円 | 90円 | 0円 | 0円 |

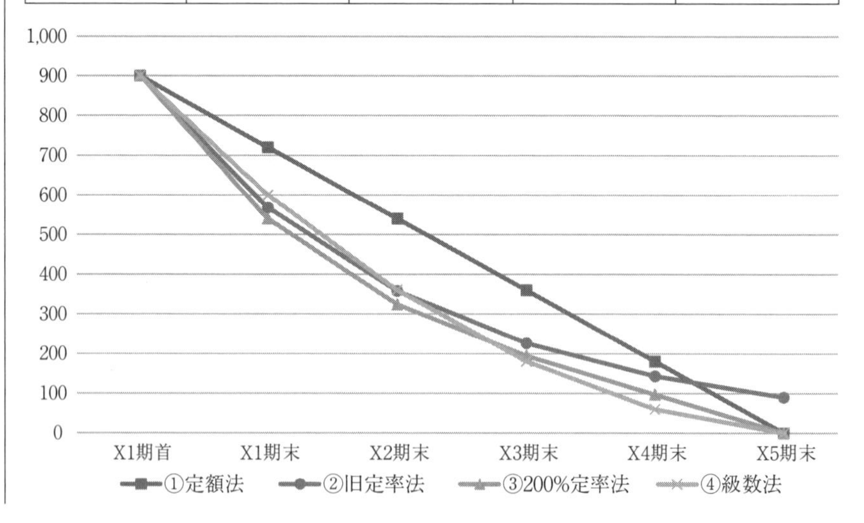

### (3) 個別償却と総合償却

**設例6－2**では，車両を1つの単位として，減価償却費を計算していた。このように，個々の資産単位について個別的に減価償却計算および記帳を行う方法を**個別償却**という。これに対して，複数の固定資産をグルーピングし，一括的に減価償却計算および記帳を行う方法を**総合償却**という。

総合償却には，①耐用年数の異なる多数の異種資産に平均耐用年数を用いて償却計算を行う方法と，②耐用年数の等しい同種資産または，物質的性質ないし用途等において共通性を有する資産を1グループとし，各グループにつき平均耐用年数を用いて償却計算を行う方法がある。

### (4) 減価償却の自己金融機能

固定資産に投下された資金は，当該固定資産を利用し，商品・製品を販売することによって回収される。このような固定資産に対する資金の投下と回収の一連の流れは，固定資産を減価償却することによって流動資産（資金）に転化しているとみることができるため，**固定資産の流動化**といわれる。

また，固定資産に投下された資金が売上等の収益認識によって回収される一方で，減価償却費は，その計上時において資金の流出が生じないことから，減価償却費相当額の資金が企業内部に留保されることになる[12]。つまり，物価変動の影響を無視すれば，固定資産の耐用年数にわたって減価償却費総額に相当する資金が回収・留保されることにより，当該固定資産の再取得に必要な資金が確保されるわけである。このような財務的効果のことを減価償却の**自己金融機能**という（**図表6－5**）。

**図表6－5 自己金融機能**

損益

| | 借方 | 貸方 | |
|---|---|---|---|
| 資金留保 | 減価償却費 | 収　益 | 資金回収 |
| 資金流出 | 現金支出費用 | | |
| | 当期純利益 | | |

12　このように非現金支出費用の計上によって企業内に資金が留保されることは，資金留保効果とよばれることもある。

### (5)　減価償却の記帳と表示

減価償却の記帳方法には，間接法と直接法がある。**設例6－2**で示した減価償却費の相手勘定は，「車両」ではなく，「減価償却累計額」としていたが，減価償却によって有形固定資産の取得原価を直接減額するのではなく，**減価償却累計額**勘定に記入する記帳方法を**間接法**という。これに対して，減価償却費の相手勘定を「車両」とし，取得原価を直接減額する記帳方法を**直接法**という。いずれの方法を用いる場合であっても，固定資産の帳簿価額や減価償却費は一致するが，実務上は，固定資産の取得原価と減価償却累計額を把握することができる間接法を用いることが一般的である。

また，貸借対照表における有形固定資産に対する減価償却累計額は，原則として，各資産科目に対する控除科目として，減価償却累計額の科目をもって表示する。ただし，これらの有形固定資産に対する控除科目として一括して表示することも容認されている。さらに，有形固定資産に対する減価償却累計額は，当該各資産の金額から直接控除し，その控除残高を当該各資産の金額として表示することもできる[13]。

### (6)　除却・売却と評価減

有形固定資産は，耐用年数が経過した時に使用が中止（除却）され，また，耐用年数の中途であっても，それを売却することもある。有形固定資産を売却した場合には，当該有形固定資産をオフバランスするとともに，受取対価との差額を固定資産売却損益として，特別損益に計上する。また，有形固定資産を除却した場合には，当該有形固定資産をオフバランスするとともに，その帳簿価額を固定資産除却損として処理する。ただし，除却資産に売却価値または利用価値が認められる場合には，それを貯蔵品として資産計上する。

災害，事故等の偶発的事情によって固定資産の実体が滅失した場合には，その滅失部分の金額だけ当該資産の簿価を切り下げる必要がある。たとえば，火災によって建物の1/3が焼失した場合には，当該建物の帳簿価額を2/3まで切り下げ，それによる評価損を特別損失の区分に計上することになる。このような切下げの性質は，**臨時損失**であって，減価償却とは異なる。

13　この場合には，各資産の資産科目別に，または一括して，減価償却累計額を注記する。

**設例6－3**　**除却・売却と臨時損失**

当社は，X1年度期首に機械装置を1,000円で取得し，定額法（耐用年数5年，残存価額ゼロ）で減価償却を行っている。X4年度末にこの機械装置（帳簿価額200円）を，①現金310円で売却した場合，②除却（見積売却価値140円）した場合，③火災によって焼失した場合の仕訳は，以下のとおりである。

①　現金310円で売却した場合

| | | | | | |
|---|---|---|---|---|---|
| （借） | 減価償却累計額 | (*1) 600 | （貸） | 機械装置 | 1,000 |
| | 減価償却費 | 200 | | **機械装置売却益** | (*2) **110** |
| | 現金 | 310 | | | |

（*1）取得原価1,000円÷5年×3年＝600円
（*2）受取対価310円－帳簿価額200円＝110円

②　除却（見積売却価値140円）した場合

| | | | | | |
|---|---|---|---|---|---|
| （借） | 減価償却累計額 | 600 | （貸） | 機械装置 | 1,000 |
| | 減価償却費 | 200 | | | |
| | 貯蔵品 | 140 | | | |
| | **機械装置除却損** | (*3) **60** | | | |

（*3）見積売却価値140円－帳簿価額200円＝△60円

③　火災によって焼失した場合

| | | | | | |
|---|---|---|---|---|---|
| （借） | 減価償却累計額 | 600 | （貸） | 機械装置 | 1,000 |
| | 減価償却費 | 200 | | | |
| | **火災損失** | (*4) **200** | | | |

（*4）帳簿価額200円

## (7)　その他の原価配分方法

連続意見書は，減価償却とは異なる特殊な原価配分方法として，**減耗償却**（depletion）と**取替法**（replacement method）を挙げている。

### ①　減耗償却

減耗性資産とは，鉱山業における埋蔵資源や林業における山林のように，採取されるにつれて漸次減耗し涸渇する天然資源を表す資産であり，その全体としての用役をもって生産に役立つものでなく，採取されるに応じてその実体が部分的に製品化されるものである。減耗償却は，減耗性資産に対して適用される原価配分方法であり，減耗性資産の取得原価が毎期の採取量に応じて棚卸資

産に振り替えられる。このような計算手続は，前述の生産高比例法と類似しているが，減価償却とは異なる別個の原価配分方法である。

#### ②　取替法

取替資産とは，信号機，送電線，需要者用ガス計量器，鉄道の枕木等のように，同種の物品が多数集まって，1つの全体を構成し，老朽品の部分的取替を繰り返すことにより全体が維持されるような固定資産である。このような取替資産に対しては，減価償却ではなく，部分的取替に要する取替費用を収益的支出として処理する取替法を適用することが認められている。

コラム4

**配分と評価**

本章で学習した減価償却は，会計学の学習経験がない読者にとって誤解が生じやすい会計処理の1つといえる。簿記論や会計学の初学者は，減価償却を，決算日における固定資産の時価または価値に基づいて当該固定資産を評価替えする手続と解釈し，そのような「評価の公式」として定額法や定率法といった減価償却方法を捉えることが多い。しかし，通常は有形固定資産の経済的便益の消費を具体的に把握することは困難であり，そのような消費が毎期均等額ずつ生じたり，一定率ずつ生じることは希であろう。IFRSでは，経済的便益の消費パターンを反映する減価償却が想定されているが，限られた減価償却方法のみを用いてさまざまな消費パターン（たとえば逓増償却が適合するようなケース）に対応することは難しい。だからこそ，日本基準では，一定の仮定に基づく規則的な原価配分の方法として，減価償却が用いられるわけである。大雑把にいってしまえば，減価償却の仕訳は，借方の費用が先に決まり，それに従属する形で貸方の資産の減少額が決まる。そこには，固定資産の時価や価値の変動を考慮する余地はない。

これは，第2章で学習した利益観（収益費用アプローチと資産負債アプローチ）とも関連する。減価償却を固定資産の評価手続とみる見解もあるが，日本の会計基準は，歴史上も一貫して，それを利益計算のための会計手続と捉えてきた。詳細は第19章で学習するが，固定資産の減損処理の導入にあたっても，それを価値評価の手続とみる見解が棄却され，原価配分の手続とみる見解が採用されている。このように固定資産の会計処理に関するルールの体系を整理することによって，減価償却と減損処理を併用することが利益計算の観点から支持される。

第19章の学習を終えたら，本章の内容を再読し，固定資産会計に関するルールの整合性を考えてみてほしい。

# 第7章 繰延資産と引当金

**学習のポイント**

本章の目的は，発生主義会計における繰延資産と引当金の意義を理解することである。第2章で学んだように，企業の期間損益計算は，収益と費用の対応に基づいて，ある会計期間に実現した収益からこれに対応する費用を差し引くことにより行われている。貸借対照表上の資産・負債項目の中には，この収益と費用の対応（つまり，適正な期間損益計算を行うという観点）からその計上が認められる項目がある。その代表的な項目が費用の繰延項目である繰延資産や見越項目である一部の引当金である。これらの中には，必ずしも法的な権利や義務ではなく，あくまでも期間損益計算を適正に行うための会計上の計算擬制的な項目が含まれていることを念頭に置いて学習するとよいであろう。

## 1　繰延資産・引当金の意義

### (1)　繰延資産の意義

第2章で学習したように，発生主義会計では，ある会計期間から得た成果をよりよく示すように，収入を「期間収益」に変換し，支出を「期間費用」に変換して期間損益計算を行う。「期間収益」の獲得に貢献した原価が「期間費用」として認識され，この「収益と費用の対応」の結果，当期の費用とならなかった支出項目は貸借対照表に資産として計上される。第5章で学習した棚卸資産も，第6章で学習した有形固定資産も「収益と費用の対応」の観点から，次期以降の収益との対応を待つ未回収の「投下原価のかたまり」といえる。

本章で取り上げる繰延資産も，棚卸資産や有形固定資産と同様に貸借対照表に資産計上される項目である。ただし，繰延資産は棚卸資産などと異なり，財産や権利としての実体を有するものではない。**繰延資産**とは「将来の期間に影響する特定の費用」であり，すでに対価の支払が完了し，または支払義務が確定し，これに対応する役務（サービス）の提供を受けたにもかかわらず，その効果が将来にわたって発現するものと期待される費用である（「企業会計原則」

（以下，本章では「原則」という）第三・一D注解15）。**図表7－1**にあるように，特定の費用項目が次期以降の収益の獲得に貢献すると予想される場合には，その効果が将来発現するという事実を重視して，その効果の及ぶ期間の収益に対応させるために，当該費用を資産として繰り延べる。

**図表7－1■繰延資産の計上**

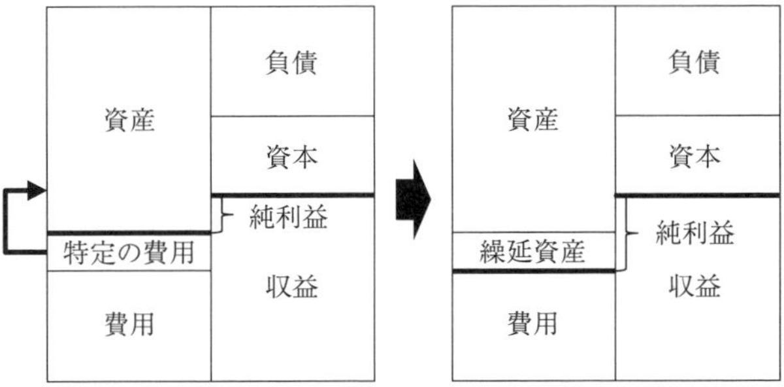

資産
負債
資本
純利益
特定の費用
収益
費用

資産
負債
資本
繰延資産
純利益
収益
費用

前述のように，繰延資産は「収益と費用の対応」の観点からその資産計上が認められる項目であり，必ずしも財産や権利といった実体を持たない，換金価値のない会計上の計算擬制的な項目である[1]。

### ⑵　繰延資産と前払費用との相違点

繰延資産は，現在の支出を将来の費用として配分するための勘定科目という点では前払費用（一定の契約に基づき継続的なサービスの提供を受ける場合，いまだ提供されていないサービスに対して支払われた対価のこと）と同様である。しかし，前払費用は，いまだサービスを受け取っていない（消費していない）部分に対する支出額であるのに対して，繰延資産は，サービスそのものはすでに提供されている（消費されている）点で両者は異なる（**図表7－2**）。

**図表7－2■繰延資産と前払費用との相違点**

| | 対価の支払い | サービスの提供 |
|---|---|---|
| 繰延資産 | 支払済み，または支払義務の確定 | 提供を受けて，消費済み |
| 前払費用 | 支払済み | 提供を受けていない（未消費） |

1　会社法上も，繰延資産は剰余金の分配可能額から控除される「のれん等調整額」の計算に含められて配当に制限が加えられている。分配可能額の算定については第8章を参照。

つまり，前払費用は支出額のうちサービスの提供を受けていない部分を次期以降の費用として計上するための繰延勘定であるのに対して，繰延資産はすでにサービスを消費しているので，本来当期費用とすべきところを「収益と費用の対応」の観点から将来費用として配分するための繰延勘定である。

## (3)　引当金の意義

**引当金**とは，将来の特定の費用または損失の発生に備えるために，その合理的な見積額のうち当期の負担に属する金額を当期の費用または損失として見越計上するために設定される貸方項目（負債，もしくは資産の控除勘定）である。

**図表7－3　引当金の負債計上**

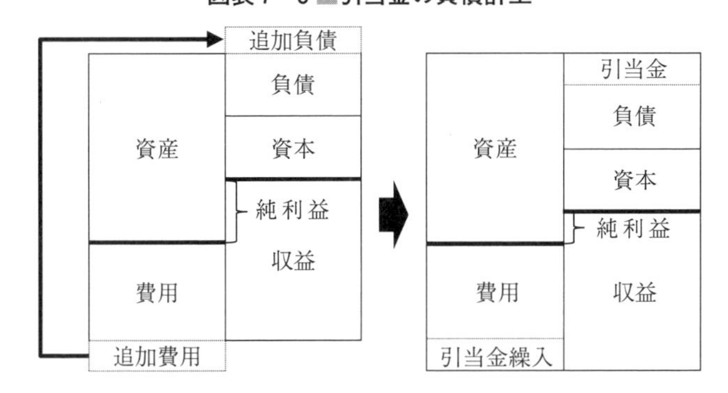


**図表7－3**にあるように，将来に発生すると予想される特定の費用・損失の発生原因が当期の収益と関連する場合，当該費用・損失を収益に適切に対応させるために，「追加費用」を見越して計上（引当金繰入）するとともに「追加負債（引当金）」を計上する[2]。

このため，引当金を設定する意義には①当期の収益に対応する費用を計上することにより適正な期間損益計算を行うという観点と，②決算における債権価額の減少や負債の計上を正しく行い，企業の財政状態を適正に示すという観点がある。特に前者は，引当金の計上根拠を「収益と費用の対応」に求めている。この場合，引当金は，対応関係にある収益が費用よりも先に発生するときに，

2　後述のように，負債計上するのではなく，資産のマイナスの評価勘定として計上することもある。

当期の収益に適切に対応させるために将来の費用・損失を見越し計上するための相手勘定であり，必ずしも法的債務である必要はない。その意味では，繰延資産と同様に，引当金も会計上の計算擬制的な項目となることがありうる。

### (4)　引当金と未払費用との相違点

繰延資産と前払費用との対比でいえば，引当金と未払費用（一定の契約に基づき継続的なサービスの提供を受ける場合，すでに提供されたサービスに対していまだその支払いが行われていないもの）は，ともに支払いが次期以降（未支出）である点は共通する。ただし，未払費用はサービスの提供をすでに受けている一方，引当金については提供をすでに受けているもの（たとえば，退職給付引当金）と，受けていないもの（たとえば，修繕引当金）が混在している。

## 2　繰延資産の会計処理

前述のように，換金価値のない繰延資産については，債権者保護の観点から，かつての商法（および商法施行規則）がその計上範囲を限定列挙していた。その後に公表された会社法（および会社計算規則）は繰延資産として計上することができる具体的な項目を列挙せず，また，具体的な償却方法や償却期間についても定めずに，一般に公正妥当と認められる企業会計の基準その他の企業会計の慣行をしん酌することとしている。そこで，繰延資産の具体的な項目およびその会計処理に関しては，実務対応報告第19号「繰延資産の会計処理に関する当面の取扱い」（以下，本章では実務対応19号という）において定められており，以下の５項目に限定されている。

### (1)　創立費

**創立費**とは，会社の負担に帰すべき設立費用である（実務対応19号３(3)）。具体的には，定款や諸規則作成のための費用，株式募集その他のための広告費，目論見書の印刷費などが挙げられる。

創立費は，原則として，支出時に費用（営業外費用）として処理するが，繰延資産に計上して会社の成立のときから５年以内のその効果の及ぶ期間にわたって，定額法により償却することが認められている（実務対応19号３(3)）。創立費は，会社設立に関連する費用であり，その効果は開業後の営業活動が負担すべきものと考えられる。第1章で学習した継続企業を前提にすればその効果は会社の全存続期間に及ぶこととなるが[3]，債権者保護の観点から償却期間が設定されている。

### (2) 開業費

**開業費**とは，会社成立後営業開始時までに支出した開業準備のための費用である（実務対応19号3(4)）。具体的には，開業準備のために要した土地，建物等の賃借料，広告宣伝費などが挙げられる。

開業費は，原則として，支出時に費用（営業外費用）として処理するが，繰延資産に計上して開業のときから5年以内[4]のその効果の及ぶ期間にわたって定額法により償却することも認められる（実務対応19号3(4)）。なお，開業準備活動は通常の営業活動ではないため，営業外費用として処理するのが原則ではあるが，開業費は営業活動と密接な関係にあることおよび実務の便宜を考慮して，販売費及び一般管理費として処理することができる。

### (3) 株式交付費

**株式交付費**とは，株式の交付と自己株式の処分[5]のために直接支出した費用である（実務対応19号3(1)）。すなわち，株式交付費は，自己資金調達のためのコストである。具体的には，株式募集のための広告費，金融機関や証券会社の取扱手数料などが挙げられる。

株式交付費は，原則として，支出時に費用（営業外費用）として処理するが，企業規模の拡大のために行う資金調達などの財務活動（組織再編の対価として株式を交付する場合を含む）にかかわる株式交付費については繰延資産に計上して，株式交付のときから3年以内のその効果の及ぶ期間にわたって，定額法に

---

3　この場合，創立費の会計処理は償却不要ということになる。

4　なお，「開業のとき」には，その営業の一部を開業したときが含まれる。

5　自己株式の処分にかかわる費用は，旧商法施行規則において限定列挙されていた「新株発行費」には該当しないため，これまで繰延資産として会計処理することはできないと解されてきた。しかし，会社法においては，新株の発行と自己株式の処分の募集手続は募集株式の発行等として同一の手続によることとされ，また，株式の交付を伴う資金調達などの財務活動に要する費用としての性格は同じであることから，新株の発行にかかわる費用の会計処理と整合的に取り扱うことが適当とされた（実務対応19号3(1)）。このためかつての商法が規定していた「新株発行費」は繰延対象項目の範囲拡大に伴って「株式交付費」と名称変更された。

より償却することもできる（実務対応19号3(1)）[6]。

### (4)　社債発行費等

**社債発行費**とは，社債発行のため直接支出した費用である（実務対応19号3(2)）。具体的には，社債募集のための広告費，金融機関や証券会社の取扱手数料などが挙げられる。

社債発行費は，原則として，支出時に費用（営業外費用）として処理するが，繰延資産に計上して，社債の償還までの期間にわたり利息法（継続適用を条件として，定額法）により償却することができる（実務対応19号3(2)）。

また，**新株予約権の発行に係る費用**についても，資金調達などの財務活動（組織再編の対価として新株予約権を交付する場合を含む）にかかわるものについては，社債発行費と同様に繰延資産として会計処理することができ，この場合，新株予約権の発行のときから，3年以内のその効果の及ぶ期間にわたって，定額法により償却する（実務対応19号3(2)）[7]。

### (5)　開発費

**開発費**とは，新技術・新経営組織の採用，資源の開発，市場の開拓等のために支出した費用，生産能率の向上または生産計画の変更等により，設備の大規模な配置替えを行った場合等の費用であり，経常的な費用の性格を有するものは開発費には含まれない（実務対応19号3(5)）。

開発費は，原則として，支出時に費用（売上原価または販売費及び一般管理費）として処理するが，繰延資産に計上して支出のときから5年以内のその効果の及ぶ期間にわたって，定額法その他の合理的な方法により規則的に償却することができる（実務対応19号3(5)）。

なお，「研究開発費等に係る会計基準」の対象となる研究開発費については，発生時に費用として処理しなければならないとされている（詳細については第25章を参照）。

---

6　繰延資産に該当する株式交付費は，企業規模の拡大のためにする資金調達などの財務活動にかかわる費用を前提としているため，株式の分割や株式無償割当てなどにかかわる費用は，繰延資産には該当しない（実務対応19号3(1)）。

7　なお，新株予約権が社債に付されている場合で，当該新株予約権付社債を一括法により処理するときは，当該新株予約権付社債の発行にかかわる費用は，社債発行費として処理する（実務対応19号3(2)）。新株予約権付社債の会計処理については第16章を参照。

以上，繰延資産として計上することができる具体的な項目の会計処理をまとめれば**図表7－4**のとおりである。なお，繰延資産は一律に年数を基準として償却するのではなく，月数等を基準に償却する。また，支出の効果が期待されなくなった繰延資産は，その未償却残高を一時に償却する。

**図表7-4 繰延資産の償却方法**

<table>
<tr><th colspan="2"></th><th>償却方法</th><th>償却期間</th><th>表示（費用計上）</th></tr>
<tr><td colspan="2">創立費</td><td>定額法</td><td>会社設立時から5年以内</td><td>営業外費用</td></tr>
<tr><td colspan="2">開業費</td><td>定額法</td><td>開業時から5年以内</td><td>原則：営業外費用<br>容認：販管費</td></tr>
<tr><td colspan="2">株式交付費</td><td>定額法</td><td>株式交付から3年以内</td><td>営業外費用</td></tr>
<tr><td rowspan="2">社債発行費等</td><td>社債発行費</td><td>原則：利息法<br>容認：定額法</td><td>社債発行から償還までの期間</td><td rowspan="2">営業外費用</td></tr>
<tr><td>新株予約権の発行に係る費用</td><td>定額法</td><td>新株予約権発行から3年以内</td></tr>
<tr><td colspan="2">開発費</td><td>定額法など</td><td>支出時から5年以内</td><td>売上原価または販管費</td></tr>
</table>

**設例7－1　繰延資産の仕訳**

① X1年4月1日に会社設立に際して，同日に定款および諸規則作成のための費用120円を現金で支払った。当社は創立費について繰延資産として計上する。

② X1年10月1日に営業を開始し，開業の準備にあたって賃借料120円，広告宣伝費100円，通信交通費160円，事務用消耗品費140円を現金で支払った。当社は開業費について繰延資産として計上する。

③ 決算（X2年3月31日）にあたり，創立費および開業費をともに償却期間5年で定額法により償却することとした。

**① 創立時（X1年4月1日）**

| | | | | |
|---|---|---|---|---|
| （借） | 創立費 | 120 | （貸）現金 | 120 |

**② 開業時（X1年10月1日）**

| | | | | |
|---|---|---|---|---|
| （借） | 開業費 | 520 | （貸）現金 | 520 |

**③ 決算日（X2年3月31日）**

| | | | | |
|---|---|---|---|---|
| （借） | 創立費償却 | (*1) 24 | （貸）創立費 | 24 |
| | 開業費償却 | (*2) 52 | 開業費 | 52 |

(*1) 120円÷5年＝24円
(*2) 520円÷5年×6か月/12か月＝52円

### (6)　臨時巨額の損失の繰延経理

上記の繰延資産とは別に，「原則」では，天災等により固定資産または企業の営業活動に必須の手段として資産に生じた損失が，その期の純利益または繰越利益剰余金から当期の処分予定額を控除した金額をもって負担できない程度に巨額であって特に法令をもって認められた場合には，これを経過的に貸借対照表の資産の部に記載して繰延経理することが容認されている（注解15）。

このような臨時的に発生した巨額損失を資産として繰り延べるのは，当該損失に資産性があるわけではなく，ましてや次期以降の収益との対応関係が認められるわけでもない。天災のような経営者の責任に帰すことができない事象から発生した巨額損失を一会計期間に負担させることとなれば，企業経営のみならず株式市場の混乱を招くといった見地から，政策的な配慮によって認められている。

## 3　引当金の会計処理

### (1)　引当金の設定要件

「原則」注解18は，**引当金の設定要件**として以下の４つを挙げている[8]。

①　将来の特定の費用または損失であること
②　その発生が当期以前の事象に起因すること
③　将来の特定の費用または損失の発生の可能性が高いこと
④　その金額を合理的に見積もることができること

上記の要件を満たす場合，当期の負担に属する金額を当期の費用または損失として引当金に繰り入れ，当該引当金の残高を貸借対照表の負債の部または資産の部（控除項目）に記載する。

**図表７−５**を用いて，貸倒引当金を例にその設定要件を確認しておこう。まず貸倒引当金は，将来発生が予想される売上債権（売掛金や受取手形）や貸付金などの金銭債権が将来に回収不能になること（貸倒れ）に備えて設定される引当金である[9]。図表７−５にあるように，①現在保有する売上債権が将来貸し

8　ただし，引当金のうち，重要性の低いものについては計上しないことができる。

倒れることによって生ずる損失であり，その発生は②当期以前の掛売上が原因事象であり，③貸倒れの発生可能性が高く，④過去の貸倒実績に基づきその金額を合理的に見積もることができれば，当期に貸倒引当金の計上が認められる。将来の貸倒損失を見越して貸倒引当金を計上するとともに貸倒引当金繰入額を当期に費用計上することを通じて，（将来の貸倒損失の原因である）当期売上との対応を図ることが可能となる。

**図表7－5■引当金の計上根拠**

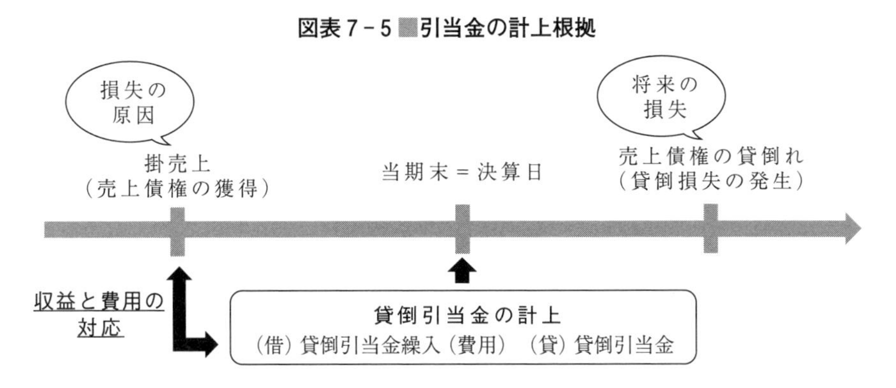


なお，発生の可能性の低い偶発事象にかかわる費用・損失については，引当金を計上することはできない。たとえば，係争中の損害賠償にかかわる責務などは，裁判に敗訴するなど一定条件が成立すれば確定的な債務となるものの，係争中は支払いが確定するかに加えてその支払金額も合理的に見積もることが困難な場合がある。このような**偶発債務**（現時点では債務として確定していないが，将来に一定の事象が生じた場合，債務として企業に経済的負担をもたらすもの）に関しては，その内容と金額を貸借対照表に注記する。

### (2) 引当金の分類

引当金は，①**評価性引当金**（資産の部に資産の控除項目として掲載される引当金）と，②**負債性引当金**（負債の部に掲載される引当金）に分類される。また，負債性引当金には（a）法律上（契約から生ずるものを含む）の債務を表すものと，（b）法律上の債務に該当しないものがある。

**図表7－6**にあるように「原則」では製品保証引当金や売上割戻引当金が引

9　貸倒引当金のくわしい会計処理については第15章を参照。

当金として例示列挙されていたが，2018年３月公表の企業会計基準第29号「収益認識に関する会計基準」（以下，本章では基準29号という）との関係で一部の引当金の取扱いに変更が生じた（くわしくは第４章を参照）。

**図表７－６　「原則」上の負債性引当金と基準29号上の取扱い**

| 「原則」上の引当金 | | 基準29号上の取扱い |
|---|---|---|
| 項目 | 内　容 | 取扱い |
| 製品保証引当金 | 販売した製品に対して，一定の条件を満たす場合に無償保証契約した場合，将来生ずると見込まれる保証額を見積計上するための引当金 | 保証が通常仕様に従うものである場合，製品保証引当金として処理。追加の有償保証サービスを提供する場合，別個の履行義務として処理して独立販売価格で売上計上。 |
| 工事補償引当金 | 工事完成後に，一定の条件のもとに補修修理を行うことを契約した場合，将来生ずると見込まれる工事補償額を見積計上するための引当金 | 同上 |
| 売上割戻引当金 | 一定の条件を満たした場合に割戻しを行う際に予想される売上割戻額を見積計上するための引当金 | 売上割戻引当金を計上せず，変動対価として取り扱う。 |
| 返品調整引当金 | 販売した商品に当初の売価で無条件に買い戻す契約をした場合，返品が予想される製品の売上高から減額される利益を見積計上するための引当金 | 返品調整引当金を計上せず，変動対価として取り扱う。 |
| 賞与引当金 | 就業規則や労働協約等により賞与の支給を定めた場合，将来生ずると見込まれる賞与の支給額を見積計上するための引当金 | （対象外） |
| 退職給与（給付）引当金 | 就業規則や労働協約等により退職一時金・退職年金等の支給を定めた場合，将来生ずると見込まれる退職給付の支給額を見積計上するための引当金 | （対象外）<br>※企業会計基準第26号「退職給付に関する会計基準」に従う。 |
| 修繕引当金 | 毎期継続的に使用中の固定資産の修繕を行う場合，当期までの使用により将来生ずると見込まれる修繕額を見積計上するための引当金 | （対象外） |
| 特別修繕引当金 | 修繕引当金と異なり，数年に一度の間隔で定期的に行われる修繕にかかわる引当金 | （対象外） |

| 債務保証損失引当金 | 債務保証先の財政状態が悪化したために，保証を履行する可能性が高い保証債務からの将来損失に備えるための引当金 | （対象外） |
|---|---|---|
| 損害保証損失引当金 | 損害補償の訴訟等で係争中に，損害補償の影響を受ける可能性が高い場合，将来生ずると見込まれる損害補償額を見積計上するための引当金 | （対象外） |

### ⑶　具体的な会計処理

以下では引当金の具体的な会計処理として，「原則」と基準29号とで差異が生じた項目について取り上げる。

#### ①　製品保証引当金，工事補償引当金

**製品保証引当金**とは，販売した製品に対して，一定条件を満たす場合に無償保証契約した場合，将来生ずると見込まれる保証額を見積計上するための引当金である。また，**工事補償引当金**は，引渡完了後に完成物に対する工事保証にかかわる引当金である。製品保証引当金の計上根拠は，製品保証に基づき発生する将来の費用を見積もり，製品を販売した会計期間の費用として見越計上し，売上高との対応計算を行うことにある。

「原則」では，製品保証に基づき発生する将来費用を見積もり，以下の仕訳を行うことで，製品を販売した会計期間の費用を見越計上し，売上高との対応計算を行うこととされてきた。

（借）製品保証引当金繰入額　　XXX　　（貸）製品保証引当金　　XXX

基準29号では，約束した財・サービスに対する保証が，当該財・サービスが合意された仕様に従っているという保証のみ（通常保証）である場合，「原則」と同様に製品保証引当金として処理される。一方，通常保証に加えて，追加的に顧客にサービスを提供する有償保証（保証サービス）を提供する場合，第4章で学習したとおり，保証サービス部分を別個の履行義務として識別する[10]。

10　通常保証と保証サービスを区分して合理的に処理できない場合，両者を一括して単一の履行義務として処理する。

**設例7－2** **通常保証と保証サービスの仕訳**

当社は，製品Xの販売とともに製品Xに対する保守サービスを提供する契約を1,200円で締結し，代金は掛けとした。なお保守サービスは，購入日から1年間にわたり合意された仕様に従って提供する通常保証に加えて，保証範囲を拡大する追加的な保証サービスを含む。

製品の契約価格は1,000円，追加的な保証サービスの契約価格は200円であり，それぞれの独立販売価格は1,000円，250円である。また，通常保証から生じる費用は100円と見積られる。

| | | | | | |
|---|---|---|---|---|---|
| （借） | 売掛金 | 1,200 | （貸） | 売上 | (*1) 960 |
| | | | | 契約負債 | (*2) 240 |
| （借） | 製品保証引当金繰入額 | 100 | （貸） | 製品保証引当金 | 100 |

(*1) 1,200円×［製品Xの独立販売価格1,000円÷(1,000円＋追加的な保証サービスの独立販売価格250円)］

(*2) 1,200円×［250円÷(1,000円＋250円)］

### ② 売上割戻引当金，返品調整引当金

売上割戻引当金とは，一定期間に所定の売上金額または売上数量を超えた顧客（販売代理店等）に対して，一定の基準で割戻（請求額の割引）を行う契約がある場合に，予想される売上割戻額のうち当期に起因する部分を見積計上するための引当金である。また，返品調整引当金とは，販売した商品に当初の売価で無条件に買い戻す契約をした場合，返品が予想される製品の売上高から減額される利益を見積計上するための引当金である。

これらの引当金は「原則」において例示列挙されていたが，基準29号の公表により，売上割戻引当金と返品調整引当金は計上せず，取引価格の算定において変動対価の問題として取り扱われることとなった[11]。

## (4) 租税特別措置法と特別法上の準備金

### ① 租税特別措置法上の準備金

租税特別措置法上の準備金はかつて実務上「引当金」として取り扱われ，損金算入が認められていたが，1981年6月の商法改正によって，当該準備金のうち利益留保性のものを「引当金」として取り扱うことが認められなくなった。会社法施行規則でもこの考え方が踏襲されているが，当該準備金のうち，前述

11 くわしくは第4章の変動対価を参照。

の「原則」注解18の引当金の該当要件を満たし，かつ「準備金」を「引当金」に該当するものとして取り扱う場合の留意事項に従った会計処理を採用するときには，実質的内容が「引当金」に該当するとして，監査上これを「引当金」として扱うこととされた（監査・保証実務委員会実務指針第42号「租税特別措置法上の準備金及び特別法上の引当金又は準備金並びに役員退職慰労引当金等に関する監査上の取扱い」）。

なお，租税特別措置法上の準備金として「引当金」計上されうるものとして「海外投資等損失準備金」や「特定災害防止準備金」があるが，これらの性格は将来的に費用となるものではなく，利益を留保するものであり，本来は純資産の部の「任意積立金」となるべきものである。

### ②　特別法上の準備金

特別法上の準備金とは，特別の法令によって負債の部に計上することが強制されるものであり，具体的には以下が挙げられる（**図表7－7**）。これらの準備金は，引当金の前述の計上要件を満たさなくとも負債として計上される。

**図表7－7■特別法上の準備金**

| 名　称 | 関連法 | 内　容 |
|---|---|---|
| 証券取引責任準備金 | 金融商品取引法 | 有価証券の売買などで事故が発生した際に，顧客の損失を補填するために積み立てる準備金 |
| 金融先物取引責任準備金 | 金融先物取引法 | 金融先物取引等の委託などにかかわる事故による委託者の損失の補填に備えて積み立てる準備金 |
| 責任準備金 | 保険業法 | 保険会社が将来の保険金・給付金の支払いに備えて積み立てる準備金 |
| 渇水準備金 | 電気事業法 | 河川流量の増減によって生じる電気事業者の損益の変動を防止するため，渇水期に備えて積み立てる準備金 |

コラム5

## IFRSと繰延資産

本章で学習したように，繰延資産や一部の引当金の中には資産および負債の定義を満たさない項目が含まれている。このため，第3章で学習した資産負債アプローチを重視するIASBでは，このような繰延資産や引当金を貸借対照表に計上することが認められない傾向にある。繰延資産や引当金は，関連し合う収益と費用の認識時点を揃えるのに役立ち，適正な期間損益計算の達成に貢献するが，その一方で，費用・損失の繰延計上による利益操作に利用されてきたという負の側面がある。資産負債アプローチという考え方も繰延資産や引当金が抱えるこの負の側面を問題視し，1970年代に米国での概念フレームワーク開発の過程で台頭した。

貸借対照表情報を重視しているIASBは，繰延資産や引当金の計上に対して厳しい姿勢で臨んでいる。本章で学習した創立費および開業費の資産計上や修繕引当金[12]の負債計上はIFRSのもとでは認められていない。しかし，近年のIFRSでは，一部の費用の繰延べ計上を認める姿勢もみせている。たとえば，IFRS15号「顧客との契約から生じる収益」やIFRS17号「保険契約」では，一部の契約獲得コスト（販売手数料等）についてはそのコストを回収できると見込まれる場合には資産計上を認めている。ただし，資産計上後，その回収可能性を適宜評価しなければならない。

このことをもってこれ以降IASBは費用の繰延処理を認める方向にあると考えるのは早計かもしれない。上記の契約獲得コストの資産計上を認めたのも，収益と費用の対応を重視した市場関係者からの強い要望を基準開発段階で受けてのことであって，開発初期段階のIASB原案では資産計上を認めていなかった。資産ないし負債とは何か，それらを貸借対照表に計上する意義は何か，という問題は今後も問われ続けるであろう。

12　特別修繕引当金に関しては第8章でも取り上げる。

# 資産・負債・純資産

**学習のポイント**

本書の第4章から第7章では，発生主義会計における利益計算の仕組みについて学んだ。そこでは，主として財および用役の流れ（フロー）に着目した収益と費用の認識に焦点が当てられていた。本章では，企業会計における資産・負債・純資産というストックの意義について学ぶ。ストックの一覧表である貸借対照表においては，**図表8－1**のように，借方に資産，貸方に負債と純資産が配置されている。その各々の具体的な表示方法については次章（第9章）で学ぶが，本章では貸借対照表におけるこれら3つの構成項目の意義を中心に学ぶ。

**図表8－1 貸借対照表の構成**

| 資産 | 負債 |
|---|---|
| | 純資産 |

## 1 資　産

貸借対照表の借方に表示される**資産**（assets）とは「過去の取引または事象の結果として，報告主体が支配[1]している経済的資源（キャッシュの獲得に貢献する便益の源泉）」のことである[2]。より単純化していえば，会計上の資産とは企業が現在支配している経済的資源のことである。**図表8－2**は，会計上の資産をその性質に応じて分類したものである。**貨幣性資産**とは，貨幣それ自体に加えて，売上債権など貨幣の回収過程にある資産である。**費用性資産**とは，事業活動に投下され，その販売や使用とともに費用化される資産である。企業の経済活動は，貨幣性資産（現金預金等）を費用性資産（棚卸資産や建物・設備）に

1　第2章で学習したように，会計上の資産として認識するための要件は「所有」から「支配」に変化している。

2　資産と負債の定義についてくわしくは，第10章「財務会計の概念フレームワーク」を参照。

投下し，費用性資産を活用して得られた成果を貨幣性資産として回収し，それを再び次の費用性資産に投下するという循環過程であるといえる。

**図表8－2■資産の分類**

| 分　類 | 意　義 | 科目例 |
|---|---|---|
| 貨幣性資産 | 貨幣それ自体，または貨幣の回収過程にある資産 | 現金，預金，貸付金，売掛金 |
| 費用性資産 | 事業活動に投下されて費用化される資産 | 棚卸資産，固定資産 |

第7章で学習した繰延資産はこのうち費用性資産に該当し，収益に対応して費用化されるまで貸借対照表に資産として計上される。ただし近年，貸借対照表そのものの情報価値が重視されるようになり，費用性資産のうち上記の資産の定義に該当しないもの，つまり現在支配している経済的資源に該当しないものは，貸借対照表に資産として計上する適格性（**貸借対照表能力**）がないとみなされて，資産として計上せずに発生時に費用化される傾向にある。

## 2　負　債

貸借対照表の貸方に表示される**負債**（liabilities）とは「過去の取引または事象の結果として，報告主体が支配している経済的資源を放棄もしくは引き渡す義務，またはその同等物」のことである。より単純化していえば，会計上の負債とは，企業の経済的資源を将来引き渡す義務のことである。この義務には法的な債務以外のものも含まれる。**図表8－3**は，会計上の負債を法的な債務性の有無に応じて分類したものである。

**図表8－3■負債の分類**

<table>
<tr><th colspan="4"></th><th>科目例</th></tr>
<tr><td rowspan="4">法的債務</td><td rowspan="3">確定債務</td><td rowspan="2">金銭債務<br>（金銭支払い義務）</td><td>営業債務<br>（仕入債務）</td><td>支払手形，買掛金</td></tr>
<tr><td>その他</td><td>未払金，預り金</td></tr>
<tr><td colspan="2">その他（金銭以外の引渡し義務）</td><td>前受金，契約負債</td></tr>
<tr><td colspan="3">条件付債務</td><td>資産除去債務</td></tr>
<tr><td rowspan="2" colspan="2">会計的負債</td><td colspan="2">非債務性の負債性引当金</td><td>特別修繕引当金</td></tr>
<tr><td colspan="2">経過勘定項目</td><td>未払費用，前受収益</td></tr>
</table>

図表8-3の**法的債務**とは，法律・契約等から生ずる債務である。このうち**確定債務**とは，支払先，支払期日，支払金額のすべてが確定している債務である。この確定債務には金銭を支払う義務ばかりでなく金銭以外の引渡義務も含まれる。また**条件付債務**は，支払先，支払期日，支払金額のいずれか1つ以上が未確定のものを指し，後日それらが確定すれば確定債務となる。条件付債務の具体例としては製品保証引当金や資産除去債務がある。これらは支払事由が発生するまで支払期日または支払金額が確定していないため，条件付債務といえる。

一方，**会計的負債**は，法的債務のように債務性を有するものではないが，適正な期間損益計算を行うために計上が認められるものである。その具体的な項目としては特別修繕引当金が挙げられる。**特別修繕引当金**とは，数年に一度の間隔で定期的に行われる修繕にかかわる引当金である。固定資産の修繕を行うことは必ずしも法的義務ではないことはもちろん，報告主体（企業）が引渡義務を有しているわけでもない。このような引当金は将来の修繕に対して当期の費用負担分を計上するためのものである。なお資産と同様に負債についても，上述の定義に該当しないもの，つまり経済的資源を将来引き渡す義務に該当しないものは負債として計上されない傾向にある。

## 3　純資産

純資産（net assets）とは，貸借対照表における資産から負債を控除した差額のことである。貸借対照表の貸方の区分方法としては，①負債性のあるものを負債として先に確定してその他を純資産項目とする方法，②資本性のあるものを資本として先に確定してその他を負債項目とする方法，③負債性のあるものを負債とし，資本性のあるものを資本としたうえで，そのどちらにも属さない項目については独立の中間項目[3]とする方法がある[4]。このうち日本では，①の方法が採用されている（企業会計基準第5号「貸借対照表の純資産の部の表示に関する会計基準」（以下，本章では基準5号という）21項）。

日本基準では，従来，貸借対照表の貸方は負債の部と資本の部に区分されて

3　この部分はかつてメザニン（中2階）項目ともよばれ，たとえば，第23章で学習する新株予約権は負債にも株主資本にも属さないためこの中間区分の項目として処理されていた。

4　このうち①は**負債確定アプローチ**，②は**資本確定アプローチ**とよばれることもある。

いた。しかし会計ビッグバン以降，本書の第２部で学習する新しい会計諸基準が相次いで公表されたことに伴い，資産と負債の評価差額等が損益計算書を経由せずに貸借対照表の資本の部に直接計上（**資本直入**）[5]されることになった。つまり株主との直接的な取引または株主に帰属する純利益によって増減する株主資本に該当しない項目が資本の部に計上されることになった。そこで，国際的な会計基準とも平仄を合わせて，従来の資本の部の表記が純資産の部に改められ，負債以外の項目はすべて純資産の部に計上されることになった（基準５号25項）。基準５号では，**図表８－４**に示されているように，株主資本以外のさまざまな項目が純資産の部に表示されている。

**図表８－４■純資産の部の構成**

| 個別貸借対照表 | 連結貸借対照表 |
|---|---|
| Ⅰ　株主資本 | Ⅰ　株主資本 |
| Ⅱ　評価・換算差額等 | Ⅱ　その他の包括利益累計額 |
| Ⅲ　株式引受権 | Ⅲ　株式引受権 |
| Ⅳ　新株予約権 | Ⅳ　新株予約権 |
| | Ⅴ　非支配株主持分 |

### (1)　株主資本

純資産の中心的な構成項目は改めて指摘するまでもなく株主資本である。**株主資本**（owners' equity）とは，純資産のうち株主（連結財務諸表においては親会社株主）に帰属する部分をいう（基準５号25項）。第２章で学習したように，期間利益は株主との直接的な取引である増資や配当等（これを**資本取引**という）を除く株主資本の期間変動額を意味するから，純資産の部の株主資本は利益計算との連繋を保つうえで非常に重要な意味を持っている。

株主資本は，株主から払い込まれた元手を表す**払込資本**（paid in capital）（または拠出資本）と，過去（当期を含む）の利益のうち株主に分配せずに投資等に充てるために企業内に留保している部分を表す**留保利益**（retained earnings）（または稼得資本）によって構成されているが，貸借対照表においては**図表８－５**のように表示される。この図表からもわかるように，剰余金については拠出資本と留保利益の区別の観点から，資本剰余金と利益剰余金を混同しないこと

5　現在は「**純資産直入**」とよばれている。

が求められている。

また最下行にある**自己株式**は，会社が取得した自社の株式である[6]。自己株式の取得は株主との間の資本取引であり，会社所有者に対する会社財産の払戻しの性格を有するといえるため，自己株式は資本の控除として扱う（企業会計基準第１号「自己株式及び準備金の額の減少等に関する会計基準」（以下，本章では基準１号という）30項）[7]。なお自己株式が株主資本全体の控除項目として表示されるのは，自己株式を取得したのみでは発行済株式総数は減少せず，取得後の処分もあり得るため，自己株式の保有は処分または消却までの暫定的な状態と考えられているためである。

なお，株主資本の変動内訳は後述の株主資本等変動計算書に示され，貸借対照表上は株主資本として一括して表示される（基準５号34項）。

**図表８－５■株主資本の分類**

<table>
<tr><th>株主資本</th><th colspan="3">貸借対照表における表示</th></tr>
<tr><td rowspan="3">払込資本</td><td colspan="3">資本金</td></tr>
<tr><td rowspan="2">資本剰余金</td><td colspan="2">資本準備金</td></tr>
<tr><td colspan="2">その他資本剰余金</td></tr>
<tr><td rowspan="3">留保利益</td><td rowspan="3">利益剰余金</td><td colspan="2">利益準備金</td></tr>
<tr><td rowspan="2">その他利益剰余金</td><td>任意積立金</td></tr>
<tr><td>繰越利益剰余金</td></tr>
<tr><td></td><td colspan="3">自己株式（控除項目）</td></tr>
</table>

### ①　資本金

資本金とは，株主から払い込まれた会社の活動の元手となる資金であり，会社法の定めに従って計上される。**資本金**の額は，基本的には設立または株式の発行に際して株主となる者が株式会社に対して払込みまたは給付をした財産の額である（会社法第445条１項）。ただし，払込額の２分の１を超えない額は資本金とせず，資本準備金として計上することができる（同445条２項）。

6　会社は，株主総会の決議によって特定の事項を定め，分配可能額の範囲で，株主との合意による自己株式の取得ができる（会社法第156条）。

7　この見解（資本説）に対し，自己株式の取得のみでは株式は失効しておらず，他の有価証券と同様に換金性のある会社財産とみられることから，資産として扱う見解（資産説）もある。

### ②　資本剰余金

**資本剰余金**（capital surplus）とは，資本性の剰余金であり，個別貸借対照表では資本準備金とその他資本剰余金に区分される。**資本準備金**は，資本金に準ずる額で，払込額等において資本金に繰り入れない額がある場合や，資本剰余金からの配当を行う際に後述の利益準備金との合計額が資本金の４分の１（これを基準資本金額という）に達するまで配当額の10分の１が繰り入れられる（会社法第445条４項，会社計算規則第22条）。

**その他資本剰余金**は，資本準備金以外の資本剰余金で，自己株式の処分，資本金や資本準備金の減少等に伴って生じる払込資本の性格を持つ項目である（会社法第446条）。資本金および資本準備金の額の減少[8]によって生ずる剰余金は，減少の法的効力が発生したときに，その他資本剰余金に計上する。

### ③　利益剰余金

**利益剰余金**（earned surplus）とは，利益性の剰余金であり，利益準備金とその他利益剰余金に区分される。**利益準備金**は，利益剰余金からの配当を行う際に上述の基準資本金額に達するまで配当額の10分の１が繰り入れられる。

**その他利益剰余金**は，利益準備金以外の利益剰余金で，任意積立金のように株主総会または取締役会の決議に基づく積立金[9]と繰越利益剰余金からなる。**繰越利益剰余金**は，各年度の当期純利益（当期純損失）によって増加（減少）し，利益剰余金からの配当の原資となる。利益準備金の額の減少によって生ずる剰余金は，減少の法的効力が発生したとき（会社法第448 条，第449 条）に，その他利益剰余金（繰越利益剰余金）に計上する。

### ④　株主資本項目間の振替え

株主資本の項目間の振替えは株主資本の項目の計数変動とされ，会社法において必要な手続が定められている（会社法第445条～448条）。図表８-５に示されているように，株主からの払込資本に該当する資本金および資本剰余金と，留保利益に該当する利益剰余金を混同してはならない。そのため資本金の減額

---

8　会社は，今後の分配可能額の充実，および資本政策の機動性確保のため，会社法第448条第１項の規定に基づき，資本金，資本準備金および利益準備金の取崩しを行うことがある。

9　任意積立金には新築積立金のように特定の目的を定めて積み立てる目的積立金と，目的を定めずに積み立てる別途積立金がある。

については，債権者保護の観点から厳格な手続（特別決議）[10]が要求される。また資本金および資本剰余金から繰越利益剰余金への振替えは，繰越利益剰余金がマイナスの場合（欠損を補塡する場合）に限られる。一方，その他資本剰余金が負になる場合には，その他利益剰余金によって補塡される[11]。

**設例8－1　資本取引の会計処理**

**（ⅰ）配当時の準備金への組入れ**

当社は，X1年6月の株主総会において，繰越利益剰余金からの現金配当100千円を決議し，会計処理を行った。当期首の資本金1,200千円，資本準備金150千円，利益準備金100千円，繰越利益剰余金240千円であった。

| | | | | | |
|---|---|---|---|---|---|
| （借） | 繰越利益剰余金 | 110 | （貸） | 未払配当金 | 100 |
| | | | | 利益準備金 | (*) 10 |

(*) 基準資本金額は，資本金1,200千円÷4＝300千円
300千円＞（資本準備金150千円＋利益準備金100千円）
ゆえに利益剰余金からの配当額の10分の1の10千円を利益準備金に繰り入れる。

**（ⅱ）新株発行による増資**

当社は，X1年7月1日，増資を行い，株主から現金200千円が払い込まれた。払込金額のうち会社法の規定による最低額を資本金に組み入れた。

| | | | | | |
|---|---|---|---|---|---|
| （借） | 現金 | 200 | （貸） | 資本金 | 100 |
| | | | | 資本準備金 | 100 |

**（ⅲ）減資**

当社は，X1年12月1日に臨時株主総会の特別決議により翌期の配当に充当するため資本金150千円を取り崩して，その他資本剰余金とした。

| | | | | | |
|---|---|---|---|---|---|
| （借） | 資本金 | 150 | （貸） | その他資本剰余金 | 150 |

**（ⅳ）当期純利益の繰越利益剰余金への振替え**

当社は，決算日（X2年3月31日）において，当期純利益100千円を繰越利益剰余金に振り替えた。

| | | | | | |
|---|---|---|---|---|---|
| （借） | 損益 | 100 | （貸） | 繰越利益剰余金 | 100 |

---

10　議決権を行使することができる株主の議決権の「過半数」を有する株主が出席し，出席した株主の議決権の「3分の2」以上をもって行う決議（会社法第309条2項）。

11　欠損塡補のため資本金や準備金を減額する場合には，株主総会の普通決議で足りる。ただし資本金や資本剰余金がマイナスになることは認められない。

### ⑤ 自己株式

#### (i) 自己株式の取得および保有

会社法では，株主総会の決議によって一定の事項[12]を定め（会社法第156条），分配可能額の範囲内で，株主との合意による自己株式の取得ができるとされている[13]。取得した自己株式は取得原価[14]をもって株主資本から控除する（基準1号7項）[15]。取得の際の付随費用は株主との間の資本取引によって生じるものではなく財務費用であると考えられるので，営業外費用として処理する（同14項）。

#### (ii) 自己株式の処分

基準1号においては，自己株式処分差額に関する基本的な会計処理が定められている。自己株式の処分で生じた自己株式処分差額（自己株式の処分対価から自己株式の帳簿価額を控除した額）は，当該差額が正の場合にはその他資本剰余金を増額し，負の場合にはその他資本剰余金を減額する（基準1号9項，10項）。自己株式処分差額を損益計算書に計上せずに株主資本の項目を直接増減するのは，それが資本取引によって生じるからである。また，株主資本の項目のうち利益剰余金ではなく資本剰余金に加減するのは，自己株式処分差額は株主からの払込資本やその分配と同様の経済的実態を有するためである。さらに，資本準備金ではなくその他資本剰余金に計上する（同38項）のは，会社法においては資本準備金が分配可能額において控除項目とされているのに対し，自己株式処分差益（差損）は控除対象とされないためである。

なお，その他資本剰余金の残高を超える自己株式処分差損が発生した場合には，負の値となったその他資本剰余金を，会計期間末において，その他利益剰余金（繰越利益剰余金）で補填する。これは，資本剰余金は株主からの払込資本のうち資本金に含まれないものを表すため，本来負の残高の資本剰余金とい

---

12 ①取得する株式の数，②株式と引き換えに交付する金銭等の種類，③株式を取得できる1年以内の期間。

13 この他にも，取得条項付株式において条件の達成により取得する場合等があるが，自己株式の取得についてはすべて株主総会決議によるものと同様の会計処理が適用される。

14 自己株式を金銭以外の財で取得する場合の取得原価は，原則として取得の対価となる財の時価と取得した自己株式の時価のうち，より高い信頼性をもって測定可能な時価で測定する。

15 自己株式を無償で取得した場合には，自己株式の数のみの増加として処理する。これは，取得した会社にとっては資産が増加せず，贈与した株主が有していた持分が他の株主に移転する（株主間の富の移転が生じている）のみと考えられるためである。

う概念は想定されないためである。

#### (iii) 自己株式の消却

会社法では，取締役会等による会社の意思決定をもって，保有する自己株式を消却することができるが，消却の対象となった自己株式の帳簿価額は，優先的にその他資本剰余金から減額する（会社計算規則第47条3項）。その結果，期末におけるその他資本剰余金の残高が負の値となった場合には，その他資本剰余金をゼロとし，当該負の値をその他利益剰余金（繰越利益剰余金）から減額する（基準1号12項，42項）。

なお，自己株式の処分および消却時の帳簿価額の算定は，取得目的ではなく，株式の種類単位で，移動平均法等の会社の定める計算方法を用いる。

**設例8-2　自己株式の会計処理**

①　自己株式の取得

当社は，X1年8月に自己株式3千株を1株当たり120円で取得した。取得にかかる手数料は，10千円であった。

| | | | | | |
|---|---|---|---|---|---|
| (借) | 自己株式 | (*1) 360 | (貸) | 現金預金 | 370 |
| | 支払手数料 | 10 | | | |

(*1) 1株当たり120円×3千株＝360千円

②　自己株式の処分（差益の発生）

当社は，X1年10月に8月に取得した自己株式1千株を1株当たり130円で処分した。

| | | | | | |
|---|---|---|---|---|---|
| (借) | 現金預金 | (*2) 130 | (貸) | 自己株式 | (*3) 120 |
| | | | | その他資本剰余金 | (*4) 10 |

(*2) 1株当たり130円×1千株＝130千円
(*3) 1株当たり120円×1千株＝120千円
(*4) 自己株式処分差益10千円（＝130千円－120千円）

### (2) 株主資本以外の純資産項目

図表8-4に示したように，純資産の表示は，株主資本とその他の純資産に大別せずに，株主資本とその他の項目を併記することとされている（基準5号31項）。株主資本以外の純資産項目は以下の①～④であるが，これらの項目は会計ビッグバン以降に公表された会計諸基準の公表を受けて貸借対照表の純資産項目とされたものであり，いずれも損益計算を経由しない純資産項目である。なお，これらの各項目の意義や会計処理の詳細については本書の第2部におい

て学ぶため，各項目の説明はここでは省略する。

①　評価・換算差額等（連結財務諸表ではその他の包括利益累計額）
　　その他有価証券評価差額金（第15章）
　　繰延ヘッジ損益（第16章）
　　為替換算調整勘定（第17章）
　　退職給付に係る調整累計額（第21章）
②　株式引受権（第23章）
③　新株予約権（第23章）
④　非支配株主持分（第11章）

### (3)　純資産の部の表示

純資産の部の詳細な表示様式は，**図表8－6**のとおりである。ここに示されているように，個別貸借対照表の株主資本の表示は連結貸借対照表に比べて細かく表示されている。これは，株主への分配可能額は原則として個別貸借対照表における株主資本に基づいて計算されるためである。

### (4)　株主資本等変動計算書

**株主資本等変動計算書**とは，貸借対照表の純資産の部の一会計期間における変動額のうち，主として，株主（連結上は親会社株主）に帰属する部分である株主資本の各項目の変動事由を報告するために作成する計算書である（企業会計基準第6号「株主資本等変動計算書に関する会計基準」(以下，基準6号という）1項)。

この計算書が導入されたのは，前述のとおり貸借対照表の純資産の部に，損益計算書を経由せずに直接計上される株主資本以外の項目が表示されるようになったこと，また会社法改正による自己株式の取得・処分・消却等の純資産の部の変動要因の増加を受け，ディスクロージャーの透明性確保の観点から，株主資本等の変動に関する開示が望まれたことによる。さらに，会社法の改正により，株式会社は株主総会または取締役会の決議により剰余金の配当をいつでも決定でき，また株主資本の計数をいつでも変動させることができることとされたため，貸借対照表および損益計算書だけでは，資本金，準備金および剰余金の数値の連続性を把握することが困難になったためである。

株主資本等変動計算書の表示区分は，基準5号に定める純資産の部の表示区

**図表8－6 ■純資産の部の表示様式**

| （個別貸借対照表の純資産の部の記載例） | （連結貸借対照表の純資産の部の記載例） |
|---|---|
| 純資産の部 | 純資産の部 |
| Ⅰ　株主資本 | Ⅰ　株主資本 |
| 1　資本金 | 1　資本金 |
| 2　資本剰余金 | 2　資本剰余金 |
| (1)　資本準備金 | |
| (2)　その他資本剰余金 | |
| **資本剰余金合計** | |
| 3　利益剰余金 | 3　利益剰余金 |
| (1)　利益準備金 | |
| (2)　その他利益剰余金 | |
| ××積立金 | |
| **繰越利益剰余金** | |
| **利益剰余金合計** | |
| 4　自己株式 | 4　自己株式 |
| **株主資本合計** | **株主資本合計** |
| Ⅱ　評価・換算差額等 | Ⅱ　その他の包括利益累計額 |
| 1　その他有価証券評価差額金 | 1　その他有価証券評価差額金 |
| 2　繰延ヘッジ損益 | 2　繰延ヘッジ損益 |
| 3　土地再評価差額金 | 3　土地再評価差額金 |
| | 4　為替換算調整勘定 |
| | 5　退職給付に係る調整累計額 |
| 評価・換算差額等合計 | その他の包括利益累計額合計 |
| Ⅲ　株式引受権 | Ⅲ　株式引受権 |
| Ⅳ　新株予約権 | Ⅳ　新株予約権 |
| | Ⅴ　非支配株主持分 |
| 純資産合計 | 純資産合計 |

（出所）企業会計基準適用指針第9号「貸借対照表の純資産の部の表示に関する会計基準の適用指針」3項を一部修正

分に従い（基準6号4項），株主資本の各項目は，当期首残高，当期変動額，当期末残高に区分し，当期変動額は変動事由（新株の発行や剰余金の配当等）ごとにその金額を表示する。株主資本以外の各項目は，同様に区分するが，当期変動額は純額で表示する（基準6号6項，8項）。これは，株主資本とそれ以外の項目とでは変動事由ごとの金額に関する情報の有用性が異なることなどによる（基準6号21項）。なお，設例8－3のように，純資産の各項目を「横」に並べる様式が原則であるが，「縦」に並べる様式も認められている。

### 設例8-3 株主資本等変動計算書の表示

設例8-1と設例8-2が当期に行われた資本取引のすべてだとすると，資本等変動計算書（X3年3月31日現在）は次のようになる。

株主資本等変動計算書

X3年3月31日　　　　（単位：千円）横に続く

| | 株主資本 | | | | | | | | |
|---|---|---|---|---|---|---|---|---|---|
| | | 資本剰余金 | | | 利益剰余金 | | | | |
| | 資本金 | 資本準備金 | その他資本剰余金 | 資本剰余金合計 | 利益準備金 | 繰越利益剰余金 | 利益剰余金合計 | 自己株式 | 株主資本合計 |
| 当期首残高 | 1,200 | 150 | 0 | 150 | 100 | 240 | 340 | 0 | 1,690 |
| 当期変動額 | | | | | | | | | |
| 増　資 | 100 | 100 | | 100 | | | | | 200 |
| 減　資 | △150 | | 150 | 150 | | | | | 0 |
| 剰余金の配当 | | | | | 10 | △110 | △100 | | △100 |
| 自己株式の取得 | | | | | | | | △360 | △360 |
| 自己株式の処分 | | | 10 | 10 | | | | 120 | 130 |
| 当期純利益 | | | | | | 100 | 100 | | 100 |
| 当期変動額合計 | △50 | 100 | 160 | 260 | 10 | △10 | 0 | △240 | △30 |
| 当期末残高 | 1,150 | 250 | 160 | 410 | 110 | 230 | 340 | △240 | 1,660 |

| | 評価・換算差額等 | | | 新株予約権 | 純資産合計 |
|---|---|---|---|---|---|
| | その他有価証券評価差額金 | 繰延ヘッジ損益 | 評価・換算差額等合計 | | |
| 当期首残高 | 20 | △10 | 10 | 30 | 1,730 |
| 当期変動額 | | | | | |
| 増　資 | | | | | 200 |
| 減　資 | | | | | 0 |
| 剰余金の配当 | | | | | △100 |
| 自己株式の取得 | | | | | △360 |
| 自己株式の処分 | | | | | 130 |
| 当期純利益 | | | | | 100 |
| 当期変動額合計 | 0 | 0 | 0 | 0 | △30 |
| 当期末残高 | 20 | △10 | 10 | 30 | 1,700 |

コラム6

### 剰余金の配当等における分配可能額

株主（資本拠出者）は，会社が元手（拠出資本）から生み出した果実（留保利益；利益剰余金）に対する分配請求権を有している。株主への分配は，一般に配当（dividends）といわれる[16]。配当は本来，利益剰余金から行われることとされ

16　役員賞与については，かつては配当と同様に利益処分（剰余金の分配）の対象とされていたが，現在では費用として扱われている（くわしくは第23章参照）。

ていたが，現行の会社法では，その他利益剰余金だけでなくその他資本剰余金からの配当も認められている。

一方，貸借対照表の借方には必ずしもそれ単独では換金価値のないのれんや繰延資産が含まれている。そのため，株主資本のうち資本金と資本準備金そして利益準備金が分配可能額から除外されていたとしても，借方の資産によって債権者の権利が充分に保護されない可能性がある。そこで，会社法では債権者保護を目的として，配当等にあたっては分配可能額に制限を設けている[17]。

分配可能額を計算する際には，まず**図表8－7**のように配当等の効力発生日の剰余金の額を算定する。

**図表8-7 剰余金の額の算定**

| 最終事業年度末の貸借対照表のその他資本剰余金とその他利益剰余金 | |
|---|---|
| ＋決算日後に増加した剰余金 | |
| | ＋自己株式処分差益（差損の場合は減算） |
| | ＋資本金の減少差益（資本準備金とした額は除く） |
| | ＋準備金の減少差益（資本金とした額は除く） |
| －決算日後に減少した剰余金 | |
| | －消却した自己株式の帳簿価額 |
| | －剰余金の配当額 |
| | －配当に伴う準備金への繰入額 |
| | －資本金・準備金への組入額ほか（会社計算規則第150条） |
| 配当の効力発生日の剰余金 | |

次に，上記の配当の効力発生日の剰余金に対して**図表8－8**のような分配制限を加減して分配可能額を計算する（会社法第461条2項）。

**図表8－8 配当の効力発生日の分配可能額**

| 配当の効力発生日の剰余金 | |
|---|---|
| ①自己株式に関する調整 | |
| | －(a)配当の効力発生日の自己株式の帳簿価額 |
| | －(b)最終事業年度末後に処分した自己株式の対価 |
| ②臨時決算を行った場合の調整 | |
| | ±(c)臨時決算期間の純利益額・純損失額 |
| | ＋(d)臨時決算期間の自己株式の処分対価 |
| ③追加的控除額（会社計算規則第158条） | |
| | －(e)のれん等調整額による制限額 |
| | －(f)純資産直入された借方残高のその他有価証券評価差額金ほか |

17　分配可能額に対する制限は，剰余金の配当だけでなく，株主への還元を意味する自己株式の取得や特定の組織再編における株式の取得等にも適用される（会社法第461条1項）。

| | |
|---|---|
| | −(g)連結配当規制の任意適用額 |
| | −(h)純資産300万円に対する不足額 |
| 配当の効力発生日の分配可能額 | |

剰余金に対する最初の調整項目は，①自己株式に関する調整である。自己株式は，図表8－5に示されているように株主資本の控除項目であり，分配可能額から減算しなければならないが，図表8－7で算定される1行目の剰余金には自己株式や自己株式処分差損益が含まれている。そこで，まず剰余金の計算の段階で自己株式処分差益（または差損）を加減しておいて，調整の段階で図表8－8の①で自己株式に対する調整を行う。例えば，仮に期末に自己株式30千円を保有し，期末日後にこのうち10千円を15千円で処分したとする。すると剰余金の計算の段階では自己株式処分差益5が加算され，調整の段階で（a）20千円と（b）15千円が減算されるから，正味30千円が分配可能額から控除される仕組みになっている。

次に会社が臨時決算を行った②の場合には，（c）の臨時決算期間の損益を配当に反映させることができる。また臨時決算を経た自己株式処分差益の社外流出は認められているため，（d）が加算される。

最後に③の追加的控除項目を減算する。まず（f）の純資産直入された借方残高のその他有価証券評価差額金等は，会社法上は保守的に分配可能額から除外する。（g）の連結配当規制の任意適用額は，会社法における配当は個別貸借対照表を基礎に行われるため，連結集団全体でみた分配可能額がない状態で親会社が子会社に累積損失を押し付けて配当可能額を捻出して配当しても違法にはならない。そのため会社が連結貸借対照表をも考慮に入れた配当規制を任意に選択して連結配当規制適用会社になることを許容している場合（会社計算規則第158条4号）に減算する。

（e）のれん等調整額による制限額については，以下のように計算する。

A：のれん等調整額＝のれん÷2＋繰延資産

B：資本等金額＝資本金＋資本準備金＋利益準備金

C：その他資本剰余金

比較対象となる貸方側のBは株主から債権者に対して差し出された担保，さらにCはそのバッファーとしての役割を担っているが，その裏付けとなる借方資産のうちAは上述のように換金可能性が低いため，分配可能額に制限が加えられる（会社計算規則第158条1号イ，ロ，ハ（1）（2））。ここで，のれんの半額だけがAに含まれているのは，のれんの本質が企業結合で獲得した超過収益力であることを勘案して分配可能額からの控除部分については半額が相当と考えられているためである。

まず①A＜Bの場合には制限が課されない。しかしA＞Bの場合には制限が課され，以下のように3つにケース分けされた金額が分配可能額から減額される。

②A＜（B＋C）のケースでは，次図のようにA－B（図の網掛け部分）が分配

可能額から減額される。

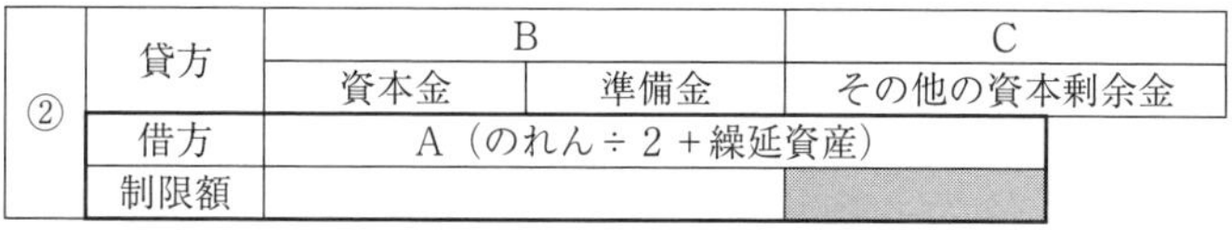

| | | B | | C |
|---|---|---|---|---|
| ② | 貸方 | 資本金 | 準備金 | その他の資本剰余金 |
| | 借方 | A（のれん÷2＋繰延資産） | | |
| | 制限額 | | | |

次に③A＞（B＋C）のケースでは，Aとの比較ではなく，（のれん÷2）と（B＋C）との比較によって次のように制限額が定められている。

| ケース | | | 制限額 |
|---|---|---|---|
| ③ | (a) | （のれん÷2）＜（B＋C） | （のれん÷2）−B＋繰延資産 |
| | (b) | （のれん÷2）＞（B＋C） | C＋繰延資産 |

分配可能額に対する制限額を図示すると，下図の網掛け部分になる。

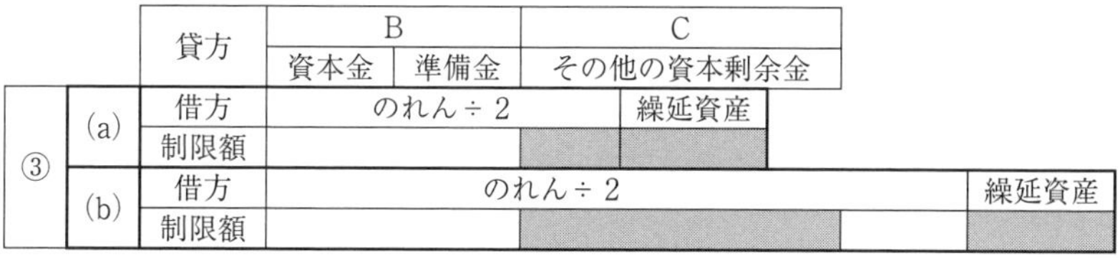

| | | | B | | C | |
|---|---|---|---|---|---|---|
| | | 貸方 | 資本金 | 準備金 | その他の資本剰余金 | |
| ③ | (a) | 借方 | のれん÷2 | | 繰延資産 | |
| | | 制限額 | | | | |
| | (b) | 借方 | のれん÷2 | | | 繰延資産 |
| | | 制限額 | | | | |

## 設例8－4　剰余金の配当における分配可能額の計算

のれん等調整額（A）の金額が下の表の各ケースである場合の，配当効力発生日（20X4年6月30日）における分配可能額を求める。なお最終事業年度の末日（20X4年3月31日）の貸借対照表の構成要素は次のとおりである。

資産の部1,820（うち繰延資産100），負債の部1,000，資本金300，資本準備金90，その他資本剰余金240，利益準備金70，繰越利益剰余金120。

（いずれも単位は千円）

A：のれん等調整額＝のれん÷2＋繰延資産

B：資本等金額＝資本金＋資本準備金＋利益準備金＝460

C：その他資本剰余金＝240

D：のれん÷2

E：繰延資産＝100

| ケース（Aの額） | | | 比較対象 | 分配制限 | | 分配可能額 |
|---|---|---|---|---|---|---|
| ① | | 400 | A＜B | なし | | 240+120＝360 |
| ② | | 500 | B＜A＜（B＋C） | A－B | 500－460 | 360－40＝320 |
| ③ | | | A＞（B＋C） | | | |
| | D | (a)600 | D＜（B+C） | D－B＋E | 600－460+100 | 360－240＝120 |
| | | (b)750 | D＞（B+C） | C＋E | 240＋100 | 360－340＝20 |

# 第9章 基本財務諸表

**学習のポイント**

本章では，損益計算書と貸借対照表の表示方法を学習する。財務諸表を作成するための会計処理方法は他の章で学習するので，本章では，損益計算書における段階損益の計算過程と貸借対照表における表示区分をよく確認してほしい。そのうえで，たとえば，第15章で有価証券の会計処理を学習する際には，「有価証券やその時価評価差額の表示区分はどこか」という視点で，本章の学習内容と関連付けながら財務諸表の表示方法を整理するとよいであろう。

## 1　財務諸表の種類

上場会社等は，事業年度ごとに**有価証券報告書**を決算日から3ヵ月以内に内閣総理大臣（受理権限の委任先である財務局長）に提出しなければならない（金融商品取引法第24条)。この有価証券報告書には，投資判断に資する多くの情報が含まれており，その中の「経理の状況」で財務諸表が開示される。

金融商品取引法に基づき上場会社等が開示する財務諸表には，（ i ）貸借対照表，（ii）損益計算書，（iii）株主資本等変動計算書，（iv）キャッシュ・フロー計算書および（ｖ）附属明細表[1]が含まれる（金融商品取引法第193条，財務諸表等規則（以下，本章では「財規」という）1条)。このうち，（ｖ）附属明細表[2]を除く4つの財務計算に関する書類の関係を示すと，**図表9-1**のようになる。

本章では，図表9-1で示した開示書類のうち，基本財務諸表である損益計算書および貸借対照表の表示方法を学習する。なお，株主資本等変動計算書の

1　連結財務諸表で開示される財務計算に関する書類については，第11章および第12章で解説する。
2　附属明細表は，財務諸表に記載されている科目のうち，企業の財政状態および経営成績の判断にあたり重要なものの内訳や変動額を示すものである。「財規」では，原則として，（ i ）有価証券明細表，（ii）有形固定資産等明細表，（iii）社債明細表，（iv）借入金等明細表，（ｖ）引当金明細表，（vi）資産除去債務明細表，の作成が求められている（121条)。

作成方法については第８章で解説したとおりである。また，キャッシュ・フロー計算書の作成方法は第14章で解説する。

**図表９－１ ■ ４つの開示書類の関係**

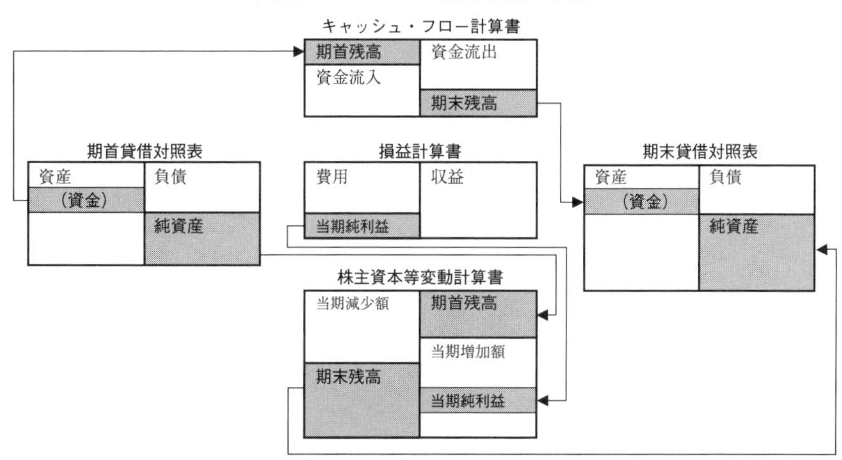


## 2　損益計算書の表示

損益計算書は，企業の**経営成績**（投資の成果）を明らかにするため，１会計期間に属するすべての収益とこれに対応するすべての費用とを記載して経常利益を表示し，これに特別損益に属する項目を加減して当期純利益を表示する。

### (1)　表示区分

損益計算書には，**図表９－２**で示すように[3]，①営業損益計算の区分，②経常損益計算の区分および③純損益計算の区分が設けられている。このように，当期純利益の発生過程を明らかにするために，収益および費用を発生原因に従って区分表示する損益計算書は，**区分損益計算書**（multiple-step income statement）とよばれる。

3　図表９－２では，「財規」様式第６号で示されているように，売上高から他の収益項目および費用項目を加減する形式で記載する報告式（report form）の損益計算書を示している。なお，損益計算書の様式については，勘定形式により，借方に費用項目を記載し，貸方に収益項目を記載する勘定式（account form）もある。

## 図表９－２■損益計算書の表示例

損　益　計　算　書

自20X0年４月１日　至20X1年３月31日

| | | |
| --- | --- | --- |
| Ⅰ売上高 | XX | |
| Ⅱ売上原価 | | |
| 　商品期首棚卸高 | XX | |
| 　当期商品仕入高 | XX | |
| 　合計 | XX | |
| 　商品期末棚卸高 | XX | |
| 　商品売上原価 | XX | |
| **売上総利益** | **XX** | ①営業損益計算の区分 |
| Ⅲ販売費及び一般管理費 | | |
| 　営業費 | XX | |
| 　貸倒引当金繰入額 | XX | |
| 　減価償却費 | XX | |
| 　販売費及び一般管理費合計 | XX | |
| **営業利益** | **XX** | |
| Ⅳ営業外収益 | | |
| 　受取利息 | XX | |
| 　有価証券利息 | XX | |
| 営業外収益合計 | XX | |
| Ⅴ営業外費用 | | ②経常損益計算の区分 |
| 　支払利息 | XX | |
| 　社債利息 | XX | |
| 　営業外費用合計 | XX | |
| **経常利益** | **XX** | |
| Ⅵ特別利益 | | |
| 　固定資産売却益 | XX | |
| 　投資有価証券売却益 | XX | |
| 特別利益合計 | XX | |
| Ⅶ特別損失 | | |
| 　減損損失 | XX | |
| 　投資有価証券評価損 | XX | ③純損益計算の区分 |
| 　特別損失合計 | XX | |
| **税引前当期純利益** | **XX** | |
| 法人税，住民税及び事業税 | XX | |
| 法人税等調整額 | XX | |
| 法人税等合計 | XX | |
| **当期純利益** | **XX** | |

### ①　営業損益計算の区分

営業損益計算の区分では，企業の営業活動から生ずる収益および費用を記載して**営業利益**を計算する。具体的には，1会計期間に属する売上高[4]と売上原価[5]とを記載して売上総利益を計算し，これから販売費及び一般管理費[6]を控除して営業利益を表示する。

このようにして計算された営業利益は，企業の主たる営業活動によって生じた成果を表すことになる。

### ②　経常損益計算の区分

経常損益計算の区分では，営業損益計算の結果を受けて，利息および割引料，有価証券売却損益その他営業活動以外の原因から生ずる損益であって特別損益に属さないものを記載し，**経常利益**を計算する。営業外収益は，受取利息，割引料，有価証券売却益等のように財務活動から生じた収益であり，営業外費用は，支払利息，割引料，有価証券売却損，有価証券評価損等のように財務活動から生じた費用である。

このようにして計算された経常利益は，経常的な経営活動から生じた成果を表すことになる。

### ③　純損益計算の区分

純損益計算の区分では，経常損益計算の結果を受けて，固定資産売却損益や，災害による損失等のように臨時的・偶発的に生じた特別損益を記載し，税引前当期純利益を計算する。さらに法人税等に関連する税金費用を控除することで**当期純利益**を計算する。

このようにして計算された当期純利益は，1期間における企業活動から生じ

---

4　売上高については，原則として顧客との契約から生じる収益とそれ以外の収益に区分して記載する。

5　製造業を営む上場企業においては，原則として当期製品製造原価の計算過程を示す製品原価報告書を添付しなければならない。ただし，連結財務諸表においてセグメント情報を注記している企業は，添付を省略できる。

6　販売費及び一般管理費は，図表9－2で示したように，原則として各費目に分類し，当該費用を示す名称を付した科目により表示する。ただし，販売費の科目もしくは一般管理費の科目または販売費及び一般管理費の科目に一括して表示し，その主要な費目およびその金額を注記することも容認されている。

た最終的な成果を表し，企業の所有者である株主に帰属する利益となる。

### (2) 表示原則

損益計算書の表示にあたっては，「企業会計原則」（以下，本章では「原則」という）で示されている①総額主義の原則，②対応表示の原則および③重要性の原則が適用される。

#### ① 総額主義の原則

収益および費用は，原則として総額によって記載することとされ，収益項目と費用項目とを相殺することによってその全部または一部を損益計算書から除去することは認められない。これは，**総額主義の原則**とよばれ，企業規模に関する財務諸表利用者の誤解を回避することを意図している。たとえば，損益計算書において，受取利息と支払利息は相殺せずに総額で表示する必要がある。その一方で，有価証券や固定資産の売却損益のように，企業の主たる営業活動以外の活動によって生じた損益項目については，重要性が低いと考えられることから，純額で表示される。

なお，企業会計基準委員会から公表された諸会計基準が優先適用されることで，純額表示が求められることもある。たとえば，第4章で学習した企業が代理人に該当する場合の収益認識や，第5章で学習したトレーディング目的で保有する棚卸資産の損益については，純額表示することが要請されている。

#### ② 対応表示の原則

収益および費用は，その発生源泉に従って明瞭に分類し，各収益項目とそれに関連する費用項目とを損益計算書に対応表示しなければならない。これは，**対応表示の原則**とよばれる。

この原則に基づき，前述のような損益計算の区分を設けることとなり，例えば，営業活動によって生じた売上債権に対して設定された貸倒引当金の繰入額は，販売費及び一般管理費の区分に表示し，営業活動以外の取引によって生じた貸付金等の金銭債権に対して設定された貸倒引当金の繰入額は，営業外費用の区分に表示する。

### ③　重要性の原則

損益計算書の表示においては，**重要性の原則**が適用され，項目毎の金額の多寡（量的重要性）または性質（質的重要性）により，重要性の乏しい項目については簡便な表示方法が用いられ，重要性の高い項目についてはより明確な表示方法が用いられる。企業会計は，企業の財務内容を明らかにし，企業の状況に関する利害関係者の判断に資することを目的としていることから，重要性の乏しいものについては，このような目的に反しない限りにおいて簡便な方法によることが容認される。たとえば，特別損益に属する項目であっても，金額の僅少なもの，または毎期経常的に発生するものは，経常損益計算に含めることが容認される。また，法人税等の更正決定等による追徴税額および還付税額は，原則として当期の負担に属する法人税額等と区別して表示するが，重要性の乏しい場合には，当期の負担に属するものに含めて表示することが容認される。

なお，実務上は，「財規」および同ガイドラインに従って重要性の有無が判断される。

## (3)　当期業績主義と包括主義

期間利益の計算に含める収益および費用の範囲に関しては，経常損益項目のみで期間利益を計算する**当期業績主義**（current operating performance theory）と，すべての損益項目によって期間利益を計算する**包括主義**（all-inclusive theory）がある[7]。図表9－2で示した現行制度に基づく損益計算書を前提とすると，当期業績主義は経常利益を期間利益とみるのに対して，包括主義は当期純利益を期間利益とみる。つまり，両者の相違は，期間利益の計算に特別損益項目を含めるか否かにある。

当期業績主義における期間利益は，特別損益に含まれる臨時損益項目等を除外して計算されるため，経常的な収益力を表すといわれる[8]。他方，包括主義における期間利益は，臨時損益項目等を含むすべての収益と費用の差額として計算されることから，企業の実態をよりよく表すといわれることもある。

1974年改訂前の「原則」では，当期業績主義が採用されていたが，現行制度

7　ここでいう包括主義は，純利益の計算に含める収益および費用の範囲に関する考え方であり，第3章で学習した包括利益（comprehensive income）とは異なる。

8　当期業績主義により期間利益の計算から排除された特別損益項目については，利益剰余金の直接的な増減として処理されることになる。

においては，包括主義が採用されている。ただし，図表9－2で示したように，段階損益の計算により当期業績主義による期間利益も開示されている。

## 3 貸借対照表の表示

貸借対照表は，企業の**財政状態**（投資のポジション）を明らかにするために，決算日におけるすべての資産，負債および純資産を記載し，利害関係者にこれを正しく表示するものでなければならない[9]（「原則」第三・一）。

### (1) 表示区分

**図表9－3**で示すように[10]，貸借対照表は，資産の部，負債の部および純資産の部に区分する（「財規」第12条）。純資産の部の表示方法については，既に第8章で解説したため，以下では，①資産の部および②負債の部の表示方法について解説する。

#### ① 資産の部

資産の部については，流動資産，固定資産および繰延資産の3つに区分し，固定資産については，有形固定資産，無形固定資産および投資その他の資産に分類して記載する（財規14条）。参考までに財規で示されている資産の表示例を**図表9－4**で示しておく。

---

9 これは，貸借対照表完全性の原則とよばれることがある。なお，後述するように，「原則」では，正規の簿記の原則に従って処理された場合に生じた簿外資産および簿外負債は，貸借対照表の記載外におくことができるとされており，重要性に応じた取扱いを認めている。

10 前述の損益計算書の様式と同様に，貸借対照表の様式についても，勘定形式により，借方に資産を記載し，貸方に負債および純資産を記載する勘定式と，資産，負債および純資産を順に記載する報告式がある。「財規」では，様式5号，5－2号で示されている報告式の貸借対照表によることとされているが，図表9－3では，勘定式の貸借対照表を示している。

## 図表9－3 ▒貸借対照表の表示例

### 貸借対照表

20X1年3月31日

| 資産の部 | | 負債の部 | |
|---|---|---|---|
| Ⅰ流動資産 | | Ⅰ流動負債 | XX |
| 現金及び預金 | XX | 買掛金 | XX |
| 売掛金 | XX | 短期借入金 | XX |
| 貸倒引当金 | △XX | 未払費用 | XX |
| 売掛金（純額） | XX | 未払法人税等 | XX |
| 商品及び製品 | XX | 流動負債合計 | XX |
| 流動資産合計 | XX | Ⅱ固定負債 | |
| Ⅱ固定資産 | | 社債 | XX |
| 1 有形固定資産 | | 長期借入金 | XX |
| 建物 | XX | 固定負債合計 | XX |
| 減価償却累計額 | △XX | 負債合計 | XX |
| 建物（純額） | XX | 純資産の部 | |
| 工具，器具及び備品 | XX | Ⅰ株主資本 | |
| 減価償却累計額 | △XX | 1 資本金 | XX |
| 工具，器具及び備品（純額） | XX | 2 資本剰余金 | |
| 土地 | XX | 資本準備金 | XX |
| 建設仮勘定 | XX | その他資本剰余金 | XX |
| 有形固定資産合計 | XX | 資本剰余金合計 | XX |
| 2 無形固定資産 | | 3 利益剰余金 | |
| のれん | XX | 利益準備金 | XX |
| ソフトウェア | XX | その他利益剰余金 | |
| 無形固定資産合計 | XX | 繰越利益剰余金 | XX |
| 3 投資その他の資産 | | 利益剰余金合計 | XX |
| 投資有価証券 | XX | 4 自己株式 | △XX |
| 関係会社株式 | XX | 株主資本合計 | XX |
| 繰延税金資産 | XX | Ⅱ評価・換算差額等 | |
| 投資その他の資産合計 | XX | 1 その他有価証券評価差額金 | XX |
| 固定資産合計 | XX | 2 繰延ヘッジ損益 | XX |
| Ⅲ繰延資産 | | 評価・換算差額等合計 | XX |
| 株式交付費 | XX | Ⅲ株式引受権 | XX |
| 社債発行費等 | XX | Ⅳ新株予約権 | XX |
| 繰延資産合計 | XX | 純資産合計 | XX |
| 資産合計 | XX | 負債純資産合計 | XX |

**図表9－4■資産の区分表示**

| 区分 | | 表示例 |
|---|---|---|
| 流動資産 | | ①現金及び預金，②受取手形，③売掛金，④契約資産，⑤リース債権，⑥リース投資資産，⑦有価証券，⑧商品及び製品（半製品を含む。），⑨仕掛品，⑩原材料及び貯蔵品，⑪前渡金，⑫前払費用 |
| 固定資産 | 有形固定資産 | ①建物（その付属設備を含む。），②構築物，③機械及び装置（その付属設備を含む。），④船舶（水上運搬具を含む。），⑤車両及びその他の陸上運搬具，⑥工具，器具及び備品，⑦土地，⑧使用権資産，⑨建設仮勘定 |
| 固定資産 | 無形固定資産 | ①のれん，②特許権，③借地権（地上権を含む。），④商標権，⑤実用新案権，⑥意匠権，⑦鉱業権，⑧漁業権（入漁権を含む。），⑨ソフトウエア，⑩使用権資産，⑪公共施設等運営権 |
| 固定資産 | 投資その他の資産 | ①投資有価証券，②関係会社株式，③関係会社社債，④その他の関係会社有価証券，⑤出資金，⑥関係会社出資金，⑦長期貸付金，⑧株主，役員又は従業員に対する長期貸付金，⑨関係会社長期貸付金，⑩破産更生債権等，⑪長期前払費用，⑫前払年金費用，⑬繰延税金資産 |
| 繰延資産 | | ①創立費，②開業費，③株式交付費，④社債発行費，⑤開発費 |

### ②　負債の部

負債の部については，流動負債および固定負債に区分して記載する（財規45条）。参考までに，財規で示されている負債の表示例を**図表9－5**で示しておく。

**図表9－5■負債の区分表示**

| 区分 | 表示例 |
|---|---|
| 流動負債 | ①支払手形，②買掛金，③短期借入金（金融手形及び当座借越を含む。），④リース負債，⑤未払金，⑥未払費用，⑦未払法人税等，⑧契約負債，⑨前受金，⑩預り金，⑪前受収益，⑫引当金，⑬資産除去債務，⑭公共施設等運営権に係る負債 |
| 固定負債 | ①社債，②長期借入金（金融手形を含む。），③関係会社長期借入金，④リース負債，⑤繰延税金負債，⑥引当金，⑦資産除去債務，⑧公共施設等運営権に係る負債 |

## (2)　表示原則

### ①　総額主義の原則

損益計算書と同様に貸借対照表においても，総額主義の原則が適用され，資産，負債および純資産は，総額によって記載することが原則とされ，資産の項目と負債または純資産の項目とを相殺することは禁止されている。例えば，資産の部に計上されている貸付金と負債の部に計上されている借入金を相殺して純額で表示することは認められない。

ただし，前述の損益計算書の表示と同様に，企業会計基準委員会から公表された会計基準等が優先適用されることにより，純額表示が要請されることがある。たとえば第18章で学習する同一納税主体の繰延税金資産と繰延税金負債や第21章で学習する退職給付債務と年金資産については，資産と負債を相殺し，純額で表示することが要請されている。

### ②　流動項目と固定項目の表示

#### （i）流動固定分類

資産および負債を流動項目と固定項目に区別する基準としては，**正常営業循環基準**（normal operating cycle basis）と**1年基準**（one year rule）がある。

正常営業循環基準は，企業の主目的たる営業取引の循環過程から生じる資産および負債を流動項目とし，それ以外の資産および負債を固定項目とする基準である。たとえば，商業であれば，商品を仕入れ，それを販売し，代金を回収したうえで，回収資金によって商品の再調達を行う。正常営業循環基準によると，このような営業取引の循環過程から生ずる商品，買掛金や支払手形，前渡金，売掛金や受取手形，前受金等は，流動項目とされる（**図表9－6**）。

**図表9－6▒営業取引の循環過程にある資産と負債**

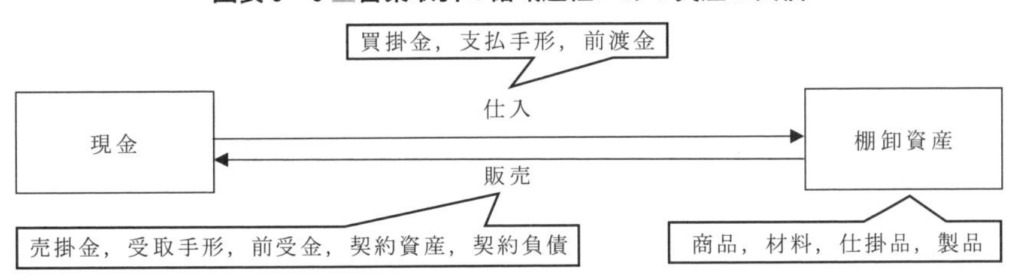


1年基準は，貸借対照表日の翌日から起算して1年以内に決済される金銭債権債務および1年以内に損益計上される資産・負債を流動項目とし，それ以外の資産・負債を固定項目とする基準である。たとえば，3月決算の企業が有する貸付金であれば，翌年度中に返済期限が到来する貸付金は流動資産として表示され，それ以降に返済期限が到来する貸付金は固定資産として表示される。

制度上は，この2つの基準が併用される。具体的には，最初に正常営業循環基準を適用し，企業の主目的たる営業取引の循環過程から生じた資産・負債が流動項目とされる。そのような循環過程外から生じた項目については，さらに

1年基準を適用し，貸借対照表日の翌日から起算して1年以内に決済される金銭債権債務および1年以内に損益計上される資産・負債は流動項目とされ，それ以外の項目は固定項目とされる[11]。

#### （ii）配列法

資産および負債の項目の配列は，原則として，流動項目を先に記載し，その後に固定項目を記載する**流動性配列法**（current arrangement）による（「財規」第13条)。これは，企業の支払能力を明瞭に表示するためである。ただし，別記事業[12]を営む企業，たとえば，電気事業を営む企業においては，「電気事業会計規則」に従い，固定項目を先に記載し，その後に流動項目を記載する**固定性配列法**（capital arrangement）によることとされている。このような業種においては，固定項目の比率が著しく大きいからである。

### ③ 重要性の原則

損益計算書と同様に貸借対照表においても，重要性の原則が適用される。例えば，分割返済の定めのある長期の債権または債務のうち，期限が1年以内に到来するもので重要性の乏しいものについては，固定資産または固定負債として表示することが容認される。その一方で，重要性の高い項目については，より明確な表示が要請されており，たとえば，役員等企業の内部の者に対する債権や親会社または子会社に対する債権については，特別の科目（図表9－4参照）を設けて区別して表示し，または注記[13]の方法によりその内容を明瞭に示さなければならない。

なお，実務上は，損益計算書と同様に財規および同ガイドラインに従って重要性の有無が判断される。

---

11 ただし，このような流動固定分類の例外もある。たとえば，経過勘定項目については，前払費用のみが流動項目と固定項目に区分され，未払費用，未収収益および前受収益については，すべて流動項目とされる。

12 財規においては，特定の事業が別記事業として指定されている。そして，別記事業を営む企業が当該事業の所管官庁に提出する財務諸表の用語，様式および作成方法について，特に法令の定めがある場合または当該事業の所管官庁が財規に準じて制定した財務諸表準則がある場合には，当該事業を営む企業が法の規定により提出する財務諸表の用語，様式および作成方法については，原則としてその法令または準則の定めによるものとされている（2条)。

13 注記とは，財務諸表の記載内容に関連する補足情報を記載することをいう。

コラム7

## IFRS18号に基づく損益計算書の表示

本章で学習した財務諸表の表示に関連して，IASBは，2024年4月にIFRS18号「財務諸表における表示及び開示」を公表した。これは，本書の執筆時点で公表されているIFRSの中で最も新しいルールである。参考までに，IFRS18号に基づく新しい損益計算書の表示区分の概要を確認してみよう。

**損益計算書**

自 20X1年4月1日　至 20X2年3月31日

| | | |
|---|---|---|
| 収益 | XX | 営業区分 |
| 売上原価 | XX | |
| **売上総利益** | **XX** | |
| その他の営業収益 | XX | |
| 販売費 | XX | |
| 研究開発費 | XX | |
| 一般管理費 | XX | |
| のれんの減損損失 | XX | |
| その他の営業費用 | XX | |
| **営業利益** | **XX** | |
| 関連会社及び共同支配企業の純利益に対する持分相当額及び処分に係る利得 | XX | 投資区分 |
| **財務及び法人所得税前利益** | **XX** | |
| 借入金及びリース負債に係る利息費用 | XX | 財務区分 |
| 年金負債及び引当金に係る利息費用 | XX | |
| **法人所得税前利益** | **XX** | |
| 法人所得税費用 | XX | 法人所得税区分 |
| **継続事業からの当期純利益** | **XX** | |
| 非継続事業からの損失 | XX | 非継続事業区分 |
| **当期純利益** | **XX** | |

これまで適用されてきたIAS1号「財務諸表の表示」では，損益計算書における段階損益の表示が求められていなかった。そのため，たとえば，指定国際会計基準を適用している企業においても，営業利益を開示していない企業があり，また，営業利益を開示していても，そこに持分法投資損益を含める企業と含めない企業があった。さらに，独自の名称（「事業利益」や「コア営業利益」等）を使用する企業もあった。これは，IFRSが掲げる原則主義の考え方に基づいているといえるが，企業毎に異なる小計の表示が行われることで，企業間の比較が困難であるという問題が指摘されていた。

IFRS18号では，日本基準と同様に，上記のような段階損益の開示が求められている。ただし，IFRS18号に基づく営業利益は，減損損失が含まれるという点で日本基準における営業利益とは異なる。また，日本基準では，非継続事業からの損益の開示が行われていないことから，コンバージェンスを進める中で検討を要する課題が残されている。

# 第10章 財務会計の概念フレームワーク

**学習のポイント**

財務会計の概念フレームワークは，財務会計の基礎にある前提や概念を体系的に示したものである。日本では，明文化された「概念フレームワーク」が企業会計基準委員会（ASBJ）から討議資料として公表されている。この概念フレームワークの「第4章　財務諸表における認識と測定」における「収益」と「費用」に関する説明には，ASBJから公表される企業会計基準における利益計算の基礎にある考え方が簡潔に示されているため，本書の次章以下の理解に役立つはずである[1]。なお現行の会計基準は，すべての面で明文化された概念フレームワークと整合的なものばかりとは限らない。どのような面で不整合なのか，そしてその理由はどこにあるのかを考えてみることも会計基準を理解するうえで有意義なはずである。

## 1　概念フレームワークの意義

### (1)　概念フレームワークの意義

財務会計の概念フレームワーク（以下，本章では概念FWという）は，財務会計の基礎にある前提や概念を体系的に示したものである。概念FWは会計基準を開発する際の基本的な諸概念を示すものであるため，基準開発機関が新たに首尾一貫した会計基準を策定する際の指針となる。さらに概念FWは，会計基準の利用者にとっても会計基準を理解し共通の解釈を導くのに役に立つ。

第1章で学習したように，財務会計はその時代の社会経済的な環境の制約を受けている。日本では長い間「**企業会計原則**」（以下，本章では「原則」という）が制度会計の中核として機能してきたが，「原則」においては「一般原則」が基礎的な前提を示す一種の概念FWとしての役割を果たしてきたといえる。し

1 「討議資料」のそれ以外の章は，初学者にとっては少々退屈かもしれない。場合によっては，それ以外の章は飛ばして本書の次章以下を学習したうえで，必要に応じて「討議資料」の他の章の説明に目を通してもよいかもしれない。

かし経済社会の発展とともに企業活動が国際化し，より複雑で新しい商取引が生まれたことに伴って，それに対応する新しい基準開発が必要とされるようになった。2001年に企業会計基準委員会（ASBJ）が発足して以降に開発されている会計基準の基礎にあるのは，ASBJから2006年に公表されている討議資料「財務会計の概念フレームワーク」（以下，本章では「討議資料」という）であると考えられている。

### (2)　会計基準開発の帰納的アプローチと演繹的アプローチ

前述のように，概念FWは個別の会計基準が相互に首尾一貫したものになるために基準開発機関が新しい基準を策定する際の参照枠としての役割を果たしている。会計基準を策定する際のアプローチには帰納的アプローチと演繹的アプローチがある。前者は，実務の中で定着している会計処理方法の中から標準的なもの（デファクトスタンダード）を抽出し，そこから一般原理を導き出す方法で，後者は，あらかじめ設定された原理原則（前提）から出発してそこから個別の会計処理方法を演繹的に導き出す方法である。概念FWはこのうち演繹的アプローチによって会計基準を開発する際の指針としての役割を担っていると一般的に考えられている。

日本の「原則」は第２次世界大戦後の1949年に米国のSHM会計原則[2]に倣って策定・公表されたことはよく知られているが，この両原則をはじめ1973年に米国の財務会計基準審議会（FASB）が発足する以前の米国の会計基準も基本的には帰納的アプローチによって策定されていたと考えられている。しかし経済活動が複雑化し利害関係者が多様化するなかで，FASBが個別基準を策定する際の指針となる概念FWの必要性が指摘されるようになった。これを受けてFASBは概念FWの策定に着手し，1978年から1985年にかけて６つ[3]のステートメントからなる一組の概念書（Statements of Financial Accounting Concepts: SFAC）を公表した。また1973年に発足した国際会計基準委員会（International Accounting Standards Committee: IASC）からも同様の社会的な要請から1989年

---

2　米国の会計士協会（AIA）から1938年に公表された「会計原則（Statement of accounting principles)」で，著者である３教授（Sanders-Hatfield-Moore）にちなんでSHM会計原則とよばれている。

3　ただしSFAC３号は６号に置き換えられているため，。1985年時点で有効なSFACは５つ。その後，2000年にはSFAC７号が公表されている。SFAC８号については本章脚注５を参照。

に概念FWが公表されている。さらに日本でも2001年のASBJ発足に伴って，基準開発の基礎になる概念FWが存在しないことが国際的に指摘されていたため，2006年に討議資料が公表されている。

ただしこれらの概念FWの公表に伴って，会計基準の策定がただちに演繹的アプローチに転換されたわけではない。会計基準の策定に際して長い間世界的に基礎理論として機能してきた米国会計学会（American Accounting Association: AAA）のモノグラム（Paton＆Littleton, 1940）は，当時の会計実務の中から標準的なものを抽出してその背後にある考え方を体系化して記述したものであったが，その後，新しい経済事象に対応して一部の概念の修正を余儀なくされても，その修正との整合性が保たれるように，より上位の概念を含む相互の概念が微修正されながら全体の体系が維持されてきた。たとえば会計上の「資産」の定義に長い間含まれていた「所有」という要件は，リース取引の増加に伴って「所有」から「支配」へと変化したが，その結果として他の定義やより上位の概念との間で齟齬が生じる場合には，経済状況に照らしてそれらの修正の要否を吟味して修正が加えられつつ階層化された全体の整合性が維持されてきたのである[4]。

一方，会計基準策定における演繹的アプローチも，出発点となる前提を純粋に白紙から取捨選択することは無意味である。それは市場慣行，投資家の情報ニーズや情報分析能力，法体系，そしてそれらを支える基本的な考え方や，社会的な背景とも密接に結びついているはずである。そのため帰納的アプローチによって抽出された最上位の概念が理論構築の出発点にあるのであれば，つまり財務会計における最上位の概念を帰納的に導く限りにおいては，両アプローチは結果的に類似の経路をたどることになる。財務報告を取り巻く会計基準の策定をめぐる議論は，結局，財務会計における最上位の概念の選択問題に帰着するといっても過言ではない。

日本の討議資料をはじめとする近年の世界的な概念FWにおいては，資本市場の発達にともなう「市場の投資家の投資意思決定に資する情報の提供（意思決定有用性）」が財務報告の最上位の目的に掲げられている。一方で，財務会計が伝統的に担ってきた処分可能利益計算や課税所得計算などに役立つ情報の

4 資産の定義が経済的資源の「所有」から「支配」に代わったことに伴い，負債の定義も「債務」から経済的資源の「放棄もしくは引き渡す義務」に変化したこと等がその一例である。

提供は「副次的な利用」ないしは主要な目的に対する制約条件として位置づけられている。その結果，情報提供機能（意思決定支援機能）と受託責任機能ならびに利害調整機能（契約支援機能）との間で，会計情報のあり方をめぐるトレードオフの関係が近年しばしば顕在化してきていることは，第１章で指摘したとおりである。

## 2　ASBJ討議資料「財務会計の概念フレームワーク」

### (1)　日本版概念フレームワーク開発の背景

2006年に公表された討議資料は，現時点においてもASBJの討議資料という位置づけである。その理由は，会計基準の国際的なコンバージェンスが進むなかで，国際的な議論の場で日本基準の考え方を説明する際に日本の概念FWが存在しないことがしばしば指摘されていたため日本版概念FWの必要性が指摘される一方で，IASBとFASBが2004年から共同で概念FWプロジェクトをすでにスタートしているタイミングで，あえて日本版概念FWを開発することに対して懸念を表す声が一部から上がっていたためである。

しかしIASBとFASBの共同プロジェクトは2010年に第１章「一般目的の財務報告の目的」と第３章「有用な財務情報の質的特性」を共通の成果として公表したのち，その他の部分については各々独自に開発を進めることになった[5]。このことは，各国の会計基準は自国内の周辺制度とも結びついているため，会計基準のみならず概念FWでさえ国際的に共有することの難しさを示している。なお2006年に公表された討議資料は，その公表当時にすでに公表されていたFASBのSFACに倣った構成になっている。

### (2)　「財務会計の概念フレームワーク」の構成

ASBJの開発する会計基準は，本書の第３章で解説したように主として上場企業と会社法上の大会社を対象としているため，討議資料も原則として証券市場におけるディスロージャー制度を念頭に置いて記述されている[6]。討議資料

5　IASBと共同開発された「目的」と「質的特性」については米国でもSFAC８号の第１章と第３章として公表されたのち，他の章についてはFASBが独自に追加修正作業を続けている。またIASBからは2018年に他の章も加えた新概念FWが公表されている。

の構成は以下の通りである。また各章は「序文」「本文」「結論の根拠と背景説明」で構成されている。なお以下の解説は，原則として討議資料の規定に依拠している。

| 前文 |
|---|
| 第１章　財務報告の目的 |
| 第２章　会計情報の質的特性 |
| 第３章　財務諸表の構成要素 |
| 第４章　財務諸表における認識と測定 |

### (3)　財務報告の目的（第１章）

財務報告制度の主たる目的は，投資家による企業成果の予測と企業価値の評価に役立つような，企業の財務状況の開示にある。投資家は企業の不確実な成果を予測して自己の責任のもとで投資を行うが，そのためには企業が資金をどのように投資し（投資のポジション），実際にどれだけの成果（フロー）をあげているのかについての情報を必要としている。財務報告の目的は，そのための情報を提供することにある。企業の将来を予測するうえで，企業の現状に対する情報は不可欠であるが，投資家と経営者の間には情報格差がある。ディスクロージャー制度（開示制度）は，この情報の非対称性を解消するために経営者による私的情報の開示を促進する役割を担っている。

経営者は本来，投資家の保守的な評価によって企業価値が損なわれないよう，公的な規制がなくても自分の持つ企業情報を自発的に開示する誘因を有しているが，経営者の自発性に委ねるだけでは提供される情報の等質性を確保したり虚偽情報を排除したりすることは難しい。そのため，情報開示に関する当事者間の標準的な契約を一般化した会計基準が求められている。

証券市場における当事者は，経営者と投資家，そして監査人である。経営者は会計基準に基づいて現在の企業の投資のポジションと成果を開示し，投資家はそれに基づいて将来の予測を自己の責任で行う。その際，投資家が必要とする会計情報が会計基準に従って適正に作成されているのかを監査人が監査することによって，財務情報に関する信頼性が得られている。

---

6　ただしその内容は必ずしも証券市場への情報開示が求められていない企業とその利用者にとっても有用となり得るとされている。

### (4)　会計情報の質的特性（第2章）

会計情報に求められる最も重要な特性は，前述の財務諸表の目的にとっての有用性である。討議資料ではこの特性が「**意思決定有用性**」と表現されている。しかし意思決定有用性という特性は抽象的な概念であるため，将来の会計基準設定のための指針として十分ではない。そのため討議資料ではそれを具体化して支える下位の特性として，**図表10-1**に示されているように意思決定との関連性と信頼性の2つが示されている。さらに，それら3つの特性を基礎から支えると同時に，必要条件ないし閾（いき）限界として機能する特性として，内的整合性と比較可能性が示されている。

**図表10-1 ▒会計情報の質的特性**

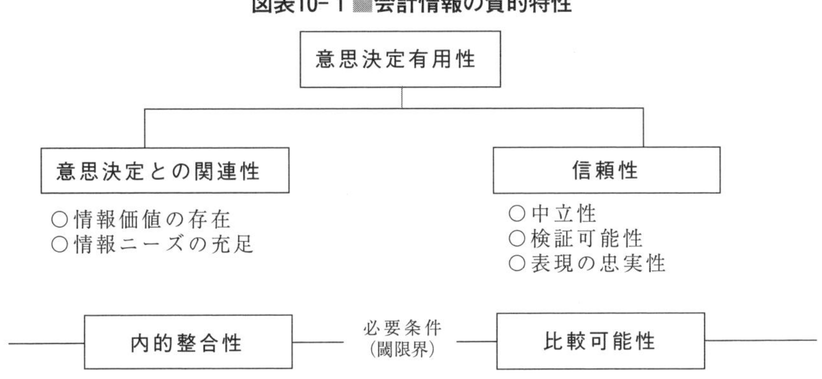


**意思決定との関連性**とは，会計情報が将来の投資の成果についての予測に関連する内容を含んでいて，企業価値の推定を通じた投資家による意思決定に積極的な影響を与えて貢献することを指す（**情報価値の存在**）。ただし当該情報が企業価値の推定にとって積極的な価値を有しているかを事前に判断するのは多くの場合難しい。その場合には，投資家の情報ニーズの存在が情報価値を期待させ，その判断に役立つことが求められる（**情報ニーズの充足**）。

**信頼性**とは，中立性，検証可能性，表現の忠実性などに支えられ，会計情報が信頼に足る情報であることを指す。情報の作成者である経営者の利害は投資家の利害と必ずしも一致しない。利害の不一致に基因する弊害を小さく抑えるためには，一部の関係者の利害だけを偏重することのない財務報告が求められる（**中立性**）。また利益の測定では将来事象の見積りが不可欠であり誰が見積もるかによってばらつきが生じやすい。そのような事態を避けるには，測定者の主観に左右されない事実に基づく財務情報が求められる（**検証可能性**）。さらに企業が直面した事実を会計データの形で表現しようとする際には多様な事実を少数の会計上の項目へと分類しなければならないが，その分類規準に解釈の余地が残されている場合には，事実と会計上の分類項目との明確な対応関係が求められる（**表現の忠実性**）。

しかし意思決定有用性を支えるこれらの２つの質的特性は，同時に満たすことが可能な場合もあれば，両特性の間でトレードオフが生じることもある。両特性の間にトレードオフの関係がみられる場合には，双方の特性を考慮に入れたうえで，新たな基準のもとで期待される会計情報の有用性を総合的に判断することになる。

一方，内的整合性と比較可能性は，会計情報としての一般的制約条件である。まず会計情報が利用者の意思決定にとって有用であるためには，会計情報を生み出す会計基準が**内的整合性**を満たしていなければならない[7]。一般に，ある個別の会計基準が会計基準全体を支える基本的な考え方[8]と矛盾しないとき，その個別基準は内的整合性を有しているといわれ，その個別基準に従って作成される会計情報は有用であると推定される。新たな経済事象や新たな形態の取引に関して個別基準が意思決定との関連性と信頼性という特性を満たしているか否かを事前に判断する類推可能な十分な経験的証拠がない場合に，内的整合性はそれを間接的，補完的に推定する役割をもっている[9]。

次に会計情報が利用者にとって有用であるためには，会計情報には比較可能性がなければならない。**比較可能性**とは，同一企業の会計情報を時系列で比較する場合（時系列比較），あるいは，同一時点の会計情報を企業間で比較する場合（企業間比較）に，それらの比較に障害とならないように会計情報が作成されていることを要請するものである。比較可能性は，２つの取引の法的形式が異なっていても実質が同じケースであれば同じ会計処理が適用され，逆に２つの取引の外形的形式や一般的属性が同じでも実質が異なるケースであれば異な

7　ここでいう内的整合性とは，特定の会計手続が毎期継続的に適用されることを要請するいわゆる首尾一貫性とは異なっている。

8　会計基準，会計実務，会計研究などについての歴史的経験と集積された知識の総体であり，その核心をなすのは会計理論である。

9　ただしそのような推定が成り立つのは，既存の会計基準の体系が有用な情報を生み出していると合意されている場合である。

る会計処理が適用されなければならないことを要請するものである（**実質優先**）[10]。

### (5) 財務諸表の構成要素（第３章）

財務諸表には財務報告の目的に関連して特定の役割が期待されており，財務諸表の構成要素となり得るのは，その役割を果たすものに限られる。財務報告の目的を達成するため，現行のディスクロージャー制度においては，貸借対照表，損益計算書，キャッシュ・フロー計算書等の財務諸表が開示されているが，討議資料では，投資のポジションを表す貸借対照表および成果を表す損益計算書の構成要素として８つが示され，**図表10-２**のように定義されている。

**図表10-２■財務諸表の構成要素の定義**

| | |
|---|---|
| **資産** | 資産とは，過去の取引または事象の結果として，報告主体が支配している経済的資源をいう。 |
| **負債** | 負債とは，過去の取引または事象の結果として，報告主体が支配している経済的資源を放棄もしくは引き渡す義務，またはその同等物をいう。 |
| **純資産** | 純資産とは，資産と負債の差額をいう。 |
| **株主資本** | 株主資本とは，純資産のうち報告主体の所有者である株主（連結財務諸表の場合には親会社株主）に帰属する部分をいう。 |
| **包括利益** | 包括利益とは，特定期間における純資産の変動額のうち，報告主体の所有者である株主，子会社の非支配株主（＊1），および将来それらになり得るオプションの所有者との直接的な取引（＊2）によらない部分をいう。 |
| **純利益** | 純利益とは，特定期間の期末までに生じた純資産の変動額（報告主体の所有者である株主，子会社の非支配株主，および上記のオプションの所有者との直接的な取引による部分を除く）のうち，その期間中にリスクから解放された投資の成果であって，報告主体の所有者に帰属する部分（＊3）をいう。 |
| **収益** | 収益とは，純利益または非支配株主に帰属する損益を増加させる項目であり，特定期間の期末までに生じた資産の増加や負債に見合う額のうち，投資のリスクから解放された部分である。 |
| **費用** | 費用とは，純利益または非支配株主に帰属する損益を減少させる項目であり，特定期間の期末までに生じた資産の減少や負債の増加に見合う額のうち，投資のリスクから解放された部分である。 |

（＊1）討議資料においては少数株主と表記されているが，図表10-２では近年の表記に従って「非支配株主」としている。また図表10-２における下線部分は特に説明を要するために筆者が付したも

10　海外の概念FWではこの他に理解可能性，重要性，コスト・ベネフィットの斟酌などが一般的制約条件などに位置づけられているが，これらは自明のことであるため，討議資料では独立の特性として取り上げないこととされている。

のである。

(＊2)　直接的な取引の典型例は，親会社の増資による親会社株主持分の増加，新株予約権の発行などである。

(＊3)　ここでは，少数株主（非支配株主）に帰属する純利益は除かれているが，2013年改正「連結財務諸表に関する会計基準」では，連結損益計算書における当期純利益に非支配株主に帰属する純利益も含められている。

上の定義における「**支配**」とは，所有権の有無にかかわらず，報告主体が経済的資源を利用し，そこから生み出される便益を享受できる状態をいう。また「**経済的資源**」とは，キャッシュの獲得に貢献する便益の源泉をいい，実物財に限らず，金融資産およびそれらとの同等物を含む。

「**リスクからの解放**」とは，投資にあたって事前に期待された成果が実際の事実となることで，投資の不確定性（リスク）から解放されることをいう。投資家が求めているのは，投資にあたって期待された成果に対して実際にどれだけの成果が得られたのかについての情報であるから，当該期間の期末までに生じた時価等の変動額を含む純資産の変動額をそのまま企業の成果と捉えるのではなく，この部分を「包括利益」と定義したうえで，そのうち投資にあたって事前に期待された部分が事実に転化した部分（つまりリスクから解放された部分）のみが当期の成果としての「純利益」と定義されている。

**図表10-3 ■財務諸表の構成要素**

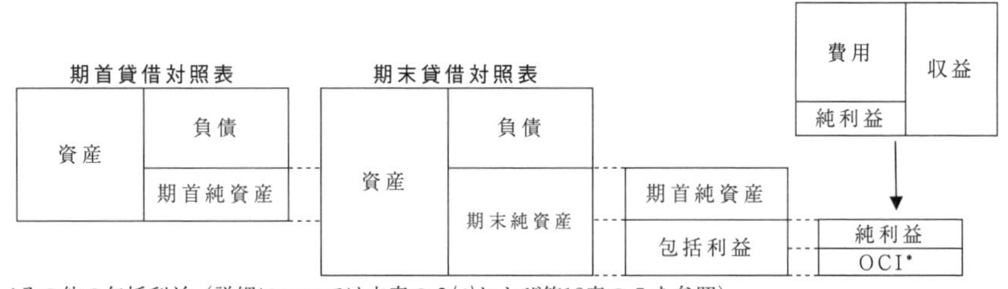


*その他の包括利益（詳細については本章の3(4)および第12章の5を参照）

IFRSの概念FWと比較して討議資料の大きな特徴の1つといえるのは，**図表10-3**に示されているように期首と期末の純資産差額としての包括利益のうち「その期間中にリスクから解放された投資の成果」のみを純利益として，**その他の包括利益**（Other Comprehensive Income：**OCI**）とは区別している点である。IASBの概念FWプロジェクトをはじめIFRSの開発においては，繰り返し純利益の表示が斥けられようとしてきたが，ASBJ は根気強く純利益情報の意義を国際的に主張し続けて今日に至っている。

### (6)　財務諸表における認識と測定（第４章）

討議資料の第４章では，第３章に示されている定義を充足している財務諸表の構成要素を，いつ認識し，それらをどのように測定するのかが示されている。ただし，そもそも概念FWは将来の会計基準策定の指針となるものであるため，資産と負債については各種の測定値が企業の投資とどのような関連をもつのかに着目して，測定値の意味と，その測定値が投資のどのような状況を表現しているのかが説明されている。また概念FWとしての性格上，そこには現在日本で採用されていない認識・測定方法も含まれている。

討議資料では，資産と負債についてすべてのケースにおいて優先的に適用されるべき測定値は示されていない。一方，収益と費用に関する部分では，財務諸表の構成要素である純利益が「リスクから解放された投資の成果」と定義され，企業が投資した資金はいつ投資のリスクから解放され，投資の成果を表す収益はどのように計上されるのか，その成果を得るための犠牲である費用は，いつ，どのように計上されるのかという見解が踏み込んで示されている。そのため，その点を念頭において資産と負債の測定値に関する解説を改めて読むと，資産と負債の測定値に関する現行基準の見解をより容易に読み解くことができるはずである。

#### ①　認識に関する制約条件

##### (i)認識の契機

財務諸表の構成要素の定義を充足した各種項目は，基礎となる契約の原則として少なくとも一方が履行された時に認識される。つまり双務契約であって，双方が未履行の段階にとどまるものは，原則として財務諸表に認識しない。またいったん認識された資産・負債に生じた価値の変動は，新たな構成要素の認識の契機となる。

ただし金融商品に属する契約の一部については，双務未履行の段階であっても財務諸表に計上されている場合がある。その典型例には決済額と市場価格との差額である純額が市場で随時取引されている金融商品があるが，この場合には，その純額そのものがリスクから解放された投資の成果とみなされている。

### (ⅱ) 認識に求められる蓋然性

財務諸表の構成要素の定義を充足した項目が財務諸表での認識の対象となるためには，認識の契機となる事象が生じることに加え，財務諸表の構成要素に関わる将来事象が一定水準以上の確からしさで生じると見込まれること，つまり一定程度の発生の可能性（蓋然性）があることが求められる。

## ②　資産の測定値

討議資料では8つの財務諸表の構成要素に関する測定値とその意味について各々説明が加えられているが，資産の測定値としては**図表10-4**の5種類（細かくは9種類）が示されている。

**図表10-4 ■資産の測定値**

<table>
<tr><td>（ⅰ）</td><td colspan="2">取得原価</td><td></td></tr>
<tr><td rowspan="3">（ⅱ）</td><td rowspan="3">市場価格</td><td colspan="2">(a)購買市場と売却市場が区別されない場合</td></tr>
<tr><td rowspan="2">(b)購買市場と売却市場が区別される場合</td><td>再調達原価</td></tr>
<tr><td>正味実現可能価額</td></tr>
<tr><td rowspan="3">（ⅲ）</td><td rowspan="3">割引価値</td><td rowspan="2">(a)将来キャッシュフローを継続的に見積もり直すとともに割引率も改訂する場合</td><td>利用価値</td></tr>
<tr><td>市場価格を推定するための割引価値</td></tr>
<tr><td colspan="2">(b)将来キャッシュフローのみを継続的に見積もり直す場合</td></tr>
<tr><td>（ⅳ）</td><td colspan="3">入金予定額</td></tr>
<tr><td>（ⅴ）</td><td colspan="3">被投資企業の純資産額に基づく場合</td></tr>
</table>

### (ⅰ) 取得原価

資産の取得原価とは，資産取得の際に支払われた現金もしくは現金同等物の金額，または取得のために犠牲にされた財やサービスの公正な金額をいう。その一部を費用に配分した残額は，未償却原価とよばれ，広義にとらえた取得原価の範疇に含まれる。取得原価によって資産を測定する場合は，現在の投資行動をそのまま継続することが前提とされる。この測定は，資産の価値の測定というより，資産の利用に伴う費用を測定するうえで重要な意味をもつ。

### (ⅱ) 市場価格

市場価格とは，特定の資産について流通市場で成立している価格をいう。報告主体が直面している市場が購買市場と売却市場が区別される場合とされない場合によって市場価格の意味は異なるが，(a)購買市場と売却市場が区別されない場合には，資産を処分ないし清算した時に得られる資金の額，あるいは再取得するのに必要な資金の額を表す[11]。この測定値は，個別の資産の売却処分が前提とされている場合や，予期せぬ環境変化などによる臨時の簿価修正手続による再測定の際に意味をもつ。なおこの場合の市場価額の変動額には，将来キャッシュフローや割引率に関する市場の平均的な期待の改訂が反映されるから，その変動額は，事業上の制約がなく清算できる投資で，かつ市場における有利な価格変動を期待しているものについての成果を表す[12]。

一方，(b)購買市場と売却市場が区別される場合の測定値としては，再調達価額と正味実現可能価額がある。**再調達原価**とは当該資産を購入し直す場合に参加する購買市場で成立している価格で，しばしばその変動額は資産の調達時期を遅らせていたら生じていたはずの損益と意味づけられているが，実際にはそれを投資成果とみなせる状況は限られている。**正味実現可能価額**とは，当該資産を売却処分する場合に参加する売却市場で成立している価格からアフターコストを含む見積販売経費を控除した価額で，しばしばその変動額は資産を期末に売却したら生じたはずの損益として意味づけられているが，保有したまま売却していない時にそれを投資成果とみなせる状況は限られている。

ただし予期せぬ環境変化などにより簿価が従来の意味を失うことがあり，臨時の簿価修正手続として再調達原価や正味実現可能価額による再測定が意味をもつこともある。

#### (iii) 割引価値

割引価値とは，資産の利用から得られる将来キャッシュフローが発生するタイミングを合理的に予想できる場合に，その見積額を何らかの割引率によって測定時点まで割り引いた測定値をいう。そしてこの測定値は(a)将来キャッシュフローを継続的に見積もり直すとともに割引率も改訂する場合と，(b)将来キャッシュフローのみを継続的に見積もり直す場合に分かれる。

このうち(a)には，「利用価値」と「市場価値を推定するための割引価値」の2つがある。利用価値とは「**使用価値**」ともよばれ，資産の利用から得られる

11　ここでは取引コストは考慮外とされている。
12　この測定値が意味をもつ典型例としては，売買目的有価証券がある。

将来キャッシュフローを測定時点で見積もり，それをその時点の割引率で割り引いた測定値をいう。この測定値は報告主体の主観的な期待価値であり，そこには測定時点の市場価格とそれを超える無形ののれん価値が含まれている。そのため，利用価値は個々の資産の価値ではなく，企業全体の価値を推定する場合に利用されるが，その測定値には自己創設のれんが含まれることになる。仮に将来に対する期待が変わらなければ（つまりキャッシュフローも割引率も変わらなければ），利用価値の変動額は正常なリターンの額（前期の利用価値に割引率を乗じた額）と等しくなる。いずれにしてもこの測定値が意味を持つ状況は財務報告の目的に照らすと限られている[13]。

さらに(a)のうち市場価格を推定するための割引価値とは，割引計算の分子に市場で平均的に予想されているキャッシュフローを用い，分母にその時点の市場の平均的な割引率を見積もった計算値であり，市場価格が存在しない資産を評価する場合に意味をもつ。

一方，(b)の将来キャッシュフローのみを継続的に見積もり直した割引価値とは，資産の利用から得られる将来キャッシュフローを測定時点で見積もり，その期待キャッシュフローを資産の取得時点における割引率で割り引いた測定値をいう。この測定値は，必ずしも測定時点の資産価値を表しているとはいえないが，その変動額のうち将来キャッシュフローの変化を回収可能額の改訂とみて，それを当初の割引率で割り引いた金額を当期に生じた損益とみなすことがある。

**(iv) 入金予定額（決済価額または将来収入額）**

入金予定額とは，資産から期待される将来キャッシュフローを単純に（割り引かずに）合計した金額をいい，一般に，債権の契約上の元本についての回収可能額を指すことが多い。この測定値は将来に入金が予定される額，回収可能見込額（貸倒引当金が設定されている場合はそれを控除した金額）を表し，その変動額には借り手の信用状況の変化が反映される。

13　ただし使用価値は第19章で学ぶ「減損会計」において，簿価を切り下げる際に重要な意味をもつ測定値の１つである。

#### (v) 被投資企業の純資産額に基づく額

被投資企業の純資産額に基づく額とは，被投資企業の純資産のうち，投資持分に対応する額をいう。この測定値は，被投資企業に対する報告主体の持分額，あるいは投資額を表し，被投資企業に対する報告主体の持分額あるいは投資額を表す。この測定値は，通常，被投資企業の純資産変動に基づいて利益を測定する際に用いられるが，非上場企業の簿価切下げ等，予期せぬ環境変化などにより簿価が従来の意味を失う場合に臨時の簿価修正手続としてこの測定値が意味を持つこともある。

### ③　負債の測定値

討議資料では負債の測定値として**図表10-5**の4種類（細かくは7種類）が示され，その意味について次のような説明が加えられている。

**図表10-5 ▩負債の測定値**

<table>
<tr><td>(i)</td><td colspan="3">支払予定額</td></tr>
<tr><td>(ii)</td><td colspan="3">現金受入額</td></tr>
<tr><td rowspan="4">(iii)</td><td rowspan="4">割引価値</td><td rowspan="2">(a)将来キャッシュフローを継続的に見積もり直すとともに割引率も改訂する場合</td><td>リスクフリー・レートによる割引価値</td></tr>
<tr><td>リスクを調整した割引率による割引価値</td></tr>
<tr><td colspan="2">(b)将来キャッシュフローのみを継続的に見積もり直す場合</td></tr>
<tr><td colspan="2">(c)将来キャッシュフローを見積もり直さず割引率も改訂しない場合</td></tr>
<tr><td>(iv)</td><td colspan="3">市場価格</td></tr>
</table>

#### (i) 支払予定額

支払予定額とは，負債の返済に要する将来キャッシュフローを単純に（割り引かずに）合計した金額をいう。それは一般に，債務の契約上の元本額を指すことが多い。支払予定額が契約などにより固定されている場合，この方法で負債を測定すれば，返済までの間，支払利息以外の損益は計上されない。他方，支払予定額が見積りによる場合には，見積りの変更のすべてがその期の損益に計上される。

#### (ii) 現金受入額

現金受入額とは，財・サービスを提供する義務の見返りに受け取った現金または現金同等物の金額をいう。時の経過に応じてサービスの提供が行われるケースなどにおいては，現金受入額を計画的・規則的に減額する期間配分の手続がとられ，その結果の負債残高は未決済残高または未消滅残高とよばれ，これらも広義の意味では現金受入額の範疇に含まれる。負債を現金受入額で測定する場合，この負債に対する支出額（元利返済額）との差は利息費用や償還損益となる。他方，非金融負債の場合は，財・サービスの引渡し義務の履行に伴って，それに見合う額が収益に振り替えられ，負債は未決済残高・未消滅残高によって測定される。

#### （iii）割引価値

負債の割引価値の意味は，資産の割引価値と同様である。まず(a)将来キャッシュフローを継続的に見積もり直すとともに割引率も改訂する測定値のうち，割引率に**リスクフリー・レート**を用いる測定値の変化には，期待キャッシュ・アウトフローの増減や時の経過，そしてリスクフリー・レートの変化は反映される一方で，報告主体の信用リスクの変化は反映されない。一方，測定時点で報告主体の信用リスクを加味した最新の割引率を用いた場合の測定値の変化には期待キャッシュ・アウトフローの増減や時の経過，そしてリスクフリー・レートの変化に加えて，報告主体の信用リスクの変化も反映される。ただし報告主体の支払義務が変わらない状況下では，この変動額を投資の成果とみなすことはできない。

次に，(b)将来キャッシュフローのみを継続的に見積もり直した割引価値とは，測定時点で見積もった将来のキャッシュ・アウトフローを負債が生じた時点の割引率で割り引いた測定値のことをいう。この測定値の変動額には，負債発生当初に用いた割引率に見合う利息要素で，他の１つは期待キャッシュ・アウトフローが変化したことに伴う損益の要素である。

さらに（c)将来キャッシュフローを見積もり直さず割引率も改訂しない割引価値とは，負債が生じた時点で見積もった将来のキャッシュ・アウトフローをその時点での割引率で割り引いた測定値のことで，その変動額は期首の負債額もしくは期中の負債発生時の負債額に対する当初の実効利子による利息費用を表す。

#### （iv）市場価格

負債の市場価格の定義と意味については，資産と同様である。

### ④　収益の測定

討議資料では収益の測定方法として**図表10-6**の4種類が示され，その意味について次のような説明が加えられている。

**図表10-6 収益の測定方法**

| | |
|---|---|
| (i) | 交換に着目した収益の測定 |
| (ii) | 市場価格の変動に着目した収益の測定 |
| (iii) | 契約の部分的な履行に着目した収益の測定 |
| (iv) | 被投資企業の活動成果に着目した収益の測定 |

#### (i) 交換に着目した収益の測定

交換に着目した収益の測定とは，財やサービスを第三者に引き渡すことで獲得した対価によって収益をとらえる方法をいう。収益計上の判断基準は投資のリスクから解放されたか否かであり，**事業投資**の場合，原則として事業のリスクに拘束されない資産を交換によって獲得したか否かで判断される。この場合の収益の額は，獲得した対価の測定値に依存する。対価が資産の増加となる場合にはその増加額，負債の減少となる場合にはその減少額によって収益は測定され，収益は当該資産・負債の測定値に基づくことになる。

#### (ii) 市場価格の変動に着目した収益の測定

市場価格の変動に着目した収益の測定とは，資産や負債に関する市場価格の有利な変動によって収益をとらえる方法をいう。**金融投資**の場合，随時換金（決済）可能で，換金（決済）の機会が事業活動によって制約・拘束を受けない資産・負債については，換金（決済）による成果を期待して資金の回収（返済）と再投資（再構築）とが繰り返されているとみなすこともできるため，市場価格の変動によって投資の成果が生じたと判断される。したがって，この場合の収益の額は期間中に生じた市場価格の上昇額によって測定される。

#### (iii) 契約の部分的な履行に着目した収益の測定

契約の部分的な履行に着目した収益の測定とは，財やサービスを継続的に提供する契約が存在する場合，契約の部分的な履行に着目して収益をとらえる方法をいう。このような契約において，相手方による契約の履行（代金の支払）が確実視される場合は，報告主体が部分的に履行しただけで契約価額の一部を成果として得たとみることができる。この場合の収益の測定額は期間中に履行された割合を契約額に乗じて測定される。

#### （iv）被投資企業の活動成果に着目した収益の測定

被投資企業の活動成果に着目した収益の測定とは，投資企業が，被投資企業の成果の獲得に応じて投資勘定を増加させて収益をとらえる方法をいう。報告企業と被投資企業との間に一体性を見出せる場合は，被投資企業の事業活動は投資企業の事業活動の延長線上にあると位置づけられる。その場合，被投資企業の成果の帰属に着目して，投資企業の成果を計算することができる。この場合の収益の額は，被投資企業の純利益に持分割合を乗じた額として測定される。

### ⑤　費用の測定

討議資料では費用の測定方法として**図表10-7**の4種類が示され，その意味について次のような説明が加えられている。なお（i）～（iii）の費用の測定は，収益の測定方法を参照することとされている。

**図表10-7 ■費用の測定方法**

| | |
|---|---|
| （i） | 交換に着目した費用の測定 |
| （ii） | 市場価格の変動に着目した費用の測定 |
| （iii） | 契約の部分的な履行に着目した費用の測定 |
| （iv） | 利用の事実に着目した費用の測定 |

#### （i）交換に着目した費用の測定

交換に着目した費用の測定とは，財やサービスを第三者に引き渡すことで犠牲にした対価によって費用をとらえる方法をいう。

#### （ii）市場価格の変動に着目した費用の測定

市場価格の変動による費用の測定とは，資産や負債に属する市場価格の不利な変動によって費用をとらえる方法をいう。

#### （iii）契約の部分的な履行に着目した費用の測定

契約の部分的な履行に着目した費用の測定とは，財やサービスの継続的な提供を受ける契約が存在する場合，契約の部分的な履行に着目して費用をとらえる方法をいう。このような契約においては，相手方が部分的に履行しただけで契約価額の一部を費用とみることができる。

#### (iv) 利用の事実に着目した費用の測定

利用の事実に着目した費用の測定とは，資産を実際に利用することによって生じた消費や価値の減耗に基づいて費用をとらえる方法をいう。これは一般には，事業活動に拘束された資産に適用される方法である。この場合の費用は減少した資産の測定値（財・サービスの取得と同時に消費される場合には，それらの原始取得価額）によって測定される。なお，財・サービスの消費に伴う費用のうち，資産の定義と認識・測定の要件を充足するものについては，繰延費用として資産に計上されることもある[14]。

## 3　資産評価と利益計算

### (1)「討議資料」における資産評価と利益計算

以上のように，討議資料では2006年当時の米国の概念FWの構成に準じた構成をとる一方で，「リスクからの解放」概念を用いて，海外の概念FWでは示されていない純利益の定義が示されている[15]。日本の現行基準における利益計算はこの定義を基礎にして規定されているといっても過言ではない。以下では，次章からの学習に備えてその内容をごく簡潔に纏めておく。

討議資料においては，収益に関して４つの認識方法が示されている。この４つの方法を使い分ける際の鍵概念はいうまでもなくリスクからの解放概念である。「**リスクからの解放**」とは，投資にあたって事前に期待された成果が実際の事実となることで，投資の不確定性（リスク）から解放されることをいう。投資家が求めているのは，投資にあたって期待された成果に対して実際にどれだけの成果が得られたのかについての情報であるためである。

そのため**事業投資**については，原則として顧客との取引（販売）を通じて事業のリスクに拘束されない資産（対価請求権）を獲得した時に収益が認識され

14　本書第２章の未費消原価および第７章の繰延資産がこれに該当する。
15　ただし米国のSFAC５号においては，純利益とほぼ同様の概念である「稼得利益（earnings）」という概念が示されていた。

る。それに対し金融商品のうち随時換金（決済）可能で換金（決済）の機会が事業活動によって制約・拘束を受けない資産・負債（つまり**金融投資**）については，換金（決済）による成果を期待して資金の回収（返済）と再投資（再構築）とが繰り返されているとみなされるから，市場価格の変動によって投資の成果が生じたとみて収益を認識する。

また報告企業の財やサービスを継続的に提供する契約（**継続的なサービスの提供契約**や長期請負工事契約）が存在するような場合には，相手方による契約の履行（代金の支払）が確実視されるとみて（つまりリスクから解放されているとみて），期間中に履行された割合に応じて収益を認識できる。さらに，投資企業の投資先企業に対する成果は，両企業の間に一体性を見出せる場合，すなわち子会社や関連会社に対するような投資は，被投資企業の事業活動を投資企業の事業活動の延長線上にあると位置づけて，被投資企業の成果の帰属に着目して投資企業の成果を計算することができるとされている。

討議資料では，投資家にとって有用な情報は，投資にあたって事前に期待した成果がどの程度実際の事実となって不確定性（リスク）から解放されているのかに関する情報であるとされている。したがって，当該期間の期末までに生じた時価評価差額を認識したとしても，その評価差額については「包括利益」の一部としたうえで，そのうち投資のリスクから解放された部分のみを企業の成果としての「純利益」と定義されている。

このように討議資料においては「純利益」と「包括利益」という２つの利益が定義されているが，問題は，もし貸借対照表の金融商品の時価評価の範囲に事業の制約のある金融商品が含まれた場合に，この２つの利益の報告をどのようにして一組の財務諸表のなかで報告するのかという点である。そのため現代の財務会計は，この点をめぐる見解の相違によって複雑な構造になることを余儀なくされている。そこで，その点を正確に理解するために，まずは利益計算をめぐる資産負債アプローチと収益費用アプローチという２つのアプローチについて理解しておこう。

### ⑵　収益費用アプローチ

第２次世界大戦後の日本のGAAPとして中心的な役割を果たしてきた「原則」においては，いわゆる損益法とよばれる利益計算システムが採用されてきた。この利益計算システムでは収益から費用を差し引いて利益額が導き出されることから「損益法」とよばれてきたが，近年では「**収益費用アプローチ**（revenue and expense approach）」ないし「収益費用観（revenue and expense view）」とよばれている。このシステムは，任意の資産評価を用いた利益計算がもたらした1929年の世界大恐慌の教訓を活かして，1930年代に世界的に受け入れられてきた利益計算システムであり，キャッシュフローを測定基礎（アンカー）に用いた利益計算を企業の財務情報の中心に据えたアプローチであった。そしてその後も経済社会の変化とともに進化し精緻化されてきた。

第２章で詳述されているように，この利益計算システムは，現金収支額（キャッシュフロー）を測定値として用いる一方で，現金収支差額をそのまま企業業績とみる代わりに，企業業績をよりよく表すように収入を収益に，支出を費用に変換するシステムである。この利益計算システムは現金収支（キャッシュフロー）を基礎として，これを適切に期間に配分して利益を導き出す計算システムであることから，しばしば「キャッシュフローの配分計算」という特徴をもつ計算システムであるともいわれてきた。またこの特徴は，複式簿記を用いた企業の記帳システムとも親和性の高い利益計算システムであった。

なおこの計算システムの基礎にある概念は「実現」「原価配分」「収益と費用の対応」であることは第２章で学んだとおりだが，その結果として資産は売却されるか消費されて収益に対応する費用（費消原価）になるまでは原価評価のままで繰り越されていくことになる。しばしば「**取得原価主義**」と称される損益法におけるこの資産評価方法は，いわば適切な利益計算のための副産物としての資産評価方法であるということができる。

その後，経済社会の変化に伴って，市場の変化に対応した修正が加えられながらも，収益から費用を差し引いて利益を導き出し，その結果として次期以降に繰り越される資産の評価額が決まるという収益費用アプローチの基本構造は維持され続けてきた。たとえば近年，企業が売買目的で保有している有価証券等の評価益は未売却の段階でも収益に繰り入れられることになったが，これはあくまでも当該有価証券が活発な市場ですぐに換金可能になっているため，保有したままでも現金に準じた資産とみることができるという考え方に基づいたものである。

討議資料においても，そのような資産については時価の変動を当期の成果として収益認識することが示唆されている。このように収益費用アプローチにおいても時価の増加が純利益に算入される範囲で資産を時価で評価することは否定されていない。ただし，そこでは利益計算によって時価評価の範囲が決められているから，純資産の差額としての包括利益と純利益は一致することになる。

### (3)　資産負債アプローチ

しかしこの収益費用アプローチに対して，やがて主として2つの重大な欠陥が指摘されるようになった。第1に，キャッシュフローの配分によって利益を導き出す収益費用アプローチは，どのようにキャッシュフローを配分すべきかに関する客観的な決め手がないため，経営者による配分の恣意性から逃れることができない。そのため経営者の利益操作を防ぐことは容易ではない。第2に，利益計算を主目的とする収益費用アプローチによって導き出される貸借対照表における資産や負債の期末評価は，期末の時価（公正価値）とはかけ離れたものになる傾向があるため，貸借対照表の情報価値が損なわれている。

この欠点を克服するため，まずは資産と負債の時価をよりタイムリーに貸借対照表に反映させて貸借対照表の情報価値を高めるとともに，資産と負債の差額である純資産の期間差額として利益（包括利益）を導き出すべきだという見解（**資産負債アプローチ**）が台頭するようになった。つまり収益や費用というつかまえどころのない抽象的な概念より，資産や負債という観察可能なものに着目することのほうが客観的な利益計算が可能になるという見解である。

### (4)　2つのアプローチに基づく財務諸表の構成要素の規定関係

収益費用アプローチでは，期間利益計算の結果として期末の資産と負債の評価額が導き出される。一方，資産負債アプローチでは資産と負債の期末評価額が先に決まって，その差額として期末純資産が導き出され，期末純資産の期間差額としての利益額（包括利益）が導き出される。

つまり収益費用アプローチにおいては，キャッシュフローを基礎にして，その期間配分額としての資産と負債の期末評価額が決まるが，資産負債アプローチにおいては，資産と負債の期末評価額が先に決まってその結果として利益が導き出される。ただし収益費用アプローチでは収益費用の出発点となる測定値が現金収支を基礎にして決まるのに対して，資産負債アプローチにおける利益計算の出発点となる資産と負債の評価方法は一意には決まらない。資産と負債を時価で評価するとしても，どこまで時価評価の範囲を広げるのか，どのような理由に基づいて原価評価と時価評価を分けるのかについてはさまざまな見解が存在する。

その詳細については次章以下の個別基準で学習することになるが，ここでは，収益費用アプローチが一貫して堅持されてきた「原則」に対して，近年のIFRSならびにそれとのコンバージェンスを目指す企業会計基準においては資産負債アプローチのもとで時価評価の範囲が次第に広がっているという点を指摘しておこう。

**図表10-8 ■会計ビッグバン以降の会計モデル（混合型モデル）**

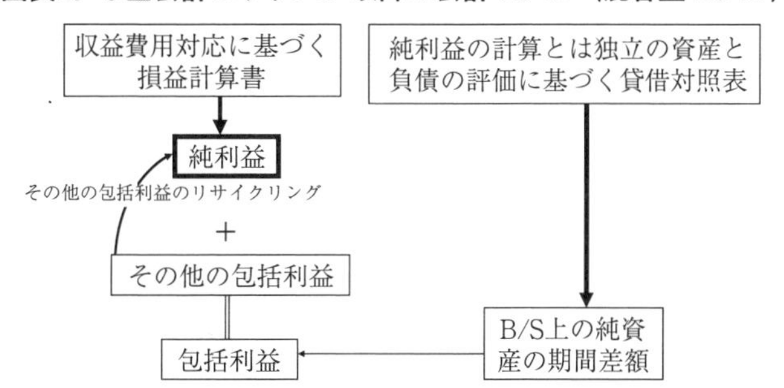


**図表10-8**はその結果として採用されている混合モデルと呼ばれる現行の会計モデルの概念図である。現行基準においては，業績報告書（損益及び包括利益計算書）において純利益と包括利益のいずれもが報告されている。つまり，必ずしもその期の成果（純利益）とはみなされない時価評価差額でも貸借対照表に反映されて純資産差額（包括利益）になる一方で，両者の差額である「その他の包括利益（OCI）」は，やがて投資のリスクから解放されて純利益としての適格性を満たした時に純利益に振り替えられる（**リサイクリング**される）しくみになっている（よりくわしくは第12章第5節を参照）。

## 4　企業会計原則の一般原則

本章の最後に，日本のGAAPの中核的な役割を長年にわたり担ってきた「原則」における概念FWともいうべき「一般原則」についてもごく簡単に確認しておこう。この「一般原則」は，現在でも「原則」のみならず「中小企業の会計に関する基本要領」をはじめ配当計算や課税所得計算を通じて中小企業の会計計算の考え方に影響を及ぼしているが，その内容は**図表10-9**のとおりである。

**図表10-9 企業会計原則の一般原則**

| | |
|---|---|
| (1) 真実性の原則 | 企業会計は，企業の財政状態及び経営成績に関して，真実な報告を提供するものでなければならない。 |
| (2) 正規の簿記の原則 | 企業会計は，すべての取引につき，正規の簿記の原則に従って，正確な会計帳簿を作成しなければならない。 |
| (3) 資本と利益の区分の原則 | 資本取引と損益取引とを明瞭に区別し，特に資本剰余金と利益剰余金とを混同してはならない。 |
| (4) 明瞭性の原則 | 企業会計は，財務諸表によって，利害関係者に対し必要な会計事実を明瞭に表示し，企業の状況に関する判断を誤らせないようにしなければならない。 |
| (5) 継続性の原則 | 企業会計は，その処理の原則及び手続を毎期継続して適用し，みだりにこれを変更してはならない。 |
| (6) 保守主義の原則 | 企業の財政に不利な影響を及ぼす可能性がある場合には，これに備えて適当に健全な会計処理をしなければならない。 |
| (7) 単一性の原則 | 株主総会提出のため，信用目的のため，租税目的のため等種々の目的のために異なる形式の財務諸表を作成する必要がある場合，それらの内容は，信頼しうる会計記録に基づいて作成されたものであって，政策の考慮のために事実の真実な表示をゆがめてはならない。 |

この7つの一般原則のうち第1に掲げられている**真実性の原則**は真実の財務諸表を作成することを要求するものであるが，そこにおける真実とは，絶対的な真実ではなく相対的な真実を意味している。相対的な真実とは，財務諸表が企業の財政状態および経営成績に関して「原則」に準拠して適正に処理されて作成されていることを意味する。

**正規の簿記の原則**とは，網羅性，立証性（検証可能性），秩序性という3つの要件を満たした会計帳簿の作成を要求するものである。

**資本と利益の区分の原則**とは，毎期の損益計算においては，投下資本（元本）と利益（果実）を区別することを要求するものである。そのためには，増資や減資あるいは配当のように株主との間の資本取引と，毎期の経営の成果である利益を明確に区別しなければならない。さらにその成果の累積額である利益剰余金と投下資本の一部である資本剰余金を混同しないことも要求されている[16]。

16　ただし会社法では，2001年から資本剰余金からの配当が許されるようになっている。くわしくは本書第8章を参照。

**明瞭性の原則**は，利害関係者の判断を誤らせないような情報を財務諸表に明瞭に表示しなければならないことを要請するものであるが，そのためには財務諸表のみならずそれを補足する注記，会計方針や後発事象の開示も要請されている。これらの注記については本書の第28章および第29章で学習する。

**継続性の原則**は，一度採用した処理方法は毎期継続して採用し，正当な理由なく変更してはならないことを要求するものである。会計処理にあたっては複数の選択肢の中から適正と思われるものを選択する判断を伴うことが少なくないが，一度選択された処理方法を継続して採用することによって，恣意的な選択を防ぐとともに，財務諸表の比較可能性を担保している。正当な理由により会計方針を変更した場合の取扱いについては本書第28章で学習する。

**保守主義の原則**とは，利益計算の確実性を担保するために，収益については確実になった時点で計上し，逆に費用については可能性のある時点で早めに計上することを要請するものである。

**単一性の原則**とは，さまざまな目的で作成される財務諸表は，表示形式が異なるだけで，もとになるのはあくまでも１つの会計帳簿であるから，それに基づく事実を変えてはならないという原則である[17]。

コラム８

**企業価値評価と純利益**

本章では，討議資料においては各期の企業成果を表すのは包括利益ではなく純利益であるとされていることを学んだ。では，この当期純利益は，企業価値を評価するうえでどのような情報価値をもっているのであろうか。

**図表10-10**に示されているように，たしかに貸借対照表の資産と負債を時価（公正価値）で表示するほうが，当該企業の純資産時価を会計情報として市場に手っ取り早く発信できるかもしれない。歴史上根強く続いてきた全面時価主義の主張はそのような見解に立脚している。しかしこの見解は２つの点で重要な欠陥を内包している。１つはいうまでもなく保有資産・負債の時価測定の難しさである。特に，保有するすべての資産と負債を時価評価することは至難の業である。そして２つ目のより重大な欠陥は，資本市場において評価される株主資本価値は当該企業の純資産時価ではなく，当該企業の稼ぐ力，換言すれば当該企業ののれん価値（超過収益力の現在価値）を含む価値であるということである。つまり企業が現に保有している資産と負債をいくら正確に測定できたとしても，それは市

17　古くは会社法と金融商品取引法（旧証券取引法）における利益の額は一致していることが求められていた。ただし現在では両者の間に乖離が生じるようになっている。くわしくは本書第３章を参照。

場が求める株主資本価値ではなく，当該企業の現時点における解散価値を示しているにすぎない。

**図表10-10■企業価値評価と利益情報**

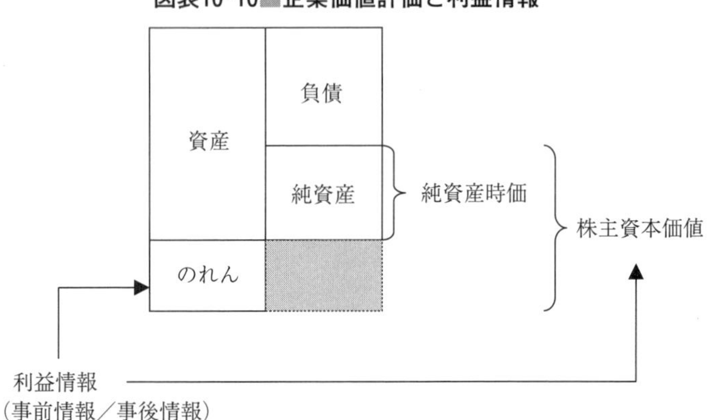


**［株主資本価値推定の経路］** 当期純利益 → 将来利益→将来CGP→株主資本価値

企業の株主資本価値は，当該企業が将来キャッシュを稼ぐ力（**キャッシュ創出能力**：cash generating power：CGP）に基づいて決まる。それは，企業が現に保有している資産や負債だけではなく，人的資本や無形資産によって生み出されることはいうまでもない。そしてこの将来CGPは企業の将来利益（企業成果）に密接に結びついている。純利益は，企業のこの将来利益の推定にとって最も有用な情報であると考えられているのである。それゆえ討議資料の「純利益」概念は，当期の企業業績の指標であると同時に，企業価値の推定にとっても最も有用な情報であると考えられている。

# 第2部

# 財務会計各論

# 連結①

**学習のポイント**

連結財務諸表は，親会社の個別財務諸表と子会社の個別財務諸表を合算し，それを修正することによって作成する。このような連結修正仕訳を学習する際には，闇雲に計算方法を追いかけるのではなく，「企業集団の観点」で考える癖をつけると，理屈立てて知識を整理することができるであろう。また，連結基礎概念に基づく代替的な会計処理方法と対比することを通じて日本の会計基準の特徴を相対化すると，より理解を深めることができるであろう。

## 1　連結財務諸表制度の概要と連結基礎概念

### (1)　連結財務諸表の作成目的

**連結財務諸表**（consolidated financial statements）は，支配従属関係にある 2 つ以上の企業からなる集団（**企業集団**）を単一の組織体とみなして，親会社が当該企業集団の財政状態，経営成績およびキャッシュ・フローの状況を総合的に報告するために作成するものである（企業会計基準第22号「連結財務諸表に関する会計基準」（以下，本章では基準22号という）1項)。ここで，**親会社**（parent company）とは，他の企業[1]の財務および営業または事業の方針を決定する機関（意思決定機関）を支配している企業であり，**子会社**（subsidiary）は，当該他の企業である[2]（基準22号 6 項)。

前章まで学習してきた個別財務諸表は，単一の「企業」を会計単位として作

1　「企業」とは，会社および会社に準ずる事業体をいい，会社，組合その他これらに準ずる事業体（外国におけるこれらに相当するものを含む）をいい，会社法における「会社」よりも広い概念である。

2　現金を対価とする子会社株式の取得による支配の獲得は，それによって親会社と子会社が 1 つの報告単位に統合されることから，企業結合に該当する。そのため，基準22号に定めのない企業結合に関する事項については，第24章で学習する企業会計基準第21号「企業結合に関する会計基準」の適用対象となる。

成されていた。これに対して，本章で学習する連結財務諸表は，**図表11-1**で示すように，「企業集団（親会社と複数の子会社）」を会計単位として作成される。

**図表11-1 ■個別財務諸表の会計単位と連結財務諸表の会計単位**

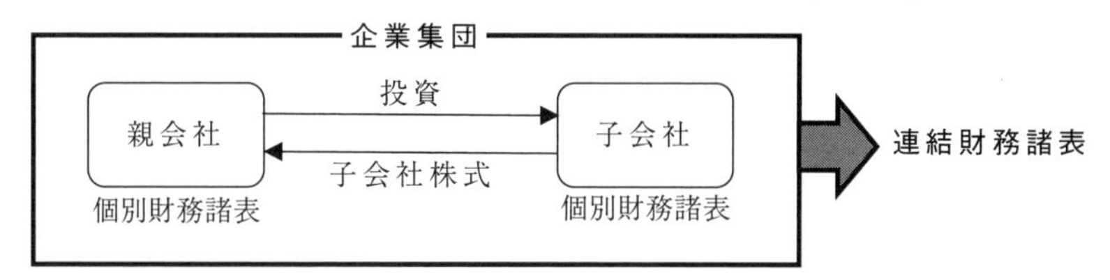


連結財務諸表は，企業集団を構成する親会社と子会社の個別財務諸表を修正・合算し，親子会社間取引等を修正・消去するための仕訳（連結修正仕訳）を行うことによって作成される。連結財務諸表の作成過程を図示すると，**図表11-2**のようになる。

**図表11-2 ■連結財務諸表の作成過程**

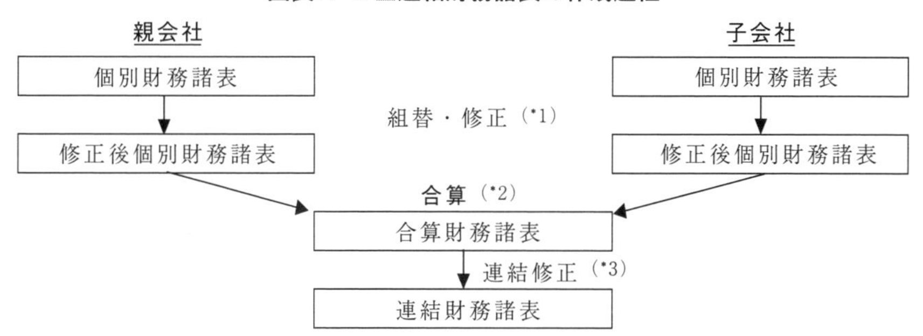


(*1) 個別財務諸表の表示科目等を「連結財務諸表規則」に準拠する形式に組み替える。また，後述するように，全面時価評価法の適用により子会社の資産および負債を支配獲得日の時価に修正する。
(*2) 親会社および子会社の修正後個別財務諸表を勘定科目毎に合算する。
(*3) 企業集団の経済的実態を反映するように，適切に修正する。

**設例11-1　連結財務諸表の作成方法**

当社は，X1期末において，S社を設立し，S社株式のすべてを500円で取得した。

X1期末S社貸借対照表

| | | | |
|---|---|---|---|
| 諸資産 | 500 | **資本金** | **500** |

X1期末当社貸借対照表

| | | | |
|---|---|---|---|
| 諸資産 | 900 | 諸負債 | 800 |
| **S社株式** | **500** | 資本金 | 600 |

（S社株式 → S社資本金：100%）

当社のS社に対する投資500円は，個別貸借対照表において，「S社株式」として表示されているが，企業集団の観点からは，S社が保有する「諸資産」に対する投資であり，当社とS社の取引は内部取引に該当する。そこで，当社は，連結財務諸表の作成にあたり，S社の個別貸借対照表と合算したうえで，次のような連結修正仕訳（投資と資本の相殺消去）を行う。

（借）資　本　金　500　（貸）S　社　株　式　500

上記の連結修正仕訳を反映した結果として，X1期末における当社の連結貸借対照表は，以下のようになる。

X1期末連結貸借対照表

| | | | |
|---|---|---|---|
| 諸　資　産 | 1,400 | 諸　負　債 | 800 |
| | | **資　本　金** | **600** |

### (2)「連結財務諸表原則」の公表と改正

日本においては，1975年6月に企業会計審議会が公表した「連結財務諸表の制度化に関する意見書」および「連結財務諸表原則」に基づき，1977年4月以後開始する事業年度から連結財務諸表制度が導入されている。これにより，有価証券報告書提出会社は，連結財務諸表の作成が要求されることとなった。ただし，連結財務諸表制度の開始時点においては，連結財務諸表は有価証券報告書の添付書類に過ぎず，ディスクロージャーの中心は個別情報であった。

その後，企業の多角化・国際化の進展，海外投資家の増加等の環境変化に伴い，企業による連結経営重視の傾向が高まり，また，投資家による連結情報に対するニーズが高まっていた。このような状況を踏まえ，企業会計審議会は，1997年6月に「連結財務諸表制度の見直しに関する意見書」を公表し，連結情報を中心とするディスクロージャーへ転換を図るために，「連結財務諸表原則」の改訂が行われた。そして，証券取引法の改正により，2000年3月期決算からは，個別財務諸表ではなく連結財務諸表が開示情報の中心となっている。

さらに，国際的な会計基準とのコンバージェンスの観点等から，企業会計基準委員会が2013年9月に基準22号を公表し，その後も改訂が行われている。

なお，金融商品取引法に基づき作成される連結財務諸表の構成は，年度決算を前提とすると，**図表11-3**のとおりである[3]。

3　1計算書方式と2計算書方式については，次章で学習する。

**図表11-3 ■金融商品取引法に基づき作成される連結財務諸表の構成**

| 1計算書方式の場合 | 2計算書方式の場合 |
|---|---|
| ①　連結貸借対照表 | ①　連結貸借対照表 |
| ②　連結損益及び包括利益計算書 | ②　連結損益計算書 |
| ③　連結株主資本等変動計算書 | ③　連結包括利益計算書 |
| ④　連結キャッシュ・フロー計算書 | ④　連結株主資本等変動計算書 |
| ⑤　連結附属明細表 | ⑤　連結キャッシュ・フロー計算書 |
| | ⑥　連結附属明細表 |

本章では，連結貸借対照表の作成方法および関連する会計理論を学習し，次章では，連結損益計算書および連結包括利益計算書の作成方法および関連する会計理論を学習する。

### (3) 連結基礎概念

第1章で学習したように，個別財務諸表の作成にあたっては，誰の立場から会計を行うのかという会計主体論に関する代表的な考え方として，資本主説と企業主体説があった。これと同様に，連結財務諸表を誰の立場から作成するのかという見解は，**連結基礎概念**（連結会計主体論）とよばれる。主要な連結基礎概念としては，**親会社説**（parent company concept）と**経済的単一体説**（economic unit concept）がある。

親会社説は，連結財務諸表を親会社の財務諸表と位置づけ，親会社株主の立場から連結財務諸表を作成する考え方である。この考え方に基づくと，親会社株主のみが企業集団の持分保有者とみなされることになり，子会社の非支配株主[4]は，企業集団の持分保有者に含まれない。これに対して，経済的単一体説は，連結財務諸表を企業集団の財務諸表と位置づけ，企業集団を構成するすべての会社の株主の立場から連結財務諸表を作成する考え方である。この考え方に基づくと，子会社の非支配株主は，親会社株主と同様に，企業集団の持分保有者とみなされることになる。このように，親会社説と経済的単一体説では，子会社の非支配株主の位置づけが異なる（**図表11-4**参照）。

---

4　親会社が所有する子会社の議決権の所有割合が100%未満である場合において，親会社（支配株主）以外の子会社の株主のことを非支配株主という。以前は，非支配株主は少数株主，その持分は少数株主持分といわれていた。

**図表11-4 ■連結基礎概念と非支配株主の位置づけ**

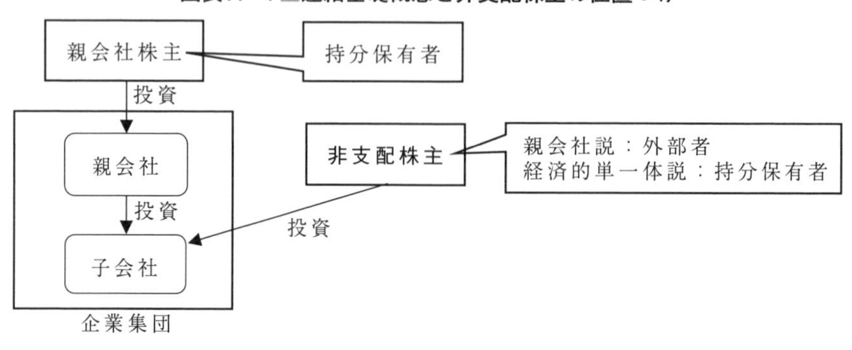


親会社説による場合と経済的単一体説による場合とでは，このような非支配株主の位置づけの相違に起因して，連結財務諸表作成上の会計手続が異なることになる。たとえば，連結貸借対照表における株主資本は，純資産のうち企業集団の**持分保有者**に帰属する部分である。そのため，親会社説によると，非支配株主持分が連結上の株主資本に含まれないが，経済的単一体説によると，非支配株主持分が連結上の株主資本に含まれる。同様に，連結損益計算書における当期純利益は，企業集団の持分保有者に帰属する利益であることから，親会社説によると，非支配株主に帰属する当期純利益が含まれないのに対して，経済的単一体説によると，非支配株主に帰属する当期純利益が含まれる。

個々の会計手続の相違点については後述するが，親会社説に基づく会計手続と経済的単一体説に基づく会計手続に関して一般に指摘される主要な差異は，**図表11-5**のように要約できる。

**図表11-5 ■親会社説に基づく会計手続と経済的単一体説に基づく会計手続**

| | 親会社説 | 経済的単一体説 |
|---|---|---|
| 非支配株主持分の表示 | **株主資本以外** | 株主資本 |
| 時価により評価する<br>子会社の資産および負債 | 部分時価評価法 | **全面時価評価法** |
| のれんの認識 | **買入のれん** | 全部のれん |
| 追加取得等による持分変動額 | のれん（負ののれん）<br>または損益 | **資本剰余金** |
| 非支配株主に帰属する純利益の表示 | 費用 | **当期純利益** |
| 未実現損益の消去額 | 親会社持分相当額 | **全額** |

図表11-5における網掛け箇所は，基準22号で採用されている方法である。日本の基準設定主体は，連結財務諸表が提供する情報は主として親会社の企業価値に関心をもつ投資家を対象とするものであることや，親会社説による処理方法が企業集団の経営をめぐる実務感覚をより適切に反映すると考えられること等を踏まえ，伝統的に親会社説の考え方を重視してきたといわれる。しかしながら，国際的な会計基準との調和化ないしはコンバージェンスを進めたことにより，現在の日本基準は，親会社説と整合的な規定と経済的単一体説と整合的な規定が混在している。

## 2　連結財務諸表作成における一般原則

基準22号では，①真実性の原則，②**基準性の原則**，③明瞭性の原則および④継続性の原則という4つの一般原則が示されている（9項～12項）。このうち，真実性の原則，明瞭性の原則および継続性の原則は，第10章で学習した「企業会計原則」で示されている一般原則と同様である。他方，連結固有の一般原則である基準性の原則は，企業集団に属する親会社および子会社が一般に公正妥当と認められる企業会計の基準に準拠して作成した個別財務諸表を基礎として連結財務諸表を作成することを要請している。これにより，親会社および子会社の個別財務諸表が会計基準に準拠していること（準拠性）と，準拠性を満たす個別財務諸表を基礎として連結財務諸表を作成することが求められる。

なお，連結財務諸表の作成にあたっても，個別財務諸表の作成と同様に，企業集団の財政状態，経営成績およびキャッシュ・フローの状況に関する利害関係者の判断を誤らせない限り，重要性の原則が適用される。

## 3　連結財務諸表作成における一般基準

### (1)　連結の範囲

親会社は，原則としてすべての子会社を連結の範囲に含める。子会社の判定基準については，親会社が直接・間接に議決権の過半数を所有しているかどうかにより子会社の判定を行う**持株基準**（majority ownership standard）と，実質的な支配関係の有無に基づいて子会社の判定を行う**支配力基準**（controlling influence standard）があり，以前は持株基準が採用されていた。しかし，議決権の所有割合が50%以下であっても，投資先企業を事実上支配しているケースもあり，そのような投資先企業を連結の範囲から除外した連結財務諸表は，企業集団に関する情報としての有用性に欠けると考えられたことから[5]，現在は支配力基準が採用されている。

支配力基準に基づく子会社の連結の要否は，**図表11-6**のように判定がなされる。

**図表11-6 子会社の判定と連結の要否**

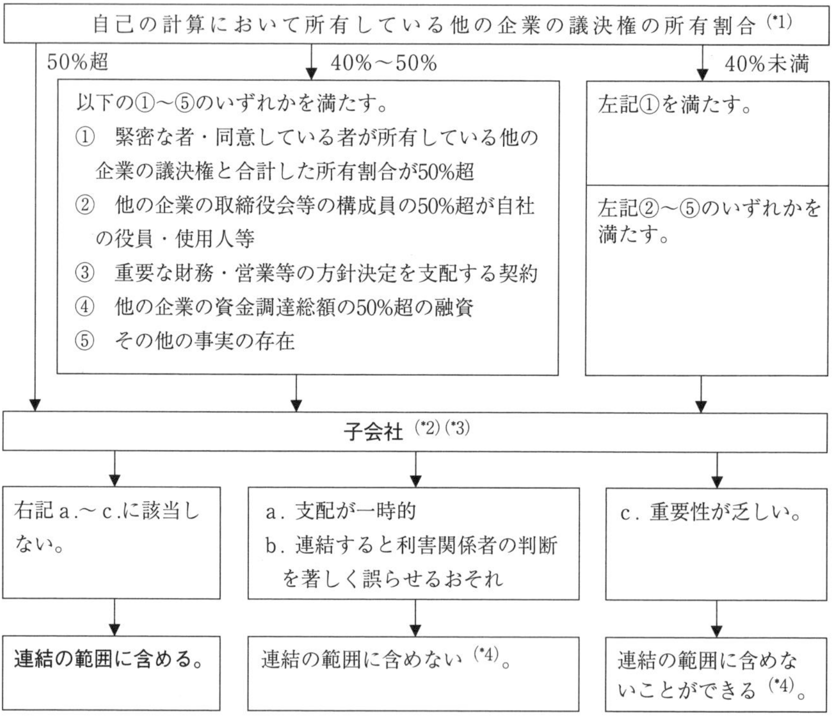

自己の計算において所有している他の企業の議決権の所有割合（*1）

- 50%超 → 子会社
- 40%～50% → 以下の①～⑤のいずれかを満たす。
  - ①　緊密な者・同意している者が所有している他の企業の議決権と合計した所有割合が50%超
  - ②　他の企業の取締役会等の構成員の50%超が自社の役員・使用人等
  - ③　重要な財務・営業等の方針決定を支配する契約
  - ④　他の企業の資金調達総額の50%超の融資
  - ⑤　その他の事実の存在
  
  → 子会社
- 40%未満 → 左記①を満たす。／左記②～⑤のいずれかを満たす。 → 子会社

**子会社**（*2）（*3）

- 右記a.～c.に該当しない。 → **連結の範囲に含める。**
- a．支配が一時的<br>b．連結すると利害関係者の判断を著しく誤らせるおそれ → 連結の範囲に含めない（*4）。
- c．重要性が乏しい。 → 連結の範囲に含めないことができる（*4）。

（*1）議決権の所有割合は，「行使する議決権の数÷行使し得る議決権の総数」によって算定する。自己株式や相互保有株式等については，議決権を行使することができないことから，分母（行使し得る議決権の総数）に含めない。また，議決権のある株式または出資の所有の名義が役員等自己以外の者となっていても，議決権のある株式または出資の所有のための資金関係，当該株式または出資に関する配当その他の損益の帰属関係を検討し，自己の計算において所有しているか否かについて

5　持株基準によって子会社の判定を行う場合は，業績が悪化している子会社に対する議決権比率を下げることによって容易に連結の範囲から除くことができる。これは，「連結外し」といわれる。

の判断を行う。

(*2) 子会社に該当する条件を満たしていたとしても，他の企業の意思決定機関を支配していないことが明らかであると認められるときは，子会社に該当しない。たとえば，ベンチャーキャピタル等の投資会社が他の企業の株式等を有している場合や，他の企業が更生会社や破産会社等に該当する場合において，それぞれ一定の要件を満たすときには，当該他の企業が子会社に該当しないことになる。

(*3) 特別目的会社については，適正な価額で譲り受けた資産から生ずる収益を当該特別目的会社が発行する証券の所有者に享受させることを目的として設立されており，当該特別目的会社の事業がその目的に従って適切に遂行されているときは，当該特別目的会社に資産を譲渡した企業から独立しているものと認め，当該特別目的会社に資産を譲渡した企業の子会社に該当しないものと推定する。

(*4) 連結の範囲に含めなかった子会社については，非連結子会社として，第13章で学習する持分法を適用する。

### (2) 連結決算日

個別財務諸表の会計期間は1年以内とされているが，連結財務諸表の会計期間は1年とされ，親会社の会計期間に基づき，年1回一定の日をもって連結決算日とする。

子会社の決算日が連結決算日と異なる場合，子会社は，原則として連結決算日に正規の決算に準ずる合理的な手続により決算を行う。ただし，連結決算日が3月末，子会社の決算日が12月末であるケースのように，両者の差異が3か月を超えない場合には，決算日の差異によって生じる連結会社間の取引に関する会計記録の重要な不一致を調整することを条件として，子会社の正規の決算を基礎として連結決算を行うことができる。

### (3) 親会社と子会社の会計方針

親会社と子会社は，それぞれの環境下で経営活動を行っているため，会計方針を画一的に統一すると，連結財務諸表が企業集団の状況を適切に表示しなくなる可能性がある。その一方で，同一の環境下にあるにもかかわらず，同一の性質の取引等について連結会社間で会計方針が異なっている場合においても，企業集団の状況を適切に表示しなくなる可能性がある。そこで，同一環境下で行われた同一の性質の取引等について，親会社および子会社が採用する**会計方針**（accounting policy）は，原則として統一することが要求されている[6]。

なお，実務対応報告第18号「連結財務諸表作成における在外子会社等の会計

---

6　会計処理の統一にあたっては，より合理的な会計方針を選択すべきであるため，子会社の会計処理を親会社の会計処理に合わせるケースと，親会社の会計処理を子会社の会計処理に合わせるケースが考えられる。

処理に関する当面の取扱い」により，在外子会社の財務諸表がIFRSまたは米国会計基準に準拠して作成されている場合，および国内子会社が指定国際会計基準または修正国際基準に準拠した連結財務諸表を作成・開示している場合には，当面の間，それらを連結決算手続上利用することができる。ただし，以下の①～⑤の項目については，当該修正額に重要性が乏しい場合を除き，連結決算手続上，当期純利益が適切に計上されるよう当該在外子会社等の会計処理を修正しなければならない。

① のれんの償却
② 退職給付会計における数理計算上の差異の費用処理
③ 研究開発費の支出時費用処理
④ 投資不動産の時価評価および固定資産の再評価
⑤ 資本性金融商品の公正価値の事後的な変動をその他の包括利益に表示する選択をしている場合の組替調整

上記①～⑤の修正が求められているのは，IFRSまたは米国会計基準に準拠した会計処理が，日本の会計基準に共通する考え方（当期純利益を測定する上での費用配分，当期純利益と株主資本との連繋および投資の性格に応じた資産および負債の評価等）と乖離すると考えられるからである。

## 4　連結貸借対照表の作成基準

連結貸借対照表は，親会社および子会社の個別貸借対照表における資産，負債および純資産の金額を基礎とし，子会社の資産および負債の評価，連結会社相互間の投資と資本および債権と債務の相殺消去等の処理を行って作成する。親会社の投資と子会社の資本とを相殺消去するための手続（資本連結手続）の概要を図示すると，**図表11-7**のようになる。

図表11-7 ■資本連結手続の概要

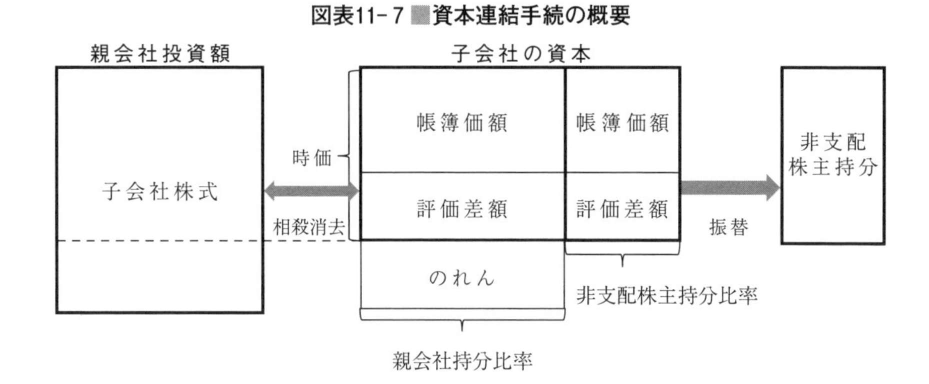


## (1) 子会社の資産および負債の評価

時価により評価する子会社の資産および負債の範囲については，子会社の資産および負債のうち，親会社の持分に相当する部分については株式の取得日ごとに当該日における時価により評価し，非支配株主持分に相当する部分については子会社の個別貸借対照表上の金額による**部分時価評価法**（partial fair value method）と，子会社の資産および負債のすべてを支配獲得日の時価により評価する**全面時価評価法**（full fair value method）がある。部分時価評価法は，親会社が投資を行った際の親会社の持分を重視する考え方であり，一般に親会社説と整合的な方法であるといわれる。他方，全面時価評価法は，親会社が子会社を支配した結果，子会社が企業集団に含まれることになった事実を重視する考え方であり，経済的単一体説と整合的な方法であるといわれる。

以前は，部分時価評価法と全面時価評価法の選択適用が認められていたが，部分時価評価法を採用していた企業はわずかであり，また，「企業結合に係る会計基準」に基づくパーチェス法の適用においては全面時価評価法が前提とされたこと等を踏まえ，部分時価評価法の適用が認められないこととされた[7]。基準22号では，連結貸借対照表の作成にあたっては，支配獲得日[8]に全面時価評

7　第13章で学習するように，持分法適用関連会社の資産および負債については，部分時価評価法によって評価する。

8　支配獲得日，株式の取得日または売却日等が子会社の決算日以外の日である場合には，当該日の前後いずれかの決算日に支配獲得，株式の取得または売却等が行われたものとみなして処理することができる。

価法を適用し，子会社の資産および負債の時価による評価額と当該資産および負債の個別貸借対照表上の金額との差額（評価差額）は，子会社の資本とすることとされている（20項）。

### (2) 投資と資本の相殺消去

設例11-1で学習したように，親会社の子会社に対する投資とこれに対応する子会社の資本は，相殺消去する[9]。

親会社の子会社に対する投資の金額の算定にあたっては，子会社株式の取得が複数の取引により達成された場合（段階取得）において，子会社となる会社に対する支配を獲得するに至った個々の取引ごとの原価の合計額とする方法と，支配獲得日の時価とする方法が考えられる。基準22号では，第24章で学習する企業会計基準第21号「企業結合に関する会計基準」（以下，本章では基準21号という）と同様に，支配獲得日の時価とする方法が採用されており，支配獲得日における時価と支配を獲得するに至った個々の取引ごとの原価の合計額との差額は，**段階取得に係る損益**として処理することとされている（62項）。

子会社の資本には，子会社の個別貸借対照表上の純資産の部における株主資本だけではなく，評価・換算差額等が含まれ，さらに，全面時価評価法の適用による評価差額が含まれる。支配獲得日において算定した子会社の資本のうち親会社に帰属する部分は投資と相殺消去し，支配獲得日後に生じた子会社の利益剰余金および評価・換算差額等のうち親会社に帰属する部分は，利益剰余金および評価・換算差額等として処理する。

相殺消去によって差額が生じる場合には，当該差額が借方差額のときはのれん，また，当該差額が貸方差額のときは負ののれんとする[10]。これは，親会社の子会社に対する投資がこれに対応する子会社の資本を上回る場合，両者の差額は，子会社の時価純資産を上回る超過収益力に対する投資とみなされるからである。のれんは，資産に計上し，20年以内のその効果の及ぶ期間にわたって，定額法その他の合理的な方法により規則的に償却する[11]。また，負ののれんが生じると見込まれる場合には，子会社のすべての識別可能資産および負債等が

9　子会社相互間の投資とこれに対応する他の子会社の資本とは，親会社の子会社に対する投資とこれに対応する子会社の資本との相殺消去に準じて相殺消去する。

10　相殺消去の対象となる投資に持分法を適用していた場合には，持分法評価額に含まれていたのれんも含めて，のれん（または負ののれん）を新たに計算する。

把握されているか，また，それらに対する取得原価の配分が適切に行われているかどうかを見直し，このような見直しを行っても負ののれんが生じる場合には，当該負ののれんが生じた事業年度の利益として処理する[12]。なお，のれんおよび負ののれんの会計処理の考え方については，第25章で学習する。

### (3)　非支配株主持分

子会社の資本のうち親会社に帰属しない部分は，**非支配株主持分**（non-controlling interest）とする。支配獲得日の子会社の資本は，親会社に帰属する部分と非支配株主に帰属する部分とに分け，前者は親会社の投資と相殺消去し，後者は非支配株主持分として処理する。また，支配獲得日後に生じた子会社の利益剰余金および評価・換算差額等のうち非支配株主に帰属する部分は，非支配株主持分として処理する。

**設例11-2　連結貸借対照表の作成手続**

当社は，X1期末において，S社の発行済議決権株式の80％を540円で取得し，S社を連結子会社とした。同日における当社とS社の貸借対照表は次のとおりであり，S社が保有している土地の時価は210円であった。また，のれんについては，X2期首から5年間で定額法により償却する。

X1期末S社貸借対照表

| | | | |
|---|---|---|---|
| 諸資産 | 420 | 諸負債 | 130 |
| 土地 | 180 | 資本金 | 470 |

X1期末当社貸借対照表

| | | | |
|---|---|---|---|
| 諸資産 | 910 | 諸負債 | 850 |
| S社株式 | 540 | 資本金 | 600 |

（S社株式 → S社資本金470：80％）

この場合，当社は，連結財務諸表の作成にあたり，次のように仕訳する。

① S社の資産・負債の評価（全面時価評価法）

| | | | | | |
|---|---|---|---|---|---|
| （借） | 土　　地 | (*1) 30 | （貸） | 評 価 差 額 | 30 |

（*1）時価210円－帳簿価額180＝30円

11　ただし，のれんの金額に重要性が乏しい場合には，当該のれんが生じた事業年度の費用として処理することができる。

12　負ののれんが生じると見込まれたときにおける取得原価が受け入れた資産および引き受けた負債に配分された純額を下回る額に重要性が乏しい場合には，取得原価の配分等の見直しを行わずに，当該下回る額を当期の利益として処理することができる。

② 投資と資本の相殺消去

| | | | | | |
|---|---|---|---|---|---|
| （借） | 資本金 | 470 | （貸） | S社株式 | 540 |
| | 評価差額 | 30 | | 非支配株主持分 | (*3) 100 |
| | のれん | (*2) 140 | | | |

(*2) 当社投資額540円－S社資本（470円＋30円）×当社持分比率80%＝140円
(*3) S社資本（470円＋30円）×非支配株主持分比率20%＝100円

上記①および②の連結修正仕訳を反映した結果として，X1期末における当社の連結貸借対照表は，以下のようになる。

X1期末連結貸借対照表

| | | | |
|---|---|---|---|
| 諸資産 | 1,330 | 諸負債 | 980 |
| 土地 | 210 | 資本金 | 600 |
| のれん | 140 | 非支配株主持分 | 100 |

X2期末における当社およびS社の貸借対照表は，次のとおりである。なお，S社は，X2期において配当を行っていない。

X2期末S社貸借対照表

| | | | |
|---|---|---|---|
| 諸資産 | 520 | 諸負債 | 130 |
| 土地 | 180 | 資本金 | 470 |
| | | 利益剰余金 | 100 |

X2期末当社貸借対照表

| | | | |
|---|---|---|---|
| 諸資産 | 980 | 諸負債 | 850 |
| S社株式 | 540 | 資本金 | 600 |
| | | 利益剰余金 | 70 |

この場合，当社は，連結財務諸表の作成にあたり，次のように仕訳する。

③ S社の資産・負債の評価（全面時価評価法）

| | | | | | |
|---|---|---|---|---|---|
| （借） | 土地 | 30 | （貸） | 評価差額 | 30 |

④ 開始仕訳 (*4)

| | | | | | |
|---|---|---|---|---|---|
| （借） | 資本金 | 470 | （貸） | S社株式 | 540 |
| | 評価差額 | 30 | | 非支配株主持分 | 100 |
| | のれん | 140 | | | |

(*4) 連結財務諸表は，個別財務諸表の合算・消去によって作成されるが，個別財務諸表には過年度の連結修正仕訳が反映されていない。そこで，連結財務諸表の作成にあたっては，過年度の連結修正仕訳を反映させる必要があり，このような手続を開始仕訳という。

⑤ のれんの償却

| | | | | | |
|---|---|---|---|---|---|
| （借） | のれん償却額<br>（利益剰余金） | (*5) 28 | （貸） | のれん | 28 |

(*5) のれん140円(*2)÷5年＝28円

⑥　S社の当期純利益

| | | | | |
|---|---|---|---|---|
| （借） | 非支配株主に帰属する当期純利益（利益剰余金） | 20 | （貸） 非支配株主持分 | (*6) 20 |

(*6) S社当期純利益100円×非支配株主持分比率20%＝20円

上記③～⑥の連結修正仕訳を反映した結果として，X2期末における当社の連結貸借対照表は，以下のようになる。

X2期末連結貸借対照表

| | | | |
|---|---|---|---|
| 諸資産 | 1,500 | 諸負債 | 980 |
| 土地 | 210 | 資本金 | 600 |
| のれん | 112 | 利益剰余金 | (*7) 122 |
| | | 非支配株主持分 | (*8) 120 |

(*7) 利益剰余金の金額は，以下のように算定することもできる。
X2期末当社利益剰余金70円＋S社当期純利益100円×当社持分比率80%－のれん償却額28円
＝122円

(*8) 非支配株主持分の金額は，以下のように算定することもできる。
X2期末S社資本（470円＋100円＋30円）×非支配株主持分比率20%＝120円

なお，**子会社の欠損**のうち，非支配株主持分に割り当てられる額が当該非支配株主の負担すべき額を超える場合には，当該超過額は親会社の持分に負担させ，その後に当該子会社が利益を計上したときは，親会社が負担した欠損が回収されるまで，その利益の金額を親会社の持分に加算する。そのため，子会社において欠損が生じた場合であっても，非支配株主持分の金額は，基本的に負の値となることはない。これは，株主は出資額を限度とする責任を負担するものの，親会社は，子会社の債権者に対して保証債務等の契約に基づく責任を負う場合が多いだけでなく，親会社の経営責任や信用保持のための経営判断等から当該子会社の債務の肩代わりを行う可能性が高いと考えられるからである[13]。

以上が基準22号に基づく会計処理であるが，のれんの計上に関しては，非支配株主持分に相当する部分についても，親会社の持分について計上した額から推定した額などによって計上すべきであるとする考え方があり，このような考え方は**全部のれん方式**（full goodwill method）とよばれる。IFRSでは，取得日

13　ただし，特定の非支配株主と親会社または他の株主や債権者との間で子会社の債務の引受け等，出資を超えた非支配株主による負担が合意されている場合には，当該負担額まで非支配株主持分に欠損の負担を行わせ，それを超える欠損額はその後子会社に利益が計上され，超過欠損額が相殺されるまで親会社が負担する。

に非支配株主持分を公正価値で測定することが認められており，これにより非支配株主に関するのれんが計上されることになる。しかし，基準21号では，子会社に対する支配を獲得したのは親会社株主であるにもかかわらず，非支配株主に関するのれんを計上することは，自己創設のれんを計上することに相当すること等を踏まえ，のれんの計上は有償取得に限るべきであるという**購入のれん方式**（partial goodwill method）を踏襲し，全部のれん方式は認められていない。

ここまで解説してきた子会社の資産および負債の評価方法（全面時価評価法と部分時価評価法）と，のれんの計上に関する2つの考え方（全部のれん方法式と購入のれん方式）は，**図表11-8**で示すように，子会社の資産および負債に関する連結の範囲に関する議論として整理することができる。

**図表11-8 ▒子会社の資産および負債の連結の範囲**

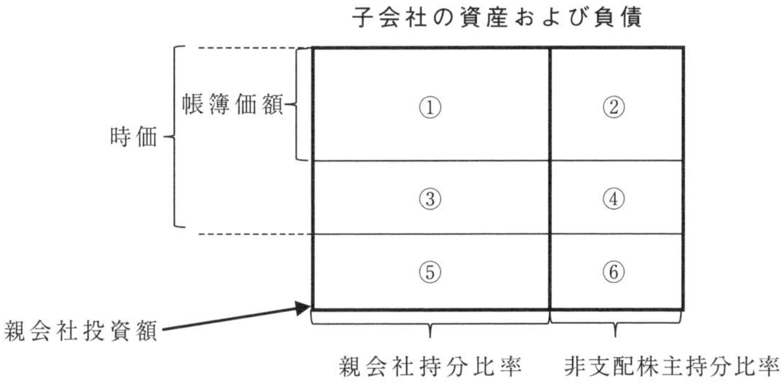

子会社の資産および負債

時価
帳簿価額
①　②
③　④
⑤　⑥
親会社投資額
親会社持分比率　非支配株主持分比率

(1)　部分時価評価法：①＋②＋③
(2)　全面時価評価法：①＋②＋③＋④
(3)　購入のれん方式：①＋②＋③＋④＋⑤
(4)　全部のれん方式：①＋②＋③＋④＋⑤＋⑥

なお，基準22号では全部連結が採用されているため，図表11-8における②については，いずれの方法による場合にも連結対象とされるが，会計理論上は，子会社の個別財務諸表の各項目を親会社の持分比率に応じて連結する方法もある。これは，**比例連結**（proportionate consolidation）とよばれ，親会社説の立場から主張されることがある。比例連結によると，図表11-8における親会社帰属部分（①＋③＋⑤）のみが連結の範囲に含まれることになり，非支配株主帰属部分は連結の範囲から除かれる。基準21号では，共同支配の実態にある合弁会社に対して比例連結の適用を認めるかが検討されたが，混然一体となっている合弁会社の資産，負債等を一律に持分比率で按分して連結財務諸表に計上することは不適切であると考え，比例連結の適用は認められていない。

### (4)　子会社株式の追加取得および一部売却等

子会社株式を**追加取得**した場合には，追加取得した株式に対応する持分を非支配株主持分から減額し，追加取得により増加した親会社の持分（追加取得持分）を追加投資額と相殺消去するとともに，追加取得持分と追加投資額との間に生じた差額は，資本剰余金とする。また，子会社株式を**一部売却**した場合において，親会社と子会社の支配関係が継続しているときには，売却した株式に対応する持分を親会社の持分から減額し，非支配株主持分を増額するとともに，売却による親会社の持分の減少額（売却持分）と売却価額との間に生じた差額は，資本剰余金とする[14]。さらに，**子会社の時価発行増資等**に伴い，親会社の払込額と親会社の持分の増減額との間に差額が生じた場合において，親会社と子会社の支配関係が継続しているときには，当該差額を資本剰余金[15]とする[16]。

このように子会社株式の追加取得や一部売却等によって生じる親会社の持分変動による差額については，資本剰余金として処理することとされている。これは，親会社と非支配株主との取引，または子会社と非支配株主との取引を連結上の**資本取引**と考えることを前提としており，非支配株主を親会社株主と同様に報告主体の持分保有者に含める経済的単一体説と整合している。仮に，非支配株主を報告主体の持分保有者に含めない親会社説に基づくと，非支配株主との取引は，連結上の**損益取引**と考えることになり，親会社の持分変動による差額は損益として処理することになる。以前はこのような考え方に基づく会計処理が行われていたが，基準22号では，国際的な会計基準とのコンバージェン

---

14　子会社株式の売却等により被投資会社が子会社および関連会社に該当しなくなった場合には，連結財務諸表上，残存する当該被投資会社に対する投資は，個別貸借対照表上の帳簿価額をもって評価する。

15　追加取得，一部売却および時価発行増資の会計処理の結果として資本剰余金が負の値となる場合には，連結会計年度末において，資本剰余金をゼロとし，当該負の値を利益剰余金から減額する。

16　連結子会社による当該連結子会社の自己株式の非支配株主からの取得および非支配株主への処分は，それぞれ親会社による子会社株式の追加取得および一部売却に準じて処理する。

ス等の観点から，非支配株主との取引によって生じた親会社の持分変動による差額は資本剰余金とすることとされた。

**設例11-3　子会社株式の追加取得，一部売却および子会社の時価発行増資**

当社は，X1期末において，S社（資本金600円）の発行済議決権株式100株の80%を800円で取得し，S社を連結子会社とした。同日におけるS社が保有している土地の帳簿価額は120円であり，時価は220円であった。また，のれんについては，X2期首から5年間で定額法により償却する。

(1)　追加取得のケース

当社は，X2期末において，S社の発行済議決権株式の10%を150円で取得した。X2期における当社およびS社の損益計算書と貸借対照表は，次のとおりである。

X2期S社損益計算書

| 費用 | 200 | 収益 | 300 |
|---|---|---|---|
| 当期純利益 | 100 | | |

X2期当社損益計算書

| 費用 | 320 | 収益 | 400 |
|---|---|---|---|
| 当期純利益 | 80 | | |

X2期末S社貸借対照表

| 諸資産 | 760 | 諸負債 | 180 |
|---|---|---|---|
| 土地 | 120 | 資本金 | 600 |
| | | 利益剰余金 | 100 |

X2期末当社貸借対照表

| 諸資産 | 720 | 諸負債 | 620 |
|---|---|---|---|
| S社株式 | 950 | 資本金 | 800 |
| | | 資本剰余金 | 100 |
| | | 利益剰余金 | 150 |

この場合，当社は，X2期連結財務諸表の作成にあたり，次のように仕訳する。

①　S社の資産・負債の評価（全面時価評価法）

| | | | | | |
|---|---|---|---|---|---|
| （借） | 土地 | (*1) 100 | （貸） | 評価差額 | 100 |

(*1)　時価220円－帳簿価額120＝100円

②　開始仕訳

| | | | | | |
|---|---|---|---|---|---|
| （借） | 資本金 | 600 | （貸） | S社株式 | 800 |
| | 評価差額 | 100 | | 非支配株主持分 | (*3) 140 |
| | のれん | (*2) 240 | | | |

(*2)　当社投資額800円－X1期末S社資本（600円＋100円）×当社持分比率80%＝240円
(*3)　X1期末S社資本（600円＋100円）×非支配株主持分比率20%＝140円

③　のれんの償却

| | | | | | |
|---|---|---|---|---|---|
| （借） | のれん償却額 | (*4) 48 | （貸） | のれん | 48 |

(*4)　のれん240円(*2)÷5年＝48円

④　S社の当期純利益

| | | | | |
|---|---|---|---|---|
| （借） | 非支配株主に帰属する当期純利益 | 20 | （貸）非支配株主持分 | (*5) 20 |

(*5) S社当期純利益100円×非支配株主持分比率20%＝20円

⑤　追加取得

| | | | | |
|---|---|---|---|---|
| （借） | 非支配株主持分 | (*6) 80 | （貸）S社株式 | (*8) 150 |
| | 資本剰余金 | (*7) 70 | | |

(*6) X2期末S社資本（600円＋100円＋100円）×取得比率10%＝80円
(*7) 当社追加投資額150円(*8)－追加取得持分（＝非支配株主持分減少額）80円(*6)＝70円
(*8) 当社追加投資額150円

上記①～⑤の連結修正仕訳を反映した結果として，X2期における当社の連結損益計算書および連結貸借対照表は，以下のようになる。

X2期連結損益計算書

| | | | |
|---|---|---|---|
| 費用 | 520 | 収益 | 700 |
| のれん償却額 | 48 | | |
| 非支配株主に帰属する当期純利益 | 20 | | |
| 親会社株主に帰属する当期純利益 | (*9) 112 | | |

(*9) 親会社株主に帰属する当期純利益の金額は，以下のように算定することもできる。
当社当期純利益80円＋S社当期純利益100円×当社持分比率80%－のれん償却額48円＝112円

X2期末連結貸借対照表

| | | | |
|---|---|---|---|
| 諸資産 | 1,480 | 諸負債 | 800 |
| 土地 | 220 | 資本金 | 800 |
| のれん | 192 | **資本剰余金** | **30** |
| | | 利益剰余金 | (*10) 182 |
| | | **非支配株主持分** | (*11) **80** |

(*10) 利益剰余金の金額は，以下のように算定することもできる。
X2期末当社利益剰余金150円＋S社当期純利益100円×当社持分比率80%－のれん償却額48円
＝182円
(*11) 非支配株主持分の金額は，以下のように算定することもできる。
X2期末S社資本（資本金600円＋利益剰余金100円＋評価差額100円）
×追加取得後非支配株主持分比率10%＝80円

(2) 一部売却のケース

当社は，X2期末において，S社の発行済議決権株式の10%を150円で売却した。X2期における当社およびS社の損益計算書と貸借対照表は，次のとおりである。

**X2期S社損益計算書**

| 費用 | 200 | 収益 | 300 |
|---|---|---|---|
| 当期純利益 | 100 | | |

**X2期当社損益計算書**

| 費用 | 320 | 収益 | 400 |
|---|---|---|---|
| 当期純利益 | 130 | S社株式売却益 | 50 |

**X2期末S社貸借対照表**

| 諸資産 | 760 | 諸負債 | 180 |
|---|---|---|---|
| 土地 | 120 | 資本金 | 600 |
| | | 利益剰余金 | 100 |

**X2期末当社貸借対照表**

| 諸資産 | 1,020 | 諸負債 | 620 |
|---|---|---|---|
| S社株式 | 700 | 資本金 | 800 |
| | | 資本剰余金 | 100 |
| | | 利益剰余金 | 200 |

この場合，当社の連結修正仕訳は，一部売却の仕訳を除き，(1) 追加取得のケースの①～④の連結修正仕訳と同様である。一部売却の連結修正仕訳は以下のとおりである。

| | | | | | |
|---|---|---|---|---|---|
| (借) | S社株式 | (*12) 100 | (貸) | 非支配株主持分 | (*14) 80 |
| | S社株式売却益 | (*13) 50 | | 資本剰余金 | (*15) 70 |

(*12) S社株式取得原価800円÷売却前持分比率80%×売却比率10%＝100円
(*13) 売却価額150円－個別上の売却簿価(*12) 100円＝50円
(*14) X2期末S社資本（600円＋100円＋100円）×売却比率10%＝80円
(*15) 売却価額150円－売却持分（＝非支配株主持分増加額）80円(*14)＝70円

上記の連結修正仕訳を反映した結果として，X2期における当社の連結損益計算書および連結貸借対照表は，以下のようになる。

**X2期連結損益計算書**

| 費用 | 520 | 収益 | 700 |
|---|---|---|---|
| のれん償却額 | 48 | | |
| 非支配株主に帰属する当期純利益 | 20 | | |
| 親会社株主に帰属する当期純利益 | 112 | | |

**X2期末連結貸借対照表**

| 諸資産 | 1,780 | 諸負債 | 800 |
|---|---|---|---|
| 土地 | 220 | 資本金 | 800 |
| のれん | 192 | **資本剰余金** | **170** |
| | | 利益剰余金 | 182 |
| | | **非支配株主持分** | (*16) **240** |

(*16) 非支配株主持分の金額は，以下のように算定することもできる。
X2期末S社資本（600円＋100円＋100円）×一部売却後非支配株主持分比率30%＝240円

### (3) 子会社の時価発行増資のケース

S社は，X2期末において，新株発行（発行価額@12円，発行株式数25株）を行い，非支配株主がすべての株式を引き受けた。X2期における当社およびS社の損益計算書と貸借対照表は，次のとおりである。

X2期S社損益計算書

| | | | |
|---|---|---|---|
| 費用 | 200 | 収益 | 300 |
| 当期純利益 | 100 | | |

X2期当社損益計算書

| | | | |
|---|---|---|---|
| 費用 | 320 | 収益 | 400 |
| 当期純利益 | 80 | | |

X2期末S社貸借対照表

| | | | |
|---|---|---|---|
| 諸資産 | 1,060 | 諸負債 | 180 |
| 土地 | 120 | **資本金** | **900** |
| | | 利益剰余金 | 100 |

X2期末当社貸借対照表

| | | | |
|---|---|---|---|
| 諸資産 | 870 | 諸負債 | 620 |
| S社株式 | 800 | 資本金 | 800 |
| | | 資本剰余金 | 100 |
| | | 利益剰余金 | 150 |

この場合，当社の連結修正仕訳は，増資の仕訳を除き，(1) 追加取得のケースの①～④の連結修正仕訳と同様である。増資の連結修正仕訳は以下のとおりである。

| | | | | | |
|---|---|---|---|---|---|
| (借) | 資本金 | (*17) 300 | (貸) | 非支配株主持分 | (*18) 236 |
| | | | | 資本剰余金 | (*19) 64 |

(*17) S社株式発行価額@12円×発行株式数25株＝300円
(*18) 増資後S社資本（900円＋100円＋100円）×増資後非支配株主持分比率36%
－増資前S社資本（600円＋100円＋100円）×増資前非支配株主持分比率20%＝236
(*19) S社株式発行額300円 (*17) ×増資前当社持分比率80%
－増資後S社資本（900円＋100円＋100円）×当社持分減少比率16%＝64

上記の連結修正仕訳を反映した結果として，X2期における当社の連結損益計算書および連結貸借対照表は，以下のようになる。

X2期連結損益計算書

| | | | |
|---|---|---|---|
| 費用 | 520 | 収益 | 700 |
| のれん償却額 | 48 | | |
| 非支配株主に帰属する当期純利益 | 20 | | |
| 親会社株主に帰属する当期純利益 | 112 | | |

X2期末連結貸借対照表

| | | | |
|---|---|---|---|
| 諸資産 | 1,930 | 諸負債 | 800 |
| 土地 | 220 | 資本金 | 800 |
| のれん | 192 | **資本剰余金** | **164** |
| | | 利益剰余金 | 182 |
| | | **非支配株主持分** | (*20) **396** |

(*20) 非支配株主持分の金額は，以下のように算定することもできる。
X2期末S社資本（900円＋100円＋100円）×増資後非支配株主持分比率36%＝396円

なお，子会社株式を一部売却した場合等で，親会社と子会社の支配関係が継続しているときは，のれんの未償却額のうち売却した株式に対応する額を減額するか否かという論点がある。のれんを減額すべきとする見解は，購入のれん方式を採用している現行制度において，のれんは投資原価の一部であり，また，親会社持分相当額しか計上されていないため，他の資産および負債とは異なるものであること，さらに，のれんの未償却額を減額しない場合には，一部売却した親会社持分相当額に対応するのれんの償却費が次期以降にも認識され，親会社株主に帰属する当期純利益が適切ではないという考え方に基づく。これに対して，のれんを減額すべきではないとする見解は，支配獲得後は支配が継続している限り，償却や減損を除き，のれんを減額すべきではなく，また，支配獲得後の追加取得時にはのれんが追加計上されない一方，一部売却時にのれんを減額すると，追加取得時の会計処理と整合した取扱いにはならないという考え方に基づく。

基準22号では，のれんを減額する場合における実務上の負担や，国際的な会計基準とのコンバージェンスの観点から，子会社株式を一部売却した場合等で，親会社と子会社の支配関係が継続しているときは，支配獲得時に計上したのれんの未償却額を減額しないこととされた（66-2項）。

### (5)　債権と債務の相殺消去

連結会社相互間の債権と債務（前払費用，未収収益，前受収益および未払費用で連結会社相互間の取引に関するものを含む）は，相殺消去する。例えば，親会社が子会社に対して資金を貸し付けている場合には，親会社の個別貸借対照表において貸付金が計上され，子会社の個別貸借対照表においては借入金が計上されている。しかし，企業集団の観点からは，このような取引は企業集団内部における資金の移動にすぎないことから，連結財務諸表の作成にあたり，貸付金と借入金を相殺消去することになる。ただし，連結会社が振り出した手形を他の連結会社が銀行割引した場合には，企業集団の観点からは，手形借入れと考えられるため，これを借入金に振り替える。

また，引当金のうち，連結会社を対象として引き当てられたことが明らかなものは，これを調整する。なお，連結会社が発行した社債で一時所有のものは，相殺消去の対象としないことができる。

**設例11-4**　**債権と債務の相殺消去**

当社は，X1期末において，S社を設立し，S社株式のすべてを500円で取得した。X2期末における当社とS社の貸借対照表は次のとおりである。

X2期末S社貸借対照表

| 諸資産 | 974 | 支払手形及び買掛金 | 190 |
|---|---|---|---|
| 受取手形及び売掛金 | 200 | 未払費用 | 40 |
| 貸倒引当金 | △4 | 社債 | 320 |
| | | 資本金 | 500 |
| | | 利益剰余金 | 120 |

X2期末当社貸借対照表

| 諸資産 | 155 | 支払手形及び買掛金 | 230 |
|---|---|---|---|
| 受取手形及び売掛金 | 250 | 資本金 | 800 |
| 貸倒引当金 | △5 | 利益剰余金 | 290 |
| 未収収益 | 20 | | |
| 投資有価証券 | 400 | | |
| S社株式 | 500 | | |

なお，X2期末当社貸借対照表の「受取手形及び売掛金」には，S社に対する売掛金150円が含まれており，当該売掛金に対して３円の「貸倒引当金」が設定されている。また，X2期末当社貸借対照表の「投資有価証券」には，S社がX2期に平価発行した社債160円が含まれており，X2期末に未収収益６円を計上している。さらに，当社は，S社が振り出した約束手形20円を銀行で割り引いたが，X2期末において当該約束手形の満期日は到来していない。なお，割引料は３円であり，X3期に帰属する利息相当額は１円である。

この場合，当社は，次のような連結修正仕訳を行う。

①　開始仕訳

| (借) | 資本金 | 500 | (貸) | S社株式 | 500 |
|---|---|---|---|---|---|

②　売上債権と仕入債務の相殺消去

| (借) | 支払手形及び買掛金 | 150 | (貸) | 受取手形及び売掛金 | 150 |
|---|---|---|---|---|---|

③　貸倒引当金の修正

| (借) | 貸倒引当金 | 3 | (貸) | 貸倒引当金繰入額<br>（利益剰余金） | 3 |
|---|---|---|---|---|---|

④　投資有価証券と社債の相殺消去

| (借) | 社債 | 160 | (貸) | 投資有価証券 | 160 |
|---|---|---|---|---|---|

⑤　未収収益と未払費用の相殺消去

| (借) | 未払費用 | 6 | (貸) | 未収収益 | 6 |
|---|---|---|---|---|---|

⑥　手形割引

| (借) | 支払手形及び買掛金 | 20 | (貸) | 短期借入金 | 20 |
|---|---|---|---|---|---|
| (借) | 前払費用 | 1 | (貸) | 手形売却損<br>（利益剰余金） | 3 |
| | 支払利息<br>（利益剰余金） | 2 | | | |

上記①～⑥の連結修正仕訳を反映した結果として，X2期末における当社の連結貸借対照表は，以下のようになる。

X2期末連結貸借対照表

| | | | |
|---|---|---|---|
| 諸資産 | 1,129 | 支払手形及び買掛金 | 250 |
| 受取手形及び売掛金 | 300 | 未払費用 | 34 |
| 貸倒引当金 | △ 6 | 短期借入金 | 20 |
| 前払費用 | 1 | 社債 | 160 |
| 未収収益 | 14 | 資本金 | 800 |
| 投資有価証券 | 240 | 利益剰余金 | 414 |

### (6) 表示方法

連結貸借対照表は，**図表11-9**のような表示区分を設ける。

**図表11-9 ■連結貸借対照表の表示区分**

連結貸借対照表

| | | | |
|---|---|---|---|
| 資産の部 | | 負債の部 | |
| Ⅰ　流動資産 | XXX | Ⅰ　流動負債 | XXX |
| Ⅱ　固定資産 | | Ⅱ　固定負債 | XXX |
| 1　有形固定資産 | XXX | 純資産の部 | |
| 2　無形固定資産 | XXX | Ⅰ　株主資本 | |
| 3　投資その他の資産 | XXX | 1　資本金 | XXX |
| Ⅲ　繰延資産 | XXX | 2　資本剰余金 | XXX |
| | | 3　利益剰余金 | XXX |
| | | 4　自己株式 (*1) | XXX |
| | | Ⅱ　その他の包括利益累計額 | XXX |
| | | Ⅲ　株式引受権 | XXX |
| | | Ⅳ　新株予約権 | XXX |
| | | Ⅴ　非支配株主持分 | XXX |

(*1) 連結子会社が保有する親会社株式（持分相当額）は，企業集団で考えた場合，親会社の保有する自己株式と同様の性格であることから，連結財務諸表上では親会社が保有する自己株式と合算して表示する。また，非支配株主持分相当額については，非支配株主持分から控除する。

第8章および第9章で学習した個別貸借対照表と比較すると，純資産の部の表示方法が異なっている。まず，連結貸借対照表の純資産の部においては，資本剰余金および利益剰余金の表示にあたり，準備金の区分表示が求められていない。これは，連結財務諸表は，基本的に会社法上の分配可能利益の算定を直接の目的としていないことから，準備金を区分表示する必要性が乏しいと考えられたことによる。また，個別貸借対照表の純資産の部における評価・換算差額等は，連結貸借対照表の純資産の部において，その他の包括利益累計額として表示される。これは，個別財務諸表においては，企業会計基準第25号「包括利益の開示に関する会計基準」が当面の間適用しないこととされているからである。さらに，非支配株主持分は，連結財務諸表固有の項目であり，個別貸借対照表に計上されることはない。

なお，非連結子会社および関連会社に対する投資は，「投資その他の資産」の区分において他の項目と区別して記載し，または注記の方法により明瞭に表示する必要がある。また，利益剰余金のうち，減債積立金等外部者との契約による特定目的のために積み立てられたものがあるときは，その内容および金額を注記しなければならない。

# 連結②

**学習のポイント**

本章では，連結損益計算書および連結包括利益計算書の作成方法を学習する。連結損益計算書についても，前章で学習した連結貸借対照表の作成手続と同様に，「企業集団の観点」で連結修正仕訳を考え，また，連結基礎概念との関連に注意して学習すると，より理解を深めることができるであろう。連結包括利益計算書の学習にあたっては，包括利益の考え方を理解することが重要であるため，第10章の内容を確認しながら学習を進めてほしい。

## 1　連結損益計算書等の基本原則

1計算書方式による場合の「連結損益及び包括利益計算書」，および2計算書方式による場合の「連結損益計算書」と「連結包括利益計算書」は，親会社および子会社の個別損益計算書等における収益，費用等の金額を基礎とし，連結会社相互間の取引高の相殺消去および未実現損益の消去等の処理を行って作成する。

## 2　連結会社相互間の取引高の相殺消去

連結会社相互間における商品の売買その他の取引に関する項目は，相殺消去する。たとえば，親会社が子会社に商品を販売し，当該子会社が企業集団外部に当該商品を販売した場合には，親会社の個別損益計算書では「売上高」が計上され，子会社の個別損益計算書では同額の「売上原価（当期仕入高)」が計上されている。この取引は，**図表12-1**で示すように，企業集団の観点からは，**内部取引**に該当するため，連結財務諸表の作成にあたって相殺消去される。

図表12-1■連結会社相互間の取引高の相殺消去

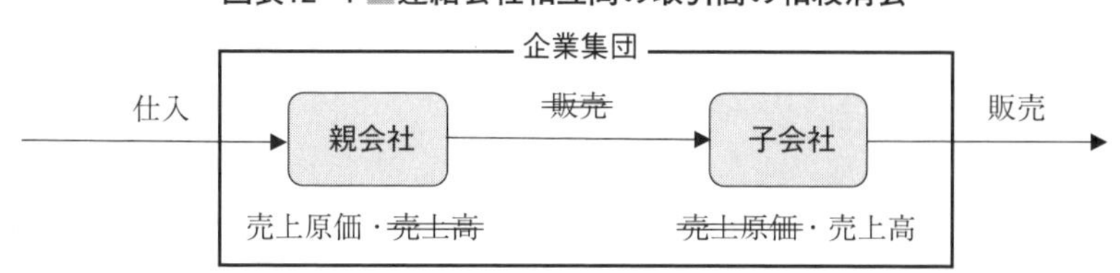


なお，会社相互間取引が連結会社以外の企業を通じて行われている場合であっても，その取引が実質的に連結会社間の取引であることが明確であるときは，この取引を連結会社間の取引とみなして処理する。ここでいう「実質的に連結会社間の取引であることが明確であるとき」とは，たとえば，連結会社間の商品に関する取引が，企業集団外の商社を経由して行われる形式をとっているものの，当該商品が連結会社間で直送されている場合である。

**設例12-1**　**連結会社相互間の取引高の相殺消去**

当社は，当期に完全子会社S社に対して原価150円の商品を200円で販売し，S社は，当該商品を企業集団外部に240円で販売した。当期における当社とS社の損益計算書は次のとおりである。

S社損益計算書

| | | | |
|---|---|---|---|
| 売上原価 | 200 | 売上高 | 240 |
| 当期純利益 | 40 | | |

当社損益計算書

| | | | |
|---|---|---|---|
| 売上原価 | 150 | 売上高 | 200 |
| 当期純利益 | 50 | | |

企業集団の観点からは，原価150円の商品を240円で販売しており，当社とS社の商品売買取引は，企業集団における内部取引である。そこで，当社は，連結損益計算書の作成にあたり，以下の連結修正仕訳を行う。

（借）売　上　高　200　（貸）売　上　原　価　200

上記の連結修正仕訳を反映した結果として，当社の連結損益計算書は，以下のようになる。

連結損益計算書

| | | | |
|---|---|---|---|
| 売上原価 | 150 | 売上高 | 240 |
| 親会社株主に帰属する当期純利益 | 90 | | |

## 3　未実現損益の消去

連結会社相互間の取引によって取得した棚卸資産，固定資産その他の資産に含まれる**未実現損益**は，原則として，その全額を消去する。たとえば，**図表12-2**で示すように親会社が企業集団外部から100円で仕入れた商品を子会社に150円で販売し，当該商品が連結決算日において子会社の在庫として保有されている場合，企業集団の観点からは，外部の第三者に対する財貨の引渡しが完了していないことから，親会社が計上した売上利益50円は実現していない。そこで，連結財務諸表の作成にあたっては，親会社の個別財務諸表で計上されている未実現利益50円を消去し，また，子会社の個別財務諸表に150円で計上されていた商品の評価額を50円減額する。これにより，連結貸借対照表における商品の評価額は，親会社の取得原価，すなわち企業集団による取得原価100円に修正される。

**図表12-2 ■未実現利益の消去**

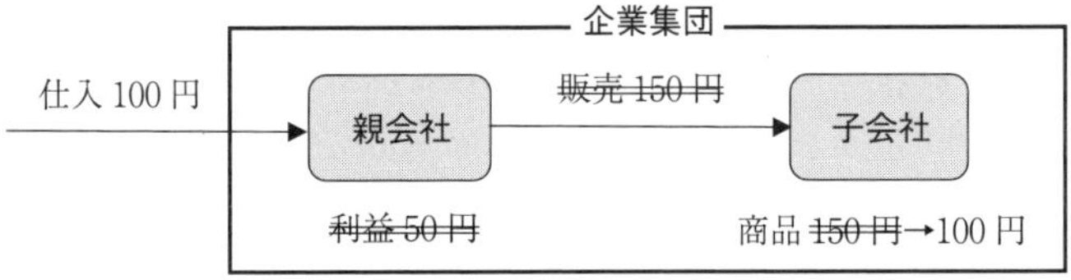

企業集団
仕入 100 円
親会社
~~販売 150 円~~
子会社
~~利益 50 円~~
商品 ~~150 円~~→100 円

一方で，連結会社相互間の取引によって取得した棚卸資産，固定資産その他の資産に含まれる未実現損失については，売手側の帳簿価額のうち回収不能と認められる部分は，消去しない。これは，第5章で学習した棚卸資産の収益性の低下による簿価切下げと同様の考え方に基づいている。たとえば，**図表12-3**に示すように親会社が企業集団外部から150円で仕入れた商品を子会社に100円で販売し，当該商品が連結決算日において子会社の在庫として保有されている場合，企業集団の観点からは，親会社が計上している販売損失50円は未実現損失となる。ここで，当該商品の市場価格（回収可能価額）が120円であった場合において，未実現損失50円を消去し，連結貸借対照表上の商品の評価額を150円に修正すると，そこに回収不能な金額30円が含まれることになる。そこで，この場合には，未実現損失20円のみを消去し，連結貸借対照表上の商品の評価額を120円（回収可能価額）とする。

図表12-3 ■未実現損失の消去

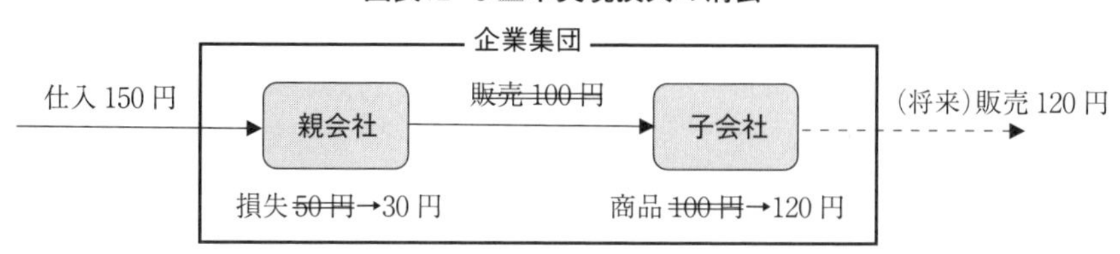


また，親会社が子会社に資産を売却した場合（ダウン・ストリーム）とは異なり，子会社が親会社に対して資産を売却した場合（アップ・ストリーム）には，子会社が計上した未実現損益の取扱い（消去した未実現損益を非支配株主に負担させるか否か）が論点となる。以前は，①**全額消去・持分按分負担方式**（未実現損益を全額消去し，親会社の持分と非支配株主持分とにそれぞれの持分比率に応じて負担させる方法），②**全額消去・親会社負担方式**（未実現損益を全額消去し，かつ，その金額をすべて親会社の持分に負担させる方法），および③**部分消去・親会社負担方式**（親会社の持分比率に相当する未実現損益のみを消去し，親会社の持分にこれを負担させる方法）の３つの方法が用いられていた。しかし，企業会計基準第22号「連結財務諸表に関する会計基準」（以下，本章では基準22号という）では，①全額消去・持分按分負担方式が採用されており，売手側の子会社に非支配株主が存在する場合，未実現損益は，親会社と非支配株主の持分比率に応じて，親会社の持分と非支配株主持分に配分することとされている。

### 設例12-2　未実現利益の消去

当社は，X2期末において，S社（資本金400円，利益剰余金100円）の発行済議決権株式の80%を400円で取得し，S社を連結子会社とした。X3期末（X3年３月31日）における当社とS社の損益計算書および貸借対照表は次のとおりである。

X3期S社損益計算書

| | | | |
|---|---|---|---|
| 売上原価 | 343 | 売上高 | 450 |
| 貸倒引当金繰入額 | 3 | 有価証券利息 | 22 |
| 減価償却費 | 20 | | |
| 支払利息 | 6 | | |
| 当期純利益 | 100 | | |

X3期当社損益計算書

| | | | |
|---|---|---|---|
| 売上原価 | 529 | 売上高 | 820 |
| 貸倒引当金繰入額 | 7 | 受取配当金 | 50 |
| 減価償却費 | 50 | 受取利息 | 22 |
| 社債利息 | 25 | 有価証券利息 | 30 |
| 土地売却損 | 190 | 建物売却益 | 150 |
| 当期純利益 | 271 | | |

**X3期末S社貸借対照表**

| 借方 | | 貸方 | |
|---|---|---|---|
| 諸資産 | 27 | 支払手形及び買掛金 | 190 |
| 受取手形及び売掛金 | 150 | 未払費用 | 6 |
| 貸倒引当金 | △ 6 | 長期借入金 | 600 |
| 商品 | 100 | 資本金 | 400 |
| 建物 | 410 | 利益剰余金 | 150 |
| 減価償却累計額 | △59 | | |
| 土地 | 230 | | |
| 投資有価証券 | 494 | | |

**X3期末当社貸借対照表**

| 借方 | | 貸方 | |
|---|---|---|---|
| 諸資産 | 144 | 支払手形及び買掛金 | 230 |
| 受取手形及び売掛金 | 250 | 社債 | 485 |
| 貸倒引当金 | △10 | 資本金 | 900 |
| 商品 | 240 | 利益剰余金 | 890 |
| 未収収益 | 9 | | |
| 建物 | 490 | | |
| 減価償却累計額 | △88 | | |
| 土地 | 270 | | |
| 長期貸付金 | 800 | | |
| S社株式 | 400 | | |

なお，X3期における当社とS社の取引の概要は，以下のとおりである。

① S社は，企業集団外部から100円で仕入れた商品を，当社に125円で売却し，X3期末に当該商品が当社の在庫として保有されている。また，X3期末S社貸借対照表の受取手形及び売掛金には，当社に対する売掛金125円が含まれており，当該売掛金に対して５円の貸倒引当金が設定されている。

② 当社は，X2年４月１日に土地（帳簿価額320円）をS社に130円で売却し，建物（帳簿価額210円）をS社に360円で売却した。これらの固定資産は，X3期末S社貸借対照表に計上されている。なお，S社は，当該建物を定額法（耐用年数15年，残存価額ゼロ）で減価償却している。

③ 当社は，X1年４月１日に社債額面500円を払込金額 475円，償還期間５年，年利率４％，利払日３月末で発行し，当該社債に償却原価法（定額法）を適用している。X2年４月１日において，S社は，この社債のすべてを492円で取得し，償却原価法（定額法）を適用している。

④ S社は，X2年６月20日に50円の配当を行った。

⑤ S社は，X2年10月１日に当社から借入期間10年，年利率２％，利払日９月末日の条件で600円を借り入れた。

この場合，当社は，次のような連結修正仕訳を行う。

**(1) 開始仕訳**

| | | | | |
|---|---|---|---|---|
| （借） | 資本金 | 400 | （貸） S社株式 | 400 |
| | 利益剰余金 | 100 | 非支配株主持分 | 100 |

**(2) S社の当期純利益**

| | | | | |
|---|---|---|---|---|
| （借） | 非支配株主に帰属する当期純利益 | 20 | （貸） 非支配株主持分 | (*1) 20 |

(*1) S社当期純利益100円×非支配株主持分比率20％＝20円

### (3) S社の剰余金の配当

| | | | | | |
|---|---|---|---|---|---|
| (借) | 受取配当金 | (*2) 40 | (貸) | 利益剰余金 | 50 |
| | 非支配株主持分 | (*3) 10 | | (剰余金の配当) | |

(*2) 当社に対する剰余金の配当40円（＝50円×当社持分比率80%）は，企業集団における内部取引に該当するため，当社が計上した受取配当金と相殺消去する。

(*3) 非支配株主に対する剰余金の配当10円（＝50円×非支配株主持分比率20%）は，連結上の株主資本（利益剰余金）が親会社株主に帰属する部分に限定されていることから，連結上の剰余金の配当に該当しない。また，配当によるS社の資本の減少により，非支配株主持分が減少する。

### (4) 売上高と売上原価の相殺消去

| | | | | | |
|---|---|---|---|---|---|
| (借) | 売上高 | 125 | (貸) | 売上原価 | 125 |

### (5) 商品の未実現利益の消去（アップ・ストリーム）

| | | | | | |
|---|---|---|---|---|---|
| (借) | 売上原価 | (*4) 25 | (貸) | 商品 | (*5) 25 |
| (借) | 非支配株主持分 | 5 | (貸) | 非支配株主に帰属する当期純利益 | (*6) 5 |

(*4) 当社が保有している商品は，S社が付加した利益25円が含まれているが，企業集団外部に対する引渡しが行われていないため，付加された利益は実現していない。そのため，S社の売上利益25円を消去する。

(*5) 企業集団の観点からは，当社が保有している商品の取得原価は，S社の取得原価である100円である。そこで，商品の帳簿価額を25円減額する。

(*6) 未実現利益25円の消去によって，S社の当期純利益が25円減少したため，非支配株主に帰属する当期純利益を５円（=25円×非支配株主持分比率20%）減額する。

### (6) 売上債権と仕入債務の相殺消去

| | | | | | |
|---|---|---|---|---|---|
| (借) | 支払手形及び買掛金 | 125 | (貸) | 受取手形及び売掛金 | 125 |

### (7) 貸倒引当金の修正

| | | | | | |
|---|---|---|---|---|---|
| (借) | 貸倒引当金 | 5 | (貸) | 貸倒引当金繰入額 | 5 |
| (借) | 非支配株主に帰属する当期純利益 | (*7) 1 | (貸) | 非支配株主持分 | 1 |

(*7) 貸倒引当金繰入額５円の消去によって，S社の当期純利益が５円増加したため，非支配株主に帰属する当期純利益を１円（＝５円×非支配株主持分比率20%）増額する。

### (8) 土地の未実現損失の消去（ダウン・ストリーム）

| | | | | | |
|---|---|---|---|---|---|
| (借) | 土地 | (*8) 190 | (貸) | 土地売却損 | (*9) 190 |

(*8) 企業集団の観点からは，S社が保有している土地（帳簿価額130円）の取得原価は，当社の取得原価である320円である。そこで，土地の帳簿価額を190円増額する。

(*9) S社が保有している土地は，当社が付加した損失190円が含まれているが，企業集団外部に対する引渡しが行われていないため，付加された損失は実現していない。そのため，当社の土地売却損190円を消去する。

### (9) 建物の未実現利益の消去（ダウン・ストリーム）

| | | | | | |
|---|---|---|---|---|---|
| （借） | 建物売却益 | (*10)150 | （貸） | 建物 | (*11)150 |
| | 減価償却累計額 | 10 | | 減価償却費 | (*12)10 |

(*10) 企業集団の観点からは，S社が保有している建物（帳簿価額360円）の取得原価は，当社の帳簿価額である210円である。そこで，建物の帳簿価額を150円減額する。

(*11) S社が保有している建物は，当社が付加した利益150円が含まれているが，企業集団外部に対する引渡しが行われていないため，付加された利益は実現していない。そのため，当社の建物売却益150円を消去する。

(*12) S社の個別財務諸表上，減価償却費が24円（＝360円÷15年）計上されているが，企業集団の観点からは，当社の取得原価210円に基づく減価償却費14円（＝210円÷15年）に修正する必要がある。そこで，減価償却費を10円減額する。

### (10) 投資有価証券と社債の相殺消去

| | | | | | |
|---|---|---|---|---|---|
| （借） | 社債 | (*13)485 | （貸） | 投資有価証券 | (*16)494 |
| | 有価証券利息 | (*14)2 | | 社債利息 | (*17)5 |
| | 社債償還損 | (*15)12 | | | |
| （借） | 有価証券利息 | 20 | （貸） | 社債利息 | (*18)20 |

(*13) 払込金額475円＋償却額５円(*17)×２年=485円

(*14)（額面金額500円－取得原価492円）÷４年＝２円

(*15) 企業集団の観点からは，企業集団外部から社債を買い戻しているため，臨時買入償還に該当する。そのため，X2年４月１日における当社の社債の帳簿価額480円（払込金額475円＋償却額５円）とS社の当該社債の取得原価492円の差額を，社債償還損として処理する。

(*16) 取得原価492円＋償却額２円(*14)＝494円

(*17)（債務額500円－払込金額475円）÷５年＝５円

(*18) S社と当社の利息取引は，企業集団における内部取引であるため，S社の有価証券利息（＝額面金額500円×４%）とP社の社債利息を相殺消去する。

### (11) 貸付金と借入金の相殺消去

| | | | | | |
|---|---|---|---|---|---|
| （借） | 長期借入金 | 600 | （貸） | 長期貸付金 | 600 |
| （借） | 受取利息 | (*19)6 | （貸） | 支払利息 | 6 |
| （借） | 未払費用 | 6 | （貸） | 未収収益 | 6 |

(*19) 600円×２%÷12カ月×６カ月＝６円

上記(1)～(11)の連結修正仕訳を反映した結果として，X3期における当社の連結損益計算書および連結貸借対照表は，以下のようになる。

X3期連結損益計算書

| 借方 | | 貸方 | |
|---|---|---|---|
| 売上原価 | 772 | 売上高 | 1,145 |
| 貸倒引当金繰入額 | 5 | 受取配当金 | 10 |
| 減価償却費 | 60 | 受取利息 | 16 |
| 社債償還損 | 12 | 有価証券利息 | 30 |
| 非支配株主に帰属する当期純利益 | 16 | | |
| 当期純利益 | 336 | | |

X3期末連結貸借対照表

| 借方 | | 貸方 | |
|---|---|---|---|
| 諸資産 | 171 | 支払手形及び買掛金 | 295 |
| 受取手形及び売掛金 | 275 | 資本金 | 900 |
| 貸倒引当金 | △ 11 | 利益剰余金 | 955 |
| 商品 | 315 | 非支配株主持分 | 106 |
| 未収収益 | 3 | | |
| 建物 | 750 | | |
| 減価償却累計額 | △137 | | |
| 土地 | 690 | | |
| 長期貸付金 | 200 | | |

なお，前章で学習した連結基礎概念に関連して，アップ・ストリームにおける未実現損益の消去方法のうち，部分消去・親会社負担方式は，親会社説と整合する方法といわれる。これは，親会社説によると，子会社の非支配株主は，企業集団の持分保有者に含まれないため，非支配株主に帰属する売却損益は，外部取引によって実現したと考えられるからである。これに対して，経済的単一体説によると，子会社の非支配株主は，企業集団の持分保有者に含まれるため，非支配株主に帰属する売却損益についても，内部取引によって生じた未実現損益と解釈され，全額消去・持分按分負担方式が支持されることになる。

## 4　連結損益計算書の表示方法

連結損益計算書は，**図表12-4**のように表示する[1]。

1　連結損益計算書等の科目の分類は，個別財務諸表における科目の分類を基礎とするが，企業集団の経営成績について誤解を生じさせない限り，科目を集約して表示することができる。また，主たる営業として製品または商品の販売と役務の給付とがある場合には，売上高および売上原価を製品等の販売に関するものと役務の給付に関するものとに区分して記載する。

**図表12-4 連結損益計算書の表示**

連結損益計算書

| | | | |
|---|---|---|---|
| Ⅰ | 売上高 | | XXX |
| Ⅱ | 売上原価 | | XXX |
| | 売上総利益 | | XXX |
| Ⅲ | 販売費及び一般管理費 | | XXX |
| | 営業利益 | | XXX |
| Ⅳ | 営業外収益 | | XXX |
| Ⅴ | 営業外費用 | | XXX |
| | 経常利益 | | XXX |
| Ⅵ | 特別利益 | | XXX |
| Ⅶ | 特別損失 | | XXX |
| | 税金等調整前当期純利益 | | XXX |
| | 法人税，住民税及び事業税 | XXX | |
| | 法人税等調整額 | XXX | XXX |
| | 当期純利益 | | XXX |
| | 非支配株主に帰属する当期純利益 | | XXX |
| | 親会社株主に帰属する当期純利益 | | XXX |

なお，以前は，**親会社株主に帰属する当期純利益**のみが連結損益計算書における当期純利益とされており，**非支配株主に帰属する当期純利益**は，当期純利益の計算における控除項目とされていた。しかし，国際的な会計基準と同様に連結財務諸表の表示を行うことにより比較可能性の向上を図るべきとの意見が多くみられたことから，基準22号では，連結損益計算書における当期純利益に非支配株主に帰属する当期純利益を含めることとされている。このような表示方法は，連結基礎概念の観点からは，非支配株主を親会社株主と同様に企業集団の持分保有者とみる経済的単一体説と整合しているといえる。

## 5 連結包括利益計算書

2010年に企業会計基準第25号「包括利益の表示に関する会計基準」(以下，本章では基準25号という）が公表され，包括利益の開示が制度化されている。ただし，基準25号は，当面の間，個別財務諸表に適用しないこととされているため，包括利益の開示は，連結財務諸表においてのみ行われている。そこで，以下では，連結包括利益計算書の作成方法を解説する。

### (1) 包括利益の導入の背景

基準25号によると，**包括利益**とは，ある企業の特定期間の財務諸表において認識された純資産の変動額のうち，当該企業の純資産に対する持分所有者（当該企業の株主，新株予約権の所有者および当該企業の子会社の非支配株主）との直接的な取引によらない部分をいう（4項）。これは，資本取引を除く純資産の変動額を包括利益としていた第3章および第10章で学習した包括利益の意義と同様である[2]。第10章で学習したリスクからの解放の概念を用いていえば，当期純利益はリスクから解放された投資の成果であることから，これに含まれないリスクから未解放の部分が**その他の包括利益**（other comprehensive income: OCI）となり，両者の合計が包括利益となる（**図表12-5**）。

**図表12-5 ■包括利益**

当期末連結貸借対照表

| 資産 | 負債 |
|---|---|
| | 前期末純資産 |
| | 当期純利益 |
| | OCI |
| | 資本取引による増減額 |

当期純利益＋OCI：包括利益

前期末純資産～資本取引による増減額：当期末純資産

前期末連結貸借対照表

| 資産 | 負債 |
|---|---|
| | 純資産 |

基準25号では，包括利益の開示は，国際的な会計基準とのコンバージェンスに資するのみならず，財務諸表利用者が企業全体の事業活動について検討するのに役立つことが期待されるとともに，純資産と包括利益とのクリーンサープラス関係[3]を明示することを通じて，財務諸表の理解可能性と比較可能性を高めることになると説明されている（21項）。日本の会計研究においては，包括利益の情報価値に関して疑義を示す研究成果が多く見受けられるが，有用性を示す経験的な証拠が確認されている当期純利益の開示を継続するのであれば，

2　基準25号では，包括利益を構成する純資産の変動額は，財務諸表において認識されたものに限定されることが強調されている。これは，包括利益の導入が時価評価の拡大につながるという誤解を回避する意図があるとされる。

3　ここでいうクリーンサープラス関係は，資本取引の影響がなかったとすると，包括利益の増減を通じてのみ純資産が増減するという関係をいう。

包括利益の開示を導入することに問題はないと考えることもできる。基準25号においても，包括利益の開示は，市場関係者から広く認められている当期純利益に関する情報の有用性を前提としており，その重要性を低めることを意図するものではないと説明されている（22項）。

### (2)　包括利益とOCIの表示

包括利益は，当期純利益にOCIの内訳項目を加減する形式で表示する。OCIの内訳項目は，その内容に基づいて，その他有価証券評価差額金，繰延ヘッジ損益，為替換算調整勘定および退職給付に係る調整額等に区分して表示し，また，持分法を適用する被投資会社のOCIに対する投資会社の持分相当額については，一括して区分表示する[4]。

また，包括利益を表示する計算書は，**図表12-6**で示すように，**2計算書方式**（当期純利益を表示する損益計算書と，包括利益を表示する包括利益計算書からなる形式）と，**1計算書方式**（当期純利益の表示と包括利益の表示を1つの計算書で行う形式）がある[5]。当期純利益を重視する観点からは，当期純利益と包括利益が明確に区分される2計算書方式が支持される一方で，一覧性，明瞭性，比較可能性等の観点から1計算書方式を支持する意見もあることから，基準25号は，国際的な会計基準と同様に選択適用を認めている（11項）。

4　OCIの内訳項目は，OCIに関する法人税等および税効果を控除した後の金額で表示する。ただし，各内訳項目について法人税等および税効果を控除する前の金額で表示して，それらに関連する法人税等および税効果の金額を一括して加減する方法で記載することができる。いずれの場合も，OCIの各内訳項目別の法人税等および税効果の金額を注記する。

5　連結財務諸表においては，包括利益のうち親会社株主に係る金額および非支配株主に係る金額を付記する。

### 図表12-6 包括利益を表示する計算書

(1)　2計算書方式を採用している場合の連結包括利益計算書

連結包括利益計算書

| | | |
|---|---|---|
| 当期純利益 | | XXX |
| その他の包括利益 | | |
| 　その他有価証券評価差額金 | XXX | |
| 　繰延ヘッジ損益 | XXX | |
| 　為替換算調整勘定 | XXX | |
| 　持分法適用会社に対する持分相当額 | XXX | XXX |
| 包括利益 | | XXX |
| （内訳） | | |
| 　親会社株主に係る包括利益 | | XXX |
| 　非支配株主に係る包括利益 | | XXX |

(2)　1計算書方式を採用している場合の連結損益及び包括利益計算書

連結損益及び包括利益計算書

| | | |
|---|---|---|
| Ⅰ　売上高 | | XXX |
| （中　略） | | |
| 　当期純利益 | | XXX |
| 　（内訳） | | |
| 　　親会社株主に帰属する当期純利益 | | XXX |
| 　　非支配株主に帰属する当期純利益 | | XXX |
| 　その他の包括利益 | | |
| 　　その他有価証券評価差額金 | XXX | |
| 　　繰延ヘッジ損益 | XXX | |
| 　　為替換算調整勘定 | XXX | |
| 　　持分法適用会社に対する持分相当額 | XXX | XXX |
| 　包括利益 | | XXX |
| 　（内訳） | | |
| 　　親会社株主に係る包括利益 | | XXX |
| 　　非支配株主に係る包括利益 | | XXX |

**設例12-3** **包括利益の表示**

当社は，X1期末において，S社（資本金400円，利益剰余金100円）の発行済議決権株式の80％を400円で取得し，S社を連結子会社とした。X1期末およびX2期末における連結貸借対照表は，以下のとおりである。

**X1期末連結貸借対照表**

| | | | |
|---|---|---|---|
| 諸資産 | 970 | 諸負債 | 230 |
| **投資有価証券** | **120** | 資本金 | 600 |
| | | 利益剰余金 | 140 |
| | | **評価差額金** | **20** |
| | | 非支配株主持分 | 100 |

**X2期末連結貸借対照表**

| | | | |
|---|---|---|---|
| 諸資産 | 1,340 | 諸負債 | 400 |
| **投資有価証券** | **150** | 資本金 | 600 |
| | | 利益剰余金 | 324 |
| | | **評価差額金** | **50** |
| | | 非支配株主持分 | 116 |

なお，X2期における当社の当期純利益は120円，S社の当期純利益は80円であった。また，当社が保有しているその他有価証券（取得原価100円）のX1期末における時価は120円，X2期末における時価は150円であった。

この場合，X2期における当社の連結包括利益計算書は，以下のようになる。

**X2期連結包括利益計算書**

| | | |
|---|---|---|
| 当期純利益 | | 200 |
| その他の包括利益 | | |
| その他有価証券評価差額金 | 30 | 30 |
| 包括利益 | | (*1) 230 |
| （内訳） | | |
| 親会社株主に係る包括利益 | | (*2) 214 |
| 非支配株主に係る包括利益 | | (*3) 16 |

(*1) 包括利益は，次のように計算することもできる。
X2期末純資産額1,090円－X1期末純資産額860円＝230円
(*2) 親会社株主に帰属する当期純利益184円(*4)＋親会社株主に係るOCI30円＝214円
(*3) S社当期純利益80円×非支配株主持分比率20%＝16円
(*4) 当社当期純利益120円＋S社当期純利益80円－非支配株主に帰属する当期純利益16円(*3)＝184円

### (3) 組替調整

当期純利益を構成する項目のうち，当期または過去の期間にOCIに含まれていた部分は，第10章において学習したように，**組替調整**（リサイクリング）が行われる。例えば，OCIとして計上されたその他有価証券評価額金は，有価証券の売却によって実現する。この場合には，**図表12-7**で示すように，累積していたOCIを取り崩したうえで，当期純利益（売却益）に振り替えることになる。組替調整（リサイクリング）とは，過去にOCIに繰り入れられていた未実現評価差額を実現時にOCIから当期純利益に振り替える処理のことである。

**図表12-7 組替調整（リサイクリング）**

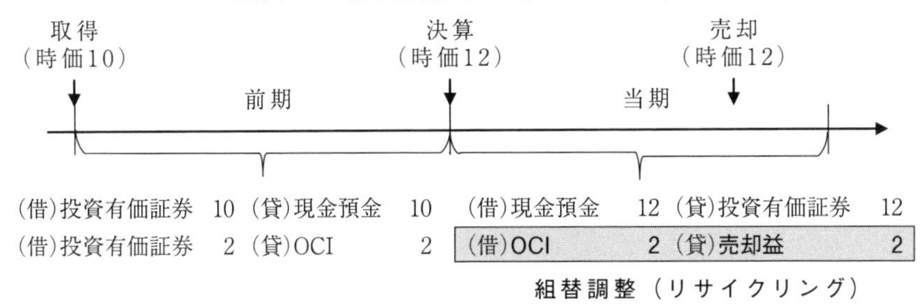


組替調整額については，**図表12-8**のように計算し，OCIの内訳項目ごとに注記する。

**図表12-8 組替調整額の計算**

| OCI項目 | 組替調整額の計算 |
|---|---|
| その他有価証券評価差額金 | 当期に計上された売却損益および減損損失等，当期純利益に含められた金額 |
| 繰延ヘッジ損益 | ヘッジ対象に係る損益が認識されたこと等に伴って当期純利益に含められた金額[6] |
| 為替換算調整勘定 | 子会社に対する持分の減少に伴って取り崩されて当期純利益に含められた金額 |
| 退職給付に係る調整額 | 未認識数理計算上の差異および未認識過去勤務費用のうち，当期に費用処理された金額 |

**設例12-4**　**組替調整**

当社は，X1期末において，S社（資本金400円，利益剰余金100円）の発行済議決権株式の80％を400円で取得し，S社を連結子会社とした。X2期末における当社およびS社の貸借対照表は，以下のとおりである。

**X2期末S社貸借対照表**

| | | | |
|---|---|---|---|
| 諸資産 | 580 | 諸負債 | 130 |
| **投資有価証券** | **150** | 資本金 | 400 |
| | | 利益剰余金 | 150 |
| | | 評価差額金 | 50 |

**X2期末当社貸借対照表**

| | | | |
|---|---|---|---|
| 諸資産 | 600 | 諸負債 | 300 |
| S社株式 | 400 | 資本金 | 500 |
| | | 利益剰余金 | 200 |

なお，X2期においてS社が取得したその他有価証券（取得原価100円）のX2期末

6　ヘッジ対象とされた予定取引で購入した資産の取得価額に加減された金額は，組替調整額に準じて開示する。他方，為替予約の振当処理は，実務に対する配慮から認められてきた特例的な処理であることから，組替調整額およびこれに準じた開示は行わない。

における時価は，150円であった。X2期における当社の当期純利益は90円であり，S社の当期純利益は50円であった。

この場合，X2期における当社の連結修正仕訳は，以下のとおりである。

(1) 開始仕訳

| | | | | | |
|---|---|---|---|---|---|
| （借） | 資本金 | 400 | （貸） | S社株式 | 400 |
| | 利益剰余金 | 100 | | 非支配株主持分 | 100 |

(2) S社の当期純利益

| | | | | | |
|---|---|---|---|---|---|
| （借） | 非支配株主に帰属する当期純利益 | 10 | （貸） | 非支配株主持分 | (*1) 10 |

(*1) S社当期純利益50円×非支配株主持分比率20%＝10円

(3) S社のその他有価証券評価差額金

| | | | | | |
|---|---|---|---|---|---|
| （借） | その他有価証券評価差額金 | 10 | （貸） | 非支配株主持分 | (*2) 10 |

(*2) S社その他有価証券評価差額金変動額50円×非支配株主持分比率20%＝10円

以上の連結修正仕訳を反映し，X2期における当社の連結包括利益計算書および連結貸借対照表は，以下のようになる。

X2期連結包括利益計算書

| | | |
|---|---|---|
| 当期純利益 | | 140 |
| その他の包括利益 | | |
| その他有価証券評価差額金 | 50 | 50 |
| 包括利益 | | (*3) 190 |
| （内訳） | | |
| 親会社株主に係る包括利益 | | (*4) 170 |
| 非支配株主に係る包括利益 | | (*5) 20 |

(*3) 包括利益は，次のように計算することもできる。
X2期末純資産額900円－X1期末純資産額710円＝190円
(*4) 親会社株主に帰属する当期純利益130円(*6)＋親会社株主に係るOCI40円＝170円
(*5) 非支配株主に帰属する当期純利益10円(*1)＋非支配株主に係るOCI10円(*2)＝20円
(*6) 当社当期純利益90円＋S社当期純利益50円－非支配株主に帰属する当期純利益10円(*1)＝130円

X2期末連結貸借対照表

| | | | |
|---|---|---|---|
| 諸資産 | 1,180 | 諸負債 | 430 |
| 投資有価証券 | 150 | 資本金 | 500 |
| | | 利益剰余金 | 240 |
| | | その他有価証券評価差額金 | 40 |
| | | 非支配株主持分 | 120 |

次に，X3期末における当社およびS社の貸借対照表は，以下のとおりである。

**X3期末S社貸借対照表**

| | | | |
|---|---|---|---|
| 諸資産 | 780 | 諸負債 | 130 |
| **投資有価証券** | **80** | 資本金 | 400 |
| | | 利益剰余金 | 270 |
| | | 評価差額金 | 60 |

**X3期末当社貸借対照表**

| | | | |
|---|---|---|---|
| 諸資産 | 850 | 諸負債 | 300 |
| S社株式 | 400 | 資本金 | 500 |
| | | 利益剰余金 | 450 |

なお，X3期における当社の当期純利益は250円であり，S社の当期純利益は120円であった。また，X3期において，S社は，その他有価証券の80%を135円で売却しており，X3期末保有分（取得原価20円）の時価は80円であった。

この場合，X3期における当社の連結修正仕訳は，以下のとおりである。

### (4) 開始仕訳

| | | | | | |
|---|---|---|---|---|---|
| （借） | 資本金 | 400 | （貸） | S社株式 | 400 |
| | 利益剰余金 | 110 | | 非支配株主持分 | 120 |
| | その他有価証券評価差額金 | 10 | | | |

### (5) S社の当期純利益

| | | | | | |
|---|---|---|---|---|---|
| （借） | 非支配株主に帰属する当期純利益 | 24 | （貸） | 非支配株主持分 | (*7) 24 |

(*7) S社当期純利益120円×非支配株主持分比率20%＝24円

### (6) S社のその他有価証券評価差額金

| | | | | | |
|---|---|---|---|---|---|
| （借） | その他有価証券評価差額金 | 2 | （貸） | 非支配株主持分 | (*8) 2 |

(*8) S社その他有価証券評価差額金変動額10円×非支配株主持分比率20%＝２円

以上の連結修正仕訳を反映し，X3期における当社の連結包括利益計算書および組替調整額の注記は，以下のようになる。

**X3期連結包括利益計算書**

| | | |
|---|---|---|
| 当期純利益 | | 370 |
| その他の包括利益 | | |
| 　その他有価証券評価差額金 | (*9) 10 | 10 |
| 包括利益 | | (*10) 380 |
| （内訳） | | |
| 　親会社株主に係る包括利益 | | (*11) 354 |
| 　非支配株主に係る包括利益 | | (*12) 26 |

**組替調整額**

| | | |
|---|---|---|
| その他有価証券評価差額金 | | |
| 　当期発生額 | (*13) 65 | |
| 　組替調整額 | (*14) △55 | 10 |
| その他の包括利益合計 | | 10 |

(*9) X3期末OCI60円－X2期末OCI50円＝10円
(*10) 包括利益は，次のように計算することもできる。
　X3期末純資産額1,280円－X2期末純資産額900円＝380円
(*11) 親会社株主に帰属する当期純利益346円(*15)＋親会社株主に係るOCI 8円＝354円
(*12) 非支配株主に帰属する当期純利益24円(*7)＋非支配株主に係るOCI 2円(*8)＝26円
(*13) X3期売却分OCI発生額（135円－120円）＋X3期末保有分OCI発生額（80円－30円）＝65円
(*14) X3期売却益発生額（135円－80円）＝55円
(*15) 当社当期純利益250円＋S社当期純利益120円
　－非支配株主に帰属する当期純利益24円(*7)＝346円

コラム9

## 連結基礎概念

第11章では，連結会計に関するルールの考察における重要な視点として連結基礎概念を学習した。では，現行基準は親会社説と経済的単一体説のいずれに依拠しているといえるであろうか。

2008年の基準改正により，部分時価評価法の適用を認めないこととされた点に関して，基準22号では，「親会社説による考え方と整合的な部分時価評価法を削除したものの，基本的には親会社説による考え方を踏襲した取扱いを定めている。」と説明されており，基準22号が親会社説に基づくルールであることが明示されていた。一方で，2013年の基準改正により，非支配株主との取引を資本取引とみなすこととされた点，および連結上の当期純利益に非支配株主に帰属する部分を含めることとされた点に関して，基準22号では，従来と同様に親会社株主に帰属する成果とそれを生み出す原資に関する情報の重要性が強調されているものの，連結基礎概念との関係に関する説明はない。

図表11－5で示した親会社説に基づく会計手続と経済的単一体説に基づく会計手続に着目すると，基準22号では，経済的単一体説と整合的な会計処理が多く採用されている。しかしながら，基準22号は，連結上の株主資本の範囲から非支配株主持分を排除していることから，従来の親会社説の立場を棄却したとはいえないと考えられる。また，これに関連して，連結損益計算書上は，非支配株主を報告主体の持分保有者と考え，非支配株主に帰属する部分を当期純利益に含める一方で，連結貸借対照表上は，非支配株主を報告主体の持分保有者とは考えず，非支配株主に帰属する部分を株主資本から排除している。連結損益計算書において，親会社株主に帰属する当期純利益の区分表示が行われているものの，資本と利益の対応という観点からも，報告主体の持分保有者の範囲がストックとフローで異なる奇妙なルールとなっている。

近年では，経済的単一体説に基づいているといわれるIFRSとのコンバージェンスを優先する方向での基準改正が続いているが，資本市場で実際に取引されているのは親会社の株式である以上，非支配株主を親会社株主と同様に報告主体の持分保有者とみることは難しいであろう。そのような理屈を度外視して，IFRS

とのコンバージェンスを優先させるのか，それとも，親会社説と整合するルールを志向するのか，今後のルール改正の動向を注視する必要がある。

# 第13章 持分法

**学習のポイント**

持分法は，連結財務諸表の作成にあたり，関連会社および非連結子会社に対する投資に適用される。持分法は，「一行連結」とよばれるように，第11章および第12章で学習した連結の手続と共通する規定が多いため，連結との異同点に注意しながら学習を進めると，理解を深めることができるであろう。

## 1　持分法の意義

**持分法**（equity method）は，投資会社が被投資会社の資本および損益のうち投資会社に帰属する部分の変動に応じて，その投資の額を連結決算日ごとに修正する方法である（企業会計基準第16号「持分法に関する会計基準」（以下，本章では基準16号という）4項)。第11章および第12章で学習した連結によると，連結会社の個別財務諸表を勘定科目ごとに合算することによって企業集団の財務諸表を作成する。他方，持分法によると，原則として被投資会社の資本および損益に対する投資会社の持分相当額を，連結貸借対照表上は投資有価証券の評価額の修正により，また，連結損益計算書上は持分法による投資損益として反映する。このような両者の特徴に着目して，連結は**完全連結**（full consolidation），持分法は**一行連結**（one-line consolidation）といわれる。

**設例13-1**　持分法と連結

当社は，X1期末において，A社の発行済議決権株式の20%を100円で取得した。同日における当社とA社の貸借対照表は次のとおりであり，資産および負債の帳簿価額と時価は一致している。

X1期末A社貸借対照表

| | | | |
|---|---|---|---|
| 諸資産 | 700 | 諸負債 | 200 |
| | | 資本金 | 500 |

X1期末当社貸借対照表

| | | | |
|---|---|---|---|
| 諸資産 | 900 | 諸負債 | 300 |
| A社株式 | 100 | 資本金 | 700 |

（A社株式 → A社資本金500：20%）

(1) 全部連結による場合と，(2) 持分法による場合のX1期末における当社の連結貸借対照表は，以下のようになる。

### (1) 全部連結による場合

連結貸借対照表

| 借方 | | 貸方 | |
|---|---|---|---|
| 諸資産 | 1,600 | 諸負債 | 500 |
| | | 資本金 | 700 |
| | | 非支配株主持分 | 400 |

### (2) 持分法による場合

連結貸借対照表

| 借方 | | 貸方 | |
|---|---|---|---|
| 諸資産 | 900 | 諸負債 | 300 |
| A社株式 | (*1) 100 | 資本金 | 700 |

(*1) A社株式取得原価100円

X2期における当社およびA社の損益計算書と貸借対照表は，次のとおりである。

X2期A社損益計算書

| 借方 | | 貸方 | |
|---|---|---|---|
| 費用 | 200 | 収益 | 300 |
| 当期純利益 | 100 | | |

X2期当社損益計算書

| 借方 | | 貸方 | |
|---|---|---|---|
| 費用 | 300 | 収益 | 500 |
| 当期純利益 | 200 | | |

X2期末A社貸借対照表

| 借方 | | 貸方 | |
|---|---|---|---|
| 諸資産 | 800 | 諸負債 | 200 |
| | | 資本金 | 500 |
| | | 利益剰余金 | 100 |

X2期末当社貸借対照表

| 借方 | | 貸方 | |
|---|---|---|---|
| 諸資産 | 1,100 | 諸負債 | 300 |
| A社株式 | 100 | 資本金 | 700 |
| | | 利益剰余金 | 200 |

（当社のA社株式100 → A社資本金500：20%）

持分法による場合には，連結財務諸表の作成にあたり，次のように仕訳する。

| | | | |
|---|---|---|---|
| (借) A社株式 | 20 | (貸) 持分法による投資損益 | (*2) 20 |

(*2) A社当期純利益100円×当社持分比率20%＝20円

(1) 全部連結による場合と，(2) 持分法による場合のX2期における当社の連結損益計算書および連結貸借対照表は，以下のようになる。

### (1) 全部連結による場合

連結損益計算書

| 借方 | | 貸方 | |
|---|---|---|---|
| 費用 | 500 | 収益 | 800 |
| 非支配株主に帰属する当期純利益 | 80 | | |
| **親会社株主に帰属する当期純利益** | **220** | | |

連結貸借対照表

| 借方 | | 貸方 | |
|---|---|---|---|
| 諸資産 | 1,900 | 諸負債 | 500 |
| | | 資本金 | 700 |
| | | 利益剰余金 | 220 |
| | | 非支配株主持分 | 480 |

(2) 持分法による場合

連結損益計算書

| 借方 | | 貸方 | |
|---|---|---|---|
| 費用 | 300 | 収益 | 500 |
| **親会社株主に帰属する当期純利益** | **220** | 持分法による投資損益 | 20 |

連結貸借対照表

| 借方 | | 貸方 | |
|---|---|---|---|
| 諸資産 | 1,100 | 諸負債 | 300 |
| A社株式 | 120 | 資本金 | 700 |
| | | 利益剰余金 | 220 |

**設例13-1**で示したように，連結と持分法による処理は，連結財務諸表における連結対象科目が全科目か一科目かという違いはあるものの，親会社株主に帰属する当期純利益および純資産に与える影響は同一となる。ただし，第11章および第12章で学習したように，企業会計基準第22号「連結財務諸表に関する会計基準」（以下，本章では基準22号という）の改正が進められた結果，連結と持分法による処理は，**図表13-1**のような差異が生じることとなった。

**図表13-1■連結と持分法の主要な差異**

| | 連　結 | 持分法 |
|---|---|---|
| 時価により評価する被投資会社の資産および負債 | 全面時価評価法 | 部分時価評価法 |
| 段階取得（段階的な投資）による投資原価 | 支配獲得日の時価 | 原価 |
| 取得関連費用（付随費用） | 費用 | 原価算入 |
| 追加取得等による持分変動額 | 資本剰余金 | のれん（負ののれん）または損益 |

## 2　持分法の会計手続

### (1)　持分法の適用範囲

**非連結子会社**（non-consolidated subsidiary）および**関連会社**（associate）に対

する投資については，原則として持分法を適用する（基準16号6項）。非連結子会社は，第11章で学習したように，支配力基準に基づき子会社に該当するものの，連結の範囲に含められなかった企業である。また，関連会社とは，企業が，出資，人事，資金，技術，取引等の関係を通じて，子会社以外の他の企業の財務および営業または事業の方針の決定に対して**重要な影響**（significant influence）を与えることができる場合における当該子会社以外の他の企業である。

関連会社の範囲については，投資会社が直接・間接に議決権の一定（たとえば20%）以上を所有しているかどうかにより判定を行う**持株基準**と，実質的な影響力の有無に基づいて判定を行う**影響力基準**がある。制度上は，子会社の判定基準として持株基準を棄却して支配力基準を採用した基準22号と同様に，議決権以外の要素を考慮する影響力基準が採用されている。

影響力基準に基づく関連会社に対する持分法の適用の要否は，**図表13-2**のように判定がなされる。

**図表13-2 ▒関連会社の判定と持分法の適用の要否**

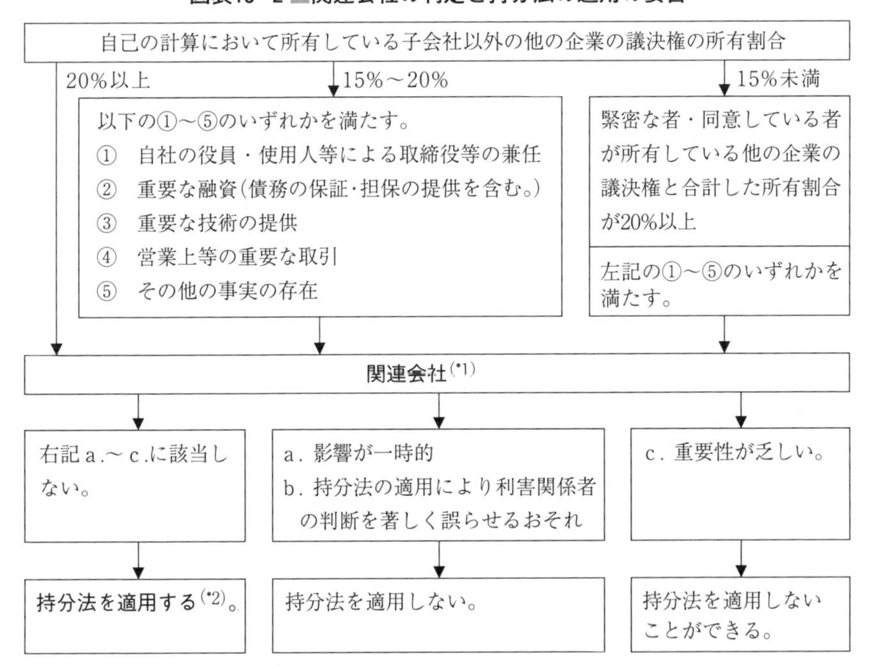

(*1) 関連会社に該当する条件を満たしていたとしても，重要な影響を与えることができないことが明らかであると認められるときは，関連会社に該当しない。これは，第11章で学習した子会社の判定と同様である。
(*2) 持分法適用関連会社が子会社または関連会社を有する場合，当該子会社または関連会社は，持分法の適用範囲に含まれないが，当該子会社または関連会社に対する投資について持分法を適用して認識した損益または利益剰余金が連結財務諸表に重要な影響を与える場合には，当該損益を当該持分法適用関連会社の損益に含めて計算する。

### (2) 被投資会社の財務諸表

持分法の適用に際しては，被投資会社の財務諸表の適正な修正や資産および負債の評価[1]に伴う税効果会計の適用等，原則として，連結子会社の場合と同様の処理を行う。また，親会社と連結子会社の会計方針の取扱いと同様に，同一環境下で行われた同一の性質の取引等について，投資会社と持分法適用会社が採用する会計方針は，原則として統一する。

一方で，第11章で学習したように，連結子会社の決算日が連結決算日と異なる場合，連結子会社は，連結決算日に正規の決算に準ずる合理的な手続により決算を行うことが原則とされているが，持分法の適用にあたっては，投資会社は，被投資会社の直近の財務諸表を使用することが認められている。

### (3) 基本的な会計処理

持分法は，全部連結とは異なり連結会社の財務諸表を合算しないため，次のように会計処理することによって，被投資会社の資本および損益に対する投資会社の持分相当額を連結財務諸表に反映することになる。

① 投資会社の投資日における投資とこれに対応する被投資会社の資本との差額は，のれん（または負ののれん）とし，投資に含めて処理する[2]。
② 投資の日以降における被投資会社の利益または損失のうち投資会社の持分または負担に見合う額を算定して投資の額を増額または減額し，当該増減額を当期純

1　前述のとおり，持分法適用関連会社の資産および負債については，投資会社の持分に相当する部分に限定する方法（部分時価評価法）により，原則として投資日ごとに当該日における時価によって評価する。他方，持分法適用非連結子会社の資産および負債については，連結子会社の場合と同様に全面時価評価法による。

2　のれんは，連結と同様に，原則として，その計上後20年以内に定額法その他合理的な方法により償却する。ただし，その金額に重要性が乏しい場合には，のれんが生じた期の損益として処理することができる。また，負ののれんが生じると見込まれる場合には，取得原価の配分の見直し等を行ったうえで，発生時の利益として処理する。

利益の計算に含める[3]。
③　連結会社と持分法適用会社との間の取引に関する未実現損益を消去するための修正を行う[4]。
④　被投資会社から受け取った配当金に相当する額を投資の額から減額する。

**設例13-2**　基本的な会計処理

当社は，X1期末において，A社の発行済議決権株式の20％を140円で取得し，A社を持分法適用会社とした。同日における当社とA社の貸借対照表は次のとおりであり，A社が保有している土地の時価は200円であった。また，のれんについては，X2期首から５年間で定額法により償却する。

X1期末A社貸借対照表

| | | | |
|---|---|---|---|
| 諸資産 | 600 | 諸負債 | 200 |
| 土地 | 100 | 資本金 | 500 |

X1期末当社貸借対照表

| | | | |
|---|---|---|---|
| 諸資産 | 900 | 諸負債 | 440 |
| A社株式 | 140 | 資本金 | 600 |

この場合，X1期末における当社の連結貸借対照表は，以下のようになる。

連結貸借対照表

| | | | |
|---|---|---|---|
| 諸資産 | 900 | 諸負債 | 440 |
| A社株式 | (*1) 140 | 資本金 | 600 |

(*1) のれん20円(*2)は，投資に含めて処理する。
(*2) 投資額140円－A社資本金500円×20％＋評価差額20円＝20円

X2期における当社およびA社の損益計算書と貸借対照表は，次のとおりである。なお，A社は，X2期において，25円の配当を行っており，また，当社から60円で現金で仕入れた商品（当社仕入原価50円）をX2期末において在庫として保有している。

X2期A社損益計算書

| | | | |
|---|---|---|---|
| 売上原価 | 200 | 売上高 | 300 |
| 当期純利益 | 100 | | |

X2期当社損益計算書

| | | | |
|---|---|---|---|
| 売上原価 | 300 | 売上高 | 440 |
| 当期純利益 | 200 | 受取配当金 | 60 |

---

3　持分法適用会社がその他の包括利益累計額を計上している場合には，持分法適用日以降における持分法適用会社のその他の包括利益累計額のうち，投資会社の持分または負担に見合う額を算定して投資の額を増額または減額させる。

4　ダウン・ストリームの場合，売手側（投資会社）に生じた未実現損益は，買手側が非連結子会社であるときは全額消去し，関連会社であるときは原則として当該関連会社に対する投資会社の持分相当額を消去する。買手側が関連会社である場合に投資会社の持分相当額のみを消去するのは，投資会社が関連会社の財務および営業の方針決定に対して重要な影響を与えているものの，他の支配株主または主要株主が存在するか，もしくは共同支配を行っているため，未実現損益のうち第三者の持分部分については実現したと考えられるからである。また，アップ・ストリームの場合，売手側（持分法適用会社）に生じた未実現損益は，持分法適用会社に対する連結会社の持分相当額を消去する。

**X2期末A社貸借対照表**

| | | | |
|---|---|---|---|
| 諸資産 | 615 | 諸負債 | 200 |
| 商品 | 60 | 資本金 | 500 |
| 土地 | 100 | 利益剰余金 | 75 |

**X2期末当社貸借対照表**

| | | | |
|---|---|---|---|
| 諸資産 | 800 | 諸負債 | 440 |
| 商品 | 300 | 資本金 | 600 |
| A社株式 | 140 | 利益剰余金 | 200 |

この場合，当社は，連結財務諸表の作成にあたり，次のように仕訳する。

**① のれんの償却**

(借) 持分法による投資損益 (*3) 4　(貸) A 社 株 式 4

(*3) のれん20円(*2) ÷ 5年 = 4円

**② A社の当期純利益**

(借) A 社 株 式 20　(貸) 持分法による投資損益 (*4) 20

(*4) A社当期純利益100円×20%＝20円

**③ 未実現利益の消去**

(借) 売 上 高 (*5) 2　(貸) A 社 株 式 2

(*5) 付加利益10円×20%＝ 2円

**④ 配 当**

(借) 受 取 配 当 金 (*6) 5　(貸) A 社 株 式 5

(*6) 配当25円×20%＝ 5円

X2期における当社の連結損益計算書および連結貸借対照表は，以下のようになる。

**連結損益計算書**

| | | | |
|---|---|---|---|
| 売上原価 | 300 | 売上高 | 438 |
| 親会社株主に帰属する純利益 | 209 | 受取配当金 | 55 |
| | | **持分法による投資損益** | **16** |

**連結貸借対照表**

| | | | |
|---|---|---|---|
| 諸資産 | 800 | 諸負債 | 440 |
| 商品 | 300 | 資本金 | 600 |
| **A社株式** | **149** | 利益剰余金 | 209 |

### (4) 追加取得および一部売却等の会計処理

持分法適用会社の株式を**追加取得**した場合には，資本のうち追加取得した株式に対応する持分と追加投資額との間に生じた差額は，のれんまたは負ののれんとして処理する。また，持分法適用会社の株式を**一部売却**した場合には，資本のうち売却した株式に対応する持分の減少額と投資の減少額との間に生じた差額は，持分法適用会社株式の売却損益の修正として処理する[5]。第11章で学習したように，子会社株式の追加取得および一部売却の場合には，持分変動による影響を資本剰余金として処理することとされており，これは，親会社と非支配株主との取引を資本取引とみる立場と整合的である。これに対して，持分法適用関連会社の（投資会社以外の）その他の株主は，投資会社の企業集団の持分保有者とみる余地はないことから，投資会社とその他の株主との取引を資本取引とみることはできない。そのため，持分法適用会社の株式の追加取得や一部売却については，損益取引として会計処理することになる。

なお，関連会社に対する投資の売却等により被投資会社が関連会社に該当しなくなった場合には，連結財務諸表上，残存する当該被投資会社に対する投資は，個別貸借対照表上の帳簿価額をもって評価する。

**設例13-3**　**一部売却の会計処理**

当社は，X1期末において，A社（資本金500円）の発行済議決権株式の20％を140円で取得し，A社を持分法適用会社とした。同日におけるA社が保有している土地の帳簿価額は100円であり，時価は200円であった。また，のれんについては，X2期首から5年間で定額法により償却する。

その後，当社は，X2期末において，A社の発行済議決権株式の5％を38円で売却した。X2期における当社およびA社の損益計算書と貸借対照表は，次のとおりである。

X2期A社損益計算書

| | | | |
|---|---|---|---|
| 費用 | 200 | 収益 | 300 |
| 当期純利益 | 100 | | |

X2期当社損益計算書

| | | | |
|---|---|---|---|
| 費用 | 300 | 収益 | 440 |
| 当期純利益 | 143 | A社株式売却益 | 3 |

X2期末A社貸借対照表

| | | | |
|---|---|---|---|
| 諸資産 | 700 | 諸負債 | 200 |
| 土地 | 100 | 資本金 | 500 |
| | | 利益剰余金 | 100 |

X2期末当社貸借対照表

| | | | |
|---|---|---|---|
| 諸資産 | 1,100 | 諸負債 | 440 |
| A社株式 | 105 | 資本金 | 600 |
| | | 利益剰余金 | 165 |

この場合，当社は，次のように仕訳する。

---

5　持分法適用会社の時価発行増資等に伴い，投資会社の払込額と投資会社の持分の増減額との間に差額が生じた場合において，投資会社の持分比率が増加したときには追加取得に準じて処理し，持分比率が減少したときには一部売却に準じて処理する。持分比率が減少した場合には，当該差額（その他の包括利益累計額に関する部分を除く）を持分変動損益等その内容を示す適当な科目をもって特別損益に計上する。ただし，利害関係者の判断を著しく誤らせるおそれがあると認められる場合には，当該持分変動損益を利益剰余金に直接加減することができる。

① のれんの償却

| | | | | | |
|---|---|---|---|---|---|
| (借) | 持分法による投資損益 | (*1) 4 | (貸) | A 社 株 式 | 4 |

(*1) のれん20円÷5年＝4円

② A社の当期純利益

| | | | | | |
|---|---|---|---|---|---|
| (借) | A 社 株 式 | 20 | (貸) | 持分法による投資損益 | (*2) 20 |

(*2) A社当期純利益100円×20%＝20円

③ A社株式の一部売却

| | | | | | |
|---|---|---|---|---|---|
| (借) | A社株式売却益 | (*3) 3 | (貸) | A 社 株 式 | (*5) 4 |
| | A社株式売却損 | (*4) 1 | | | |

(*3) 個別上の売却損益
(*4) 売却価額38円－連結上の帳簿価額(*6)39円＝－1円
(*5) 個別上の帳簿価額(*7)35円－連結上の帳簿価額(*6)39円＝－4円
(*6) (A社株式取得原価140円－のれん償却額(*1)4円＋当期純利益(*2)20円)
÷売却前持分比率20%×売却比率5%＝39円
(*7) A社株式取得原価140円÷売却前持分比率20%×売却比率5%＝35円

X2期における当社の連結損益計算書および連結貸借対照表は，以下のようになる。

連結損益計算書

| | | | |
|---|---|---|---|
| 費用 | 300 | 収益 | 440 |
| A社株式売却損 | 1 | 持分法による投資損益 | 16 |
| 親会社株主に帰属する純利益 | 155 | | |

連結貸借対照表

| | | | |
|---|---|---|---|
| 諸資産 | 1,100 | 諸負債 | 440 |
| A社株式 | 117 | 資本金 | 600 |
| | | 利益剰余金 | 177 |

## (5) 被投資会社が債務超過に陥った場合の会計処理

持分法適用関連会社において欠損が生じ，当該欠損を負担する責任が投資額の範囲に限られている場合，投資会社は，持分法による投資額がゼロとなるところまで負担する。ただし，他の株主との間で損失分担契約がある場合，持分法適用関連会社に対し貸付金等がある場合，または債務保証がある場合には，債務超過額のうち投資会社が事実上負担することになると考えられる割合に相当する額を投資会社の持分に負担させる。さらに，他の株主に資金力または資産がなく，投資会社のみが借入金に対し債務保証を行っているような場合等，事実上，投資会社が当該関連会社の債務超過額全額を負担する可能性が極めて高い場合には，当該債務超過額の全額を投資会社の持分に負担させる[6]。このように，持分法適用関連会社の欠損については，第11章で学習した連結子会社の欠損の取扱いと同様に，欠損を負担する投資会社の責任に着目した会計処理が求められている[7]。

## 3　開　示

連結財務諸表上，**持分法による投資損益**は，投資に関する損益であるため，営業外収益または営業外費用の区分に一括して表示する[8]。

なお，詳細は第15章で学習するが，子会社株式および関連会社株式は，個別財務諸表上，取得原価で評価されるため，連結財務諸表を作成していない会社に関連会社がある場合には，企業集団に関する情報が開示されないことになる。そこで，このような場合には，原則として関連会社に対する投資の金額ならびに当該投資に対して持分法を適用した場合の投資の金額および投資損益の金額を個別財務諸表に注記する。

---

6　投資会社の持分に負担させた関連会社の欠損は，連結貸借対照表上，投資有価証券をゼロとした後は，当該関連会社に対する貸付金等がある場合には，当該貸付金等を減額する。債務超過持分相当額が投資および貸付金等の額を超える場合は，当該超過部分は，「持分法適用に伴う負債」等適切な科目をもって負債の部に計上する。

7　持分法適用関連会社の欠損のうち，持分比率により他の株主持分に割り当てられる額が当該株主の負担すべき額を超える場合，当該超過額は，投資会社の損失として負担するが，その後，当該持分法適用関連会社に利益が計上されたときは，投資会社が負担した欠損が回収されるまで，その利益の金額を投資会社の持分に加算する。

8　持分法を適用する被投資会社に関するのれんの当期償却額および減損処理額ならびに負ののれんについても，持分法による投資損益に含めて表示する。

コラム10

## 一行連結

本章では，基準16号の規定に基づき，一行連結としての持分法の会計処理を学習した。しかし，昨今の国際的な会計基準の改訂をめぐる議論においては，「持分法を一行連結と位置づけてよいのか」という問題が議論されている。現在の国際的な会計基準では，支配概念に基づいて企業集団の範囲を決定するという考え方が支持されており，このような考え方によると，「重要な影響」に基づき識別される関連会社は，「支配」に基づき識別される子会社とは異なり，そもそも企業集団に含まれていないと考えることになる。その場合には，関連会社に適用される持分法を連結手法とみるのではなく，原価法や時価法と同様に，金融資産の測定手法と位置づけることになるかもしれない。一方で，実務上は，関連会社をいわば「準子会社」として，子会社と同様に企業集団の範囲に含める見方もある。

図表13-1で示したように，国際的な会計基準とのコンバージェンスの観点から基準22号の改訂が行われた一方で，基準16号は，基本的に従来の会計処理が踏襲されていることから，日本のルールにおける連結と持分法の処理の差異は拡大している。会計基準や実務指針の規定のみを追いかけるのではなく，関連会社や持分法会計をどのように位置づけるのかという本質的な問題についても考えてみてほしい。

# 第14章 キャッシュ・フロー計算書

**学習のポイント**

キャッシュ・フロー計算書は，一定期間における資金の増減を3つの活動区分別に表示する計算書である。キャッシュ・フロー計算書の作成方法には直接法と間接法の2つの方法がある。日本や世界の企業の大半はこのうち後者の間接法に基づきキャッシュ・フロー計算書を作成している。その理由の1つとして，間接法が会計上の利益と当期の現金の増減の関係を明らかにできることが挙げられる。その点を念頭におくとキャッシュ・フロー計算書の効率的な理解に役立つであろう。

## 1 キャッシュ・フロー計算書の意義

第9章で学習したように，損益計算書は一会計期間における企業の経営成績を示す計算書で，貸借対照表は決算時点の企業の財政状態を示す計算書であり，これらは発生主義会計の考え方に則って作成されている。第2章で学習したように，発生主義会計の損益計算においては，収益と費用の計上時期と現金収入と現金支出が生じた時期とは必ずしも一致しない。「掛売上」を思い浮かべればわかるように，売上（収益）を計上してその結果利益が生じたとしても，掛け代金（売掛金）を回収するまで現金は増加しない。このため，「勘定合って銭足らず」といわれるように（勘定記録に間違いはなく）損益計算書上は利益が計上されているとしても，それと同額の現金が企業に流入しているとは限らない。

いくら利益を稼いでいるとしても，資金ショート（不足）を起こして債務不履行となれば企業は倒産する。このことを「**黒字倒産**」というが，企業の黒字倒産の可能性を評価するためには，損益計算書とは別に，企業の「資金（キャッシュ）」の出入り（フロー）に焦点を当てた会計情報が必要となる。この役割を果たすのが本章で学ぶ「キャッシュ・フロー計算書」である。

**キャッシュ・フロー計算書**は，情報利用者が企業のキャッシュ・フロー創出能力や企業の債務弁済能力，利益とキャッシュ・フローとの関係性を評価するのに役立つように，企業の活動を「営業活動」「投資活動」および「財務活動」の3つに区分して，どこからどのくらいの事業資金を調達し（財務活動），それを何に投資して（投資活動），その事業投資からどれだけ資金を稼いだのか（営業活動）を表示している。

## 2 資金の範囲

キャッシュ・フロー計算書が対象とする資金（キャッシュ）の範囲は，現金および現金同等物である（「連結キャッシュ・フロー計算書等の作成基準」（以下，本章では「作成基準」という）第二の一）[1]。現金および現金同等物の定義ならびに具体的な項目は**図表14-1**のとおりである[2]。

**図表14-1 ■資金の範囲**

| 資金の範囲 | | 定義 | 具体的な項目 |
|---|---|---|---|
| 現金 | 手許現金 | − | 硬貨や紙幣 |
| | 要求払預金 | 預金者が一定の期間を経ることなく引き出すことができる預金 | 普通預金，当座預金，通知預金等 |
| | 特定の電子決済手段 | 「資金決済に関する法律」2条5項1号から3号に規定される電子決済手段 | ステーブルコイン，特定信託受益権等 |
| 現金同等物 | | 容易に換金可能であり，かつ，価値の変動について僅少なリスクしか負わない短期投資 | 3ヵ月以内の定期預金，譲渡性預金，コマーシャル・ペーパー，売戻し条件付現先，公社債投資信託等 |

図表14-1の定義によれば，要求払預金には預入期間の定めがある「定期預金」は含まれず，また，現金同等物には換金が容易であっても価格変動リスクが僅少とはいえない「市場性のある株式」は含まれない（移管指針第6号「連

1 重要な非資金取引の注記が求められており，重要な非資金取引としては具体的に以下のものがある（作成基準第四4，注解9，企業会計基準適用指針第21号「資産除去債務に関する会計基準の適用指針」13項，企業会計基準第36号「『連結キャッシュ・フロー計算書等の作成基準』の一部改正（その2）」2項）。
① 転換社債の転換
② 使用権資産の取得
③ 株式の発行による資産の取得または合併
④ 現物出資による株式の取得または資産の交換
⑤ 重要な資産除去債務の計上

2 当座借越は，負の現金同等物または財務活動によるキャッシュ・フローとなる。

結キャッシュ・フロー計算書等の作成に関する実務指針」（以下，本章では移管指針6号という）2項)。

なお，現金同等物の一般的な例として，取得日から満期日または償還日までの期間が3ヵ月以内の定期預金や譲渡性預金が示されているが，資金管理上想定している短期の支払に充てることを目的とした資金の運用期間は各企業によって異なるため，「3ヵ月以内」はあくまでも例示にすぎず，現金同等物に何を含めるのかについては企業の資金管理活動の実態に照らして判断することとなる。そのため，資金の範囲に含めた現金及び現金同等物の内容に関しては会計方針として記載するとともに，その期末残高と貸借対照表上の科目別残高との関係を注記することが求められている。つまり，貸借対照表の「現金及び預金」の金額と後述のキャッシュ・フロー計算書の「現金及び現金同等物の期末残高」は必ずしも一致しているとは限らない。

## 3　キャッシュ・フロー計算書の仕組み

キャッシュ・フロー計算書は，一会計期間の資金の増減を「営業活動」「投資活動」「財務活動」の3つの活動区分に分けて表示する。キャッシュ・フロー計算書は，①営業活動によるキャッシュ・フロー，②投資活動によるキャッシュ・フロー，③財務活動によるキャッシュ・フロー，④現金及び現金同等物に係る換算差額，⑤現金及び現金同等物の増減額，⑥現金及び現金同等物の期首残高，⑦現金及び現金同等物の期末残高の順番に表示される。

①営業活動によるキャッシュ・フローでは，本業から生じた資金の増減が示される。②投資活動によるキャッシュ・フローでは，企業が行った投資とその清算による資金の増減が示される。③財務活動によるキャッシュ・フローでは，企業が行った資金調達とその返済から生じた資金の増減が示される。④現金及び現金同等物に係る換算差額では，外貨建の現金および現金同等物の為替相場変動による円貨増減額が示される。⑤現金及び現金同等物の増減額では，①から④の区分を合算した金額が示される。⑤の金額を⑥現金および現金同等物の期首残高に加減すれば，⑦現金および現金同等物の期末残高が求まる。

以下，設例14-1に基づきキャッシュ・フロー計算書を作成することを通じて，貸借対照表および損益計算書と，キャッシュ・フロー計算書の関係性を確認する。

### 設例14-1 キャッシュ・フロー計算書の作成

当社は，X1期に設立し，以下に示される取引を行った。この取引に基づき作成された，X1期末における貸借対照表，損益計算書およびキャッシュ・フロー計算書は次のとおりである。

| | 取引 | 仕訳 |
|---|---|---|
| ① | 株主から500円の現金出資 | (借) 現金 500 (貸) 資本金 500 |
| ② | 銀行から300円の借入れ | (借) 現金 300 (貸) 借入金 300 |
| ③ | 備品200円の現金購入 | (借) 備品 200 (貸) 現金 200 |
| ④ | 商品100円の現金仕入 | (借) 商品 100 (貸) 現金 100 |
| ⑤ | 上記④の一部商品（売価180円，原価90円）の掛売上 | (借) 売掛金 180 (貸) 売上 180<br>売上原価 90 商品 90 |
| ⑥ | 有価証券150円の現金購入 | (借) 有価証券 150 (貸) 現金 150 |
| ⑦ | 上記⑤の売掛金の内80円の回収 | (借) 現金 80 (貸) 売掛金 80 |
| ⑧ | 減価償却費50円の計上 | (借) 減価償却費 50 (貸) 減価償却累計額 50 |
| ⑨ | 利息10円の現金払い | (借) 支払利息 10 (貸) 現金 10 |

貸借対照表

| | | | |
|---|---|---|---|
| 現金 | 420 | 借入金 | 300 |
| 売掛金 | 100 | 資本金 | 500 |
| 商品 | 10 | 利益剰余金 | 30 |
| 有価証券 | 150 | | |
| 備品 | 200 | | |
| 減価償却累計額 | △50 | | |

損益計算書

| | | | |
|---|---|---|---|
| 売上原価 | 90 | 売上高 | 180 |
| 減価償却費 | 50 | | |
| 支払利息 | 10 | | |
| 当期純利益 | 30 | | |

キャッシュ・フロー計算書

| | | |
|---|---|---|
| **営業活動によるキャッシュ・フロー** | | |
| 営業収入 | 80 | ←取引⑦より |
| 商品の仕入れによる支出 | △100 | ←取引④より |
| **小計** | **△20** | |
| 利息の支払額 | △10 | ←取引⑨より |
| **合計** | **△30** | |
| **投資活動によるキャッシュ・フロー** | | |
| 有価証券の取得による支出 | △150 | ←取引⑥より |
| 有形固定資産の取得による支出 | △200 | ←取引③より |
| **合計** | **△350** | |
| **財務活動によるキャッシュ・フロー** | | |
| 短期借入れによる収入 | 300 | ←取引②より |
| 株式の発行による収入 | 500 | ←取引①より |
| **合計** | **800** | |
| 現金及び現金同等物に係る換算差額 | － | |
| 現金及び現金同等物の増減額 | 420 | |
| 現金及び現金同等物の期首残高 | 0 | |
| 現金及び現金同等物の期末残高 | 420 | |

ここでは，キャッシュ・フロー計算書を「直接法」とよばれる方法に基づいて作成している。直接法に基づくキャッシュ・フロー計算書は，取引のうち資金（設例14-1においては「現金」）の増減にかかわるものを活動別に抽出することで作成できる。このため，取引⑤（掛売上）や取引⑧（減価償却手続）などの現金収支に影響を与えない取引は，本業にかかわる取引であっても，直接法に基づく営業活動によるキャッシュ・フローに反映されない。また，後述するように，利息の支払額については，営業活動で示す考え方と財務活動で示す考え方があるが，ここでは営業活動で示している。

設例14-1の損益計算書には当期純利益が30円計上されており，利益は貸借対照表上の利益剰余金に振り替えられ，純資産を増加させている。一方，貸借対照表上の現金420円はキャッシュ・フロー計算書の「現金及び現金同等物の期末残高」と一致しており，キャッシュ・フロー計算書では「なぜ現金の期末残高が420円となったのか」について増減の内訳が示されている。キャッシュ・フロー計算書によれば，営業活動では△30円の支出超過にあり，投資活動では△350円の支出があり，財務活動では資金調達により800円の収入があったために期中に現金が正味で420円増加し，期首残高は0円であったため，現金の期末残高が420円となったことがわかる。

## 4　キャッシュ・フロー計算書の表示区分

本節では，キャッシュ・フロー計算書の構造を確認するために，その表示区分の詳細について学習する。

### (1)　営業活動によるキャッシュ・フロー

#### ①　記載内容

**営業活動によるキャッシュ・フロー**の区分には，営業活動，すなわち本業にかかわる活動における資金の増減が記載される。具体的には，①営業損益計算の対象となった取引にかかわるキャッシュ・フロー，②営業活動にかかわる債権・債務から生ずるキャッシュ・フロー，③投資活動および財務活動以外の取引によるキャッシュ・フローである。①②③の具体例は**図表14-2**のとおりである。

図表14-2 営業活動によるキャッシュ・フローの具体例

| 項　目 | 例　示 |
|---|---|
| ① 営業損益計算の対象となった取引にかかわるキャッシュ・フロー | ●商品および役務の販売による収入（売上高）<br>●商品および役務の購入による支出（売上原価）<br>●販売費及び一般管理費に含まれる取引にかかわるキャッシュ・フロー（従業員および役員に対する報酬の支出等） |
| ② 営業活動にかかわる債権・債務から生ずるキャッシュ・フロー | ●商品および役務の販売により取得した手形の割引による収入<br>●営業債権のファクタリング（営業債権の譲渡等よる現金化）等による収入<br>●破産債権・更生債権等や償却済み債権の回収 |
| ③ 投資活動および財務活動以外の取引によるキャッシュ・フロー | ●災害による保険金収入，損害賠償金の支払<br>●巨額の特別退職金の支給 |

したがって，営業活動によるキャッシュ・フローの区分では，災害による保険金収入や法人税等の支払額[3]などの必ずしも営業活動から生じたキャッシュ・フローとはいえない項目も含まれる。このため，営業活動によるキャッシュ・フローの区分には「おおむね営業損益計算の対象となった取引にかかわるキャッシュ・フローの合計額」を示すために小計欄が設けられ，小計欄以下には投資活動および財務活動以外の取引によるキャッシュ・フローや法人税等にかかわるキャッシュ・フローが表示される。

営業活動によるキャッシュ・フローの金額は，企業が外部からの資金調達に頼ることなく，営業能力を維持し，新規投資を行い，借入金を返済し，配当金を支払うために，どの程度の資金を主たる営業活動から獲得したのかを示す主要な情報である。このため，営業活動によるキャッシュ・フローの合計額はプラスであることが望まれる。一方，営業活動によるキャッシュ・フローが継続的にマイナスである場合や重要なマイナスの営業キャッシュ・フローが計上される場合には，継続企業の前提に重要な疑義を生じさせるような事象・状況にあるとして，継続企業の前提に関する事項を財務諸表に注記する必要がある（監査委員会報告第74号「継続企業の前提に関する開示について」）。

3 法人税等の表示区分としては「営業活動」「投資活動」「財務活動」のそれぞれの区分に分けて記載する方法も考えられるが，それぞれの活動ごとに課税所得を分割することは一般的には困難であると考えられるため，営業活動によるキャッシュ・フローの区分に一括して記載する方法によることとなった（意見書三3）

### ②　直接法と間接法

営業活動によるキャッシュ・フローの区分は，直接法と間接法のいずれかの方法で表示しなければならない。**直接法**とは，主要な取引ごとに収入総額と支出総額を表示する方法である（連結キャッシュ・フロー計算書等の作成基準の設定に関する意見書（以下，本章では意見書という）三４）。設例14-１にあるように，直接法によるキャッシュ・フロー計算書では，資金の増減が取引ごとに総額で表示されるという長所を有する反面，キャッシュ・フローと利益の関係性（利益にどれだけキャッシュの裏付けが伴うのか等）を読み取ることはできない。加えて，直接法により表示するために主要な取引ごとにキャッシュ・フローに関する基礎データを用意する必要があり，実務上手数を要すると考えられる（意見書三４）。後述する連結キャッシュ・フローの作成においては，さらに難しさが増す。

一方，**間接法**は，税金等調整前当期純利益に必要な調整項目を加減して表示する方法であり，実務上簡便であるだけでなく，純利益と営業活動によるキャッシュ・フローとの関係が明示されるという長所がある（意見書三４）。

税金等調整前当期純利益に対して加減算される具体的な調整項目としては**図表14-３**にあるように，①非資金損益項目，②営業活動にかかわる資産および負債の増減，③「投資活動によるキャッシュ・フロー」および「財務活動によるキャッシュ・フロー」の区分に含まれるキャッシュ・フローに関連して発生した損益項目が挙げられる。

**図表14-３■間接法に基づく調整内容**

| | 加算項目（例示） | 減算項目（例示） |
|---|---|---|
| 税金等調整前当期純利益 | | |
| ①　非資金損益項目(*1) | ●減価償却費<br>●のれん償却費<br>●貸付金にかかわる貸倒引当金の増加額(*2) | ●貸付金にかかわる貸倒引当金の減少額(*2) |
| ②-１　営業活動にかかわる資産の増減(*2) | ●売上債権の減少額<br>●棚卸資産の減少額 | ●売上債権の増加額<br>●棚卸資産の増加額 |
| ②-２　営業活動にかかわる負債の増減(*2) | ●仕入債務の増加額 | ●仕入債務の減少額 |

| ③「投資活動によるキャッシュ・フロー」および「財務活動によるキャッシュ・フロー」の区分に含まれる項目(*2) | ●有形固定資産売却損・処分損<br>●投資有価証券売却損 | ●有形固定資産売却益・処分益<br>●投資有価証券売却益 |
|---|---|---|

(*1) 売上債権の貸倒損失，棚卸資産の評価損益等の非資金損益項目は，税金等調整前当期純利益の計算に反映されるとともに，営業活動にかかわる資産・負債の増減にも反映されるため，税金等調整前当期純利益に加減算する非資金損益項目に含まれない。
(*2) 各資産・負債・損益項目の増加額と減少額を相殺して正味金額を表示する。

設例14-１に基づき，間接法によるキャッシュ・フロー計算書を作成したものが**図表14-４**である。なお，間接法によるキャッシュ・フロー計算書では，投資活動によるキャッシュ・フローおよび財務活動によるキャッシュ・フロー区分の表示方法は，直接法の表示方法と変わりないため，図表14-４では省略している。直接法と間接法のいずれの表示方法においても，営業活動によるキャッシュ・フローの合計額は△30円となっているが，間接法では，税金等調整前当期純利益30円と営業活動によるキャッシュ・フローの合計額△30円の乖離の原因が示されている。

**図表14-４ ■間接法によるキャッシュ・フロー計算書**

| キャッシュ・フロー計算書 | |
|---|---|
| **営業活動によるキャッシュ・フロー** | |
| 税金等調整前当期純利益 | 30 |
| 減価償却費 | 50 |
| 支払利息 | 10 |
| 売上債権の増加額 | △100 |
| 棚卸資産の増加額 | △10 |
| **小計** | △20 |
| 利息の支払額 | △10 |
| **合計** | △30 |

非資金損益項目とは，税金等調整前当期純利益の計算に反映されるが，キャッシュ・フローを伴わない項目である（移管指針６号12項）。図表14-４の項目のうち，非資金損益項目は「減価償却費」である。図表14-４では，減価償却費50円が当期純利益30円に足し戻されているが，これは，減価償却費が利益計算上，収益の控除項目（費用）として処理されているためである。減価償却費は資金支出を伴わない費用であるので，発生主義ベースの当期純利益を現金主義ベースの数値に調整するためには，この費用を足し戻す必要がある。

「支払利息」は後述の財務活動にかかわるキャッシュ・フローであるため，当期純利益に足し戻されている。しかし，図表14-4では利息の表示区分を営業活動で示す会計方針を選択しているため，「利息の支払額[4]」において差し引いている（利息の表示区分については後述③を参照）。

図表14-4に示される項目のうち，営業活動にかかわる資産の増減項目は「売上債権の増加額」および「棚卸資産の増加額」である。営業活動にかかわる資産の増加は，当期純利益に対して減算項目となるが，これは，売上債権や棚御資産に資金が投下され，資金が拘束されて減少したことを示している。その反対に，営業活動にかかわる資産の減少は，売上債権や棚卸資産が回収や販売によって資金化したことを意味している。図表14-4より，当期純利益と営業活動によるキャッシュ・フローの乖離の主因は，売上債権が増加したこと（資金拘束されたままであること）にあることがわかる。

なお，仕入債務などの営業活動にかかわる負債が減少すれば，債務履行による資金流出を意味するため，当期純利益に対して減算項目となる。また，営業活動にかかわる負債が増加すれば，資金流出が延期されたことを意味するため，当期純利益に対して加算される[5]。

なお図表14-4には「投資活動によるキャッシュ・フロー」および「財務活動によるキャッシュ・フロー」の区分に含まれる項目はないが，たとえば，仮に保有する有価証券150円を200円で売却した場合，その差額として投資有価証券売却益50円が収益計上される。図表14-3にあるように，投資有価証券売却益は，営業活動によるキャッシュ・フローの計算に当たって当期純利益に対する控除項目である。その理由は，有価証券の売却に伴う資金流入200円を投資活動によるキャッシュ・フローで表示するために，投資有価証券売却益50円を営業活動によるキャッシュ・フローから除外する必要があるからである。

---

4　設例14-1では，支払利息（費用）と利息にかかわる現金支出が同額であるため，「支払利息」と「利息の支払額」は一致しているが，仮に未払利息がある場合には両者は一致しない。この場合，支払利息に前期の未払分を加算し，当期の未払分を減算すれば「利息の支払額」が計算される。

5　売上債権および棚卸資産に仕入債務を控除した金額を「運転資本（運転資金）」と称する。運転資本とは，企業が日々の事業活動を営むために必要な資金のことである。運転資本は事業活動に拘束されている資金であるため，資金繰りを改善するためにはこの運転資本を減らす必要があるが，これは，営業活動によるキャッシュ・フローを増加させることにつながる。

### ③　利息・配当金の表示区分

利息および配当金の表示区分としては，継続適用を条件に**図表14-5**に示される2つの方法の選択適用が認められている。

**図表14-5 ■利息・配当金の表示区分**

<table>
<tr><th>項　目</th><th>第1法</th><th>第2法</th></tr>
<tr><td>受取利息および受取配当金</td><td rowspan="2">営業活動</td><td>投資活動</td></tr>
<tr><td>支払利息</td><td rowspan="2">財務活動</td></tr>
<tr><td>支払配当金</td><td>財務活動</td></tr>
</table>

第1法は，受取利息，受取配当金および支払利息が損益計算に含まれることを受けて，それらを営業活動によるキャッシュ・フローに含める一方，支払配当金は損益計算に含まれず，かつ資金調達によるコストであるために，財務活動によるキャッシュ・フローに含めるという，損益計算との関係に重きを置く方法である。第2法は，受取利息および受取配当金は投資活動の成果であるため，それらを投資活動によるキャッシュ・フローに含め，支払利息および支払配当金は資金調達のコストとして財務活動によるキャッシュ・フローに含めるという活動別区分に重きを置く方法である。なお，利息の受取額と支払額は総額表示する。

## (2)　投資活動によるキャッシュ・フロー

投資活動とは，設備投資，証券投資および融資活動から構成される。**投資活動によるキャッシュ・フロー**の区分には，固定資産の取得および売却，現金同等物に含まれない短期投資の取得および売却などによるキャッシュ・フローが記載される。具体的には，**図表14-6**に示したキャッシュ・フローが含まれる。

**図表14-6 ■投資活動によるキャッシュ・フローの具体例**

| 項目例 | 収入（＋） | 支出（－） |
|---|---|---|
| 投資有価証券 | ●売却・償還による収入 | ●取得による支出 |
| 有形・無形固定資産 | ●売却による収入 | ●取得による支出 |
| 貸付金 | ●回収による収入 | ●貸付による支出 |
| 定期預金 | ●払戻による収入 | ●預入による支出 |
| 差入保証金 | ●回収による収入 | ●差入による支出 |

投資活動によるキャッシュ・フローの金額は，将来の利益獲得および資金運用のために，どの程度の資金を支出し，回収したのかを示す（移管指針6号8項)。営業活動によるキャッシュ・フローの合計額はプラスであることが望ましいが，設備投資（有形固定資産の取得）を積極的に行っている企業であれば，投資活動によるキャッシュ・フローの合計額は通常マイナスになる。

なお，営業活動によるキャッシュ・フローと投資活動によるキャッシュ・フローを合計した金額がフリー・キャッシュ・フローとなる。**フリー・キャッシュ・フロー**とは「自由に使える資金」であり，企業が事業で稼いだ資金から税金の支払いや設備投資など事業を継続するために必要な支出を差し引いた後に手元に残る資金のことを指す。設例14-1におけるフリー・キャッシュ・フローは，△380円（＝営業活動によるキャッシュ・フロー合計額△30円＋投資活動によるキャッシュ・フロー合計額△350円）である[6]。

### (3)　財務活動によるキャッシュ・フロー

財務活動とは，資金調達にかかわる活動であり，**財務活動によるキャッシュ・フロー**の区分には，株式の発行による収入，自己株式の取得による支出，社債の発行・償還および借入れ・返済による収入・支出等，資金の調達および返済によるキャッシュ・フローが記載される（**図表14-7**)。

財務活動によるキャッシュ・フローの金額は，営業活動および投資活動を維持するためにどの程度の資金が調達または返済されたのかを示す情報となる(移管指針6号9項)。なお，投資活動によるキャッシュ・フローと財務活動に

**図表14-7 ■財務活動によるキャッシュ・フローの具体例**

| 項目例 | 収入（＋） | 支出（－） |
|---|---|---|
| 借入金 | ●借入れによる収入 | ●返済による支出 |
| 社債 | ●社債の発行による収入 | ●償還による支出 |
| 株式 | ●株式の発行による収入 | ●自己株式の取得による支出<br>●配当金の支払額 |

6　企業価値評価に当たりDCF法（Discounted Cash Flow法）を用いる場合，将来フリー・キャッシュ・フローの割引現在価値を求めることとなるが，その際フリー・キャッシュ・フローは，以下の計算式を用いるのが一般的である。

営業利益×（1－法人税率）＋減価償却費－運転資本増加額－設備投資額

上記の式も営業活動によるキャッシュ・フロー（税引後利益＋減価償却費－運転資本増加額）から投資にかかわるキャッシュ・フロー（設備投資額）を控除したものである。

よるキャッシュ・フローに表示される主要な取引ごとのキャッシュ・フローは，原則として総額表示しなければならず，図表14-6および図表14-7に示される各項目の収入額・支出額は相殺してはならない。ただし，期間が短く，かつ回転が速い項目にかかわるキャッシュ・フローについては，純額表示が認められる[7]。

### (4)　為替差損益の処理

外貨建の資産・負債については，為替相場が変動することによって為替差損益が発生する。キャッシュ・フロー計算書では，為替差損益について，①現金および現金同等物，②投資活動・財務活動によるキャッシュ・フロー項目のいずれから生ずるのかによって処理方法が異なる（**図表14-8**）。

**図表14-8 ■為替差損益の調整方法**

<table>
<tr><th rowspan="2">外貨建項目</th><th rowspan="2">具体例</th><th colspan="2">為替差損益の調整方法</th></tr>
<tr><th>直接法</th><th>間接法</th></tr>
<tr><td>現金および現金同等物</td><td>●外貨建の現金<br>●外貨建の預金</td><td>「現金及び現金同等物に係る換算差額」として区分表示</td><td>(a) 換算差額は税金等調整前当期純利益に加減して消したうえで<br>(b) 下段に「現金及び現金同等物に係る換算差額」として区分表示</td></tr>
<tr><td>投資活動・財務活動によるキャッシュ・フロー項目</td><td>●外貨建債権（貸付金等）<br>●外貨建債務（借入金等）</td><td>調整不要</td><td>営業活動によるキャッシュ・フローの区分において税金等調整前当期純利益に加減</td></tr>
<tr><td>営業活動によるキャッシュ・フロー項目</td><td>●外貨建の売上債権<br>●外貨建の仕入債務</td><td colspan="2">調整不要</td></tr>
</table>

間接法に基づく場合，①外貨建の現金および現金同等物に係る為替差損益は，営業活動によるキャッシュ・フローの区分において，為替差損（益）を税金等

7　その理由は，期間の短いコマーシャル・ペーパーの発行と償還が1会計期間を通じて連続して行われるような場合や，短期間に連続して借換えが行われる場合などにおいては，これらのキャッシュ・フローを総額表示すると，キャッシュ・フローの金額が大きくなり，かえって「キャッシュ・フロー計算書」の利用者の判断を誤らせるおそれがあるためである（移管指針6号13項）。

調整前当期純利益に対して加算（減算）したうえで，設例14-1の下段のように「現金及び現金同等物に係る換算差額」として区分表示する。

②投資活動・財務活動によるキャッシュ・フロー項目については，間接法に基づくキャッシュ・フロー計算書の場合，①と同様に，為替差損（益）を税金等調整前当期純利益に対する加算（減算）項目として表示する。ただし，上記為替差額の金額が連結キャッシュ・フロー計算書に重要な影響を与えない場合には，簡便的に当該為替差損益を一括して「現金及び現金同等物に係る換算差額」に含めることができる。

なお，営業活動にかかわる資産・負債に関する為替差損益は，税金等調整前当期純利益にすでに反映されており，営業活動にかかわる資産・負債の増減額に含まれる当該差損の影響と自動的に相殺されるために別途調整する必要はない。

**設例14-2　為替差損益の処理**

当社は，期首において外貨建の売掛金$4および外貨建の貸付金$2を保有している。期中取引は売掛金$2および貸付金$1の回収のみであった。したがって，売掛金および貸付金の期末残高はそれぞれ$2および$1である。また，期首，回収時および期末の為替レートは以下のとおりである。

| | 期首 | 回収時 | 期末 |
|---|---|---|---|
| 為替レート | 100円 | 110円 | 120円 |

①　売掛金回収時の仕訳

| | | | | | |
|---|---|---|---|---|---|
| （借） | 現金預金 | (*1) 220 | （貸） | 売掛金 | (*2) 200 |
| | | | | 為替差益 | 20 |

(*1) 売掛金期中回収額$2×回収時為替レート110円＝220円
(*2) 売掛金期中回収額$2×期首為替レート100円＝200円

②　貸付金回収時の仕訳

| | | | | | |
|---|---|---|---|---|---|
| （借） | 現金預金 | (*3) 110 | （貸） | 貸付金 | (*4) 100 |
| | | | | 為替差益 | 10 |

(*3) 貸付金期中回収額$1×回収時為替レート110円＝110円
(*4) 貸付金期中回収額$1×期首為替レート100円＝100円

③　決算時の仕訳

| | | | | | |
|---|---|---|---|---|---|
| （借） | 売掛金 | (*5) 40 | （貸） | 為替差益 | 40 |
| | 貸付金 | (*6) 20 | | 為替差益 | 20 |

(*5) 売掛金期末残高$2×（期末為替レート120円－期首為替レート100円）＝40円
(*6) 貸付金期末残高$1×（期末為替レート120円－期首為替レート100円）＝20円

当期末における間接法に基づくキャッシュ・フロー計算書は以下のとおりである。営業活動によるキャッシュ・フローの合計額は売掛金の期中回収額と一致し，投資活動によるキャッシュ・フローの合計額は貸付金の期中回収額と一致している。

キャッシュ・フロー計算書

| | | |
|---|---|---|
| 営業活動によるキャッシュ・フロー | | |
| 税金等調整前当期純利益 | (*7) | 90 |
| 為替差益 | (*8) | △30 |
| 売上債権の減少額 | (*9) | 160 |
| 合計 | | 220 |
| 投資活動によるキャッシュ・フロー | | |
| 貸付金の回収による収入 | | 110 |
| 合計 | | 110 |

(*7) 為替差益合計90円＝仕訳①20円＋仕訳②10円＋仕訳③60円
(*8) 貸付金にかかわる為替差益合計30円＝仕訳②10円＋仕訳③20円
(*9) 売掛金期首残高（円換算額）400円－売掛金期末残高（円換算額）240円＝160円

## 5 連結キャッシュ・フロー計算書の作成方法

連結キャッシュ・フロー計算書の作成方法としては原則法と簡便法がある。原則法は，親会社と子会社の個別キャッシュ・フロー計算書を基礎として，それらを合算し，連結会社相互間のキャッシュ・フローを相殺消去して作成する方法である。一方，簡便法とは，連結貸借対照表の前期および当期の差額と連結損益計算書，連結株主資本等変動計算書の金額を基礎として，これに修正を加えて連結キャッシュ・フロー計算書を作成する方法である。

原則法は，親子会社がそれぞれ個別キャッシュ・フロー計算書を作成していることを前提としている。しかし，会社法上の計算書類にはキャッシュ・フロー計算書が含まれていないので，子会社では個別キャッシュ・フロー計算書を作成していないケースも多く，原則法の適用には手間がかかる。このため，簡便法による作成が一般的と考えられる。ただし，簡便法を採用する場合，原則法を採用した場合と同様のキャッシュ・フローに関する情報が得られるように留意する必要がある。

連結キャッシュ・フロー計算書の作成方法は，基本的に前節までで学習した個別キャッシュ・フロー計算書の作成方法と同様であるが，以下のような連結キャッシュ・フロー計算書固有の論点がある。

#### ①　在外子会社のキャッシュ・フローの換算

在外子会社における外貨によるキャッシュ・フローは，「外貨建取引等会計処理基準」の収益および費用の換算方法に準じて換算するとしており（作成基準第二の四），具体的には**図表14-9**のように換算する。

**図表14-9 ■在外子会社の換算方法**

| 項　目 | 円換算方法 |
|---|---|
| 営業・投資・財務活動によるキャッシュ・フロー（配当金等の資本取引を除く） | 期中平均相場または決算時の為替相場（収益および費用の換算方法に従う） |
| 現金及び現金同等物期首残高 | 前会計期間の決算時の為替相場 |
| 現金及び現金同等物期末残高 | 当会計期間の決算時の為替相場 |
| 配当金等の資本取引 | 発生時の為替相場 |

なお，在外子会社の円換算後の貸借対照表および損益計算書を利用して当該在外子会社のキャッシュ・フローを求める場合には，前期と当期の決算時の為替相場の変動による影響額が資産および負債の円貨による増加額に含まれて算出されるが，為替相場の変動による円貨増減額はキャッシュ・フローを伴うものではないので，その影響を調整する。

#### ②　連結相互間のキャッシュ・フローの相殺消去

連結会社相互間のキャッシュ・フローは，内部取引として相殺消去しなければならない。

#### ③　連結会社振出しの受取手形の割引

商品および役務の販売により取得した連結会社振出しの手形を他の連結会社が金融機関で割り引いた際には，連結上は手形借入と同様の効果を有するため，連結キャッシュ・フロー計算書上「財務活動によるキャッシュ・フロー」の区分に記載する[8]。

#### ④　連結追加・連結除外とキャッシュ・フローの記載期間

新規の連結子会社については，連結の範囲に含めた時点以降のキャッシュ・フローを，また連結除外会社については，連結除外時点までのキャッシュ・フローを連結キャッシュ・フロー計算書に含める。

8　個別上，「営業活動によるキャッシュ・フロー」の区分に記載されている。

### ⑤　非支配株主との取引等

非支配株主に対する配当金の支払額および非支配株主の増資引受による払込額は「財務活動によるキャッシュ・フロー」の区分に独立記載する。

### ⑥　持分法適用会社からの受取配当金

持分法適用会社からの配当金の受取額は，利息および配当金にかかわるキャッシュ・フローの表示区分について選択した方法に従う。なお，営業活動によるキャッシュ・フローの表示にあたり間接法を採用する場合，税金等調整前当期純利益から「営業活動によるキャッシュ・フロー」への調整を行う際の非資金損益項目に「持分法による投資損益」が含まれるが，受取配当金を「営業活動によるキャッシュ・フロー」区分に記載する場合，配当金受取額を投資損益と相殺（合算）できる。

**設例14-3**　**連結キャッシュ・フロー計算書の作成**

以下の資料に基づき，間接法による当期（X1年１月１日～12月31日）の連結キャッシュ・フロー計算書を作成すれば以下のとおりである。

P社はS社株式の80％を取得している（P社およびS社の会計期間はいずれも１月１日～12月31日である）。P社は当期中に剰余金の配当を70百万円支払った。S社は前期に剰余金の配当を行っていないが，当期に50百万円を行っており，そのうちP社への支払いは40百万円である。また，P社はA社株式の40％を取得し，関連会社としている。A社の当期純利益は100百万円であり，剰余金の配当は50百万円である。

なお，連結キャッシュ・フロー計算書における利息及び配当金の表示区分については，受取利息，受取配当金および支払利息を「営業活動によるキャッシュ・フロー」区分で表示する。

＜資料１＞比較連結貸借対照表　（単位：百万円）

| 科目 | 前期 | 当期 | 増減 | 科目 | 前期 | 当期 | 増減 |
|---|---|---|---|---|---|---|---|
| 現金及び預金 | 200 | 540 | 340 | 買掛金 | 200 | 400 | 200 |
| 売掛金 | 300 | 400 | 100 | 未払費用* | 30 | 20 | △10 |
| 貸倒引当金 | △10 | △20 | △10 | 借入金 | 310 | 400 | 90 |
| 商品 | 400 | 450 | 50 | 負債合計 | 540 | 820 | 280 |
| 土地 | 1,000 | 920 | △80 | 資本金 | 1,500 | 1,500 | 0 |
| 建物 | 500 | 560 | 60 | 利益剰余金 | 400 | 510 | 110 |
| 減価償却累計額 | △200 | △270 | △70 | 非支配株主持分 | 100 | 110 | 10 |
| 関連会社株式 | 200 | 220 | 20 | 純資産合計 | 2,000 | 2,120 | 120 |
| のれん | 150 | 140 | △10 | | | | |
| 資産合計 | 2,540 | 2,940 | 400 | 負債純資産合計 | 2,540 | 2,940 | 400 |

*未払費用はすべて利息にかかわるものとする。

<資料２>連結損益計算書　（単位：百万円）

| | | |
|---|---|---|
| 売上高 | | 1,000 |
| 売上原価 | | 600 |
| 売上総利益 | | 400 |
| 販売費及び一般管理費 | | |
| 　人件費 | 60 | |
| 　貸倒引当金繰入 | 10 | |
| 　減価償却費 | 70 | |
| 　のれん償却費 | 10 | 150 |
| 　　営業利益 | | 250 |
| 営業外収益 | | |
| 　持分法による投資利益 | | 40 |
| 営業外費用 | | |
| 　支払利息 | | 50 |
| 　　経常利益 | | 240 |
| 特別利益 | | |
| 　土地売却益 | | 50 |
| 　　税金等調整前当期純利益 | | 290 |
| 法人税等 | | 90 |
| 　当期純利益 | | 200 |
| 　非支配株主に帰属する当期純利益 | | 20 |
| 　親会社株主に帰属する当期純利益 | | 180 |

連結キャッシュ・フロー計算書（単位：百万円）

| | | |
|---|---|---|
| Ⅰ　営業活動によるキャッシュ・フロー | | |
| 　税金等調整前当期純利益 | 290 | ←連結P/Lより |
| 　減価償却費 | 70 | ←連結P/Lまたは比較B/Sより |
| 　のれん償却額 | 10 | ←連結P/Lまたは比較B/Sより |
| 　貸倒引当金の増加額 | 10 | ←連結P/Lまたは比較B/Sより |
| 　支払利息 | 50 | ←連結P/Lより |
| 　持分法による投資利益 | △40 | ←連結P/Lより |
| 　土地売却益 | △50 | ←連結P/Lより |
| 　売上債権の増加額 | △100 | ←比較B/Sより |
| 　棚卸資産の減少額 | △50 | ←比較B/Sより |
| 　仕入債務の減少額 | 200 | ←比較B/Sより |
| 　　　　小計 | 390 | |
| 　利息及び配当金の受取額 | (*1)20 | ←注(1)参照 |
| 　利息の支払額 | (*2)△60 | ←注(2)参照 |
| 　法人税等の支払額 | △90 | ←連結P/Lより |
| 　　　　合計 | 260 | |

| | | |
|---|---|---|
| **Ⅱ　投資活動によるキャッシュ・フロー** | | |
| 有形固定資産の取得による支出 | △60 | ←比較B/Sより |
| 有形固定資産の売却による収入 | (*3)130 | ←注(3)参照 |
| 合計 | 70 | |
| **Ⅲ　財務活動によるキャッシュ・フロー** | | |
| 借入金の借入れによる収入 | 90 | ←比較B/Sより |
| 配当金の支払額 | (*4)△70 | ←注(4)参照 |
| 非支配株主への配当金の支払額 | (*5)△10 | ←注(5)参照 |
| 合計 | 10 | |
| **Ⅳ　現金及び現金同等物の増加額** | 340 | |
| **Ⅴ　現金及び現金同等物期首残高** | 200 | |
| **Ⅵ　現金及び現金同等物期末残高** | 540 | |

(*1) A社配当金50×持分比率0.4
(*2) 支払利息△50＋前期未払利息△30－当期未払利息△20
(*3) 土地の減少額80＋土地売却益50
(*4) P社剰余金の配当額70
(*5) S社剰余金の配当額50－P社への支払額40

コラム11

## 直接法と間接法

キャッシュ・フロー計算書作成にあたり，国内外の多くの企業は間接法を採用している。しかし，IASBの業績報告プロジェクト（財務諸表の表示の改善を意図したプロジェクト）では，当初キャッシュ・フロー計算書の作成方法を直接法に一本化することが提案されていた。

IASBによれば，直接法は間接法よりも将来キャッシュ・フローを予測する上で有用であるとしていたが，その場合でも営業利益と営業キャッシュ・フローの調整表を作成することを企業に求めていた。このような提案に対して，市場関係者のうち特に財務諸表作成者（企業）からは「調整表の作成は実質的には直接法と間接法の両方の作成を義務づけることになり，実務上の負担が増大する」との意見がでた。なによりも，本章でも繰り返し述べたように，間接法は，（実務的な負担が少ないだけでなく）発生主義会計のもとで算出された利益を現金主義ベースの数値に調整していく作業を通じて，利益とキャッシュの関係性を端的に表示する方法である。第2章で学習したように，発生主義会計のもと算出された期間利益は現金収支を配分し直したものだが，間接法を通じて提供される情報によって当期の利益にどれだけキャッシュの裏付けがあるのかという「利益の質」が明らかになる。

比較可能性を問題にして表示方法を統一するにしても大半の企業が採用している間接法に統一したほうがスイッチング・コストは低いであろう。結果的にIASB提案は撤回され，現行のIFRSでは直接法と間接法の選択適用が認められている。

# 第15章 金融商品①

**学習のポイント**

金融商品会計の論点は多岐にわたる。それは金融商品にはさまざまな種類があるだけでなく，金融商品（特に有価証券）の評価方法がその保有目的によって異なるためでもある。金融資産の評価方法は時価評価を基本としつつも，保有目的によっては原価評価されるものがある。ある金融資産をなぜ時価評価（原価評価）するのか，時価評価する場合は評価差額をどのように処理するのかなどの多くの論点があるが，この「なぜ」を理解するに当たっては第10章で学習した投資のリスクからの解放に照らした「金融投資」と「事業投資」の違いを踏まえて学習すると理解が深まるであろう。「投資の成果を示す最適な評価方法は何か」という視点が重要である。

## 1　金融商品会計の意義

**金融商品**とは，金融資産，金融負債およびデリバティブ取引にかかわる契約を総称したものである（企業会計基準第10号「金融商品に関する会計基準」（以下，本章では基準10号という）52項）[1]。

金融商品会計は，金融資産，金融負債およびデリバティブ取引に関する評価方法や表示方法を定めている。1990年代後半の「金融ビッグバン」の一環として行われた「会計ビッグバン」により，国際的な会計基準に倣うかたちで日本でも金融商品への時価会計が導入されて今日に至っている。ただし，時価会計を導入したとはいっても，それは金融商品を全面的に時価評価するのではなく，第10章で学んだ「投資のリスクからの解放」の考え方に則して，時価情報が財政状態や経営成績に関する情報として意味を持つ場合に限って時価会計を適用している[2]。

1　移管指針第９号「金融商品会計に関する実務指針」（以下，本章では移管指針９号という）では，金融商品は「一方の企業に金融資産を生じさせ他の企業に金融負債を生じさせる契約及び一方の企業に持分の請求権を生じさせ他の企業にこれに対する義務を生じさせる契約」と定義されている（３項）。

## 2 金融商品の範囲

金融商品には，金融資産，金融負債およびデリバティブ取引にかかわる契約，また複数種類の金融資産または金融負債が組み合わされているもの（複合金融商品）が含まれる（基準10号52項）[3]。基準10号では，金融資産，金融負債およびデリバティブ取引に含まれるものを**図表15-1**のように例示列挙している。なお，有価証券の中には，金融商品取引法上の有価証券に該当しないが，企業会計上の有価証券として取り扱うものがあり，このような項目としては（外国で発行されたものを除く）譲渡性預金がある。本章で取り上げるのは，金融債権，金融債務および有価証券であり，デリバティブ取引については次章で取り上げる。

**図表15-1 ■金融商品の例示**

| 金融資産 | 金融負債 |
|---|---|
| 現金預金 | 金銭債務（支払手形，買掛金，借入金，社債等） |
| 金銭債権（受取手形，売掛金，貸付金等） | |
| 有価証券（株式その他の出資証券，公社債等） | |
| デリバティブ取引（先物取引，先渡取引，オプション取引，スワップ取引等）により生じる正味の債権 | デリバティブ取引（先物取引，先渡取引，オプション取引，スワップ取引等）により生じる正味の債務 |

## 3 金融商品の発生の認識と消滅の認識[4]

### (1) 金融資産および金融負債の発生の認識

金融資産の契約上の権利または金融負債の契約上の義務を生じさせる契約を

2 なお，「時価」の定義については，本章**8**を参照。

3 移管指針9号に従えば，金融資産とは「現金，他の企業から現金若しくはその他の金融資産を受け取る契約上の権利，潜在的に有利な条件で他の企業とこれらの金融資産若しくは金融負債を交換する契約上の権利，又は他の企業の株式その他の出資証券」であり，金融負債とは「他の企業に金融資産を引き渡す契約上の義務は潜在的に不利な条件で他の企業と金融資産若しくは金融負債（他の企業に金融資産を引き渡す契約上の義務）を交換する契約上の義務」である（4項，5項）。

締結したときは，原則として，当該金融資産または金融負債の発生を認識しなければならない。金融商品の発生の認識時点をまとめたものが**図表15-2**である。

**図表15-2 ■金融商品の発生の認識時点**

| 項　目 | 認識時点 |
|---|---|
| 有価証券 | 原則：約定日　　容認：修正受渡日基準 |
| デリバティブ取引 | 契約締結日 |
| 商品等の販売・役務の提供の対価にかかわる金銭債権債務（売上債権，仕入債務等） | 商品等の受渡日または役務提供の完了日 |
| 貸付金および借入金 | 貸借日（受渡日） |

有価証券の売買契約については，約定日（契約日）から受渡日までの期間が市場の規則または慣行に従った通常の期間（通常取引）である場合，売買約定日に買い手は有価証券の発生を認識し，売り手は有価証券の消滅の認識を行う。これを**約定日基準**という。約定日に有価証券等が引き渡されていないことがあるにもかかわらず約定日基準を原則とするのは，有価証券の買い手は約定日から有価証券等の市場変動リスク等にさらされており，売り手も実質的に自由処分権は喪失しており，有価証券から生じるキャッシュフロー等の権利は買い手に移転しているためである（移管指針9号231項，232項）。

また，約定日基準に代えて**修正受渡日基準**を採用することもできるが，これは，保有目的区分ごとに買い手は約定日から受渡日までの時価の変動のみを認識し，また，売り手は売却損益のみを約定日に認識する方法である。

これに対して，商品等の売買または役務の提供の対価にかかわる金銭債権債務（具体的には，受取手形，売掛金，支払手形，買掛金等）に適用される方法として，**受渡日基準**がある。これは，商品等の受渡しまたは役務提供の完了によりその発生を認識する方法である。

**図表15-3**は，有価証券の購入にあたって①約定日基準，②修正受渡日基準，また仮に③受渡日基準を適用した場合の買い手の仕訳を示したものである。ここでは，有価証券の保有区分として売買目的有価証券を想定している[5]。仮に受

4　基準10号では，金融資産および負債を財務諸表にオンバランスすることを「発生の認識」とよび，オフバランスすることを「消滅の認識」とよんでいる。「消滅の認識」は「認識の中止」を意味している。

渡日基準を適用した場合，決算日に（有価証券）運用益が計上されない点（すなわち有価証券の価格変動リスクを成果計算に反映できていないこと）に注目してほしい。原則処理である約定日基準と同様の期間損益計算が達成できるように受渡日基準に「修正」を施したのが修正受渡日基準であることがわかる。

**図表15-3 ■有価証券の発生の認識**

| ①約定日基準 | ②修正受渡日基準 | ③受渡日基準 |
|---|---|---|
| 約定日　売買価額100円 | | |
| （借）有価証券　100<br>（貸）未払金　100 | 仕訳なし | 仕訳なし |
| 決算日　時　価110円 | | |
| （借）有価証券　10<br>（貸）運用益　10 | （借）有価証券　10<br>（貸）運用益　10 | 仕訳なし |
| 翌期首 | | |
| （借）運用益　10<br>（貸）有価証券　10 | （借）運用益　10<br>（貸）有価証券　10 | 仕訳なし |
| 受渡日 | | |
| （借）未払金　100<br>（貸）現　金　100 | （借）有価証券　100<br>（貸）現　金　100 | （借）有価証券　110<br>（貸）現　金　110 |

（備考）売買目的有価証券の購入を想定。

また，貸付金および借入金は，資金の貸借日にその発生を認識する。これは，貸付金および借入金は要物契約（契約者の合意のほか，目的物の引渡しなどの給付によって成立する契約）であることに基づいている[6]。

## (2) 金融資産の消滅の認識

### ① 金融資産の消滅の認識

金融資産の消滅の認識（認識の中止）は，以下のいずれかに該当するときに行う。

5 売買目的有価証券については本章6を参照。ここではさしあたり売買目的有価証券の会計処理として毎期末に時価の洗替えを行い，評価損益（運用損益）を計上することを確認してほしい。

6 後述のように，基準10号によれば，金銭債権も金銭債務も償却原価（本章5で解説）を貸借対照表額とし，両者とも市場リスクおよび信用リスクを反映せず時価評価しないから，契約日と受渡日との評価額は同一であり，また，継続的な取引を行っている場合，金銭消費貸借の約定日と現金の受渡日は通常同一である（移管指針9号241項）。

(a) 金融資産の契約上の権利を行使したとき
(b) 金融資産の契約上の権利を喪失したとき
(c) 金融資産の契約上の権利に対する支配が他に移転したとき

たとえば，貸付金等の債権について当該債権にかかわる資金を回収したとき(上記(a)に相当)，保有者がオプション権（選択権）を行使しないままに行使期間が満了したとき（上記(b)に相当)，保有者が有価証券等を譲渡したとき（上記(c)に相当）にその資産の消滅を認識する。

### ②　リスク経済価値アプローチと財務構成要素アプローチ

金融資産の消滅の認識に当たって，上記(c)支配の移転については，リスク経済価値アプローチと財務構成要素アプローチの２つの考え方がある。**リスク経済価値アプローチ**とは，金融資産のリスクと経済価値のほとんどすべてが他に移転した場合に当該金融資産の消滅を認識する方法である（基準10号57項)。一方，**財務構成要素アプローチ**とは，金融資産を構成する財務的要素（以下，財務構成要素という）に対する支配が他に移転した場合に当該移転した財務構成要素の消滅を認識し，留保される財務構成要素の存続を認識する方法である(57項)。

**図表15-４**は貸付金を例にリスク経済価値アプローチと財務構成要素アプローチの差異を示したものである。貸付金の構成要素として（i）将来キャッシュ・インフロー（経済価値)，（ii）回収サービス業務権および（iii）貸倒リスクを有し，このうち（i）に対する支配が他に移転したものとする。この場合，リスク経済価値アプローチに基づけば各要素を一体とみなしてそのすべての支配が他に移転しなければ消滅の認識が認められないのに対して，財務構成要素アプローチでは（i）の消滅の認識（オフバランス）を行い，（ii）（iii）は引き続

**図表15-４■リスク経済価値アプローチと財務構成要素アプローチ**

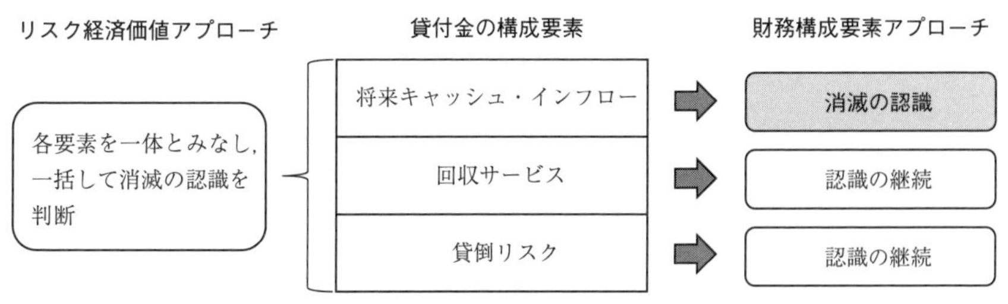

きオンバランスする。以上のように，いずれのアプローチを採用するかによって異なる帰結がもたらされる。

### ③　支配の移転の3要件

基準10号では，金融資産の譲渡にかかわる消滅の認識は財務構成要素アプローチによることとし[7]，金融資産の契約上の権利に対する支配が他に移転するのは以下の3要件がすべて満たされた場合とされている（9項，58項）。

(a)　譲渡された金融資産に対する譲受人の契約上の権利が譲渡人およびその債権者から法的に保全されていること（法的保全）
(b)　譲受人が譲渡された金融資産の契約上の権利を直接または間接に通常の方法で享受できること（権利の享受）
(c)　譲渡人が譲渡した金融資産を当該金融資産の満期日前に買い戻す権利および義務を実質的に有していないこと（買戻権がないこと）

上記の要件(a)によって，譲渡人が実質的に譲渡を行わなかったことになるような買戻権がある場合や譲渡人が倒産したときには譲渡が無効になると推定される場合は，その金融資産の支配が移転しているとは認められない。また，要件(b)によって，譲渡制限があっても支配の移転は認められるが，譲渡制限または実質的な譲渡制限となる買戻条件の存在により，譲受人が譲渡された金融資産の契約上の権利を直接または間接に通常の方法で享受することが制約される場合には，その金融資産の支配が移転しているとは認められない。さらに，要件(c)によって，現先取引や債券レポ取引[8]などの買い戻すことによりその取引を完結することがあらかじめ合意されている取引については，その約定が売買契約であっても支配が移転しているとは認められない。

7　金融資産の譲渡にかかわる消滅の認識は原則として財務構成要素アプローチに依拠することになるが，例外的にリスク経済価値アプローチが適用されるものとしてローン・パーティシペーションが挙げられる。
　ローン・パーティシペーションとは，金融機関等からの貸出債権（貸付金等）にかかわる債権者と債務者間の権利義務関係を移転させずに，その貸出債権から得られる利益（元本の返済と利息の受取り等）とリスクを債権者から第三者に移転する契約である。ローン・パーティシペーションは貸出債権にかかわる権利義務関係を移転させないため，債権の譲渡にあたらず消滅の認識要件を満たさない。そこで，ローン・パーティシペーションを行っている実務に配慮して，債権にかかわるリスクと経済的利益のほとんどすべてが金融機関から参加者に移転している場合等の一定の要件を満たすものに限り，債権の消滅を認識することを認めている（基準10号42項(1)）。
8　現金担保付債券貸借取引の略称で，金銭を担保とした債券の消費貸借契約を指す。

### (3)　金融負債の消滅の認識

また，金融負債の消滅の認識は，以下のいずれかに該当するときに行う。

(a) 金融負債の契約上の義務を履行したとき
(b) 金融負債の契約上の義務が消滅したとき
(c) 契約上の第一次債務者の地位から免責されたとき[9]

具体的には，債務者は，債務を弁済したとき（上記(a)に相当）または債務が免除されたとき（上記(b)に相当）に，さらに他社が自社の債務を引き受けたとき（上記(c)に相当）にそれらの金融負債の消滅を認識する。

### (4)　金融資産および金融負債の消滅の認識にかかわる会計処理

金融資産または金融負債がその消滅の認識要件を満たした場合には，その金融資産または金融負債の消滅を認識するとともに，帳簿価額とその対価としての受払額との差額を当期の損益として処理する[10]。

金融資産または金融負債の一部がその消滅の認識要件を満たした場合には，その部分の消滅を認識するとともに，消滅部分の帳簿価額とその対価としての受払額との差額を当期の損益として処理する。なお，金融資産または金融負債

---

9　デット・アサンプション（企業が発行した社債の元利金の支払等の債務の履行を，第三者（銀行等）に引き受けてもらうと同時に，企業は第三者に対して見返りの資金を支払う取引）は法的免除がなされておらず法的には社債が存在している状態のままであるため，消滅の認識要件を満たしていない。そこで，デット・アサンプションを行っている実務に配慮して，取消不能の信託契約等により，社債の元利金の支払に充てることのみを目的として，元利金の金額が保全される資産を預け入れた場合等，社債の発行者に対し遡求請求が行われる可能性が極めて低い場合に限り，社債の消滅を認識する（基準10号42項(2)）。

10　デット・エクイティ・スワップ（債権者と債務者の事後の合意に基づき，デット（債務）とエクイティ（資本）を交換することで，債権者側から見て債権を株式に，債務者側から見て債務を資本化する取引）について，実務対応報告第6号「デット・エクイティ・スワップの実行時における債権者側の会計処理に関する実務上の取扱い」では債権者側の会計処理が定められている。

債権者側からすると，デット・エクイティ・スワップは，①債権の消滅の認識と②株式の発生の認識を同時に生じさせる取引である。債権者がその債権を債務者に現物出資した場合，債権と債務が同一の債務者に帰属し当該債権は混同により消滅する（民法第520条）ため，支配が他に移転したかどうかを検討するまでもなく金融資産の消滅の認識要件を満たすものと考えられる。消滅した債権の帳簿価額とその対価としての受取額との差額を，当期の損益として処理し，取得株式はその取得株式の時価が対価としての受取額（譲渡金額）となり，この株式は時価で計上される。

の消滅に伴って新たな金融資産または金融負債が発生した場合には，その金融資産または金融負債は時価で計上する。

**設例15-1　金融資産の消滅の認識**

当社は，帳簿価額1,000円の債権を，①買戻権（譲受人から買い戻す権利）を有し，②延滞債権を買い戻すリコース義務を負い，③譲渡資産の回収代行を行うという契約条件で第三者に1,040円で譲渡し現金を受け取った。この取引は消滅の認識の要件を満たしているものとし，現金収入，買戻権，リコース義務および回収サービス業務資産の時価は以下のとおりである。

| 区　分 | | 金額 |
|---|---|---|
| 現金収入（A） | （新たな資産） | 1,040 |
| 買戻権（B） | （新たな資産） | 60 |
| リコース義務（C） | （新たな負債） | (50) |
| 回収サービス業務資産（D） | （残余部分） | 30 |
| | | 1,080 |

**①　譲渡資産の売却原価，残存部分の原価，譲渡損益の算定**

まず，譲渡資産（債権）の譲渡価額は以下の式で計算できる。回収サービス業務資産を譲渡価額に含めないのは，当該資産が譲渡資産の残余部分に当たるためである。

(a) 譲渡価額＝(A)＋(B)－(C)＝1,050円

つぎに，消滅する譲渡債権と認識を継続する回収サービス業務資産に関して，時価を基準に譲渡資産の帳簿価額1,000円をそれぞれに按分する。

(b) 譲渡部分と残存部分への配分

| | 時価 | 帳簿価額の按分 |
|---|---|---|
| 譲渡債権 | 1,050 | (*1) 972 |
| 回収サービス業務資産 | 30 | (*2) 28 |
| | 1,080 | 1,000 |

(*1) 帳簿価額1,000円×(1,050円÷1,080円)
(*2) 帳簿価額1,000円×(30円÷1,080円)

そして，譲渡債権の譲渡価額と譲渡原価の差額から譲渡損益を計算する。

(c) 譲渡損益＝譲渡価額1,050円－譲渡原価972円＝78円

**②　仕訳**

| (借) | | | (貸) | | |
|---|---|---|---|---|---|
| | 現金 | 1,040 | | 債権 | 1,000 |
| | 回収サービス業務資産 | 28 | | リコース義務 | 50 |
| | 買戻権 | 60 | | 譲渡益 | 78 |

## 4　金融資産および金融負債の評価の基本的な考え方

金融資産の評価方法は，時価評価を基本としつつも，金融資産の保有目的等を考慮して定められている。時価評価を基本とする理由は以下のとおりである（基準10号64項）。

① 金融資産が多様化し，価格変動リスクが増大し，取引が国際化するなかで，投資者が自己責任のもと投資判断を行うために，金融資産を時価評価して企業の財務活動の実態を適切に財務諸表に反映させて，投資者に的確な財務情報を提供する必要がある。
② 金融資産にかかわる取引の実態を反映させる会計処理は，企業の側においても，取引内容の十分な把握とリスク管理の徹底および財務活動の成果の的確な把握のために必要である。
③ 日本企業が国際的に事業展開し，資金調達も国際化する中で，財務諸表情報の比較可能性が強く求められており，金融商品にかかわる日本基準の国際的な調和化が重要な課題となっている。

多くの金融資産には市場が存在しており，その時価を客観的に把握でき，また時価による換金・決済が容易である。加えて，90年代後半より銀行や生命保険会社を取り巻く収益環境が悪化したため，これらの金融業者が保有株式等の「含み損益」を開示していないことを逆手にとって，「含み益」のある株式等を売却することで「益出し」を行い利益操作していたことが問題視された。さらに，国内外においてデリバティブ取引による巨額損失を出した事例が頻発していたことも金融商品への時価会計導入の後押しとなった。

ただし，基準10号では金融資産を全面的に時価評価するのではなく，金融資産の属性および保有目的に鑑みて，実質的に価格変動リスクを認める必要のない場合や直ちに売買・換金を行うことに事業遂行上等の制約がある場合には，時価評価が必ずしも企業の財政状態および経営成績を適切に財務諸表に反映させることにならないとして，保有目的別に評価方法を定めている。

また，金融負債は，借入金のように一般的には市場がないか，社債のように市場があっても自己の発行した社債を時価により自由に清算するには事業遂行上等の制約があると考えられることから，デリバティブ取引により生じる正味の債務を除き，債務額をもって貸借対照表価額とし，時価評価の対象としていない。ただし，社債を額面金額と異なる価額で発行した場合には，後述の償却原価法に基づいて貸借対照表価額を算定する。

## 5　金銭債権の会計処理

受取手形，売掛金，貸付金その他の債権の貸借対照表価額は，取得価額から貸倒見積高に基づいて算定された貸倒引当金を控除した金額とする。その理由は，金銭債権には一般的に活発な市場がない場合が多く，受取手形や売掛金は通常，短期的に決済されることが予定されているので，帳簿価額が時価に近似しているものと考えられ，また，貸付金等の債権は，時価を容易に入手できない場合や売却することを意図していない場合が多いため，時価評価は適当ではないと考えられるからである（基準10号68項）。

### (1)　貸倒見積高の算定

貸倒見積高（貸倒引当金）は，債務者の財政状態および経営成績等に応じて債権を**図表15-5**のように区分し，その区分ごとに算定する（27項）。

**図表15-5 ■債権の区分と貸倒見積高の算出方法**

| 区　分 | 内　容 | 算出方法 |
|---|---|---|
| 一般債権 | 経営状態に重大な問題が生じていない債務者に対する債権 | 貸倒実積率法 |
| 貸倒懸念債権 | 経営破綻の状態には至っていないが，債務の弁済に重大な問題が生じているかまたは生じる可能性の高い債務者に対する債権 | 以下のいずれかの方法による（同一債権には同一方法を継続適用）。<br>①　財務内容評価法<br>②　キャッシュ・フロー見積法 |
| 破産更生債権等 | 経営破綻または実質的に経営破綻に陥っている債務者に対する債権 | 財務内容評価法 |

#### ①　一般債権

一般債権とは，経営状態に重大な問題が生じていない債務者に対する債権であり，債権全体または同種・同類の債権ごとに，その債権の状態に応じて求めた過去の貸倒実績率等合理的な基準により貸倒見積高を算定する。貸倒実績率は，ある期における債権残高を分母とし，翌期以降における貸倒損失額を分子として算定するが，貸倒損失の過去のデータから貸倒実績率を算定する期間（算定期間）は，一般には債権の平均回収期間であり[11]，具体的には，当期末に保有する債権について適用する貸倒実績率を算定する際には，当期を最終年度とする算定期間を含むそれ以前の2～3算定期間にかかわる貸倒実績率の平均値を用いる。

**設例15-2　一般債権における貸倒実績率の算定**

債権期末残高および貸倒損失は以下のとおりである。なお，債権の平均回収期間は1年とする。

| | t-3期 | t-2期 | t-1期（前期） | t期（当期） |
|---|---|---|---|---|
| 債権期末残高 | 1,000円 | 1,500円 | 1,200円 | 1,400円 |
| 貸倒損失 | 10円 | 4円 | 9円 | 6円 |

① **貸倒実績率の算定**

$$\left(\frac{4円}{1{,}000円}+\frac{9円}{1{,}500円}+\frac{6円}{1{,}200円}\right)\div 3 = 0.5\%$$

② **仕訳**

（借）貸倒引当金繰入額　7　（貸）貸倒引当金　(*1) 7

(*1) 1,400円×貸倒実績率0.5%

### ②　貸倒懸念債権

貸倒懸念債権については，債権の状況に応じて，(a) **財務内容評価法**（債権額から担保の処分見込額および保証による回収見込額を減額し，その残額について債務者の財政状態および経営成績を考慮して貸倒見積高を算定する方法）または (b) **キャッシュ・フロー見積法**（債権の元本の回収・利息の受取りにかかわるキャッシュフローを合理的に見積もることができる債権に対して，債権の元本および利息について元本の回収および利息の受取りが見込まれるときから当期末までの期間にわたり当初の約定利子率で割り引いた金額の総額と債権の帳簿価額との差額を貸倒見積高とする方法[12]）により貸倒見積高を算定する。なお，同一の債権については，債務者の財政状態および経営成績の状況等が変化しない限り，同一

11　ただし，当該期間が1年を下回る場合には1年とする。また，企業が新規業態に進出した場合等，過去の貸倒実績率を用いることができない場合または適切でない場合には，同業他社の引当率や経営上用いている合理的な貸倒見積高を採用する（移管指針9号111項）

12　当初の約定利子率で割り引くこととしており，これを見積時の改定約定利子率や市場利子率としないのは，キャッシュ・フロー見積法が債権を時価で評価し直すために行われるのではなく，債権の取得価額のうち当初の見積キャッシュフローからの減損額を算定することを目的として行われるためである（移管指針9号299項）。

の方法を継続して適用することが求められる。

### ③　破産更生債権等

破産更生債権等については，財務内容評価法を適用する。なお，破産更生債権等の貸倒見積高は，原則として，貸倒引当金として処理するが，債権金額または取得価額から直接減額することもできる。

**設例15-3**　**キャッシュ・フロー見積法**

当社はA社に対して以下の条件のもと債権金額1,000円の貸付けを行った。X1年3月31日の利払後にA社より経営悪化を理由に条件緩和の申し出があり，A社は貸付金を貸倒懸念債権とし，約定利子率を年2％に引き下げることに合意した。キャッシュ・フロー見積法により貸倒見積高を算定する（小数点以下四捨五入すること）。

＜条件＞

・貸付額：1,000円
・貸付日：X0年4月1日
・返済日：X4年3月31日
・約定利子率年5％（利払日：毎月3月31日）

**手順①：条件緩和後のキャッシュフローの見積り**

| | X2年3月31日 | X3年3月31日 | X4年3月31日 |
|---|---|---|---|
| 契約上の将来キャッシュフロー | 50円 | 50円 | 1,050円 |
| 約定利子率5％の現在価値割引率 | 1/1.05 | $1/(1.05)^2$ | $1/(1.05)^3$ |
| 条件緩和後の将来キャッシュフローの当初時点の見積り | 20円 | 20円 | 1,020円 |

**手順②：各利払日において予想される条件緩和後の将来キャッシュフローの見積りを条件緩和時と同じである場合における当初約定利子率で割り引いた現在価値の算定**

| | X2年3月31日 | X3年3月31日 | X4年3月31日 | 合計 |
|---|---|---|---|---|
| X1年3月31日 | (*1) 19円 | (*2) 18円 | (*3) 881円 | 918円 |
| X2年3月31日 | | (*4) 19円 | (*5) 925円 | 944円 |
| X3年3月31日 | | | (*6) 971円 | 971円 |

(*1) 20円÷1.05,　(*2) 20円÷$(1.05)^2$,　(*3) 1,020円÷$(1.05)^3$
(*4) 20円÷1.05,　(*5) 1,020円÷$(1.05)^2$,　(*6) 1,020円÷1.05

手順③：貸付金1,000円と予想将来キャッシュフローを当初約定利子率で割り引いた現在価値918円との差額を貸倒引当金に計上

| (借) | 貸倒引当金繰入額 | 82 | (貸) | 貸倒引当金 | 82 |
|---|---|---|---|---|---|

なお，条件緩和後の翌年度以降の処理として，割引効果の時間の経過による実現分のうち貸倒高の減額分は(a)原則として受取利息に含めて処理するが，(b)受取利息に含めずに貸倒引当金戻入をして営業費用または営業外費用から控除するか，営業外収益に計上することもできる。X2年３月31日の仕訳を示せば以下のとおりである。

(a)　受取利息として処理する方法

| (借) | 現金預金 | (*1) 20 | (貸) | 受取利息 | (*2) 46 |
|---|---|---|---|---|---|
| | 貸倒引当金 | 26 | | | |

(*1)　1,000円×0.02
(*2)　前期末割引現在価値918円×５％

(b)　貸倒引当金戻入益として処理する方法

| (借) | 現金預金 | 20 | (貸) | 受取利息 | 20 |
|---|---|---|---|---|---|
| | 貸倒引当金 | (*3) 26 | | 貸倒引当金戻入益 | 26 |

(*3)　X2年３月31日時点の割引現在価値合計944円－X1年３月31日時点の割引現在価値合計918円

**設例15-4**　財務内容評価法

A社に対する貸付金1,000円を貸倒懸念債権として，財務内容評価法で貸倒引当金を設定する。なお，担保の処分見込額が300円であり，貸倒引当金の設定率は50％とする。

| (借) | 貸倒引当金繰入 | 350 | (貸) | 貸倒引当金 | (*1) 350 |
|---|---|---|---|---|---|

(*1)（貸付金1,000円－担保処分見込額300）×0.5

### (2)　償却原価法

前述のように，金銭債権の貸借対照表価額は，取得原価から貸倒見積高に基づき算定された貸倒引当金を控除した金額であるが，債権を債権金額より低い価額または高い価額で取得した場合において，取得価額と債権金額との差額の性格が金利の調整と認められるときは，償却原価法に基づいて算定された価額から貸倒見積高に基づいて算定された貸倒引当金を控除した金額とする。

**償却原価法**とは，金融資産（または金融負債）を債権額（または債務額）と異

なる金額で計上した場合に，当該差額に相当する金額を弁済期（または償還期）に至るまで毎期一定の方法で取得価額に加減する方法である（基準10号14項注5）。償却原価法によって毎期一定の方法で金融資産（または金融負債）の貸借対照表価額に加減する金額は，受取利息（または支払利息）に含めて処理する。

償却原価法は，利息法が原則法とされるが，継続適用を条件として簡便法である定額法を採用することができる[13]。

① **利息法**：債権（債券）のクーポン受取総額と金利調整差額の合計額[14]を債権（債券）の帳簿価額に対し一定率（実効利子率）となるように，複利計算をもって各期に配分する方法。
② **定額法**：債権（債券）の金利調整差額を取得日（または受渡日）から償還日までの期間で除して各期の純損益に配分する方法。

**設例15-5　償却原価法**

以下の一連の取引について，(a) 利息法および (b) 定額法に基づき仕訳を行うと以下のとおりになる。※円未満四捨五入

① X1年1月1日（期首），取引先に870円（額面金額1,000円）を期間5年，表面利子率年2％，利払日毎年12月末の条件で貸し付け，小切手を振り出した。なお，実効利子率は5％，貸倒見積高はないものとする。
② X1年12月31日（期末），利息を受け取り，当座預金とした。

なお，実効利子率とは実質的な利回りのことであり，債権（債券）金額と約定利子額の合計の割引現在価値が債権（債券）の取得原価と等しくなるような割引率である。設例中の実効利子率5％は以下の式を成立させるｒとして計算される。

$$870=\frac{20}{(1+r)}+\frac{20}{(1+r)^2}+\frac{20}{(1+r)^3}+\frac{20}{(1+r)^4}+\frac{1{,}020}{(1+r)^5}$$

(a) 利息法による仕訳

① X1年1月1日

| | | | | | |
|---|---|---|---|---|---|
| （借） | 貸付金 | 870 | （貸） | 当座預金 | 870 |

② X1年12月31日

| | | | | | |
|---|---|---|---|---|---|
| （借） | 当座預金 | 20 | （貸） | 有価証券利息 | (*1) 20 |
| （借） | 貸付金 | 24 | （貸） | 有価証券利息 | (*2) 24 |

(*1) 額面価額1,000円×表面利子率2％
(*2)（貸付金期首簿価870円×実効利子率5％）−（額面価額1,000円×表面利子率2％）

13　契約上，元利の支払が弁済期限に一括して行われる場合または規則的に行われることとなっている場合のみ，定額法によることができる（移管指針9号105項）。
14　この合計額が実質的な有価証券利息の総額となる。

（参考）利息法の償却スケジュール

| | X1/1/1 | X1/12/31 | X2/12/31 | X3/12/31 | X4/12/31 | X5/12/31 |
|---|---|---|---|---|---|---|
| (A) 帳簿価額 | 870 | 894 | 918 | 944 | 971 | 1,000 |
| (B) 実効利息額(*1) | | 44 | 45 | 46 | 47 | 49 |
| (C) 利息受取額(*2) | | 20 | 20 | 20 | 20 | 20 |
| (D) 償却額(*3) | | 24 | 25 | 26 | 27 | 29 |

(*1) 期首帳簿価額×実効利子率，(*2) 額面価額×表面利子率，(*3) 実効利息額－利息受取額

(b) 定額法による仕訳

① X1年1月1日

| | | | | | |
|---|---|---|---|---|---|
| （借） | 貸付金 | 870 | （貸） | 当座預金 | 870 |

② X1年12月31日

| | | | | | |
|---|---|---|---|---|---|
| （借） | 当座預金 | 20 | （貸） | 有価証券利息 | (*1) 20 |
| （借） | 貸付金 | 26 | （貸） | 有価証券利息 | (*2) 26 |

(*1) 額面価額1,000円×表面利子率２％
(*2)（額面価額1,000－発行価額870円）÷５年

（参考）定額法の償却スケジュール

| | X1/1/1 | X1/12/31 | X2/12/31 | X3/12/31 | X4/12/31 | X5/12/31 |
|---|---|---|---|---|---|---|
| (A) 帳簿価額 | 870 | 896 | 922 | 948 | 974 | 1,000 |
| (B) 償却額(*1) | | 26 | 26 | 26 | 26 | 26 |

(*1)（額面価額－発行価額）÷５年

## 6　有価証券の会計処理

### (1) 有価証券の意義と分類

有価証券は，企業が発行する株式や社債，国や地方公共団体が発行する公債などを指す。有価証券はその保有目的に基づいて，①売買目的有価証券，②満期保有目的の債券，③子会社株式および関連会社株式，④その他有価証券の４つに分類される。本節では，まずこれら有価証券全般にかかわる会計処理について解説した後，保有目的別の決算時の評価規定について取り上げる。

### (2) 有価証券全般にかかわる会計処理

#### ① 有価証券の取得時

有価証券を取得した際には，その取得原価で評価する。この取得原価には，

取得に伴う付随費用（証券会社への手数料など）を含める。

#### ②　配当金・利息の受取時

株式から配当金を受け取った際には，受取配当金として処理する。ただし，その他資本剰余金を原資とした配当金については，後述の売買目的のものを除いて有価証券の帳簿価額を減額する。債券から利息を受け取った際には，有価証券利息（受取利息）として処理する。

#### ③　有価証券の売却時

有価証券を売却した際には，売却した有価証券の帳簿価額と売却価額との差額を有価証券売却損益として計上する。なお，長期目的で保有している有価証券（その他有価証券）を売却した際には，投資有価証券売却損益とする。

また，同一銘柄の有価証券を異なる単価で複数回に分けて購入している場合，有価証券の払出価額の決定は，①移動平均法または②総平均法を用いる。移動平均法は購入の都度有価証券の平均単価を算出する方法である一方，総平均法は一定期間の平均単価を算出する方法であり，その期間が経過するまで平均単価を算出することはできない。

公社債の売買が利払日以外の日に行われる場合，前回利払日の翌日から売買成立日までの経過日数に応じた利息を端数利息として計算し，その金額を買い手から売り手に支払うことになる。この端数利息の受取りまたは支払いは，有価証券利息として処理する。

**設例15-6**　**端数利息の計算**

当社はX1年11月19日に社債（額面1,000円，利率3.65%，利払日：9月末と3月末）を100円につき97円で買い入れ，代金は端数利息とともに小切手を振出して支払った。なお，端数利息は日割りで計算する。

| | | | | | |
|---|---|---|---|---|---|
| （借） | 有価証券 | (*1) 970 | （貸） | 当座預金 | 975 |
| | 有価証券利息 | (*2) 5 | | | |

(*1) 額面金額1,000円×(97円/100円)
(*2) 額面金額1,000円×利率3.65%×(経過日数50日（10月1日～11月19日）/365日)

### (3)　売買目的有価証券の会計処理

**売買目的有価証券**とは，時価の変動により利益を得ることを目的として保有する有価証券であり，時価をもって貸借対照表価額とし，評価差額は当期の損益として処理する。売買目的有価証券を時価評価し，その評価差額を当期の損益とするのは，売買目的有価証券は売却することに事業遂行上等の制約がなく，時価の変動にあたる評価差額が企業にとっての財務活動の成果と考えられるため，投資者にとっての有用な情報は有価証券の期末時点での時価だと考えられるためである（基準10号70項）。以上のように，売買目的有価証券は典型的な「金融投資」であり，時価の評価差額が投資の成果とみなされる。

売買目的有価証券の評価替えの取扱いは，①洗替方式と②切放方式がある。**洗替方式**は，決算日に時価評価したのち，翌期首に逆仕訳を行うことによって売買目的有価証券の帳簿価額を取得原価に戻す方法である。一方，**切放方式**は，逆仕訳を行わずに期末時点に評価額を翌期首の帳簿価額とする方法である[15]。

なお，売買目的有価証券として分類するためには，有価証券の売買を業としていることが定款上から明らかであり，かつ，トレーディング業務を日常的に遂行し得る人材から構成された独立の専門部署（関係会社や信託を含む）によって売買目的有価証券が保管・運用されていることが望ましいが，定款上の記載や明確な独立の専門部署をもたなくても，有価証券の売買を頻繁に繰り返している場合には売買目的有価証券に該当する（移管指針9号65項）。

**設例15-7　売買目的有価証券の会計処理**

当社はA株式（取得原価1,000円）を売買目的で保有しており，その期末時価は1,200円に値上がりした。(1) 決算日の仕訳，(2) 翌期首の仕訳，(3) 翌期に当該株式を1,300円で売却した際の仕訳を示すと以下のとおりである。

| ①洗替方式 | ②切放方式 |
|---|---|
| **(1) 決算日の仕訳** | |
| （借）売買目的有価証券　200<br>（貸）有価証券運用損益　(*) 200 | （共通） |
| **(2) 翌期首の仕訳** | |
| （借）有価証券運用損益　200<br>（貸）売買目的有価証券　200 | 仕訳なし |
| **(3) 売却時の仕訳** | |
| （借）現金　1,300<br>（貸）売買目的有価証券　1,000<br>有価証券運用損益　300 | （借）現金　1,300<br>（貸）売買目的有価証券　1,200<br>有価証券運用損益　100 |

15　日本基準では洗替方式と切放方式の選択適用が認められるのに対して，IFRSでは洗替方式の採用は想定されていないようである。

(*) 期末時価1,200円－取得原価1,000円

### (4) 満期保有目的の債券の会計処理

**満期保有目的の債券**とは，満期まで所有する意図をもって保有する社債その他の債券であり，取得原価を貸借対照表価額とすることが原則であるが，債券を額面金額と異なる価額で取得した場合において，取得価額と額面金額との差額の性格が金利の調整と認められるときは，償却原価法に基づいて算定された価額を貸借対照表価額とする[16]。満期保有目的の債券を原価評価（償却原価を含む）するのは，たとえ時価が算定できるとしても，当該債券は満期まで保有することによる約定利息および元本の受取りを目的としており，キャッシュフローが確定しているので，満期までの間の金利変動による価格変動のリスクを反映させる必要がないためである。

また，満期保有目的の債券の分類には「満期まで所有する意図をもって保有する」ことが求められているが，これは，企業が償還期限まで所有するという積極的な意思に加えて，その能力に基づいて保有することを意味している。そのため，たとえば，満期までの資金繰り計画や法律等の制約により継続的な保有が困難と判断される場合には，満期まで所有する能力があるとは認められず，満期保有目的の債券として分類することはできない。

### (5) 子会社株式および関連会社株式の会計処理

子会社株式および関連会社株式は，取得原価をもって貸借対照表価額とする。これらの株式を原価評価するのは，**子会社株式**は，事業投資と同じく時価の変動を財務活動の成果とは捉えないという考え方に基づき，また，**関連会社株式**は，他企業への影響力の行使を目的として保有する株式であることから，子会社株式の場合と同じく事実上の事業投資と同様の会計処理を行うことが適当であるためである[17]。

16　償却原価法の処理については本章5を参照。

17　子会社および関連会社は連結財務諸表上，連結または持分法の適用対象とされる。その取扱いについては第11～13章を参照。

### (6) その他有価証券の会計処理

**その他有価証券**は，売買目的有価証券，満期保有目的の債券，子会社株式および関連会社株式以外の有価証券を指し，時価をもって貸借対照表価額とする[18]。その他有価証券は，業務上の関係を有する企業の株式（いわゆる政策保有株式）等から市場動向によっては売却を想定している有価証券まで多様な性格を有しており，金融投資である売買目的有価証券と事業投資である子会社株式および関連会社株式との中間的な性格を有するものとして一括して捉えられる。このような有価証券は長期的には売却することが想定されるものであり，時価情報は投資者にとって有用な投資情報となりうるが，事業遂行上等の必要性から直ちに売買・換金を行うことには制約を伴う要素もあり，評価差額を直ちに当期の損益として処理することは適切ではないと考えられる（77項）。このため，その他有価証券の時価評価による評価差額は洗替方式に基づき，次のいずれかの方法により処理する。

① 評価差額の合計額を損益を介さずに貸借対照表上の純資産の部に計上する（**全部純資産直入法**）。
② 時価が取得原価を上回る銘柄にかかわる評価差額は純資産の部に計上し，時価が取得原価を下回る銘柄にかかわる評価差額は当期の損失として処理する（**部分純資産直入法**）。

この際，貸借対照表上の純資産の部に計上される時価評価差額は，個別財務諸表上は「評価・換算差額等」，連結財務諸表上は「その他の包括利益累計額」として**その他有価証券評価差額金**の名称で計上される。また，連結包括利益計算書上，時価評価差額は「その他の包括利益」として計上される[19]。

なお，部分純資産直入法によれば，評価差額の一部（評価損のみ）を損益計算書へ計上することとなるが，これは，企業会計上，保守主義の原則の観点から，これまで低価法に基づく銘柄別の評価差額の損益計算書への計上が認められてきたことを考慮したためである（基準10号80項）。

---

18　ただし，取得差額が金利調整差額と認められる債券にまず償却原価法を適用し，取得原価と償却原価との差額を有価証券利息の修正として処理する。その上で，時価のある債券については，償却原価と時価との差額を評価差額として処理する（移管指針９号74項）。

19　連結包括利益計算書は第12章を参照。

**設例15-8　その他有価証券の会計処理**

以下のX株式およびY株式の時価推移に基づき，①全部純資産直入法による場合，②部分純資産直入法による場合の（1）X1期末，（2）X2期首（洗替処理による再振替仕訳）および（3）X2期末における仕訳を示すと以下のとおりである。なお，税効果会計は適用しない。

| | X株式（その他有価証券） | Y株式（その他有価証券） |
|---|---|---|
| 取得原価 | 1,000円 | 800円 |
| X1期末の時価 | 750円 | 950円 |
| X2期末の時価 | 600円 | 1,250円 |

| ①全部純資産直入法 | ②部分純資産直入法 |
|---|---|
| **(1) X1期末の仕訳** | |
| （借）その他有価証券評価差額金　100<br>（貸）その他有価証券　(*1) 100 | （借）投資有価証券評価損益　(*3) 250<br>（貸）その他有価証券　100<br>その他有価証券評価差額金　(*4) 150 |
| **(2) X2期首の仕訳** | |
| （借）その他有価証券　100<br>（貸）その他有価証券評価差額金　100 | （借）その他有価証券　100<br>その他有価証券評価差額金　150<br>（貸）投資有価証券評価損益　250 |
| **(3) X2期末の仕訳** | |
| （借）その他有価証券　50<br>（貸）その他有価証券評価差額金　(*2) 50 | （借）投資有価証券評価損益　(*5) 400<br>その他有価証券　50<br>（貸）その他有価証券評価差額金　(*6) 450 |

(*1) X株式の評価差額（750円－1,000円＝△250円）＋Y株式の評価差額（950円－800円＝150円）
(*2) X株式の評価差額（600円－1,000円＝△400円）＋Y株式の評価差額（1,250円－800円＝450円）
(*3) X株式の評価差額：750円－1,000円＝△250円
(*4) Y株式の評価差額：950円－800円＝150円
(*5) X株式の評価差額：600円－1,000円＝△400円
(*6) Y株式の評価差額：1,250円－800円＝450円

### (7) 市場価格のない株式等の会計処理

**市場価格のない株式等**とは，市場において取引されていない株式に加えて，出資金など株式と同様に持分の請求権を生じさせるものをいい，これらは取得原価をもって貸借対照表価額とする。

2019年改正前の基準10号には，「時価を把握することが極めて困難と認められる有価証券」に関する取扱いが示されており，このような有価証券は取得原価をもって貸借対照表価額とすることとされていた。しかし，2019年7月公表の企業会計基準第30号「時価の算定に関する会計基準」（以下，本章では基準30

号という）によって時価の定義が変更されたことに伴い，時価を把握することが極めて困難と認められる有価証券が想定されなくなったことを受けて，基準10号も改正されることとなった。2019年改正基準10号では，市場価格のない株式等に関しては，たとえ何らかの方式により価額の算定が可能としても，それを時価とはしないとする従来の考え方を踏襲して，引き続き取得原価をもって貸借対照表価額としたとされている（基準10号82-2項）。

### (8) 有価証券の減損処理

満期保有目的の債券，子会社株式および関連会社株式ならびにその他有価証券のうち，市場価格のない株式等以外のものについて時価が著しく下落したときは，回復する見込があると認められる場合を除いて，時価をもって貸借対照表価額とし，評価差額は切放法によって当期の損失とする。なお，「時価が著しく下落した」ときとは，個々の銘柄の有価証券の時価が取得原価に比べて50％程度以上下落した場合が該当する[20]。

また，市場価格のない株式等については，発行会社の財政状態の悪化により実質価額が著しく低下したときは，相当額を減額し，評価差額は切放法によって当期損失とする。なお，これらの処理を**有価証券の減損処理**という。

以上の有価証券の保有区分とその会計処理をまとめたものが**図表15-6**である。

20　個々の銘柄の有価証券の時価の下落率が30％未満の場合には，一般的には「著しく下落した」ときには該当しないものと考えられる（移管指針9号91項）。その理由は，時価の下落率が概ね30％未満の場合，その程度の下落は発行企業の業績の悪化によるものではなく市場要因などによって生ずることもあり，その後回復することがあると考えられるためである（移管指針9号284項）。

図表15-6 有価証券の保有区分と会計処理

| | 意　義 | 評価基準 | 評価差額の取扱い | 減損処理の適用 |
|---|---|---|---|---|
| ①売買目的有価証券 | 時価の変動により利益を得ることを目的とした有価証券 | 時価 | 損益（洗替処理または切放処理） | なし |
| ②満期保有目的の債券 | 満期まで所有する意図をもって保有する社債その他の債券 | 取得原価（償却原価法） | 償却原価法の償却額：当期損益 | あり |
| ③子会社株式・関連会社株式 | 他企業の支配や影響力の行使を目的に保有する株式 | 取得原価 | − | あり |
| ④その他有価証券 | 上記①から③のいずれにも該当しない有価証券 | 時価 | 全部純資産直入法：純資産（洗替処理）<br>部分純資産直入法：評価差益を純資産，評価差損を当期損益（洗替処理） | あり |
| ⑤市場性のない株式等 | 市場で取引されていない株式，出資金など株式と同様に持分の請求権を生じさせるもの | 取得原価 | − | あり |

### (9)　保有目的区分の変更

有価証券の保有目的区分は判断の恣意性を排除するため原則として正当な理由がなく変更できないが，以下の事由がある場合には変更できる。

① 資金運用方針の変更または特定の状況の発生に伴い，保有目的区分を変更する場合
② 移管指針9号により，保有目的区分の変更があったとみなされる場合
③ 株式の追加取得または売却により持分比率等が変動したことに伴い，子会社株式または関連会社株式区分から他の保有目的区分にまたはその逆の保有目的区分に変更する場合
④ 法令または基準等の改正または適用により保有目的区分を変更する場合

保有目的区分の変更は，**図表15-7**のように処理する。なお，売買目的有価証券から満期保有目的の債券への振替え（図表15-7の①），その他有価証券から満期保有目的の債券への振替え（図表15-7の⑨）については，満期保有目的の債券への分類がその取得当初の意図に基づくものであるため，取得後の満期

図表15-7 ■有価証券の保有目的区分の変更

| | 振替前 | 振替後 | 可否 | 振替価額 | 評価差額の取扱い |
|---|---|---|---|---|---|
| ① | 売買目的有価証券 | 満期保有目的の債券 | 不可 | − | − |
| ② | | 子会社・関連会社株式 | 可(*1) | 時価 | 損益 |
| ③ | | その他有価証券 | | | |
| ④ | 満期保有目的の債券 | 売買目的有価証券 | | 償却原価 | − |
| ⑤ | | その他有価証券 | | | |
| ⑥ | 子会社・関連会社株式 | 売買目的有価証券 | | 取得原価 | − |
| ⑦ | | その他有価証券 | | | |
| ⑧ | その他有価証券 | 売買目的有価証券 | | 時価 | 損益 |
| ⑨ | | 満期保有目的の債券 | 不可 | − | − |
| ⑩ | | 子会社・関連会社株式 | 可(*1) | 帳簿価額(*2) | −(*2) |

(*1) 正当な理由が認められる場合に限る。
(*2) 部分純資産直入法を採用する場合，振替価額は時価とし，評価差損を当期損益計上する。

保有目的への振替えは認められない[21]。

保有目的区分の変更による振替時の評価額は，原則として，変更前の保有目的区分にかかわる評価基準による。ただし，その他有価証券から売買目的有価証券へ振り替える場合は（図表15-7の⑧），例外的に振替後の保有目的区分にかかわる処理に準じて，時価評価したうえで評価差額は当期損益計上する。また，その他有価証券を子会社株式・関連会社株式へ振り替える場合（図表15-7の⑩），企業会計基準第21号「企業結合に関する会計基準」第25項において，「個別財務諸表上，支配を獲得するに至った個々の取引ごとの原価の合計額をもって，被取得企業の取得原価とする。」とされていることから，例外的に変更前の保有目的区分にかかわる評価基準による評価額（すなわち，時価）ではなく，帳簿価額で振り替える。

## 7　金融商品の表示および開示

金融資産と金融負債は貸借対照表において総額で表示することを原則とする

21　その逆に，満期保有目的の債券から売買目的有価証券またはその他有価証券への振替え（図表15-7の④⑤）を行った際には，満期保有目的の債券に分類された残りすべての債券について保有目的の変更があったものとして振り替えるとともに，保有目的の変更を行った事業年度を含む2事業年度においては，取得した債券を満期保有目的の債券に分類することはできない（テインティング・ルール）。

が，以下のすべての要件を満たす場合には相殺して表示できる。

① 同一の相手先に対する金銭債権と金銭債務であること。
② 相殺が法的に有効で，企業が相殺する能力を有すること。
③ 企業が相殺して決済する意思を有すること。

また，有価証券の表示区分は，売買目的有価証券，1年内に満期の到来する社債その他の債券，および親会社株式のうち1年内に処分されると認められるものは流動資産に分類し，それ以外の有価証券は投資その他の資産に分類する。

また開示（注記）事項としては，以下の事項がある。

① 金融商品の状況に関する事項
 (a) 金融商品に対する取り組み方針
 (b) 金融商品の内容およびそのリスク
 (c) 金融商品にかかわるリスク管理体制
 (d) 金融商品の時価等に関する事項についての補足説明
② 金融商品の時価等に関する事項
③ 金融商品の時価のレベルごとの内訳等に関する事項

上記の③金融商品の時価のレベルごとの内訳等に関する事項について，時価のレベル別の合計額や時価の評価技法およびインプットを開示することが求められるが，時価のレベル等に関する詳細は次節にて取り上げる。

## 8 時価の定義と算定方法

2019年7月公表の基準30号は，時価の算定方法を定めており，具体的には，基準10号における金融商品，および企業会計基準第9号「棚卸資産の評価に関する会計基準」におけるトレーディング目的で保有する棚卸資産の評価基準である時価の算定について定めている。

基準30号では，**時価**は「算定日において市場参加者間で秩序ある取引が行われると想定した場合の，当該取引における資産の売却によって受け取る価格又は負債の移転のために支払う価格」と定義されている（5項）。

時価は市場を基礎とした評価基準であるが，ここでいう「時価」は算定日における市場参加者間の秩序ある取引が行われると想定した場合の**出口価格**（資産の売却によって受け取る価格または負債の移転のために支払う価格）であり，**入**

**口価格**（交換取引において資産を取得するために支払った価格または負債を引き受けるために受け取った価格）ではない（31項）。

2019年改正前の基準10号における時価は，「公正な評価額をいい，市場において形成されている取引価格，気配又は指標その他の相場に基づく価額」とされており，出口価格のみならず入口価格を包摂する市場価格として定義されていた。基準30号において時価の定義が変更されたのは，日本基準を国際的に整合性のあるものとするために，出口価値として**公正価値**を定義しているIFRS13号「公正価値測定」などの国際的な会計基準における公正価値測定に関する定めを取り入れたからである。このため基準30号の「時価」はIFRS13号の「公正価値」と同義である。

基準30号では，時価は市場を基礎とする評価基準であるものの，その算定に当たっては，資産および負債の市場価格そのものを参照するだけでなく，現在価値技法等の評価技法を用いた算定も認められている（**図表15-8**）。

**図表15-8 ■時価の算定方法**

| 評価技法 | 内　容 | 具体的な手法 |
|---|---|---|
| マーケット・アプローチ | 同一または類似の資産または負債に関する市場取引による価格等のインプットを用いる評価技法 | 倍率法，マトリックス・プライシング等 |
| インカム・アプローチ | 利益やキャッシュフロー等の将来の金額に関する現在の市場の期待を割引現在価値で示す評価技法 | 現在価値技法，オプション価格モデル等 |
| コスト・アプローチ | 資産の用役能力を再調達するために現在必要な金額に基づく評価技法 | 簿価純資産法等 |

このように，「時価」は必ずしも観察可能な市場価格であるとは限らないため，基準30号では，時価の算定に用いるインプット（市場参加者が資産または負債の時価を算定する際に用いる仮定）に基づいて，（観察可能性をベースとした）時価の階層化がなされている。時価の算定に用いるインプットは**図表15-9**のとおりに階層化されている。

**図表15-9 ■時価の算定に用いるインプットの階層**

| 階　層 | 内　容 |
|---|---|
| レベル1のインプット | 時価の算定日において，企業が入手できる活発な市場における同一の資産または負債に関する相場価格であり調整されていないもの |
| レベル2のインプット | 資産または負債について直接または間接的に観察可能なインプットのうち，レベル1のインプット以外のインプット |

| レベル3のインプット | 資産または負債について観察できないインプット |
|---|---|

　インプットには観察可能なもの（レベル1とレベル2）と観察不可能なもの（レベル3）があり，評価技法を用いるにあたっては，関連性のある観察可能なインプットを最大限利用し，観察できないインプットの利用を最小限にすることが求められる。

コラム12

### 日本基準とIFRS 9号の差異

　日本基準では金融商品（有価証券）の評価方法はその保有目的によって異なる方法が定められている。かつて国際会計基準でも日本基準と同様の方法を採用していたが，IASBはこのような評価方法は複雑であるとして，金融商品への全面的な公正価値（時価）評価（すなわち，保有目的に関係なくすべての金融商品を公正価値評価）し，評価差額を期間損益に算入することを繰り返し提案した。全面的な公正価値評価となれば，保有区分の変更も必要ないし，減損の判定も，次章で学習するヘッジ会計も（予定取引を除いて）必要なくなる。

　しかし，そのような提案は公表されるたびに市場関係者からの猛烈な反対にあった。特に問題視されたのはダウングレーディング・パラドックスである。公正価値の算定には企業の自己信用リスク（自己の信用状態）を反映させることになるので，金融負債（社債等）を公正価値評価すれば，企業の格付けが下がるなど自己の信用状態が悪化すれば，信用リスクプレミアムを割引率に上乗せすることで，金融負債の公正価値が減少して評価差額が計上される。自己の信用状態が悪化したにもかかわらず，債務履行が免除されたわけでもないのに金融負債が減少して評価益が計上されるという直観に反する現象がパラドックスとして指摘された。

　結果的に，IFRS 9号「金融商品」は全面的な公正価値評価を求めていない。IFRS 9号では金融商品の評価方法を負債性金融商品（債権や債券など）と資本性金融商品（株式など）に分けて規定している。具体的な評価方法は次頁表のとおりである。

　IFRS 9号では原則的な評価方法に加えて，一定の要件を満たす場合には公正価値オプション（本来であれば償却原価評価もしくは公正価値評価し評価差額をOCI計上する金融商品に対して，公正価値評価し評価差額を当期損益計上するものとして指定すること）やOCIオプション（本来であれば公正価値評価し評価差額を当期損益計上する金融商品に対して，評価差額をOCI計上するものとして指定すること）が認められており，日本基準と同等かそれ以上に複雑化しているようにみえる。加えて，OCIオプションを適用した場合，株式の時価評価差額をOCI計上することになるが，株式の売却時にOCIをリサイクリングすることが禁止されている。

| 分類 | 事業モデル要件(*1) | SPPI要件(*2) | 評価基準 | 評価差額の取扱い |
|---|---|---|---|---|
| 負債性金融商品 | | | | |
| ①償却原価区分 | 回収 | 満たす | 取得原価（償却原価法）(*3) | 償却原価法の償却額：当期損益。ただし取消不能の選択肢としてFVPL計上可（公正価値オプション） |
| ②その他の包括利益を通じた公正価値区分 | 回収・売却の両方 | 満たす | 公正価値(*3) | OCI（リサイクリング有り）。ただし取消不能の選択肢としてFVPL計上可（公正価値オプション） |
| ③純損益を通じた公正価値（FVPL）区分 | 上記以外 | 満たさない | 公正価値 | 当期損益 |
| 資本性金融商品 | | | | |
| ④トレーディング目的 | - | - | 公正価値 | 当期損益 |
| ⑤トレーディング目的以外 | - | - | 公正価値 | 当期損益。ただし取消不能の選択肢としてOCI（リサイクリング無し）計上可（OCIオプション） |

(*1) 事業モデル要件：事業モデルは①約定されたキャッシュフローの回収か，②回収および売却か，③それ以外か。
(*2) SPPI（Solely Payment of Principal and Interest）要件：金融商品から生じる契約上のキャッシュフローが約定された元本および元本残高に対する利息の支払いのみである。
(*3) 減損処理の適用あり。

IASBがリサイクリングを禁止するのは，（再評価時と売却時に）包括利益へ二度計上することを回避することや，本章**4**で述べた「益出し」を抑制するという意図があってのことだが，市場関係者からは株式投資の成果の一部が期間損益に永久に計上されなくなるとして懸念が寄せられている。なによりもOCIのリサイクリング禁止によって，第2章で学習した「一致の原則」が成立しなくなり，純利益の性質を大きく変えることになる。「益出し」による利益操作を排除することと，業績指標としての純利益の意義を堅持することが天秤にかけられているといえる。

# 第16章 金融商品②

**学習のポイント**

本章は前章に引き続き金融商品会計を取り上げ，デリバティブ取引および複合金融商品の取扱いを学習する。また，デリバティブ取引の派生論点として「ヘッジ会計」がある。デリバティブ取引の原則的な会計処理は時価評価して評価差額を損益計上するが，ヘッジ会計は一定の要件を満たす際にデリバティブ取引に例外的な会計処理を認めている。デリバティブ取引を行う目的は何か，その目的を達成するには原則的な処理が適切か（なぜ例外的な処理が求められるのか）という観点から考えてみると，ヘッジ会計の意義に対する理解がより深まるであろう。

## 1　デリバティブ取引

### (1)　デリバティブ取引の概要

デリバティブ（derivative）とは，株式，債券，外国為替，金利，原油などの原資産から派生した金融商品を指し，原資産の価格変動等を取引対象とするものである。デリバティブの語源は「derive（由来する）」からきており，デリバティブとは「金融派生商品」のことである。デリバティブは以下のような特徴を有する（移管指針第9号「金融商品会計に関する実務指針」（以下，本章では移管指針9号という）6項）。

① その権利義務の価値が基礎数値（金利，有価証券価格，現物商品価格などの変数）の変化に応じて変動する。
② 当初要求される投資額が不要かほとんど必要ない。
③ その契約条項により純額（差金）決済を要求もしくは容認する。

デリバティブ取引には，先物取引，先渡取引，オプション取引，スワップ取引などが含まれ，金利・通貨・株式などから派生した商品が主要なものとなる

（**図表16-1**）。

**図表16-1■デリバティブの主な種類**

| 原資産 | 先物 | 先渡 | オプション | スワップ | 複合 |
|---|---|---|---|---|---|
| 金利 | 金利先物 | 金利先渡 | 金利キャップ，金利フロアー | 金利スワップ | 金利先物オプション |
| 債券 | 債券先物 | 債券先渡 | 債券店頭オプション | | 債券先物オプション |
| 通貨（為替） | 通貨先物 | 為替先渡（為替予約） | 通貨オプション | 通貨スワップ | 通貨先物オプション |
| 株式 | 株式指数先物 | 株式先渡 | 株式指数オプション | エクイティスワップ(*) | 株価指数先物オプション |

(*) 株価と連動したキャッシュフローと事前に取り決めた金利を交換する取引。

**先物取引**とは，原資産を将来の決められた一時点で約定された価格で売買する取引である。**先渡取引**も先物取引と同様に，原資産を将来の決められた一時点で約定された価格で売買する取引ではあるが，先物取引は取引所の市場で行われ差金決済される一方，先渡取引は相対取引（買い手と売り手が取引価格・数量・決済方法等について直接交渉する取引であり，店頭取引ともよばれる）で行われ，現物決済されるという違いがある。また先渡取引は先物取引と異なり委託証拠金が不要である一方，取引相手の信用リスク（カウンターパーティーリスク：取引相手が破綻するなどして契約が不履行になるリスク）がある。

**オプション取引**とは，金利や通貨などをあらかじめ決められた期日にあらかじめ決められた価格（権利行使価格）で「買う権利（コール・オプション）」や「売る権利（プット・オプション）」を売買する取引である。オプションは選択権であり，「買う（売る）権利」の行使はオプションの買い手に委ねられている。オプションの買い手は売り手に対してオプション料（プレミアム）を支払うこととなり，買い手の損失の範囲はオプション料に限定される[1]。

**スワップ取引**とは，同一通貨で異なる金利の支払いと受取りを交換（スワップ）するなど，金利や通貨等の異なるキャッシュフローを交換する取引である。

デリバティブ取引を行う目的は，大きく以下の３つに分けられる。

1　くわしくは本章末のコラム13「オプション取引の意義」を参照。

①　投機目的（スペキュレーション）
②　裁定取引（アービトラージ）
③　ヘッジ目的

①投機目的とは，デリバティブの相場変動により利益を得る目的でデリバティブを保有することである。②裁定取引とは，価格変動の連動性（相関性）があるデリバティブ商品に関して商品間で価格差がある場合に，たとえば，割安な先物商品を購入すると同時に割高な現物商品を売ることで価格差から利ザヤを獲得するような取引である。③ヘッジ目的とは，デリバティブを利用することで，保有資産・負債の価格変動による損失を回避したり，キャッシュフローの変動性を回避したりすることを目的とするものである。ヘッジ目的のデリバティブ取引のうち，一定の要件を満たすものについては本章2で取り上げるヘッジ会計を適用できる。

### (2)　デリバティブ取引の原則的な会計処理

デリバティブ取引は原則として時価評価し，評価差額を損益計上する。以下では，具体的なデリバティブ取引の会計処理について解説する。

### (3)　先物取引の具体的な会計処理

まず債券先物取引を例に先物取引の具体的な処理を確認しよう。債券先物取引とは，債券を対象とした先物取引であり，将来の特定の期日に特定の債券をあらかじめ決められた価格で取引することを約束する取引である[2]。

**設例16-1　債券先物取引の会計処理**

X1年3月1日，当社は国債（帳簿価額1,200円，その他有価証券として分類）を保有しているが，今後の金利上昇を見込み，価格の値下がりに備えて債券先物を売建てて，委託証拠金として現金100円を支払った[3]。国債および債券先物の時価は以下のとおりである。

| | 国債の時価 | 債券先物の時価 |
|---|---|---|
| 3月1日（売建日） | 1,100円 | 1,080円 |
| 3月31日（決算日） | 1,050円 | 940円 |

2　先渡取引の具体的な会計処理は，為替予約を例に第17章で取り上げる。

①　X1年3月1日（契約日）

（借）差入保証金　100　（貸）現　金　100

先物取引開始時には，委託証拠金にかかわる仕訳しか行わない。これは，取引開始時にはデリバティブ取引から生じる権利と義務の価値が一致し，正味差額が生じないためである。

②　X1年3月31日（決算日）

(i) 国債（その他有価証券）の時価評価（全部純資産直入法の適用）

（借）その他有価証券評価差額金　150　（貸）その他有価証券 (*1) 150

(*1) 3月31日時点の国債の時価1,050円－国債の帳簿価額1,200円

(ii) 債券先物の時価評価

（借）売建債券先物　140　（貸）債券先物利益 (*2) 140

(*2) 3月31日時点の債券先物の時価940円－3月1日時点の債券先物の時価1,080円

決算日には債券先物取引から生じる正味の債権・債務を時価評価するとともに，評価差額は当期の損益とする。なお,本設例では，国債（その他有価証券）の時価変動をヘッジするために債券先物取引を行っているものの,その他有価証券の評価差額は純資産直入される一方，債券先物の評価差額は当期の損益に計上されるため，ヘッジの効果が当期損益に適切に反映できていない。この不都合を解消する会計手続がヘッジ会計であるが，ヘッジ会計については次節で解説する。

### (4)　オプション取引の具体的な会計処理

オプション取引の買建てでは支払いオプション料が発生し，売建てでは受け取りオプション料が発生する。通貨オプション取引を例にオプション取引の具体的な会計処理を確認しよう。通貨オプション取引とは，将来の一定時点においてある一定量の通貨を他の通貨による一定の価額で売る権利または買う権利

3 「売建て」とは，先物取引等において新規に売り付けることをいう。売建てを行うケースとしては，将来に値下がりすると判断した投資対象を値下がり前に売って，値下がりした時点で買い戻して利益を獲得する。設例では，今後の金利上昇を見込んでおり，金利が上昇すれば国債（固定金利の債券）の時価は下落することとなる。また，値下がり局面で売建てている（値下がりを期待している）状況を「ショートポジション」という。一方,「買建て」とは，先物取引等において新規に買い付けることをいい，買建てを行うケースとしては，将来に値上がりすると判断した投資対象を値上がり前に買って，値上がりした時点で売り戻して利益を獲得する。また，値上がり局面で買建てている（値上がりを期待している）状況を「ロングポジション」という。

を売買する取引である。

**設例16-2　通貨オプション取引の会計処理**

次の一連の取引を仕訳すれば以下のとおりである。

①　X1年3月1日，以下の条件で取引銀行との間でオプション取引（プットオプションの買い[4]）の契約を締結した。

・想定元本3ドル
・権利行使価格105円／ドル
・行使期限X1年5月31日
・オプション料1ドルにつき3円の条件でオプション料を現金払い。

②　X1年3月31日（決算日），オプションの時価は1ドルにつき2円であった。

③　X1年5月31日，為替レートが1ドル101円／ドルとなったので3ドルのドル買いを実行すると同時にオプションを行使して，3ドルを105円で売却し，現金を受け取った。

**①　契約締結時の仕訳：オプション料を「オプション」勘定で資産計上**

| | | | | | |
|---|---|---|---|---|---|
| （借） | 通貨オプション | 9 | （貸） | 現金 | (*1) 9 |

(*1) 想定元本3ドル×3円

**②-1　決算時の仕訳：オプションの時価評価**

| | | | | | |
|---|---|---|---|---|---|
| （借） | オプション差損益 | 3 | （貸） | 通貨オプション | (*2) 3 |

(*2) 想定元本3ドル×（3円－2円）

**②-2　翌期首の仕訳：洗替処理**

| | | | | | |
|---|---|---|---|---|---|
| （借） | 通貨オプション | 3 | （貸） | オプション差損益 | 3 |

**③　権利行使時の仕訳：決済差額とオプション料の差額を損益計上**

| | | | | | |
|---|---|---|---|---|---|
| （借） | 現金 | (*3) 12 | （貸） | 通貨オプション | 9 |
| | | | | オプション差損益 | 3 |

(*3) 想定元本3ドル×（105円－101円）

ここで，仮にX1年5月31日に為替レートが権利行使価格1ドル／105円より円安になった場合（たとえば1ドル／106円），権利放棄することとなるがその際の仕訳は以下のとおりである。

| | | | | | |
|---|---|---|---|---|---|
| （借） | オプション差損益 | 9 | （貸） | 通貨オプション | 9 |

4　プット・オプションの買いとは，売る権利を購入することである。なお，オプションの売り・買いについては本章末コラム13を参照。コラム13の図表中の②がプット・オプションの買いを解説している。

### (5) スワップ取引の具体的な会計処理

金利スワップを例にスワップ取引の具体的な会計処理を確認しよう。金利スワップ取引とは，取引の当事者間で合意したある期間での想定元本に対する金利を交換する取引である。

**図表16-2 ■金利スワップのイメージ**

たとえば，当社は変動金利型のA社社債を購入したとする。変動金利とは，利息の受払額が債券等の保有期間中に市場金利の変化に連動して変動するものである。変動金利型の社債を購入した場合，市場金利が下がれば，受け取るキャッシュフローが減少する可能性がある。このため，当社はB銀行との間に固定金利受取り・変動金利支払いの金利スワップ契約を締結する。そうすると**図表16-2**に示したように，当社はA社社債から変動金利を受け取ると同時に，B銀行に（A社社債からの）変動金利を支払って固定金利を受け取ることになる。すなわち，当社は金利スワップ契約を通じて受け取る金利（キャッシュフロー）を固定化している。

その逆に，固定金利型の社債を購入する場合，市場金利の変動に関係なく約定された固定額の金利を受け取ることができるため，当社はキャッシュフローの変動リスクを負わないものの，例えば，市場金利が上昇すると相対的に固定金利の魅力が低下し債券価値が下落する等，価格変動リスクを負うことになる。この価格変動リスクをヘッジするために変動金利受取り・固定金利支払いの金利スワップを締結することになる。

**設例16-3　金利スワップ取引の会計処理**

① X1年4月1日に当社は固定金利型の社債1,000円（年利1％，利払日：毎年3月31日，その他有価証券に分類し，全部純資産直入法を適用する）を購入し，代金は小切手を振り出して支払うと同時に，取引銀行との間で金利スワップ契約（想定元本1,000円，変動金利受取り・固定金利支払い）を締結した。

② 決算日に市場金利が1.5％へと上昇し，社債および金利スワップの時価が以下

のように変動した。

| | 社債 | 金利スワップ |
|---|---|---|
| 取得原価 | 1,000 | 0 |
| 金利上昇による時価の変動 | (5) | 5 |
| 決算日の時価 | 995 | 5 |

① 社債購入および金利スワップ締結時の仕訳

（借）その他有価証券　1,000　（貸）当座預金　1,000

契約時の金利スワップの時価は0円であるため，金利スワップに関する仕訳は行わない。

② 決算時の仕訳

(a) 利息の受払い

（借）現金預金　10　（貸）受取利息　(*1) 10

（借）現金預金　5　（貸）受取利息　(*2) 5

(*1) 1,000円×固定金利1％

(*2) 1,000円×(変動金利1.5％－固定金利1％)

社債からの利息受取分と金利スワップからの受払いの純額分を合わせると，利息受取額は変動金利1.5％に相当する。

(b) その他有価証券の評価

（借）その他有価証券評価差額金　5　（貸）その他有価証券　5

(c) 金利スワップの評価

（借）金利スワップ(資産)　5　（貸）金利スワップ評価損益　5

決算日には，社債（その他有価証券）の時価の下落を認識するとともに，金利スワップの時価の上昇を認識して評価差額を当期損益に計上する。しかし，その他有価証券の原則的な処理方法では評価差額を貸借対照表の純資産の部に計上する一方，金利スワップの時価評価差額を当期損益に計上するために，価格変動リスクをヘッジする目的でデリバティブ取引を契約したにもかかわらず，当期損益に変動性がもたらされてしまっている点に注目してほしい。

## 2　ヘッジ会計

### (1) ヘッジ会計の概要

前節でみたように，保有資産・負債の価格変動やキャッシュフローの変動を緩和・軽減することを目的に，デリバティブ取引を活用することがある。しかし，設例16-1や設例16-3のように，金利スワップ契約などを締結して価格変動リスクをヘッジしたにもかかわらず，その他有価証券の評価差額を当期損益に計上しない一方，デリバティブの原則処理がその時価評価差額を当期損益に計上するために，期間損益に変動性がもたらされてヘッジ効果が会計上適切に表現できていない。このような不都合を解消するために，ヘッジ目的でのデリバティブ取引（ヘッジ取引[5]）に関しては，一定の要件を満たせば，ヘッジ会計を適用することが認められている。

ここで，**ヘッジ会計**とは，ヘッジ取引のうち一定の要件を満たすものについて，ヘッジ対象（有価証券等）にかかわる損益とヘッジ手段（デリバティブ取引）にかかわる損益を同一の会計期間に認識して，ヘッジの効果を会計に反映させるための特殊な会計処理をいう（企業会計基準第10号「金融商品に関する会計基準」（以下，本章では基準10号という）29項)。なぜヘッジ会計が特殊かといえば，ヘッジ対象とヘッジ手段にそれらの原則的な処理を適用すると，ヘッジ対象とヘッジ手段の損益の認識時点を合わせることができない場合に，損益の認識時点が合わさるように，そのいずれかに例外的な処理を適用するためである。このため，原則的な処理を適用してもヘッジ対象とヘッジ手段の損益の認識時点が一致するようなヘッジ取引であればヘッジ会計を適用する必要はない。以下ではヘッジ会計の具体的な適用要件について確認する。

### (2)　ヘッジ会計の適用要件

ヘッジ会計を適用するためには，適格なヘッジ対象とヘッジ手段を用いて，ヘッジ会計の適用要件を満たす必要がある。**図表16-3**にあるように，ヘッジ会計が適用されるヘッジ対象は，①相場変動等による損失の可能性がある資産または負債，②資産または負債にかかわるキャッシュフローが固定され，その変動が回避されるものである。また，ヘッジ対象には予定取引により発生が見込まれる資産または負債も含まれる。予定取引とは，(a)未履行の確定契約に

5　ヘッジ取引とはヘッジ対象の資産・負債にかかわる相場変動を相殺するか，ヘッジ対象の資産・負債にかかわるキャッシュ・フローを固定してその変動を回避することにより，ヘッジ対象である資産または負債の価格変動，金利変動および為替変動といった相場変動等による損失の可能性を減殺することを目的として，デリバティブ取引等をヘッジ手段として用いる取引をいう（基準10号96項)。

かかわる取引および(b)契約は成立していないが取引予定時期，取引予定物件，取引予定量，取引予定価格等の主要な取引条件が合理的に予測可能であり，かつ，それが実行される可能性が極めて高い取引のことである。

**図表16-3 ■適格なヘッジ対象**

| 適格なヘッジ対象 | | 例　示 |
|---|---|---|
| ①相場変動等による損失の可能性がある資産または負債 | ①-1　資産・負債にかかわる相場変動等が評価に反映されていないもの | 固定利付貸付金，固定利付借入金など |
| | ①-2　相場変動等が評価に反映されているが評価差額が損益として処理されないもの | その他有価証券 |
| ②資産・負債にかかわるキャッシュフローが固定され，その変動が回避されるもの | | 変動利付貸付金，変動利付借入金，予定取引など |

また，適格なヘッジ手段としては，原則としてデリバティブ取引を用いるが，**図表16-4**のとおり例外も認められている。

**図表16-4 ■例外的なヘッジ手段**

| 例外的なヘッジ手段が認められる場合 | 例外的なヘッジ手段 |
|---|---|
| 以下の外貨建取引等の為替変動リスクのヘッジ目的<br>①予定取引<br>②その他有価証券<br>③在外子会社等に対する持分への投資 | 外貨建金銭債権債務または外貨建有価証券 |
| その他有価証券の相場変動リスクのヘッジ目的 | 信用取引（有価証券の空売りなど） |

ヘッジ会計を適用するための具体的な適用要件としては，**図表16-5**に示される要件をすべて満たす必要がある。

**図表16-5 ■ヘッジ会計の適用要件**

| (1) ヘッジ取引時の要件（事前テスト） |
|---|
| ヘッジ取引が企業のリスク管理方針に従ったものであることが，次のいずれかによって客観的に認められること。<br>①　当該取引が企業のリスク管理方針に従ったものであることが，文書により確認できること<br>②　企業のリスク管理方針に関して明確な内部規定および内部統制組織が存在し，当該取引がこれに従って処理されることが期待されること |

| (2) ヘッジ取引時以降の要件（事後テスト） |
|---|
| ヘッジ対象とヘッジ手段の損益が高い程度で相殺される状態またはヘッジ対象のキャッシュフローが固定されその変動が回避される状態が引き続き認められることによって，ヘッジ手段の効果が定期的に確認されていること（ヘッジ有効性の評価）。なお，ヘッジ有効性の評価は以下の式にあるように，ヘッジ対象とヘッジ手段との間に高い相関関係（80〜125%）が求められる。<br>$$80\% \leq \frac{\text{ヘッジ手段の相場変動・キャッシュ・フローの変動累計額}}{\text{ヘッジ対象の相場変動・キャッシュ・フローの変動累計額}} \leq 125\%$$ |

### (3) ヘッジ会計の方法[6]

#### ① 繰延ヘッジ会計と時価ヘッジ会計

ヘッジ会計の方法には繰延ヘッジ会計と時価ヘッジ会計があり，原則法は繰延ヘッジ会計である。**繰延ヘッジ会計**とは，時価評価されているヘッジ手段にかかわる損益または評価差額を，ヘッジ対象にかかわる損益が認識されるまで損益算入せずに純資産の部において繰り延べる方法である。一方，**時価ヘッジ会計**とは，ヘッジ対象である資産または負債にかかわる相場変動等を損益に反映させることによって，その損益とヘッジ手段にかかわる損益とを同一の会計期間に認識する方法である。

**図表16-6 ■ヘッジ会計の方法**

| | ヘッジ対象の処理 | ヘッジ手段の処理 |
|---|---|---|
| 繰延ヘッジ会計 | ヘッジ対象にかかわる原則的な処理を適用 | 時価評価し，評価差額を繰延ヘッジ損益として純資産計上（その後ヘッジ対象の損益認識時点に損益算入） |
| 時価ヘッジ会計 | 時価評価し，評価差額を当期損益計上 | 時価評価し，評価差額を当期損益計上 |
| 金利スワップの特例処理 | ヘッジ手段である金利スワップを時価評価せず，ヘッジ対象と一体処理（例外処理） | |

繰延ヘッジ会計が原則的な処理とされている理由としては，繰延ヘッジ会計が取得原価主義会計と親和性のある方法であることに加えて，予定取引をヘッジ対象とする場合，時価ヘッジ会計を適用すると，予定取引のポジションが発生する前に，ヘッジ手段の評価差額のみが当期損益に計上されるため，予定取

6　外貨建取引にかかわる為替予約等を利用した振当処理については第17章を参照。

引に対するヘッジ効果を適切に財務数値に反映させるためには繰延ヘッジ会計を適用するしかないためである。

時価ヘッジ会計は，ヘッジ対象である資産または負債にかかわる相場変動等を損益に反映させることができる場合にのみ適用できる。この処理方法の適用対象は，ヘッジ対象の時価を貸借対照表価額とすることが認められているものに限定されており，基準10号の規定上，現時点で適用対象となるのはその他有価証券のみである。時価ヘッジ会計を採用する場合，ヘッジ対象たるその他有価証券の時価の変動要因のうち特定のリスク要素（金利，為替，信用等）のみをヘッジの目的としているときは，ヘッジ取引開始以後に生じた時価の変動のうち当該リスク要素の変動にかかわる時価の変動額を当期の損益に計上し，その他のリスク要素の変動にかかわる時価の変動額は純資産の部に計上する。

#### ②　金利スワップの特例処理

資産または負債にかかわる金利の受払条件を変換することを目的として利用されている金利スワップについて，金利スワップの想定元本や満期がヘッジ対象のそれとほぼ一致しているなど一定の要件を満たすものについては特例処理を適用することができる。**金利スワップの特例処理**のもとでは，金利スワップを時価評価せず，その金銭の受払の純額等を対象資産または負債にかかわる利息に加減して処理することができる。これは，金利スワップの想定元本や契約期間が対象資産・負債の元本金額や満期とほぼ一致していれば，両者を一体とみて会計処理することに合理性が見出せるためである。つまり，変動利付借入金の契約と同時に，当該借入金の元本金額や満期とほぼ同一の変動金利受取り・固定金利支払いの金利スワップを締結することは，はじめから固定利付借入金の契約を締結していることと同質であると考えられるからである。

ここで，設例16-3にヘッジ会計を適用したものが設例16-4である。なお，利息の受払いの仕訳は設例16-3と同様であるため省略している。

**設例16-4**　**金利スワップ取引の会計処理**

当社は固定金利型の社債1,000円（その他有価証券に区分）を購入し，価格変動リスクをヘッジすることを目的に，金利スワップ契約（想定元本1,000円，変動金利受取り・固定金利支払い）を締結している。決算日における社債および金利スワップの時価は以下のとおりである。なお，ヘッジ会計の適用要件を満たすものとする。

| | 社債 | 金利スワップ |
|---|---|---|
| 取得原価 | 1,000 | 0 |
| 金利上昇による時価の変動 | (5) | 5 |
| 決算日の時価 | 995 | 5 |

① 繰延ヘッジ会計を適用する場合の仕訳

| | | | | | |
|---|---|---|---|---|---|
| (借) | その他有価証券評価差額金 | 5 | (貸) | その他有価証券 | 5 |
| (借) | 金利スワップ(資産) | 5 | (貸) | 繰延ヘッジ損益(純資産) | 5 |

② 時価ヘッジ会計を適用する場合の仕訳

| | | | | | |
|---|---|---|---|---|---|
| (借) | 投資有価証券評価損益 | 5 | (貸) | その他有価証券 | 5 |
| (借) | 金利スワップ(資産) | 5 | (貸) | 金利スワップ評価損益 | 5 |

設例16-3ではヘッジ目的でデリバティブ取引を締結したにもかかわらず，ヘッジ対象とヘッジ手段の処理方法が異なることで当期損益に変動性がもたらされていた。設例16-4では，繰延ヘッジ会計ではヘッジ対象の評価差額（その他有価証券評価差額金）とヘッジ手段の評価差額（繰延ヘッジ損益）をともに純資産の部に計上することで，時価ヘッジ会計では評価差額をともに当期の損益に計上することで，ヘッジの効果を損益計算上に適切に反映することができている。

### 設例16-5　金利スワップの特例処理

① 前提条件

当社はX1年7月1日に変動利付借入れ10,000円を行ったが，将来金利の上昇が予想されるため，同日に金利スワップ取引を行った。このスワップ取引はヘッジ会計の適用要件を満たすものとする。

借入取引およびスワップ取引の詳細は以下のとおりであり，金利スワップの想定元本や契約期間が借入取引の元本金額や満期と一致しているため，金利スワップの特例処理を適用する。

| 借入取引（ヘッジ対象） | | 金利スワップ取引（ヘッジ手段） | |
|---|---|---|---|
| 借入金額 | 10,000円 | 想定元本 | 10,000円 |
| 期間 | 5年 | 期間 | 5年 |
| 約定利率 | TIBOR＋1.0％支払 | 交換レート | TIBOR＋1.0％受取<br>固定金利6.0％支払 |
| 金利の受払条件 | 6/30，12/31 | 金利の受払条件 | 6/30，12/31 |

TIBOR（Tokyo InterBank Offered Rate：東京銀行間取引金利）およびそれに基づく変動金利の推移は以下のとおりであり，支払金利は支払日から6ヵ月前の水準が適用される。

| 日付 | TIBOR | TIBOR＋1.0% | 金利計算期間 |
|---|---|---|---|
| X1年7月1日 | 4.0% | 5.0% | X1年7年1日～12月31日 |
| X2年1月1日 | 6.0% | 7.0% | X2年1月1日～6月30日 |

また，X2年12月31日の金利スワップの時価は△25円であったとする。なお，決算日は3月31日である。

② 仕訳

(a) X1年7月1日の仕訳（借入およびスワップ契約締結日）

| | | | | |
|---|---|---|---|---|
| （借） | 現金預金 | 10,000 | （貸）借入金 | 10,000 |

(b) X1年12月31日の仕訳（第1回利払日）

| | | | | |
|---|---|---|---|---|
| （借） | 支払利息 | (*1) 250 | （貸）現金預金 | 250 |
| （借） | 支払利息 | (*2) 50 | （貸）現金預金 | 50 |

(*1) 借入金利息＝借入金額10,000円×5.0%×6ヵ月÷12ヵ月

(*2) スワップ契約純支払額＝金利スワップ想定元本10,000円×（受取5.0%－支払6.0%）×6ヵ月÷12ヵ月

(c) X2年3月31日の仕訳（決算日）

| | | | | |
|---|---|---|---|---|
| （借） | 支払利息 | (*3) 175 | （貸）未払利息 | 175 |
| （借） | 未収利息 | (*4) 25 | （貸）支払利息 | 25 |

(*3) 借入金利息＝借入金額10,000円×7.0%×3ヵ月÷12ヵ月

(*4) スワップ契約純受取額＝金利スワップ想定元本10,000円×（受取7.0%－支払6.0%）×3ヵ月÷12ヵ月

なお，スワップ契約純受取額の仕訳については，ヘッジ対象の支払利息と相殺するため，勘定科目を受取利息とするのではなく，支払利息とする。また，特例処理を適用しているため，金利スワップの時価評価に伴う仕訳は行わない。

(d) X2年6月30日の仕訳（第2回利払日）

| | | | | |
|---|---|---|---|---|
| （借） | 支払利息 | 175 | （貸）現金預金 | (*5) 350 |
| | 未払利息 | 175 | | |

(*5) 借入金利息＝借入金額10,000円×7.0%×6ヵ月÷12ヵ月

| | | | | |
|---|---|---|---|---|
| （借） | 現金預金 | (*6) 50 | （貸）支払利息 | 25 |
| | | | 未収利息 | 25 |

(*6) スワップ契約純受取額＝金利スワップ想定元本10,000円×（受取7.0%－支払6.0%）×6ヵ月÷12ヵ月

### (4) ヘッジ会計の中止

事後テスト要件を満たさなくなったなど，ヘッジ会計の要件が満たされなく

なった際，ヘッジ会計の要件が満たされていた間のヘッジ手段にかかわる損益または評価差額は，ヘッジ対象にかかわる損益が認識されるまで引き続き繰り延べる。ただし，繰り延べられたヘッジ手段にかかわる損益または評価差額について，ヘッジ対象にかかわる含み益が減少することによりヘッジ会計の終了時点で重要な損失が生じるおそれがあるときは，当該損失部分を見積もり，当期の損失として処理しなければならない。

### (5)　ヘッジ会計の終了

ヘッジ対象の売却などヘッジ対象が消滅したときにヘッジ会計は終了し，繰り延べられているヘッジ手段にかかわる損益または評価差額は当期の損益として処理しなければならない。ヘッジ対象である予定取引が実行されないことが明らかになった場合も同様である。

## 3　複合金融商品

### (1)　複合金融商品の概要

**複合金融商品**とは，複数種類の金融資産または金融負債が組み合わされている金融商品のことである（基準10号52項）。複合金融商品には，①払込資本を増加させる可能性のある部分を含む複合金融商品と，②その他の複合金融商品がある。前者の代表的な商品としては，新株予約権付社債があり，後者には金利オプション付借入金のように現物の資産・負債とデリバティブ取引が組み合わされたもの，およびゼロ・コスト・オプション[7]のように複数のデリバティブ取引が組み合わされたものがある[8]。

基準10号では，新株予約権付社債に関しては，(a) 転換社債型新株予約権付社債と (b) それ以外の新株予約権付社債とに分けて，またその他の複合金融商品に関して会計処理を定めている。

7　ゼロ・コスト・オプションとは，オプションの買いと売りを組み合わせて，支払オプション料と受取オプション料を相殺してオプション料を実質的にゼロとしたオプション取引である。

8　新株予約権の会計処理に関しては第23章を参照。

### (2) 転換社債型新株予約権付社債の会計処理

**転換社債型新株予約権付社債**とは，あらかじめ決められた条件で株式に転換できる権利（新株予約権）の付いた社債である。当該社債について株式転換権が権利行使されると，社債金額が株式の発行価額に振り替えられて消滅することとなる。

転換社債型新株予約権付社債の発行者側の会計処理は**図表16-7**に示されるとおりである。転換社債型新株予約権付社債の発行時における発行者側の会計処理としては，当該社債の発行に伴う払込金額は，①社債の対価部分と新株予約権の対価部分とに区分せず普通社債の発行に準じて処理する方法（**一括法**）と，②発行に伴う払込金額を，社債の対価部分と新株予約権の対価部分に区分した上で，社債の対価部分は普通社債の発行に準じて処理し，新株予約権の対価部分は新株予約権の発行者側の会計処理に準じて処理する方法（**区分法**）のいずれも認められている。権利行使時における発行者側の会計処理は，図表16-7に示されるとおり，新株を発行する場合と自己株式を処分する場合とで異なる。

**図表16-7 ■転換社債型新株予約権付社債の会計処理**

<table>
<tr><th colspan="2" rowspan="2"></th><th colspan="2">発行者側の会計処理</th></tr>
<tr><th>一　括　法</th><th>区　分　法</th></tr>
<tr><td colspan="2">発行時</td><td>発行に伴う払込金額を，社債の対価部分と新株予約権の対価部分に区分せず，普通社債の発行に準じて処理。</td><td>発行に伴う払込金額を，社債の対価部分と新株予約権の対価部分に区分した上で，社債の対価部分は普通社債の発行に準じて処理し，新株予約権の対価部分は新株予約権の発行者側の会計処理に準じて処理。</td></tr>
<tr><td rowspan="3">権利行使時</td><td>新株発行</td><td>当該転換社債型新株予約権付社債の帳簿価額を，資本金または資本金および資本準備金に振替。</td><td>当該転換社債型新株予約権付社債における社債の対価部分（帳簿価額）と新株予約権の対価部分（帳簿価額）の合計額を，資本金または資本金および資本準備金に振替。</td></tr>
<tr><td rowspan="2">自己株式処分</td><td colspan="2">自己株式処分差額の処理は，自己株式を募集株式の発行等の手続により処分する場合に準ずる。</td></tr>
<tr><td>自己株式処分差額を計算する際の自己株式の処分の対価については，当該転換社債型新株予約権付社債の帳簿価額とする。</td><td>自己株式処分差額を計算する際の自己株式の処分の対価については，当該転換社債型新株予約権付社債における社債の対価部分（帳簿価額）と新株予約権の対価部分（帳簿価額）の合計額とする。</td></tr>
</table>

転換社債型新株予約権付社債に区分法のみならず一括法を認める理由としては，払込資本を増加させる可能性のある部分とそれ以外の部分の価値をそれぞれ認識することができるならば，それぞれの部分を区分して処理することが合理的であるものの，転換社債型新株予約権付社債は権利行使がされると社債は消滅するので，社債の償還権と株式転換権が同時に存在しえないから，それぞれを区分して処理する必要性が乏しいと考えられるためである（基準10号112項）。

一方，取得者側の会計処理としては，区分法の適用は認められておらず，一括法による。

**設例16-6**　**転換社債型新株予約権付社債の会計処理**

X1年４月１日に，額面1,000円の新株予約権付社債（期間５年，年利率３％）を額面金額で発行して，当座預金とした。なお，新株予約権付社債の額面100円につき社債部分は90円，新株予約権部分は10円とする。利払日は毎年３月末として，社債発行差額の償却は償却原価法（定額法）による。

その後，X5年３月31日に額面価額800円に新株予約権の権利行使がなされ，社債の対価部分（帳簿価額）と新株予約権の対価部分（帳簿価額）の合計額を資本金とした。X6年３月31日に満期償還した。新株予約権の残りは権利が失効した。

(1) 区分法と (2) 一括法の仕訳を示すと以下のとおりである。

| (1) 区分法 | (2) 一括法 |
| --- | --- |
| **① X1年４月１日（発行時）の仕訳** | |
| （借）当座預金　1,000<br>　（貸）社　　債　(*1)900<br>　　　　新株予約権　(*2)100 | （借）当座預金　1,000<br>　（貸）社　　債　1,000 |
| **② X2年３月31日，X3年３月31日，X4年３月31日，X5年３月31日の仕訳** | |
| (i) 利払いの仕訳<br>（借）社債利息　30<br>　（貸）当座預金　(*3)30<br>(ii) 償却原価法の適用<br>（借）社債利息　20<br>　（貸）社　　債　(*4)20 | （借）社債利息　30<br>　（貸）当座預金　(*3)30 |
| **③ X5年３月31日（権利行使時）の仕訳** | |
| （借）社　　債　(*5)784<br>　　　新株予約権　(*6)80<br>　（貸）資 本 金　864 | （借）社　　債　(*9)800<br>　（貸）資 本 金　800 |
| **④ X6年３月31日（社債償還と権利失効時）の仕訳** | |
| （借）社債利息　10<br>　（貸）当座預金　(*7)6<br>　　　　社　　債　(*8)4 | （借）社債利息　6<br>　（貸）当座預金　6 |

| | |
|---|---|
| （借）社　　債　200 | （借）社　　債　200 |
| （貸）当座預金　200 | （貸）当座預金　200 |
| （借）新株予約権　20 | |
| （貸）新株予約権戻入益　20 | |

（*1）1,000円×90円／100円，（*2）1,000円×10円／100円，（*3）1,000円×３％
（*4）（1,000円－900円）÷５年，（*5）X5年３月31日時点の社債の帳簿価額980円×8/10
（*6）新株予約権の帳簿価額100円×8/10，（*7）200円×３％，
（*8）定額法に基づく年間償却額20円×2/10，
（*9）X5年３月31日時点の社債の帳簿価額1,000円×8/10

### (3)　転換社債型新株予約権付社債以外の新株予約権付社債の会計処理

転換社債型新株予約権付社債以外の新株予約権付社債とは，具体的にはワラント債型の発行形態のものをいう。なお，ワラントとは新株予約権部分のことである。ワラント債型の場合，ワラントの権利行使時にはワラント部分は消滅するが，社債部分はその後も存続する。このため，転換社債型新株予約権付社債以外の新株予約権付社債の会計処理としては，発行者・取得者ともに区分法が適用される。

**図表16-8　転換社債型新株予約権付社債以外の新株予約権付社債の会計処理**

<table>
<tr><th colspan="2"></th><th>発行者側の会計処理</th><th>取得者側の会計処理</th></tr>
<tr><th colspan="2"></th><th>区分法</th><th>区分法</th></tr>
<tr><td colspan="2">発行時</td><td>発行に伴う払込金額を，社債の対価部分と新株予約権の対価部分に区分した上で，社債の対価部分は普通社債の発行に準じて処理し，新株予約権の対価部分は新株予約権の発行者側の会計処理に準じて処理。</td><td>取得価額は，社債の対価部分と新株予約権の対価部分に区分した上で，社債の対価部分は普通社債の取得に準じて処理。</td></tr>
<tr><td rowspan="3">権利行使時</td><td>新株発行</td><td>当該転換社債型新株予約権付社債における新株予約権の対価部分（帳簿価額）を，資本金または資本金および資本準備金に振替。</td><td rowspan="3">新株予約権の対価部分は新株予約権の取得者側の会計処理に準じて処理。</td></tr>
<tr><td rowspan="2">自己株式処分</td><td>自己株式処分差額の処理は，自己株式を募集株式の発行等の手続により処分する場合に準ずる。</td></tr>
<tr><td>自己株式処分差額を計算する際の自己株式の処分の対価については，当該転換社債型新株予約権付社債における社債の対価部分（帳簿価額）と新株予約権の対価部分（帳簿価額）の合計額とする。</td></tr>
</table>

なお，新株予約権が権利行使されずに行使期間が満了した場合，発行者側の会計処理としては利益とし，取得者側の会計処理としては損失として処理する。

### (4)　その他の複合金融商品の会計処理

前述のとおり，その他の複合金融商品としては，ゼロ・コスト・オプションなど複数のデリバティブ取引が組み合わされたものが含まれる。このような複合金融商品を構成する複数種類の金融資産または金融負債は，それぞれ独立して存在し得るが，複合金融商品からもたらされるキャッシュフローは正味で発生するため，資金の運用・調達の実態を財務諸表に適切に反映させるという観点から，原則として，複合金融商品を構成する個々の金融資産または金融負債を区分せず一体として処理する。ただし，通貨オプションが組み合わされた円建借入金のように，現物の金融資産または金融負債にリスクが及ぶ可能性がある場合に，当該複合金融商品の評価差額が損益に反映されないときには，当該複合金融商品を構成する個々の金融資産または金融負債を区分して処理する（基準10号117項）。

コラム13

**オプション取引の意義**

本コラムでは，オプション取引の意義について取り上げる。次頁の図は，コール・オプションおよびプット・オプションのペイオフ図とよばれるものである。オプションの買い手は，オプション料を支払うことによって権利を手に入れ，オプションの売り手はオプション料を受け取り，買い手が権利行使した際に応じる義務を負う。

まずはコール・オプション（買う権利）の買いについてみてみよう。原資産価格が権利行使価格を上回る場合に権利を行使すれば，市場より高く売ることができるため，買い手はその差額分だけ利益を獲得できる。一方，原資産価格が権利行使価格を下回る場合には，買い手は権利を行使せずにオプション料分の損失を被るものの，損失の範囲はオプション料分に限定される。それはプット・オプション（売る権利）の買いについても同様で，原資産価格が権利行使価格を下回っている場合に権利を行使すれば，市場より高く売ることができるため，買い手はその差額分だけ収益を得る一方，原資産価格が権利行使価格を上回る場合，権利を行使しないこととなるが，その損失の範囲はオプション料分に限定される。

それに対して，コール・オプションの売りおよびプット・オプションの売りについては，利益の範囲はオプション料分に限定される一方，コール・オプションの売りによる損失の範囲は，原資産価格の上昇に伴って理論上無限大となり，プット・オプションの売りによる損失の範囲は，原資産価格がゼロになるまで増加する。このため，売建オプション（買建オプションとの相殺の結果，売り持ちとなる場合を含む）は，損失削減の効果がオプション料の範囲に限定されており，むしろリスクを負う効果のほうが大きく，リスクの有効な減殺とはいえないので，一部の例外を除いてヘッジ手段とは認められていない（移管指針９号166項）。

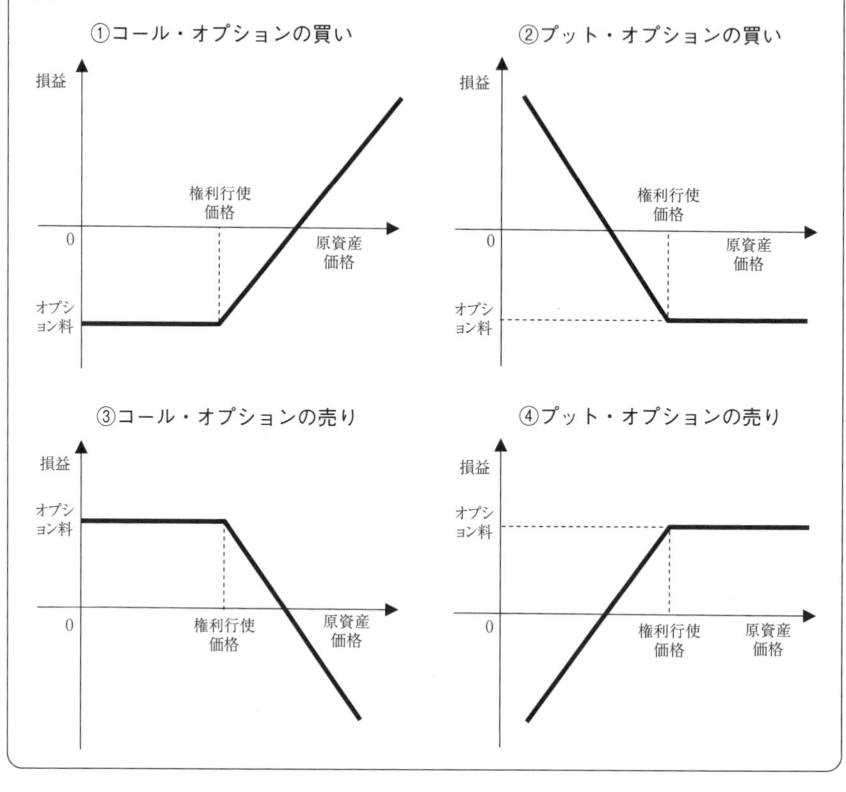

# 外貨換算

**学習のポイント**

本章で取り上げる外貨換算会計では，①円貨表示財務諸表を作成する際に外貨建取引を円貨換算するとき，また②在外支店や在外子会社を有する場合の外貨建財務諸表を円貨に換算するときの会計手続について学習する。換算時に生じた評価差額は原則として当期の損益として処理されるが，これは，為替相場の変動に関する情報開示の観点から，金融商品会計との整合性等を考慮したためである。また本章では，為替相場の変動リスクを回避するための為替予約についても学習する。第16章で学習したヘッジ会計の取扱いを踏まえて学習してほしい。

## 1　外貨換算会計の意義

国境を越えて商取引を行い，外国に在外支店や在外子会社を設立するなど，近年の企業活動は国際取引をなくして語ることができない。日本国内で活動する企業が公表する財務諸表数値は円貨額で表示されるため，決算時に円貨表示の（連結）財務諸表を作成するに当たって，外国通貨で記録された取引（外貨建取引）や在外支店等の外貨表示財務諸表を円貨額に換算する必要がある。なお，換算は外貨建項目を自国通貨に変換することを意味しており，「ドル」や「ユーロ」を「円」へ換算するなど貨幣単位を修正するだけであって，測定値の属性そのものを変えるものではない。

**外貨換算会計**とは，外国通貨で表示される金額を円貨額に換算する会計であり，換算を要する領域として以下の３つが挙げられる。

① 国内企業の外貨建取引
② 在外支店の外貨表示財務諸表
③ 在外子会社等の外貨表示財務諸表

## 2　外貨換算会計の論点

### (1)　換算レートの選択方法

外貨換算会計の論点の1つは，決算時の換算に当たってどの時点の為替相場を参照するかである。為替相場には，直物為替相場と先物為替相場がある。**直物為替相場**とは，外貨との交換が当日または翌々営業日以内に行われる場合に適用される為替相場である。**先物為替相場**とは，将来の特定時点で外貨と交換することを契約した取引で適用される為替相場である。

直物為替相場を適用する場合，選択候補となる為替相場は，外貨項目の取得時または発生時の為替相場である**取引日レート**（Historical Rate：HR），決算時の為替相場である**決算日レート**（Current Rate：CR）および**期中平均レート**（Average Rate：AR）がある。

なお，決算時の換算に当たって，取引日レートのまま据え置けば換算差額は生じないが，決算日レートで換算替えすれば，取引発生時の為替相場と決算時の為替相場との差分として換算差額が生じる。取引日レート以外の為替相場による換算を求めるということは，その後の為替相場によって変動しうる「暫定的な数値」ともいえる換算差額を認識することにつながる。

この点に関して，旧外貨建取引等会計処理基準の公表当時（1979年6月）より，企業の財務内容の判断に必要なすべての情報の開示を強調する考え方が高まっていたことを踏まえて，為替換算差額が企業会計に与えている暫定的な影響を認識する考え方が採用されており（「外貨建取引等会計処理基準の設定について」二1），一部の項目に対して決算日レートが適用されていた。

この考え方は現行基準にも受け継がれ，また，金融商品会計基準の考え方との整合性等を考慮して，為替相場の変動を財務諸表に反映させることを重視するという情報開示の観点から，換算差額は原則として当期の損益として計上することとされている（「外貨建取引等会計処理基準の改訂に関する意見書」（以下，本章では「意見書」という）二1）[1]。

外貨建項目の換算方法としては**図表17-1**に示される考え方がある。

**図表17-1 ■換算方法の類型**

| 換算方法 | 決算日レート(CR) | 取引日レート(HR) |
|---|---|---|
| ①　流動・非流動法 | 流動項目 | 非流動項目 |
| ②　貨幣・非貨幣法 | 貨幣項目 | 非貨幣項目 |
| ③　テンポラル法 | 貨幣項目と非貨幣項目のうち時価（決算日の金額）が付された項目 | 非貨幣項目のうち原価（取引日の金額）が付された項目 |
| ④　決算日レート法 | 原則として，すべての項目（ただし損益項目はAR） | 在外支店の本店勘定，在外子会社の資本勘定 |

①**流動・非流動法**とは，外貨建項目または外貨表示財務諸表項目のうち流動項目に対しては決算日レートで換算し，非流動項目に対しては取引日レートで換算する方法である。つまり，この方法は，流動項目のみ換算差額を認識するという方法であるが，流動項目は短期間で決済（現金化）されるので，当該換算差額はほぼ確実に実現されるものとみなしている。一方，非流動項目は決済までに時間を要するため，その換算差額も暫定的な性質が強いものとみなして認識しない。

ただし，この方法によれば，例えば貸付金や借入金について，短期であれば決算日レートを，長期であれば取引日レートを適用することになり，同種の項目であってもその保有期間によって異なる為替相場が適用されるという問題や，流動項目には棚卸資産が含まれるため，換算差額が販売前に認識されるという問題が生じる。

②**貨幣・非貨幣法**とは，貨幣項目に対して決算日レートを適用し，非貨幣項目に対して取引日レートを適用する方法である。この方法によれば，貨幣項目は決算日時点で回収・弁済が見込まれる貨幣額で測定され，非貨幣項目は過去の取引日の支出額で測定されるため，現行の企業会計の考え方と整合的な結果をもたらす。ただし，収益性が低下した場合における簿価切下げが適用された棚卸資産や有形固定資産は決算日現在の時価等によって評価されており，このような非貨幣項目に対しても取引日レートで換算することとなるため，貨幣・

---

1　後述するように，外貨建その他有価証券の換算差額は原則として純資産直入する。また，在外子会社等の財務諸表項目の換算時には貸借対照表上の換算差額を「為替換算調整勘定」として純資産の部に計上する。なお，「為替相場の変動によって生じた換算差額が不確実なものであるという考え方を考慮すれば，本基準によって算出された換算差額については，これを確定的な利益として認識するかどうかに関して別途の考慮を必要とする場合もあろう」（「外貨建取引等会計処理基準の設定について」二１）とされており，すべての換算差額を無条件で利益計算に含めるわけではないという可能性が示されていた。

非貨幣項目の分類とそれらの評価方法は必ずしも対応関係にあるわけではない。

③**テンポラル法**は貨幣・非貨幣法を発展させたものとして位置づけられ，外貨項目を測定する際に用いられた評価基準をその換算手続に当たっても維持する方法である。

④**決算日レート法**とは，原則としてすべての項目に対して決算日レートを適用する方法である[2]。ただし，収益・費用項目に対しては一般的に期中平均レートが適用され，また在外支店の本店勘定や在外子会社の資本勘定については相殺消去のために取引日レートが適用される。この方法は，その適用が非常に簡便であるという利点を持つ一方，現行の資産・負債の評価基準との整合性に欠けるなどの問題がある。

なお，「外貨建取引等会計処理基準」（以下，本章では「外貨基準」という）では，換算を要する各領域について基本的には**図表17-2**に示される換算方法を採用している。

**図表17-2 ■外貨建取引等会計処理基準の換算方法**

| 換算を要する領域 | 換算方法 |
|---|---|
| ①国内企業の外貨建取引 | 貨幣・非貨幣法 (*) |
| ②在外支店の財務諸表項目 | 上記①の項目：本店の換算基準（貨幣・非貨幣法）<br>①以外の項目：テンポラル法 |
| ③在外子会社の財務諸表項目 | 決算日レート法 |

(*) 非貨幣項目について，例えば棚卸資産への収益性が低下した場合における簿価切下げの適用など再測定が行われた項目についてはCR換算するため，テンポラル法に傾斜したアプローチともいえる。

## (2) 二取引基準と一取引基準

外貨換算会計のもう１つの論点は，為替差損益をどのように処理するかである。為替差損益には，取引時の円換算額と決算時の為替相場による円換算額の差額である「換算差損益（為替換算差額）」と，取引発生時ないし決算時の円換算額と決済時における為替相場の円換算額の差額である「決済差損益」がある。

---

2 決算日レートは英語ではカレントレート（current rate）と表記される。カレントの意味には「現在の，最新の，進行中の」があり，本来「カレント」レートは「決算日」のレートに限定されるものではない。このため，本来，損益項目については取引日ごとのレートを用いるという意味がある。しかし，実務上適用が困難であることを考慮して期中平均レートを用いることとされている。

つまり，前者は外貨建取引から生じた換算に関する損益であり，後者は代金決済取引から生じた損益である。

これらの為替差損益の取扱いに関しては，二取引基準と一取引基準の２つの考え方がある。**二取引基準**とは，外貨建取引とそれに伴い生じた金銭債権・債務の決済取引とを別個の取引として処理するものである。二取引基準では，外貨建取引の測定（取引高）は取引日の換算で完結し，取引日から決済日までに生じた為替相場変動の影響は当該取引から生じた外貨建金銭債権・債務の為替差損益として処理される。

一方，**一取引基準**とは，取引と決済取引を一体の連続した取引として処理するものである。一取引基準では，為替相場の変動の影響は原取引の修正として処理される。

**設例17-1**　**二取引基準と一取引基準**

当社は，12/1に外国企業へ商品1ドルを販売し，代金は掛とした。掛代金は未決済のまま決算日（3/31）を迎え，5/31に掛代金を決済した。なお，各時点の為替レートは以下のとおりであり，決算時に換算替えを行うことを前提としている。

| | | | | |
|---|---|---|---|---|
| 12/1 | 取引日 | 1ドル | 直物為替相場 | 1ドル＝100円 |
| 3/31 | 決算日 | | 直物為替相場 | 1ドル＝105円 |
| 5/31 | 決済日 | | 直物為替相場 | 1ドル＝108円 |

| 日付 | 二取引基準 | | | | | | 一取引基準 | | | | | |
|---|---|---|---|---|---|---|---|---|---|---|---|---|
| 12/1 | （借） | 売掛金 | 100 | （貸） | 売上 | 100 | （借） | 売掛金 | 100 | （貸） | 売上 | 100 |
| 3/31 | （借） | 売掛金 | 5 | （貸） | 為替差益 | 5 | （借） | 売掛金 | 5 | （貸） | 売上 | 5 |
| 5/31 | （借） | 現金 | 108 | （貸） | 売掛金 | 105 | （借） | 現金 | 108 | （貸） | 売掛金 | 105 |
| | | | | | 為替差益 | 3 | | | | | 売上 | (*) 3 |

(*) 厳密には過年度の損益の修正に当たるため，「売上」ではなく「前期損益修正益」という勘定科目を用いる。

設例17-1にあるように，一取引基準によれば，決済が完了するまで取引高が確定できず，実務上の適用に困難が伴う。また，為替予約等のデリバティブを通じて，為替変動リスクをヘッジすることが可能であるにもかかわらず，外貨建金銭債権・債務の為替変動の影響をヘッジしないとすれば，それは投機的な取引ともみることができ，外貨建金銭債権・債務にかかわる為替差損益の発生は当初の売買取引とは独立したものとして解釈できる。このような実務上の問題等を考慮したうえで，外貨基準では二取引基準を採用しており，「換算差損益」と「決済差損益」を合わせて為替差損益として処理している。

## 3　外貨建取引の会計処理

### (1)　取引時の処理

外貨建取引とは，売買価額その他取引価額が外国通貨で表示される取引を指し，以下の取引が含まれる[3]。

① 取引価額が外国通貨で表示されている物品の売買または役務の授受
② 決済金額が外国通貨で表示されている資金の借入れまたは貸付
③ 券面額が外国通貨で表示されている社債の発行
④ 外国通貨による前渡金，仮払金の支払または前受金，仮受金の受入れ
⑤ 決済金額が外国通貨で表示されているデリバティブ取引

取引発生時には，外貨建取引は，原則としてその取引発生時における為替相場による円換算額で記録する[4]。ここで，取引発生時の為替相場とは，(a) 取引発生日における直物為替相場に加えて，(b) 合理的な基礎に基づいて算定された一定期間の平均為替相場[5]も含まれる。

### (2)　決算時の処理

決算時には，各外貨建取引項目は**図表17-3**に示される換算方法に従って処理される。子会社株式などの一部の項目を除いて大半の項目は決算時に決算日レートで換算される。以下では図表17-3の①から④の項目について解説する。

3　なお，国内の製造業者等が商社等の他の事業者を通じて輸出入取引を行う場合であっても，当該輸出入取引によって商社等に生ずる為替差損益を製造業者等が負担する等のため実質的に取引価額が外国通貨で表示されている取引と同等とみなされるものは，外貨建取引に該当する（外貨基準注解1）。

4　ただし，外貨建取引について当該取引発生時の外国通貨により記録することが合理的であると認められる場合には，取引発生時の外国通貨の額をもって記録する方法を採用することができる（外貨基準注解3）。この場合，外国通貨の額をもって記録された外貨建取引は，各月末などの一定の時点において，当該時点の直物為替相場または合理的な基礎に基づいて算定された一定期間の平均相場による円換算額を付す。

5　たとえば，取引の行われた月または週の前月または前週の直物為替相場を平均したもの等，直近の一定期間の直物為替相場に基づいて算出された相場価格である。

**図表17-3 外貨建取引の決算時における換算方法**

| 項　　目 | 換算方法 | 換算差額の処理 |
| --- | --- | --- |
| ①外貨通貨 | 券面額×CR | 為替差損益（当期損益） |
| ②外貨建金銭債権債務 | 債権・債務額×CR | 為替差損益（当期損益） |
| ③外貨建有価証券 | | |
| 売買目的有価証券 | 時価×CR | 有価証券評価損益(当期損益) |
| 満期保有目的の債券 | ［原則］取得原価×CR | 為替差損益（当期損益） |
| | ［償却原価法適用時］<br>償却原価×CR，償却額×AR | ［償却原価］為替差損益（当期損益）<br>［償却額］有価証券利息（当期損益） |
| 子会社・関連会社株式 | 取得原価×HR | N/A |
| その他有価証券 | | |
| 原則処理 | 時価×CR | ［全部純資産直入法］OCI<br>［部分純資産直入法］評価増をOCI，評価減を有価証券評価損（当期損益） |
| 市場価格のない株式 | 取得原価×CR | 同上。 |
| 債券 | 時価×CR | 同上。ただし，外貨通貨による時価変動にかかわる換算差額をOCI，それ以外の差額を為替差損益（当期損益）として処理可能 |
| 減損処理 | 時価（実質価額）×CR | 有価証券評価損（当期損益） |
| ④外貨建デリバティブ取引（振当処理を除く） | 時価×CR | 為替差損益（当期損益） |
| ⑤外貨建新株予約権 | | |
| 自社発行新株予約権 | 発行価額×HR | N/A |
| 保有新株予約権 | 時価×CR | 保有目的に応じて売買目的有価証券またはその他有価証券に準じる |
| ⑥外貨建転換社債型新株予約権付社債 | | |
| 一括法 | 発行価額×CR | 為替差損益（当期損益） |
| 区分法 | ［社債部分］発行価額×CR<br>［新株予約権部分］発行価額×HR | ［社債部分］為替差損益（当期損益）<br>［新株予約権部分］N/A |
| ⑦外貨建前渡金・前受金 | 簿価×HR | N/A |
| ⑧外貨建未収収益・未払費用 | 簿価×HR | 為替差損益（当期損益） |

備考：CR：決算時の為替相場，HR：取得時または取引発生時の為替相場，AR：期中平均相場

### (3)　外国通貨の換算

外国通貨については，決算時の為替相場による円換算額として，換算差額は為替差損益とする。

### (4)　外貨建金銭債権債務の換算

外貨建金銭債権債務については，決算時の為替相場による円換算額として，換算差額は為替差損益とする[6]。外貨建金銭債権債務は，外貨額では時価の変動リスクを負わないものの，円貨額では為替相場の変動リスクを負っていることを重視し，決算時の為替相場により換算することとしている。

### (5)　外貨建有価証券の換算

#### ①　売買目的有価証券

売買目的有価証券については，外国通貨による時価を決算時の為替相場により円換算した額として，換算差額は有価証券評価損益とする。売買目的有価証券の換算は，その円貨額による時価評価額を求める過程としての換算であることから，決算時の為替相場を用いる。

#### ②　満期保有目的の債券

満期保有目的の債券については，金融債権との類似性を考慮して，決算時の為替相場による円換算額とする[7]。また，償却原価法を適用する際の償却額は，外国通貨による償却額を期中平均相場により円換算した額とする。そして，償却額を加減算後の簿価と決算時の為替相場による円換算額との差額を当期の為替差損益として計上する。

#### ③　子会社株式および関連会社株式

子会社株式および関連会社株式については，取得時の為替相場による円換算額とする。なお，子会社株式や関連会社株式以外でも事業目的による投資と考

---

6　ただし，外貨建自社発行社債のうち転換請求期間満了前の転換社債（転換請求の可能性がないと認められるものを除く）については，発行時の為替相場による円換算額を付す。

7　満期償還外貨を円に交換（円転）せずに固定資産等に再投資する目的で債券を保有している場合は，その換算差額を繰り延べて再投資する資産の取得価額の調整に充てることができる。

えられるものについては，外貨建ての取得原価を取得時の為替相場で換算することが適当である（移管指針第２号「外貨建取引等の会計処理に関する実務指針」（以下，本章では移管指針２号という）60項）。

#### ④　その他有価証券

その他有価証券については，売買目的有価証券と同様，外国通貨による時価を決算時の為替相場により円換算した額とする。第15章で学習したように，その他有価証券は全部純資産直入法または部分純資産直入法のいずれかの方法によって処理する。全部純資産直入法によれば，外国通貨による時価の変動にかかわる評価差額と為替相場の変動にかかわる評価差額を合わせてその他の包括利益（個別財務諸表上は評価・換算差額等）として処理する。部分純資産直入法によれば，為替相場の変動について評価増の場合はその他の包括利益とし，評価減の場合は投資有価証券評価損として当期の損失とする。

なお，その他有価証券が債券である場合，金銭債権債務の換算方法との整合性の観点から，評価差額を価格変動リスクと為替変動リスクに分解し，価格変動リスクである外国通貨による時価の変動にかかわる換算差額はその他の包括利益（OCI）計上して，為替変動リスクである残額は為替差損益として処理することが認められる。

#### ⑤　減損処理

外貨建有価証券の時価の著しい下落または実質価額の著しい低下により評価額の引下げが求められる場合には，その外貨建有価証券の時価または実質価額は，外国通貨による時価または実質価額を決算時の為替相場により円換算した額により，換算差額は当期の投資有価証券評価損として処理する。

### (6)　デリバティブ取引の換算

為替予約や通貨先物などのデリバティブ取引は，原則として外国通貨による時価を決算時の為替相場により円換算した額として，換算差額は為替差損益とする。なお，ヘッジ会計上の取扱いについては次節で学習する。

## 4　為替予約等の会計処理

**為替予約**とは，将来の一定時点において，あらかじめ定められた為替相場（先物為替相場）で外国通貨を売買することを約束した契約であり，デリバティブ取引の一種である。前述のように，外貨建金銭債権債務等は為替相場変動から生じる不利なリスク（為替リスク）を負っているが，為替予約を付すことで，先物為替相場によって決済時における円換算額を固定できる。すなわち，為替予約によって外貨建取引に伴う為替リスクをヘッジすることができる。外貨基準では「為替予約等」の会計処理について規定されているが，為替予約等には，通貨先物，通貨スワップおよび通貨オプションが含まれる。

**図表17-4 ■為替予約等によるヘッジ会計**

| 外貨建取引（ヘッジ対象） | ヘッジ会計の方法 |
|---|---|
| 予定取引 | 繰延ヘッジ，振当処理 |
| 確定取引 | |
| 　① 外貨建その他有価証券 (*) | 繰延ヘッジ，時価ヘッジ |
| 　② 外貨建金銭債権債務，外貨建満期保有目的の債券等 | なし（独立処理により自動的にヘッジ手段とヘッジ対象の損益の計上時期が一致する） |
| 　③ ②のうち一定の要件を満たしたもの | 振当処理 |

(*) その他有価証券が債券の場合に，為替変動による評価差額部分を当期の損益とする場合を除く。

為替予約を予定取引（将来の外貨建取引）に対して付す場合は，ヘッジ対象（予定取引）のポジションが成立していないため，繰延ヘッジ会計を適用したうえで，為替予約等の評価差額は貸借対照表の純資産の部に「繰延ヘッジ損益」として計上し，予定取引のポジションの確定時に損益に振り替える。為替予約等を付すことにより，円貨でのキャッシュフローが固定される場合には，後述の振当処理を適用することもできる。

確定取引としての外貨建取引に為替予約等を付す際，外貨建その他有価証券をヘッジ対象とする場合には，原則としてヘッジ対象の評価差額はOCIとして処理されるため，ヘッジ対象の評価差額とヘッジ手段（為替予約）の評価差額の計上時期を合わせるために，繰延ヘッジ会計または時価ヘッジ会計が適用される。

その他有価証券以外の外貨建確定取引をヘッジ対象とする為替予約等の会計処理には，独立処理と振当処理の２通りの方法がある。**独立処理**とは，為替予約等と外貨建取引をそれぞれ独立した取引と考えて処理する方法である。本章**3**にあるように，外貨建金銭債権債務等およびデリバティブ取引である為替予約等の原則的な処理は，決算時の為替相場により円換算した額を付し，換算差額は為替差損益として損益計上する。このため，両者の損益の計上時期は自動的に一致し，一方から生じた為替差益（損）が他方から生じた為替差損（益）によって相殺されて，ナチュラルヘッジされる。

一方，**振当処理**は，為替予約等により確定する決算時の円価額によって外貨建取引を換算し，直物為替相場による換算額との差額（為替予約差額）を，為替予約等の契約締結日から外貨建金銭債権債務の決済日までの期間にわたり配分する方法である。振当処理は「当分の間」認められるとされているが，これは，基準策定当時（1999年），デリバティブ取引全般の取扱いについて検討の最中であったことに加えて，振当処理が会計実務に定着していたためである。また今日でもその適用が認められるのは，振当処理が繰延ヘッジ会計と同様，キャッシュ・フロー・ヘッジの効果を会計上反映できるためと考えられる。

振当処理が認められる為替予約等は，金融商品会計基準におけるヘッジ会計の要件を満たすものに限定される。また，振当処理の対象となる外貨建金銭債権債務等は，為替予約等により将来のキャッシュフローが固定されるものに限られる[8]。

為替予約差額には，①取引発生時の直物為替相場による円換算額と予約日の直物為替相場による円換算額との差額（直々差額（じきじきさがく））と，②予約日の直物為替相場による円換算額と先物為替相場による円換算額との差額（直先差額（じきさきさがく））があり，前者は予約日の属する期の損益とし，後者は金利調整分として前払費用または前受収益[9]として計上し，予約日の属する期から決済日の属する期までの期間にわたって合理的な方法により配分し，各期の損益とする。

---

8　このため，外貨建満期保有目的債券以外の外貨建有価証券については，その売却時期が未確定であること，また，時価の変動により受け取る外貨額が変動することから，たとえヘッジ会計の要件を満たすとしても為替予約等によりキャッシュフローを固定することは困難であると考えられ，為替予約等の振当処理は認められない（移管指針２号５項）。

9　なお，１年を超える場合はそれぞれ長期前払費用ないし長期前受収益として計上する。

### 設例17-2　独立処理と振当処理

当社は，12/1に外国企業から商品1ドルを購入し，代金は掛とした（決済日4/30）。3/1に4/30を実行日とするドル買い為替予約を締結した。掛代金は未決済のまま決算日（3/31）を迎え，4/30に掛代金を決済した。なお，各時点の為替レートは以下のとおりである。

| | | | | | | |
|---|---|---|---|---|---|---|
| 12/1 | 取引日 | 1ドル | 直物為替相場 | 1ドル＝100円 | 先物為替相場 | 1ドル＝99円 |
| 3/1 | 締結日 | | | 1ドル＝104円 | | 1ドル＝102円 |
| 3/31 | 決算日 | | | 1ドル＝105円 | | 1ドル＝104円 |
| 4/30 | 決済日 | | | 1ドル＝107円 | | |

#### ①　独立処理

(a) 取引日（12/1）

| | | | | | |
|---|---|---|---|---|---|
| （借） | 仕入 | 100 | （貸） | 買掛金 | (*1) 100 |

(*1) 直物為替相場100円×1ドル＝100円

(b) 為替予約締結日（3/1）

仕訳なし

(c) 決算日（3/31）

◆外貨建取引（買掛金）の仕訳

| | | | | | |
|---|---|---|---|---|---|
| （借） | 為替差損 | 5 | （貸） | 買掛金 | (*2) 5 |

(*2)（3/31直物為替相場105円－12/1直物為替相場100円）×1ドル＝△5円

◆為替予約の仕訳

| | | | | | |
|---|---|---|---|---|---|
| （借） | 為替予約 | 2 | （貸） | 為替差益 | (*3) 2 |

(*3)（3/31先物為替相場104円－3/1先物為替相場102円）×1ドル＝2円

(d) 決済日（4/30）

◆外貨建取引（買掛金）の仕訳

| | | | | | |
|---|---|---|---|---|---|
| （借） | 買掛金 | 105 | （貸） | 現金 | 107 |
| | 為替差損 | (*4) 2 | | | |

(*4)（4/30直物為替相場107円－3/31直物為替相場105円）×1ドル＝△2円

◆為替予約の仕訳

| | | | | | |
|---|---|---|---|---|---|
| （借） | 為替予約 | 3 | （貸） | 為替差益 | (*5) 3 |
| （借） | 現金 | 5 | （貸） | 為替予約 | 5 |

(*5)（4/30直物為替相場107円－3/31先物為替相場104円）×1ドル＝3円

#### ②　振当処理

(a) 取引日（12/1）

| | | | | | |
|---|---|---|---|---|---|
| （借） | 仕入 | 100 | （貸） | 買掛金 | (*1) 100 |

(*1) 直物為替相場100円×1ドル＝100円

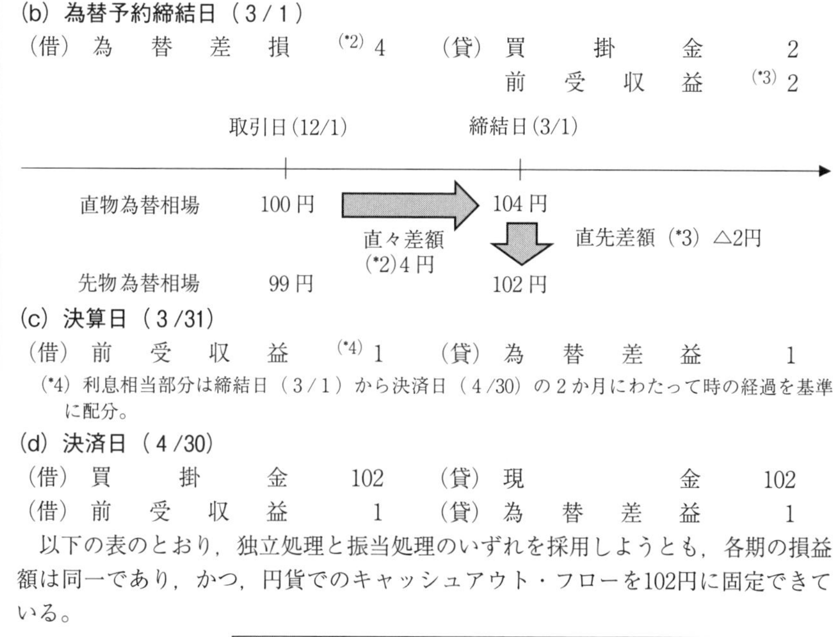

(b) 為替予約締結日（3／1）

（借）為　替　差　損　(*2) 4　（貸）買　掛　金　2
　　　　　　　　　　　　　　　　　　前　受　収　益　(*3) 2



(c) 決算日（3／31）

（借）前　受　収　益　(*4) 1　（貸）為　替　差　益　1

(*4) 利息相当部分は締結日（3／1）から決済日（4／30）の2か月にわたって時の経過を基準に配分。

(d) 決済日（4／30）

（借）買　掛　金　102　（貸）現　金　102

（借）前　受　収　益　1　（貸）為　替　差　益　1

以下の表のとおり，独立処理と振当処理のいずれを採用しようとも，各期の損益額は同一であり，かつ，円貨でのキャッシュアウト・フローを102円に固定できている。

| | 独立処理 | | 振当処理 | | |
|---|---|---|---|---|---|
| | 決算日 | 決済日 | 締結日 | 決算日 | 決済日 |
| 為替差益 | 2円 | 3円 | | 1円 | 1円 |
| 為替差損 | △5円 | △2円 | △4円 | | |
| 計 | △3円 | 1円 | △4円 | 1円 | 1円 |

## 5　在外事業体の財務諸表項目の換算

### (1)　本国主義と現地主義

在外支店や在外子会社などの在外事業体の財務諸表項目の換算にあたっては，①本国主義と②現地主義の2つの考え方がある。**本国主義**とは，在外事業体を本国の親会社・本社の従属的事業体であるとする考え方である。本国主義に基づく換算方法としてはテンポラル法が支持される。これは，テンポラル法が外貨項目を測定する際に用いられた評価基準をその換算手続にも用いる方法であるため，本国と同様の評価基準に沿って換算を行うことができるからである。

一方，**現地主義**とは，在外事業体をあたかも本国の親会社・本社から独立した１つの経営体として現地通貨で事業展開を行っているものとする考え方である。現地主義に基づく換算方法としては決算日レート法が支持される。これは，現地通貨建財務諸表の換算に適用される換算レートが財務諸表項目ごとに異なれば，換算前と換算後で各項目の大小関係が異なり，たとえば，換算前には利益がでていても，換算後には損失が計上されることが起こりうるが[10]，現地通貨建財務諸表を決算日レートという単一レートで換算すれば，換算前の在外事業体の換算前の各項目の大小関係を換算後も維持できるためである。

### (2)　在外支店の財務諸表項目の換算

本支店合併財務諸表を作成するにあたって，在外支店を有する場合には在外支店の財務諸表項目を円換算する必要がある。在外支店の財務諸表は本国の本店が作成する個別財務諸表の構成要素となるので，本店の外貨建項目の換算基準と整合的であることが望ましいことから，その換算にあたってテンポラル法が採用されている（「外貨建取引等会計処理基準の改訂について」二２)。これは，前述の本国主義の考え方と整合的である。具体的な換算方法は**図表17-５**のとおりである。

**図表17-５■在外支店の財務諸表項目の換算方法**

| 項　目 | | 換算方法 | |
|---|---|---|---|
| | | 原　則 | 特　例 |
| B/S項目 | 図表17-３の項目 | 本店と同様に処理 | CR |
| | 本店勘定 | 本店の支店勘定の金額 | 本店の支店勘定の金額 |
| | 上記以外 | テンポラル法 | CR |
| P/L項目 | 収益性負債の収益化額<br>費用性資産の費用化額 | HR | CRも可 |
| | 上記以外 | HR | AR（CRも可） |

在外支店における外貨建取引については，本店と同様の方法で処理することを原則としている。原則的な処理は，前述のように，本店の換算基準（すなわち，貨幣・非貨幣法）に従いつつ，本店の換算基準として規定されていない項目に対してはテンポラル法を適用する。このため，損益項目については，取得日または発生日の為替相場（HR）が適用される。

10　これを「換算のパラドックス」とよぶ。

また，外貨表示財務諸表項目の換算の特例によって，非貨幣性項目の額に重要性がない場合には，（本店勘定[11]を除いて）すべての貸借対照表項目について決算時の為替相場による円換算額を付す方法を適用することができる。この場合，収益・費用についても決算日レートを適用できる。ただし，前受収益などの収益性負債の収益化額，棚卸資産などの費用性資産の費用化額を除き，収益・費用の換算には，収益・費用の換算の特例によって期中平均相場を適用することができる。なお，本店と異なる方法により換算することによって生じた換算差額は，当期の為替差損益として処理する。

在外支店の財務諸表項目の具体的な換算手順は以下の通りである。

① 貸借対照表項目を換算する。
② 貸借対照表の貸借差額を当期純損益として換算する。
③ 貸借対照表の当期純損益を損益計算書の当期純損益とする。
④ 損益計算書の収益・費用を換算する。
⑤ 損益計算書の貸借差額を為替差損益とする。

**設例17-3　在外支店の財務諸表項目の換算**

在外支店の貸借対照表，損益計算書，および在外支店の財務諸表項目の換算の際に用いる為替相場は以下のとおりである。

**在外支店貸借対照表**（単位：ドル）

| | | | |
|---|---|---|---|
| 金銭債権 | 5 | 金銭債務 | 5 |
| 棚卸資産 | 4 | 本　　店 | 9 |
| 固定資産 | 8 | 利益剰余金 | 3 |

**在外支店損益計算書**（単位：ドル）

| | | | |
|---|---|---|---|
| 売上原価 | 5 | 売　上　高 | 10 |
| 減価償却費 | 2 | | |
| 当期純利益 | 3 | | |

| | | |
|---|---|---|
| 期首レート（HR） | 1ドル | 100円 |
| 期中平均レート（AR） | 1ドル | 110円 |
| 決算日レート（CR） | 1ドル | 120円 |

これらの情報をもとに，在外支店の財務諸表項目を換算すれば，以下のとおりである。なお，収益・費用には換算の特例を適用する。また，棚卸資産には低価法を適用していない。

11　本支店会計では，本店から支店への送金取引など本支店間での取引について，本店では支店勘定を，支店では本店勘定を用いて処理する。

①　貸借対照表の換算

| 科目 | 外貨表示 | 換算レート | 円表示 | 科目 | 外貨表示 | 換算レート | 円表示 |
|---|---|---|---|---|---|---|---|
| 金銭債権 | 5 | 120（CR） | 600 | 金銭債務 | 5 | 120（CR） | 600 |
| 棚卸資産 | 4 | 100（HR） | 400 | 本店 | 9 | 100（HR） | 900 |
| 固定資産 | 8 | 100（HR） | 800 | 利益剰余金 | 3 | | (*1)300 |
| | 17 | | 1,800 | | 17 | | 1,800 |

(*1) 貸借差額

②　損益計算書の換算

| 科目 | 外貨表示 | 換算レート | 円表示 | 科目 | 外貨表示 | 換算レート | 円表示 |
|---|---|---|---|---|---|---|---|
| 売上原価 | 5 | 110（AR） | 550 | 売上高 | 10 | 110（AR） | 1,100 |
| 減価償却費 | 2 | 100（HR） | 200 | | | | |
| 為替差損益 | | | (*3) 50 | | | | |
| 当期純利益 | 3 | | (*2)300 | | | | |
| | 10 | | 1,100 | | 10 | | 1,100 |

(*2) 貸借対照表より，(*3) 貸借差額

## (3)　在外子会社の財務諸表項目の換算

連結財務諸表の作成または持分法の適用にあたり，在外子会社または関連会社の外国通貨で表示されている財務諸表項目の具体的な換算方法は，**図表17-6**のとおりである。

**図表17-6 ■在外子会社等の財務諸表項目の換算方法**

| 項目 | | 換算方法 |
|---|---|---|
| B/S項目 | 資産および負債 | CR |
| | 親会社による株式の取得時における資本に属する項目 | HR（株式取得時の為替相場） |
| | 親会社による株式の取得後に生じた資本に属する項目（評価・換算差額等を除く） | HR（発生時の為替相場） |
| | 親会社による株式の取得後に生じた評価・換算差額等 | CR（決算時の為替相場） |
| P/L項目 | 親会社との取引による収益および費用 | 親会社が換算に用いる為替相場 |
| | 上記以外 | AR（CRも可） |

図表17-2でも示したように，在外子会社等の財務諸表の換算方法としては，

基本的には現地主義の考え方と整合的に決算日レート法が採用されている。決算日レート法が採用されたのは，在外子会社等の独立事業体としての性格が強くなり，現地通貨による測定値そのものを重視する傾向が強まったことと，テンポラル法による換算が実務的に著しく困難になっているという事情を考慮したことが挙げられる（「外貨建取引等会計処理基準の改訂について」二3）。

ただし，決算日レート法を基本としつつも，親会社による株式の取得時における資本に属する項目（親会社の投資に対応する子会社の資本）は株式取得時の為替相場で換算する必要がある。また，親会社との取引による収益・費用項目についても連結財務諸表の作成に当たり相殺消去されるため，親会社が換算に用いる為替相場で換算する。この場合に生じる差額は当期の為替差損益として処理する。

なお，資産・負債の換算に用いる為替相場と純資産項目の換算に用いる為替相場が異なることによって生じる換算差額は，在外子会社等の経営成績とは無関係に発生するため，貸借対照表の純資産の部に「**為替換算調整勘定**」として独立項目として表示する。

在外子会社等の財務諸表項目の具体的な換算手順は以下のとおりである。在外支店と異なり，在外子会社にかかわる換算は損益計算書項目からはじまる。

①　在外子会社の外貨建の損益計算書項目をAR（CRも可）で換算する。
②　損益計算書の貸借差額を当期の為替差損益として計上する。
③　損益計算書で換算した当期純損益を，株主資本等変動計算書の当期純損益に計上する。
④　株主資本等変動計算書の利益剰余金期首残高は前期末からの繰越しとしてHRで換算し，当期純損益以外の期中変動額をHRで換算する。
⑤　株主資本等変動計算書の貸借差額を利益剰余金期末残高の円換算額として，貸借対照表の利益剰余金とする。
⑥　貸借対照表項目（利益剰余金除く）を換算する。
⑦　貸借対照表の貸借差額を為替換算調整勘定とする（為替換算調整勘定のうち，非支配株主の持分比率に見合う額を非支配株主持分へ振り替える）。

**設例17-4**　**在外子会社の財務諸表項目の換算**

X1期末における当社および在外子会社S社の個別貸借対照表と損益計算書は以下のとおりであった。S社の財務諸表項目を換算し，連結財務諸表を作成すれば④のとおりである。

X1期末S社貸借対照表（単位：ドル）

| | | | |
|---|---|---|---|
| 金銭債権 | 5 | 金銭債務 | 5 |
| 棚卸資産 | 4 | 資本金 | 9 |
| 固定資産 | 8 | 利益剰余金 | 3 |

X1期末当社貸借対照表（単位：円）

| | | | |
|---|---|---|---|
| 当社諸資産 | 1,390 | 当社諸負債 | 200 |
| S社株式 | 810 | 資本金 | 1,000 |
| | | 利益剰余金 | 1,000 |

X1期末S社損益計算書（単位：ドル）

| | | | |
|---|---|---|---|
| 売上原価 | 5 | 売上高 | 10 |
| 減価償却費 | 2 | | |
| 当期純利益 | 3 | | |

X1期末当社損益計算書（単位：円）

| | | | |
|---|---|---|---|
| 売上原価 | 1,500 | 売上高 | 2,000 |
| 減価償却費 | 300 | | |
| 当期純利益 | 200 | | |

なお，換算の際に用いる為替相場は以下のとおりである。

| | | |
|---|---|---|
| 期首レート（HR） | 1ドル | 100円 |
| 期中平均レート（AR） | 1ドル | 110円 |
| 決算日レート（CR） | 1ドル | 120円 |
| A社取得時のレート | 1ドル | 90円 |

## ① S社の損益計算書の換算

| 科目 | 外貨表示 | 換算レート | 円表示 | 科目 | 外貨表示 | 換算レート | 円表示 |
|---|---|---|---|---|---|---|---|
| 売上原価 | 5 | 110（AR） | 550 | 売上高 | 10 | 110（AR） | 1,100 |
| 減価償却費 | 2 | 110（AR） | 220 | | | | |
| 当期純利益 | 3 | 110（AR） | 330 | | | | |
| | 10 | | 1,100 | | 10 | | 1,100 |

ここで，設例17-3で求めた在外支店の当期純利益と30円のずれが生じていることを確認してほしい。

## ② S社の株主資本等変動計算書（利益剰余金のみ）の換算

| 科目 | 外貨表示 | 換算レート | 円表示 | 科目 | 外貨表示 | 換算レート | 円表示 |
|---|---|---|---|---|---|---|---|
| 剰余金の配当 | 0 | | 0 | 利益剰余金期首残高 | 0 | 100（HR） | 0 |
| 利益剰余金期末残高 | 3 | | 330 | 当期純利益 | 3 | 110（AR） | (*1)330 |
| | | | 330 | | | | 330 |

(*1) S社損益計算書より

## ③ S社の貸借対照表の換算

| 科目 | 外貨表示 | 換算レート | 円表示 | 科目 | 外貨表示 | 換算レート | 円表示 |
|---|---|---|---|---|---|---|---|
| 金銭債権 | 5 | 120（CR） | 600 | 金銭債務 | 5 | 120（CR） | 600 |
| 棚卸資産 | 4 | 120（CR） | 480 | 資本金 | 9 | 90（HR） | 810 |
| 固定資産 | 8 | 120（CR） | 960 | 利益剰余金 | 3 | | (*2)330 |
| | | | | 為替換算調整勘定 | | | (*3)300 |
| | 17 | | 2,040 | | 17 | | 2,040 |

(*2) S社株主資本等変動計算書の利益剰余金期末残高より，(*3) 貸借差額

#### ④　連結財務諸表の作成

必要な連結修正仕訳（投資と資本の相殺消去）は以下のとおりである。

（借）資　　本　　金　　810　（貸）S　社　　株　　式　　810

上記の連結修正仕訳を反映した結果として，X1期末における当社の連結貸借対照表は以下のようになる。

X1期末連結貸借対照表　（単位：円）

| | | | |
|---|---|---|---|
| 当社諸資産 | 1,390 | 当社諸負債 | 200 |
| 金銭債権 | 600 | 金銭債務 | 600 |
| 棚卸資産 | 480 | 資本金 | 1,000 |
| 固定資産 | 960 | 利益剰余金 | 1,330 |
| | | 為替換算調整勘定 | 300 |

X1期末連結損益計算書　（単位：円）

| | | | |
|---|---|---|---|
| 売上原価 | 2,050 | 売上高 | 3,100 |
| 減価償却費 | 520 | | |
| 当期純利益 | 530 | | |

# 第18章　税効果

学習のポイント

本章では，企業会計と課税所得計算の差異に着目し，税金支払額を企業会計に対応させて期間配分する税効果会計を学習する。学習にあたっては，なぜそのような手続が必要とされるのかをしっかりと理解してほしい。それさえ理解できれば，あとは，ケース毎に差異が将来の税金支払額に与える影響を丁寧に確認するだけで，繰延税金資産の回収可能性の判定や連結財務諸表における税効果会計といった実務的な論点についても，容易に理解することができるであろう。

## 1　法人税，住民税および事業税等に関する会計処理

株式会社が納付する代表的な税金には，法人の企業活動により得られる所得に対して国から課される**法人税**（法人税および地方法人税），法人の事業所等が所在する自治体から課される（法人）**住民税**，および法人が行う事業に対して課される（法人）**事業税**がある。会計上は，これら3つの税金をまとめて「法人税等」とよぶことがある。

企業会計基準第27号「法人税，住民税及び事業税等に関する会計基準」（以下，本章では基準27号という）において，法人税等は，原則として法令に従い算定した額を損益に計上することとされている[1]（5項）。そして，法人税，住民税および事業税（所得割）[2]は，損益計算書の税引前当期純利益の次に，「法人税，住民税及び事業税」等の科目をもって表示する。他方，事業税（付加価値割および資本割）は，原則として販売費及び一般管理費として表示する。このよう

1　ただし，①資本取引および②資産または負債の評価替えにより生じた評価差額等に対して課される当事業年度の所得に対する法人税等については，損益として処理せず，①の場合は株主資本の区分に計上し，②の場合は評価・換算差額等（その他の包括利益累計額）の区分に計上する。

2　事業税には，①付加価値額によって課される付加価値割，②資本金等の額によって課される資本割，③所得によって課される所得割がある。

な損益計算書における法人税等の表示区分の区別は，利益（所得）に関連する金額を課税標準とする税金であるか否かに基づいている[3]。

中間申告によって期中に納付した法人税等については，「仮払法人税等」として流動資産に計上し，決算日において納付されていない法人税等については，貸借対照表の流動負債の区分に「未払法人税等」の科目をもって表示する。

**設例18-1　法人税等の会計処理**

当社は，X1期において，法人税等の中間申告を行い140円納付した。また，X1期末において，X1期の法人税等の金額が370円であることが確定し，X2期に未払額を納付した。

この場合，当社は，以下のように仕訳する。

**①　中間納付（X1期中）**

| | | | | | |
|---|---|---|---|---|---|
| （借） | 仮払法人税等 | 140 | （貸） | 現金預金 | 140 |

**②　決算日（X1期末）**

| | | | | | |
|---|---|---|---|---|---|
| （借） | 法人税，住民税及び事業税 | 370 | （貸） | 仮払法人税等 | 140 |
| | | | | 未払法人税等 | 230 |

**③　未払額の納付（X2期中）**

| | | | | | |
|---|---|---|---|---|---|
| （借） | 未払法人税等 | 230 | （貸） | 現金預金 | 230 |

## 2　課税所得計算と税効果会計

### (1)　課税所得計算の概要

第３章で学習したように，企業の法人税額は，益金から損金を差し引くことによって課税所得を計算し，課税所得に所定の税率を乗じることによって計算される。ただし，益金と損金は，課税所得計算のために別途計算する代わりに，企業会計における利益の額を基礎にして計算することとされ，税務申告時には企業会計における収益と益金の差異ならびに費用と損金の差異だけを調整する方式（**申告調整方式**）が採用されている。**図表18-1**で示すように，このような

3　住民税には，①資本金等の額および従業員数を課税標準とする均等割，②法人税額を課税標準とする法人税割がある。①住民税の均等割については，事業税（付加価値割および資本割）と同様に，利益（所得）に関連する金額を課税標準とする税金に該当しないことから，販売費および一般管理費として表示すべきといえるが，基準27号では，実務慣行等を踏まえ，「法人税，住民税及び事業税」等に含めることとされている（６項）。

申告調整により税務上の所得を計算するための明細書を**別表4**（所得の金額の計算に関する明細書）という。

**図表18-1 ■別表4における課税所得計算**

別表4（課税所得計算）

| 当期純利益 | | XX |
|---|---|---|
| 加算 | 収益ではない益金 | +XX |
| | 損金ではない費用 | +XX |
| 減算 | 費用ではない損金 | −XX |
| | 益金ではない収益 | −XX |
| 課税所得 | | XX |

損益計算書（企業会計）

| 収益 | XX |
|---|---|
| 費用 | −XX |
| 当期純利益 | XX |

ここで，企業会計における収益および費用と，課税所得計算における益金および損金に相違が生じるのは，両者の目的が異なるからである。第1章で学習したとおり，企業会計の目的は，受託責任の解除，利害調整および情報提供のために企業の財務状況を開示することにある。他方，課税所得計算の目的は，法人に対する公平な課税にある。そのため，企業の財務状況の開示の観点から収益または費用として会計処理された項目が，課税所得計算における公平な課税の観点からは，益金または損金とされないことがあり，その逆もある。

第6章で学習した固定資産の耐用年数に関する議論を思い出してみよう。企業会計においては，企業が自主的に見積もった個別的耐用年数が理論的とされていた。しかし，課税所得計算においてそれを認めると，同種の固定資産を使用する法人毎に減価償却費の金額が異なることになり，課税の公平性が損なわれるおそれがある。そのため，課税所得計算においては，一般的耐用年数（法定耐用年数）に基づく減価償却費が損金とされ，企業会計上の減価償却費が損金算入限度額を上回っている場合には，図表18-1における別表4の「損金ではない費用」として加算調整される。

また，第6章で学習した積立金方式の圧縮記帳を行った場合，圧縮積立金は，企業会計における費用として処理されていないが，課税所得計算においては，課税の繰延べのために損金として処理される。この場合には，図表18-1における別表4の「費用ではない損金」として減算調整される。

このように一定の調整項目を企業会計上の当期純利益に加減することによって課税所得を計算し，それに法人税率を乗じることで法人税額が算定される。

### (2) 期間差異と一時差異

会計上の収益または費用の額と税務上の益金または損金の額との間に差異が生じており，当該差異のうち損益の期間帰属の相違に基づくものを**期間差異**という。取得原価600円の備品について，会計上は耐用年数２年，税務上は耐用年数３年で減価償却（定額法，残存価額ゼロ）するケースを考えてみよう。この場合には，**図表18-2**で示すように，X1期およびX2期においては，会計上の費用が税務上の損金を100円ずつ上回っているが，X3期においては，税務上の損金が会計上の費用を200円上回っている。これは，会計と税務のいずれにおいても，備品の取得原価600円を費用（損金）として処理する点は同様であるが，両者の費用計上のタイミングが異なることに起因している。

**図表18-2 ■期間差異**　（単位：円）

| | X1期 | X2期 | X3期 | 合計 |
|---|---|---|---|---|
| 会計上の費用 | 300 | 300 | 0 | 600 |
| 税務上の損金 | 200 | 200 | 200 | 600 |
| 期間差異（発生） | 100 | 100 | △200 | － |
| 期間差異（累計） | 100 | 200 | 0 | － |

また，会計上の収益または費用と税務上の益金または損金の範囲が異なることに起因して，差異が生じることもある。たとえば，大企業が支出した交際費については，会計上は費用として処理されるが，税務上は冗費の節約等の観点から損金として処理することが認められていない。このような差異は，期間差異とは異なり，将来においても解消されないことから**永久差異**とよばれる。

次に，前述の備品の減価償却のケースにおいて，会計上の資産の金額と税務上の資産の金額とを比較してみよう。**図表18-3**で示すように，X1期末およびX2期末においては，会計上の資産の金額が税務上の資産の金額を下回っているが，X3期末においては，両者の金額が一致する。このように貸借対照表に計上されている資産および負債の金額と課税所得計算上の資産および負債の金額との差額のことを**一時差異**という。

期間差異と一時差異は，会計と税務の差異を損益計算書と貸借対照表のいずれから把握するのかの違いにすぎないことから，基本的に両者の範囲は一致する。しかし，その例外もある。たとえば，第15章で学習したその他有価証券については，会計上は時価評価されるが，税務上は基本的に原価評価されるため，

図表18-3 ■一時差異　（単位：円）

| | X1期末 | X2期末 | X3期末 |
|---|---|---|---|
| 会計上の資産 | 300 | 0 | 0 |
| 税務上の資産 | 400 | 200 | 0 |
| 一時差異（累計） | 100 | 200 | 0 |

一時差異が生じることになる。その一方で，会計上は，その他有価証券の時価評価差額は純資産直入されるため，会計上も税務上も収益（益金）および費用（損金）はゼロであり，期間差異は生じない。このように，一時差異は期間差異を包含している。

以下では，一時差異に着目して税効果会計の仕組みを解説する。

### (3)　税効果会計の必要性

前述の備品の減価償却の例を用いて，一時差異が生じた場合に企業会計でどのような問題が生じるのかを考えてみよう。ここでは，**図表18-4**で示すように税率は30%[4]であり，X1期～X3期における税引前当期純利益はいずれも500円であったものとする。

図表18-4 ■税効果会計を適用しない場合（単位：円）

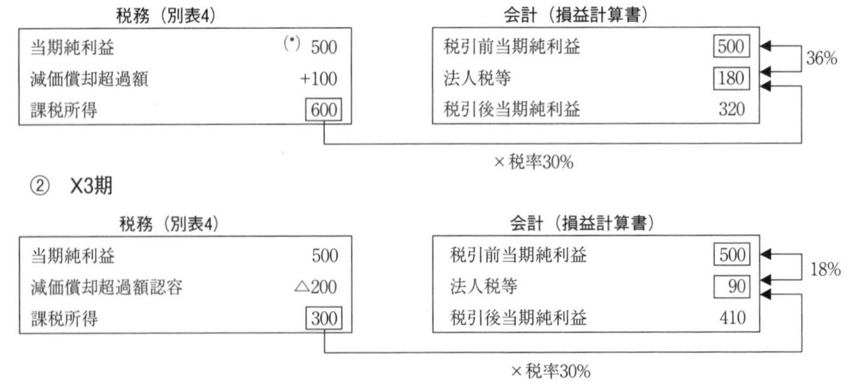


(*) 別表4においては，「税引後当期純利益」から調整計算を開始するが，本章では説明の便宜のために「税引前当期純利益」を用いている。以下の図表も同様である。

4　以下の説明においても，特に断りがない限り税率が30%であることとする。

まず，図表18-4における会計上の損益計算書では，X1期～X3期において同額の税引前当期純利益が計上されているにもかかわらず，X1期およびX2期の法人税等の金額は180円となっている一方で，X3期の法人税等の金額は90円となっている。これは，一時差異の発生・解消によって別表4における課税所得が増減することに起因している。その結果として，X1期～X3期における税引前当期純利益に対応するあるべき税金費用は150円（＝500円×30%）であるにもかかわらず，そのような対応関係が崩れているといえる。

つぎに，一時差異が税金支払額（キャッシュフロー）に与える影響を考えてみよう。X1期およびX2期においては，あるべき税金費用150円に対して法人税等の支払額は180円であることから，法人税等をそれぞれ30円ずつ多く支払っているといえる。また，X3期においては，あるべき税金費用150円に対して法人税等の支払額は90円であり，法人税等の支払額が60円少なくなっているといえる。そのため，一時差異が税金支払額に与える影響の観点からは，一時差異が解消するX3期に支払う法人税等60円を，X1期およびX2期に前払いしていると考えることができる。しかし，一時差異が将来の法人税等の支払額に与える影響については，財務諸表利用者が知ることはできない。

以上の（ｉ）税引前当期純利益と税金費用の非対応および（ii）将来の法人税等の支払額に対する影響の非表示という2つの問題を解決するためには，一時差異によって生じる法人税等を期間配分すればよい。具体的には，**図表18-5**で示すように，X1期およびX2期において前払いした法人税等を資産として繰延べ，それをX3期に取り崩すことによって費用化する。

このように一時差異が発生した場合に法人税等を適切に期間配分することにより，法人税等を控除する前の当期純利益と法人税等を合理的に対応させ，また，将来の法人税等の支払額に対する影響を開示することを目的とする手続を**税効果会計**（accounting for income tax）という。税効果会計の適用により，X1期～X3期のいずれにおいても税引前当期純利益と税金費用が期間的に対応し，また，X1期およびX2期における繰延税金資産の計上により，X3期の法人税等の支払額に与える影響が開示される。

なお，税効果会計は税引前当期純利益に対応する税金を期間配分する手続であるから，対象となる税金は，「利益に関連する金額を課税標準とする税金」に限定される。たとえば，収入金額その他利益以外のものを課税標準とする事業税（付加価値割および資本割）や住民税の均等割は，税効果会計の計算に含ま

**図表18-5 ▒税効果会計を適用する場合**（単位：円）

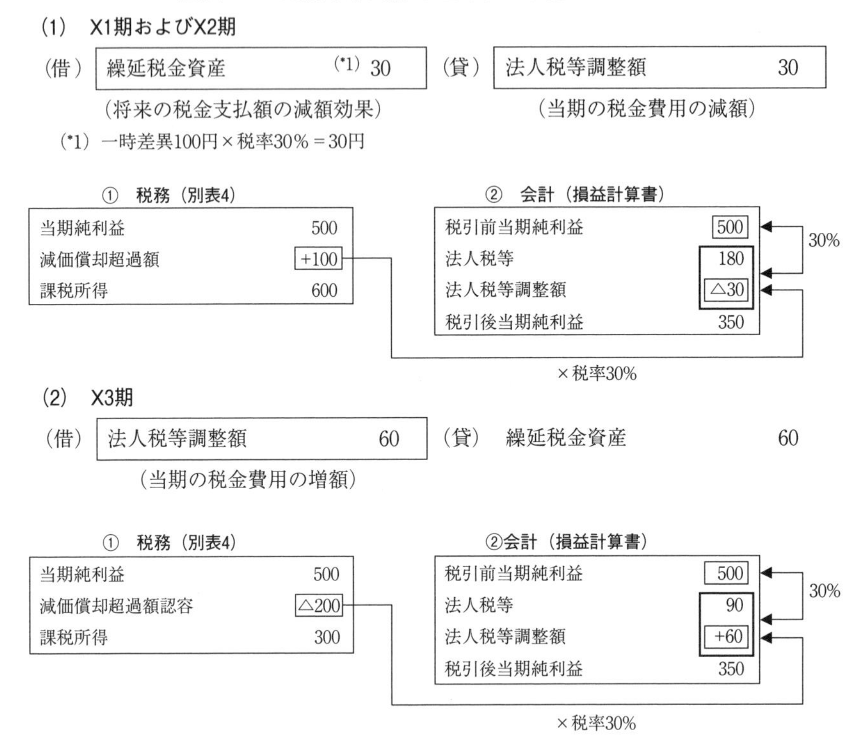


れる税金に該当しない。

また，税効果会計は，一時差異または期間差異が解消することによって将来の課税所得，ひいては税金支払額に影響を与えることに着目した手続であるため，将来の課税所得計算に影響を与えない永久差異（一時差異等に該当しない差異）は，税効果会計の対象とならない。

### (4)　資産負債法と繰延法

企業会計基準適用指針第28号「税効果会計に係る会計基準の適用指針」（以下，本章では指針28号という）では，税効果会計の方法には，資産負債法と繰延法があるとされている（89項）。**資産負債法**とは，会計上の資産または負債の額と課税所得計算上の資産または負債の額との間に差異が生じており，当該差異が解消する時にその期の課税所得を減額または増額する効果を有する場合に，当該差異（一時差異）が生じた年度にそれにかかわる繰延税金資産または繰延税金負債を計上する方法をいう。他方，**繰延法**とは，会計上の収益または費用の額と税務上の益金または損金の額との間に差異が生じており，当該差異のうち損益の期間帰属の相違に基づくもの（期間差異）について，当該差異が生じた年度に当該差異による税金の納付額または軽減額を当該差異が解消する年度まで，繰延税金資産または繰延税金負債として計上する方法をいう。

前述のように税効果会計には，（i）税引前当期純利益と税金費用の期間的な対応を図ること，（ii）将来の税金支払額に対する影響を開示すること，という２つの目的があった。基本的には，税効果会計を適用することによって，この２つの目的を同時に達成できる。しかしながら，税率改正が行われる場合には，いずれの目的を優先するのかという問題が生じることになる。

前述の図表18-５のケースに関して，X1期末において，X3期首以降の税率が40％になることが予測されている状況を考えてみよう。この場合，X3期に一時差異が解消することによる税金支払額の減額は80円（＝減価償却超過額認容200円×X3期税率40%）であるから，X1期およびX2期において将来の税金支払額に対する影響を開示するためには，それぞれ40円の繰延税金資産を計上する必要がある。しかし，このように会計処理すると，X1期およびX2期の一時差異発生時においては，法人税等調整額が40円ずつ計上され，その結果として税引前当期純利益と税金費用は非対応となる。

その一方で，X1期およびX2期において，税引前当期純利益と税金費用の対応を図るために法人税等調整額30円（＝減価償却超過額100円×X1期・X2期税率30％）を計上すると，繰延税金資産が30円ずつ計上され，X3期における税金支払額の減額効果を示すことができない。税効果会計の２つの目的のいずれかを優先せざるを得ないこのような状況において，資産負債法は，一時差異が解消する将来の税金支払額への影響を開示することを優先し，繰延法は，期間差異発生時の税引前当期純利益と税金費用の対応を優先する。

資産負債法と繰延法の主な相違を要約すると，**図表18-６**のようになる。

「税効果会計に係る会計基準」（以下，本章では基準という）では，原則として資産負債法によることとされており，一時差異に関する税金の額を適切な会計期間に配分することとなる（第二・一１）。そのため，繰延税金資産および繰延税金負債の金額は，回収または支払が行われると見込まれる期の税率[5]に基づいて計算し，その後に法人税等の税率変更があった場合には，過年度に計上され

**図表18-6 ■資産負債法と繰延法**

| | 資産負債法 | 繰延法 |
|---|---|---|
| 差異 | 一時差異 | 期間差異 |
| 適用税率 | 差異解消時の税率 | 差異発生時の税率 |
| 税率改正時の再計算 | 必要 | 不要 |
| 繰延税金資産の回収可能性の検討 | 必要 | 不要 |

た繰延税金資産および繰延税金負債を新たな税率に基づき再計算する（第二・二2，注6）。

### (5)　将来減算一時差異と将来加算一時差異

一時差異には，一時差異が解消するときにその期の課税所得を減額する効果を持つ**将来減算一時差異**と，増額する効果を持つ**将来加算一時差異**がある。

図表18-5で示した減価償却費の損金算入限度超過額は，X3期に一時差異が解消することによって別表4で課税所得が減額されることから，将来減算一時差異に該当する[6]。この場合の将来減算一時差異は，**図表18-7**で示すように将来の課税所得を減額することによって，それに法定実効税率[7]を乗じた金額だけ税金支払額が減額される。そこで，X1期およびX2期において，X3期の法人税等の前払額として**繰延税金資産**（deferred tax assets）を計上する。

**図表18-7 ■将来減算一時差異が税金支払額に与える影響**（単位：円）

| | X1期末 | X2期末 | X3期末 |
|---|---|---|---|
| 会計上の資産 | 300 | 0 | 0 |
| 税務上の資産 | 400 | 200 | 0 |
| 将来減算一時差異（累計） | 100 | 200 | 0 |
| 税金支払額に与える影響 | ＋30 | ＋30 | －60 |
| 繰延税金資産の計上額 | 30 | 60 | 0 |

また，一時差異ではないものの，将来減算一時差異と同様の税効果を有する

5　実務上は，決算日において国会で成立している税法に基づく税率を用いる（指針28号44項）。

6　これ以外にも，たとえば，貸倒引当金，賞与引当金，退職給付引当金等の引当金の損金算入限度超過額や，損金に算入されない棚卸資産の評価損等がある場合には，将来減算一時差異が生じる。

7　法定実効税率は，基本的に以下のように計算する（指針28号4項）。

$$\text{法定実効税率} = \frac{\text{法人税率} \times (1 + \text{地方法人税率} + \text{住民税率}) + \text{事業税率}}{1 + \text{事業税率}}$$

項目として税務上の**繰越欠損金**がある。税務上は，課税所得がマイナスとなった場合には，一定の要件を満たすことを条件として，それを繰越欠損金として翌期以降の一定期間の課税所得から控除することが認められている。その結果として，課税所得が生じた年度の法人税等の支払額は，税務上の繰越欠損金が存在しない場合と比べて軽減されることになる。そこで，基準では，一時差異および繰越欠損金等を「一時差異等」とし，税効果会計の対象とされている。

他方，将来加算一時差異は，たとえば，積立金方式により租税特別措置法上の諸準備金等を計上した場合に生じる。第６章で学習した設例６－１の積立金方式による圧縮記帳を確認してみよう。**図表18-８**で示すように，X1期においては，会計上の資産の金額は600円であるが，圧縮記帳を行うことによって税務上の資産の金額は400円となっている。その後の課税所得計算においては，圧縮積立金取崩益として毎期50円ずつ加算調整され，それに法定実効税率を乗じた金額だけ税金支払額が増額される。そこで，X1期においては，法人税等の未払額として**繰延税金負債**（deferred tax liabilities）を計上する。

**図表18-８ ■将来加算一時差異が税金支払額に与える影響**（単位：円）

| | X1期首 | X1期末 | X2期末 | X3期末 | X4期末 |
|---|---|---|---|---|---|
| 会計上の資産 | 600 | 450 | 300 | 150 | 0 |
| 税務上の資産 | 400 | 300 | 200 | 100 | 0 |
| 将来加算一時差異（累計） | 200 | 150 | 100 | 50 | 0 |
| 税金支払額に与える影響 | −60 | +15 | +15 | +15 | +15 |
| 繰延税金負債の計上額 | − | 45 | 30 | 15 | 0 |

## 3　個別財務諸表における税効果会計

### (1)　繰延税金資産および繰延税金負債の処理方法

税効果会計の適用に伴い，貸借対照表上は，将来減算一時差異および税務上の繰越欠損金等に対して繰延税金資産を計上し，将来加算一時差異に対して繰延税金負債を計上する。この場合，期首における繰延税金資産と繰延税金負債の差額と期末における当該差額の増減額は，（損益計算書項目の）**法人税等調整額**を相手勘定として計上する。ただし，第15章で学習したその他有価証券のように，資産または負債の評価替えにより生じた評価差額等を純資産の部に直接計上する場合には，当該評価差額等にかかわる一時差異に関する繰延税金資産および繰延税金負債の差額について，期首における当該差額と期末における当該差額の増減額を評価・換算差額等を相手勘定として計上する。その他有価証券の時価評価が行われた場合には，前述のとおり期間差異は生じないが，一時差異は生じる。期間差異が生じないということは，税効果会計を適用しなかったとしても，損益計算書における税引前当期純利益と税金費用の期間的な対応が図られているため，法人税等調整額を計上する必要はない。その一方で，一時差異による将来の税金支払額に対する影響については，それを開示する必要がある。そこで，この場合には，繰延税金資産または繰延税金負債を評価差額から控除して計上し，法人税等調整額は計上しない。

**設例18-2　繰延税金資産および繰延税金負債の処理方法**（単位：円）

X1期末およびX2期末における一時差異は，以下のとおりである。

| | 一時差異の種類 | X1期末 | X2期末 |
|---|---|---|---|
| 貸倒引当金の損金算入限度超過額 | 将来減算一時差異 | 230 | 510 |
| 減価償却費の損金算入限度超過額 | 将来減算一時差異 | 500 | 450 |
| 圧縮積立金 | 将来加算一時差異 | 350 | 300 |
| その他有価証券評価差額金 | 将来加算一時差異 | 40 | 120 |

後述する相殺規定を無視すると，X1期末およびX2期末における繰延税金資産および繰延税金負債の金額は，以下のようになる。

| | X1期末 | X2期末 |
|---|---|---|
| 繰延税金資産 | (*1) 219 | (*2) 288 |
| 繰延税金負債 | (*3) 117 | (*4) 126 |

(*1) X1期末将来減算一時差異（230＋500）×30％＝219
(*2) X2期末将来減算一時差異（510＋450）×30％＝288
(*3) X1期末将来加算一時差異（350＋40）×30％＝117
(*4) X2期末将来加算一時差異（300＋120）×30％＝126

X2期末においては，繰延税金資産と繰延税金負債の差額の増減額に関して，以下のように仕訳する。

| | | | | | |
|---|---|---|---|---|---|
| （借） | 繰延税金資産 | (*5) 69 | （貸） | 法人税等調整額 | 84 |
| | 繰延税金負債 | (*6) 15 | | | |
| （借） | 投資有価証券 | 120 | （貸） | 繰延税金負債 | (*7) 36 |
| | | | | その他有価証券評価差額金 | (*8) 84 |

(*5) X2期末繰延税金資産288（*2）－X1期末繰延税金資産219（*1）＝69
(*6) X2期末（圧縮積立金に関する）繰延税金負債90
－X1期末（圧縮積立金に関する）繰延税金負債105＝－15

(*7) X2期末におけるその他有価証券評価差額金が120生じているため，これが将来売却されると120の課税所得が発生し，税金支払額が36増加する。そこで，このような将来の税金の未払額として，その他有価証券評価差額金から控除する形で繰延税金負債36を計上する。
(*8) X2期末その他有価証券評価差額金120－36(*7)＝84

また，税率が変更されたこと等により繰延税金資産および繰延税金負債の額が修正された場合，当該修正差額は法人税等調整額を相手勘定として計上する。ただし，評価差額等にかかわる一時差異に関する繰延税金資産および繰延税金負債の修正差額は評価・換算差額等を相手勘定として計上する。

## (2) 繰延税金資産の回収可能性

将来減算一時差異が生じた場合には，それによる将来の税金支払額の減額が見込まれる金額を繰延税金資産として計上する。この場合の繰延税金資産に相当する税金支払額が減額されることは，一般に繰延税金資産の回収という。

しかし，将来減算一時差異が生じた場合に常に繰延税金資産を計上するわけではない。繰延税金資産は，将来減算一時差異が解消されるときに課税所得を減少させ，税金負担額を軽減することができると認められる範囲内で計上することとされ，その範囲を超える額については控除しなければならない。たとえば，**図表18-9**で示すように，X1期において将来減算一時差異が200円生じ，それがX2期において解消する見込みであるケースを想定する。X2期における課税所得が200円以上あれば，将来減算一時差異が解消するX2期に課税所得が200円減額され，その結果として税金支払額が60円減額されることになる。しかし，X2期における課税所得が140円であった場合には，将来減算一時差異が解消するX2期の課税所得を140円しか減額することができず，税金支払額も42円しか減額されない。換言すれば，繰延税金資産のうち，42円は回収可能であ

**図表18-9 ■繰延税金資産の回収**

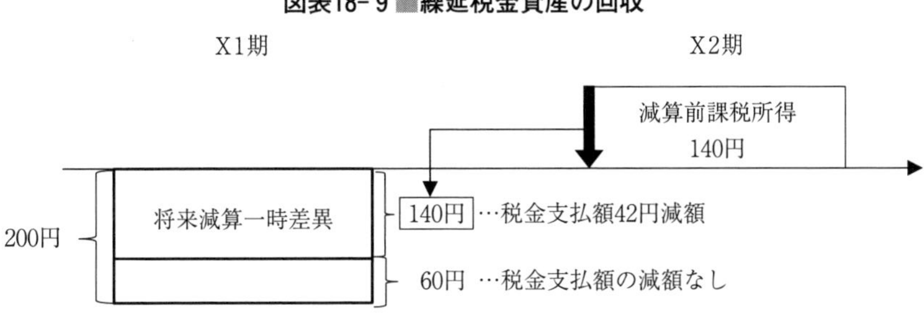

るが，18円については回収不能といえる。そこで，この場合には，繰延税金資産の計上額は，回収可能な42円とする。

また，繰延税金資産については，将来の回収の見込みについて毎期見直しを行わなければならない。具体的には，企業会計基準適用指針第26号「繰延税金資産の回収可能性に関する適用指針」（以下，本章では指針26号という）に従い，以下の①〜③により，繰延税金資産の**回収可能性**の有無を判断する（6項)。

① 収益力に基づく一時差異等加減算前課税所得
② タックス・プランニングに基づく一時差異等加減算前課税所得
③ 将来加算一時差異

①は，図表18-9で示したように，将来減算一時差異に見合う将来の課税所得が生じるかにより繰延税金資産の回収可能性を判断する。②は，含み益のある資産を売却すること等により課税所得が発生する計画があるかによって繰延税金資産の回収可能性を判断する。たとえば，図表18-9の状況において，X2期に含み益60円の土地を売却する計画があり，それが実行される可能性が高い場合には，それによって将来減算一時差異に見合う課税所得が発生するため，繰延税金資産の全額が回収可能と判断される。③の判断基準は，将来減算一時差異に見合う将来加算一時差異の有無によって繰延税金資産の回収可能性を判断する。たとえば，図表18-9の状況において，X2期に解消する将来加算一時差異が60円あれば，それによってX2期の課税所得が増額されることから，繰延税金資産の全額が回収可能と判断されることになる。

### (3) 繰延税金負債の支払可能性

繰延税金負債は，将来加算一時差異に関連する税金の額から将来の会計期間において支払が見込まれない税金の額を控除して計上しなければならない。しかし，繰延税金負債の支払可能性が認められないのは，企業が清算するまでに課税所得が生じないことが合理的に見込まれる場合等に限られる。**図表18-10**で示すように，X1期において将来加算一時差異が200円生じ，それがX2期において解消する見込みであるケースを想定する。この場合には，X2期における一時差異等加減算前課税所得が0円であったとしても，将来加算一時差異の解消によりそれが200円増額され，税金支払額が60円増額されることになる。したがって，X1期において繰延税金負債60円全額の支払可能性が認められることになる。このように，継続企業における繰延税金負債については，前述の繰延税金資産の回収可能性に関する判定とは異なり，基本的には支払可能性があるとみて繰延税金負債が計上される。

図表18-10■繰延税金負債の支払

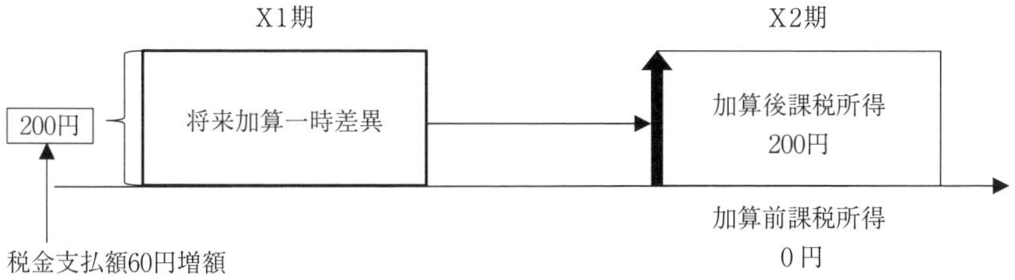

X1期　X2期

200円

将来加算一時差異

加算後課税所得
200円

加算前課税所得
0円

税金支払額60円増額

### (4)　表示方法

以前は，繰延税金資産および繰延税金負債は，流動項目と固定項目に区分して表示されていた。しかし，決算日の翌日から起算して１年以内に解消される一時差異等であっても，それが解消されることによる税金支払額への影響は，１年を超えて（翌期末以降の税金納付時に）生じることから，第９章で学習した１年基準に従ったとしても，繰延税金資産および繰延税金負債を流動項目とする余地はないとも考えられる。企業会計基準第28号「『税効果会計に係る会計基準』の一部改正」は，国際的な会計基準とのコンバージェンスや企業の事務負担の軽減等を根拠として，繰延税金資産は投資その他の資産の区分に表示し，繰延税金負債は固定負債の区分に表示することとされている（２項）。

また，同一納税主体の繰延税金資産と繰延税金負債は，双方を相殺して表示するが，親会社と子会社のように異なる納税主体の繰延税金資産と繰延税金負債は，双方を相殺せずに表示する。これは，同一納税主体の将来減算一時差異と将来加算一時差異は，基本的に差異解消時の別表４における課税所得の計算において相殺され，税金支払額に対する影響は正味で発生するからである。その一方で，親会社における将来減算一時差異と子会社における将来加算一時差異については，このような相殺関係になく，それぞれの繰延税金資産と繰延税金負債に見合う税金支払額に対する影響が独立に生じることから，相殺せずに表示することが要求されている。

## 4　連結財務諸表における税効果会計

### (1)　連結財務諸表固有の一時差異

「連結財務諸表固有の一時差異」とは，連結決算手続の結果として生じる一時差異のことをいう。連結財務諸表における税効果会計を理解するために重要なことは，第11章および第12章で学習した連結修正仕訳によって一時差異が生じることに注意することである。前述のように一時差異は，貸借対照表に計上されている資産および負債の金額と課税所得計算上の資産および負債の金額との差額であった。ここで，個別財務諸表において一時差異が生じていない（会計上の資産および負債の金額と税務上の資産および負債の金額が一致している）場合を前提とすると，連結修正仕訳の影響により，それらの金額と連結貸借対照表の資産および負債の金額に差額が生じることになり，それが連結財務諸表固有の一時差異となる。

第12章で学習した連結財務諸表作成における図表12-2の未実現利益の消去のケースを思い出してみよう。子会社の個別貸借対照表における資産の金額は150円であり，これは税務上の資産の金額と一致している。しかし，未実現利益を消去することより，連結貸借対照表の資産の金額は100円となるため，50円の一時差異が生じることになる。

この場合の一時差異は，税務上の資産（＝個別貸借対照表上の資産）の金額よりも会計上の資産（＝連結貸借対照表上の資産）の金額が小さいため，将来減算一時差異に該当し，翌期以降に商品が企業集団外部に売却されることによって税金支払額を減額する効果を有する。**図表18-11**で示すように，企業集団外部に対する商品の売却価額が150円である場合には，連結財務諸表上の利益が50円生じ，あるべき税金費用は15円（＝50円×30%）であるが，税務上の所得（＝個別財務諸表上の利益）は０円であるため，税金支払額はゼロとなる。したがって，連結修正によって生じた将来減算一時差異が解消することによって，税金支払額が15円減額されていると考えることができる。そこで，この場合には，将来減算一時差異が発生したX1期に繰延税金資産15円を計上することになる。

**図表18-11　連結財務諸表固有の一時差異**

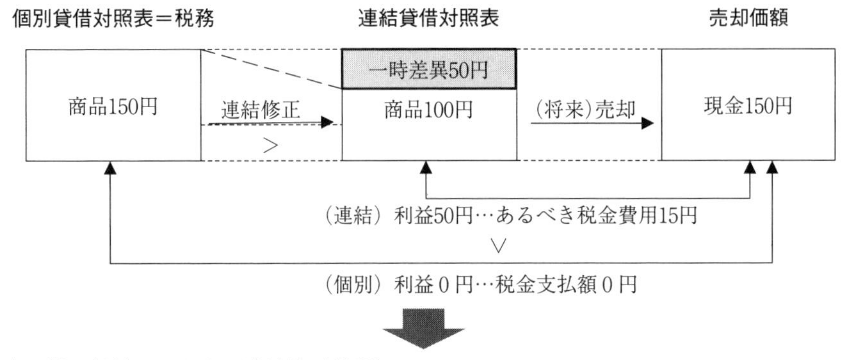


〈X1期の税効果に関する連結修正仕訳〉

| | | | | | |
|---|---|---|---|---|---|
| （借） | 繰延税金資産 | 15 | （貸） | 法人税等調整額 | 15 |
| | （将来の税金支払額の減額効果） | | | （当期の税金費用の減額） | |

連結財務諸表固有の一時差異の例としては，次のものがある[8]。

① 資本連結手続において，子会社の資産および負債を時価評価した場合に生じた評価差額
② 連結会社間の取引から生じる未実現損益の消去額
③ 連結会社間の債権と債務の相殺消去による貸倒引当金の修正額
④ 連結決算手続において，親会社および子会社が採用する会計方針を統一した場合に，連結貸借対照表上の資産の額および負債の額と個別貸借対照表上の当該資産の額および負債の額に差異が生じているときの当該差額
⑤ 子会社の資本に対する親会社持分相当額およびのれんの未償却額の合計額（投資の連結貸借対照表上の価額）と親会社の個別貸借対照表上の投資簿価（課税所得計算上の子会社株式の価額）との差額

### (2) 子会社の資産および負債の時価評価による評価差額

第11章で学習したように，子会社の資産および負債は，全面時価評価法の適用により支配獲得日の時価をもって評価され，その評価差額は当該子会社の資

8　のれんが連結貸借対照表に計上される場合には，それが税務上も個別貸借対照表上も資産計上されていないことから，将来加算一時差異が生じることになる。しかし，この場合に繰延税金負債を計上すると，子会社の資本が減少し，投資と資本の相殺消去差額であるのれんは増加する。さらに，その増加額に対してまた繰延税金負債が計上され，それによりのれんが増加するため，両勘定の間に循環が生じることになる。そのため，資本連結手続によって認識したのれんについては，繰延税金負債を認識しない。

本とされる。これにより連結貸借対照表上の資産および負債の金額と個別貸借対照表上の資産および負債の金額との間に一時差異が生じることになる。

**図表18-12**で示すように，子会社の所有する土地100円について，全面時価評価法の適用により130円に評価増が行われた場合は，税務上の資産（＝個別貸借対照表上の資産）の金額よりも会計上の資産（＝連結貸借対照表上の資産）の金額が大きいため，将来加算一時差異に該当する。そして，翌期以降に当該土地を企業集団外部に130円で売却した場合には，連結財務諸表上の利益は０円であり，あるべき税金費用もゼロとなるが，税務上の所得（＝個別財務諸表上の利益）は30円であるため，税金支払額は９円となる。したがって，将来加算一時差異が解消することによって，将来の税金支払額が９円増額されると考えることができる。

そこで，この場合には，将来加算一時差異が発生したX1期に繰延税金負債９円を計上することになる。ただし，税効果額については，法人税等調整額に計上するのではなく，評価差額から直接控除する。

**図表18-12■子会社の資産および負債の時価評価による評価差額**

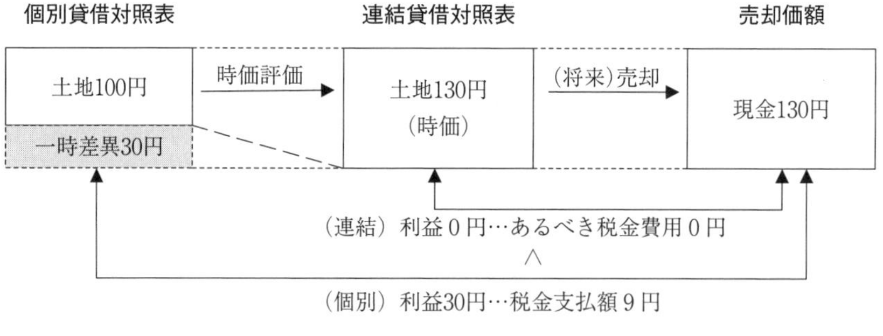

個別貸借対照表
土地100円
一時差異30円
時価評価
連結貸借対照表
土地130円（時価）
（将来）売却
売却価額
現金130円
（連結）利益０円…あるべき税金費用０円
∧
（個別）利益30円…税金支払額９円

**設例18-3　子会社の資産および負債の時価評価差額に関する税効果会計**

第11章の設例11-2に税効果会計（法定実効税率30％）を適用する。この場合X1期における当社の連結修正仕訳は以下ようになる。

① S社の資産・負債の評価（全面時価評価法）

| | | | | | |
|---|---|---|---|---|---|
| （借） | 土地 | 30 | （貸） | 評価差額 | 21 |
| | | | | 繰延税金負債 | (*1) 9 |

(*1)（時価210円－帳簿価額180円）×30％＝９円

(2) 投資と資本の相殺消去

| | | | | | |
|---|---|---|---|---|---|
| （借） | 資本金 | 470 | （貸） | S社株式 | 540 |
| | 評価差額 | 21 | | 非支配株主持分 | (*3) 98 |
| | のれん | (*2) 147 | | | |

(*2) 当社投資額540円－S社資本（470円＋21円）×当社持分比率80%＝147円
(*3) S社資本（470円＋21円）×非支配株主持分比率20%＝98円

### (3) 連結会社間の取引から生じる未実現損益の消去額

第12章で学習したように，連結財務諸表の作成にあたっては，連結会社相互間の取引によって生じた未実現損益を消去する。この場合には，すでに図表18-11で解説したように，一時差異が生じることになる。しかし，未実現損益の消去によって生じた一時差異は，個別財務諸表において未実現損益が発生した連結会社と，一時差異の対象となった資産を保有している連結会社が相違するという特徴がある。この特徴を確認するために，親会社と子会社の法定実効税率が異なるケースを考えてみよう。具体的には，**図表18-13**で示すように，X1期において，親会社（法定実効税率30%）が企業集団外部から100円で仕入れた商品を子会社（法定実効税率25%）に150円で売却し，X2期に子会社が当該商品を企業集団外部に150円で売却することとする。

**図表18-13■未実現損益の消去に関する税効果会計**

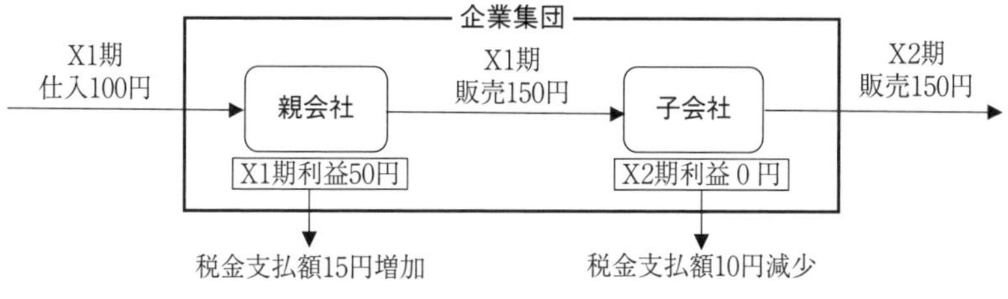

企業集団
X1期
仕入100円
親会社
X1期利益50円
X1期
販売150円
子会社
X2期利益０円
X2期
販売150円
税金支払額15円増加
税金支払額10円減少

X1期においては，個別財務諸表上の税金費用が15円（＝50円×親会社の法定実効税率30%）であるが，連結財務諸表上のあるべき税金費用は０円であるから，将来減算一時差異の発生によって税金支払額が15円増加している。その一方で，X2期においては，個別財務諸表上の税金費用は０円であるが，連結財務諸表上のあるべき税金費用は10円（＝50円×子会社の法定実効税率25%）であるから，将来減算一時差異の解消によって税金支払額が10円減少する。そのため，前述の繰延法と資産負債法に関する議論と同様に，X1期の税金等調整前当期純利益と税金費用の期間的な対応を確保するために繰延税金資産の計上額を15円とするのか，それとも，X2期の税金支払額に対する影響額を開示するために繰延税金資産の計上額を10円とするのかが論点となる。すなわち，未実現損益の消去に関する税効果会計の適用にあたり，繰延法と資産負債法のいずれを採用するかという問題である。

この点に関して，指針28号では，従来の実務慣行を踏襲し，未実現損益の消去に関する税効果会計については，例外的に繰延法によることとされている(136項)。そのため，売却元の連結会社において売却年度に納付した当該未実現利益に関する税金の額を繰延税金資産として計上し，その後に税率改正が行われた場合であっても繰延税金資産の金額の見直しは行わない（34項)。また，繰延税金資産の計上にあたっては，その回収可能性の判断を要しない（35項)。

### (4)　連結会社間の債権と債務の相殺消去による貸倒引当金の修正額

第11章および第12章で学習したように，連結会社相互間の債権と債務は相殺消去され，当該債権に対して設定されていた貸倒引当金の金額が修正される。これにより，個別貸借対照表における貸倒引当金の金額より連結貸借対照表上の貸倒引当金の金額が小さくなることから，将来加算一時差異が生じる。この場合は，**図表18-14**で示すように貸倒引当金繰入額が税務上の損金算入要件を満たしているか否かによって，会計処理が異なることになる。

①貸倒引当金繰入額が税務上の損金算入要件を満たしている場合には，連結決算手続上，債権と債務の相殺消去に伴い当該貸倒引当金が修正されたことにより生じた当該貸倒引当金に関する将来加算一時差異に対して，原則として繰延税金負債を計上する。

他方，②貸倒引当金繰入額が税務上の損金算入要件を満たしていない場合であって，当該貸倒引当金繰入額に関する将来減算一時差異に対して繰延税金資産が計上されているときは，連結決算手続上，債権と債務の相殺消去に伴い当該貸倒引当金が修正されたことにより生じた当該貸倒引当金に関する将来加算一時差異に対して，当該繰延税金資産と同額の繰延税金負債を計上する[9]。そのうえで，個別財務諸表における将来減算一時差異が消滅したと考えられるため，

9　貸倒引当金繰入額に関する将来減算一時差異に対して繰延税金資産が計上されていないときは，連結決算手続上，貸倒引当金が修正されたことにより生じた連結財務諸表固有の将来加算一時差異に対して繰延税金負債を計上しない。

当該繰延税金負債を繰延税金資産と相殺する。

**図表18-14■子会社の資産および負債の時価評価による評価差額**

① 貸倒引当金繰入額が税務上の損金算入要件を満たす場合

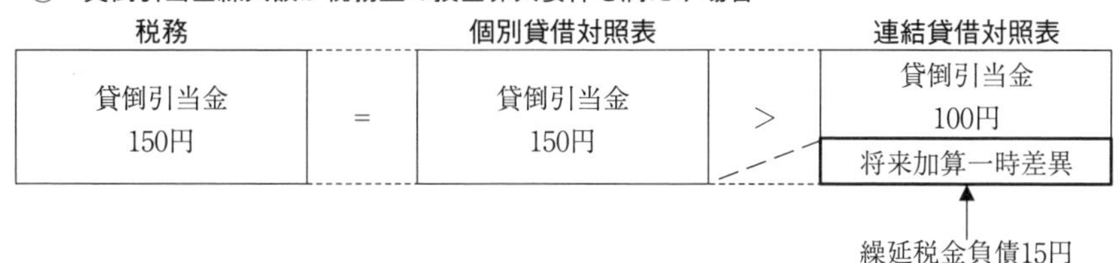


② 貸倒引当金繰入額が税務上の損金算入要件を満たさない場合

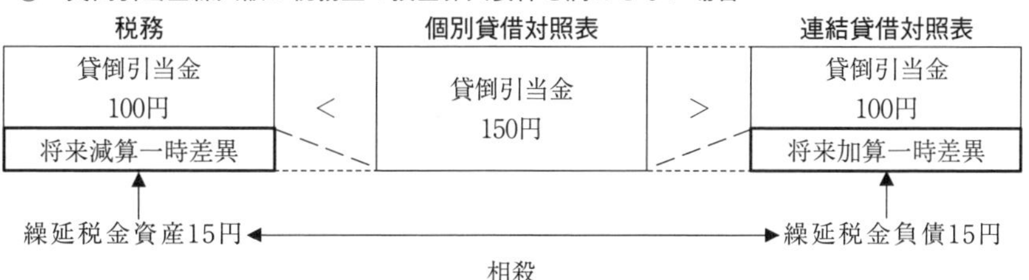


### 設例18-4　未実現損益の消去および貸倒引当金に関する税効果会計

当社は，X2期において，連結子会社S社（当社の持分比率80%）に対して，企業集団外部から100円で仕入れた商品を150円で掛販売した。X2期末において，当該商品はS社の在庫として保有されており，当社のS社に対する売掛金150円（貸倒引当金８円）は決済されていない。なお，X2期の法定実効税率は30%であるが，X3期に税率改正が予定されており，法定実効税率は25%となる見込みである。また，上記の貸倒引当金は，税務上の損金算入要件を満たしている。

この場合，当社は，次のような連結修正仕訳を行う。

① 未実現利益の消去

| | | | | | |
|---|---|---|---|---|---|
| （借） | 売上原価 | 50 | （貸） | 商品 | 50 |
| （借） | 繰延税金資産 | (*1) 15 | （貸） | 法人税等調整額 | 15 |

(*1) 未実現利益（将来減算一時差異）50円×X2期法定実効税率30%＝15円

② 債権と債務の相殺消去

| | | | | | |
|---|---|---|---|---|---|
| （借） | 買掛金 | 150 | （貸） | 売掛金 | 150 |
| （借） | 貸倒引当金 | 8 | （貸） | 貸倒引当金繰入額 | 8 |
| （借） | 法人税等調整額 | 2 | （貸） | 繰延税金負債 | (*2) 2 |

(*2) 貸倒引当金（将来加算一時差異）８円×X3期法定実効税率25%＝２円

### (5) 子会社に対する投資に関する税効果

親会社が子会社に対して投資を行った時点においては，通常，親会社の個別貸借対照表上の投資簿価と当該投資の連結貸借対照表上の価額は一致し，連結財務諸表上，子会社に対する投資に関する一時差異は生じない。しかし，投資後においては，親会社の個別貸借対照表上の投資簿価が取得原価で据え置かれる一方で，子会社が計上した損益，為替換算調整勘定，のれんの償却等により，子会社に対する投資の連結貸借対照表上の価額が変動し，その結果として，親会社の個別貸借対照表上の投資簿価と当該投資の連結貸借対照表上の価額の間に差額が生じる（**図表18-15**および**図表18-16**）。

このようにして生じた一時差異は，以下の場合に解消し，親会社において納付する税金を増額または減額する効果を有する。

（ⅰ）子会社が親会社に配当を実施する場合
（ⅱ）親会社が保有する投資を第三者に売却するまたは保有する投資に対して個別財務諸表上の評価損を計上することにより，税務上の損金に算入される場合

図表18-15におけるのれんの償却によって生じた将来減算一時差異について考えてみよう。親会社が保有する子会社株式のすべてを第三者に売却すると，連結上の簿価と個別上の簿価のいずれもがゼロとなり，将来減算一時差異は解

**図表18-15■のれんの償却による投資に関する一時差異**

① 投資時

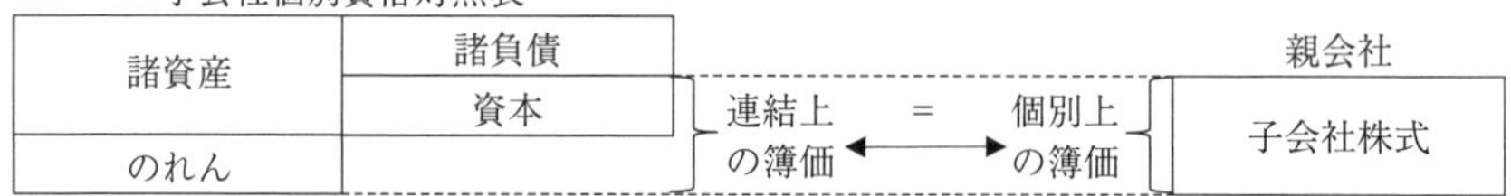


② 投資後（のれんの償却後）

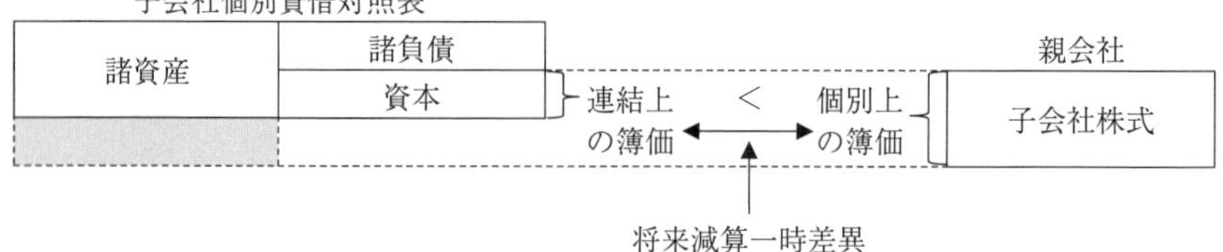

**図表18-16■子会社の利益計上による投資に関する一時差異**

① 投資時

子会社個別貸借対照表

諸資産　諸負債　資本

連結上の簿価　＝　個別上の簿価

親会社　子会社株式

② 投資後（留保利益の計上後）

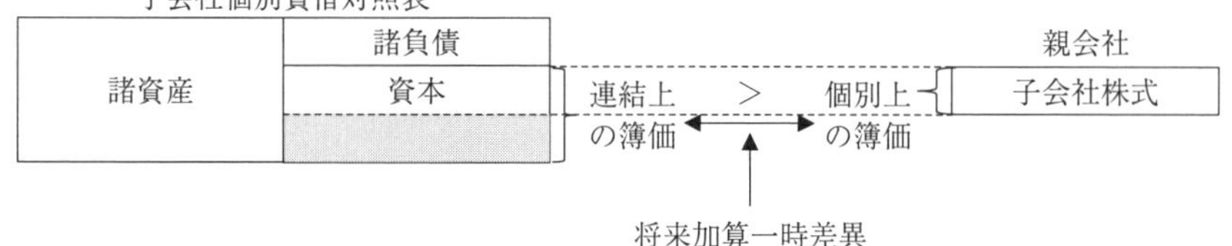


消する。また，個別財務諸表において子会社株式の評価損を計上し，それが税務上の損金に算入されると，個別上の簿価が小さくなることで，将来減算一時差異が解消することになる。

他方，図表18-16における子会社の利益計上によって生じた将来加算一時差異は，投資の売却だけでなく，子会社が親会社に配当を実施することによっても解消する。子会社が親会社に配当を実施すると，留保利益の減少によって連結上の簿価が小さくなり，その結果として将来加算一時差異は解消する。

子会社に対する投資に関する一時差異については，**図表18-17**のように要約できる。

**図表18-17■子会社に対する投資に関する一時差異**

| 一時差異の発生原因 | 一時差異の種類 | 一時差異の解消事由 |
|---|---|---|
| 子会社の損失 | 将来減算一時差異 | (ii) |
| のれんの償却 | | |
| 為替換算調整勘定（負の値） | | |
| 子会社の利益 | 将来加算一時差異 | (i) または (ii) |
| 負ののれんの発生 | | (ii) |
| 為替換算調整勘定（正の値） | | |

指針28号では，子会社に対する投資に関する一時差異については，留保利益に関する将来加算一時差異を除き，基本的には繰延税金資産および繰延税金負債を計上しないこととされている（22項～24項）。これは，子会社株式は継続し

て保有することが前提とされており，また，投資の評価損の損金算入は税務上の要件を充足する必要があることから，前述の（ⅱ）の解消事由が生じる可能性は低いと考えられるからである[10]。

その一方で，留保利益に関する将来加算一時差異のうち，前述の（ⅰ）の解消事由によって解消するものについては，通常，親会社は子会社の留保利益を配当金として受け取り，差異が解消する可能性が高いことから，将来の会計期間において追加で納付が見込まれる税金の額を繰延税金負債として計上する。

10　ただし，これらの解消事由が生じる可能性が高い等の一定の要件を満たす場合には，繰延税金資産または繰延税金負債を計上する。

# 第19章 固定資産の減損

**学習のポイント**

本章では，固定資産に関する減損処理を学ぶ。減損処理は，収益性が低下し，投資額の回収が見込めない状態にある固定資産の帳簿価額（簿価）を切り下げる会計処理である。固定資産については，第6章および第25章で解説されているとおり，減価償却または償却の手続によって原価配分が行われる。それに加えてなぜ減損処理が必要とされるのか，取得原価主義のもとで減損処理をどのように位置づければよいのかに注意して学習するとよいであろう。

## 1　減損処理の概要

### (1)　固定資産の減損と減損処理の意義

企業は，固定資産を取得する際，当該資産を事業活動に用いることで投資額以上の金額を獲得できると期待している。そのような期待をもって行われた固定資産への投資額（取得原価）は，会計上，（土地等を除き）減価償却または償却の手続を通じて耐用年数にわたり費用化される。当該費用は，当該資産の使用により獲得される収益やその他の費用とともに期間損益計算に反映される。そのようにして算出される利益は，固定資産に投資を行った当初の期待がどの程度達成できたのかを示している。

しかし，事業環境の変化等により固定資産の収益性が低下し，当初の期待とは異なり投資額以上の金額の獲得が見込めなくなることがある。このような状態のことを**固定資産の減損**という。減損している固定資産の簿価を取得原価に基づく金額（取得原価から償却累計額を差し引いた金額）のまま据え置き償却し続けることは，当該資産を回収可能性の疑わしい金額で計上することになるほか，将来に損失を繰り延べることになる。本章で学ぶ固定資産の**減損処理**は，このような状態にある固定資産について一定の条件のもとで過大な簿価を減額し，将来に損失を繰り延べないために行われる会計処理である。

固定資産の減損処理は，2002年８月に公表された「固定資産の減損に係る会計基準の設定に関する意見書」（以下，本章では意見書という。また基準部分を減損基準という）に定められている[1]。減損基準の策定が行われていた当時の日本はバブル経済崩壊後の景気後退局面にあった。そのような経済状況のなかで，固定資産が過大に計上され，損失が先送りされているのではないかという疑念がもたれるようになり，財務諸表に対する社会的な信頼が損なわれかねない状況にあった。一方で，明確な規定を設けないまま企業に減損処理を求めれば，過大な簿価の切下げによる益出し[2]などの裁量的な会計処理が行われる可能性もあり，減損処理に関する会計基準を定めることが急務となっていた[3]。

### (2) 減損処理と他の会計処理との関係

資産の簿価を切り下げる会計処理には，減損処理のほかにも第５章で学んだ棚卸資産の収益性が低下した場合における簿価切下げがある。これは，期末時点で保有する棚卸資産について回収可能性を反映させるように，過大な簿価を減額し，将来に損失を繰り延べないために行われる会計処理である。減損処理も，それと同様に，固定資産について回収可能性を評価し，過大な簿価を減額し，将来に損失を繰り延べないために行われる会計処理であり，取得原価主義の枠組み内の会計処理であるといえる。

また，同じく資産の簿価を評価替えする会計処理には時価会計がある。しかし，時価会計の目的は減損処理とは異なり，資産を期末時点の時価で貸借対照表に表示することやその評価差額を企業の業績とみなして期間損益計算に含めることにある。そのため，時価会計では資産の時価が変動すればそれにあわせて（上方にも）評価替えをするのに対して，減損処理では資産の時価が値上がりしている場合はもちろんのこと，たとえ値下がりしている場合でも資産の簿価が事業活動を通じて回収される限り評価替えは行われない。

---

1 なお，企業会計基準第35号「「固定資産の減損に係る会計基準」の一部改正」の公表により，減損基準の一部が改正されている。

2 これをビッグ・バス（big bath）問題という。ビッグ・バス問題とは，減損処理でいえば，企業の経営者が業績の悪い会計期間や自身の就任初年度に固定資産の簿価を過大に切り下げて一時的に大きな損失を計上し，その後の会計期間に計上される償却費用を減少させて利益を出しやすい状況を作り出すことをいう。

3 また，すでに減損に関する会計基準が存在していた国際的な会計基準との調和も考慮された（意見書二）。この点については，本章末のコラム14もあわせて参照されたい。

### (3) 減損処理の基本的な仕組み

減損処理の基本的な仕組みは**図表19-1**のとおりである。減損処理は固定資産の簿価の回収可能性を判定するため，概ね独立したキャッシュフローを生み出す最小の単位である資産または資産グループを対象に行われる。固定資産はそれ単独でキャッシュフローを生み出すことは稀であることから，多くの場合においてグルーピングが必要になる。そのうえで，当該資産（グループ）に減損の兆候（減損が生じている可能性を示す事象）があるかを調査する。減損の兆候がある資産（グループ）については，当該資産（グループ）から生み出される将来キャッシュフローを見積もる。その結果，当該資産（グループ）の簿価が見積もられた割引前将来キャッシュフローの総額を上回る場合には，減損損失の認識が必要であると判定される。

上記の手続のなかで，減損の兆候がある場合に限り将来キャッシュフローの見積りが求められるのは，実務上の過大な負担を考慮したものである。また，簿価が将来キャッシュフローの割引現在価値ではなく，それよりも高い金額となる割引前の総額を上回る場合に減損損失の認識が必要であると判定されるのは，投資の成果が不確定であり，かつ，その見積りが主観的になりやすい事業用資産の特性を考慮してもなお，そのような状況があるということは減損の存

**図表19-1 ■減損処理の基本的な仕組み**

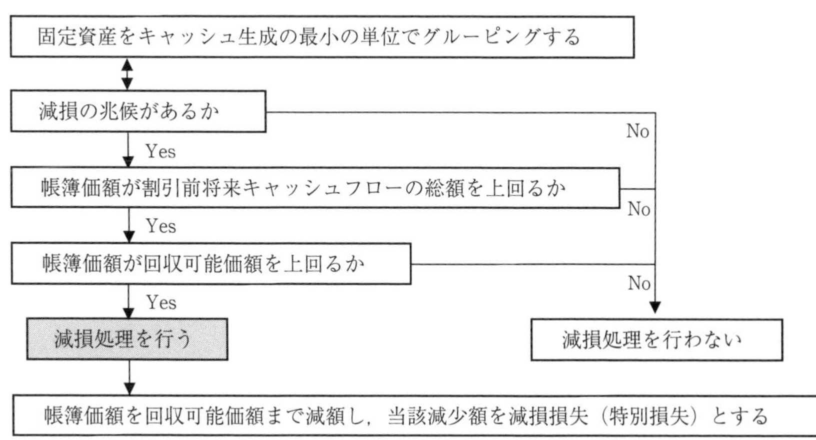

在が相当程度確実であることを示唆するためである（この考え方を蓋然性規準[4]という）。

次に，減損損失の認識が必要であると判定された資産（グループ）については，回収可能価額を算定する。**回収可能価額**とは，資産（グループ）の**使用価値**（継続的使用によって生じると見込まれる将来キャッシュフローの割引現在価値）と**正味売却価額**（時価から処分費用見込額を控除して算定される金額）のいずれか高いほうの金額である。その結果，簿価が回収可能価額を上回る場合には，当該資産（グループ）の簿価を回収可能価額まで切り下げ，当該減少額を**減損損失**として当期の費用とする。回収可能価額を限度として簿価を切り下げるのは，合理的な経営者であれば資産（グループ）を使用（使用価値）と売却（正味売却価額）のいずれか高いほうの金額を回収できる手段に用いると考えられるためである。

## 2　会計処理

### (1)　対象資産と資産のグルーピング

減損処理は，固定資産（有形固定資産および無形固定資産，投資その他の資産）に属する資産に適用される。ただし，他の会計基準に減損処理等に関する規定がある金融資産，繰延税金資産，市場販売目的のソフトウェア，および，退職給付に係る資産，ならびに，長期前払利息などの財務活動から生ずる損益に関する経過勘定項目は除かれる（減損基準一，企業会計基準適用指針第6号「固定資産の減損に係る会計基準の適用指針」（以下，本章では指針6号という）6項）。

資産のグルーピングは，個々の企業の事情により一義的には定められないため，実務では管理会計上の区分や投資の意思決定を行う際の単位等を考慮して行う。減損処理のために特別な区分を設ける必要はなく，継続的に収支が管理されている単位が基本となる[5]。なお資産グループの構成資産のうち将来キャッシュフローの生成能力にとって最も重要な構成資産を**主要な資産**という[6]。

また，資産のなかには，工場が立地する土地や研究試験施設のように，それ

4　コラム14も参照されたい。
5　なお，連結財務諸表においては，個別財務諸表において用いられた資産のグルーピングの単位が連結の見地から見直される場合がある（意見書四2(6)①）。

単独ではキャッシュフローを生み出さないものの，複数の資産（グループ）の将来キャッシュフローの生成に寄与する資産がある。そのような特徴を有する資産のうち，のれんを除く資産を**共用資産**という。共用資産とのれんに対する減損処理の適用にあたっては，後述の(5)で解説するように追加的な規定が設けられているので注意を要する。

**設例19-1　資産のグルーピングと共用資産**

当社は，製品Aと製品Bを製造している。製品Aは外部から調達した原材料Cを機械Eで加工することによって製造され，外部に販売されている。製品Bは外部から調達した原材料Dを機械Fと機械Gで加工することによって製造され，外部に販売されている。なお，製品Bの製造にとって機械Fは必要不可欠な資産である。当社では，製品Aの製造ラインと製品Bの製造ラインが管理会計上区分されており，それぞれについて収支の管理が行われている。また，当社は専ら自社製品に関する研究および試験を行う研究試験施設Hを保有している。

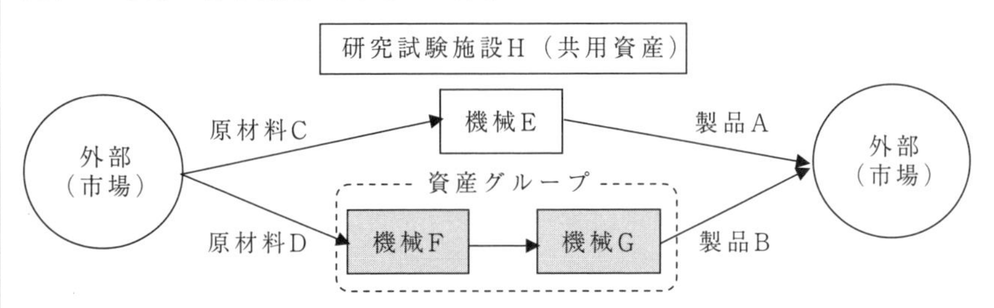


この場合，機械Eはそれ単独でキャッシュフローを生み出すことができるが，機械Fと機械Gはそうではないことからこれら２つの資産は資産グループとされる。機械Fは製品Bの製造にとって最も重要な資産と考えられることから，当該資産グループの主要な資産とみなされる。研究試験施設Hはそれ単独ではキャッシュフローを生み出さず，機械Eおよび機械Fと機械Gの資産グループの将来キャッシュフローの生成に寄与する資産であることから共用資産とみなされる。

## (2)　減損の兆候

減損基準では，減損の兆候を示す具体的な事象として次の状況が挙げられている（減損基準二１）。

6　主要な資産の判定にあたっては，企業が当該資産を必要とせずに資産グループの他の構成資産を取得しうるかといった点や，企業が当該資産を物理的および経済的に容易に取り替えられるかといった点を考慮する（指針６号23項）。

①　資産が使用されている営業活動から生ずる損益またはキャッシュフローが継続してマイナスとなっているか，あるいはマイナスとなる見込みであること
②　資産の使用範囲または使用方法について当該資産の回収可能価額を著しく低下させる変化が生じたか，あるいは生じる見込みであること
③　資産が使用されている事業に関連して経営環境が著しく悪化したか，あるいは悪化する見込みであること
④　資産の市場価格が著しく下落したこと

①の状況にある「継続してマイナス」とはおおむね２期連続でマイナスであることを指す[7]。②の具体的な状況としては，資産が使用されている事業を廃止または再編することや，資産を当初の予定よりも著しく早期に処分すること，資産を当初の予定と異なる用途に転用すること，資産が遊休状態になったことなどが想定される（減損基準注解２）。③の経営環境の悪化については，市場環境の悪化（原材料価格の高騰や商品・製品・サービスの価格水準の大幅な下落，販売量の著しい減少など）のほか，技術的環境の悪化（技術革新による著しい陳腐化など），法律的環境の悪化（規制強化や重大な法令違反の発生など）が挙げられる。④の状況にある「著しい下落」とは，少なくとも市場価格が簿価から50%程度以上下落した場合が該当する（指針６号15項）。

### (3)　減損損失の認識（割引前将来キャッシュフローの総額の算定）

(2)の手続で減損の兆候があるとされた資産（グループ）については，当該資産（グループ）から生み出される将来キャッシュフローを見積もる。その結果，当該資産（グループ）の簿価が割引前将来キャッシュフローの総額を上回る場合には減損損失の認識が必要であると判定される。なお，この判定は資産（グループ）の減価償却の見直しに先立ち行う。

キャッシュフローの見積期間は，資産もしくは資産グループの主要な資産の経済的残存使用年数[8]または20年のいずれか短いほうの期間とされる（減損基準二２(2)）。20年という限度は，少なくとも土地については使用年数が無限であ

7　ただし，当期の見込みが明らかにプラスとなる場合は①の状況に該当しない。
8　経済的残存使用年数は，経済的に使用可能と予測される年数である。ただし，減価償却計算に用いられている税法耐用年数等に基づく残存耐用年数と著しい相違がある等の不合理と認められる事情のない限り，当該残存耐用年数を経済的残存使用年数とみなすことができる（指針６号21項）。

る（定めがない）こと[9]，および，見積期間が長期に及ぶと一般的に不確実性が高くなることなどが考慮され，設けられている。見積期間が20年を超えない場合には，経済的残存使用年数経過時点の資産（グループ）の正味売却価額をその時点までの割引前将来キャッシュフローに加算し，20年を超える場合には21年目以降のキャッシュフローに基づき算定された20年経過時点の回収可能価額を20年目までの割引前将来キャッシュフローに加算する[10]。回収可能価額の算定は，後述する(4)の手続と同様に行う。

**図表19-2 ▒見積期間が20年を超える場合の割引前将来キャッシュフローの総額の算定**

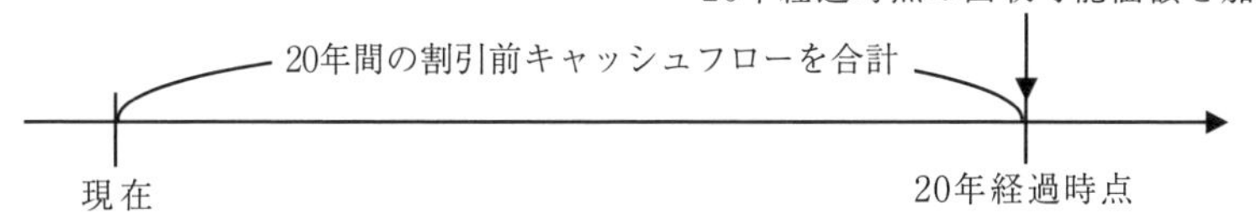


キャッシュフローの見積りは，企業にとって資産（グループ）の簿価が事業活動を通じて回収可能であるかをみるために行われることから，企業に固有の事情を反映した合理的で説明可能な仮定および予測に基づき行う[11]。生起する可能性の最も高い単一の金額（最頻値）により見積もることが一般的であるが，企業が資産（グループ）の使用や処分に関していくつかの選択肢を検討している場合などには，想定しうる複数の将来キャッシュフローをそれぞれの確率で加重平均した金額（期待値）により見積もることもある。将来キャッシュフローが見積値から乖離するリスクについては，当該リスクを加味するか否かに

---

9　土地については，将来にわたり毎年１円でも回収されると見積もられれば，割引前将来キャッシュフローの総額は必ず簿価を上回り，いかなる場合でも減損損失の認識が必要ないと判定されてしまうためである。

10　資産グループにおいて，主要な資産以外の構成資産の経済的残存使用年数（以下，使用年数）が，①主要な資産の使用年数を超えない場合には当該構成資産の使用年数経過時点の正味売却価額を主要な資産の使用年数までの割引前将来キャッシュフローに加算する。他方，②主要な資産の使用年数を超える場合には主要な資産の使用年数経過時点における当該構成資産の回収可能価額を見積もったうえで，(i)主要な資産の使用年数が20年を超えない場合には主要な資産の使用年数までの割引前将来キャッシュフローに加算し，(ii)20年を超える場合には21年目以降の将来キャッシュフローの見積額に加算する（意見書四２(2)③，指針６号18項）。

11　現在の使用状況および合理的な使用計画等を考慮する必要がある。計画されていない将来の設備の増強や事業の再編の結果として生ずる将来キャッシュフローは見積りに含めない。また，将来の用途が定まっていない遊休資産については，現在の状況に基づき将来キャッシュフローを見積もる（意見書四２(4)②，減損基準注解５）。

よって減損損失の認識の判定が変わることから，(3)の手続においては加味しない。

各期の金額は，資産（グループ）から生み出される収入額からそれを生み出すのに必要な支出額を控除して見積もる。間接的に生ずる支出（本社機能に関する支出など）は，資産（グループ）が生み出す将来キャッシュフローにとって必要であることから，関連する資産（グループ）に合理的な方法により配分して控除する。利息の支払額ならびに法人税等の支払額または還付額は通常，固定資産の使用または処分から直接的に生ずるものではないことから含めない。

**設例19-2　割引前将来キャッシュフローの総額の算定**

減損の兆候がある資産グループについて，以下の条件に従って割引前将来キャッシュフローの総額を見積る。当該資産グループの構成資産は建物と構築物で，このうち建物が資産グループの主要な資産と判定されている。現在はX0期末である。

- 建物の簿価（純額）：15,500千円，構築物の簿価（純額）：3,000千円
- 建物の経済的残存使用年数：22年
- 構築物の経済的残存使用年数：10年
- 20年経過時点の資産グループの回収可能価額：970千円[12]
- 資産グループから生じると見込まれるキャッシュフローの見積額は以下のとおりである。X10期の見積額には，構築物の経済的残存使用年数経過時点の正味売却価額と建物の大規模修繕に関する支出額が含まれている。

（単位：千円）

| X1-X9期の各期 | X10期 | X11-X20期の各期 | X21期 | X22期 | 合計 |
|---|---|---|---|---|---|
| 1,200 | △2,370 | 800 | 500 | 545 | 17,475 |

＊各期のキャッシュフローは各期末に生じるものと仮定する。

当該資産グループの主要な資産である建物の経済的残存使用年数は22年であることから見積期間は20年になる。割引前将来キャッシュフローの総額は，下記の計算式のとおり20年目までの割引前キャッシュフローの合計額に20年経過時点の回収可能価額970千円を加えた17,400千円である。なお，当該資産グループについてはその簿価18,500千円が割引前将来キャッシュフローの総額を上回っていることから減損損失の認識が必要であると判定される。

割引前将来キャッシュフローの総額17,400千円
＝1,200千円×9＋△2,370千円＋800千円×10＋970千円

12　この金額は，X21期とX22期の将来キャッシュフローを20年経過時点まで割り引いた金額（割引率は5％とする）の合計額 $\left(970\text{千円}=\frac{500}{(1+0.05)^1}+\frac{545}{(1+0.05)^2}\right)$ である。ここでは，当該金額（使用価値）が20年経過時点の資産グループの正味売却価額を上回るとの前提を置いている。

### (4)　減損損失の測定

(3)の手続により減損損失の認識が必要と判定された資産（グループ）については，使用価値と正味売却価額のいずれか高いほうの金額である回収可能価額[13]を算定する。その結果，簿価が回収可能価額を上回った資産（グループ）については，当該簿価を回収可能価額まで減額し，当該減少額を減損損失として当期の費用にする（減損基準二３）。資産グループについて認識された減損損失額は，帳簿価額に基づいて比例配分する方法のほか，各構成資産の時価を考慮した配分等合理的であると認められる方法により各構成資産に配分する（同二６(2)，指針６号26項）。

使用価値の算定における将来キャッシュフローの見積りは，(3)の手続における将来キャッシュフローの見積りと同様に行うが，以下の点で異なる。まず見積期間について20年という限度はない[14]。また，将来キャッシュフローが見積値から乖離するリスクを見積金額または割引率のいずれかを通じて反映させる必要がある。使用価値の算定には，キャッシュフローの見積額が税引前の値であることに対応して税引前の割引率を用いるが，将来キャッシュフローが見積値から乖離するリスクをキャッシュフローの見積金額に反映させている場合には貨幣の時間価値のみを反映させた税引前の割引率を，そうでない場合には貨幣の時間価値と当該リスクの両方を反映させた税引前の割引率[15]を用いる。

正味売却価額の算定における時価には，通常，観察可能な市場価格を用いるが，固定資産については市場価格が観察できない場合も考えられるため，その場合には合理的に算定された価額を用いる。

---

13　本来，使用価値と正味売却価額の両方の算定が必要となるが，通常，使用価値は正味売却価額より高いと考えられるため，明らかに正味売却価額のほうが高いと想定される場合や処分がすぐに予定されている場合などを除き，必ずしも正味売却価額を算定する必要はない（指針６号28項）。

14　割引現在価値であるため見積期間の限度を設けなくても一定の金額に収束するためである。

15　当該割引率は以下のものまたはそれらを総合的に勘案した値となる（指針６号45項）。

(1)　当該企業における当該資産（グループ）に固有のリスクを反映した収益率

(2)　当該企業に要求される資本コスト

(3)　当該資産（グループ）に類似した資産（グループ）に固有のリスクを反映した市場平均と考えられる合理的な収益率

(4)　当該資産（グループ）のみを裏付けとして大部分の資金調達を行ったときに適用されると合理的に見積もられる利率

**設例19-3 減損損失の測定と減損損失額の配分**

以下の資産グループについては減損損失の認識が必要であると判定されている。以下の条件に従って回収可能価額を見積もり，簿価が回収可能価額を上回る場合には減損処理を行う。現在はX0期末である。

- 資産グループの構成資産と簿価
  - 機械装置（簿価：4,000千円，減価償却累計額：1,600千円）
  - 備品（簿価：800千円，減価償却累計額：200千円）
- 資産グループの主要な資産：機械装置（経済的残存使用年数：3年）
- 資産グループから生じると見込まれる将来キャッシュフローの見積額

（単位：千円）

| X1期 | X2期 | X3期 |
|---|---|---|
| 800 | 700 | 500 |

* 各期のキャッシュフローは各期末に生じるものと仮定する

- 割引率：5％（当該割引率には貨幣の時間価値と将来キャッシュフローが見積値から乖離するリスクの両方が反映されている）
- 資産グループの時価：2,000千円（処分費用見込額：300千円）
- 減損損失額は資産グループの構成資産の簿価に基づき配分する。

資産グループの使用価値は，以下の計算式のとおり，将来キャッシュフローの見積額を割引率5％で割り引いた金額となる。

$$\text{使用価値}1{,}829\text{千円} = \frac{800}{(1+0.05)^1} + \frac{700}{(1+0.05)^2} + \frac{500}{(1+0.05)^3}$$

正味売却価額は，資産グループの時価2,000千円から処分費用見込額300千円を控除した1,700千円である。したがって，回収可能価額は使用価値の1,829千円（>正味売却価額1,700千円）になる。そこで資産グループの簿価（純額）3,000千円（簿価の合計4,800千円－減価償却累計額の合計1,800千円）を回収可能価額1,829千円まで切り下げ，減損損失を計上する。減損損失額1,171千円は，構成資産の簿価（純額）に基づき配分する。

| （借） | 減損損失 | 1,171 | （貸） | 機械装置 | (*1) 937 |
|---|---|---|---|---|---|
| | | | | 備品 | (*2) 234 |

(*1) 減損損失額1,171×{機械装置の簿価（純額）2,400／(2,400＋備品の簿価（純額）600)}
(*2) 減損損失額1,171×{600／(2,400＋600)}

## (5) 共用資産およびのれんの取扱い

### ① トップダウン・テストとボトムアップ・テスト

共用資産およびのれんの減損処理には，これまで解説してきた減損処理の内容に加え，追加的な規定が設けられている。

共用資産およびのれんは，それ単独では正味キャッシュフローを生み出さないため，他の資産と組み合わせて減損処理を行う必要があるが，それをどのように行うのかが問題となる。その１つの方法は，共用資産またはのれんがキャッシュフローの生成に寄与する複数の資産（グループ）をひとまとめにし，そこに共用資産またはのれんを加えたより大きな単位で減損処理を行う方法（トップダウン・テスト）である。もう１つの方法は，共用資産またはのれんの簿価をそれらがキャッシュフローの生成に寄与する複数の資産（グループ）に配分したのち，それぞれの資産（グループ）で減損処理を行う方法（ボトムアップ・テスト）である。

**図表19－3 ■トップダウン・テストとボトムアップ・テストの違い**

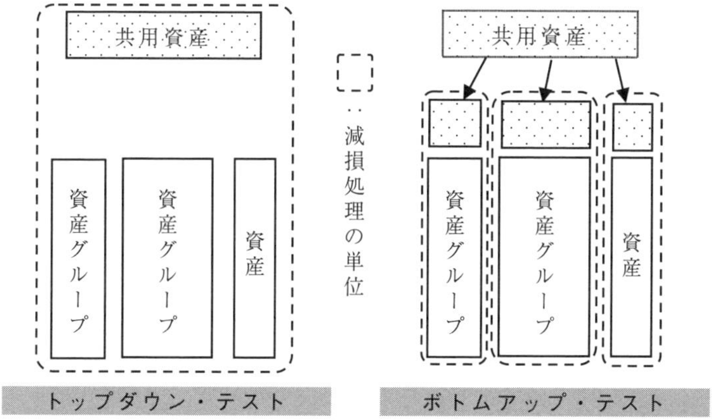

共用資産
資産グループ　資産グループ　資産
トップダウン・テスト

：減損処理の単位

共用資産
資産グループ　資産グループ　資産
ボトムアップ・テスト

### ②　共用資産の取扱い

共用資産については，その簿価を合理的な基準で各資産（グループ）に配分することは困難であると考えられるため，原則としてトップダウン・テストを適用する。ただし，合理的な基準で配分できる場合にはボトムアップ・テストによることもできる[16]。

トップダウン・テストを適用する場合には，共用資産に関連する資産（グ

16　共用資産については，共用資産に関連する資産（グループ）に共用資産を加えたより大きな単位，または，共用資産そのものに減損の兆候がある場合に，減損の兆候があると判定される。なお，ボトムアップ・テストを適用する場合には，共用資産に減損の兆候があるか否かにかかわらず，共用資産の簿価が配分された各資産（グループ）で減損の兆候の有無を判定する（指針６号16項）。

ループ）に共用資産を加えたより大きな単位の簿価（各資産（グループ）に固有の減損損失がある場合には減損損失控除前の簿価を用いる）と割引前将来キャッシュフローの総額を比較し，前者が後者を上回れば減損損失の認識が必要であると判定する。簿価と回収可能価額との差額である減損損失額は，共用資産に関連する各資産（グループ）に固有の減損損失額があれば当該金額を除いたうえで（つまり，共用資産を加えることによって算定される減損損失の増加額は），原則として共用資産に配分し，さらに残りがあれば共用資産に関連する各資産（グループ）に配分する[17]。

他方，ボトムアップ・テストを適用する場合には，共用資産の簿価を共用資産に関連する各資産（グループ）に配分したのち，各資産（グループ）で減損損失の認識の要否を判定する。各資産（グループ）について認識された減損損失額は，簿価に基づく比例配分等の合理的な方法により，共用資産とそれ以外の資産に配分する。なお，一般的に減損損失額はボトムアップ・テストのほうが大きく測定される傾向にある。

**設例19-4　共用資産の減損処理**

当社は，３つの資産グループ（資産グループA，資産グループB，資産グループC）のキャッシュフローの生成に寄与する共用資産を保有している。減損の兆候がみられたため，減損損失の認識の判定を行う。

- 各資産グループの簿価（純額）および割引前将来キャッシュフローの総額，回収可能価額は以下のとおりである。

（単位：千円）

| 資産グループ | 簿価（純額）<br>（固有の減損損失控除前） | 将来CFの総額 | 回収可能価額 |
|---|---|---|---|
| A | 200 | 280 | 270 |
| B | 500 | 300 | 260 |
| C | 300 | 400 | 370 |
| 合計 | 1,000 | 980 | 900 |

＊資産グループBは共用資産を含めた減損処理の前に固有の減損損失が発生している。

- 共用資産の簿価（純額）：250千円
- ボトムアップ・テストを適用し，共用資産の簿価を３つの資産グループに配分する場合には，各資産グループの簿価に基づき行う。

17　共用資産に配分される減損損失額が，共用資産の簿価と正味売却価額の差額を超過することが明らかな場合には，当該超過額を合理的な基準により各資産（グループ）に配分する（減損基準注解８）。

(1)　トップダウン・テストの適用（原則処理）

3つの資産グループに共用資産を加えたより大きな単位の簿価1,250千円が割引前将来キャッシュフローの総額980千円を上回ることから減損損失の認識が必要であると判定される。簿価1,250千円と回収可能価額900千円との差額350千円が減損損失額になる。資産グループBに固有の減損損失額240千円（＝500千円－260千円）を控除した残りの減損損失額110千円は共用資産に配分される。

(2)　ボトムアップ・テストの適用（容認処理）

共用資産の簿価250を3つの資産グループの簿価に基づき配分すると，各資産グループの簿価は以下の表のとおりになる。

（単位：千円）

| 資産グループ | 簿価（純額）<br>（固有の減損損失控除前） | 将来CFの総額 | 回収可能価額 |
|---|---|---|---|
| A | 200＋50 | 280 | 270 |
| B | 500＋125 | 300 | 260 |
| C | 300＋75 | 400 | 370 |
| 合計 | 1,000＋250 | 980 | 900 |

共用資産の簿価を配分した後の各資産グループについて，その簿価と割引前将来キャッシュフローの総額を比較すると，資産グループBで簿価625千円が割引前将来キャッシュフローの総額300を上回ることから減損損失の認識が必要であると判定される。資産グループBの簿価625千円と回収可能価額260との差額が減損損失額365千円になる。当該減損損失額は資産グループBと共用資産の簿価に基づきそれぞれに配分する。その結果，資産グループBには292千円（＝365千円×500千円／625千円）が配分され，共用資産には73千円（＝365千円×125千円／625千円）が配分される。

### ③　のれんの取扱い

のれんについては，のれんが認識された取引において取得された事業の単位が複数ある場合には，まずのれんの簿価を分割する。のれんの簿価を分割し帰属させる事業の単位は，のれん取得時の事業取得の対価が概ね独立して決定され，かつ，取得後も内部管理上独立した業績報告が行われる単位とし，のれんの簿価の分割は事業の取得時における時価の比率に基づいて行う方法その他合理的な方法による（減損基準注解9）。

各事業に分割された後ののれんについては，共用資産の場合と同様に減損処理を行う[18]。ただし，ボトムアップ・テストを適用し減損損失を認識した場合には，減損損失額をのれんに優先的に（のれんの簿価がゼロになるまで）配分し，残りがある場合には簿価に基づく比例配分等の合理的な方法によりのれん以外の資産に配分する[19]。のれんに優先的に配分するのは，減損処理の判定単位にはもはや超過収益力がないと考えられるからである。また，共用資産の場合と異なり，のれんの簿価がゼロになるまで配分するのは，のれん単独では正味売却価額がないためである。

**設例19-5　のれんの減損処理（トップダウン・テスト）**

当社は，甲事業と乙事業の取得に伴うのれんを認識している。２つの事業に関しては，取得後も内部管理上独立した業績報告が行われている。

２つの事業のうち乙事業に減損の兆候がみられたため，トップダウン・テストにより減損損失の認識の判定を行う。

- のれんの簿価：120千円
- のれん認識時の甲事業と乙事業の時価はそれぞれ2,100と1,400である。
- 乙事業に関連する各資産グループの簿価（純額）および割引前将来キャッシュフローの総額，回収可能価額は以下のとおりである。

（単位：千円）

| 資産グループ | 簿価（純額）（固有の減損損失控除前） | 将来CFの総額 | 回収可能価額 |
|---|---|---|---|
| A | 350 | 300 | 260 |
| B | 480 | 520 | 490 |
| C | 170 | 210 | 180 |
| 合計 | 1,000 | 1,030 | 930 |

＊資産グループAはのれんを含めた減損処理の前に固有の減損損失が発生している。

のれんの簿価120千円をのれん認識時の各事業の時価により分割する。乙事業に配分されるのれんの簿価は48千円（＝120千円×1,400千円／(2,100千円＋1,400千円)）になる。３つの資産グループにのれんを含めた大きな単位の簿価1,048千円が割引前将来キャッシュフローの総額1,030千円を上回ることから減損損失の認識が必要であると判定される。簿価と回収可能価額930千円との差額118千円が減損損失額となる。資産グループAに固有の減損損失額90千円（=350千円－260千円）を除いた残り28千円がのれんに配分される。

---

18　のれんについては，のれんを含むより大きな単位に減損の兆候がある場合にのれんに減損の兆候があると判定される。なお，ボトムアップ・テストを適用する場合には，のれんに減損の兆候があるか否かにかかわらず，のれんの簿価が配分された各資産（グループ）で減損の兆候の有無を判定する（指針６号17項）。

19　トップダウン・テストを適用し減損損失を認識する場合にも，減損損失額はのれんに関連する各資産（グループ）に固有の減損損失額があれば当該金額を除いたうえで（つまり，のれんを加えることによって算定される減損損失の増加額は）のれんに優先的に配分し，残りがある場合にはのれんに関連する各資産（グループ）に合理的な方法により配分する。

### (6)　減損処理後の会計処理

減損処理が行われた固定資産については，減損損失を控除した簿価に基づき減価償却を行う（減損基準三１）。

減損処理は固定資産の回収可能価額に基づいて行われるため，減損処理後に市場環境等の改善によって当該回収可能価額が増え，減損損失とした金額が減少することも考えられるが，**減損損失の戻入れ**は行わない。これは，減損の存在が相当程度確実な場合に限って減損損失を認識していることや，事務的負担を増大させるおそれがあることなどが考慮されているためである（意見書四３(2)）。

## 3　開　示

減損処理後の固定資産は，貸借対照表上，原則として減損損失控除後の金額をその後の取得原価として表示する（直接控除方式ともよばれる）。ただし，減価償却累計額と同様に，減損損失累計額を用いて間接的に控除して表示することもできる（独立間接控除方式ともよばれる）。また，減価償却累計額に減損損失累計額を合算して表示することもできる（合算間接控除方式ともよばれる）（減損基準四１）。減損損失は，固定資産に関する臨時的な損失であるため，損益計算書上，原則として特別損失とされる。

また，重要な減損損失を認識した場合には，減損損失を認識した資産，減損損失の認識に至った経緯，減損損失の金額，資産のグルーピングの方法，回収可能価額の算定方法等の事項について注記する（減損基準四３）。

コラム14

**減損処理の国際比較**

減損処理の要否を判断する際，固定資産の簿価をいかなる金額と比較するか（つまり，いかなる状況が生じたときに減損処理を行うべきか）についてはいくつかの考え方がある。本章で解説してきた減損基準のように，減損している可能性が相当程度高まった時に減損損失を認識すべきという考え方（**蓋然性規準**）もあれば，固定資産の簿価が当該資産の回収可能な金額を下回った時に減損損失を認識すべきとする考え方（**経済性規準**とよばれる）もある[20]。**図表19-４**のとおり，経済性規準では簿価の比較対象として回収可能価額や公正価値など当該資産の現時点の価値が用いられるのに対して，蓋然性規準ではそれらよりも金額が高くなる将来キャッシュフローの割引前の総額[21]が用いられる。そのような高い金額と比較してもなお簿価が上回るということは，相当程度高い確率で固定資産に減損が発生していると判断できるからである。

そのため蓋然性規準のもとでは，減損処理を行った資産の回収可能価額がその後に回復した場合でも減損損失の戻入れを行わない。それに対して経済性規準のもとでは，当該資産の価値に依拠して減損処理が行われるため減損損失の戻入れ[22]が要求または容認されている。

また，固定資産の簿価をいくらまで切り下げるかについてもさまざまな考え方がある。減損基準では回収可能価額まで切り下げることが求められているのに対して，米国会計基準では減損の存在が相当程度確実であっても使用を継続すると判断することは設備投資の判断と同じ（つまり，新しい資産を購入したのと同じ）であるとの考えから，継続使用を前提とする資産でさえも公正価値まで切り下げることが求められている。

この処理は減損処理後に計上される期間損益計算にも影響を与えることになる。使用価値まで減額された資産からは（仮に見積りどおりにキャッシュフローが生み出された場合）割引率に見合う利益が計上される一方，公正価値まで減額された資産からは割引率以上の利益が計上される可能性がある。減損処理を行った会計期間の利益のみならず，その後の会計期間の利益にも影響を与える点からも，資産の評価は利益の計算と密接に関係しているといえる。

**図表19-4 ■減損処理の国際比較**

| | 日本基準 | IFRS | 米国会計基準 | |
|---|---|---|---|---|
| | | | 継続使用 | 処分予定 |
| 減損損失の認識 | 簿価＞割引前CF【蓋然性規準】 | 簿価＞回収可能価額【経済性規準】 | 簿価＞割引前CF【蓋然性規準】 | 簿価＞公正価値【経済性規準】 |
| 減損損失の測定 | 簿価―回収可能価額 | 簿価―回収可能価額 | 簿価―公正価値 | 同左 |
| 減損損失の戻入れ | しない | する（のれんは不可） | しない | 可 |

20　経済性規準および蓋然性規準以外にも，永久性規準という考え方がある。永久性規準とは，減損が永久的であり確定した場合に限り減損損失を認識する考え方であり，固定資産について一時的な損失を計上しないようにする方法である。

21　何をもって減損している可能性が相当程度高いと判定するかについては議論の余地があり，割引前将来キャッシュフローの総額はその判定を行う参照枠の１つにすぎない。

22　ただし，減損損失額を超えて戻入れを行うことはできない。

# 第20章 リース

**学習のポイント**

リースに関しては，2024年9月に新たな会計基準が公表されている。従前の会計基準ではリースをその経済実態に応じて2つに分類し，それぞれに異なる会計処理を適用することが求められていた。そのため，借手は実質的にリース物件の売買と同様の経済実態を有するリースについては取引当初にリース物件にかかる資産とリース料にかかる負債を認識する一方，それ以外のリースについてはリース料を費用としてのみ認識していた。しかし，新たな会計基準では借手の会計処理が改められ，リースを分類せず原則としてすべてのリースについて同じ会計処理（資産と負債の認識）が求められている。新しいリース会計基準を理解するためには，新たな借手の会計処理と従前の会計基準の考え方を踏襲する貸手の会計処理では背後にあるリースの捉え方が異なることを意識する必要がある。

## 1　リースの定義と識別

企業会計基準第34号「リースに関する会計基準」（以下，本章では基準34号という）[1]によれば，**リース**とは「原資産を使用する権利を一定期間にわたり対価と交換に移転する契約又は契約の一部分」（6項）とされている。リースにおいて原資産を使用する権利を獲得する企業は借手とよばれ，当該権利を提供する企業は貸手とよばれる。リース料は通常，月または年ごとに後払いされる。

**図表20-1 リースの概要**

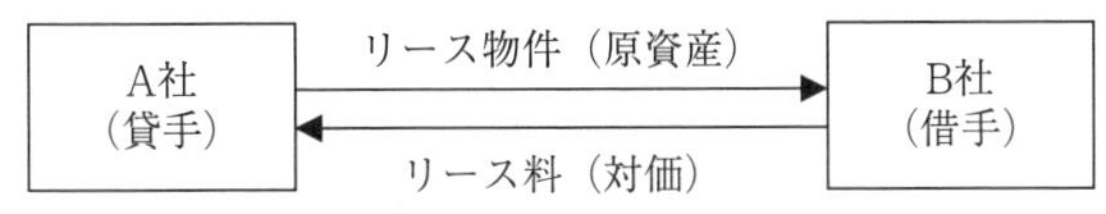


企業は何かしらの契約を締結した時に，当該契約にリースが含まれるかを判

1　原則として，2027年4月1日以後開始される連結会計年度および事業年度の期首から適用されるが，2025年4月1日以後開始される同年度の期首からの早期適用も認められる。

定する。具体的には，当該契約により顧客（リースと判定された場合の借手）が使用期間全体を通じて次の２つの権利を有する場合，当該契約にはリースが含まれると判定される（企業会計基準適用指針第33号「リースに関する会計基準の適用指針」（以下，本章では指針33号という）５項）。

(1) 特定された資産の使用から生じる経済的利益のほとんどすべてを享受する権利
(2) 特定された資産の使用を指図する権利

ここでは，まず取引対象となる資産が特定されたものであるかが判定される[2]。また，顧客が使用期間全体を通じて資産の使用から生じる経済的利益のほとんどすべてを享受でき[3]，かつ，その使用方法を指図できる[4]状況にあるかに基づき，当該契約により「特定された資産の使用を支配する権利」が顧客に移転されるかが判定される。これとは対照的に，サービス契約ではサービスの提供に使用される資産が必ずしも特定されていないほか，資産の使用をサプライヤー（リースと判定された場合の貸手）が支配しており，顧客が「特定された資産の使用を支配する権利」を獲得しない。そのようなサービス契約とリースを含む契約を区別するために，このようなリースの識別が求められている。

リースを含む契約のなかには，リースを構成する部分（以下，リース構成部分という）とリースを構成しない部分（以下，非リース構成部分という）の両方を含むものが存在する。この場合，原則として両者を分け，リース構成部分に本章で解説する会計処理を適用する[5]。各構成部分の金額は，契約の対価の金額を各構成部分の独立価格または独立販売価格の比率に基づき配分して算定する。

---

2 たとえば，貨物輸送に関する契約において輸送に用いる機材を鉄道会社側が任意に選択できる場合など，サプライヤーが資産を他の資産に代替する実質的な権利を有している場合には資産が特定されていないものと判定される。

3 たとえば，ガスタンクやネットワーク回線のごく一部を使用する契約など，顧客の使用できる資産が物理的に別個のものではなく資産の稼働能力の一部に過ぎない場合（そのほとんどすべてである場合は除く）には，その状況にないと判定される。

4 たとえば，実際に資産を稼働させる者が顧客ではなくても顧客が事前に決めた使用方法に適うように資産が設計されている場合などにも，顧客は指図する権利を有すると判定される。

5 ただし，借手については原資産をみずから所有していたと仮定した場合における貸借対照表の表示科目ごとまたは性質および企業の営業における用途が類似する原資産のグループごとに，貸手についてはオペレーティング・リース（本章**4 1**①を参照）のうち，両者の収益の計上時期とパターンが同じである場合には契約ごとに，両者をあわせてリース構成部分として扱うことができる。

## 2　リースの会計処理モデル

リースの会計処理については，その法的形式（賃貸借取引）に従えば，借手はリース料を費用として認識し，貸手は原資産を認識したままリース料を収益として認識することになる。このような会計処理は**賃貸借処理**とよばれる。

これに対して，従前の会計基準である企業会計基準第13号「リース取引に関する会計基準」（以下，本章では基準13号という）では，法的にはリース契約であっても原資産を売買したのと同様の経済実態を有する取引が存在することから，そのような取引を**ファイナンス・リース**（以下，本章ではFLという）として識別し，通常の売買取引に準じて会計処理することが求められていた。つまり，借手には取引当初にリース資産とリース債務を認識することが，貸手には原資産の消滅を認識するとともにリース債権またはリース投資資産を認識することが求められていた。他方，FL以外の**オペレーティング・リース**（以下，本章ではOLという）については借手および貸手の双方に賃貸借処理することが求められていた。このように，基準13号では**実質優先思考**（substance over form）に基づき，リースをその法的形式ではなく経済実態に応じて２つに分類し，それぞれの経済実態に即した会計処理を使い分ける方法が採用されていた[6]。

しかし，このような会計処理モデルではリースがOLに分類されれば借手は資産および負債を認識する必要がないため，借手による基準回避行動[7]を生み出してしまう点や，OLに関する重要な資産および負債が認識されない点などからその実効性に疑問が持たれるようになっていた。そのような状況を打開すべく新たな会計基準において，借手の会計処理として導入されたのが使用権モデルである。**使用権モデル**（the right of use model）では，FLであるかOLであるかにかかわらず，借手はすべてのリースにおいて原資産を一定期間にわたり

6　特にFLでは，借手は原資産の取得と資金調達を一体で行っているのと同様の状況にあり，その経済実態は資産の割賦売買取引と類似する。そのようなFLに法的形式に従った賃貸借処理ではなく，通常の売買取引に準じた会計処理を適用することは，その経済実態を明らかにすることにつながるほか，割賦売買取引との比較可能性を確保することにもつながる。

7　資産と負債の認識に伴う自社の財務指標の悪化を嫌がる借手が，その経済実態に鑑みれば本来FLに分類されるべきリースを，その契約内容をFLに分類されないように仕組むことでOLに分類し，資産と負債の認識を回避するといった行動を指す。

使用する権利（使用権）を獲得し，その対価としてリース料を支払う義務を負っていると考えられることから，借手に対してすべてのリースについて取引当初に使用権資産とリース負債を認識することが求められる。

2016年初頭にIASBおよびFASBから相次ぎ使用権モデルに基づく新たな会計基準（IFRS16号およびFASB-ASC Topic 842）が公表されたことを受け，ASBJでも基準の見直しが進められた結果，2024年9月に基準34号が公表された。基準34号では，財務諸表の国際的な比較可能性の確保，ならびに，すべてのリースについて資産および負債の計上を求める財務諸表利用者の情報ニーズの存在，OLに関する重要な負債を財務諸表に計上しないことによる日本の資本市場および財務報告の信頼性にかかわるリスクが考慮され，借手の会計処理として使用権モデルが導入されている。他方で，貸手の会計処理については国際的な会計基準でもその見直しが行われなかったことから，基本的には従前の基準13号の内容が踏襲されている[8]。そのため基準34号では，借手の会計処理ではリースが一括りにされ会計処理も統一されているのに対して，貸手の会計処理ではリースが2つに分類されそれぞれに異なる会計処理の適用が求められている。

**図表20-2 ■新旧基準における借手および貸手の会計処理（概要）の違い***

<table>
<tr><th colspan="2"></th><th>FL</th><th>OL</th></tr>
<tr><td rowspan="2">基準13号<br>（旧基準）</td><td>借手</td><td>リース資産とリース債務の認識</td><td>賃貸借処理</td></tr>
<tr><td>貸手</td><td>原資産の消滅の認識と<br>リース債権またはリース投資資産の認識</td><td>賃貸借処理</td></tr>
<tr><td rowspan="2">基準34号<br>（新基準）</td><td>借手</td><td colspan="2">使用権資産とリース負債の認識</td></tr>
<tr><td>貸手</td><td>原資産の消滅の認識と<br>リース債権またはリース投資資産の認識</td><td>賃貸借処理</td></tr>
</table>

* 簡便的な取扱いの適用が認められる一部の取引を除く。

8　ただし，企業会計基準第29号「収益認識に関する会計基準」（以下，本章では基準29号という）との整合性を図る点などから一部修正が加えられている。

## 3　借手の会計処理

### (1)　リース開始日の会計処理

借手は，原則としてすべてのリースについて，リース開始日（貸手が借手による原資産の使用を可能にする日）に使用権資産とリース負債を認識する。リース負債は，リース開始日に未払いである借手のリース料の現在価値により算定する。また，使用権資産はリース負債の計上額に，リース開始日までに支払ったリース料および付随費用を加算した金額により算定する[9]。リース負債および使用権資産を借手のリース料の総額ではなくその現在価値に基づき算定するのは，通常，リース料にはその支払いが長期におよぶ分だけ利息相当額が含まれると考えられることから，リース料からこれに含まれる利息相当額の合理的な見積額を控除するためである。

なお，リース開始日に資産と負債を認識することに対しては，貸手が借手に原資産を引き渡したからといって貸手が契約上の履行義務のすべてを果たしたわけではなく，借手も無条件の支払義務を負うわけではないとして懸念を示す見解もある。しかし，基準34号では，会計上，無条件の支払義務の存在は必ずしも負債を認識するための条件ではないとされている。

上述のリース負債の計上額の算定は，①リース期間の決定，②リース料の見積り，③現在価値の算定の３つのステップに分けられる。このうち①と②では，借手が貸手に対して支払う実質的なリース料を算定するために，リース契約に含まれるさまざまな特約を考慮することが求められる。

#### ①　リース期間の決定

借手のリース期間は，解約不能期間に次の期間の両方を加えた期間をいう[10]

9　借手が使用権資産に関連して第22章で解説する資産除去債務を計上する場合には，当該債務の計上額を使用権資産の帳簿価額に加える。

10　延長オプションとは，契約期間終了後にリース契約を延長するオプションをいう。また解約オプションとは，契約期間の中途においてリース契約を解約するオプションをいい，一般的にその行使にあたって違約金（ペナルティ）の支払いが求められる。オプションの行使可能性の評価は，経営者の意図や見込みではなくオプションの対象期間にかかる契約条件などの経済的インセンティブを生じさせる要因に基づき行う。

（基準34号15項）。なお，貸手のみが解約する権利を有する解約オプションの対象期間は解約不能期間に含まれる。

(a)　借手が行使することが合理的に確実である延長オプションの対象期間
(b)　借手が行使しないことが合理的に確実である解約オプションの対象期間

このようなリース期間の決定は，企業の合理的な判断に基づき資産および負債を計上することに繋がり，財務諸表利用者にとって有用な情報をもたらすとされている。

### ②　リース料の見積り

借手のリース料は，借手がリース期間中に使用権資産に関して行う貸手に対する支払であり，次に示すものによって構成される（同19項）。

(a)　借手の固定リース料
(b)　指数またはレートに応じて決まる借手の変動リース料
(c)　残価保証にかかる借手による支払見込額
(d)　借手が行使することが合理的に確実である購入オプションの行使価額
(e)　リースの解約に対する違約金の借手による支払額

(b)については，変動リース料[11]を決定する指数またはレートのリース開始日の値に基づき算定する[12]。指数またはレートに応じて決まる変動リース料は，借手の将来の活動に左右されないものであり，金額に関する不確実性はあるものの借手が支払いを回避できないことから借手のリース料に含める。

(c)の残価保証とは，リース終了時に原資産の価値が契約で取り決められた金額（残価保証額）に満たない場合に，その不足額を借手等が貸手に対して支払わなければならないことをいう。借手等には，借手のほか借手以外の第三者なども含まれるが，借手のリース料には借手自身が行う支払見込額のみを含める[13]。

(d)の購入オプション[14]は，実質的にリース期間を延長する最終的なオプショ

---

11　変動リース料とは，リース開始日後に発生する事象または状況の変化（時の経過を除く）により変動するリース料を指す。指数またはレートに応じて決まるものと，それ以外に原資産から生じる借手の業績や原資産の使用量に応じて決まるものがある。

12　指数またはレートの将来の変動を合理的な根拠をもって見積もることができる場合には，有用な情報を提供する観点からリースごとに当該見積りにより算定された金額を含めることもできる。これを選択した場合には，決算日ごとに指数またはレートの将来の変動を見積もり，当該リース料およびリース負債を見直す必要がある。

ンと捉えられることから，リース期間の決定と同じく，当該オプションの行使が合理的に確実である場合にはその行使価額を借手のリース料に含める。

(e)は，借手のリース期間に解約オプションの行使を反映させている場合には借手のリース料に含める。

**図表20-3 ■借手のリース料の見積りにおける特約等の取扱い**

| 特約等 | 借手のリース料における取扱い |
|---|---|
| 延長オプション | 借手のリース期間にオプションの行使が反映されている場合に当該期間に関するリース料を含む。 |
| 解約オプション | 借手のリース期間にオプションの行使が反映されている場合に違約金に関する支払額を含む。 |
| 購入オプション | 借手による行使が合理的に確実である場合に行使価額を含む。 |
| 変動リース料 | 指数またはレートに応じて決まる変動リース料を含む。 |
| 残価保証 | 借手による支払見込額を含む。 |

#### ③ 現在価値の算定

現在価値の算定に用いる割引率には，貸手の計算利子率（貸手のリース料の現在価値と原資産の見積残存価額の現在価値の合計が，原資産の現金購入価額と等しくなるような利率をいう。詳細は本章4(1)①で解説する）を借手が知りうる場合には当該利率を，そうでない場合には借手の追加借入に適用されると合理的に見積もられる利率（借手の追加借入利子率ともよばれる）を用いる。

### (2) リース開始日後の会計処理[15]

借手はリース料を利息相当額部分とリース負債の元本返済部分に区分し，前

13 （後述する貸手の会計処理のように）支払見込額として残価保証額を用いる方法も考えられるが，その見積りに困難が生じる状況は考えにくいことや，借手のリース料の定義から乖離する可能性があることから認められない。

14 購入オプションとは，一定金額を支払うことにより原資産を買い取るオプションをいう。

15 ここで解説する基準34号のリース開始日後の会計処理以外にも，リースをFLとOLの２つに分類し，FLには利息費用と償却費を別個に算定（表示）する方法を，OLにはリースから生じる費用が毎期均等な金額になるように調整する（表示においても単一の費用とする）方法を使い分けるという方法（FASB-ASC Topic 842で採用）もある。しかし基準34号では，財務諸表利用者がその分析においてリース関連費用を利息費用と償却費に区分する必要がなくなる点やリース負債を現在価値で計上することと整合的に利息費用が計上される点で財務諸表利用者のニーズに適していることなどが考慮され，IFRS16号と同様，すべてのリースを金融の提供と捉える単一の費用認識方法が採用されている。

者を支払利息とする。利息相当額（リース負債の計上額とリース開始日における借手のリース料の総額との差額）は，借手のリース期間にわたり原則として利息法[16]により配分する。

また使用権資産については，原資産の所有権が借手に移転すると認められるリースでは，原資産の取得と同様の状況にあると考えられることから，原資産をみずから所有すると仮定した場合に適用される方法と同一の方法により償却する。その際，耐用年数には原資産の経済的使用可能予測期間を用い，残存価額は合理的な見積額とする。それ以外のリースでは，原資産を使用できる期間がリース期間に限定されるなど原資産の取得とは異なる性質を有することから，定額法等の減価償却方法のうち企業の実態に応じたものを選択適用する。その際，耐用年数には借手のリース期間を用い，残存価額はゼロとする。なお，所有権が借手に移転すると認められるリースの識別要件は，貸手の会計処理における所有権移転FLの識別要件（後掲の**図表20-8**参照）とほぼ同じである[17]。

**設例20-1　借手の会計処理**

当社（B社；借手）は，以下の条件でA社（貸手）との間でリースを行う。

① 原資産：機械装置（経済的耐用年数：6年）
② 借手および貸手のリース期間：4年（X1年4月1日～X5年3月31日）
③ リース料：年額1,000千円（毎年3月31日に現金で後払い）
④ 借手の追加借入利子率：5％（借手は貸手の計算利子率を知りえない）
⑤ 使用権資産の減価償却方法：定額法

**＜原資産の所有権が借手に移転するとは認められない場合＞**

**(1) X1年4月1日（リース開始日）**

| | | | | | |
|---|---|---|---|---|---|
| （借） | 使用権資産 (*1) | 3,546 | （貸） | リース負債 | 3,546 |

(*1) $\dfrac{\text{毎年のリース料}1{,}000\text{千円}}{(1+\text{借手の追加借入利子率}0.05)^1}+\dfrac{1{,}000\text{千円}}{(1+0.05)^2}+\dfrac{1{,}000\text{千円}}{(1+0.05)^3}+\dfrac{1{,}000\text{千円}}{(1+0.05)^4}$

**(2) X2年3月31日（1回目のリース料の支払時；X1期末）**

| | | | | | |
|---|---|---|---|---|---|
| （借） | リース負債 | 823 | （貸） | 現金預金 | 1,000 |
| | 支払利息 (*2) | 177 | | | |

(*2) リース負債の期首残高3,546千円×借手の追加借入利子率0.05

| | | | | | |
|---|---|---|---|---|---|
| （借） | 減価償却費 (*3) | 887 | （貸） | 減価償却累計額 | 887 |

(*3)（使用権資産の取得原価3,546千円－残存価額0千円）÷借手のリース期間4年

16　ここでいう利息法とは，リース負債の未返済元本残高から一定の利率の支払利息が認識されるように利息相当額をリース期間の各期に配分する方法をいう。

17　ただし，所有権が借手に移転すると認められるリースには，購入オプションが割安購入選択権に該当するか否かにかかわらず，借手によるその行使が合理的に確実である場合も含まれる。

**＜原資産の所有権が借手に移転すると認められる場合＞**

原資産の所有権が借手に移転すると認められる場合の会計処理も明らかにするため，上記①から⑤までの条件に以下の条件が追加されたものとする。

⑥　所有権移転条項：あり

⑦　貸手による原資産の現金購入価額：3,600千円（借手も知りえる）

⑧　自己所有の機械装置の減価償却方法：定額法

⑨　借手にとっての原資産の見積残存価額：ゼロ

**(1)　X1年４月１日（リース開始日）**

借手は，貸手による原資産の現金購入価額を知りえることから，貸手の計算利子率（4.35%）を算定できる[18]。

（借）使用権資産　(*4) 3,600　　（貸）リース負債　3,600

(*4)　$\frac{\text{毎年のリース料1,000千円}}{(1+\text{貸手の計算利子率0.0435})^1}+\frac{\text{1,000千円}}{(1+0.0435)^2}+\frac{\text{1,000千円}}{(1+0.0435)^3}+\frac{\text{1,000千円}}{(1+0.0435)^4}$

**(2)　X2年３月31日（１回目のリース料の支払時；X1期末）**

（借）リース負債　843　　（貸）現金預金　1,000
　　　支払利息　(*5) 157

(*5)　リース負債の期首残高3,600千円×貸手の計算利子率0.0435

（借）減価償却費　(*6) 600　　（貸）減価償却累計額　600

(*6)　（使用権資産の取得原価3,600千円－残存価額０千円）÷経済的耐用年数６年

| | X1期 | X2期 | X3期 | X4期 | X5期 | X6期 | 合計 |
|---|---|---|---|---|---|---|---|
| **原資産の所有権が借手に移転するとは認められないリース** | | | | | | | |
| リース負債の期首残高 | 3,546 | 2,723 | 1,859 | 952 | — | — | — |
| 支払利息（5.00%） | 177 | 136 | 93 | 48 | — | — | **454** |
| 元本の返済 | 823 | 864 | 907 | 952 | — | — | 3,546 |
| 使用権資産の減価償却費 | 886.5 | 886.5 | 886.5 | 886.5 | — | — | **3,546** |
| **原資産の所有権が借手に移転すると認められるリース** | | | | | | | |
| リース負債の期首残高 | 3,600 | 2,757 | 1,877 | 958 | — | — | — |
| 支払利息（4.35%） | 157 | 120 | 82 | 42 | — | — | **400** |
| 元本の返済 | 843 | 880 | 918 | 958 | — | — | 3,600 |
| 使用権資産の減価償却費 | 600 | 600 | 600 | 600 | 600 | 600 | **3,600** |

18　貸手の計算利子率は以下の式を成立させる $r$ の値により算定される。所有権が移転するため，貸手にとっての原資産の見積残存価額はゼロである。

貸手の原資産の現金購入価額3,600

$$=\frac{\text{毎年のリース料1,000}}{(1+r)^1}+\frac{1{,}000}{(1+r)^2}+\frac{1{,}000}{(1+r)^3}+\frac{1{,}000+\text{貸手の見積残存価額0}}{(1+r)^4}$$

### (3)　条件変更等に伴う使用権資産およびリース負債の見直し

#### ①　条件変更を伴う場合

リースの契約条件はリース期間の中途等において変更されることがある。その場合，基本的にはリースの契約条件の変更の発効日に，変更後の条件に基づいて借手のリース期間を決定し，変更後の条件を反映させた借手のリース料の現在価値までリース負債の計上額を修正し，当該金額を使用権資産の帳簿価額に加減する。

ただし，条件変更が１つ以上の原資産を追加することによりリースの範囲が拡大されるものであり，かつ，借手のリース料が拡大した部分に対する独立価格だけ増額される場合には，当該リースの契約条件変更を独立したリースとして会計処理する。またリースの範囲が縮小される条件変更の場合には，リースの一部または全部の解約を反映するように使用権資産の帳簿価額を減額したうえで，当該減少額とリース負債の修正額との差額を損益とする。

#### ②　条件変更を伴わない場合

延長オプションまたは解約オプションの行使に関する判定や借手のリース料の見積りに変更等がある場合[19]など，条件変更を伴わなくとも借手のリース期間または借手のリース料に変更が生じる場合がある。その場合には当該事象を反映させた借手のリース料の現在価値までリース負債の計上額を修正し，使用権資産の帳簿価額に加減する。なお，リース負債の計上額に含めなかった変動リース料が発生した時にはその発生時に損益計上する。

### (4)　簡便的な取扱い

短期リース（リース開始日において借手のリース期間が12ヵ月以内であるリース）[20]および少額リース[21]に関しては，原則的な会計処理に代えて賃貸借処理（原則として定額法により費用認識）を適用することができる。

また，使用権資産の総額について重要性が乏しいと認められる場合[22]には，

---

19　指数またはレートに応じて決まる変動リース料については，原則として当該指数またはレートが変動し，今後支払うリース料に変動が生じた場合にのみ修正が求められる。

20　ただし，購入オプションが付されているリースは短期リースに該当しない。なお，短期リースに対する簡便的な取扱いは資産のグループごとに適用できる。

リース開始日に使用権資産とリース負債を借手のリース料の総額で計上し，リース期間にわたり減価償却費のみを計上する方法，または，利息相当額の総額をリース期間にわたり定額法で配分する方法のいずれかによることができる。

## 4　貸手の会計処理

### (1)　リースの分類

貸手は，まずリースを**図表20-4**のように分類する。

**図表20-4 ■貸手の会計処理に関するリースの分類**

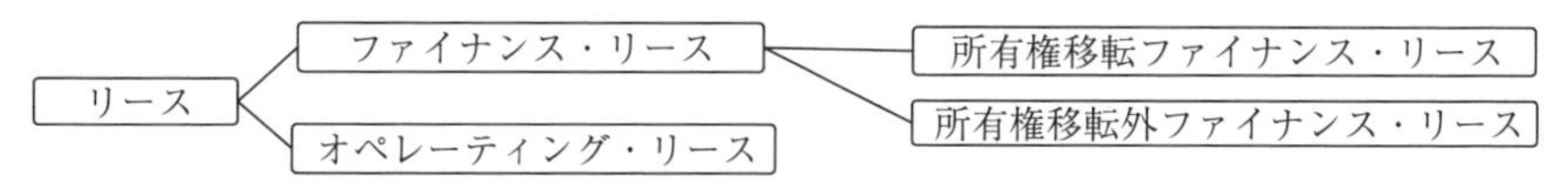


#### ①　FLとOLの分類

FLとは，**図表20-5**に示す**解約不能**（ノンキャンセラブル）のリースという要件と**フルペイアウト**のリースという要件の両方を満たすリースであり，OLは

**図表20-5 ■FLの要件**

| 要　件 | 内　容 |
|---|---|
| 解約不能のリース | 契約に定められた期間（契約期間）の中途において当該契約を解除することができないリースまたはこれに準ずるリース* |
| フルペイアウトのリース | 借手が原資産からもたらされる経済的利益を実質的に享受することができ，かつ，当該原資産の使用に伴って生じるコストを実質的に負担することとなるリース |

* 形式上は解約可能であるとしても，解約に際して相当の違約金を支払わなければならない等の理由から，事実上解約不能と認められるリースも含まれる。

---

21　少額リースとは，次のいずれかに該当するリースをいう（指針33号22項）。
(1) 重要性が乏しい減価償却資産について購入時に費用処理する方法が採用されている場合で，借手のリース料が当該基準額以下のリース
(2) ①企業の事業内容に照らして重要性の乏しいリースで，かつ，リース契約１件当たりの金額に重要性が乏しいリース，または，②新品時の原資産の価値が少額であるリース（①と②のいずれか一方のみを選択）

22　未経過の借手のリース料の期末残高が，当該期末残高ならびに有形固定資産および無形固定資産の期末残高の合計額に占める割合が10パーセント未満である場合をいう。

FL以外のリースをいう（基準34号11項，14項）。

具体的には，**図表20-6**に示す**現在価値基準**または**経済的耐用年数基準**のいずれか一方を満たすリースがFLとされる。どちらの基準もリースがフルペイアウトであるかを判断するためのものである[23]（指針33号62項）。

**図表20-6 ■FLの識別基準**

| 基　準 | 概　要 |
|---|---|
| 現在価値基準 | 貸手のリース料の現在価値が，原資産の現金購入価額の概ね90%以上である。 |
| 経済的耐用年数基準 | 貸手のリース期間が原資産の経済的耐用年数の概ね75%以上である。 |

貸手のリース期間は，貸手が選択した次のいずれかをいう（基準34号16項）。

(a)　借手のリース期間と同様の方法により決定した期間
(b)　解約不能期間にリースが置かれている状況からみて借手が再リース[24]する意思が明らかな場合の再リース期間を加えた期間

貸手のリース料とは，借手が貸手のリース期間中に原資産を使用する権利に関して行う貸手に対する支払であり，リースにおいて合意された使用料をいう（同22項）。残価保証（借手以外の第三者によるものも含む）がある場合には，残価保証額を貸手のリース料に含める。また変動リース料は貸手のリース料に含めない[25]。

現在価値の算定に用いる割引率は，貸手のリース料の現在価値と原資産の見積残存価額の現在価値の合計が原資産の現金購入価額と等しくなるような利率（貸手の計算利子率という）を用いる。原資産の見積残存価額とは，リース期間終了時に見積もられる原資産の残存価額で残価保証額以外の額をいう。

貸手が製品または商品の販売を主たる業務とする企業であり，当該製品・商

23　このうち，現在価値基準がフルペイアウトであるかをみる原則的な基準であり，経済的耐用年数基準は現在価値基準の実務上の煩雑さを考慮し設けられたものである。そのため，経済的耐用年数基準を満たすリースであっても，借手が原資産に関するほとんどすべてのコストを負担しないことが明らかな場合には現在価値基準のみにより判定する。

24　再リースとは，契約期間終了後に同一のリース物件を同一の取引相手と再びリースすることをいう（延長オプションと同じ）。

25　ただし，市場の賃貸料の変動を反映するように当事者間の協議をもって見直すという定めが契約条件にある使用料については貸手のリース料に含める（基準34号BC29項）。

図表20-7 ■貸手のリース料の見積りにおける特約等の取扱い

| 特約等 | 貸手のリース料における取扱い |
|---|---|
| 延長オプション（再リース） | 貸手のリース期間に再リースの期間が含まれている場合に当該期間にかかるリース料を含む。 |
| 解約オプション | N/A（加味しない） |
| 購入オプション | N/A（加味しない） |
| 変動リース料 | 原則として含めない。 |
| 残価保証 | 残価保証額を含む（借手以外の第三者によるものも含む）。 |

品が原資産である場合（以下，本章では当該企業を原資産の販売企業という）には，現在価値基準の判定および貸手の計算利子率の算定において現金購入価額に代えて現金販売価額を用いる。また，土地や建物などの不動産に関するリースについても，現在価値基準または経済的耐用年数基準によりFLとOLの分類を行う[26]が，土地は経済的耐用年数が無限であるため，所有権が移転する場合を除くほとんどの場合においてOLに分類されるものと推定される。

### ② 所有権移転FLと所有権移転外FLの分類

FLについては，さらに契約上の諸条件に照らして原資産の所有権が借手に移転すると認められる**所有権移転FL**とそれ以外の**所有権移転外FL**に分類する。具体的には，**図表20-8**の３つの要件のいずれかに該当する場合，当該FLは所有権移転FLに分類される（指針33号70項）。

図表20-8 ■所有権移転FLの要件

| 要　件 | 内　容 |
|---|---|
| 所有権移転条項 | 契約上，契約期間終了後または契約期間の中途で，原資産の所有権が借手に移転することとされているリース |
| 割安購入選択権 | 契約上，借手に対して，契約期間終了後または契約期間の中途で，名目的価額またはその行使時点の原資産の価額に比して著しく有利な価額で買い取る権利（割安購入選択権）が与えられており，その行使が確実に予想されるリース |
| 特別仕様の原資産 | 原資産が，借手の用途等にあわせて特別の仕様により製作または建設されたものであって，当該原資産の返還後，貸手が第三者に再びリースまたは売却することが困難であるため，その使用可能期間を通じて借手によってのみ使用されることが明らかなリース |

26　なお，土地と建物等を一括したリースは，原則として貸手のリース料を合理的な方法で土地部分と建物等部分に分割したうえで，建物等について現在価値基準により判定を行う。

**設例20-2　貸手によるリースの分類**

A社（貸手）は，設例20-1（①から⑤の条件）に以下の条件を加え，B社（借手）との間でリースを行う。会計処理に先立ち，リースの分類を行う。

⑩　貸手は原資産の販売企業ではない。

⑪　貸手による原資産の現金購入価額：3,600千円

⑫　貸手にとっての原資産の見積残存価額：200千円

⑬　貸手の計算利子率：6.28%[27]

以下のとおり，当該リースは現在価値基準を満たし，かつ，所有権移転FLに該当する契約条件も存在しないことから，所有権移転外FLに該当する。

$$\frac{\text{毎年のリース料}1{,}000}{(1+\text{貸手の計算利子率}0.0628)^1}+\frac{1{,}000}{(1+0.0628)^2}+\frac{1{,}000}{(1+0.0628)^3}+\frac{1{,}000}{(1+0.0628)^4}$$

$$=\text{貸手のリース料の現在価値}3{,}443\text{千円}$$

現在価値3,443千円／原資産の現金購入価額3,600千円＝95.6%（≧90%）

貸手のリース期間４年／原資産の経済的耐用年数６年＝66.7%（＜75%）

## (2)　FLの会計処理

### ①　リース開始日の会計処理

貸手のリース開始日の会計処理は，貸手が原資産の販売企業であるか否かにより異なる。

貸手が原資産の販売企業ではない場合，原資産の現金購入価額でリースに関する資産を認識する。このとき，当該資産は所有権移転FLにより生じたものはリース債権とし，所有権移転外FLにより生じたものはリース投資資産とする。資産を呼び分けるのは，貸手は所有権移転FLでは借手からのリース料および割安購入選択権の行使価額により投資を回収する一方，所有権移転外FLではリース料と原資産の見積残存価額の合計により回収する点で資産の性質が異なるからである。

他方，貸手が原資産の販売企業である場合には，貸手のリース料（所有権移転FLにおいて割安購入選択権がある場合には当該権利の行使価額も含める）から利息相当額を控除した金額で売上高を計上し，同額でリース債権またはリース投

27　貸手の計算利子率は以下の式を成立させる $r$ の値により算定される。

貸手の原資産の現金購入価額3,600

$$=\frac{\text{毎年のリース料}1{,}000}{(1+r)}+\frac{1{,}000}{(1+r)^2}+\frac{1{,}000}{(1+r)^3}+\frac{1{,}000+\text{貸手の見積残存価額}200}{(1+r)^4}$$

資資産を計上する。また，原資産の帳簿価額（つまり製造原価または仕入原価）により売上原価を計上する[28]。このとき，所有権移転外FLにおいて原資産の見積残存価額がある場合には，当該金額の現在価値を売上原価から控除し，リース投資資産の帳簿価額に加える。

貸手が原資産の販売企業である場合，FLは製品または商品の販売と必ずしも同一ではないが，取引対象となる資産を使用する権利を移転する点でその経済実態が類似しており，また基準29号における収益認識の時期に関する取扱いと整合的であると考えられることから，原資産の引渡時に売上高の認識が求められる（指針33号BC114項）[29]。

### ②　リース開始日後の会計処理

貸手は，リース料を利息相当額部分とリース債権またはリース投資資産の元本回収部分に区分し，前者を各期の損益とする。利息相当額（貸手のリース料および見積残存価額の合計額から原資産の取得価額を控除した金額）は，貸手のリース期間にわたり原則として利息法により配分する。これは，FLの金融的な側面を反映するためである。なお，リースを主たる事業としている企業を除き，重要性が乏しいと認められる場合[30]には，定額法で配分することができる。

所有権移転外FLでリース終了後に原資産が返却されたときには，原資産を見積残存価額でリース投資資産から貯蔵品または固定資産等に振り替える[31]。

---

28　ただし，販売益相当額（売上高と売上原価の差額）が貸手のリース料に占める割合に重要性が乏しい場合には販売益相当額を利息相当額に含めて処理することができる。

29　なお，従前の基準13号では割賦販売を想定した会計処理（リース料受取時に売上高と売上原価を計上する方法）も認められていたが，基準34号では第4章で学習したように基準29号で割賦基準が認められなくなったこととの整合性を図るため，当該会計処理方法は廃止されている。

30　未経過の貸手のリース料および見積残存価額の合計額の期末残高が当該期末残高および営業債権の期末残高の合計額に占める割合が10％未満である場合をいう。

31　リースが中途解約された場合には，受け取った違約金と解約時のリース債権の残高または（見積残存価額控除後の）リース投資資産の残高との差額を損益とする。貸手のリース期間に含まれていないにもかかわらず再リースが行われた場合には，再リース料を発生時に収益とする。その際，所有権移転外FLの場合にはリース投資資産を固定資産に振り替えたうえで，当該固定資産を再リース期間にわたり減価償却する。

**設例20-3　貸手の会計処理**

貸手（A社）は，設例20-2の所有権移転外FLを借手（B社）との間で行う。なお，貸手が原資産の販売企業である場合のリース開始日の会計処理も明らかにするため，次の条件が追加（修正）された場合も想定する。

⑭　貸手は原資産の販売企業である（⑩の条件を修正する）。

⑮　原資産の帳簿価額（仕入原価）：3,000千円

⑯　原資産の現金販売価額：3,600千円

**(1)　X1年4月1日（リース開始日）**

**＜貸手が原資産の販売企業ではない場合＞**

| | | | | | |
|---|---|---|---|---|---|
| （借） | リース投資資産 | 3,600 | （貸） | 買掛金 | (*1) 3,600 |

(*1)　原資産の現金購入価額：3,600千円（ここでは貸手が原資産を取得後にただちにリースに供したものとして買掛金を用いている）。以下，同様。

**＜貸手が原資産の販売企業である場合＞**

| | | | | | |
|---|---|---|---|---|---|
| （借） | リース投資資産 | (*2) 3,443 | （貸） | 売上 | 3,443 |
| （借） | 売上原価 | 3,000 | （貸） | 買掛金 | (*3) 3,000 |
| | リース投資資産 | 157 | | 売上原価 | (*4) 157 |

(*2)　$\frac{\text{毎年のリース料1,000千円}}{(1+\text{貸手の計算利子率0.0628})^{1}}+\frac{\text{1,000千円}}{(1+0.0628)^{2}}+\frac{\text{1,000千円}}{(1+0.0628)^{3}}+\frac{\text{1,000千円}}{(1+0.0628)^{4}}$

(*3)　原資産の帳簿価額（仕入原価）：3,000千円

(*4)　原資産の見積残存価額200千円 $\div$ $(1+\text{貸手の計算利子率0.0628})^{4}$

**(2)　X2年3月31日（1回目のリース料の受取時）**

| | | | | | |
|---|---|---|---|---|---|
| （借） | 現金預金 | 1,000 | （貸） | リース投資資産 | 774 |
| | | | | 受取利息 | (*5) 226 |

(*5)　リース投資資産の期首残高3,600千円×貸手の計算利子率0.0628

| | X1期 | X2期 | X3期 | X4期 | リース終了時 | 合計 |
|---|---|---|---|---|---|---|
| リース投資資産の期首残高 | 3,600 | 2,826 | 2,004 | 1,129 | 200 | — |
| 受取利息（6.28%） | 226 | 177 | 126 | 71 | — | 600 |
| 元本の回収部分 | 774 | 823 | 874 | 929 | — | 3,400 |

### (3)　OLの会計処理

貸手は，OLを賃貸借処理する。貸手のリース料については，貸手のリース期間にわたり原則として定額法により収益として認識する[32]。

32　契約にフリーレント（契約開始当初数ヵ月間賃料が無償となる契約条項）が盛り込まれている場合，当該フリーレントの期間中にも収益認識を行う必要がある。

## 5 サブリース取引の会計処理

**サブリース取引**とは，原資産が借手から第三者にさらにリースされ，当初の貸手と借手の間のリースが依然として有効である取引をいう（指針33号４項(12)）。なお，当初の貸手と借手の間のリースをヘッドリース，ヘッドリースにおける借手を中間的な貸手，中間的な貸手が第三者に対して行うリースをサブリースという。サブリース取引では，中間的な貸手の会計処理が問題となる。

**図表20-９ ■サブリース取引の概要***

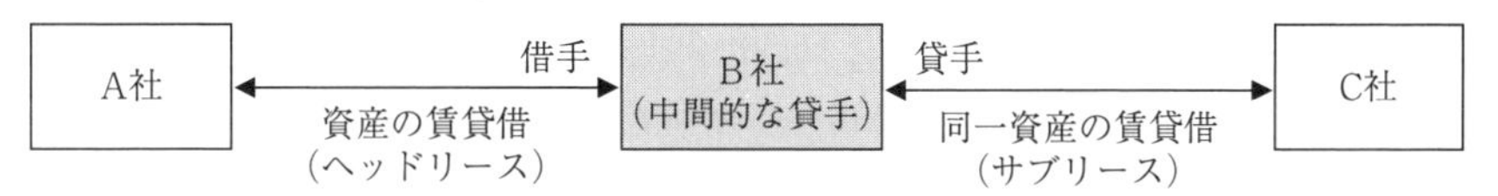


* ここでは，B社が借手としてA社から資産を賃借し，当該資産を貸手としてC社に賃貸するサブリース取引を図示している。

### (1) 通常のサブリース取引における中間的な貸手の会計処理

サブリース取引では通常，ヘッドリースとサブリースは別個に契約されており，中間的な貸手が負うヘッドリースに関する義務はサブリースの契約条件によって消滅することはない。したがって，中間的な貸手は原則としてヘッドリースとサブリースをそれぞれ通常のリースと同様に会計処理する。

このとき，サブリースがFLに該当する場合には，中間的な貸手はヘッドリースに関する使用権資産の消滅を認識し，リース債権またはリース投資資産を貸手のリース料の現在価値と使用権資産の見積残存価額の現在価値の合計額により認識する。また両者の差額は損益とする。

### (2) 転リース取引等における中間的な貸手の会計処理

しかし，サブリース取引において上述の会計処理をそのまま適用することが必ずしも適切ではない場合が存在する。その１つが中間的な貸手がヘッドリースに対してリスクを負わない場合[33]である。この場合，中間的な貸手は貸手と

33 中間的な貸手がサブリースの借手からリース料の支払を受けない限り，ヘッドリースの貸手に対してリース料を支払う義務を負わない取引などが挙げられる。

して受け取るリース料の発生時または受領時のいずれか遅い時点で，当該リース料と借手として支払うリース料の差額を損益計上することができる。

もう1つが転リース取引に該当する場合である。**転リース取引**とは，サブリース取引のなかでも，原資産の所有者から当該原資産のリースを受け，さらに同一資産を概ね同一の条件で第三者にリースする取引をいう（指針33号93項）。転リース取引において貸手としてのリースが原資産を基礎として分類したときにFLに該当する場合，中間的な貸手は次のとおり会計処理することができる（同93項）。なお，(a）のリース債権またはリース投資資産の算定には，リース負債の現在価値の算定で用いる割引率を用いる。

(a）貸借対照表にリース債権またはリース投資資産とリース負債を計上する[34]。
(b）損益計算書に支払利息，売上高，売上原価等を計上せずに，貸手として受け取るリース料総額と借手として支払うリース料総額の差額を手数料収入として各期に定額法で配分し，転リース差益等の名称で計上する。

これらの会計処理は，それぞれの場合において中間的な貸手が取引の仲介役しか果たしていない状況をより適切に反映するものと考えられる。

**設例20-4**　**転リース取引の会計処理**

B社は設例20-1（①～⑤の条件）のA社とのリースにより調達した原資産を概ね同一の条件（以下の条件を除く）でC社にリースする。なお，当該リースは転リース取引に該当し，かつ，貸手としてのリースが原資産を基礎として分類したときにFLに該当することから，容認処理に従って会計処理する。

⑰　リース料：年額1,005千円（毎年3月31日に現金で受け取る）
　※A社に支払うリース料は年額1,000千円であることから，リース期間（4年）の手数料収入の総額は20千円である。

**(1) X1年4月1日（リース開始日）**

借手として支払うリース料総額4,000千円（貸手として受け取るリース料総額のうち手数料収入を除いた部分と同額）をリース負債の現在価値の算定で用いる割引率（借手の追加借入利子率：5％）で割り引いた現在価値でリース投資資産とリース負債を認識する。

| （借） | リース投資資産 | 3,546 | （貸） | リース負債 | (*1) 3,546 |
|---|---|---|---|---|---|

(*1) $\frac{\text{毎年のリース料1,000千円}}{(1+\text{借手の追加借入利子率0.05})^1}+\frac{\text{1,000千円}}{(1+0.05)^2}+\frac{\text{1,000千円}}{(1+0.05)^3}+\frac{\text{1,000千円}}{(1+0.05)^4}$

34　それらの債権・債務の金額を利息相当額控除前の金額で計上することもできる。

(2) X2年3月31日（1回目のリース料の受取時かつ支払時）

借手として支払ったリース料の利息相当額を預り金として処理し，貸手として受け取ったリース料の利息相当額と相殺する。手数料収入総額のうち定額法で当期に割り当てられた金額を転リース差益とする。

| | | | | | |
|---|---|---|---|---|---|
| （借） | リース負債 | 823 | （貸） | 現金預金 | 1,000 |
| | 預り金 | (*2) 177 | | | |
| （借） | 現金預金 | 1,005 | （貸） | リース投資資産 | 823 |
| | | | | 預り金 | (*3) 177 |
| | | | | 転リース差益 | (*4) 5 |

(*2) リース負債の期首残高3,546千円×借手の追加借入利子率0.05
(*3) リース投資資産の期首残高3,546千円×借手の追加借入利子率0.05
(*4) 手数料収入総額20千円÷リース期間4年

## 6　セール・アンド・リースバック取引の会計処理

**セール・アンド・リースバック取引**（以下，本章ではS&LB取引という）とは，売手である借手が資産を買手である貸手に譲渡し，売手である借手が買手である貸手から当該資産をリースする取引をいう（指針33号4項(11)）。S&LB取引におけるリースをリースバックという。S&LB取引は資産の譲渡の対象となる資産とリースバックの対象となる原資産が同一である点に特徴がある[35]。

図表20-10　S&LB取引の概要

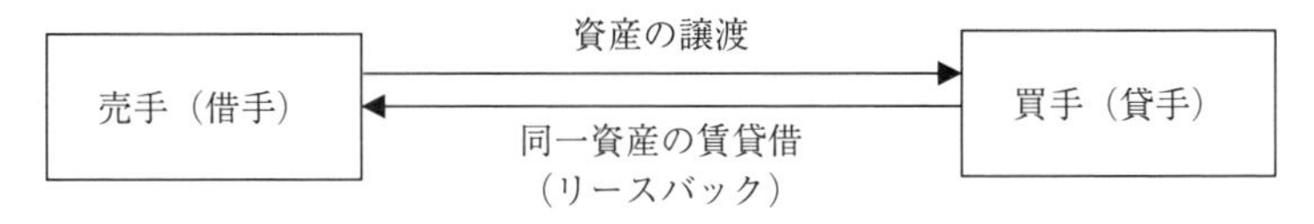


### (1)　借手の会計処理

S&LB取引を資産の譲渡とリースバックの組み合わせとして単純に捉えた場合，借手は原資産の譲渡時に原資産の消滅を認識するとともに譲渡損益を一時点で認識し，リースバックを通常のリースとして会計処理することが考えられる。しかし，このような会計処理（特に譲渡損益の一時点での認識）をそのまま

35　売手である借手は資産の流動化を図りつつ，これまでと同様に当該資産を使用できる。

適用することが必ずしも適切ではない取引が存在する。その１つはS&LB取引に類似するものの厳密にはS&LB取引に該当しない取引であり，もう１つはS&LB取引ではあるものの資産の譲渡が売却に該当しない場合である。状況に応じて適切に会計処理を行うため，次のような規定が設けられている。

#### ①　S&LB取引に該当しない場合

資産の譲渡とリースバックが組み合わさった取引でも資産の譲渡が次のいずれかに該当する場合，当該取引はS&LB取引に該当しない（指針33号53項）。

(a)　基準29号に従い一定の期間にわたり充足される履行義務の充足によって行われるとき
(b)　企業会計基準適用指針第30号「収益認識に関する会計基準の適用指針」の第95項を適用し，工事契約における収益を完全に履行義務を充足した時点で認識することを選択するとき

資産の譲渡がこれらに該当する取引[36]では，譲渡対象の資産とリースバックの原資産が同一であるとは考えられないことからS&LB取引に該当しないとされる。この場合，資産の譲渡は他の会計基準に従って，リースバックについては通常のリースにおける借手の会計処理に従って会計処理する。

#### ②　S&LB取引における資産の譲渡が売却に該当しない場合

また，S&LB取引における資産の譲渡が次のいずれかに該当する場合，当該取引における資産の譲渡は売却に該当しない（同55項）。

(a)　借手による資産の譲渡が基準29号などの他の会計基準等により売却に該当しないと判断される場合
(b)　リースバックが借手にとってフルペイアウトのリース[37]である場合

36　たとえば，建設工事請負契約と一括借上契約が同時に締結される取引が挙げられる。建設業者が土地の所有者から賃貸住宅の建設工事を請負い，その後に完成した賃貸住宅を一括で借り上げる取引である。この場合，建設業者が土地の所有者に支配を移転する資産は仕掛り中の資産であり，移転された部分だけでは資産の使用から経済的利益を享受できる状態にない一方，その後に土地の所有者から借り受ける資産は完成した資産であり，譲渡された資産とリースされた資産は同一ではないことから，S&LB取引に該当しないとされている（指針33号BC87項）。

37　貸手の会計処理におけるリースの分類と同様，売手である借手が資産からもたらされる経済的利益のほとんどすべてを享受することができ，かつ，資産の使用に伴って生じるコストのほとんどすべてを負担することになる場合を指す。

これらの場合，借手は依然として取引対象の資産に関するリスクと経済価値のほとんどすべてを保持し続けており，それは実質的に資産を担保とした資金借入と考えられることから，資産の譲渡時に譲渡損益を認識することは適切ではない。そのため，借手は資産の譲渡とリースバックを一体の取引とみて，金融取引（資金借入）として会計処理する。

#### ③　S&LB取引における資産の譲渡が売却に該当する場合

S&LB取引における資産の譲渡が売却に該当する場合，借手は資産の譲渡時に原資産の消滅を認識するとともに譲渡損益を一時点で認識し，リースバックを通常のリースにおける借手の会計処理に従って会計処理する。

ただし，S&LB取引では資産の譲渡価額とリースバックにおける借手のリース料の間に相互依存性（たとえば，譲渡価額を時価よりも高め（または低め）に設定する代わりに，リースバックにおける借手のリース料を相場よりも高め（または低め）に設定することがある）があり，それゆえに資産の譲渡時に認識される譲渡損益が過大または過小に計上される可能性があるため，状況に応じて次のように会計処理する。

##### (i)　資産の譲渡対価が明らかに資産の時価を下回る場合など

資産の譲渡対価が明らかに資産の時価を下回る場合には，時価を用いて譲渡損益を認識し，譲渡対価と時価の差額を使用権資産の取得価額に含める。また，借手のリース料が明らかに市場レートのリースを下回る場合には，借手のリース料と市場レートのリース料との差額の分だけ譲渡対価を増額させたうえで譲渡損益を認識し，当該差額を使用権資産の取得価額に含める。

##### (ii)　資産の譲渡対価が明らかに資産の時価を上回る場合など

資産の譲渡対価が明らかに資産の時価を上回る場合には，時価を用いて譲渡損益を認識し，譲渡対価と時価の差額を金融取引（資金借入）として処理する。また，借手のリース料が明らかに市場レートのリース料を上回る場合には，借手のリース料と市場レートのリース料との差額の分だけ譲渡対価を減額させたうえで譲渡損益を認識し，当該差額を金融取引として会計処理する。これらの場合，譲渡対価が時価よりも高く設定される分だけ売手である借手が買手である貸手から資金を多く借り入れていると考えられるからである。

図表20-11■S&LB等に関する借手の会計処理のフローチャート

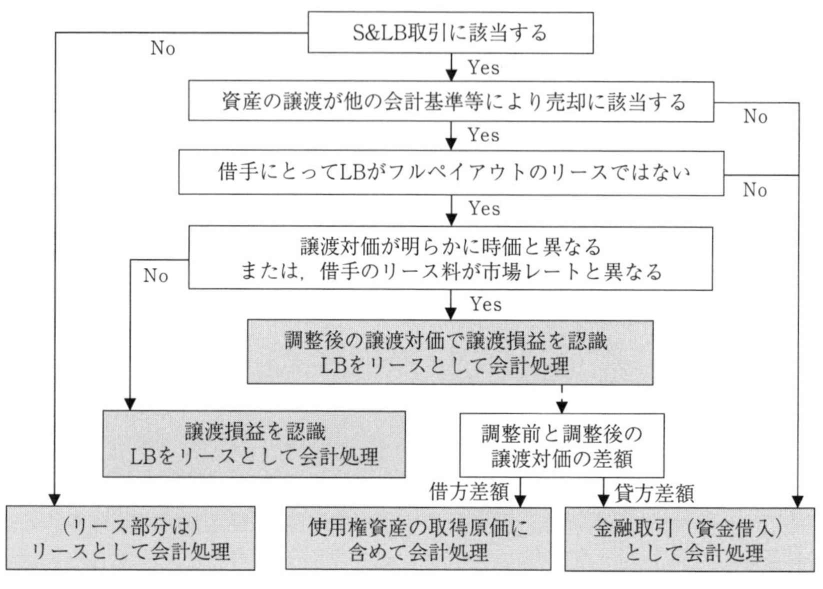


*LBとは，リースバックを指す。

**設例20-5　セール・アンド・リースバック取引の会計処理**

当社はX1年4月1日に所有する機械装置を売却し，当該物件を売却先からリースを通じて借り受けることにした。取引の内容は以下のとおりである。なお，当該取引はS&LB取引に該当する。また，当該取引における資産の譲渡は売却に該当し，リースバックはフルペイアウトのリースにあたらない。

- 譲渡資産（機械装置）の概要
  ①　取得日：X0年4月1日
  ②　取得原価：4,000千円（譲渡時点の減価償却累計額：800千円）
- 資産の譲渡およびリースバックの概要
  ①　資産の譲渡対価：3,265千円（現金で即時に受け取る）
  ②　譲渡資産の時価：2,800千円
  ③　借手のリース期間：2年（X1年4月1日からX3年3月31日）
  ④　リース料：年額1,000千円（毎年3月31日に現金で後払い）
  ⑤　借手の追加借入利子率：5％（借手は貸手の計算利子率を知らない。）

**(1)　X1年4月1日（売却日；リース開始日）**

譲渡対価3,265千円が時価2,800千円と明らかに異なることから，時価との差額で売却損を認識し，貸方差額を借入金[38]とする。借手のリース料の現在価値から借入金を控除した金額で使用権資産とリース負債を認識する。

| | | | | | |
|---|---|---|---|---|---|
| (借) | 減価償却累計額 | 800 | (貸) | 機械装置 | 4,000 |
| | 現金預金 | 3,265 | | 借入金 | (*2) 465 |
| | 固定資産売却損 | (*1) 400 | | | |
| (借) | 使用権資産 | 1,394 | (貸) | リース負債 | (*3) 1,394 |

(*1) 機械装置の時価2,800千円－機械装置の帳簿価額（純額）3,200千円

(*2) 貸借差額465千円

(*3) $\dfrac{\text{毎年のリース料1,000千円}}{(1+\text{借手の追加借入利子率0.05})^{1}}+\dfrac{\text{1,000千円}}{(1+0.05)^{2}}-\text{借入金465千円}$

**(2) X2年3月31日（1回目のリース料の支払時；X1期末）**

| | | | | | |
|---|---|---|---|---|---|
| (借) | 支払利息 | (*4) 93 | (貸) | 現金預金 | 1,000 |
| | 借入金 | (*5) 227 | | | |
| | リース負債 | (*6) 680 | | | |
| (借) | 減価償却費 | 697 | (貸) | 減価償却累計額 | 697 |

(*4) （借入金の期首残高465千円＋リース負債の期首残高1,394千円）×借手の追加借入利子率0.05

(*5) 元本返済部分907千円×債務全体に占める借入金の割合｛465千円÷（465千円＋1,394千円）｝

(*6) 元本返済部分907千円－借入金の返済部分 (*5) 227千円＝680千円

### (2) 貸手の会計処理

S&LB取引における貸手の会計処理は，通常のリースにおける貸手の会計処理に準じて行う。リースの分類において現在価値基準を用いる場合には原資産の現金購入価額に代えて実際の売却価額を用い，経済的耐用年数基準を用いる場合には経済的耐用年数に代えてリースバック時における原資産の性能，規格，陳腐化の状況等を考慮して見積った経済的使用可能予測期間を用いる。

## 7　開　示

借手に生じる使用権資産は，次のいずれかにより表示する（基準34号49項）。

(1)　対応する原資産を自ら所有していたと仮定した場合に貸借対照表において表示するであろう科目に含める方法

(2)　対応する原資産の表示区分（有形固定資産，無形固定資産または投資その他の資産）において使用権資産として区分する方法

---

38　ここでは「金融取引として会計処理する」という意味合いを明らかにするために，差額部分を借入金としているが実際にはリース負債に含めて処理されるものと考えられる。

そのほか，借手に生じるリース負債および支払利息，貸手に生じるリース債権およびリース投資資産[39]ならびにそれらに対する受取利息相当額，FLに関する販売損益，OLに関する収益，サブリース取引から生じる収益，S&LB取引から生じる売却損益については，それぞれ貸借対照表または損益計算書において区分して表示するか，それらが含まれる科目と金額を注記する。

また，借手および貸手ともに，「財務諸表本表で提供される情報とあわせて，リースが借手または貸手の財政状態，経営成績およびキャッシュフローに与える影響を財務諸表利用者が評価するための基礎を与える情報を開示する」（同54項）という開示目的に従う。具体的には，借手は①会計方針に関する情報，②リース特有の取引に関する情報，③当期および翌期以降のリースの金額を理解するための情報を注記し，貸手は①リース特有の取引に関する情報，②当期および翌期以降のリースの金額を理解するための情報を注記する。

39　借手に生じるリース負債ならびに貸手に生じるリース債権およびリース投資資産については，第９章で学習した資産の流動・固定分類に従って表示する（したがって，リース債権およびリース投資資産については，企業の主目的たる営業取引により発生したものである場合には流動資産に表示し，営業取引以外の取引により発生したものは入金の期限に従って流動資産または固定資産に表示する）。

# 第21章 退職給付

**学習のポイント**

退職給付会計では，将来支払われるべき退職金や退職年金のうち，労働対価として現在までに発生している部分を見積もったうえで，それを現在価値に割り引いて現時点の積立不足を負債計上（積立超過の場合には資産計上）するとともに費用計上する。債務額の計算には昇給率や退職率などの将来事象にかかわる多くの仮定や見積りを要するので，当初の仮定や見積りがその後修正されることがある。このため，見積りの修正が，貸借対照表と損益計算書にどのような影響を及ぼすのか意識して学習を進めると，退職給付会計の理解が深まるであろう。

## 1　退職給付と退職給付会計

### (1)　退職給付の意義

退職給付とは，一定の期間にわたり労働を提供したこと等の事由に基づいて，退職以後に支給される給付である（企業会計基準第26号「退職給付に関する会計基準」（以下，本章では基準26号という）3項)。退職給付の支給方法は，退職一時金（いわゆる退職金）と退職年金に大別される。いずれの支給方法によっても退職給付の会計処理に違いはないが，退職給付制度（給付方式）によって会計処理に違いが生じる。

退職給付制度は，①確定拠出制度と②確定給付制度に区分される。**確定拠出制度**とは，事業主である企業が，一定の掛金を外部に積み立て，その掛金以外に退職給付にかかわる追加的な拠出義務を負わない退職給付制度であり，**確定給付制度**とは，確定拠出制度以外の退職給付制度[1]である（4項，5項)。確定拠出制度のもとでは，拠出された掛金とその運用成果の合計額をもとに従業員に対する将来の給付額が変動するため，掛金の運用リスクは従業員側が負担する。その一方，確定給付制度のもとでは，将来支給される給付額が保証されるため，掛金の運用リスク等は企業側が負担する。

### (2)　退職給付会計の意義

この退職給付を取り扱うのが退職給付会計である。確定拠出制度の会計処理は，企業が拠出した掛金を費用処理すればよい。一方，確定給付制度では，企業側が一定の給付額を保証するので，従業員の退職日まで企業が長期債務を負うこととなる。退職給付にかかわる長期債務の計上にあたっては，退職給付は勤務期間を通じた労働の提供に伴って発生するものと考えて[2]，将来の退職給付のうち当期の負担に属する額を当期の費用として計上するとともに負債を積み立てる。したがって，確定給付制度のもとでは，退職給付から生じる費用および負債の計算に当たって，将来の確定給付額を見積もる必要がある。その過程では昇給率や退職率などの将来事象にかかわる多くの仮定が必要となるほか，現在の価値に割り引くための現在価値計算などが必要となる。以下では，複雑な処理を要する確定給付制度の会計処理を学習する。

## 2　退職給付会計の仕組み

### (1)　退職給付債務

退職給付会計では，将来支給される退職給付のうち，当期の労働対価として当期に負担すべき額を費用として計上するとともに，負債を計上する。この際，退職給付から生ずる負債は，連結財務諸表上「**退職給付に係る負債**」等の適当な科目をもって固定負債に計上する。なお，個別財務諸表上は，当面の間「退職給付引当金」として計上する。

1　確定給付型の企業年金制度には，厚生年金基金および確定給付企業年金（基金型・規約型）がある。厚生年金基金制度とは，企業が企業から独立した厚生年金基金を設立し，国の厚生年金保険の一部を代行しつつ，独自の給付を上乗せする制度である。確定給付企業年金制度には，企業が厚生労働大臣の認可を受けて別法人として企業年金基金を設立し，労使合意のもと制度内容を定めた年金規約に基づき年金資産を管理・運用する「基金型」と，年金規約に基づき掛金を外部に拠出して年金資産を管理・運用する「規約型」がある。

2　このように，退職給付の性質を従業員が提供した労働対価として支払われるものとする考え方を「賃金後払説」という。これ以外にも「功労報償説（功績・功労に対する報酬とみる考え方）」「生活保障説（退職後の生活保障に対する支払いとみる考え方）」がある。

退職給付に係る負債は，以下のように計算される。

退職給付に係る負債＝退職給付債務－年金資産

**退職給付債務**は，退職により見込まれる退職給付の総額（以下「退職給付見込額」という）のうち，期末までに発生していると認められる額を現在価値に割り引くことによって算定される。

退職給付債務のあり方については以下の3つの考え方があり，そのいずれを採用するかによって債務額が異なる。

① **確定給付債務**（Vested Benefit Obligation: VBO）：現在時点において，すでに受給権が確定している退職給付額をベースに計算される退職給付債務
② **累積給付債務**（Accumulated Benefit Obligation: ABO）：受給権は確定していないが，現在の給付水準を前提として現在時点までの勤務期間に割り当てられた退職給付額をベースに計算される退職給付債務
③ **予測給付債務**（Projected Benefit Obligation: PBO）：将来の昇給や中途退職等，将来事象を考慮に入れた場合に見込まれる退職給付額をベースに計算される退職給付債務

VBO，ABOおよびPBOの関係は以下のように表すことができる。

VBO＝受給権を有する従業員のみに対する債務額
ABO＝VBO＋受給権を有していない従業員に対する債務額
PBO＝ABO＋将来昇給などを加味した給付額をベースとした債務額

基準26号では，退職給付見込額は合理的に見込まれる退職給付の変動要因を考慮して見積もるとされており，この変動要因には予想される昇給等が含まれるためPBOの考え方が採用されている（18項）。

### (2)　退職給付債務の計算

退職給付債務は以下の手順によって計算される。

① 退職給付見込額の見積り
② ①のうち期末までに発生していると認められる額の見積り
③ ②の現在価値への割引き

上記①に関しては，前述のとおり，予想される昇給，退職率や死亡率等の将

来に予想される退職給付の変動要因を考慮に入れて見込額を見積もる必要がある。

上記②に関しては，退職給付見込額の期間帰属を決定する必要がある。この期間帰属（退職給付見込額のうち期末までに発生したと認められる額）の決定に際しては，以下のいずれかの方法を原則として継続適用しなければならない[3]。

(i)　**期間定額基準**：退職給付見込額について全勤務期間で除した額を各期の発生額とする方法
(ii)　**給付算定式基準**：退職給付制度の給付算定式に従って各勤務期間に帰属させた給付に基づき見積もった額を，退職給付見込額の各期の発生額とする方法

なお，IFRSは給付算定式基準を採用しているため，基準26号でも期間定額基準を選択適用とすべきか廃止すべきか議論があった。この点に関しては，勤続年数に応じて労働サービスが向上したり，定年直前に給付額が頭打ちになったりするなど，費用を一定額で認識する期間定額基準が最適とはいえない状況もあるが，労働サービスの費消状況は直接観察できず，その費用配分には合理的な仮定を置かざるを得ないため，期間定額基準を否定する根拠もないとして，基準26号では期間定額基準と給付算定式基準の選択適用が認められている（61～63項）。

上記③に関しては，退職給付見込額のうち期末までに発生していると認められる額を一定の割引率を用いて割り引き，退職給付債務を計算する。退職給付債務の計算に用いる割引率は，安全性の高い債券の利回り（期末における国債，政府機関債および優良社債の利回り）を基礎として決定する。

**設例21-1　退職給付債務の計算**

以下の①から⑤に基づき，（1）X1期末の退職給付債務，（2）X2期末の退職給付債務を求めると以下のとおりである（円未満の端数が生ずる場合，四捨五入）。
①　勤務期間　10年（X1期首に就職）
②　退職給付見込額　1,000円（X10期末に給付予定）
③　割引率　5％
④　期間定額基準を適用
⑤　年金資産はないものと仮定する。

3　なお，この方法による場合，勤務期間の後期における給付算定式に従った給付が，初期よりも著しく高い水準となるときには，当該期間の給付が均等に生じるとみなして補正した給付算定式に従わなければならない（基準26号19項）。

(a) X1期末の退職給付債務

・X1期末までに発生した退職給付見込額＝1,000円÷10年＝100円
・X1期末の退職給付債務＝100円÷$(1+0.05)^9$≒64円

(b) X2期末の退職給付債務

・X2期末までに発生した退職給付見込額＝1,000円÷10年×２年＝200円
・X2期末の退職給付債務＝200円÷$(1+0.05)^8$≒135円

（参考）退職給付債務の推移（単位：円）

| 年度 | 1 | 2 | 3 | 4 | 5 | 6 | 7 | 8 | 9 | 10 |
|---|---|---|---|---|---|---|---|---|---|---|
| 期首債務額 | 0 | 64 | 135 | 213 | 298 | 392 | 494 | 605 | 726 | 857 |
| 期末債務額 | 64 | 135 | 213 | 298 | 392 | 494 | 605 | 726 | 857 | 1,000 |

### (3) 年金資産

**年金資産**とは，特定の退職給付制度のために，その制度について企業と従業員との契約（退職金規程等）等に基づいて積み立てられた，次のすべてを満たす特定の資産をいう（基準26号７項）[4]。

① 退職給付以外に使用できないこと
② 事業主および事業主の債権者から法的に分離されていること
③ 積立超過分を除き，事業主への返還，事業主からの解約・目的外の払出し等が禁止されていること
④ 資産を事業主の資産と交換できないこと

### (4) 年金資産の計算

年金資産の額は，期末における時価により計算するが，金融商品が年金資産を構成する場合には，当該金融商品の時価の算定に当たっては企業会計基準第30号「時価の算定に関する会計基準」が適用されることになる[5]。なお，当期

4　複数の事業主により設立された確定給付型企業年金制度を採用している場合においては，次のように会計処理および開示を行う（基準26号33項）。
① 合理的な基準により自社の負担に属する年金資産等の計算をした上で，確定給付制度の会計処理および開示を行う。
② 自社の拠出に対応する年金資産の額を合理的に計算することができないときには，確定拠出制度に準じた会計処理および開示を行う。この場合，当該年金制度全体の直近の積立状況等についても注記する。

の年金資産からの退職給付支給額があれば，年金資産からそれを減算する。

### (5) 表　示

退職給付債務が年金資産を上回れば，連結貸借対照表上，その差額が「退職給付に係る負債」として計上されるが，退職給付債務が年金資産を下回れば，その差額が「退職給付に係る資産」（個別財務諸表上は「前払年金費用」等の適当な科目）として計上される。なお，年金資産を貸借対照表に直接計上しないのは，年金資産が退職給付の支払いのためのみに使用されることが制度的に担保されているので，これを一般の資産と同様に貸借対照表に計上することは財務諸表利用者に誤解を与えるおそれがあることに加えて，国際的な会計基準でも直接計上せず退職給付債務から控除することが一般的であるためである（69項）[6]。

## 3　退職給付費用

### (1) 勤務費用，利息費用および期待運用収益

当期に負担すべき退職給付の金額は，退職給付に係る負債として計上されるとともに，退職給付費用として計上されることになる。退職給付費用は，以下の式で計算される（基準26号14項）。ここでは，勤務費用，利息費用および期待運用収益について解説する。

退職給付費用＝勤務費用＋利息費用－期待運用収益
±数理計算上の差異に係る当期の費用処理額
±過去勤務費用に係る費用処理額

**勤務費用**とは，1期間の労働の対価として発生したと認められる退職給付であり，退職給付見込額のうち当期に発生したと認められる額を割り引いて計算する[7]。これは，前述の退職給付債務の計算と同様である。

5　時価の算定に関しては第15章**8**を参照。

6　ただし，複数の退職給付制度を採用している場合，1つの退職給付制度にかかわる年金資産が当該退職給付制度にかかわる退職給付債務を超えるときは，その年金資産の超過額を他の退職給付制度にかかわる退職給付債務から控除してはならない。

7　従業員からの拠出がある企業年金制度を採用している場合には，勤務費用の計算にあたり，従業員からの拠出額を勤務費用から差し引く。

**利息費用**とは，割引計算により算定された期首時点における退職給付債務について，期末までの時の経過により発生する計算上の利息であり，以下のように期首の退職給付債務に割引率を乗じて計算する。

利息費用＝期首退職給付債務×割引率

各期の勤務費用と利息費用の関係性は**図表21-1**で示されるとおりである。たとえば，第1期勤務費用は第1期末退職給付債務として積み立てられ，第2期には第2期勤務費用が計上されるとともに，第1期末退職給付債務に対して第2期利息費用が発生し，これらを第1期末退職給付債務（第1期勤務費用）に加算した金額が第2期末退職給付債務となる。

**図表21-1▩勤務費用と利息費用**

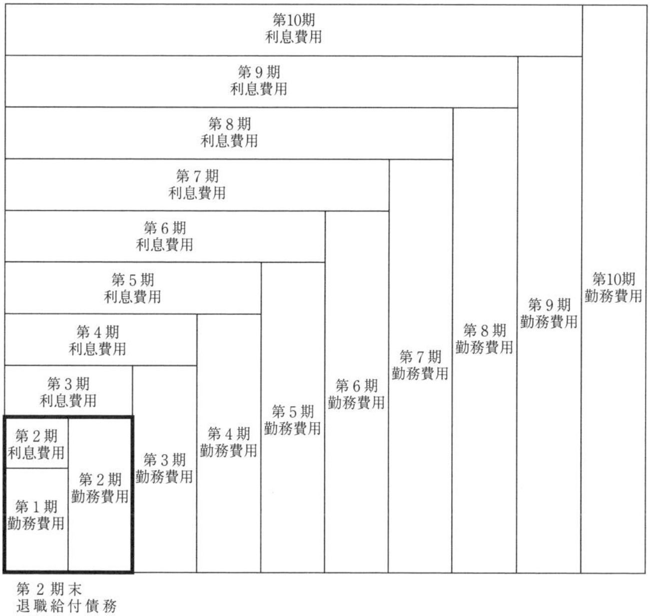

**期待運用収益**とは，年金資産の運用により生じると合理的に期待される計算上の収益のことであり，期首の年金資産の額に合理的に期待される収益率（長期期待運用収益率[8]）を乗じて計算される[9]。

期待運用収益＝期首年金資産×長期期待運用収益率

**設例21-2**　**退職給付費用の計算**

設例21-1をもとに，①X1期の退職給付費用，②X2期の退職給付費用を計算し，仕訳を示すと以下のとおりである（円未満の端数が生ずる場合，四捨五入）。

**①　X1期末の退職給付費用**

・X1期末までに発生した退職給付見込額＝1,000円÷10年＝100円
・X1期の退職給付費用（勤務費用）＝100円÷$(1+0.05)^{9}$≒64円

（借）退職給付費用　64　（貸）退職給付に係る負債　64

**②　X2期末の退職給付費用**

・X2期の勤務費用＝100円÷$(1+0.05)^{8}$≒68円
・X2期の利息費用＝64×0.05≒３円
・X2期の退職給付費用＝68円＋３円＝71円

（借）退職給付費用　71　（貸）退職給付に係る負債　71

（参考）勤務費用および利息費用の推移（単位：円）

| 年度 | 1 | 2 | 3 | 4 | 5 | 6 | 7 | 8 | 9 | 10 |
|---|---|---|---|---|---|---|---|---|---|---|
| 期首PBO | 0 | 64 | 135 | 213 | 298 | 392 | 494 | 605 | 726 | 857 |
| 利息費用 | 0 | 3 | 7 | 11 | 15 | 20 | 25 | 30 | 36 | 43 |
| 勤務費用 | 64 | 68 | 71 | 75 | 78 | 82 | 86 | 91 | 95 | 100 |
| 小計 | 64 | 71 | 78 | 85 | 93 | 102 | 111 | 121 | 131 | 143 |
| 期末PBO | 64 | 135 | 213 | 298 | 392 | 494 | 605 | 726 | 857 | 1,000 |

ここで，X1期の退職給付費用64円は，設例21-1で求めたX1期末の退職給付債務64円と一致し，X2期の退職給付費用71円は，設例21-1で求めたX2期末の退職給付債務からX1期末の退職給付債務を控除した金額（135円－64円）と一致していることを確認してほしい。図表21-1に設例21-2の数値を代入すれば以下のとおりである。

8　長期期待運用収益率は，年金資産が退職給付の支払いに充てられるまでの時期，保有している年金資産のポートフォリオ，過去の運用実績，運用方針および市場の動向等を考慮して設定する。

9　利息費用と期待運用収益については，退職給付を後払いすることに伴う財務活動によって生じたものとみなすことができることなどから，営業損益とはせずに財務損益として表示すべきという見方がある（企業会計基準委員会「退職給付会計の見直しに関する論点の整理」）。

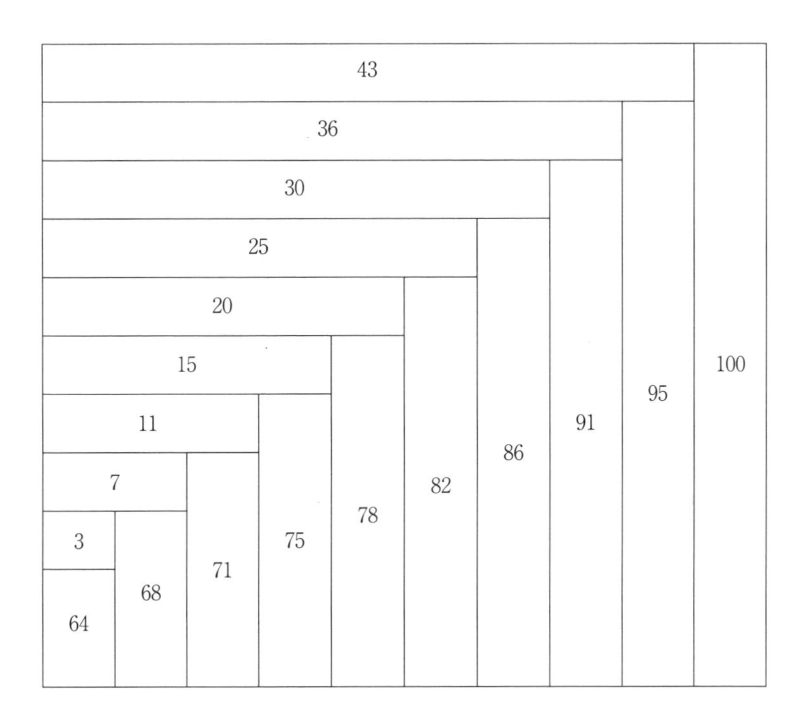


## (2) 数理計算上の差異および過去勤務費用

### ① 会計処理の基本的な考え方

退職給付会計では，昇給率や退職率などの将来事象にかかわる多くの仮定・見積りを用いて退職給付から生じる費用および負債の計算を行っているため，当初の仮定・見積りがその後に修正されることがある。加えて，年金制度の新設や改訂に伴って，支給水準が変更されれば退職給付債務額に影響を及ぼす。当初の仮定・見積りの変更に起因する退職給付に係る負債の過不足のことを数理計算上の差異といい，年金制度の新設や改訂に伴い生じる退職給付に係る負債の過不足のことを過去勤務費用という。

**数理計算上の差異**には，①年金資産の期待運用収益と実際の運用成果との差異，②退職給付債務の数理計算に用いた見積数値と実績との差異，および③見積数値の変更等により発生した差異が含まれる。また，**過去勤務費用**は，退職給付水準の改訂等に伴って発生した退職給付債務の増加または減少部分である。

### ②　回廊アプローチと重要性基準

数理計算上の差異の取扱いに関して，退職給付債務の数値を毎期末時点において厳密に計算しつつも，その結果生じた計算差異に一定の許容範囲（回廊）を設けて，その範囲内に含まれる差異については認識しないとする方法（**回廊アプローチ**）と，基礎率等の計算基礎に重要な変動が生じない場合には計算基礎を変更しない等，計算基礎の決定にあたって合理的な範囲で重要性による判断を認める方法（**重要性基準**）がある（67項）。

基準26号は，退職給付費用が長期的な見積計算であることから，重要性基準の考え方を採用している（67項）。重要性基準を適用した結果，たとえば，割引率等の基礎率に重要な変動が生じていない場合には，これを見直さないことができる[10]。

### ③　遅延認識と即時認識

数理計算上の差異および過去勤務費用の処理に関しては，これらを（a）発生時に即時認識するか，（b）一定期間にわたり期間配分（遅延認識）するかの2つの考え方がある。

結論からいえば，基準26号では損益計算上，数理計算上の差異および過去勤務費用に関して，その発生年度に費用処理するのではなく，その後の期間にわたり期間配分するという**遅延認識**が採用されている。遅延認識が採用された理由としては，①過去勤務費用の発生要因である給付水準の改訂等は従業員の勤労意欲が将来にわたって向上するとの期待のもとに行われる面があること，②数理計算上の差異には予測と実績の乖離のみならず予測数値の修正も反映されることから各期に生じる差異を直ちに費用として計上することが退職給付に係る債務の状態を忠実に表現するとはいえないことが挙げられる（67項）。

数理計算上の差異と過去勤務費用のうち，期末時点では費用処理されずに翌期以降に繰り延べられる部分を，それぞれ「未認識数理計算上の差異」「未認識過去勤務費用」とよび，これらを総称して未認識項目とよぶ。

---

10　割引率に関する重要性の判断に当たっては，前期末に用いた割引率により算定した場合の退職給付債務と比較して，期末の割引率により計算した退職給付債務が10％以上変動すると推定されるときには，重要な影響を及ぼすものとして期末の割引率を用いて退職給付債務を再計算しなければならない（企業会計基準適用指針第25号「退職給付に関する会計基準の適用指針」（以下，本章では指針25号という）30項）。

図表21-2 ■未認識項目の処理

| | 損益計算書 | 貸借対照表 |
|---|---|---|
| 連結 | 遅延認識<br>（リサイクリング） | 即時認識<br>（資産・負債に計上して，その他の包括利益累計額を加減） |
| 個別 | 遅延認識 | 遅延認識<br>（オフバランス） |

未認識項目は**図表21-2**のとおり，数理計算上の差異等の影響で退職給付債務額は改訂されても即時に費用処理せずに，その他の包括利益（**退職給付に係る調整**）として計上されるため，損益計算書上は遅延認識される。

一方，連結貸借対照表上は改訂後の退職給付債務額と年金資産の時価に基づき退職給付に係る負債（資産）が計上されるため，即時認識される[11]。損益計算書では遅延認識するのに対して連結貸借対照表では即時認識する理由は，一部が除かれた積立状況を示す額を連結貸借対照表に計上すれば，積立超過のときに負債が計上されたり，積立不足のときに資産が計上されたりすることがあり得るなど，連結貸借対照表上の遅延認識が財務諸表利用者の理解を妨げる可能性があるためである（55項）。

### ④　具体的な会計処理

数理計算上の差異および過去勤務費用には，原則として各期の発生額について，予想される退職時から現在までの平均的な期間（以下，平均残存勤務期間という）以内の一定の年数で按分した額を毎期費用処理する方法（定額法）を適用する[12]。

また，未認識数理計算上の差異の残高（または未認識過去勤務費用の残高）の

---

11　2012年改正前の基準では，期末退職給付債務を直ちにあるべき金額に直さずに差異を未認識金額としてオフバランスしておき，以降その一部を損益に繰り入れてその分だけ債務額を修正する方法が採られており，損益計算書・貸借対照表上ともに遅延認識していた。現行でも図表21-2のとおり個別財務諸表作成時にはこの方法を当面の間は適用する。

12　複数の退職給付制度を有する場合には，それぞれの制度の加入従業員の構成により平均残存勤務期間が異なることもあるため，数理計算上の差異または過去勤務費用の費用処理年数は制度ごとに個別に決定することができるものと考えられる（指針25号103項）。また，平均残存勤務期間は連結会社間においても通常は異なるため，過去勤務費用および数理計算上の差異の費用処理年数を連結会社間で統一する必要はないものと考えられる（指針25号103項）。

一定の割合を費用処理する方法（定率法）を適用することもでき，この場合，一定の割合は，数理計算上の差異の発生額（または過去勤務費用の発生額）が平均残存勤務期間以内に概ね費用処理される割合としなければならない。

当期に発生した未認識項目は税効果を調整したうえで，その他の包括利益を通じて純資産の部に計上する。その他の包括利益累計額に計上されている未認識項目のうち，当期に費用処理された部分については，その他の包括利益の組替調整（リサイクリング）を行う。

なお，個別財務諸表上は，当面の間，未認識項目をその他の包括利益を通じて純資産の部に計上する方法は適用されず，費用処理されるまで未認識のまま，退職給付引当金の計算にも含まれない。

**設例21-3　退職給付債務と退職給付費用の計算**

以下の①から⑪に基づけば，(a) X1期末の退職給付に係る負債，(b) X1期の退職給付費用，(c) X1期末のその他の包括利益累計額（退職給付に係る調整累計額）は以下のように計算できる（円未満の端数が生ずる場合，四捨五入)。なお，税効果の影響は無視する。

① X1期首の退職給付債務：700円
② X1期首の年金資産：200円
③ X1期首の未認識数理計算上の差異：10円
④ X1期首の未認識過去勤務費用：5円
⑤ 当期の勤務費用：80円
⑥ 当期の運用収益：9円
⑦ 当期の年金資産からの年金給付支払額：30円
⑧ 当期の年金資産拠出額：25円
⑨ 割引率：2％
⑩ 長期期待運用収益率：3％
⑪ 平均残存勤務期間：5年

なお，未認識数理計算上の差異および未認識過去勤務費用は，X0期末に発生したものであり，翌年度から平均残存勤務期間で費用処理する。また，当期には新たな過去勤務費用は発生していない。

参考：X0期末における未認識項目に関する仕訳

| | | | | | |
|---|---|---|---|---|---|
| （借） | 退職給付に係る調整額 | 15 | （貸） | 退職給付に係る負債 | 15 |

**(a) X1期末の退職給付に係る負債**

X1期末の退職給付に係る負債＝X1期末の退職給付債務764円(*1)－X1期末の年金資産204円(*2)＝560円

(*1) X1期末の退職給付債務＝X1期首の退職給付債務700円＋勤務費用80円＋利息費用（700円×2％）－退職給付支給額30円＝764円

(*2) X1期末の年金資産＝X1期首の年金資産200円＋年金資産拠出額25円－退職給付支給額30円＋当期の運用収益9円＝204円

参考：年金資産拠出時の仕訳

（借）退職給付に係る負債　25　（貸）現　金　預　金　25

参考：年金資産からの年金給付支給時の仕訳

仕訳なし(*3)

(*3) 年金制度から年金給付を支払うことにより，退職給付に係る負債が30円減少するとともに，年金資産も30円減少するため，両者が相殺される。

### (b) X1期末の退職給付費用

X1期末の退職給付費用＝勤務費用80円＋利息費用14円(*4)－期待運用収益６円(*5)＋数理計算上の差異に係る当期の費用処理額２円(*6)＋過去勤務費用の費用処理額１円(*7)＝91円

(*4) 利息費用＝X1期首の退職給付債務700円×割引率２％＝14円
(*5) 期待運用収益＝X1期首の年金資産200円×長期期待運用収益率３％＝６円
(*6) 数理計算上の差異に係る当期の費用処理額＝10円÷平均残存勤務期間５年＝２円
(*7) 過去勤務費用の費用処理額＝５円÷平均残存勤務期間５年＝１円

参考：退職給付に係る負債の仕訳

（借）退職給付費用　91　（貸）退職給付に係る負債　(*8) 88
退職給付に係る調整額　(*9) 3

(*8) 勤務費用80円＋利息費用14円－期待運用収益６円
(*9) 数理計算上の差異に係る当期の費用処理額２円＋過去勤務費用の費用処理額１円

### (c) X1期末のその他の包括利益累計額（退職給付に係る調整累計額）

X1期末のその他の包括利益累計額＝５円(*9)＋４円(*10)＝９円

(*9) 未認識数理計算上の差異＝X1期首の未認識数理計算上の差異10円－当期の費用処理額２円－(当期の運用収益９円－期待運用収益６円)＝５円
(*10) 未認識過去勤務費用＝X1期首の未認識過去勤務費用５円－当期の費用処理額１円＝４円

参考：当期発生の未認識項目（年金資産にかかわる数理計算上の差異）の仕訳

（借）退職給付に係る負債　3　（貸）退職給付に係る調整額　3

期首から期末にかけての各項目の推移を示せば以下のとおりである。

| | 期首 | 退職給付費用 | 年金掛金/給付金支払額 | 数理計算上の差異 | 期末 |
|---|---|---|---|---|---|
| 退職給付債務 | (700) | (80) | 30 | | (764) |
| | | (14) | | | |
| 年金資産 | 200 | 6 | 25 | 3 | 204 |
| | | | (30) | | |
| **退職給付に係る負債** | **(500)** | **(88)** | **25** | **3** | **(560)** |
| ≪未認識項目≫ | | | | | |
| 未認識数理計算上の差異 | 10 | (2) | | (3) | 5 |
| 未認識過去勤務費用 | 5 | (1) | | | 4 |
| **退職給付に係る調整累計額** | **15** | **(3)** | | **(3)** | **9** |

## 4　確定給付制度の開示

### (1)　貸借対照表

積立状況を示す額については，負債となる場合は「退職給付に係る負債」等の適当な科目をもって固定負債に計上し，資産となる場合は「退職給付に係る資産」等の適当な科目をもって固定資産に計上する。また，未認識数理計算上の差異および未認識過去勤務費用については，税効果を調整したうえで，純資産の部におけるその他の包括利益累計額に「退職給付に係る調整累計額」等の適当な科目をもって計上する。

### (2)　損益計算書および包括利益計算書

退職給付費用については，原則として売上原価または販売費及び一般管理費に計上する。ただし，新たに退職給付制度を採用したときまたは給付水準の重要な改訂を行ったときに発生する過去勤務費用を発生時に全額費用処理する場合に，その金額が重要であるときには，その金額を特別損益として計上できる。

当期に発生した未認識数理計算上の差異および未認識過去勤務費用ならびに当期に費用処理された組替調整額については，その他の包括利益に「退職給付に係る調整額」等の適当な科目で一括して計上する。

# 第22章 資産除去債務

**学習のポイント**

企業が取得する有形固定資産については，法律や契約によって当該設備を使用後に適切に除去することや元の状態に戻すことが義務づけられる場合がある。このような義務に関する負債は資産除去債務とよばれる。資産除去債務は将来に発生する支出に関する債務であるという点で第21章で学んだ退職給付債務と同じであるが，取引当初（資産の取得時）から企業の義務が確定しているという点で異なるため適用される会計処理も異なる。両者の相違を意識しながら学習すると理解が深まるであろう。

## 1　資産除去債務の概要

### (1)　資産除去債務の定義

**資産除去債務**とは，有形固定資産[1]の取得，建設，開発または通常の使用により生じ，有形固定資産の除去に関して法令または契約で要求される法律上の義務およびそれに準ずるものをいう（企業会計基準第18号「資産除去債務に関する会計基準」（以下，本章では基準18号という）3項(1)）。

資産除去債務の定義にある「除去」とは，有形固定資産を用役提供から除外することを指し，具体的には売却，廃棄，リサイクルその他の方法による処分等が含まれる[2]（基準18号3項）。資産除去債務には，有形固定資産自体を除去する義務のみならず，有形固定資産を除去する際に当該資産に使用されている有害物質等を特別の方法で除去する義務も含まれる（同3項）。資産除去債務の具体例としては，原子力発電施設を使用後に解体する義務や，リースの取引対象である原資産を契約期間終了後に所有者に返却する際に原状回復する義務，

1　建設仮勘定や使用権資産，投資不動産なども含まれる。
2　他方で，用役提供からの一時的な除外，転用や用途変更，および，遊休状態にすることは，ここでの「除去」には含まれない。

有害物質であるアスベスト（石綿）が使用されている建物を解体する際にアスベストを適切に除去する義務などが挙げられる。

なお，有形固定資産の使用期間中に実施する環境修復や修繕に関する支出等については，除去費用と同様に資産の使用開始前から予想される将来の支出ではあるものの，除去に関わるものではないことに加え，操業停止や設備の廃止をした場合には不要になる点で法的債務ではないことから資産除去債務には該当しない。また，不適切な操業等の異常な原因によって発生した除去費用も，資産除去債務の定義にある「通常の使用」によって生じるものではないため資産除去債務には該当しない。さらに，企業による資産の除去に関する方針の公表や除却の実施によっても除去費用の発生可能性は高まるが，資産の取得時または使用期間中に法律上の義務またはそれに準ずるものが存在しない限り，当該除去費用は資産除去債務には該当しない。これらの資産除去債務と混同しやすい支出や債務等については基準18号の適用範囲外とされ，引当金の設定や減損処理によって会計処理される。

### (2)　引当金処理と資産負債の両建処理

資産除去債務に関しては，会計上，有形固定資産の取得と同時に企業がその義務を負うことを明らかにすること（債務の開示）と，資産除去に要する支出額を有形固定資産の使用期間に費用配分すること（費用の配分）の２つが必要であると考えられる。

これらに対応する会計処理方法としては，主として**引当金処理**と**資産負債の両建処理**の２つが考えられる[3]。引当金処理とは，第７章で学習した各種の引当金の設定や第21章で学習した退職給付会計で用いられる会計処理方法であり，資産除去債務の場合には，有形固定資産の除去にかかわる用役（除去サービス）の費消を当該有形固定資産の使用に応じて各期間に費用配分し，それに対応する金額を負債（引当金）として認識するものである（基準18号32項）。他方，資産負債の両建処理とは，資産除去債務の全額を資産の取得時に負債として計上し，同額を有形固定資産の取得原価に反映させる会計処理方法である（同32項）。資産負債の両建処理では，有形固定資産の取得原価に含められた除去費

3　それ以外にも，1950年６月に企業会計審議会から公表された「企業会計原則と関係諸法令との調整に関する連続意見書」の第三「有形固定資産の減価償却について」で示されている資産除去に伴う支出を有形固定資産の減価償却における残存価額に反映させる方法も考えられる。

用が減価償却を通じて当該資産の耐用年数に費用として配分される。

これら２つの会計処理方法を費用の配分の観点からみた場合，引当金処理でも資産負債の両建処理でも資産除去に要する支出額が当該資産の耐用年数にわたり費用（引当金繰入額または減価償却費＋利息費用）として配分される点で大きな違いはない。しかし，債務の開示の観点からみた場合，引当金処理では耐用年数にわたり行われる費用（引当金繰入額）の認識にあわせて負債（引当金）の金額が徐々に増えていくのに対して，資産負債の両建処理では資産の取得と同時に資産除去債務の全額が負債として認識される（**図表22-１**参照）。

債務の開示に関しては，有形固定資産の取得と同時に企業の義務が確定している資産除去債務の場合，資産負債の両建処理のほうが除去に関する将来の負担を財務諸表で開示できるという点で適切な方法であるといえる。なお，第21章で学んだ退職給付債務のように従業員の勤務期間にわたり企業の負う債務が徐々に増えていく場合には引当金処理がその実態に即した方法であるといえる。

このように資産負債の両建処理は，引当金処理ではできない適切な債務の開示ができることに加え，引当金処理と同様，適切な費用の配分も行うことができることから，引当金処理を包摂する処理であるとされている（基準18号34項）。そのため基準18号では，**２**で解説するとおり，資産除去債務の会計処理方法として資産負債の両建処理に基づいた会計処理が求められている。

**図表22-１▒引当金処理と資産負債の両建処理の違い（前提条件：設例22-２）**

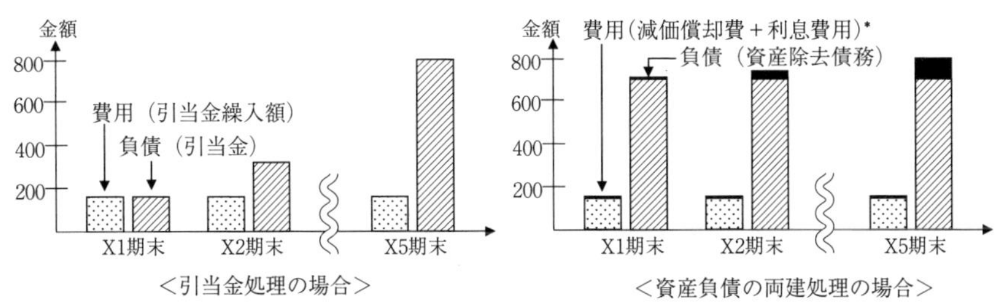


* 資産負債の両建処理の費用額は，有形固定資産（購入対価部分を除く）から生じる減価償却費と割引現在価値により当初認識された資産除去債務の時の経過による割戻し部分（利息費用；図表の黒塗り部分）により構成される。

## 2 会計処理

### (1) 資産除去債務の算定

資産除去債務は，その発生時に有形固定資産の除去に要する将来キャッシュフローを見積もり，当該金額を現在価値に割り引くことによって算定する。

将来キャッシュフローの見積りは，合理的で説明可能な仮定および予測に基づく自己の支出見積りにより行う。そのほかにも市場価額によって見積もる方法[4]が考えられるが，自己の支出見積りであれば，原状回復における過去の実績や有害物質等に汚染された資産の処理作業の標準的な料金などを基礎とすることができ，かつ，自己の信用リスク（自社の倒産などにより除去費用を支払えなくなるリスク）を反映する必要もないことから，自己の支出見積りによることとされている。また，金額の見積りは生起する可能性の最も高い単一の金額（最頻値），または，生起しうる複数の将来キャッシュフローをそれぞれの発生確率で加重平均した金額（期待値）のいずれかによって行う（基準18号6項(2))。

現在価値の算定に用いる割引率については，将来キャッシュフローの見積りにおいて自己の信用リスクを反映させないことから，貨幣の時間価値を反映した無リスクの税引前利子率[5]を用いる。当該利子率を用いる理由としては，そのほかにも退職給付債務の算定でも無リスクの利子率が使用されていることや，信用リスクの高い企業が高い利子率を用いることにより負債計上額が少なくなることは財政状態を適切に示さないと考えられること，資産除去債務の性格上，自らの不履行の可能性を前提とする会計処理は適当ではないことなどが挙げられる。

4 市場価額によって見積もる方法とは，資産除去債務を外部に引き受けてもらう場合に市場で成立するであろう価額により資産除去債務を算定する方法である。該当方法については，資産除去債務に関する市場が存在しないため現実的な方法とは言いがたい。また，市場価格を見積る場合には自己の信用リスクを反映させることが求められる可能性があるが，当該作業は非常に煩雑であると考えられる（基準18号37項）。

5 将来キャッシュフローが発生するまでの期間に対応した利付国債の流通利回りなどを参考にする（企業会計基準適用指針第21号「資産除去債務に関する会計基準の適用指針」23項）。

**設例22-1　資産除去債務の算定**

当社は，X1年４月１日に建物を取得した。当該建物に関して，当社は使用後（５年後）に除去する法的義務を有する。以下の条件に従って当該建物の資産除去債務の金額を算定する。

- 解体にかかる将来キャッシュフローは労務費と間接費に分けられる。
- 労務費は，解体業者が解体作業に従事する従業員を雇うのに掛かる平均的な賃金に基づいて予想するが，５年後の賃金水準の状況として次の３つのシナリオが想定される。

| | 割引前の将来CF | 発生確率 | 期待値[6] |
|---|---|---|---|
| シナリオ① | 300千円 | 30% | 400千円 |
| シナリオ② | 420千円 | 50% | |
| シナリオ③ | 500千円 | 20% | |

- 間接費（解体業者の利益を含む）は，労務費と同額と仮定する。
- 利付５年国債（残存期間５年）の流通利回りは３％である。
- インフレ率については考慮しない。

建物の除去に伴い５年後に発生する将来キャッシュフローは，以下の表のとおり800千円であると予想される。当該金額を無リスク利子率３％で現在価値に割り引いた資産除去債務の金額は690千円である。

| 項目 | 金額 |
|---|---|
| 建物の解体にかかる予測労務費 | 400千円 |
| 建物の解体にかかる予測間接費（予測労務費400千円×100%） | 400千円 |
| 割引前の将来キャッシュフロー | 800千円 |
| 割引率３％で割り引いた現在価値（資産除去債務の金額） | 690千円 |

## (2)　基本的な会計処理

資産除去債務は，有形固定資産の取得，建設，開発または通常の使用によって発生したときに負債として計上し，当該負債の計上額と同額を関連する有形固定資産の帳簿価額に加える。有形固定資産の帳簿価額に加えるのは，資産除去債務に対応する除去費用は，資産取得時における付随費用と同様，有形固定資産の稼働にとって不可欠なものであることから，当該資産の減価償却を通じて耐用年数にわたり費用配分するためである。なお，資産除去債務の金額を合理的に見積もることができない場合[7]には，当該債務は計上せず，合理的に見積もることができるようになった時点で負債として計上する。

6　このとき最頻値を用いるとすれば，発生確率が最も高いシナリオ②の420千円となる。

その後，資産除去債務についてはその計上時に現在価値に割り引いているため，時の経過にあわせて金額を元に戻していく調整が必要となる。当該調整額（**時の経過による資産除去債務の調整額**とよばれる）は，期首の負債の帳簿価額に負債計上時の現在価値計算で用いた割引率を乗じて算出し，その発生時に費用とする[8]。有形固定資産を実際に除去した場合において，除去に要した実際の支出額と資産除去債務の差額（履行差額）が生じたときは，当該差額を費用として処理する。

**設例22-2　資産除去債務の会計処理**

当社（決算日：3月31日）は，X1年4月1日（X1期首）に設例22-1の資産除去債務690千円を伴う建物を現金で取得し，使用を開始している。資産除去債務は建物の取得時のみに発生するものとする。建物自体の取得原価は5,000千円であり，定額法（残存価額：ゼロ，耐用年数：5年）で減価償却を行う。X6年3月31日（X5期末）に建物は除去され，その除去に伴い850千円を支出している。

**(1)　X1年4月1日（X1期首；建物の取得時）**

| | | | | | |
|---|---|---|---|---|---|
| （借） | 建　物 | 5,690 | （貸） | 現金預金 | 5,000 |
| | | | | 資産除去債務 | 690 |

**(2)　X2年3月31日（X1期末）**

| | | | | | |
|---|---|---|---|---|---|
| （借） | 減価償却費 | (*1) 1,138 | （貸） | 減価償却累計額 | 1,138 |
| （借） | 利息費用 | (*2) 21 | （貸） | 資産除去債務 | 21 |

(*1) 建物の取得原価5,690÷5年
(*2) 資産除去債務の期首残高690×割引率0.03

**(3)　X6年3月31日（X5期末；有形固定資産の除去時）**

これまでの決算時と同様，時の経過による資産除去債務の金額調整と建物の減価償却を行う（仕訳省略）とともに，実際の支出額と資産除去債務の差額を費用計上する。

7　資産除去債務の発生時に，資産除去債務の履行時期を予測することができないといった理由や，将来の最終的な除去費用を見積ることができないといった理由が挙げられる。なお，この場合には注記でその理由等を明らかにする必要がある。

8　有形固定資産の稼働等に従って使用の都度，資産除去債務が発生する場合には，資産除去債務に対応する除去費用を各期においてそれぞれ資産計上し，関連する有形固定資産の残存耐用年数にわたり，各期に費用配分する。なお，除去費用（割引後の金額）をいったん資産に計上した後，直ちに費用処理することもできる（基準18号8項）。

| | | | | | |
|---|---|---:|---|---|---:|
| （借） | 減価償却累計額 | 5,690 | （貸） | 建　　　物 | 5,690 |
| （借） | 資産除去債務 | 800 | （貸） | 現　金　預　金 | 850 |
| | 履　行　差　額 | 50 | | | |

### (3)　資産除去債務の見積りに変更が生じた場合

資産除去に要する将来キャッシュフローの見積りに変更が生じた場合，資産除去債務の金額も変動することから当該金額の分だけ調整する必要がある。見積りの変更による調整額は，資産除去債務の帳簿価額および関連する有形固定資産の帳簿価額に加減して処理する（基準18号10項）。その際，割引率については，見積りの変更によって将来キャッシュフローの見積額が増加する場合にはその時点の割引率を適用し，減少する場合には負債計上時の割引率を適用する。なお，過去に割引前の将来キャッシュフローの見積りが増加した場合で，減少部分に適用すべき割引率を特定できないときは，加重平均した割引率を適用する。また，調整によって生じた影響額については，第28章で学習する会計上の見積りの変更に関する会計上の取扱いに従って，当該有形固定資産の残りの耐用年数にわたり費用配分する。

なお，資産除去債務が法令の改正等により新たに発生した場合，および，資産除去債務の発生時に当該債務の金額を合理的に見積もることができず当該債務を計上しなかったものの，その後に合理的に見積もることができるようになった場合にも，上記の見積りの変更に関する会計処理に従って処理する。

**設例22-3**　**見積りに変更が生じた場合の会計処理**

当社は，設例22-2に従って，建物の取得時に資産除去債務を認識するとともに同額を資産計上したものの，取得後に除去に要する将来キャッシュフローの見積りに以下のとおり変更が生じた。

| 見積時点 | 割引前将来CFの見積額 | 割引率 |
|---|---|---|
| X1年4月1日 | 5年後の見積額は800であった。 | 3.0% |
| X3年3月31日 | 3年後の見積額が1,000に増加した。 | 2.0% |

(1)　X3年3月31日（X2期末；将来キャッシュフローの見積変更時）

変更前と同様，期末に必要な仕訳を行う。

| | | | | | |
|---|---|---:|---|---|---:|
| （借） | 減価償却費 | (*1) 1,138 | （貸） | 減価償却累計額 | 1,138 |
| （借） | 利息費用 | (*2) 21 | （貸） | 資産除去債務 | 21 |

(*1)　有形固定資産の取得原価5,690千円÷5年
(*2)　資産除去債務の期首残高（690千円＋21千円）×割引率0.03

将来キャッシュフローの変更により見積額が増加することから，変更時点の割引率（2.0%）を用いて資産除去債務を追加計上し，同額を建物の帳簿価額に加える。

| | | | | | |
|---|---|---|---|---|---|
| （借） | 建物 | 188 | （貸） | 資産除去債務 | (*3) 188 |

（*3）将来キャッシュフローの増加額200千円／（1＋変更時点の割引率0.02）$^3$

**(2) X4年3月31日（X3期末；見積変更後1年目期末）**

| | | | | | |
|---|---|---|---|---|---|
| （借） | 減価償却費 | (*4) 1,201 | （貸） | 減価償却累計額 | 1,201 |
| （借） | 利息費用 | (*5) 26 | （貸） | 資産除去債務 | 26 |

（*4）建物の取得原価5,690千円÷5年＋X3年3月31日に加えた資産計上額188千円÷3年

（*5）当初（X1期首）に計上された資産除去債務の期首残高（690千円+21千円+21千円）×当初の割引率0.03＋X2期末に追加計上された資産除去債務の期首残高188千円×変更時点の割引率0.02

## 3 開 示

資産除去債務は，貸借対照表日後1年以内にその履行が見込まれる場合を除き，固定負債の区分に表示する。除去費用に関する費用配分額は，当該資産除去債務に関連する有形固定資産の減価償却費と同じ区分に計上する。時の経過による調整額は，資産除去債務の履行に関する資金調達費用とみなして営業外費用にすべきとする見解も存在するが，実際に資金調達が行われるわけではなく，また退職給付会計における利息費用も営業外費用とはされないことから，減価償却費と同じ区分に表示する。

実際に除去が行われたときの履行差額は，除去費用に関する費用配分額と同じ区分に表示する[9]。この点に関しては，固定資産除却損と同様，営業費用に含めるのは適切ではなく，また過年度における見積りの誤差部分も多く含まれていることから，特別損益または営業外損益として処理すべきとする見解もあるが，除去費用に関する将来キャッシュフローの見積りに重要な変動が生じた場合に当該変動額を減価償却費を通じて費用計上していることから，そのような表示が求められている。ただし，当初の除去予定時期よりも著しく早期に除去することになった場合など，当該差額が異常な原因によって生じたものである場合には特別損益として表示する。

9 資産除去債務を実際に履行した際の支出額は，キャッシュ・フロー計算書上，投資活動によるキャッシュ・フローの項目として扱う。

# ストック・オプション等

**学習のポイント**

本章では，第８章で学んだ純資産の一項目である新株予約権に関する発行企業の会計処理について学ぶ。新株予約権のうち企業が従業員等に対して労働サービスの対価として付与するものをストック・オプション[1]とよぶ。ストック・オプションでは，多くの場合，従業員に付与された時点ではまだその権利が確定しておらず，従業員等が一定期間にわたり企業に勤務するなど条件が満たされたときにその権利が確定する。このように，ストック・オプションをはじめとする新株予約権に関する取引にはさまざまなプロセスが存在し，それゆえに多くの専門用語が用いられるので，その会計処理を理解するにはまずそのプロセスや用語の意味を十分把握することが重要である。

## 1　新株予約権およびストック・オプションの意義

### (1)　新株予約権の意義

**新株予約権**は「自社の株式（財務諸表を報告する企業の株式）を原資産とするコール・オプション（一定の金額の支払により，原資産である自社の株式を取得する権利）」（企業会計基準第８号「ストック・オプション等に関する会計基準」（以下，本章では基準８号という）２項(1)）である。企業は，財貨またはサービスと引き換えに，新株予約権を取引相手に発行する。新株予約権を保有する者（以下，本章では新株予約権者という）が当該権利を行使した場合，企業はあらかじめ約束された払込金額と引き換えに自社の株式を引き渡す義務を負うことになる。なお，第16章で解説されている新株予約権付社債では，社債の発行と同時に新株予約権を発行し，権利が行使された場合には社債または現金と引き換えに自

1　本来，「ストック・オプション」はストック（株式）に関するオプション（権利）であり，付与の相手や付与の目的などに関係なく，すべての「新株予約権」のことを指す。しかし，従業員等に報酬として付与する新株予約権を指して「ストック・オプション」という言葉が用いられることが一般的である。

社の株式を引き渡すことになる。

新株予約権には，権利の行使にあたり払い込むべきものとして定められた新株予約権の単位当たりの金額（**行使価格**），および，権利行使が可能な期間（権利行使期間）が定められている。一般的に，行使価格は新株予約権の行使により企業に払い込まれる株式１株当たりの金額が新株予約権を発行する時点の株価よりも高くなるように設定される。新株予約権者は，権利行使期間に発行企業の株価が上昇し，株価が権利行使に伴う払込金額（新株予約権の取得に要した金額を含む）を上回る場合に，権利行使することで市場よりも安い価額で株式を取得できる（権利行使が行われた日を権利行使日という）。権利行使されずに権利行使期間を過ぎた新株予約権はその権利を失う。これを失効といい，失効した日を失効日という。

### (2)　ストック・オプションの意義

新株予約権のうち，企業が従業員等[2]に対して彼らから提供された労働や業務執行等のサービスの対価（報酬）として付与するものを**ストック・オプション**という。

ストック・オプションを用いた報酬制度では，一般的にストック・オプションが従業員等に付与された時点（ストック・オプションを付与した日を付与日という）ではその権利は確定しておらず，従業員等が**権利確定条件**とよばれる一定の条件を満たした場合にその権利が確定する（権利が確定した日を権利確定日という）。権利確定条件には，従業員等に一定期間（対象勤務期間）にわたる勤務や業務執行を求める勤務条件や，一定の業績の達成を求める業績条件などがある。

ストック・オプションは，従業員等に対するインセンティブ（勤労意欲の増進）として付与されることが多い。ストック・オプションを付与された従業員等が，権利確定条件を満たそうと企業に対して追加的な労働サービスを提供することが期待されるためである。権利確定条件が達成され，企業の株価も上がれば，従業員等にはオプションを行使することで，市場の株価よりも安い価額で株式を取得する機会が生まれるからである。ただし，権利確定条件が満たさ

2　従業員等とは，企業と雇用関係にある使用人のほか，企業の取締役，会計参与，監査役および執行役ならびにこれに準ずる者をいう（基準８号２項(3)）。

**図表23-1 ■ストック・オプションの付与から権利行使（失効）までの流れ**

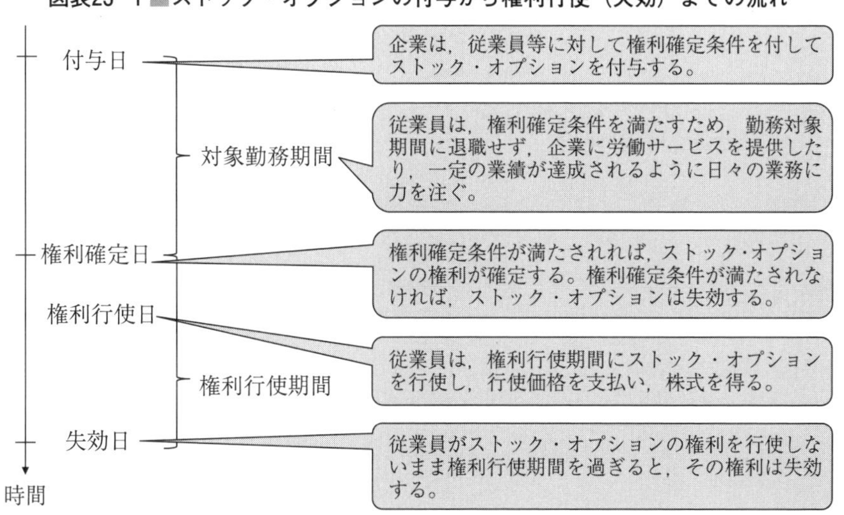


れなければ，ストック・オプションは失効する（これを権利不確定による失効という）。また，権利が確定していても，権利行使期間に株価が上がらなかった等の理由により，ストック・オプションの権利行使が行われず権利行使期間を過ぎればその権利は失効する（これを権利不行使による失効という）。

ストック・オプションを用いた一般的な報酬制度における付与から権利行使（または失効）までの流れは，**図表23-1**のとおりである。

本章では，**図表23-2**のとおり，本章**2**で一般的な新株予約権に関する会計処理を学ぶ。その後，**3**でストック・オプションに関する会計処理を学んだのち，**4**ではストック・オプションと同様，従業員等に対して労働サービスの対価として株式そのものを発行する場合の会計処理について解説する。また，**5**では役員賞与の会計処理を解説する。

**図表23-2 ■新株予約権の付与または株式の発行とその対価**

| 付与・発行の対価 | 新株予約権 | 株　式 |
|---|---|---|
| 財貨またはサービス（下記を除く） | 新株予約権の付与【本章2】* | 株式発行【第8章で学習済み】 |
| 労働サービス | ストック・オプションの付与【本章3】 | （報酬としての）株式交付【本章4】 |

*【　】内は本書でその会計処理を解説する主たる箇所を示している。

## 2 新株予約権の会計処理

### (1) 発行時の会計処理

新株予約権を発行したときには，その発行に伴う払込金額をもって新株予約権を認識する（企業会計基準適用指針第17号「払込資本を増加させる可能性のある部分を含む複合金融商品に関する会計処理」（以下，本章では指針17号という）4項）。発行者側の新株予約権は，返済義務のある負債ではないことに加え，将来，権利行使され払込資本となる可能性がある一方，失効して払込資本とはならない可能性もあるように権利行使されるまでその性格が確定しないことから，純資産の部において株主資本以外の項目として表示する（基準5号22項(1)）（第8章参照）。

新株予約権が金銭との引き換えではなく，金銭以外の財貨またはサービスの取得のために発行される場合には，新株予約権の公正な評価額[3]（当該評価方法については本章**3**で解説する）もしくは取得した財貨またはサービスの公正な評価額のうち，いずれかより高い信頼性をもって測定できる評価額により新株予約権を認識する。ただし，取得した財貨またはサービスが，他の会計基準に基づき資産とされる場合には，当該他の会計基準に従って会計処理を行う（基準8号14項）。

なお，新株予約権の発行に係る費用については，株式交付費に準じて原則として発行時に費用処理するものと考えられるが，繰延資産とすることもできる。繰延資産とする場合の会計処理については第7章を参照されたい。

### (2) 権利行使時の会計処理

新株予約権の権利行使に伴い新株を発行する場合には，行使された新株予約権の発行に伴う払込金額（行使された新株予約権の帳簿価額）と新株予約権の行使に伴う払込金額を払込資本（資本金または資本金および資本準備金）に振り替える。

---

3 付与日における公正な評価単価の算定につき市場価格が観察できる場合には，当該市場価格により測定する（基準8号14項(3)）。

新株の発行に代えて自己株式を処分する場合には，行使された新株予約権の発行に伴う払込金額と新株予約権の行使に伴う払込金額を対価として自己株式を処分したものとして処理する。その際に発生する自己株式処分差額については，自己株式を募集株式の発行等により処分する場合に準じて取り扱う。すなわち，処分差益が生じた場合にはその他資本剰余金に計上し，処分差損が生じた場合にはその他資本剰余金から減額する[4]。

### (3) 失効時の会計処理

新株予約権が権利不行使により失効したときには，失効に対応する新株予約権の金額を失効が確定した会計期間の利益（原則として特別利益）として処理する（指針17号6項）。新株予約権の発行に伴い新株予約権者から払い込まれた金額が，結果的に株主との資本取引によらない株主資本の増加であることから利益として処理される[5]。

**設例23-1 新株予約権の会計処理**

当社（決算日：3月31日）は以下のとおり新株予約権に関する取引を行った。

- 発行日：X1年7月1日
- 新株予約権の発行数：100個
- 新株予約権1単位に対する払込金額：120円
- 新株予約権の行使価格：500円（現金による払込み）
- 権利行使時の株式交付数：新株予約権1個につき1株を交付
- 権利行使期間：X1年7月1日～X3年3月31日
- 新株予約権は次のとおり推移した。

| 会計期間 | 未行使数（残数） | 行使数 | 行使数（累計） | 失効数（累計） |
|---|---|---|---|---|
| 発行日 | 100 | — | 0 | — |
| X2年3月期 | 70 | 30 | 30 | — |
| X3年3月期 | 0 | 50 | 80 | 20 |

- X2年3月期の権利行使に対しては新株を発行した。
- X3年3月期の権利行使に対しては自己株式の処分を行った。なお，引き渡した自己株式（50株）の帳簿価額は22,500円である。

4 権利行使により交付する株式の数に1株に満たない端数がある場合，当該端数に相当する金銭を交付することがある。この場合には，権利行使に関する会計処理を行ったうえで，交付する金銭の額をその他資本剰余金から減額する。

5 なお，新株予約権付社債（社債と新株予約権を同時に募集し同時に割り当てる場合を含む。）の会計処理における新株予約権部分についてもここで解説する会計処理が適用されるが，その詳細については第16章を参照されたい。

(1) 新株予約権の発行

| | | | | |
|---|---|---|---|---|
| (借) 現金預金 | (*1) 12,000 | (貸) 新株予約権 | 12,000 |

(*1) 発行された新株予約権100個×新株予約権1単位当たりの払込金額120円

(2) X2年3月期の権利行使（新株発行）

| | | | |
|---|---|---|---|
| (借) 現金預金 | (*2) 15,000 | (貸) 資本金 | 18,600 |
| 新株予約権 | (*3) 3,600 | | |

(*2) 権利行使された新株予約権30個×行使価格500円
(*3) 権利行使された新株予約権30個×当該新株予約権の簿価（単価）120円

(3) X3年3月期の権利行使（自己株式の処分）

| | | | |
|---|---|---|---|
| (借) 現金預金 | (*4) 25,000 | (貸) 自己株式 | 22,500 |
| 新株予約権 | (*5) 6,000 | 自己株式処分差益 | 8,500 |

(*4) 権利行使された新株予約権50個×行使価格500円
(*5) 権利行使された新株予約権50個×当該新株予約権の簿価（単価）120円

(4) 権利不行使による失効

| | | | |
|---|---|---|---|
| (借) 新株予約権 | (*6) 2,400 | (貸) 新株予約権戻入益 | 2,400 |

(*6) 失効した新株予約権20個×当該新株予約権の簿価（単価）120円

### (4) 自己新株予約権の会計処理

企業は，自社が発行した新株予約権を買い戻し，保有することがある。これを**自己新株予約権**という。

自己新株予約権を取得したときの取得価額は，取得した自己新株予約権の時価に付随費用を加算して算定する[6]（指針17号11項）。自己新株予約権の取得価額を対応する新株予約権の帳簿価額と相殺し，差額を取得時の損益として処理することは行わない。自己新株予約権の取得は，株主との資本取引ではなく新株予約権者との損益取引ではあるものの，当該自己新株予約権をその後に消却または処分するかが必ずしも明らかでないことからこのような会計処理が求められている（同38項）。

自己新株予約権は，取得原価による帳簿価額を純資産の部の新株予約権から

6　取得した自己新株予約権の時価よりも支払対価の時価のほうが，より高い信頼性をもって測定可能な場合には，支払対価の時価に付随費用を加算して算定する。

原則として直接控除する[7]（指針17号13項）。これは，自己新株予約権は資産性を有するものの，その取得は自らが発行した新株予約権の買戻しであり，資産の部と純資産の部に両建表示するよりも，相殺表示するほうがその実態に即していると考えられるためである（同39項）。

自己新株予約権を消却した場合には，当該自己新株予約権の帳簿価額とこれに対応する新株予約権の帳簿価額を相殺消去し，その差額を自己新株予約権消却損（または消却益）等の適切な勘定科目をもって当期の損益として処理する（指針17号16項）。また処分した場合には，処分した自己新株予約権の帳簿価額と受取対価との差額を，自己新株予約権処分損（また処分益）等の適切な科目をもって当期の損益として処理する[8]（同17項）。自己株式の消却･処分と異なり，自己新株予約権の消却・処分は，株主との資本取引ではなく新株予約権者との損益取引にあたるため，消却・処分差額は損益計算に含められる。

## 3　ストック・オプションの会計処理

### (1)　権利確定日以前の会計処理

#### ①　会計処理

ストック・オプションでは，企業は新株予約権を付与する代わりに，従業員等[9]から労働サービスの提供を受け，それを消費することから，その消費に応

7　自己新株予約権についても有価証券の減損処理と同様，その時価が著しく下落し，回復する見込みがあると認められないときは，時価との差額を当期の損失として処理する（ただし，消却する可能性もあることから時価が対応する新株予約権の帳簿価額を下回る場合には当該新株予約権の帳簿価額との差額を当期の損失として処理する）。また，自己新株予約権が処分されないものと認められるときには，対応する新株予約権の帳簿価額との差額を当期の損失として処理する（指針17号14項）。なお，連結財務諸表において，親会社または連結子会社が発行した新株予約権をそれ以外の連結会社が保有している場合には，新株予約権が株主資本以外の項目であることを考慮し，債権債務の相殺消去に準じて処理する（指針17号15項）。

8　外貨建の自己新株予約権については，消去した自己新株予約権の取得時の為替相場による円換算額（処分した場合には受取対価）と対応する新株予約権の発行時の為替相場による円換算額との差額を当期の損益として処理する。

9　本章3で解説する会計処理は，親会社が子会社の従業員等に対して付与するストック・オプションにも適用される。この場合，親会社のストック・オプションを付与された子会社の従業員等から得られる追加的な労働サービスの直接的な受領者は子会社であるが，親会社の子会社に対する投資の価値を高めてくれることを期待して親会社がストック・オプションを付与していると考えられ，対価性が認められると考えられる（基準8号24項）。

じて費用（**株式報酬費用**）を認識する。また，費用の認識に対応する金額を新株予約権として認識し，権利行使または失効が確定するまでの間，純資産の部に計上する。各期の費用計上額は，対価として引き渡されるストック・オプションの公正な評価額を，対象勤務期間を基礎とする方法などその他の合理的な方法に基づき配分したその期に発生したと認められる金額となる（基準8号5項）。

費用計上額をストック・オプションの公正な評価額に基づき算定するのは，労働サービスそのものの価値（特にストック・オプションの付与によって得られる追加的な労働サービスの価値）を信頼性をもって測定することに困難が伴うことに加え，経済合理性を前提とすれば企業が従業員等からもたらされると期待する労働サービスの価値はそれと引き換えに付与されるストック・オプションの価値と等価であると考えられるためである（基準8号49項）。

なお，権利確定条件が付されておらず，従業員等に対するストック・オプションの付与と同時に権利行使が可能になる場合や，勤務条件ではなく株価が一定の値を上回るなどの業績条件が付されており，その達成時期の予測が困難である場合には，付与日にストック・オプションの公正な評価額で費用認識と新株予約権の認識を行う。

#### ②　公正な評価額の算定

ストック・オプションの公正な評価額は，ストック・オプションの公正な評価単価にストック・オプション数を乗じて算定する（基準8号5項）。

ストック・オプションの公正な評価額
＝公正な評価単価×ストック・オプション数

このうち，公正な評価単価については付与日に算定し，条件変更が行われない限り見直さない。ストック・オプションは通常，市場で取引されていないため市場価格が観察できないことから，公正な評価単価は算定技法[10]を用いて見積る必要がある。付与日の公正な評価単価を用いるのは，①でも説明したとおり，経済合理性を前提とすれば諸条件（権利確定条件や行使価格）が確定する契約締結時点（すなわち付与日）のストック・オプションの価値と企業が従業員等からもたらされると期待する労働サービスの価値は等価であると考えられるからである。また，ストック・オプションの公正な評価単価は付与日後も常に変動するが，その後の変動は労働サービスの価値と直接的な関係を有しないと考えられるためである（基準８号50項）。

ストック・オプション数については，付与されたストック・オプション数（付与数）から従業員等が権利確定条件を満たさず失効すると見積もられるストック・オプション数（権利不確定による失効の見積数）を控除して算定する。付与日から権利確定日の直前までの間に，失効の見積数に重要な変動が生じて見直した場合には，見直し後のストック・オプション数に基づきその会計期間までに費用として計上すべき額とこれまでに計上した額との差額を，見直した会計期間の損益として処理する。また，権利確定日には，ストック・オプション数を確定した数（権利確定数）と一致させる必要がある。それに伴いストック・オプション数を修正した場合には，修正後のストック・オプション数に基づき権利確定日までに費用として計上すべき額とこれまでに計上した額との差額を，権利確定日が属する会計期間に損益として処理する（基準８号７項）。

### ③　費用認識の要否をめぐる見解

ストック・オプションの費用認識については，その要否をめぐりさまざまな見解が存在する。**図表23-３**はそれらをまとめたものである。見解の相違はあるものの，基準８号では費用認識することが適当であるとの考えが採られている。

10　算定技法には，新株予約権の合理的な価額の見積りに広く受け入れられている算定技法を利用する（基準８号６項(2)）。たとえば１期間後の株価が一定の確率に基づいて上昇するか下落するかの２つのケースのみを想定する二項モデルを代表とする「離散時間型モデル」や，株式オプション価格算定モデル等の株式オプション価値の算定技法のうち，将来の株価の変動が一定の確率的な分布に基づいて常時連続的に生じると仮定するブラック・ショールズ式を代表とする「連続時間型モデル」がある（企業会計基準適用指針第11号「ストック・オプション等に関する会計基準の適用指針」２項）。

ただし，未公開会社については，株式の取引価格が存在しないため，これらの算定技法を用いても公正な評価額を信頼性をもって算定できないことから，仮に算定時点においてストック・オプションが行使されたと仮定した場合の単位当たりの価値を意味する「単位当たりの本源的価値」を用いて公正な評価単価を算定することもできる（基準８号13項）。

**図表23-3 ストック・オプションの費用認識に対する見解**

| トピック | 肯定的見解の内容 | 否定的見解の内容 |
|---|---|---|
| サービスの消費 | ストック・オプションを対価として従業員から追加的なサービスが提供され，企業はそれを消費している。 | — |
| 対価性 | 一般的に合理的な経済活動を営んでいる企業が何の見返りもなくストック・オプションを付与するとは考えにくい。<br>ストック・オプションの付与日時点の価値（つまりその後の変動を加味しない価値）を労働サービスの対価として用いている。 | 従業員等に付与されるストック・オプションの価値は株価と連動しており，従業員から提供される労働サービスと必ずしも連動しているとはいえない。 |
| 新旧株主間での富の移転 | 新旧株主間の富の移転が生じる取引であっても，ストック・オプションのように対価として利用される取引と，時価未満の新株発行のように払込金額以外に何ら給付の受入れを伴わない取引は異質なものである。 | 現行の会計制度では（時価未満の新株発行のように）新旧株主間で富の移転が生じる場合でも費用認識は行われない。 |
| 会社財産の流出の有無 | 資産の現物出資や贈与のように会社財産の流出を伴わない場合でも費用認識が行われる点で財産流出は費用認識の必要条件ではない。 | ストック・オプションでは会社財産の流出を伴わないことからその費用認識に根拠はない。 |

出所：基準8号34～38項，40項に基づき作成

### (2)　権利確定日後の会計処理

権利確定日後の会計処理については，原則として本章**2**で解説した新株予約権の会計処理と同じである。失効したストック・オプションに対応する新株予約権を利益とするのは，ストック・オプションの失効により，企業は株式を時価未満で引き渡す義務を免れることになり，結果として無償で提供された労働サービスを消費したと考えられるほか，ストック・オプションの付与に伴う純資産の増加が結果的に株主との資本取引ではなく損益取引によるものであると考えられるためである。

**設例23-2　ストック・オプションの会計処理**

当社（決算日：3月31日）の株主総会[11]で以下の条件のとおり，従業員等に報酬としてストック・オプションを付与することが決まった。

• 付与日：X1年7月1日

11　従業員等に対するストック・オプションの付与には必ずしも株主総会の決議を要するわけではない（会社法上の役員に該当しない従業員に対する付与や定款に別段の定めがある場合など）。

- 権利確定条件：付与日～X4年3月31日の勤務（勤務対象期間：33カ月）
- 権利行使期間：X4年4月1日～X5年3月31日
- 付与の対象となる従業員等の人数：50名
- 従業員等1名につき付与するストック・オプション数：10個
- 行使時の株式交付数：ストック・オプション1個につき1株を交付
- ストック・オプションの行使価格：500円（現金による払込み）
- 付与日時点のストック・オプションの公正な評価単価：110円
- 付与日時点における権利不確定による失効の見積数：50個
- X3年3月期末時点における見直し後の権利不確定による失効の見積数：80個
- ストック・オプションの権利確定数：440個
- 権利行使に対してはすべて新株の発行で対応する。
- 各期の実際の失効数・行使数等は以下のとおり推移した。

| 会計期間 | 未行使数（残数） | 行使数 | 失効数（累計） | 摘要 |
|---|---|---|---|---|
| X2年3月期 | 490 | — | 10 | 退職者1名 |
| X3年3月期 | 470 | — | 30 | 退職者2名 |
| X4年3月期 | 440 | — | 60 | 退職者3名 |
| X5年3月期 | 0 | 360 | 140 | 行使36名，失効8名 |

### (1) X2年3月31日

| | | | | | |
|---|---|---|---|---|---|
| （借） | 株式報酬費用 | (*1) 13,500 | （貸） | 新株予約権 | 13,500 |

(*1) 付与日時点の公正な評価単価110円×（付与数50名×10個－失効の見積数50個）×（経過期間9カ月／勤務対象期間33カ月）

### (2) X3年3月31日

失効の見積数に変動が生じたことから費用計上額を見直す。

| | | | | | |
|---|---|---|---|---|---|
| （借） | 株式報酬費用 | (*2) 15,900 | （貸） | 新株予約権 | 15,900 |

(*2) 付与日時点の公正な評価単価110円×（付与数50名×10個－見直し後の失効の見積数80個）×（経過期間21カ月／勤務対象期間33カ月）－X2年3月期の費用計上額13,500円

### (3) X4年3月31日（権利確定日）

権利確定日を迎えた。費用計上額を確定数に合わせる。

| | | | | | |
|---|---|---|---|---|---|
| （借） | 株式報酬費用 | (*3) 19,000 | （貸） | 新株予約権 | 19,000 |

(*3) 付与日時点の公正な評価単価110円×権利確定数440個－X2年3月期とX3年3月期の費用計上額合計29,400円

### (4) X5年3月期中（権利行使日）

| | | | | | |
|---|---|---|---|---|---|
| （借） | 新株予約権 | (*4) 39,600 | （貸） | 資本金 | 219,600 |
| | 現金預金 | (*5) 180,000 | | | |

(*4) 行使数360個×付与日時点の公正な評価単価110円
(*5) 行使数360個×行使価格500円

(5) X5年3月31日（失効日）

| | | | | | |
|---|---|---|---|---|---|
| （借） | 新株予約権 | (*6) 8,800 | （貸） | 新株予約権戻入益 | 8,800 |

(*6) 権利不行使による失効数80個×付与日時点の公正な評価単価110円

### (3) 条件変更の会計処理

ストック・オプションの付与後，株価の下落などにより権利行使される可能性が減少することでインセンティブとしての役割が期待できないような場合には，権利確定条件や行使価格など諸条件を見直すことがある。

行使価格を引き下げるなどの条件変更により公正な評価単価を変動させた場合には，その状況に応じて次のとおり会計処理する。条件変更日における公正な評価単価が付与日における公正な評価単価を上回る場合には，（付与日における公正な評価単価に基づき）条件変更前から行われてきた費用認識を継続しつつ，増加した金額部分について条件変更日以降の期間にわたり費用認識する。他方で下回る場合には，付与日における公正な評価単価に基づき条件変更前から行われてきた費用認識を継続し，費用の減額などは行わない。後者の場合のみに，費用計上額の事後的な調整を行わないのは，従業員にとってより価値のあるものにするために条件変更が行われたにもかかわらず，それによって費用額が減少するというパラドックスを回避するためである（基準8号56項）。

権利確定条件を変更するなどの条件変更によりストック・オプション数を変動させた場合には，条件変更前から行われてきた費用認識を継続しつつ，オプション数の変動に見合う公正な評価額の変動額を，合理的な方法に基づき残存期間にわたって計上する（基準8号11項）。

対象勤務期間の延長または短縮に結びつく勤務条件の変更等により費用の合理的な計上期間を変動させた場合には，条件変更前の残存期間に計上すると見込んでいた金額を，合理的な方法に基づき新たな残存期間にわたって費用計上する（基準8号12項）。

新たな条件のストック・オプションの付与と引き換えに当初付与していたストック・オプションを取り消す場合には，その実質が当初付与したものの条件変更と同じ経済実態を有すると考えられる限り，上述の条件変更と同じように会計処理する（基準8号10項）。

**設例23-3**　**条件変更により公正な評価単価を変動させた場合**

設例23-2のストック・オプションについて，X2年4月1日時点で当社の株価が行使価格を大幅に下回る状態が続いており，インセンティブ効果が失われたと考えられることから，同会計期間の株主総会において行使価格を引き下げる条件変更が行われた（条件変更日はX2年7月1日とする）。その結果，ストック・オプションの公正な評価単価が当初の110円から変動した。

・X3年3月31日

＜条件変更により公正な評価単価が131円に上昇した場合＞

公正な評価単価が上昇したことから，条件変更前から行われてきた費用認識を継続しつつ，増加部分について条件変更日以降の期間にわたり費用認識する。

| （借） | 株式報酬費用 | (*1) 19,680 | （貸） | 新株予約権 | 19,680 |
|---|---|---|---|---|---|

(*1) 条件変更前から行っている費用計上額 (*2) 15,900円＋条件変更に伴う増加部分 (*3) 3,780円
(*2) 条件変更前から行っている費用計上額：設例23-2の解説のとおり。
(*3) 条件変更に伴う増加部分：(条件変更後の公正な評価単価131円－付与日時点の公正な評価単価110円)×(付与数50名×10個－失効の見積数80個)×(条件変更後の経過期間9カ月／勤務対象期間21カ月)=3,780円

＜条件変更により公正な評価単価が100円に下落した場合＞

公正な評価単価が下落したが，費用計上額の事後的な調整は行わない。

| （借） | 株式報酬費用 | 15,900 | （貸） | 新株予約権 | 15,900 |
|---|---|---|---|---|---|

### (4)　開　示

注記事項に関しては，上述の会計処理の適用による財務諸表への影響額，ならびに，ストック・オプションの内容，規模およびその変動状況，公正な評価単価および権利確定数の見積方法，条件変更などを注記する。

## 4　報酬としての株式交付の会計処理

ストック・オプションに類似した取引として，企業が取締役等に報酬として株式を無償交付する取引がある。当該取引も，本章**3**で解説したストック・オプションの会計処理に準じて会計処理されるが，対価が株式そのものであることから以下の点で異なる。

まず報酬として株式を無償交付する取引には，(1)対象勤務期間の開始後速やかに，契約上の譲渡制限が付された株式の発行等が行われ，権利確定条件が達成された場合には譲渡制限が解除される（達成されなかった場合には企業が無償で当該株式を取得する）取引（**事前交付型**とよばれる）と，(2)契約上，株式の

発行等について権利確定条件が付されており，権利確定条件が達成された場合に株式の発行等が行われる取引（**事後交付型**とよばれる）がある（実務対応報告第41号「取締役の報酬等として株式を無償交付する取引に関する取扱い」(以下，本章では実務対応という）4項)。

どちらの場合でも，企業が取締役等から取得するサービスをその取得に応じて費用として計上する。各期の費用計上額は，株式の公正な評価額のうち，対象勤務期間を基礎とする方法その他の合理的な方法に基づき当期に発生したと認められる額となる。費用計上額の基礎となる株式の公正な評価額は，付与日の株式の公正な評価単価に株式数を乗じて算出する（実務対応6項)。費用計上額に対応する金額については，(1)事前交付型の場合には資本金または資本金および資本準備金に計上し，(2)事後交付型の場合には純資産の部の株主資本以外の項目として**株式引受権**[12]を計上する（第8章参照)。(2)事後交付型の場合で権利確定に伴い新株が発行された場合には，株式引受権の金額を資本金または資本金および資本準備金に振り替える。また，いずれの場合においても，新株の発行に代えて自己株式の処分が行われる場合がある。

## 5　役員賞与に関する会計処理

企業の取締役，会計参与，監査役および執行役といった役員に対する**役員賞与**は発生した会計期間に費用処理する[13]（企業会計基準第4号「役員賞与に関する会計基準」3項)。期末時点で当該期間に発生しているものの未払いとなっている部分がある場合には，当該部分に関して費用を認識するとともに未払役員賞与または役員賞与引当金を計上する。

なお以前は，旧商法のもとで社内規定等に従って定期的に役員に支給される役員報酬と利益処分の形で支給される役員賞与が区別されていたため，会計上も前者を費用処理し，後者を利益処分として処理することとされていたが，会社法の制定等により両者の支給手続に明確な区別がなくなり，また役員賞与は業績連動型の役員報酬と同じく職務執行の対価と考えられることから，会計上，両者を区別せずにいずれも費用処理することになっている。

---

12　株式引受権は，新株予約権と同様の理由から純資産の部において株主資本とは区別して表示することが求められる。

13　役員報酬に対しても同様の会計処理が適用される。

# 第24章 企業結合

**学習のポイント**

本章では，複数の企業（または事業）が１つに統合される企業結合の会計処理を学習する。企業結合による「企業（または事業）の取得」の会計処理は，基本的に「資産の取得」の会計処理と整合するようにルールが規定されている。そのため，第１部で学習した取得原価主義の考え方に照らして学習を進めると，理解を深めることができるであろう。また，第11章および第12章で学習した「連結」は，株式取得により他企業に対する支配を獲得した場合の「企業結合」の会計手続であり，本章の学習内容と関連することから，適宜参照しつつ学習してほしい。

## 1　組織再編と企業結合

### (1)　組織再編の類型

会社法における組織再編には，合併，会社分割，株式交換および株式移転等がある。企業結合会計および事業分離会計の学習にあたっては，最初にこれらの組織再編行為の概要を理解する必要がある。

まず，**合併**とは，２つ以上の会社を１つの法人格に統合する組織再編行為であり，会社が他の会社とする合併であって，合併により消滅する会社の権利義務のすべてを合併後存続する会社に承継させる**吸収合併**と，２つ以上の会社がする合併であって，合併により消滅する会社の権利義務のすべてを合併により設立する会社に承継させる**新設合併**がある（**図表24-１**）。連結は，他企業の株式を取得し，その保有を継続するが，合併は，他企業の株式を取得し，それを消却する（法人格を消滅させる）と考えれば，両者の違いを理解しやすい。

つぎに，完全親子会社関係を形成するための組織再編の方法として，株式交換と株式移転がある。**株式交換**は，会社がその発行済株式の全部を他の会社等に取得させる。他方，**株式移転**は，会社がその発行済株式の全部を新たに設立

図表24-1 ■吸収合併と新設合併

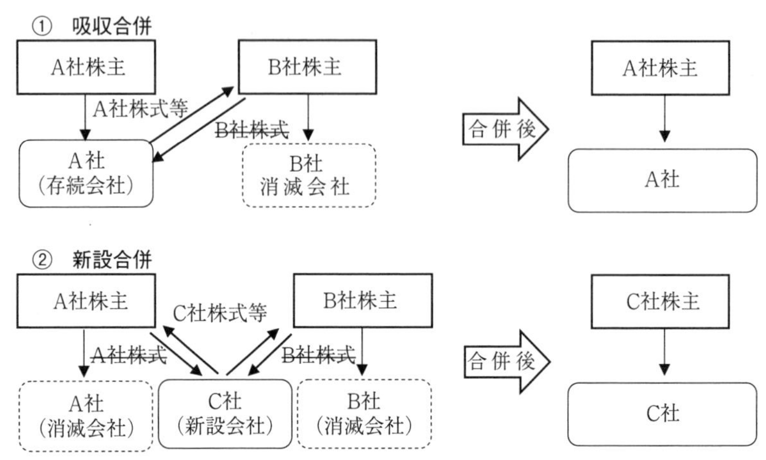


図表24-2 ■株式交換と株式移転

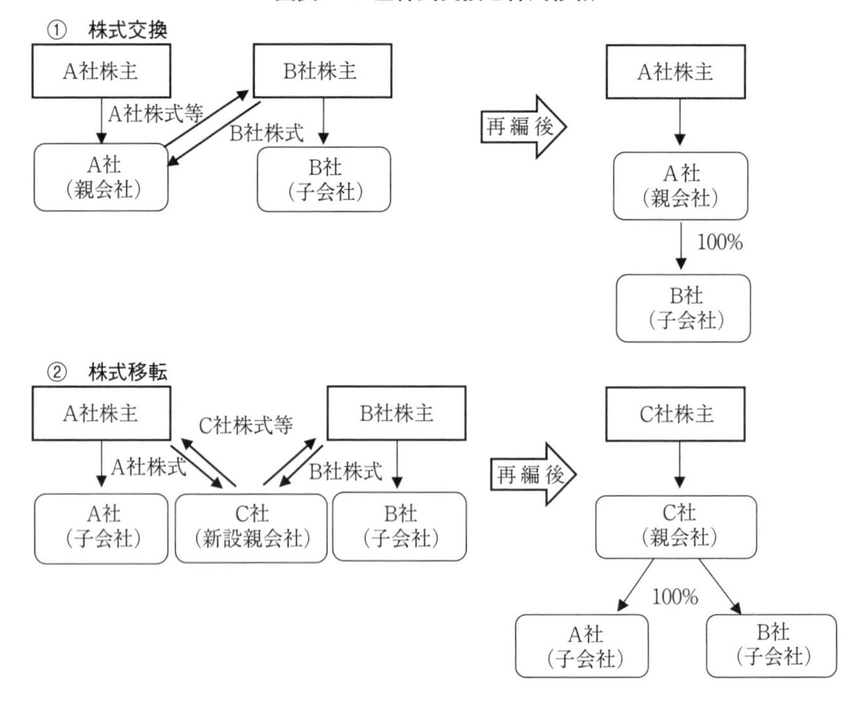

する会社に取得させる。前述の合併のケースでは，一方（またはすべて）の結合当事会社が法律上消滅するが，株式交換および株式移転のケースでは，いずれの結合当事会社の法人格も維持される（**図表24-2**）。

最後に，会社の事業を他の会社に承継させる方法として，会社分割と事業譲渡がある。**会社分割**とは，会社が事業に関して有する権利義務の全部または一部を他の会社に承継させる組織再編行為であり，会社がその事業に関して有する権利義務の全部または一部を，分割により他の会社に承継させる**吸収分割**と，分割により設立する会社に承継させる**新設分割**がある。また，**事業譲渡**は，会社法上の組織再編行為ではないが，譲渡会社が事業の全部または重要な一部を譲受会社に引き渡す点で吸収分割と類似する（**図表24-3**）。

**図表24-3 ■事業譲渡と会社分割**

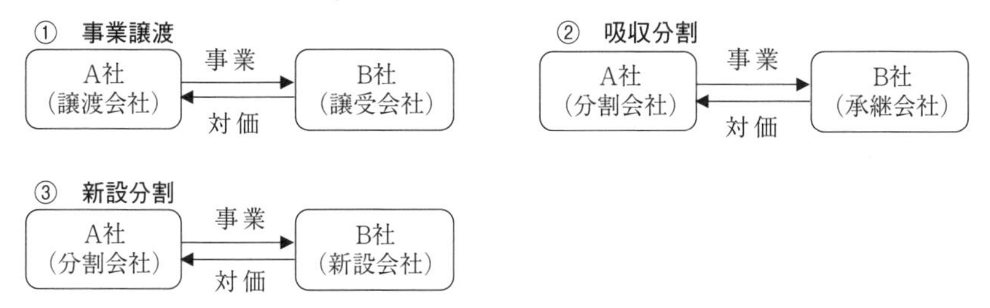


## ⑵ 企業結合の意義

**企業結合**（business combination）とは，ある企業またはある企業を構成する事業[1]と他の企業または他の企業を構成する事業とが１つの報告単位に統合されることをいう（企業会計基準第21号「企業結合に関する会計基準」（以下，本章では基準21号という）５項)。たとえば，前述の吸収合併は，吸収合併存続会社と吸収合併消滅会社の個別財務諸表の作成単位が統合されることから，企業結合に該当することになる。また，日本の歴史上は，連結会計に関するルールが先行して適用されてきたが，第11章で学習した現金を対価とする株式取得による子会社化についても，親会社と子会社の連結財務諸表の作成単位が統合され

1　事業とは，企業活動を行うために組織化され，有機的一体として機能する経営資源をいう。このように，企業結合の場合には，企業または特定の事業に関連する資産および負債を一体として取引の対象とする点で，個別の資産に関する交換取引とは異なる。

るため，企業結合に該当する[2]。さらに，複数の会社が共同新設分割を行う場合には，ある分割会社を構成する事業と他の分割会社を構成する事業が１つの報告単位に統合されるため，企業結合に該当することになる。

会社法では，多様な組織再編の方法が定められているが，基準21号では，組織再編の方法により経済的実態に差異がないのであれば，会計処理は異なるべきではないとする考え方に基づき，企業結合の会計処理が規定されている。

### (3)　企業結合の経済的実態

企業結合には，取得と持分の結合という異なる経済的実態を有するものが存在する。**取得**とは，ある企業が他の企業（または事業）の支配[3]を獲得することになる企業結合である。他方，**持分の結合**とは，いずれの企業（または事業）の株主（または持分保有者）も他の企業（または事業）を支配したとは認められず，結合後企業のリスクや便益を引き続き相互に共有することを達成するため，それぞれの事業のすべて，または事実上のすべてを統合して１つの報告単位となる企業結合をいう。このように取得と持分の結合の基本的な相違点は，結合当事企業の間で支配関係が生じるか否かである。吸収合併の例で両者の相違を示すと，**図表24‐4**のようになる。

図表24‐4における合併後A社の議決権比率に着目すると，①取得のケースでは，合併前A社株主が合併後A社の議決権の80％を保有し，A社がB社に対する支配を獲得しているといえることから，この企業結合は取得に該当する。仮に合併の対価が現金であった場合も，合併前B社株主が撤退し，A社がB社に対する支配を獲得することから，取得に該当することになる。

一方で，②持分の結合のケースにおいて，合併後C社の議決権比率に着目すると，合併前C社の株主とD社の株主は，合併後C社に対して50％ずつ議決権を保有している。この企業結合は，いずれの株主も他の企業に対する支配を獲得したとは認められないことから，持分の結合に該当する。

2　現金を対価とする子会社株式の取得の会計処理に関して，企業会計基準第22号「連結財務諸表に関する会計基準」に定めのない企業結合に関する事項については，基準21号が適用されることになる。

3　支配とは，ある企業または企業を構成する事業の活動から便益を享受するために，その企業または事業の財務および経営方針を左右する能力を有していることをいう。

図表24-4 ■取得と持分の結合

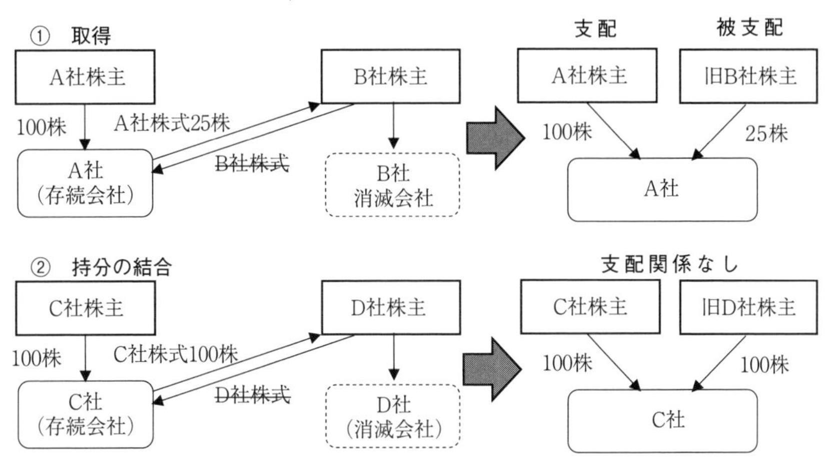


## (4) 企業結合の会計処理方法

企業結合の代表的な会計処理方法には，パーチェス法と持分プーリング法がある[4]（基準21号63項）。**パーチェス法**（purchase method）は，被結合企業から受け入れる資産および負債の取得原価を，対価として交付する現金および株式等の時価とする方法である。他方，**持分プーリング法**（pooling of interest method）とは，すべての結合当事企業の資産，負債および資本を，それぞれの適切な帳簿価額で引き継ぐ方法である。

**設例24-1** パーチェス法と持分プーリング法

当社は，X1期において，A社を吸収合併した。吸収合併の対価は，当社の株式（時価300円）である。企業結合の前日におけるA社の貸借対照表は，以下のとおりである。

A社貸借対照表

| 借方 | 金額 | 貸方 | 金額 |
|---|---|---|---|
| 諸資産 | 310 | 諸負債 | 80 |
| | | 資本金 | 200 |
| | | 利益剰余金 | 30 |

4　企業結合の会計処理方法としては，すべての結合当事企業の資産および負債を企業結合時の時価に評価替えするフレッシュ・スタート法もある。しかし，この方法が適合すると考えられるすべての結合当事企業の持分が非継続となる企業結合は想定できず，また，国際的な会計基準においてもこの方法が認められていないことから，基準21号では認められていない。

なお，企業結合日におけるA社の諸資産の時価は420円であり，諸負債の時価は160円であった。

この場合におけるパーチェス法による仕訳と，持分プーリング法による仕訳は，以下のようになる。

① パーチェス法による合併仕訳

| | | | | | |
|---|---|---|---|---|---|
| （借） | 諸資産 | 420 | （貸） | 諸負債 | 160 |
| | のれん | (*1) 40 | | 資本金 | 300 |

(*1) A社の取得原価300円－識別可能純資産の時価260円＝40円

② 持分プーリング法による合併仕訳

| | | | | | |
|---|---|---|---|---|---|
| （借） | 諸資産 | 310 | （貸） | 諸負債 | 80 |
| | | | | 資本金 | 200 |
| | | | | 利益剰余金 | 30 |

取得と持分の結合については，それぞれの経済的実態を反映する会計処理を使い分ける必要があり，このような観点からは，取得はパーチェス法によって会計処理し，持分の結合は持分プーリング法によって会計処理すべきといわれる。その理由は，次のように説明される。

ある企業が他の企業の支配を獲得する取得の場合には，取得企業による新規の投資とみることができるため，**取得原価主義**の考え方に基づき，投資額を取得価額として他の結合当事企業から受け入れる資産および負債を評価すべきと考えられる。そのため，取得については，被結合企業から受け入れる資産および負債の取得原価を，対価として交付する現金および株式等の時価とするパーチェス法によって会計処理すべきといわれる。他方，いずれの結合当事企業も他の結合当事企業に対する支配を獲得したとは判断できない持分の結合の場合には，結合当事企業のそれまでの投資が継続していると考えられるため，**非貨幣財同士の交換**の会計処理と同様に，それぞれの資産，負債および資本の帳簿価額を引き継ぐ持分プーリング法が適合すると考えられる。

また，株式を対価とする企業結合の場合には，**持分の継続・非継続**の観点から適合する会計処理を説明することができる。取得の場合には，取得企業の持分[5]は継続する一方で，被取得企業の持分は継続が断たれることになる。そのため，企業結合の対価が取得企業の株式であることを前提とすると，取得企業の株主は，それまでの投資が継続しているが，被取得企業の株主は，**投資の清**

**算・再投資**を行ったと考えられる。したがって，この場合には，取得企業の資産および負債はその帳簿価額で企業結合後もそのまま引き継ぎ，被取得企業の資産および負債は時価に評価替えするパーチェス法が適合することになる。これに対して，持分の結合の場合には，すべての結合当事企業の持分は継続しているとみなされるため，すべての結合当事企業の株主の投資が継続していると考えられる。したがって，この場合には，すべての結合当事企業の資産および負債をその帳簿価額で引き継ぐ持分プーリング法が適合することになる。

このような考え方に基づき，2010年まで適用されていた「企業結合に係る会計基準」では，企業結合の経済的実態に応じてパーチェス法と持分プーリング法が使い分けられていた。しかしながら，持分プーリング法については，日本の会計基準と国際的な会計基準の間の差異の象徴的な存在として取り上げられることが多く[6]，日本の会計基準に対する国際的な評価の面で大きな障害になっているとする意見も見受けられたこと等を理由として，基準21号では，持分プーリング法が廃止され，共同支配企業の形成および共通支配下の取引以外の企業結合は取得とみなし，パーチェス法によって会計処理することとされた（17項）。

### (5)　共同支配企業の形成と共通支配下の取引

企業結合には，前述の取得のほか，共同支配企業の形成と共通支配下の取引がある。**共同支配**（joint control）とは，複数の独立した企業が契約等に基づき，ある企業を共同で支配することをいう（基準21号８項）。また，**共通支配下の取引**（business combination under common control）とは，結合当事企業（または事業）のすべてが，企業結合の前後で同一の株主により最終的に支配され，かつ，その支配が一時的ではない企業結合をいう（基準21号16項）。

共同支配企業の形成は，いずれの結合当事企業も支配を獲得していないことから，その経済的実態は，持分の結合に該当する。また，共通支配下の取引は，親会社と子会社の合併や，子会社同士の合併のように，企業結合の前後で同一

---

5　ここでいう「持分」は，持分証券（株式）を通じた企業活動の成果に対する権益ないし請求権のことである。

6　国際的な会計基準においては，持分の結合に該当するような企業結合は滅多に生じるものではなく，また，濫用の危険が高いと考えられること等を理由として，持分プーリング法の使用が認められていない。持分プーリング法によると，のれんの償却を回避できること等に起因して，企業結合後の利益がパーチェス法による場合よりも多く計算される。そのため，経営者は，持分プーリング法を選好するといわれる。

の株主により支配されている企業同士の企業結合であることから，新たに支配を獲得する取得とは異なる。

以下では，取得，共同支配企業の形成および共通支配下の取引について，それぞれの会計処理を学習する。

## 2　取得の会計処理

本節では，取得に相当する企業結合に適用されるパーチェス法を学習する。基準21号で定められているパーチェス法の一連の手続を要約すると，**図表24-5**のようになる（18項～36項）。

**図表24-5 ■パーチェス法の一連の手続**

① **取得企業の決定**：いずれの結合当事企業が取得企業になるのかを判定する。

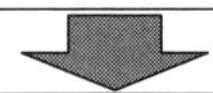

② **取得原価の算定**：被取得企業（または事業）の取得原価を算定する。

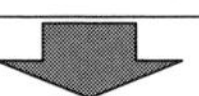

③ **取得原価の配分**：②で算定された取得原価を識別可能資産・負債に配分する。

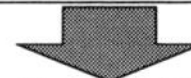

④ **のれんの認識**：③の配分残余をのれん（または負ののれん）として処理する。

### (1)　取得企業の決定

取得に相当する企業結合が行われた場合には，最初に，取得企業を決定する必要がある。この場合には，原則として，第11章で学習した**支配力基準**に基づき取得企業を決定する。また，支配力基準によりいずれの結合当事企業が取得企業となるかが明確ではない場合には，**図表24-6**の要素を考慮して取得企業を決定する。

### (2)　取得原価の算定

被取得企業または取得した事業の取得原価は，原則として，支払対価となる財の企業結合日における時価で算定する。支払対価が現金以外の資産の引渡し，負債の引受けまたは株式の交付の場合には，支払対価となる財の時価と被取得

**図表24-6 ■取得企業の決定方法**

| 状　況 | 取　得　企　業 |
|---|---|
| 対価の種類が現金等の資産の引渡し，負債の引受け | 対価を支払う結合当事企業 |
| 対価の種類が株式 | 結合当事企業の総体としての株主が結合後企業の議決権の最も大きい割合を占める場合の当該結合当事企業 |
| | 結合後企業の議決権の最も大きい割合を有する株主または株主グループがいた結合当事企業 |
| | 結合後企業の取締役会等の構成員の過半数を選解任できる株主または株主グループがいた結合当事企業 |
| | 結合当事企業の役員等が結合後企業の取締役会等を事実上支配する場合の当該結合当事企業 |
| | 株式の時価を超えるプレミアムを支払った結合当事企業 |
| いずれかの結合当事企業の相対的規模が著しく大きい | 相対的な規模が著しく大きい結合当事企業 |
| 結合当事企業が３社以上 | 企業結合を最初に提案した結合当事企業 |

企業または取得した事業の時価のうち，より高い信頼性をもって測定可能な時価で算定する。このような取得原価の算定の基本原則は，企業または事業を包括的に取得する場合と，個別に資産を取得する場合を整合的に取り扱うことを意図するものであり，いずれの場合においても，支払対価となる財の時価によって取得原価が算定される。また，支払対価が現金以外の場合も，等価交換を前提とした取得原価の算定が行われる。

被取得企業または取得した事業の取得原価については，このような基本原則に基づき算定されるが，以下の①～④の場合には，取得原価の算定に関する個別のルールが設けられている。

#### ①　市場価格のある取得企業等の株式を交付する場合

市場価格のある取得企業等の株式が取得の対価として交付される場合，取得の対価となる財の時価については，（ⅰ）主要な交換条件が公表された時点の株価を用いる考え方と，（ⅱ）企業結合日における株価を用いる考え方がある。

以前の「企業結合に係る会計基準」では，（ⅰ）の考え方が採用されていた。これは，結合当事企業は，お互いの本来の事業価値等を適切に反映した結果として，企業結合の主要条件，とりわけ交換比率の合意に至っているのが通常であり，また，そのような合意内容が公表された後の株価変動には被取得企業の本来の事業価値とは必ずしも関係しない影響が混在している可能性もあると考えられることが論拠とされていた。しかし，前述の取得原価の算定の基本原則に基づき，株式以外の財産を対価として引き渡す場合には，企業結合日の時価に基づき取得原価が測定されるため，株式の交付の場合も，これと整合するように企業結合日の株価で測定すべきとも考えられる。基準21号では，国際的な会計基準とのコンバージェンスを重視し，（ii）の考え方が採用されている。

#### ②　段階取得の場合

取得が複数の取引により達成された場合（段階取得）の取得原価については，（i）支配を獲得するに至った個々の取引毎の原価の合計額とする考え方と，（ii）企業結合日の時価とする考え方がある。

（i）の考え方は，個々の交換取引はあくまでその時点での等価交換取引であることから，個々の交換取引ごとに算定した原価の合計額を取得原価とすることが経済的実態を適切に反映するとみる考え方であり，「企業結合に係る会計基準」では，この考え方が採用されていた。とりわけ，企業結合前において被取得企業が取得企業の関連会社であった場合には，取得企業が支配を獲得した場合であっても，事業投資としての性格に変化は生じていないことから，それまでの投資は継続していると考えることもできる。これに対して，（ii）の考え方は，被取得企業に対する支配を獲得したことにより，それまで所有していた投資の実態または本質が変わったものとみなし，その時点でいったん投資が清算され，改めて投資を行ったと考えられることを論拠とする。

第11章で学習したように，基準21号では，国際的な会計基準とのコンバージェンスの観点から，連結財務諸表上は，（ii）の考え方が採用されている。そして，当該取得原価と，支配を獲得するに至った個々の取引ごとの原価の合計額（持分法適用関連会社と企業結合した場合には，持分法による評価額）との差額は，**段階取得に係る損益**として処理する。その一方で，個別財務諸表上は，（i）の考え方が採用されている。これは，段階取得によって支配を獲得しても，過去に所有していた投資の実態または本質が変わったとみなせない場合も多く，投資は継続していると考える意見が考慮されたためである。

**設例24-2　段階取得の会計処理**

当社は，X1期において，A社を吸収合併した。吸収合併の対価は，現金300円である。ただし，当社は，以前よりA社株式（帳簿価額50円）をその他有価証券として保有しており，当該有価証券の企業結合日における時価は75円であった。企業結合の前日におけるA社の貸借対照表は，以下のとおりである。

A社貸借対照表

| 借方 | 金額 | 貸方 | 金額 |
|---|---|---|---|
| 諸資産 | 310 | 諸負債 | 80 |
| | | 資本金 | 200 |
| | | 利益剰余金 | 30 |

なお，企業結合日におけるA社の諸資産の時価は420円であり，諸負債の時価は160円であった。

① 個別財務諸表上の合併仕訳

| | 借方 | 金額 | | 貸方 | 金額 |
|---|---|---|---|---|---|
| （借） | 諸資産 | 420 | （貸） | 諸負債 | 160 |
| | のれん | (*1) 90 | | 現金 | 300 |
| | | | | A社株式 | (*2) 50 |

(*1) 個別財務諸表上のA社の取得原価350円－識別可能純資産の時価260円＝90円
(*2) 企業結合前から保有していたA社株式の取得原価

② 連結財務諸表上の合併仕訳

| | 借方 | 金額 | | 貸方 | 金額 |
|---|---|---|---|---|---|
| （借） | A社株式 | (*3) 25 | （貸） | 段階取得に係る差益 | 25 |
| （借） | 諸資産 | 420 | （貸） | 諸負債 | 160 |
| | のれん | (*4) 115 | | 現金 | 300 |
| | | | | A社株式 | (*5) 75 |

(*3) 75円(*5)－50円(*2)＝25円
(*4) 連結財務諸表上のA社の取得原価375円－識別可能純資産の時価260円＝115円
(*5) 企業結合前から保有していたA社株式の企業結合日の時価

### ③ 取得関連費用

2013年の基準21号改正前は，取得の対価性が認められる**取得関連費用**（外部のアドバイザー等に支払った特定の報酬・手数料等）は，取得原価に含めることとされていた。これは，取得は等価交換取引であるとの考え方を重視し，取得企業が等価交換の判断要素として考慮した支出額については取得原価に含める必要があると考えられるからである。また，このような取得関連費用を原価算入する取扱いは，個別に取得した資産の付随費用の取扱いとも整合していた。しかしながら，基準21号では，国際的な会計基準に基づく財務諸表との比較可能性を改善する観点や，取得関連費用のどこまでを取得原価の範囲とするかという実務上の問題点を解消する観点から，2013年に改正が行われ，取得関連費用は発生した事業年度の費用として処理することとされた。

### ④　条件付取得対価

**条件付取得対価**とは，企業結合契約において定められるものであって，企業結合契約締結後の将来の特定の事象または取引の結果に依存して，企業結合日後に追加的に交付もしくは引渡しまたは返還される取得対価をいい，（ｉ）将来の業績に依存する条件付取得対価[7]と，（ii）特定の株式または社債の市場価格に依存する条件付取得対価[8]がある。

#### （ｉ）将来の業績に依存する条件付取得対価

将来の業績に依存する条件付取得対価を追加的に交付または引き渡すときには，交付または引渡しが確実となり，その時価が合理的に決定可能となった時点で，支払対価を取得原価として追加的に認識するとともに，のれんを追加的に認識（または負ののれんを減額）する。また，将来の業績に依存する条件付取得対価の一部が返還されるときには，返還が確実となり，その時価が合理的に決定可能となった時点で，返還される対価の金額を取得原価から減額するとともに，のれんを減額（または負ののれんを追加的に認識）する。追加的に認識または減額するのれんまたは負ののれんは，企業結合日時点で認識または減額されたものと仮定して計算し，追加認識または減額する事業年度以前に対応する償却額および減損損失額は損益として処理する。

#### （ii）特定の株式または社債の市場価格に依存する条件付取得対価

条件付取得対価の交付または引渡しが確実となり，その時価が合理的に決定可能となった時点で，追加で交付可能となった条件付取得対価をその時点の時価に基づき認識する。また，企業結合日現在で交付している株式または社債をその時点の時価に修正し，当該修正により生じた社債プレミアムの減少額またはディスカウントの増加額を将来にわたって規則的に償却する。

要するに，いずれのケースにおいても，企業結合日に条件付取得対価を取得原価に含めるのではなく，企業結合日後に条件付取得対価の交付または返還が

---

7　これは，被取得企業または取得した事業の企業結合契約締結後の特定事業年度における業績の水準に応じて，取得企業が対価を追加で交付もしくは引渡し，または対価の一部の返還を受ける条項がある場合等をいう。

8　これは，特定の株式または社債の特定の日または期間の市場価格に応じて当初合意した価額を維持するために，取得企業が追加で株式または社債を交付する条項がある場合等をいう。

確実となった時点において，事後的にそれを取得原価に反映させる。

**設例24-3　条件付取得対価の会計処理**

当社は，X1期末において，A社を株式交換により完全子会社化し，連結財務諸表上40円ののれん（償却期間は5年）を認識した。ただし，企業結合契約において，A社のX2期の経常利益が100円を上回った場合には，当社はその時点の時価相当額が30円となる当社の株式をA社株主に対して追加で交付する条項が含まれている。

X2期末において，A社の経常利益が140円となることが確実となり，当社は，X3期首に当社の株式を旧A社株主に対して追加交付した。

**① X2期末における当社の連結財務諸表上の会計処理**

| | | | | | |
|---|---|---|---|---|---|
| （借） | の れ ん | 24 | （貸） | 未 払 金 | 30 |
| | のれん償却額 | (*) 6 | | | |

(*) X2期に対応する償却額6円＝追加認識されるのれん30円÷5年

**② X3期首における当社の連結財務諸表上の会計処理**

| | | | | | |
|---|---|---|---|---|---|
| （借） | 未 払 金 | 30 | （貸） | 資 本 金 | 30 |

### (3) 取得原価の配分

取得原価は，被取得企業から受け入れた資産および引き受けた負債のうち企業結合日時点において識別可能なもの（**識別可能資産および負債**）[9]の企業結合日時点の時価を基礎として，当該資産および負債に対して企業結合日以後1年以内に配分する[10]。このような取得原価の配分手続は，企業結合固有の処理ではなく，通常の交換取引により複数の資産等を一括して受け入れた場合の処理[11]と整合している。また，取得原価を配分する作業を企業結合日以後1年以内に完了することとされているのは，実務上，取得原価を配分する作業を決算日までに完了することが困難な状況も想定されるためである。

---

9　識別可能資産および負債とは，被取得企業から受け入れた資産および引き受けた負債のうち企業結合日時点において識別可能なものをいう。識別可能資産および負債の範囲については，被取得企業の企業結合日前の貸借対照表において計上されていたかどうかにかかわらず，企業がそれらに対して対価を支払って取得した場合，原則として，一般に公正妥当と認められる企業会計の基準の下で認識されるものに限定される。

10　このような取得原価の配分手続は，PPA（Purchase Price Allocation）とよばれる。

11　交換取引により複数の資産等を一括して受け入れた場合には，支払対価総額を算定し，それを一括して受け入れた個々の資産等の時価を基礎として配分する。

取得原価が，受け入れた資産および引き受けた負債に配分された純額を上回る場合には，その超過額はのれんとして会計処理し，下回る場合には，その不足額は負ののれんとして会計処理する。のれんおよび負ののれんの会計処理については，次章で学習する。

取得原価の配分手続における主要な論点としては，①暫定的な会計処理，②無形資産の取扱い，③企業結合に係る特定勘定がある。

#### ①　暫定的な会計処理

企業結合日以後の決算において，取得原価の配分が完了していなかった場合は，その時点で入手可能な合理的な情報等に基づき**暫定的な会計処理**を行い，その後追加的に入手した情報等に基づき配分額を確定させる。暫定的な会計処理の確定が企業結合年度の翌年度に行われた場合には，企業結合年度に当該確定が行われたかのように会計処理を行う。これは，第28章で学習する**遡及処理**と同様に，比較情報の有用性を高めるための会計処理である。

#### ②　無形資産の取扱い

企業結合によって受け入れた資産に法律上の権利など**分離して譲渡可能な無形資産**が含まれる場合には，当該無形資産を識別可能なものとして取り扱う。たとえば，被取得企業におけるソフトウェア，顧客リスト，データベース，研究開発活動の途中段階の成果等についても，分離して譲渡可能という無形資産の認識要件を満たす場合には，取得原価の配分対象とされる。次章で学習する研究開発費については，発生時の費用として処理することとされているが，企業結合によって被取得企業から受け入れた**仕掛研究開発費**については，その例外として資産計上されることがある。

一方で，被取得企業の法律上の権利等による裏付けのない超過収益力や被取得企業の事業に存在する労働力の相乗効果（リーダーシップやチームワーク）については，このような無形資産の認識要件を満たさないため，識別不能項目としてのれん（または負ののれんの減少）に含まれることになる。

#### ③　企業結合に係る特定勘定

取得後に発生することが予測される特定の事象に対応した費用または損失であって，その発生の可能性が取得の対価の算定に反映されている場合には，企

**業結合に係る特定勘定**として，負債計上する。このような費用または損失の例としては，人員の配置転換や再教育費用，割増一時退職金のようなリストラクチャリングに関連するコストがある。これらのコストによって取得の対価が減額されている場合には，当該コストを被取得企業が負担したといえ，それを企業結合日以後の取得企業の業績に反映させないほうが取得企業の投資原価の回収計算を適切に行うことができると考えられる。そこで，企業結合日に負債計上し，将来の費用または損失の発生時にそれを取り崩すことによって，企業結合後の利益計算から当該費用または損失の影響を排除する。このように，企業結合に係る特定勘定は，債務性に着目して負債計上されるわけではない。

**設例24-4**　**取得原価の配分**

当社は，X1期において，A社を吸収合併した。吸収合併の対価は，現金300円である。ただし，吸収合併後に当社とA社の営業拠点の統合等による人員削減に伴い早期割増退職金５円が生じることが予測されており，当該予測に基づき対価が減額されている。企業結合の前日におけるA社の貸借対照表は，以下のとおりである。

A社貸借対照表

| 借方 | 金額 | 貸方 | 金額 |
|---|---|---|---|
| 諸資産 | 190 | 諸負債 | 70 |
| 土地 | 110 | 資本金 | 200 |
| | | 利益剰余金 | 30 |

なお，企業結合日におけるA社の土地の時価は140円であり，その他の諸資産および諸負債については，時価と帳簿価額が一致している。また，A社が所有する研究開発の途中段階の成果（合理的な評価額25 円）は分離して譲渡可能な無形資産であると判断されたため，識別可能資産として取り扱う。

この場合，当社の合併仕訳は以下のようになる。

| | | | | | |
|---|---|---|---|---|---|
| （借） | 諸資産 | 190 | （貸） | 諸負債 | 70 |
| | 土地 | 140 | | **企業結合に係る特定勘定** | **5** |
| | **仕掛研究開発費** | **25** | | 現金 | 300 |
| | のれん | 20 | | | |

### ⑷　逆取得の会計処理

図表24-6で示したように，企業結合の主な対価が株式の場合には，通常，当該株式を交付する企業が取得企業となる。しかしながら，たとえば，吸収合併の場合において，存続会社が議決権のある株式を交付するものの，消滅会社が取得企業に該当することがある（**図表24-7**参照）。このような事象は，株式を交付した企業と企業結合会計上の取得企業が一致しないという意味で**逆取得**

(reverse acquisition) とよばれる。

**図表24- 7 ■逆取得**

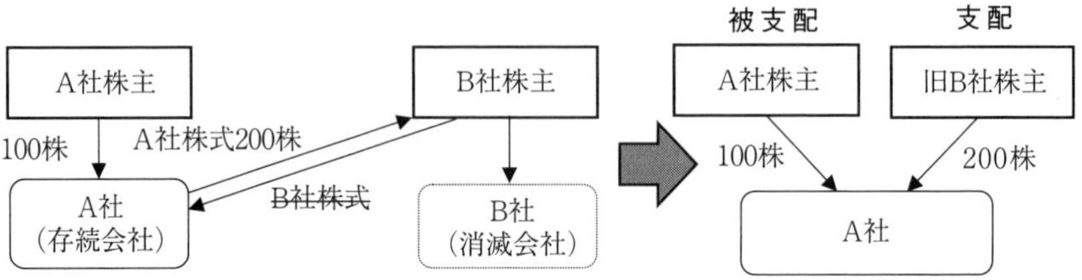

A社株主
100株
A社株式200株
B社株主
~~B社株式~~
A社
(存続会社)
B社
(消滅会社)
被支配
支配
A社株主
旧B社株主
100株
200株
A社

図表24- 7 のケースにおいて，法律上の存続会社はA社であるが，支配を獲得している企業，すなわち取得企業はB社となる。そのため，連結財務諸表上は，消滅会社であるB社を取得企業として，A社に対してパーチェス法を適用することになる。一方で，個別財務諸表においては，会社法の規定等との関係から複数の処理方法が考えられる状況が存在し，消滅会社の資産および負債を時価に評価替えすることを排除するために，存続会社は消滅会社の資産および負債を適切な帳簿価額で引き継ぐこととされている。

具体的には，吸収合併において，消滅会社が取得企業となる場合，存続会社の個別財務諸表では，当該取得企業（消滅会社）の資産および負債を合併直前の適正な帳簿価額により計上する。また，現物出資または吸収分割において，現物出資会社または吸収分割会社が取得企業となる場合（現物出資または吸収分割による子会社化の形式をとる場合），取得企業の個別財務諸表では，移転した事業に係る株主資本相当額に基づいて，被取得企業株式の取得原価を算定する。さらに，株式交換において，完全子会社が取得企業となる場合，完全親会社の個別財務諸表では，当該完全子会社の株式交換直前における適正な帳簿価額による株主資本の額に基づいて，取得企業株式（完全子会社株式）の取得原価を算定する。

**設例24- 5　逆取得の会計処理**

A社は，X1期末において，B社を吸収合併した。合併比率（A社：B社）は１：２であり，A社およびB社の発行済株式は50株および100株であった。また，合併期日におけるB社の株価は，@14円であった。なお，増加する払込資本360円のうち70 円は資本金とし，残りは資本剰余金とする。合併期日の前日における両社の貸借対照表は以下のとおりである。

**A社貸借対照表**

| | | | |
|---|---|---|---|
| 諸資産 | 190 | 諸負債 | 70 |
| 土地 | 110 | 資本金 | 200 |
| | | 利益剰余金 | 30 |

**B社貸借対照表**

| | | | |
|---|---|---|---|
| 諸資産 | 430 | 諸負債 | 160 |
| 土地 | 90 | 資本金 | 300 |
| | | 利益剰余金 | 60 |

なお，企業結合日におけるA社の土地の時価は140円であり，B社の土地の時価は75円である。また，A社およびB社のその他の諸資産および諸負債については，時価と帳簿価額が一致している。

この場合，A社の個別財務諸表の作成にあたり，以下のように仕訳する。

| | | | | | |
|---|---|---|---|---|---|
| (借) | 諸資産 | 430 | (貸) | 諸負債 | 160 |
| | 土地 | 90 | | 資本金 | 70 |
| | | | | 資本剰余金 | 290 |

上記の合併仕訳を反映し，A社の合併後個別財務諸表は，以下のようになる。

**合併後A社個別貸借対照表**

| | | | |
|---|---|---|---|
| 諸資産 | 620 | 諸負債 | 230 |
| 土地 | 200 | 資本金 | 270 |
| | | 資本剰余金 | 290 |
| | | 利益剰余金 | 30 |

次に，A社が連結財務諸表を作成する場合には，B社を取得企業としたうえで，被取得企業に該当するA社に対してパーチェス法を適用する。

| | | | | | |
|---|---|---|---|---|---|
| (借) | 諸資産 | 190 | (貸) | 諸負債 | 70 |
| | 土地 | 140 | | 資本剰余金 | (*1) 350 |
| | のれん | 90 | | | |
| (借) | 資本金 | 30 | (貸) | 資本剰余金 | (*2) 30 |

(*1) 取得の対価となる財の時価は，存続会社A社の株主が合併後のA社に対する実際の議決権比率20％（＝50株÷250株）と同じ比率を保有するのに必要な数の消滅会社B社の株式を，B社が交付したものとみなして算定する。

X÷（X＋100株）＝A社株主の合併後の議決権比率20％ → X＝25株

∴ B社株式@14円×25株＝350円

(*2) 連結上の資本金は，存続会社A社の資本金とし，これと合併直前の連結上の資本金（消滅会社B社の資本金）が異なるため，その差額を資本剰余金に振り替える。

上記の連結仕訳を反映し，A社の連結財務諸表は，以下のようになる。

**合併後A社連結貸借対照表**

| | | | |
|---|---|---|---|
| 諸資産 | 620 | 諸負債 | 230 |
| 土地 | 230 | 資本金 | 270 |
| のれん | 90 | 資本剰余金 | 380 |
| | | 利益剰余金 | 60 |

## 3 共同支配企業の形成の会計処理

前述のように，共同支配企業の形成とは，複数の独立した企業が契約等に基づき，当該共同支配企業を形成する企業結合をいう。共同支配企業の形成に該当する共同新設分割のケースを図示すると，**図表24-8**のようになる。

図表24-8 ■共同支配企業の形成

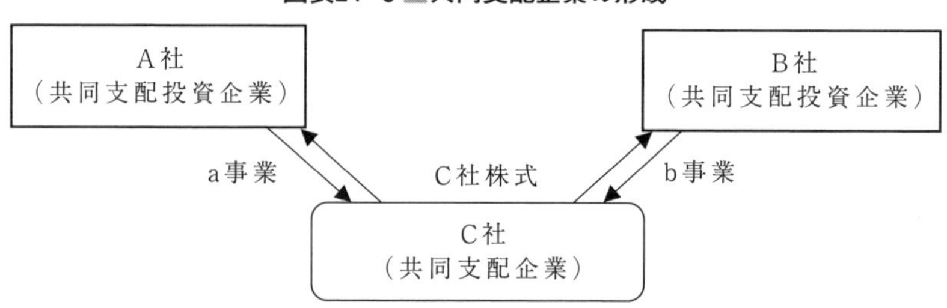


図表24-8のケースにおいて，共同支配企業であるC社では，a事業とb事業が1つの報告単位に統合されていることから，企業結合に該当する。しかし，C社の株主であるA社とB社は，いずれも支配を獲得していないことから，このような企業結合の経済的実態は，取得とは異なることになる。基準21号は，共同支配企業の形成における共同支配企業および共同支配投資企業の会計処理を定めている（37項～39項）。

### (1) 共同支配企業の形成の判定

企業結合が**図表24-9**のすべての要件を満たしている場合には，共同支配企業の形成と判定される。

図表24-9 ■共同支配企業の形成の要件

| 要件 | 内容 |
|---|---|
| ① 独立企業要件 | 共同支配投資企業となる企業が，複数の独立した企業から構成されていること |
| ② 契約要件 | 共同支配となる契約等を締結していること |
| ③ 対価要件 | 企業結合に際して支払われた対価のすべてが，原則として，議決権のある株式であること |
| ④ その他の支配要件 | 支配関係を示す一定の事実が存在しないこと |

図表24-9の要件のうち，①の要件は，後述する共通支配下の取引と区別するために設けられており，たとえば，共通の親会社を有する複数の子会社が新設分割を行った場合には，他の要件を充足していたとしても，共通支配下の取引に該当することになる。また，②～④の要件は，投資企業の間で支配関係が生じないことを要求している。

### (2) 共同支配企業の会計処理

**共同支配企業**は，共同支配投資企業から移転する資産および負債を，移転直前に共同支配投資企業において付されていた適正な帳簿価額により計上する。これは，共同支配企業の形成の経済的実態は，持分の結合に該当することから，実質的に，結合当事企業（または事業）のすべてを帳簿価額で引き継ぐ持分プーリング法が適用されているといえる。

### (3) 共同支配投資企業の会計処理

**共同支配投資企業**は，個別財務諸表上，受け取った共同支配企業に対する投資の取得原価を移転した事業にかかわる株主資本相当額に基づいて算定する。これは，第26章で学習する事業分離の会計処理と同様に，共同支配企業に移転した事業に関する投資は，企業結合後も継続していると考えられるからである。

また，連結財務諸表上は，共同支配企業に対する投資に持分法を適用する。これは，関連会社に対する投資と同様に，共同支配投資企業は，共同支配企業に対して重要な影響力を行使すると考えられるからである。

**設例24-6**　**共同支配企業の形成の会計処理**

X1年3月31日において，A社およびB社は，共同新設分割によりC社を設立し，当該共同新設分割は共同支配企業の形成と判定された。新設分割に際して，C社は，A社に対して450株，B社に対して550株の株式を発行し，株式発行に伴う増加資本の全額を資本金とした。

なお，持分法の適用にあたり，のれん相当額については，5年間で定額償却する。また，A社が移転するａ事業およびB社が移転するｂ事業に関する情報は，以下のとおりである。

| | 適正な帳簿価額 | 諸資産の時価 | 事業の時価 |
|---|---|---|---|
| ａ事業 | 100円 | 220円 | 380円 |
| ｂ事業 | 200円 | 400円 | 600円 |

(1) 共同支配企業（C社）の会計処理

| | | | | |
|---|---|---|---|---|
| （借） | a 事業 | 100 | （貸）資本金 | 300 |
| | b 事業 | 200 | | |

(2) 共同支配投資企業（A社）の会計処理

① 個別財務諸表上の会計処理

| | | | | |
|---|---|---|---|---|
| （借） | C社株式 | 100 | （貸）a 事業 | 100 |

② 連結財務諸表上の会計処理

| | | | | |
|---|---|---|---|---|
| （借） | C社株式 | 154 | （貸）持分変動損益 (*1) | 154 |

(*1) 持分変動損益154円＝209円(*2)－55円(*3)
(*2) a事業のみなし移転事業額209円＝a事業時価380円×A社持分減少比率55％
(*3) a事業に係る持分減少額55円＝a事業の株主資本相当額100円×A社持分減少比率55％

なお，X2年度A社連結財務諸表におけるのれん償却に関する仕訳は，以下のとおりである。

| | | | | |
|---|---|---|---|---|
| （借） | 持分法による投資損益 (*4) | 18 | （貸）C社株式 | 18 |

(*4) のれん償却額18円＝90円(*5)÷5年
(*5) のれん相当額90円＝270円(*6)－180円(*7)
(*6) b事業に対するみなし投資額270円＝b事業の時価600円×取得比率45％
(*7) b事業に対する取得持分180円＝b事業の適正な帳簿価額200円×取得比率45％＋評価差額90円(*8)
(*8) 評価差額90円＝（b事業の諸資産の時価400円－b事業の適正な帳簿価額200円）×取得比率45％

## 4 共通支配下の取引等の会計処理

前述のように，共通支配下の取引とは，結合当事企業（または事業）のすべてが，企業結合の前後で同一の株主により最終的に支配され，かつ，その支配が一時的ではない場合の企業結合をいう。たとえば，親会社と子会社，あるいは子会社同士の合併のように企業集団内における組織再編は，共通支配下の取引に該当する。他方，投資会社と関連会社が合併する場合は，支配関係にない企業同士の企業結合であるため，共通支配下の取引に該当しない。

また，企業集団内における組織再編のうち，たとえば，親会社が子会社を吸収合併する場合においては，親会社が合併の対価として交付する株式が子会社の非支配株主に交付されることがある。そのため，基準21号では，**図表24-10**で示すように，共通支配下の取引および非支配株主との取引を「共通支配下の取引等」として，会計処理を定めている（40項～46項）。

図表24-10■共通支配下の取引等

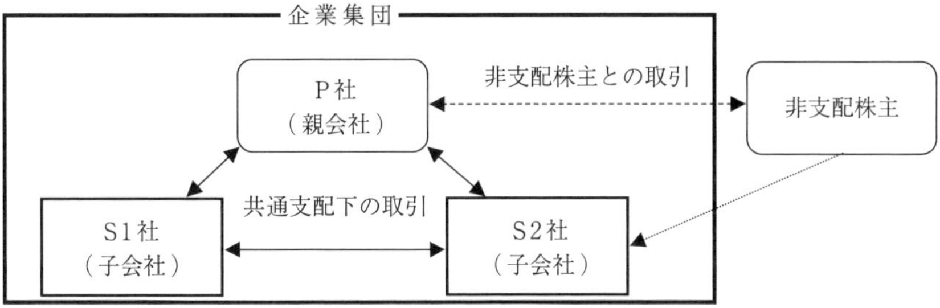

企業集団

P社
（親会社）

非支配株主との取引

非支配株主

共通支配下の取引

S1社
（子会社）

S2社
（子会社）

### (1)　共通支配下の取引の会計処理

個別財務諸表上，共通支配下の取引により企業集団内を移転する資産および負債は，原則として，移転直前に付されていた適正な帳簿価額[12]により計上する。このような帳簿価額の引継ぎが要求されるのは，共通支配下の取引が，親会社の立場から企業集団内における純資産等の移転取引として内部取引と考えることができるため，個別財務諸表の作成にあたっても，企業結合の前後で当該純資産等の帳簿価額が相違しないようにすべきと考えられるからである。

移転された資産および負債の差額は，純資産として処理し[13]，移転された資産および負債の対価として交付された株式の取得原価は，当該資産および負債の適正な帳簿価額に基づいて算定する。一方で，連結財務諸表上，共通支配下の取引は，内部取引として消去する。

**設例24-7**　**共通支配下の取引の会計処理**

当社は，X1期末において，S社の発行済議決権株式の100％を640円で取得し，S社を連結子会社とした。同日における当社とS社の貸借対照表は次のとおりであり，S社が保有している土地の時価は210円であった。また，のれんについては，X2期首から５年間で定額法により償却する。

---

12　親会社と子会社が企業結合する場合において，子会社の資産および負債の帳簿価額を連結上修正しているときは，親会社が作成する個別財務諸表において，連結財務諸表上の金額である修正後の帳簿価額（のれんを含む。）により計上する。

13　共通支配下の取引により子会社が法律上消滅する場合には，子会社株式（抱合せ株式）の適正な帳簿価額とこれに対応する増加資本との差額は親会社の損益とする。

**X1期末S社貸借対照表**

| 諸資産 | 420 | 諸負債 | 130 |
|---|---|---|---|
| 土地 | 180 | 資本金 | 470 |

**X1期末当社貸借対照表**

| 諸資産 | 810 | 諸負債 | 850 |
|---|---|---|---|
| S社株式 | 640 | 資本金 | 600 |

（当社のS社株式 → S社資本金：100%）

この場合，当社は，連結財務諸表の作成にあたり，次のように仕訳する。

① S社の資産・負債の評価（全面時価評価法）

| | | | | |
|---|---|---|---|---|
| （借） | 土地 | (*1) 30 | （貸）評価差額 | 30 |

(*1) 時価210円－帳簿価額180＝30円

② 投資と資本の相殺消去

| | | | | |
|---|---|---|---|---|
| （借） | 資本金 | 470 | （貸）S社株式 | 640 |
| | 評価差額 | 30 | | |
| | のれん | 140 | | |

上記①および②の連結修正仕訳を反映した結果として，X1期末における当社の連結貸借対照表は，以下のようになる。

**X1期末連結貸借対照表**

| 諸資産 | 1,230 | 諸負債 | 980 |
|---|---|---|---|
| 土地 | 210 | 資本金 | 600 |
| のれん | 140 | | |

X2年３月31日において，当社は，子会社S社を吸収合併した。なお，当社およびS社の合併直前の個別貸借対照表は以下のとおりである。

**合併前S社貸借対照表**

| 諸資産 | 520 | 諸負債 | 130 |
|---|---|---|---|
| 土地 | 180 | 資本金 | 470 |
| | | 利益剰余金 | 100 |

**合併前当社貸借対照表**

| 諸資産 | 1,050 | 諸負債 | 850 |
|---|---|---|---|
| S社株式 | 640 | 資本金 | 600 |
| | | 利益剰余金 | 240 |

この場合，当社は，個別財務諸表の作成にあたり，次のように仕訳する。

| | | | | |
|---|---|---|---|---|
| （借） | 諸資産 | 520 | （貸）諸負債 | 130 |
| | 土地 | (*1) 210 | S社株式 | 640 |
| | のれん | (*2) 112 | 抱合株式消滅差益 | (*3) 72 |

(*1) 連結上の土地の帳簿価額
(*2) 連結上ののれんの未償却額
(*3) 当社持分相当額712円(*4)－S社株式の帳簿価額640円＝72円
(*4) S社資本金470円＋S社利益剰余金100＋評価差額30円＋のれん未償却額112円＝712円

上記の合併仕訳を反映した結果として，X2期末における当社の個別貸借対照表は，以下のようになる。

X2期末当社貸借対照表

| 借方 | | 貸方 | |
|---|---|---|---|
| 諸資産 | 1,570 | 諸負債 | 980 |
| 土地 | 210 | 資本金 | 600 |
| のれん | 112 | 利益剰余金 | 312 |

なお，X2期末に上記の吸収合併が行われなかったことを想定すると，当社のX2期末連結貸借対照表の数値は，上記の個別貸借対照表の数値と一致することに留意されたい。共通支配下の取引においては，企業結合の前後で経済的実態に変化が生じていないという事実を反映するために，移転直前に付されていた適正な帳簿価額を引き継ぐことになる。

### (2)　非支配株主との取引

個別財務諸表上，非支配株主から追加取得する子会社株式の取得原価は，追加取得時における当該株式の時価とその対価となる財の時価のうち，より高い信頼性をもって測定可能な時価で算定する。これは，**非支配株主との取引**は，企業集団を構成する子会社の株主と，当該子会社を支配している親会社との間の取引であり，親会社の立場からは外部取引と考えられるからである。

一方で，連結財務諸表上，非支配株主との取引は，基準22号における子会社株式の追加取得および一部売却等の取扱いに準じて処理する。そのため，第11章で学習したように，非支配株主との取引によって生じた親会社の持分変動による差額は，資本剰余金とされる。

**設例24-8　共通支配下の取引および非支配株主との取引の会計処理**

当社は，X1期末において，S社の発行済議決権株式の80%を540円で取得し，S社を連結子会社とした。同日における当社とS社の貸借対照表は次のとおりであり，S社が保有している土地の時価は210円であった。また，のれんについては，X2期首から5年間で定額法により償却する。

X1期末S社貸借対照表

| 借方 | | 貸方 | |
|---|---|---|---|
| 諸資産 | 420 | 諸負債 | 130 |
| 土地 | 180 | 資本金 | 470 |

（当社のS社株式540 → S社資本金470：80%）

X1期末当社貸借対照表

| 借方 | | 貸方 | |
|---|---|---|---|
| 諸資産 | 910 | 諸負債 | 850 |
| S社株式 | 540 | 資本金 | 550 |
| | | 資本剰余金 | 50 |

この場合，当社は，連結財務諸表の作成にあたり，次のように仕訳する。

① S社の資産・負債の評価（全面時価評価法）

| | | | | |
|---|---|---|---|---|
| (借) | 土地 | (*1) 30 | (貸) 評価差額 | 30 |

(*1) 時価210円－帳簿価額180＝30円

### ②　投資と資本の相殺消去

| | | | | | |
|---|---|---|---|---|---|
| (借) | 資本金 | 470 | (貸) | S社株式 | 540 |
| | 評価差額 | 30 | | 非支配株主持分 | 100 |
| | のれん | 140 | | | |

上記①および②の連結修正仕訳を反映した結果として，X1期末における当社の連結貸借対照表は，以下のようになる。

**X1期末連結貸借対照表**

| | | | |
|---|---|---|---|
| 諸資産 | 1,330 | 諸負債 | 980 |
| 土地 | 210 | 資本金 | 550 |
| のれん | 140 | 資本剰余金 | 50 |
| | | 非支配株主持分 | 100 |

X2期末において，当社は，子会社S社を吸収合併し，S社の非支配株主に当社の新株（時価150円）を交付した。なお，当社およびS社の合併直前の貸借対照表は以下のとおりである。

**合併前S社貸借対照表**

| | | | |
|---|---|---|---|
| 諸資産 | 520 | 諸負債 | 130 |
| 土地 | 180 | 資本金 | 470 |
| | | 利益剰余金 | 100 |

80%（当社のS社株式 → S社資本金）

**合併前当社貸借対照表**

| | | | |
|---|---|---|---|
| 諸資産 | 1,150 | 諸負債 | 850 |
| S社株式 | 540 | 資本金 | 550 |
| | | 資本剰余金 | 50 |
| | | 利益剰余金 | 240 |

この場合，当社は，個別財務諸表の作成にあたり，次のように仕訳する。

### ③　共通支配下の取引（80%）

| | | | | | |
|---|---|---|---|---|---|
| (借) | 諸資産 | (*1) 416 | (貸) | 諸負債 | (*4) 104 |
| | 土地 | (*2) 168 | | S社株式 | 540 |
| | のれん | (*3) 112 | | 抱合株式消滅差益 | (*5) 52 |

(*1) 個別上の帳簿価額520円×80%＝416円
(*2) 連結上の帳簿価額210円×80%＝168円
(*3) 連結上ののれんの未償却額
(*4) 個別上の帳簿価額130円×80%＝104円
(*5) 当社持分相当額592円(*6)－S社株式の帳簿価額540円＝52円
(*6) (S社資本金470円＋S社利益剰余金100円＋評価差額30円) ×80%
＋のれん未償却額112円＝592円

### ④　非支配株主との取引（20%）

| | | | | | |
|---|---|---|---|---|---|
| (借) | 諸資産 | (*1) 104 | (貸) | 諸負債 | (*4) 26 |
| | 土地 | (*2) 42 | | 資本金 | (*5) 150 |
| | 資本剰余金 | (*3) 30 | | | |

（*1）個別上の帳簿価額520円×20%＝104円
（*2）連結上の帳簿価額210円×20%＝42円
（*3）150円（*5）－非支配株主持分相当額120円（*6）＝30円
（*4）個別上の帳簿価額130円×20%＝26円
（*5）交付株式の時価
（*6）（S社資本金470円＋S社利益剰余金100円＋評価差額30円）×20%＝120円

上記の合併仕訳を反映した結果として，X2期末における当社の個別貸借対照表は，以下のようになる。

**X2期末当社貸借対照表**

| 借方 | 金額 | 貸方 | 金額 |
|---|---|---|---|
| 諸資産 | 1,670 | 諸負債 | 980 |
| 土地 | 210 | 資本金 | 700 |
| のれん | 112 | 資本剰余金 | 20 |
| | | 利益剰余金 | 292 |

なお，設例24-7と同様に，仮にX2期末に上記の吸収合併が行われず，当社がS社の非支配株主に対して新株（時価150円）を交付し，すべてのS社株式を取得した場合には，P社のX2期末連結貸借対照表の数値は，上記の個別貸借対照表の数値と一致する。

コラム15

## 企業結合会計のルールのコンバージェンス

本章で学習した基準21号は，2003年に企業会計審議会が「企業結合に係る会計基準」を公表して以降，多くの改正を経て現在の形になっているが，それらの多くは，国際的な会計基準とのコンバージェンスの観点から行われた改正である。特に，2008年の基準21号の適用に伴う持分プーリング法の廃止や，段階取得における取得原価の算定方法および負ののれんの会計処理の改正に関しては，現在においても会計理論上の論点として議論になることも多い。

段階取得に係る差益や負ののれん発生益は，事業の遂行や清算によって認識される収益ではなく，投資の開始によって認識される収益である。投資プロジェクトの遂行や清算によるキャッシュの獲得に基づいて収益を認識する伝統的な会計理論の常識に照らしていえば，キャッシュアウトフロー（支出）が生じた時点で収益を認識する極めて異質な会計処理といってよいであろう。経済記事等においても，業績が悪化している企業がM&Aを行うことによって巨額の段階取得に係る差益や負ののれん発生益を認識し，純利益を押し上げる事例が頻繁に取り上げられているが，会計の専門家であってもそのような実務の妥当性を理屈立てて説明することは難しいであろう。

「コンバージェンス」を目指して度重なる改正が進められてきた基準21号であるが，現在においても，支配の喪失の会計処理，全部のれん方式の可否，条件付取得対価の取扱い，企業結合に係る特定勘定の取扱い，さらには次章で学習するのれんの償却の要否等，国際的な会計基準との差異が残されている。欧米のルールを安易に信奉するのではなく，本書の学習を通じて日本の会計制度に関する理解を深め，今後のコンバージェンスの進展の要否を考えてほしい。

# 第25章 無形資産とのれん

**学習のポイント**

本章では，①企業が保有する法律上の権利，②研究開発費および③のれんの会計処理を学習する。これらの多くは，貸借対照表上，無形固定資産として計上されるため，第6章で学習した有形固定資産の会計処理と比較しながら学習を進めると，効率的に理解を深めることができるであろう。また，研究開発費とのれんの会計処理は，日本基準とIFRSの主要な差異であるから，それぞれの主張の根拠に注意して学習を進めてほしい。

## 1　無形固定資産の範囲

**無形固定資産**（intangible fixed asset）とは，企業が利用目的で保有する物理的実体のない資産である。

IFRSにおいては，無形資産の会計処理および開示に関するルールとしてIAS38号「無形資産」があり，また，企業結合により受け入れた無形資産に関するルールとしてIFRS 3号「企業結合」がある。一方で，日本基準は，「企業会計原則」（以下，本章では「原則」という），「研究開発費等に係る会計基準」（以下，本章では研究開発基準という），企業会計基準第23号「『研究開発費等に係る会計基準』の一部改正」（以下，本章では基準23号という），企業会計基準第21号「企業結合に関する会計基準」（以下，本章では基準21号という），企業会計基準第34号「リースに関する会計基準」（以下，本章では基準34号という）および実務対応報告第35号「公共施設等運営事業における運営権者の会計処理等に関する実務上の取扱い」（以下，本章では実務対応35号という）において，無形固定資産に関する規定が部分的に存在するものの，IAS38号に対応するような無形資産に関する包括的なルールは整備されていない。また，IFRSとは異なり，「無形固定資産」という名称が用いられており，その範囲にのれんが含められている[1]。「財務諸表等規則」で示されている無形固定資産項目とそれらに関連する会計基準等を要約すると，**図表25-1**のようになる。

**図表25-1 ■無形固定資産の例および関連する会計基準等**

| 無形固定資産の例 | 会計基準等 |
|---|---|
| ①のれん | 基準21号 |
| ②特許権，③借地権，④地上権，⑤商標権，⑥実用新案権，⑦意匠権，⑧鉱業権，⑨漁業権，⑩入漁権 | 「原則」，基準21号 |
| ⑪ソフトウェア | 研究開発基準，基準21号 |
| ⑫使用権資産 | 基準34号，基準21号 |
| ⑬公共施設等運営権 (*) | 実務対応35号 |

(*) 企業が公共施設等運営権を取得した場合には，一定の期間にわたり公共施設等を使用する権利の取得の対価と考え，合理的に見積られた支出額の総額を無形固定資産として計上する。

以下では，2節　特許権や商標権等の法律上の権利（図表25-1の②～⑩），3節　ソフトウェア（研究開発費を含む）（図表25-1の⑪），4節　のれん（負ののれんを含む）（図表25-1の①）の順に，それぞれの会計処理を解説する。

## 2　法律上の権利

特許権や商標権等の法律上の権利に関する会計処理は，基本的に，第6章で学習した有形固定資産の会計処理と同様である。これらの無形固定資産についても，取得原価主義に基づき評価し，原価配分の原則によって各事業年度に取得原価を配分する。

### (1)　取得原価の算定

購入，現物出資，交換および贈与によって個別取得した無形固定資産の取得原価の算定方法は，有形固定資産の場合と同様である。たとえば，借地権を購入した場合には，取得の際に支払われた現金または現金同等物の金額に基づき取得原価を算定する。

また，有形固定資産の自家建設と同様に，特許権や商標権等の法律上の権利を自己創設する場合がある。この場合は，弁理士報酬や登録免許税等の合計額をもって当該無形固定資産の取得原価とする[2]。

1　IFRSでは，無形資産を識別可能な項目に限定していることから，識別不能資産であるのれんは，無形資産の範囲から除かれている。

2　これらの権利を生み出すために生じた研究開発費については，後述するように，発生時に費用処理される。

さらに，これらの法律上の権利を企業結合によって取得する場合もある。企業結合によって法律上の権利など分離して譲渡可能な無形資産を取得した場合には，第24章で学習したように，当該無形資産に取得原価が配分され，企業結合日の時価に基づいて計上されることになる。

### (2) 原価配分

特許権や商標権等の法律上の権利は，有形固定資産と同様に，その取得原価を計画的・規則的に**償却**（amortization）[3]しなければならない[4]。そのうえで，当該資産の取得のために支出した金額から償却累計額を控除した価額をもって貸借対照表価額とする。

これらの無形固定資産の償却方法は，第６章で学習した減価償却費の計算方法から，それらの性質に照らして合理的と考えられるものが適用される。鉱業権については，生産高比例法によって償却することが認められているが，それ以外の法律上の権利については，原則として残存価額ゼロ，定額法によって償却する。これは，物理的な実体がない法律上の権利は，通常，時間の経過に伴い減価し，また，有効期間の終了によって権利が消滅するからである。

償却期間は，資産の有効期間とされているが，実務上は，有形固定資産と同様に，税法上の耐用年数を用いることが一般的である。たとえば，特許権の存続期間は，原則として特許出願の日から20年をもって終了するが，税法上の耐用年数は８年とされている。これは，特許権の実際の効用が法定有効期間前になくなることが少なくないため，税法上の耐用年数は，それよりも短い期間とされているといわれる。

このように，特許権や商標権等の無形固定資産の償却方法は，有形固定資産の減価償却方法と同様である。その一方で，両者の貸借対照表における表示方法は異なっている。第６章で学習したように，貸借対照表における有形固定資産に対する減価償却累計額の表示は，原則として，各資産科目に対する控除科

3　無形固定資産の原価配分については，一般に「償却」という用語を用い，有形固定資産の「減価償却」（depreciation）と区別される。ただし，後述するソフトウェアの償却については，移管指針第８号「研究開発費及びソフトウェアの会計処理に関する実務指針」において，「ソフトウェアの減価償却」と記載されている。そこで，本章においても，ソフトウェアの償却手続の説明にあたっては同様の用語を用いている。

4　ただし，実務上は法人税法に従い，借地権や地上権，電話加入権については，土地と同様に非償却資産とされる。

目として，減価償却累計額の科目をもって表示する（間接控除形式による）こととされていた。これに対して，無形固定資産については，減価償却額を控除した未償却残高を記載する（直接控除形式による）こととされている。これは，減価償却の完了後も物理的実体が存在する有形固定資産とは異なり，無形固定資産は物理的実体がないからである。

**設例25-1　無形固定資産の償却**

当社の決算日（X3年３月31日）における決算整理前残高試算表（一部）は，以下のとおりである。

決算整理前残高試算表　（単位：円）

| | | |
|---|---|---|
| 特許権 | 350 | |
| 鉱業権 | 5,000 | |

① 特許権は，X1年４月１日に取得したものであり，定額法（償却期間８年）で償却している。

② 鉱業権は，X2年４月１日に取得したものである。この石油の鉱区からは50年間にわたり採掘が可能とみられ，初めの20年間は毎年15万バレル，その後30年間は毎年10万バレルの採掘ができると推定されており，当期は15万バレルの採掘が行われた。鉱業権は，生産高比例法によって償却する。

この場合，当期の決算整理仕訳は，以下のようになる。

**① 特許権の償却**

| | | | |
|---|---|---|---|
| （借）特許権償却費 | (*1) 50 | （貸）特許権 | 50 |

(*1) 350円÷（８年－１年）＝50円

**② 鉱業権の償却**

| | | | |
|---|---|---|---|
| （借）鉱業権償却費 | (*2) 125 | （貸）鉱業権 | 125 |

(*2) 5,000円÷（15万バレル×20年＋10万バレル×30年）×15万バレル＝125円

## 3　研究開発費とソフトウェア

前述のように，研究開発費およびソフトウェアについては，固有の会計基準が整備されている。具体的には，企業会計審議会から公表された研究開発基準，企業会計基準委員会から公表された基準23号，移管指針第８号「研究開発費及びソフトウェアの会計処理に関する実務指針」および移管指針第11号「研究開発費及びソフトウェアの会計処理に関するQ&A」に従って会計処理される。

以下では，(1)研究開発費および(2)ソフトウェアについて，それぞれの会計処理を解説する。

## (1)　研究開発費

**研究**とは，新しい知識の発見を目的とした計画的な調査および探究をいい，**開発**とは，新しい製品・サービス・生産方法についての計画もしくは設計または既存の製品等を著しく改良するための計画もしくは設計として，研究の成果その他の知識を具体化することをいう[5]（研究開発基準一１）。この２つの活動によって生じた費用を，**研究開発費**という[6]。

### ①　研究開発費の会計処理

研究開発費については，第７章で学習した繰延資産と同様に，将来の収益獲得に貢献するのであれば，それを資産計上し，償却することによって収益との対応を図るべきといえる。その一方で，研究開発が失敗し，将来の収益獲得に貢献しないにもかかわらず，それを資産計上した場合には，損失を繰り延べることになる。「研究開発費等に係る会計基準の設定に関する意見書」では，研究開発費の会計処理について，費用処理または資産計上を任意とすることは比較可能性の観点から適当ではないとしたうえで，すべての研究開発費を資産計上する方法と，一定の要件を満たす研究開発費を資産計上する方法の適否を検討している（三２）。

まず，すべての研究開発費を資産計上する方法については，研究開発費の発生時には将来の収益を獲得できるか否か不明であり，また，研究開発計画が進行し，将来の収益の獲得期待が高まったとしても，依然としてその獲得が確実であるとはいえないとして，棄却されている。第10章で学習した財務諸表の構

5　ここでいう開発費は，第７章で学習した繰延資産として計上することが容認されている開発費とは異なる。開発費として例示されていた新経営組織の採用，資源の開発，市場の開拓等のために支出した費用，生産能率の向上または生産計画の変更等により，設備の大規模な配置替えを行った場合等の費用は，研究開発基準における開発費の「研究の成果の具体化」に該当する余地はない。なお，「新技術の採用のために支出」については，研究開発費に該当する可能性があり，上記の研究および開発の定義を充たす場合には，研究開発基準に従って処理される。

6　たとえば，製造現場で行われる改良研究であっても，それが明確なプロジェクトとして行われている場合には，開発の定義における「著しい改良」に該当する。一方で，製造現場で行われる品質管理活動やクレーム処理のための活動は研究開発に含まれない。

成要素を認識するための蓋然性要件に照らしていえば，実際の研究開発プロジェクトの成功確率が著しく低いことから，研究開発費は当該要件を満たしていないといえる。

つぎに，一定の要件を満たす研究開発費を資産計上する方法についても，客観的に判断可能な要件を規定することは困難であり，抽象的な要件のもとで資産計上を求めることとした場合，比較可能性が損なわれるおそれがあることから，棄却されている。IAS38号「無形資産」では，一定の要件を満たす開発費を資産計上することが要求されているが，研究開発基準は，そのような要件は，経営者の判断に依存する余地が大きいことから，実務上適切に運用することが困難であるとの見方をとっている。

研究開発基準は，このように想定される代替的な会計処理方法を棄却することにより，すべての研究開発費を発生時に費用処理する方法を採用している[7]。

### ② 研究開発費を構成する原価要素

研究開発費には，人件費，原材料費，固定資産の減価償却費および間接費の配賦額等，研究開発のために費消されたすべての原価が含まれる。たとえば，従業員に対する給与の支払いは給与手当として処理するが，研究開発に従事する従業員に対する給与の支払いは研究開発費として処理することになる。

また，特定の研究開発目的にのみ使用され，他の目的に使用できない機械装置や特許権等を取得した場合の原価は，取得時の研究開発費とする。例えば，特定の研究専用の測定機や試験設備等で，当初の研究開発の目的を達成した後には他の用途に転用できず，廃棄するようなものを取得した場合には，それを資産計上するのではなく，取得時に費用処理する。他方，ある特定の研究開発目的に使用された後に他の目的に使用できる機械装置等を取得した場合には，機械装置等として資産計上し，当該資産の減価償却費を研究開発費として処理する。

7　ただし，基準23号の適用により，企業結合により被取得企業から受け入れた研究開発の成果については，研究開発基準の適用範囲から除かれる。第24章で学習したように，企業結合によって被取得企業から受け入れた仕掛研究開発費は，無形資産の認識要件を満たす場合に資産計上される。

### ③　委託研究と受託研究

研究開発基準は，一定の契約のもとに，他の企業に行わせる研究開発（委託研究）については適用されるが，他の企業のために行う研究開発（受託研究）については適用されない[8]（六１）。

研究開発を外部に委託した場合は，契約金等を前渡金として処理し，研究開発の内容について検収を行い，利用可能になった時点で研究開発費として処理する。また，受託研究について，当該業務の受託が事業目的である場合には，研究成果の検収を受けるまで研究に要した費用を仕掛品として集計し，委託者の検収時点で売上原価に計上する。

### ④　研究開発費の開示

研究開発費は，損益計算書において，原則として一般管理費として計上する。ただし，製造現場において研究開発活動が行われ，当該研究開発に要した費用を一括して製造現場で発生する原価に含めて計上しているような場合があることから，研究開発費を当期製造費用に算入することも認められている。たとえば，工場の製造ラインに研究開発担当者が常駐しており，製造過程において絶えず新製品に結びつく要素に関する研究開発を行っているような場合である。ただし，研究開発費を当期製造費用として処理し，当該製造費用の大部分が期末仕掛品等として資産計上される場合には，結果的に研究開発費を資産計上する処理と変わらないこととなるため，妥当な会計処理とは認められない。

研究開発費の開示に当たっては，当期に発生した研究開発費として，一般管理費および当期製造費用に計上した額を総額で注記する[9]。これは，研究開発費の総額や研究開発の内容等の情報は，企業の経営方針や将来の収益予測に関する重要な投資情報として位置づけられており，研究開発の規模についての比較可能性を確保する必要があるからである。

## (2)　ソフトウェア

ソフトウェアとは，コンピュータを機能させるように指令を組み合わせて表

---

8　共同研究については，一般に，共同研究の成果が参加各企業に帰属すると考えられるため，研究に要した費用の額のうち自己の負担した部分を研究開発費として処理する。

9　後述するソフトウェアに関する研究開発費についても，研究開発費の総額に含めて財務諸表に注記する。

現したプログラム等をいう。研究開発目的のソフトウェア制作費については，研究開発費として費用処理するが，それ以外のソフトウェア制作費については，制作目的に基づき，①**受注制作のソフトウェア**，②**市場販売目的のソフトウェア**，③**自社利用のソフトウェア**に区分して会計処理する。これらの会計処理を要約すると，**図表25-2**のようになる。

**図表25-2 ソフトウェアの制作目的別分類と会計処理**

| 制作目的 | 制作費の内容 | | 会計処理 |
|---|---|---|---|
| 研究開発 | − | | 研究開発費 |
| 受注制作 | − | | 請負工事の会計処理 |
| 市場販売 | 研究開発活動 | | 研究開発費 |
| | 商業生産活動 | 機能維持 | 費用処理 |
| | | 機能の改良・強化 | 資産計上（無形固定資産） |
| | | 機能の著しい改良 | 研究開発費 |
| | | 製品の制作 | 資産計上（棚卸資産） |
| 自社利用 | 収益獲得・費用削減が確実 | | 資産計上（無形固定資産） |
| | 収益獲得・費用削減が不確実 | | 費用処理 |

### ① 受注制作のソフトウェアの会計処理

**受注制作のソフトウェア**とは，特定のユーザー向けに提供することを目的として制作したソフトウェアをいう。ユーザーに販売する目的で制作されるという点では，②市場販売目的のソフトウェアと同様であるが，不特定多数のユーザー向けの汎用ソフトウェアではなく，特定の顧客向けのオーダーメイドのソフトウェアを制作するという点で，市場販売目的のソフトウェアとは異なる。

受注制作のソフトウェアの制作費については，第4章で学習した請負工事の会計処理に準じて処理する。

### ② 市場販売目的のソフトウェアの会計処理

**市場販売目的のソフトウェア**とは，不特定多数のユーザー向けに販売する目的で開発したソフトウェアをいう。たとえば，不特定多数のユーザーに販売するために汎用の表計算ソフトやワープロソフト等を開発する場合がある。

市場販売目的のソフトウェアに関するプロジェクトの開始から販売までの基本的な流れは，**図表25-3**のようになる。

図表25-3 ■市場販売目的のソフトウェアの販売までの流れ

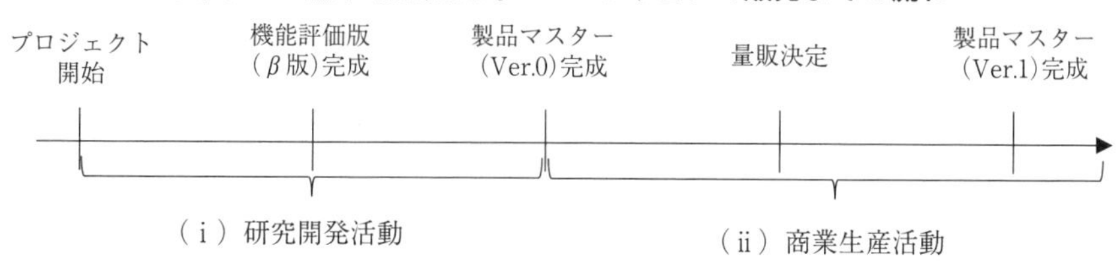


（i）研究開発活動

プロジェクト開始から最初に製品化された製品マスター（Ver.0）の完成[10]までに生じた制作費は，すべて研究開発費として費用処理する。これは，製品マスターの制作活動は，新しい知識を具体化するための活動であり，前述の開発の定義を満たすからである。

（ii）商業生産活動

研究開発活動の終了時点以降に発生するソフトウェア制作費については，以下のように会計処理する。

（a）ソフトウェアの機能維持に要した費用

バグ取り，ウィルス防止等の修繕・維持・保全のための費用は，発生時の費用として処理する。これは，第6章で学習した収益的支出に該当し，将来の収益獲得に貢献しないと考えられるからである。

（b）製品マスターの機能の改良（著しいものを除く）および強化に要した費用

ソフトウェアの機能の追加または操作性の向上等，製品マスターの機能の改良・強化に要した費用については，製品マスターの取得原価として資産計上する。これは，第6章で学習した資本的支出に該当し，将来の収益獲得に貢献すると考えられるからである。

市場販売目的のソフトウェアを資産計上する場合には，貸借対照表上，無形固定資産の区分に計上する。これは，製品マスターは，原価計算によって取得原価を明確化することができ，それ自体が販売の対象物（棚卸資産）ではなく，機械装置等と同様にこれを利用（複写）して製品を作成する固定資産であり，法的権利（著作権）を有しているからである。ただし，制作途中

10　①製品性を判断できる程度のプロトタイプが完成した時点，または，②製品として販売するための重要な機能が完成し，重要な不具合を解消した時点が，「最初に製品化された製品マスター」の完成時点となる。

のソフトウェアの制作費については，無形固定資産の仮勘定として計上する。第6章で学習した「建設仮勘定」と同様に，ソフトウェア制作費を「ソフトウェア仮勘定」に計上しておき，製品マスターが完成したときに「ソフトウェア」に振り替えることになる。

**（c）製品マスターの機能の著しい改良に要した費用**

製品マスターの機能の著しい改良に要した費用は，研究開発費として処理する。ここでいう著しい改良は，機能の改良・強化を行うために主要なプログラムの過半部分を再制作する場合やソフトウェアが動作する環境（オペレーションシステム，言語，プラットフォームなど）を変更・追加するための大幅な修正等をいい，研究開発の要素を含む大幅な改良である。そのため，このような著しい改良に要した費用は，最初に製品化された製品マスター完成までに生じたソフトウェア制作費と同様に，研究開発の定義を満たすことになる。

**（d）製品としてのソフトウェアの制作原価**

以上の制作活動により製品マスターが完成すると，それを複写することによって製品を製造する。ソフトウェアの保存媒体のコスト，製品マスターの複写に必要なコンピュータ利用の経費等，製品としてのソフトウェアの制作費については，ソフトウェアの製造原価（棚卸資産）として処理する。

### ③　自社利用のソフトウェアの会計処理

**自社利用のソフトウェア**は，自社の業務を効率的または効果的に遂行するためのソフトウェアや，第三者へ業務処理サービスを提供するために用いるソフトウェアをいう。たとえば，企業が自社の経理業務を効率化するために取得した会計ソフトウェアや，他社の経理業務を受託している場合に使用する自社で制作した会計ソフトウェアがある。

自社利用のソフトウェアを用いて外部へ業務処理等のサービスを提供する契約等が締結されている場合のように，その提供により将来の収益獲得が確実であると認められる場合には，適正な原価を集計した上，当該ソフトウェアの制作費を無形固定資産として計上する[11]。一方で，独自仕様の社内利用のソフトウェアを自社で制作する場合については，その利用により将来の収益獲得また

11　機械装置等に組み込まれているソフトウェアは，当該機械装置等に含めて処理する。

は費用削減が確実であると認められる場合を除き，当該ソフトウェアの取得に要した費用を費用処理する。第６章で学習した資本的支出と収益的支出の区分と同様に，将来の収益獲得または費用削減が確実な自社利用のソフトウェアについても，費用収益対応の観点から取得に要した支出額を資産計上し，その利用期間にわたり償却を行うべきと考えられるからである。

### ④　ソフトウェアの償却方法

無形固定資産として計上したソフトウェアの取得原価は，当該ソフトウェアの性格に応じて，合理的な方法により償却しなければならない。市場販売目的のソフトウェアの合理的な償却方法としては，見込販売数量に基づく方法のほか，見込販売収益に基づく償却方法も認められる。市場販売目的のソフトウェアは，将来の獲得収益を見積もることができることから，見込販売収益等に基づく償却を行うほうが費用収益の対応の観点から合理的と考えられるのに対して，自社利用のソフトウェアについては，収益との直接的な対応関係が希薄な場合が多く，また物理的な劣化を伴わない無形固定資産の償却であることから，一般的には，定額法による償却が合理的であるといわれる。

ただし，毎期の償却額は，残存有効期間に基づく均等配分額を下回ってはならない。これは，見込販売数量または見込販売収益の見積りの困難性から，償却期間が長期化することを防止するために毎期の償却額の下限を設定したものであるとされる。

**設例25-２　ソフトウェアの償却**

当社（決算日３月末）は，X1期首において，市場販売目的のソフトウェア制作費 900円を資産計上（見込有効期間３年）した。このソフトウェアの販売開始時における見込販売数量および見込販売収益は，以下のとおりであり，その後も見積りの変更は行われなかった。

| | 見込販売数量 | 見込販売単価 | 見込販売収益 |
|---|---|---|---|
| X1期 | 80個 | 10円 | 800円 |
| X2期 | 50個 | 7円 | 350円 |
| X3期 | 70個 | 5円 | 350円 |
| 合計 | 200個 | - | 1,500円 |

また，当社は，X1期首において，自社利用のソフトウェアを300円で購入した。このソフトウェアの見込利用可能期間５年であり，定額法で償却する。

この場合，市場販売目的のソフトウェアの償却に関して，(1) 見込販売数量を基準に償却する場合と，(2) 見込販売収益を基準に償却する場合の当社の仕訳は以下のとおりである。

**(1) 見込販売数量を基準に償却する場合**

① X1期

（借）ソフトウェア減価償却費 (*1) 360　（貸）ソフトウェア 360

(*1) 900円÷200個×80個＝360円 ＞ 均等配分額300円 ∴ 360円

② X2期

（借）ソフトウェア減価償却費 (*2) 270　（貸）ソフトウェア 270

(*2) 540円÷120個×50個＝225円 ＜ 均等配分額270円 ∴ 270円

③ X3期

（借）ソフトウェア減価償却費 270　（貸）ソフトウェア 270

**(2) 見込販売収益を基準に償却する場合**

① X1期

（借）ソフトウェア減価償却費 (*3) 480　（貸）ソフトウェア 480

(*3) 900円÷1,500円×800円＝480円 ＞ 均等配分額300円 ∴ 480円

② X2期

（借）ソフトウェア減価償却費 (*4) 210　（貸）ソフトウェア 210

(*4) 420円÷700円×350円＝210円 ≧ 均等配分額210円 ∴ 210円

③ X3期

（借）ソフトウェア減価償却費 210　（貸）ソフトウェア 210

また，自社利用のソフトウェアの償却について，X1期における当社の仕訳は以下のとおりである。

（借）ソフトウェア減価償却費 (*5) 60　（貸）ソフトウェア 60

(*5) 300円÷５年＝60円

無形固定資産として計上したソフトウェアの取得原価を見込販売数量または見込販売収益に基づき償却する場合には，見込販売数量または見込販売収益の見直しの結果，販売開始時の総見込販売数量または総見込販売収益を変更することがある。この場合には，基本的に会計上の見積りの変更として，変更の影響を将来に向けて反映するプロスペクティブ方式によって会計処理するが，詳細は第28章で学習する。

また，市場販売目的のソフトウェアの経済価値は，将来の収益獲得に基づくものと考えられるため，各年度の未償却残高が，翌期以降の見込販売収益の額を超過している場合には，当該超過額を一時の費用または損失として処理する必要がある。これは，第19章で学習した固定資産の減損処理と同様に，収益性

の低下に基づき，ソフトウェアの帳簿価額を切り下げる会計処理である。

**設例25-3　見込販売数量等の見直し**

当社（決算日３月末）は，X1期首において，市場販売目的のソフトウェア制作費 900円を資産計上（見込有効期間３年）し，見込販売数量を基準として償却する。このソフトウェアに関する販売開始時における見込販売数量および見込販売収益は，以下のとおりであった。

| | 見込販売数量 | 見込販売単価 | 見込販売収益 |
|---|---|---|---|
| X1期 | 40個 | 30円 | 1,200円 |
| X2期 | 35個 | 24円 | 840円 |
| X3期 | 25個 | 10円 | 250円 |
| 合計 | 100個 | - | 2,290円 |

当初の見込みは上記のとおりであったが，X2期首において，見込販売数量を，X2期は18個，X3期は12個に変更している。なお，これは，過去の誤謬の訂正には該当しない。

この場合，市場販売目的のソフトウェアの償却に関する仕訳は以下のとおりである。

① X1期

（借）ソフトウェア減価償却費 (*1) 360　（貸）ソフトウェア 360

(*1) 900円÷100個(*2)×40個＝360円 ＞ 均等配分額300円 ∴ 360円

(*2) 見込販売数量の変更は，変更時点以降の計算に反映されるため，X1期においては，従来の見積りを用いて計算する。

② X2期

（借）ソフトウェア減価償却費 (*3) 420　（貸）ソフトウェア 420

(*3) 324円(*4)＋96円(*5)＝420円

(*4) 540円÷30個×18個＝324円 ＞ 均等配分額270円 ∴ 324円

(*5) 540円－324円(*4)＝未償却残高216円 ＞ X3期見込販売収益120円
∴ 216円－120円＝減損額96円

③ X3期

（借）ソフトウェア減価償却費 120　（貸）ソフトウェア 120

# 4　のれん

## (1)　のれんの意義

**のれん**（goodwill）とは，ある企業の平均収益力が同種の他の企業よりも大きい場合における超過収益力をいう。それは，将来キャッシュフローを生み出すために事業に投下された有形無形の個別財の価値を超える価値であり，より端的に言えば，「期待超過利益の割引現在価値」である。企業は，事業の遂行を通じて投下資金を超える期待キャッシュフローを現実のキャッシュとして回収していくことから，会計上の利益計算は，企業がのれんを現金化していくプロセスとみることができる。

それでは，のれんの源泉とは何かを考えるために，行列のできる飲食店を考えてみよう。そのお店が近隣の飲食店よりも繁盛している原因としては，たとえば，創業100年の看板を掲げていることによるブランドの力であったり，美味しい料理を作るための秘伝のレシピやノウハウがあるのかもしれない。あるいは，経営者や従業員の能力が優れていることに起因しているのかもしれないし，運営企業の他の事業とのシナジー（相乗効果）が働いているのかもしれない。会計上は，このような源泉に起因して生じる超過収益力をのれんとして取り扱うことになる。

## (2)　のれんの認識

第11章および第24章で学習したように，取得に相当する企業結合においてパーチェス法を適用し，被取得企業の取得原価が，受け入れた資産および引き受けた負債に配分された純額を上回る場合には，その超過額がのれんとして会計処理される。これは，被取得企業の時価純資産を上回る対価は，当該企業の超過収益力が存在することに起因して支払われたと考えられるからである。

一方で，被取得企業の超過収益力は，企業結合前から存在していたはずであり，企業結合が行われていなかったとしても，そのような超過収益力を被取得企業の経営者が見積もって資産計上することも考えられる。これを**自己創設のれん**という。自己創設のれんは，キャッシュの獲得に貢献する便益の源泉そのものであるから，討議資料「財務会計の概念フレームワーク」（以下，本章では

FWという）における資産の定義を充足するといわれる。しかし，自己創設のれんの計上は，経営者による企業価値の自己評価・自己申告を意味するものであり，証券の発行体が当該証券の価値に関する自己の判断を示して投資家に売買を勧誘することになりかねないという点で，証券取引法制の精神に反するとされる。財務報告の目的は事実の開示に限定されており，投資家が開示された事実に基づいて将来予測を行うことから，それに反する自己創設のれんの計上は認められていない。

### (3)　のれんの事後測定

第11章で学習したように，日本基準では，資産計上されたのれんは，20年以内のその効果の及ぶ期間にわたって，定額法その他の合理的な方法により規則的に償却することとされている。一方で，国際的な会計基準のように，のれんの償却を行わず，のれんの価値が損なわれたときに減損処理を行う方法もある。のれんの償却の要否を巡っては，過去から現在に至るまで多くの議論がなされているが，基準21号で示されている償却説と非償却説の主な論拠は，以下のとおりである[12]（105項～109項）。

#### ①　償却説の論拠

いうまでもなく，企業の利益は，投資原価の回収余剰である。このような利益計算の基本に照らしていえば，のれんも投資原価の一部であるため，企業結合後の取得企業の利益は，のれんを含む投資原価の回収余剰として計算する必要がある。このような観点からは，企業結合の成果たる収益と投資原価の対応を図るために，のれんを規則的に償却すべきといえる（**図表25-4**）。

**図表25-4 ▓企業結合における利益計算**

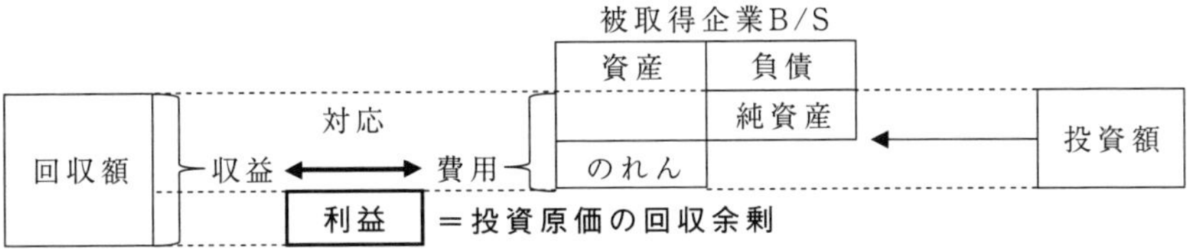

被取得企業B/S
資産 | 負債
純資産
のれん
回収額
対応
収益 ⟷ 費用
投資額
利益 ＝投資原価の回収余剰

12　企業会計基準委員会が2009年に公表した「企業結合会計の見直しに関する論点の整理」では，償却説と非償却説に関するそれぞれの論拠がより詳細に示されている。

また，企業結合により生じたのれんは，時間の経過とともにその価値が減少しているにもかかわらず償却しなかった場合，自己創設のれんに入れ替わることになるといわれる（**図表25-5**）。そのため，のれんを規則的に償却することによって，のれんの非償却による自己創設のれんの実質的な資産計上を防ぐことができるといわれる。

**図表25-5 のれんの減価と自己創設のれん**

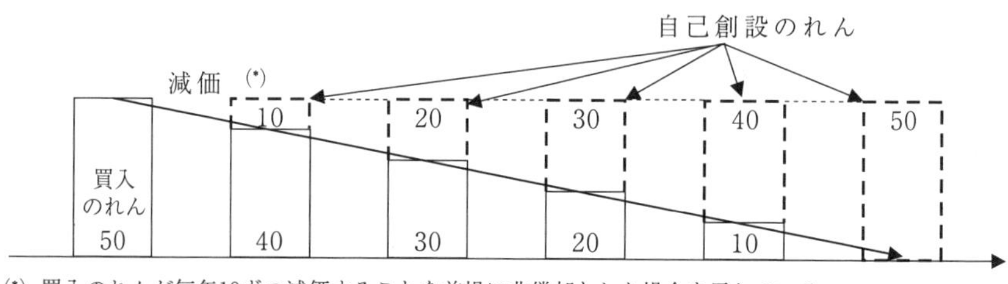


(*) 買入のれんが毎年10ずつ減価することを前提に非償却とした場合を示している。

### ② 非償却説の論拠

非償却説を支持する立場からは，すべてののれんの価値が減少するわけではなく，減価する場合であっても毎期規則的に減少することは稀であると主張される。前述の飲食店が掲げる「創業100年の看板」の例であれば，時間の経過によってその価値が減少することはないとも考えられる。また，図表25-5で示した買入のれんが毎期定額で減価するという仮定についても，現実的ではないといえる。

このように買入のれんの耐用年数や償却パターンの予測は困難であり，恣意的な期間でのれんの定額償却を行っても，有用な情報を提供することはできないと考えられる。このように考えると，のれんの規則的な償却を行うのではなく，収益性の低下による回収可能性に基づいて評価すべきとも考えられる。

### ③ 日本基準の立場

基準21号は，非償却説の問題点として，通常は，競争の進展によってのれん（超過収益力）の価値が減価するにもかかわらず，のれんを償却しない場合には，そのような減価の過程を無視することになると指摘している。また，超過収益力が維持されている場合においても，それは企業結合後の追加的な投資や企業の追加的努力によって補完されているからであり，それにもかかわらずのれんを償却しないことは，自己創設のれんを計上することと実質的に等しくなると指摘している[13]。

以上の議論を踏まえ，基準21号では，規則的な償却を行う方法に一定の合理性があると考え，のれんを20年以内のその効果の及ぶ期間にわたって規則的に償却することとされた[14]（32項）。

## 5　負ののれん

企業結合が行われ，被取得企業に対してパーチェス法を適用した場合において，取得原価が受け入れた資産および引き受けた負債に配分された純額を下回るときには，**負ののれん**（negative goodwill）として会計処理される。

### ⑴　負ののれんの意義

企業結合における被取得企業の株主は，買収提案に応じることによる投資の回収額と，被取得企業の清算価値を比較して，いずれか高いほうを選択するはずである。そのため，被取得企業の時価純資産よりも買収額が低いのであれば，そのような企業結合は成立しないことになる。このように経営者や投資家の合理的な取引を前提とすると，負ののれんは生じ得ないと考えられる。

負ののれんの発生原因を巡っては，正ののれんと同様に多くの議論が行われてきたが，基準21号では，①被取得企業の識別可能資産および負債の時価の測定が適切でないことと，②売り手側の特別な要因により承継する資産および負債の時価よりも低い価額で取得できたこと（バーゲン・パーチェス）を挙げている[15]（110項）。

### ⑵　負ののれんの会計処理方法

上記の負ののれんの発生原因に基づくと，負ののれんの会計処理については，

---

13　これらの問題以外にも，減損処理におけるのれんの価値の評価方法を確立するために対処すべき課題も多いという実務上の問題が指摘されている。

14　第19章で学習したように，のれんは，「固定資産の減損に係る会計基準」の適用対象に含まれる。

15　負ののれんの主要な発生原因として，企業結合後のリストラクチャリングに関する計画の影響が考えられる。しかし，第24章で学習したように，基準21号では，それを企業結合に係る特定勘定として負債計上することとされているため，リストラクチャリングに関するコストは，通常，負ののれんに含まれない。

①非流動資産（固定資産）に比例的に配分する方法と，②発生時に利益計上する方法が考えられる。また，前述の正ののれんとの対称性を重視すると，③負債計上して規則的に償却する方法が考えられる。

**①　非流動資産に比例的に配分する方法**

この方法は，パーチェス法の適用における識別可能資産の取得原価を決定する上での不備によって負ののれんが発生すると考え，この過程で測定を誤る可能性の高い資産から比例的に控除する方法である。基準21号でも指摘されているように，被取得企業から受け入れる資産および負債については，観察可能な市場価格がない場合のほうが多く，そのような場合においても何らかの方法により時価を見積る必要がある。この時価の見積りが誤っていたことに起因して負ののれんが発生したと考えると，対象資産の時価を適切に減額修正するために，負ののれんを配分することになる。

**②　発生時に利益計上する方法**

この方法は，負ののれんの発生原因を認識不能な項目やバーゲン・パーチェスであると考え，現実には異常かつ発生の可能性が低いことから，異常利益として処理する方法である。前述のように，市場参加者間の合理的な取引を前提とすると，負ののれんは生じ得ないと考えられるが，売り手側の特別な要因により，承継する資産および負債の時価よりも低い価額で取得できることがあり得る。いわば被取得企業のバーゲンセールにより，時価よりも割安な価額で購入できたと考え，利益を認識するわけである。

**③　負債計上して規則的に償却する方法**

この方法は，負ののれんの発生原因に合理性を見出すことは困難な場合が多いことから，負ののれんは，被取得企業から受け入れた資産の取得原価総額を調整する要素とみて，正の値であるのれんと対称的に規則的な償却を行う。以前の「企業結合に係る会計基準」では，この方法が採用されていたが，負債の部に計上される負ののれんについては，かねてより負債の定義を満たしていないと指摘されていた。

#### ④　日本基準の立場

基準21号では，負ののれんが生じると見込まれる場合には，まず，取得企業は，すべての識別可能資産および負債（企業結合に係る特定勘定を含む）が把握されているか，また，それらに対する取得原価の配分が適切に行われているかどうかを見直し，この見直しを行っても，なお取得原価が受け入れた資産および引き受けた負債に配分された純額を下回る場合には，当該不足額を発生した事業年度の特別利益として処理することとされている（33項）。

負ののれん発生益の認識は，第24章で学習した段階取得に係る差益と同様に，事業の遂行や清算ではなく，事業の取得によって利益を認識するという点で一般の直感に反する処理ではあるものの，基準21号では，IFRSとのコンバージェンスを優先させたと説明されている（111項）。

コラム16

**のれんの償却**

本章で学習したのれんの償却の要否は，実務上も学術上も，近年最も関心を集めている議論の１つである。IASBとFASBの共同プロジェクトにより，IFRSと米国基準のいずれにおいても，のれんの償却が禁止されており，規則的な償却を求める日本基準との差異となっている。会計基準のコンバージェンスを理由に挙げて，IFRSの規定をそのまま取り込むことの多い日本基準ではあるが，のれんの会計処理については，規則的に償却すべしとする立場を堅持している。ASBJは，第３章で学習した修正国際基準や第11章で学習した実務対応報告第18号「連結財務諸表作成における在外子会社等の会計処理に関する当面の取扱い」においても，のれんの非償却処理を否定し，また，IASBに対しても，繰り返し償却処理の妥当性を主張している。

M&Aを積極的に行う企業の経営者は，のれんの償却負担を回避できるIFRSを選好すると考えられるが，その一方で，巨額ののれんが非償却のままで貸借対照表に累積している企業も多く見受けられる。それが，M&Aを繰り返すことによって時限爆弾のように膨張を続け，業績が悪化したタイミングで巨額の減損損失が計上される。近年，IASBとFASBは，のれんの償却を再導入するかに関して議論を行っていたが，いずれも難航し，最終的に現行ルールを維持することを決定した。

広く知られているように，のれんの非償却処理の導入は，持分プーリング法の廃止に反対する実務に対する便宜に過ぎなかったわけであるから，何らかの理屈をつけて非償却処理を主張したところで，償却処理を支持する立場を納得させることは難しいであろう。とはいえ，IASBとFASBによる非償却処理の継続という再審議の結果は，償却処理を主張するASBJにとって逆風になると考えられることから，今後の議論を注視する必要がある。

# 第26章 事業分離等

**学習のポイント**

本章では，主に事業分離における分離元企業の会計処理を学習する。第24章で学習した企業結合では，組織再編において「事業を受け入れる企業」の会計処理が論点とされていたが，本章で学習する事業分離では，「事業を引き渡す企業」の会計処理が論点となる。事業分離も組織再編の一種であり，企業結合会計のルールと整合するように会計基準が整備されているので，第24章の内容を踏まえて学習を進めるとよいであろう。

## 1　事業分離と投資の継続性

### (1)　事業分離の意義

**事業分離**（business divestitures）とは，ある企業を構成する事業を他の企業（新設される企業を含む）に移転することをいう（企業会計基準第7号「事業分離等に関する会計基準」（以下，本章では基準7号という）4項）。具体的には，会社分割や事業譲渡，現物出資等により，分離元企業は，自社の事業を分離先企業に移転し，対価を受け取る。その一方で，事業を受け入れる分離先企業においては，移転事業と分離先企業が1つの報告単位に統合されることになるため，企業結合に該当する（**図表26-1**）。

**図表26-1　事業分離と企業結合**

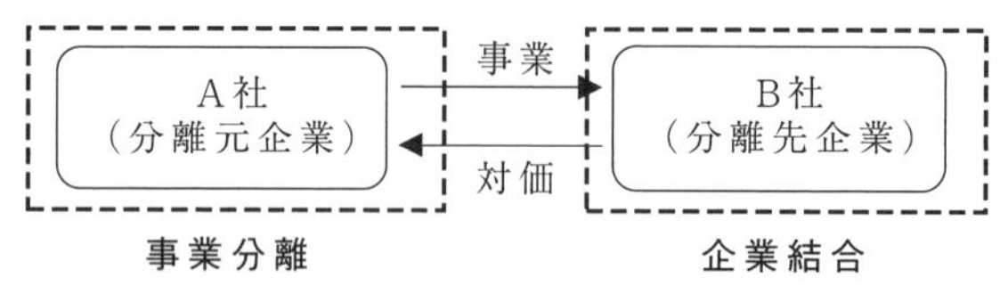


図表26-1の事業分離において，B社が移転事業に対する支配を獲得した場合には，B社による当該事業の取得に該当する。そのため，B社は，第24章で

学習したように，当該事業の取得をパーチェス法によって会計処理する。その一方で，A社は，事業分離を行うことによってB社から対価を受け取るが，この受取対価を時価で測定するのか，移転事業の帳簿価額によって測定するのかが問題となる。A社が受取対価を時価で測定する場合には，**移転損益**が認識されるが，受取対価を移転事業の帳簿価額で測定する場合には，移転損益は認識されない。事業分離における分離元企業の会計処理の検討にあたっては，このような受取対価の測定と移転損益の認識の要否が主たる論点となる。

### (2)　事業分離と投資の継続・清算

基準７号では，**投資の継続・清算**という概念に基づき，実現損益を認識するかどうかという観点から，分離元企業の会計処理が規定されている（10項）。たとえば，現金等のように，移転した事業と明らかに異なる資産を対価として受け取る場合には，移転した事業に関する投資は清算されたとみなされる[1]。このような場合には，分離元企業は，受取対価の時価と**移転した事業にかかわる株主資本相当額**[2]との差額を移転損益として認識するとともに，改めて当該受取対価の時価で投資を行ったものとして会計処理する。他方，分離先企業の株式のみを対価として受け取り，それが事業投資の性格を有する子会社株式や関連会社株式に分類される場合は，当該株式を通じて，移転した事業に関する事業投資を引き続き行っていると考えられることから，当該事業に関する投資は継続しているとみなされる。このような場合には，分離元企業は，移転損益を認識せず，受取対価は移転した事業にかかわる株主資本相当額に基づいて算定する。このように，基準７号では，基本的に事業分離における受取対価の種類に着目して，分離元企業による移転事業に対する投資の継続性を判断することとされている（**図表26-２**参照）。

---

1　ただし，事業分離後においても，分離元企業の継続的関与があり，それが重要であることによって，移転した事業にかかわる成果の変動性を従来と同様に負っている場合には，投資が清算されたとみなされず，移転損益は認識されない。

2　移転した事業にかかわる株主資本相当額とは，移転された事業にかかわる資産および負債の移転直前の適正な帳簿価額による差額から移転事業にかかわる評価・換算差額等および新株予約権を控除した額をいう。

**図表26-2■事業分離と投資の継続・非継続**

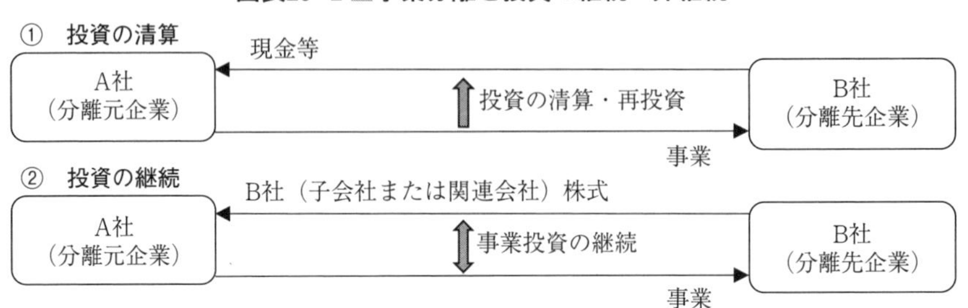


## 2　分離元企業の会計処理

以下では，事業分離における分離元企業の会計処理について，（1）受取対価が現金等の財産のみである場合，（2）受取対価が分離先企業の株式のみである場合，（3）受取対価が現金等の財産と分離先企業の株式である場合に分けて解説する[3]。

### (1)　受取対価が現金等の財産のみである場合

受取対価が現金等の財産のみである場合の分離元企業の会計処理を要約すると，**図表26-3**のようになる（基準7号14項～16項）。

**図表26-3■受取対価が現金等の財産のみである場合の分離元企業の会計処理**

| | 個別財務諸表 | | 連結財務諸表 |
|---|---|---|---|
| 分離先企業の分類 | 受取対価の測定 | 移転損益の認識 | 会計処理 |
| 子会社 | 分離先企業の簿価 | 認識する | 未実現損益の消去 |
| 関連会社 | 時価 | 認識する | 未実現損益の消去 |
| 上記以外 | 時価 | 認識する | － |

#### ①　分離先企業が子会社の場合

現金等の財産のみを受取対価とする事業分離において，子会社へ事業分離す

3　事業分離に要した支出額は，発生時の事業年度の費用として処理する。これは，投資が継続しているとみる場合は，事業分離によって受け取る対価を構成しないと考えられ，また，投資が清算されたとみる場合であっても，通常の売却に要した支出額が発生時の費用として処理されているからである。

る場合は，分離元企業の個別財務諸表上，共通支配下の取引として，受け取った現金等の財産は，分離先企業において移転前に付されていた適正な帳簿価額[4]により計上する。また，当該価額と移転した事業にかかわる株主資本相当額との差額は，原則として，移転損益[5]として認識する。第24章で学習したように，共通支配下の取引は，親会社の立場からは企業集団内における純資産等の移転取引として内部取引と考えられることから，個別財務諸表の作成にあたっても，基本的には，企業結合の前後で当該純資産等の帳簿価額が相違することにならないように会計処理される。基準7号では，前述のように投資の継続・清算の考え方に基づき分離元企業の会計処理が規定されているが，企業集団内の組織再編においては，共通支配下の取引の考え方が優先適用されることになる。

また，連結財務諸表上，移転損益は未実現損益として，分離先企業が認識したのれんと相殺消去する。これは，第12章で学習したように，親子会社間の取引は，企業集団における内部取引に該当するからである。

#### ②　分離先企業が子会社以外の場合

現金等の財産のみを受取対価とする事業分離において，子会社以外の企業へ事業分離する場合は，分離元企業の個別財務諸表上，受け取った現金等の財産は，原則として，時価[6]により計上し，当該時価と移転した事業にかかわる株主資本相当額との差額は，移転損益として認識する。これは，移転した事業と明らかに異なる資産を対価として受け取る場合には，移転した事業に関する投資が清算されたとみなされるからである。

また，関連会社へ事業分離する場合は，連結財務諸表上，移転損益を未実現損益として消去する。これは，第13章で学習したように，投資企業と持分法適用関連会社との間の取引は，企業集団における内部取引に該当するからである。

**設例26-1　受取対価が現金等の財産のみである場合の事業分離**

当社は，X1期末において，甲事業をA社に譲渡し，現金480円を受け取った。なお，当社における甲事業の株主資本相当額は400円，甲事業の識別可能な純資産の時価は430円であった。

---

4　受取対価が現金の場合は，「移転前に付されていた適正な帳簿価額」と「時価」は一致する。

5　損益計算書上，移転損益は原則として特別損益に計上する。

6　受取対価が現金以外の資産等の場合には，受取対価となる財の時価と移転した事業の時価のうち，より高い信頼性をもって測定可能な時価で算定する。

この場合，当社およびA社の仕訳は以下のとおりである。

(1) A社が当社の子会社（持分比率100%）である場合

① 当社の個別財務諸表上の仕訳

| | | | | | |
|---|---|---|---|---|---|
| （借） | 現金 | (*1) 480 | （貸） | 甲事業 | 400 |
| | | | | 移転利益 | 80 |

(*1) 共通支配下の取引に該当するため，A社における現金の移転前の帳簿価額480円で計上する。

② A社の個別財務諸表上の仕訳

| | | | | | |
|---|---|---|---|---|---|
| （借） | 甲事業 | (*2) 400 | （貸） | 現金 | 480 |
| | のれん | 80 | | | |

(*2) 共通支配下の取引に該当するため，当社における甲事業の移転前の帳簿価額400円で計上する。

③ 当社の連結財務諸表上の仕訳

| | | | | | |
|---|---|---|---|---|---|
| （借） | 移転利益 | 80 | （貸） | のれん | 80 |

(2) A社が当社の関連会社（持分比率20%）である場合

① 当社の個別財務諸表上の仕訳

| | | | | | |
|---|---|---|---|---|---|
| （借） | 現金 | (*3) 480 | （貸） | 甲事業 | 400 |
| | | | | 移転利益 | 80 |

(*3) 投資が清算されたとみなし，受取対価の時価480円で計上する。

② A社の個別財務諸表上の仕訳

| | | | | | |
|---|---|---|---|---|---|
| （借） | 甲事業 | (*4) 430 | （貸） | 現金 | 480 |
| | のれん | 50 | | | |

(*4) パーチェス法の適用により，甲事業の識別可能な純資産の時価430円で計上する。

③ 当社の連結財務諸表上の仕訳

| | | | | | |
|---|---|---|---|---|---|
| （借） | 移転利益 | (*5) 16 | （貸） | A社株式 | 16 |

(*5) 投資会社と持分法適用関連会社との取引の未実現利益は部分消去方式により，16円（＝移転利益80円×当社持分比率20%）を消去する。

### (2) 受取対価が分離先企業の株式のみである場合

受取対価が分離先企業の株式のみである場合には，分離元企業が分離先企業に対する持分を取得することになる。これにより，分離先企業が分離元企業の子会社や関連会社になることがある。また，事業分離前に分離先企業が分離元企業の子会社や関連会社に該当していた場合には，子会社株式や関連会社株式の追加取得に該当することになる。このように，受取対価が分離先企業の株式のみである場合は，前述の受取対価が現金等の財産のみである場合と比較して，分離元企業の連結財務諸表上の会計処理が若干複雑になる。そこで，以下では，

①分離元企業の個別財務諸表上の会計処理と，②分離元企業の連結財務諸表上の会計処理に分けて解説する（基準７号17項～23項）。

### ①　分離元企業の個別財務諸表上の会計処理

受取対価が分離先企業の株式のみである場合の分離元企業の個別財務諸表上の会計処理を要約すると，**図表26-４**のようになる。

**図表26-４■受取対価が分離先企業の株式のみである場合の分離元企業の個別財務諸表上の会計処理**

| 事業分離後の分離先企業の分類 | 受取対価の測定 | 移転損益の認識 |
|---|---|---|
| 子会社 | 移転事業の株主資本相当額 | 認識しない |
| 関連会社 | | |
| 上記以外 | 時価 | 認識する |

#### （ⅰ）分離先企業が子会社または関連会社の場合

分離先企業が子会社・関連会社である場合や，事業分離により分離先企業が新たに子会社・関連会社となる場合は，分離元企業の個別財務諸表上，移転損益は認識せず，当該分離元企業が受け取った分離先企業の株式の取得原価は，移転した事業にかかわる株主資本相当額に基づいて算定する。これは，前述のように，子会社株式や関連会社株式となる分離先企業の株式のみを対価として受け取る場合には，事業投資の性格を有する当該株式を通じて，移転した事業に関する事業投資を引き続き行っていると考えられることから，当該事業に関する投資は継続しているとみなされるためである。

なお，分離先企業が新たに分離元企業の関連会社となる場合には，分離元企業による投資は清算されたとみる考え方もある。これは，支配と重要な影響力は異なる概念であり，分離元企業は，移転事業に対する支配を喪失していることから，投資の清算と考えることができること等を根拠としている。分離元企業は，事業分離前に事業を支配していたが，事業分離後は重要な影響力の行使しかできないことから，投資の性格が変化したとみるわけである。一方で，子会社投資と関連会社投資はいずれも**事業投資**の性格を有するという点で共通しており，このような観点からは，分離元企業は，事業分離前の投資を継続しているとみることもできる。基準７号は，第15章で学習した企業会計基準第10号「金融商品に関する会計基準」等における考え方との整合性を重視し，事業分離により分離先企業が新たに関連会社となる場合における分離元企業の会計処理は，事業分離により分離先企業が新たに子会社となる場合と同様に，移転された事業に関する投資が継続しているとみることとされている。

#### (ii) 分離先企業が子会社・関連会社以外の場合

分離先企業の株式のみを受取対価とする事業分離により分離先企業が子会社や関連会社以外となる場合（共同支配企業の形成の場合を除く）は，分離元企業の個別財務諸表上，分離先企業の株式の取得原価は，移転した事業にかかわる時価または当該分離先企業の株式の時価のうち，より高い信頼性をもって測定可能な時価に基づいて算定し[7]，原則として，移転損益を認識する。これは，分離先企業が子会社または関連会社の場合とは異なり，事業分離により受け取る分離先企業の株式が金融投資と事業投資の中間的な性格を有するその他有価証券に分類されることとなる場合には，移転した事業に関する投資は継続していないと考えられるからである。

**設例26-2 受取対価が分離先企業の株式のみである場合の分離元企業の個別財務諸表上の会計処理**

当社は，X1期末において，甲事業をA社に譲渡し，A社株式（時価480円）を受け取った。なお，当社における甲事業の適正な帳簿価額（株主資本相当額）は400円，甲事業の識別可能な純資産の時価は430円であった。

この場合，当社の個別財務諸表上の仕訳は以下のとおりである。

**(1) A社株式が子会社株式および関連会社株式に分類される場合**

| | | | | | |
|---|---|---|---|---|---|
| (借) | A社株式 (*1) | 400 | (貸) | 甲事業 | 400 |

(*1) 投資が継続しているとみなし，甲事業の株主資本相当額400円で計上する。

**(2) A社株式がその他有価証券に分類される場合**

| | | | | | |
|---|---|---|---|---|---|
| (借) | A社株式 (*2) | 480 | (貸) | 甲事業 | 400 |
| | | | | 移転利益 | 80 |

(*2) 投資が清算されたとみなし，受取対価の時価480円で計上する。

7 市場価格のある分離先企業の株式が受取対価とされる場合には，受取対価となる財の時価は，事業分離日の株価を基礎にして算定する。以前は，「事業分離の合意公表日前の合理的な期間における株価」を基礎に算定することとされていたが，第24章で学習した株式の交換の場合の取得原価の算定と同様に，改正が行われている。

### ②　分離元企業の連結財務諸表上の会計処理

受取対価が分離先企業の株式のみである場合の分離元企業の連結財務諸表上の会計処理を要約すると，**図表26-5**のようになる。

**図表26-5 ■受取対価が分離先企業の株式のみである場合の分離元企業の連結財務諸表上の会計処理**

| 事業分離前の分離先企業の分類 | 事業分離後の分離先企業の分類 | 移転事業にかかわる持分変動差額 | 分離先企業にかかわる持分変動額 |
|---|---|---|---|
| 子会社 | 子会社 | 資本剰余金 | 資本剰余金 |
| 子会社以外 | 子会社 | 資本剰余金 | のれん |
| ― | 関連会社 | 持分変動損益 | のれん |

たとえば，事業分離前に分離元企業が分離先企業の株式を保有しておらず，事業分離により分離元企業が受け取った株式が子会社株式（持分比率60%）に分類されるケースを考えてみよう。この場合には，**図表26-6**で示すように，分離元企業の移転事業に対する持分は，事業分離前は100%であったが，事業分離によって分離先企業に移転することで60%に減少する。その一方で，事業分離によって分離先企業の株式を取得することで，分離先企業に対する持分は０%から60%に増加する。このような「事業」に対する持分変動と，「分離先企業」に対する持分変動をどのように会計処理するかが論点となる。

**図表26-6 ■移転事業と分離先企業に対する持分変動**

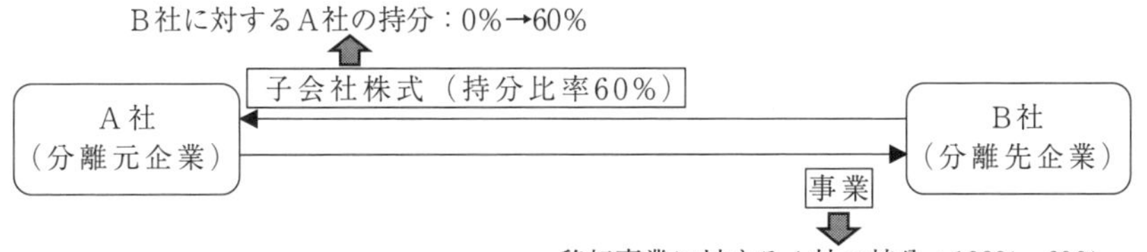


#### （ｉ）事業分離前に子会社株式として保有しており，事業分離により子会社株式を追加取得した場合

事業分離前に分離元企業が分離先企業の株式を子会社株式として保有しており，事業分離により分離先企業の株式を追加取得した場合は，連結財務諸表上，追加取得により，子会社にかかわる分離元企業の持分の増加額（追加取得持分）と，移転した事業にかかわる分離元企業の持分の減少額との間に生じる差

額を資本剰余金とする。

#### (ii) 事業分離により新たに分離先企業が子会社となる場合

事業分離により分離先企業が新たに分離元企業の子会社となる場合は，連結財務諸表上，分離元企業の事業が移転されたとみなされる額と，移転した事業にかかわる分離元企業の持分の減少額との間に生じる差額を資本剰余金とする。また，分離元企業は，分離先企業を取得することとなるため，パーチェス法を適用する[8]。

#### (iii) 分離先企業が関連会社である場合

事業分離により分離先企業が新たに分離元企業の関連会社となる場合（共同支配企業の形成の場合は除く），または，事業分離により分離先企業の株式（関連会社株式）を追加取得した場合は，連結財務諸表上，(a) 分離先企業に対して投資したとみなされる額と，これに対応する分離先企業の事業分離直前の資本との間に生じる差額を，のれん（または負ののれん）として処理する。また，(b) 分離元企業の事業が移転されたとみなされる額と，移転した事業にかかわる分離元企業の持分の減少額との間に生じる差額については，持分変動差額として取り扱う[9]。

**設例26-3　受取対価が分離先企業の株式のみである場合の連結財務諸表上の会計処理**

当社は，X1期末において，甲事業をA社（発行済株式総数100株）に譲渡し，A社株式（時価@５円）を受け取った。

事業分離の前日における両社の貸借対照表は以下のとおりである。

当社貸借対照表

| | | | |
|---|---|---|---|
| 甲事業 | 500 | 諸負債 | 90 |
| 諸資産 | 120 | 資本金 | 300 |
| | | 利益剰余金 | 230 |

A社貸借対照表

| | | | |
|---|---|---|---|
| 諸資産 | 410 | 諸負債 | 50 |
| | | 資本金 | 200 |
| | | 利益剰余金 | 160 |

8　分離元企業の連結財務諸表上，分離先企業を被取得企業としてパーチェス法を適用する際，分離先企業に対して投資したとみなされる額は，分離元企業が追加的に受け取った分離先企業の株式の取得原価と事業分離前に有していた分離先企業の株式の支配獲得時の時価との合計額とし，当該時価と，その適正な帳簿価額または持分法評価額との差額は，当期の段階取得に係る損益として処理する。

9　(a)と(b)のいずれかの金額に重要性が乏しいと考えられる場合には，重要性のある他の金額に含めて処理することができる。

なお，甲事業の事業分離日における時価は750円であり，それ以外の当社およびA社の諸資産および諸負債については，時価と帳簿価額が一致している。

この場合，当社およびA社の仕訳は以下のとおりである。

### (1) 事業分離前にA社株式を保有しておらず，事業分離によりA社を子会社（持分比率60%）とした場合

① 当社の個別財務諸表上の仕訳

| | | | | | |
|---|---|---|---|---|---|
| (借) | A社株式 | 500 | (貸) | 甲事業 | 500 |

② A社の個別財務諸表上の仕訳

| | | | | | |
|---|---|---|---|---|---|
| (借) | 甲事業 | (*1) 500 | (貸) | 資本金 | 500 |

(*1) 株式を交付したA社が被取得企業（逆取得）に該当するため，甲事業は，移転前に付された適正な帳簿価額により計上する。

③ 連結財務諸表上の仕訳

（i）A社の取得

| | | | | | |
|---|---|---|---|---|---|
| (借) | 資本金 | 200 | (貸) | A社株式 | (*2) 300 |
| | 利益剰余金 | 160 | | 非支配株主持分 | 144 |
| | のれん | (*3) 84 | | | |

(*2) A社に対するみなし投資額300円＝A社時価500円×当社取得比率60%

(*3) のれん84円＝A社に対するみなし投資額300円(*2)－A社資本（200円+160円）×60%

（ii）甲事業にかかわる持分変動

| | | | | | |
|---|---|---|---|---|---|
| (借) | 資本金 | 500 | (貸) | A社株式 | (*4) 200 |
| | | | | 非支配株主持分 | (*5) 200 |
| | | | | 資本剰余金 | (*6) 100 |

(*4) A社株式200円=A社株式取得原価500円－みなし移転事業額300円(*7)

(*5) 非支配株主持分増加額200円＝甲事業の株主資本相当額500円×当社持分減少比率40%

(*6) 持分変動差額100円＝みなし移転事業額300円(*7)
－甲事業にかかわる株主資本相当額500円×当社持分減少比率40%

(*7) みなし移転事業額300円＝移転事業の時価750円×当社持分減少比率40%

### (2) 事業分離前にA社を子会社（持分比率60%，当社が設立）としており，事業分離によりA社株式を追加取得（持分比率84%）とした場合

① 当社の個別財務諸表上の仕訳

| | | | | | |
|---|---|---|---|---|---|
| (借) | A社株式 | 500 | (貸) | 甲事業 | 500 |

② A社の個別財務諸表上の仕訳

| | | | | | |
|---|---|---|---|---|---|
| (借) | 甲事業 | (*8) 500 | (貸) | 資本金 | 500 |

(*8) 共通支配下の取引に該当するため，甲事業は，移転前に付された適正な帳簿価額により計上する。

③ 連結財務諸表上の仕訳

（i）投資と資本の相殺消去

| | | | | | |
|---|---|---|---|---|---|
| （借） | 資　本　金 | 200 | （貸） | A　社　株　式 | 120 |
| | | | | 非支配株主持分 | 80 |

（ⅱ）取得後利益剰余金の按分

| | | | | | |
|---|---|---|---|---|---|
| （借） | 利　益　剰　余　金 | 64 | （貸） | 非支配株主持分 | 64 |

（ⅲ）A社株式の追加取得

| | | | | | |
|---|---|---|---|---|---|
| （借） | 資　本　金 | 500 | （貸） | A　社　株　式 | 500 |
| | 非支配株主持分 | 40 | | **資　本　剰　余　金** | (*9) **40** |

（*9）資本剰余金40円＝A社にかかわる当社持分増加額120円(*10)
－甲事業にかかわる持分減少額80円(*11)

（*10）A社にかかわる当社持分増加額120円＝A社資本500円×当社追加取得比率24%

（*11）甲事業にかかわる持分減少額80円＝甲事業にかかわる株主資本相当額500円
×当社持分減少比率16%

### ⑶　受取対価が現金等の財産と分離先企業の株式である場合

受取対価が現金等の財産と分離先企業の株式である場合の分離元企業の個別財務諸表上の会計処理は，**図表26-7**のようになる（基準7号24項～26項）。

**図表26-7 ■受取対価が現金等の財産と分離先企業の株式である場合の分離元企業の個別財務諸表上の会計処理**

| 事業分離前の分離先企業の分類 | 現金等の評価額と移転事業の株主資本相当額の関係 | 現金等の財産の測定 | 分離先企業の株式の測定 | 移転損益の認識 |
|---|---|---|---|---|
| 子会社 | 現金等＞移転事業 | 移転元の簿価 | ゼロ | 認識する |
| | 現金等＜移転事業 | 移転元の簿価 | 差額 | 認識しない |
| 関連会社 | 現金等＞移転事業 | 時価 | ゼロ | 認識する |
| | 現金等＜移転事業 | 時価 | 差額 | 認識しない |
| 上記以外 | － | 時価 | 時価 | 認識する |

#### ①　分離先企業が子会社の場合

分離元企業の個別財務諸表上は，共通支配下の取引またはこれに準ずる取引として，現金等の財産は，移転前に付された適正な帳簿価額により計上する。また，当該価額が移転した事業にかかわる株主資本相当額を上回る場合には，原則として，当該差額を移転利益として認識（受け取った分離先企業の株式の取得原価はゼロとする）し，下回る場合には，当該差額を受け取った分離先企業の株式の取得原価とする。

### ②　分離先企業が関連会社の場合

分離元企業の個別財務諸表上，現金等の財産は，原則として時価により計上する。また，当該時価が移転した事業にかかわる株主資本相当額を上回る場合には，原則として，当該差額を移転利益として認識（受け取った分離先企業の株式の取得原価はゼロとする）し，下回る場合には，当該差額を受け取った分離先企業の株式の取得原価とする。

### ③　分離先企業が子会社や関連会社以外の場合

分離元企業の個別財務諸表上，現金等の財産と分離先企業の株式は，原則として時価により計上する。また，当該時価と移転した事業にかかわる株主資本相当額の差額は，原則として，移転損益として認識する。

**設例26-4　受取対価が現金等の財産と分離先企業の株式である場合の個別財務諸表上の会計処理**

当社は，X1期末において，甲事業をA社に譲渡し，現金および分離先企業の株式（40株，時価@５円）を受け取り，A社を関連会社とした。なお，当社における甲事業の適正な帳簿価額（株主資本相当額）は400円，甲事業の識別可能な純資産の時価は430円であった。

この場合，当社の個別財務諸表上の仕訳は以下のとおりである。

**①　現金480円を受け取った場合**

| | | | | | |
|---|---|---|---|---|---|
| （借） | 現　　　金 | (*1) 480 | （貸） | 甲　事　業 | 400 |
| | A　社　株　式 | (*2) 0 | | 移　転　利　益 | 80 |

(*1) 現金の時価480円

(*2) 現金の時価480円が，移転した事業にかかわる株主資本相当額400円を上回るため，分離先企業の株式の取得原価はゼロとする。

**②　現金250円を受け取った場合**

| | | | | | |
|---|---|---|---|---|---|
| （借） | 現　　　金 | (*3) 250 | （貸） | 甲　事　業 | 400 |
| | A　社　株　式 | (*4) 150 | | | |

(*3) 現金の時価250円

(*4) 現金の時価250円が，移転した事業にかかわる株主資本相当額400円を下回るため，当該差額150円をA社株式の取得原価とする。

## 3 組織再編に関連するその他の論点

基準7号では，前述の事業分離における分離元企業の会計処理の他にも，（1）資産を移転し移転先の企業の株式を受け取る場合の移転元企業の会計処理と，（2）共同支配企業の形成および共通支配下の取引以外の企業結合における結合当事企業の株主（被結合企業または結合企業の株主）の会計処理が規定されている（31項～48項）。

### (1) 資産の現物出資等における移転元の企業の会計処理

ここまで解説してきた「事業」ではなく，「資産」を移転し移転先企業の株式を受け取る場合，移転元企業の会計処理は，事業分離における分離元企業の会計処理に準じて行う。そのため，現物出資等により，資産を移転し移転先の企業の株式を受け取る移転元の企業は，移転資産に対する投資の継続の有無に着目して会計処理を行うことになる。

### (2) 結合当事企業の株主の会計処理

第24章では，企業結合における結合企業の会計処理を学習した。本章で学習する「結合当事企業」とは，企業結合にかかわる企業をいい，このうち，他の企業または他の企業を構成する事業を受け入れて対価を支払う企業を「**結合企業**」といい，当該他の企業を「**被結合企業**」という（基準7号7項）。吸収合併を前提とすると，吸収合併消滅会社の株主と吸収合併存続会社の株主が結合当事企業（結合企業および被結合企業）の株主に該当する（**図表26-8**）。

**図表26-8 ■結合企業の株主と被結合企業の株主**

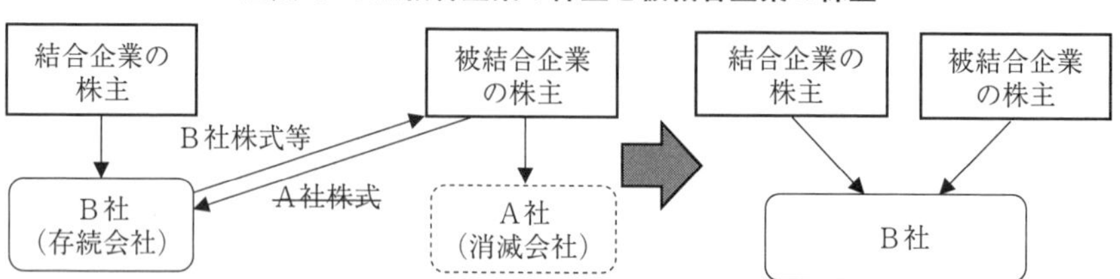

### ①　被結合企業の株主の会計処理

**被結合企業の株主**の会計処理[10]は，前述の分離元企業の会計処理と同様に，投資の継続・清算という概念に基づき，実現損益を認識するかどうかという観点から規定されている。たとえば，現金等の被結合企業の株式と明らかに異なる資産を対価として受け取る場合には，被結合企業に対する投資は清算されたとみなされる[11]。このような場合，被結合企業の株主は，受取対価の時価と被結合企業の株式にかかわる企業結合直前の適正な帳簿価額との差額を交換損益として認識するとともに，改めて当該受取対価の時価にて投資を行ったものとして会計処理する。他方，被結合企業が子会社や関連会社の場合において，当該被結合企業の株主が，子会社株式や関連会社株式となる結合企業の株式のみを対価として受け取る場合には，当該引き換えられた結合企業の株式を通じて，被結合企業（子会社や関連会社）に関する事業投資を引き続き行っていると考えられることから，当該被結合企業に関する投資が継続しているとみなされる。このような場合，被結合企業の株主は，交換損益を認識せず，被結合企業の株式と引き換えに受け取る資産の取得原価は，被結合企業の株式にかかわる適正な帳簿価額に基づいて算定する（**図表26-9**参照）。

**図表26-9 ■被結合企業の株主の投資の継続性**

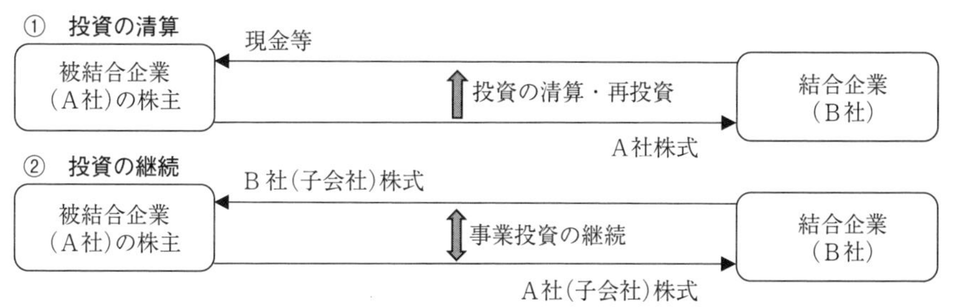


受取対価が現金等の財産のみである場合と，受取対価が結合企業の株式のみである場合の被結合企業の株主の個別財務諸表上の会計処理を要約すると，**図表26-10**のようになる。

---

10　以下では，被結合企業の株主が企業であることを前提とする。

11　ただし，事業分離における分離元企業の会計処理と同様に，重要な継続的関与がある場合には，投資が清算されたとみなされず，交換損益は認識されない。

**図表26-10■被結合企業の株主の個別財務諸表上の会計処理**

（ⅰ）受取対価が現金等の財産のみである場合

| 被結合企業 | 結合後企業 | 受取対価の測定 | 交換損益の認識 |
|---|---|---|---|
| 子会社 ──▶ | 子会社 | 移転前の簿価 | 認識する |
| 上記以外 | | 時価 | 認識する |

（ⅱ）受取対価が結合企業の株式のみである場合

| 被結合企業 | 結合後企業 | 受取対価の測定 | 移転損益の認識 |
|---|---|---|---|
| 子会社・関連会社 ──▶ | その他の投資先 | 時価 | 認識する |
| 上記以外 | | 被結合企業株式の簿価 | 認識しない |

**（ⅰ）受取対価が現金等の財産のみである場合**

受取対価が現金等の財産のみである場合には，基本的に被結合企業に関する投資が清算されたとみて会計処理することになる。ただし，子会社を被結合企業とする企業結合により，子会社株式である被結合企業の株式が現金等の財産のみと引き換えられた場合には，共通支配下の取引として会計処理する。いずれも前述の分離元企業の会計処理の考え方と同様である。

**（ⅱ）受取対価が結合企業の株式のみである場合**

受取対価が結合企業の株式のみである場合には，基本的に被結合企業に関する投資が継続しているとみて会計処理が行われる。ただし，子会社や関連会社を被結合企業とする企業結合により，被結合企業の株式が結合企業の株式のみと引き換えられ，当該被結合企業の株主の持分比率が減少し，結合後企業が当該被結合企業の株主の子会社および関連会社に該当しないこととなる場合には，事業投資が継続していないと考え，原則として交換損益を認識することになる。この点も分離元企業の会計処理の考え方と同様である。

一方で，被結合企業の株主の会計処理に関する論点として，子会社や関連会社以外の投資先を被結合企業とする企業結合により，子会社株式や関連会社株式以外の被結合企業の株式が結合企業の株式のみと引き換えられ，結合後企業が引き続き，当該株主の子会社や関連会社に該当しない場合がある（その他有価証券→その他有価証券）。このように，企業結合の前後でその他有価証券という同じ分類になる場合には，被結合企業に関する投資が継続しているとみる考え方と清算しているとみる考え方がある。前者は，被結合企業の株主は，当該被結合企業を含む結合後企業の株式（その他有価証券）の保有を通じた投資を継続していることから，売買目的有価証券（金融投資）と子会社株式および関連会社株式（事業投資）との中間的な性格に変化はないと考える。これに対して，後者は，その他有価証券は，業務上の関係を有する企業の株式等から市場動向によっては売却を想定している有価証券まで多様な性格を有しており，保有目的等自体も多義的であり，かつ，変遷していく面があること等から，株式自体の流動性が大きく異なっていたり，株式を通じた業務上の関係等が変化することも想定されるため，異種の資産と引き換えられたと考える。

基準７号は，図表26-10で示したように，企業結合によって被結合企業の株式が当該被結合企業を含む結合後企業の株式と引き換えられたことによっても，結合後企業の株式がその他有価証券という同じ分類となる場合には，その投資の性格に変化がないとみて，投資が継続すると考えている。

**設例26-5　被結合企業の株主の会計処理**

当社は，X1期末にB社株式を400円で取得し，B社を関連会社としている。X2期末において，A社はB社を吸収合併し，当社はA社からA社株式（時価960円）を受け取った。

この場合，X2期の当社の個別財務諸表上の仕訳は以下のとおりである。

**①　A社が当社の子会社に該当する場合**

| | | | | |
|---|---|---|---|---|
| （借） | A社株式(*1) | 400 | （貸）B社株式 | 400 |

(*1) 投資が継続しているとみなし，B社株式の帳簿価額400円で計上する。

**②　A社がその他の投資先に該当する場合**

| | | | | |
|---|---|---|---|---|
| （借） | A社株式(*2) | 960 | （貸）B社株式 | 400 |
| | | | 交換損益 | 560 |

(*2) 投資が清算されたとみなし，A社株式の時価960円で計上する。

### ②　結合企業の株主の会計処理

結合企業の株主は，企業結合によっても当該結合企業の株式を直接引き換えないが，当該企業結合に伴い，当該結合企業に対する持分比率が変動する（図表26-８参照）。たとえば，結合企業の株主が結合企業を子会社としていたが，企業結合により持分比率が減少し，結合企業が子会社に該当しなくなった場合には，結合企業の株主の個別財務諸表上，子会社株式から関連会社株式やその他有価証券に取得原価で振り替えることになる。また，結合企業の株主が結合企業を子会社としており，企業結合により当該株主（親会社）の持分比率が減少した場合，結合企業の株主の連結財務諸表上，親会社の持分の一部が非支配株主持分に振り替わることから生じる差額は，親会社の持分変動により生じた差額として，資本剰余金として処理する。

コラム17

### 組織再編会計のルールの学び方

第24章から本章まで組織再編会計の基本論点を網羅的に学習した。組織再編会計に関する会計基準や適用指針は，分量も多く，たとえば，企業会計基準適用指針第10号「企業結合会計基準及び事業分離等会計基準に関する適用指針」をみると，条文が461項まである。また，経済記事等において，実務における特殊なM&Aスキームが取り上げられることも多く，それらに関連した些末な規定に目を向けがちになる。しかし，たとえば，ある会社を株式交換によって完全子会社化することと，自社の株式を対価として吸収合併することは，経済的な実態が同様であることから，最終的な連結財務諸表の数値は同一になる。少し乱暴な言い方をすれば，どちらか一方の会計処理方法と理屈がわかってさえいれば，他方を全く知らなかったとしても，いずれの論点にも対応できることになる。そのため，組織再編会計の学習にあたって重要なことは，本書で取り上げたような基本論点を反復的に学習することで，ベースとなる知識を定着させることである。無論，読者の業務に関連する実務上の取扱いを考える際には，会計基準および適用指針の確認は必須となるが，その場合であっても，基本的な知識が定着していれば，実務上の細かい規定であってもスムースに理解が進むことになる。

連結会計や企業結合会計は，特に計算手続を苦手とする場合が多いが，基礎を固めてからルール全体を観察してみると，そこまで複雑なものではない。まずは，本書で取り上げた基本論点を設例も含めてじっくり学習してほしい。

# セグメント情報

**学習のポイント**

企業の事業活動は，たとえ1つの企業であっても多岐にわたる。連結財務諸表の会計単位である企業集団ともなれば，その傾向は顕著になる。しかし，財務諸表または連結財務諸表は企業または企業集団全体の活動を要約する形で作成されるため，そこから企業が営む個々の事業の実態を知ることは容易ではない。本章で学ぶセグメント情報等の開示はこの問題を解決することに繋がる。本章を学ぶ際には，図表27-8のセグメント情報等の開示例をみながら，どの部分が解説されているのか押さえつつ学習するとより理解が進むであろう。

## 1　セグメント情報等の開示の概要

### (1)　セグメント情報等の定義

セグメント情報等の注記事項としての開示については，企業会計基準第17号「セグメント情報等の開示に関する会計基準」（以下，本章では基準17号という）にその定めがある。基準17号では，**セグメント情報等**には次の4つの情報が含まれるとされている（1項）。

① セグメント情報
② セグメント情報の関連情報
③ 固定資産の減損損失に関する報告セグメント別情報
④ のれんに関する報告セグメント別情報

このうち，①**セグメント情報**は，**図表27-1**のような「セグメント」とよばれる事業の構成単位に分別された，売上高，利益（または損失），資産その他の財務情報に関する情報である[1]。上記の②から④までの情報は，セグメント情報

1　セグメント情報は必ずしもマトリックス型の表形式により開示することは求められていないが，多くの企業においてそのような開示が行われている。

を補足する情報（以下，本章では**関連情報等**という）である。

セグメント情報等は，個別財務諸表と連結財務諸表のどちらにおいても開示が求められるが，連結財務諸表でセグメント情報等の開示を行っている場合は，個別財務諸表での開示は必要とされない。

**図表27-1 ■セグメント情報の一例**

| | A事業 | B事業 | C事業 | D事業 | その他 | 調整額 | 財務諸表計上額 |
|---|---|---|---|---|---|---|---|
| 売上高 | XXX | XXX | XXX | XXX | XXX | XXX | XXX |
| 利益 | XXX | XXX | XXX | XXX | XXX | XXX | XXX |
| 資産 | XXX | XXX | XXX | XXX | XXX | — | XXX |
| 負債 | XXX | XXX | XXX | XXX | XXX | — | XXX |
| … | … | … | … | … | … | … | … |

### (2) セグメント情報等の開示の意義

企業の事業活動は，たとえ1つの企業であっても，事業内容や商品・製品群，顧客，活動地域などによって多岐にわたることがある。特に，連結財務諸表の会計単位である企業集団ともなれば，その傾向は顕著である。それに対して個別財務諸表または連結財務諸表は，企業または企業集団全体の活動を要約する形で作成されるため，企業の多岐にわたる事業活動の各々の状況を財務諸表利用者が把握するには困難が伴う。この問題を解決するために企業に求められているのが，セグメント情報等の開示である。

セグメント情報等の開示に関しては，以下のとおり基本原則が定められている（基準17号4項，5項）。

① セグメント情報等の開示は，財務諸表利用者が，企業の過去の業績を理解し，将来のキャッシュフローの予測を適切に評価できるように，企業が行うさまざまな事業活動の内容およびこれを行う経営環境に関して適切な情報を提供するものでなければならない。

② 企業またはその特定の事業分野について，その事業活動の内容およびこれを行う経営環境を財務諸表利用者が理解するうえで有用な情報を，基準17号に定める事項に加えて開示することを妨げない。

基本原則の1つ目では，セグメント情報等の開示を行う目的とその目的を達成するために開示すべき情報の性質が規定されている。基本原則の2つ目では，必ずしも開示が求められていない情報であっても，財務諸表利用者にとって有用な情報であれば，それを開示できることが記されている。これらの基本原則は，基準の具体的な適用にあたって常に留意すべきものとされている（基準17号58項）。なお基準の定めであっても，重要性が乏しく財務諸表利用者の判断を誤らせる可能性がないと考えられる場合にはその適用を要しない（同59項）。

日本におけるセグメント情報等の開示は，連結財務諸表の開示とともにその整備が進められてきた。セグメント情報等の開示に関する会計基準は1980年代後半に遡ることができるが，当時の基準ではセグメント情報等の開示を定着させることや，企業側の受入態勢等の準備が整っていないことが考慮され，国内および在外別の売上高の開示が義務づけられるのみであった。その後，開示内容が順次拡大され，連結財務諸表に関して事業の種類別セグメント情報，所在地別のセグメント情報および海外売上高の開示などが求められるようになった。しかし，自社のセグメントが単一であることやセグメントの重要性が低いことなどを理由に，大企業の２割近くが事業の種類別セグメント情報の開示を行わないなど，開示が十分には行われない状況が続いた（基準17号42項）。

この状況を解決すべく，2008年３月に公表されたのが基準17号および企業会計基準適用指針第20号「セグメント情報等の開示に関する会計基準の適用指針」（以下，本章では指針20号という）である。上記の経緯からもわかるとおり，企業には詳細なセグメント情報を積極的に開示したがらない傾向がある[2]。そのため基準17号および指針20号は，セグメント情報等に関して企業が開示しなければならない最低限の内容を規定して開示させ，それ以上の開示については企業の判断に委ねる建付けとなっている。

### (3)　マネジメント・アプローチの採用

基準17号では，セグメント情報の作成方法として，経営上の意思決定や業績評価を行うために，経営者が企業を事業の構成単位に分別した方法を基礎とする**マネジメント・アプローチ**が採用されている（45項）[3]。同アプローチに関しては，**図表27-２**に示すような長所と短所が存在するが，基準17号では経営者の視点で企業を理解できる情報を開示させることにより，財務諸表利用者の意

2　その理由として，たとえば業績の良い事業（収益性の高い事業）に他社が参入するなどして競争が激しくなることや，業績の悪い事業が露呈して経営者が利害関係者から厳しく追及されることを避けるといった動機が考えられる。

思決定により有用な情報を提供できるとの判断から，同アプローチが採用されている（50項）。

**図表27-2 マネジメント・アプローチの長所と短所**

| 長　所 | 短　所 |
| --- | --- |
| ・財務諸表利用者が経営者の視点によって企業をみることができ，経営者の行動を予測し，その予測を基に企業の将来キャッシュフローを評価できる。<br>・経営者向けにすでに情報が作成されているため情報作成にかかる追加的な費用が比較的少ない。<br>・実際の組織構造に基づくため恣意性が入りにくい。 | ・各企業の組織構造に基づく区分であるため比較可能性の問題が生じる。<br>・企業内部で実際に使用されている情報をベースに開示が行われるため，企業の事業活動の障害となる可能性がある。 |

出所：基準17号47～48項に基づき作成

## 2　セグメント情報

セグメント情報の作成には，(1)事業セグメントの識別，(2)報告セグメントの決定，(3)セグメント情報の開示項目と測定方法，という3つのプロセスがある。

### (1)　事業セグメントの識別

事業セグメントの識別では，後述する(2)のプロセスで決定される報告セグメントの基礎となる事業活動の区分が行われる。企業の事業活動を区分する方法には，すべての企業に共通するような活動地域（国内・海外各国など）に基づく方法や，所定の事業分類に基づく方法なども考えられるが，基準17号ではマネジメント・アプローチに従って，企業の最高意思決定機関[4]が資源配分の意

3　マネジメント・アプローチは，セグメント情報等の開示を定める米国会計基準で採用されている方法である。米国でもかつては，日本と同じように，企業によるセグメント情報等の開示が進まない状況がみられた。その解決を目的に開発されたのが同アプローチであり，基準17号もそれに倣って同アプローチを導入している。

4　最高意思決定機関とは，企業の事業セグメントに資源を配分し，その業績を評価する機能を有する主体とされている（基準17号8項）。具体的には，取締役会のような会議体や最高経営責任者（CEO）のような個人が想定されている。

思決定や業績評価を行う際の事業分類に基づく方法が採られている。

基準17号では，**事業セグメント**は企業の構成単位で次の要件のすべてに該当するものとされている（6項）。

① 収益を獲得し，費用が発生する事業活動に関するもの（同一企業内の他の構成単位との取引に関連する収益および費用を含む）
② 企業の最高経営意思決定機関が，当該構成単位に配分すべき資源に関する意思決定を行い，また，その業績を評価するために，その経営成績を定期的に検討するもの
③ 分離された財務情報を入手できるもの

このうち①に関しては，垂直統合の進んだ企業における各段階の部門やまだ収益の稼得に結びついていない新規の事業も事業セグメントになりうる。他方で，本社機能のように収益を稼得していない構成単位または付随的な収益を稼得するにすぎない構成単位は事業セグメントとならない。

### (2) 報告セグメントの決定

次に，事業セグメントのなかからセグメント情報において主要な会計数値等の開示が求められる**報告セグメント**を決定する。報告セグメントについては，その数が少ないとセグメント情報が企業全体の会計数値の大部分の内訳を示せない可能性が出てくる一方，その数が多すぎると細分化されてしまい，かえって財務諸表利用者の理解を損ねる可能性が出てくる[5]。

報告セグメントは，**図表27-3**のフローチャートに沿って決定する。その内容は，①集約基準による事業セグメントの集約，②量的基準による報告セグメントの識別，③報告セグメントの追加の3つに分けられる。これらの手続には，事業セグメントをできるだけ集約して報告セグメントにしたいと考える傾向がある企業側の思惑に対して，会計基準としてどこまで許容するのかが反映されているといえる。

#### ① 集約基準による事業セグメントの集約

まず，事業セグメントの集約を行う。複数の事業セグメントが次の要件のす

5　基準17号では，報告セグメントの数に一定の限度は設けられていないが，セグメントの数が10を超える場合には，財務諸表利用者に適切な情報を提供するものであるかを慎重に判断する必要があるとされている（75項）。

**図表27-3 ■報告セグメントの決定プロセス**

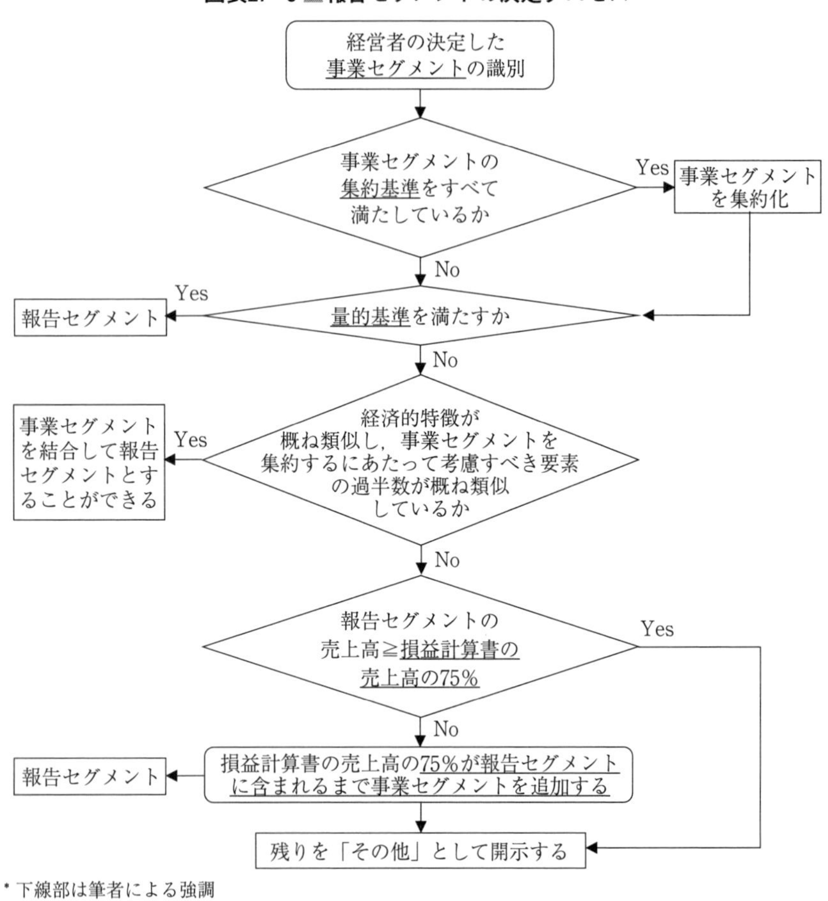


＊下線部は筆者による強調

べてを満たす場合には，企業はそれらを１つの事業セグメントに集約できる（**集約基準**と呼ばれる）（基準17号11項）。

（ⅰ）　集約することが基本原則と整合している
（ⅱ）　経済的特徴が概ね類似している[6]
（ⅲ）　次のすべてが概ね類似している

6　集約しようとする複数の事業セグメントが長期的に近似した業績（売上総利益率など）の動向を示すことが見込まれる必要がある（指針20号８項）。

(a)　製品およびサービスの内容
(b)　製品の製造方法または製造過程，サービスの提供方法
(c)　販売市場または顧客の種類
(d)　製品およびサービスの販売方法
(e)　特有の規制環境

### ②　量的基準による報告セグメントの識別

次に，①の手続を経た事業セグメントのなかから報告セグメントを識別する。事業セグメントが次に示す要件のいずれかを満たす場合には，企業は当該事業セグメントを報告セグメントとして開示しなければならない（**量的基準**とよばれる）。なお，この規定はいずれの要件も満たさない事業セグメントを報告セグメントとして開示することを妨げるものではない（基準17号12項）。

（ⅰ）　売上高（事業セグメント間の内部売上高または振替高を含む。）が全事業セグメントの売上高の合計額の10％以上であること
（ⅱ）　利益または損失の絶対値が，利益発生セグメントの利益合計額または損失発生セグメントの損失合計額の絶対値のいずれか大きいほうの金額の10％以上であること
（ⅲ）　資産額が全事業セグメントの資産の合計額の10％以上であること

そのうえで，量的基準を満たさない事業セグメントに関しては，複数の事業セグメントの経済的特徴が概ね類似し，かつ，集約基準の（ⅲ）に示されている項目の過半数について概ね類似している場合には，それらの事業セグメントを結合して，報告セグメントにすることができる[7]（基準17号13項）。

### ③　報告セグメントの追加

②の手続により報告セグメントが識別された場合でも，それらの報告セグメントの外部顧客への売上高の合計が（連結）損益計算書の売上高の75％以上になるまでは報告セグメントを追加しなければならない。75％という閾値は国際

---

7　なお，量的基準の適用により報告セグメントを決定する際には，相当期間にわたりその継続性が維持されるよう配慮することが求められる。このため，前年度において報告セグメントとされた事業セグメントが当年度において量的基準を下回るとしても，引き続き重要であると判断される場合には，当該セグメントに関する情報を区分し，継続的に開示する必要がある（指針20号９項）。

的な会計基準に倣って設けられている。この規定は見方を変えれば，重要性の低い事業セグメントの開示を省略してもよい範囲を定めているものといえる。

最終的に報告セグメントに該当しなかった事業セグメントおよびその他の収益を稼得する事業活動は，「その他」の区分（後掲図表27-4参照）で一括して開示する。この場合，「その他」に含まれる主要な事業の名称等をあわせて開示しなければならない（基準17号15項）。

以上のように，報告セグメントの決定では，マネジメント・アプローチによって識別された事業セグメントを，各事業活動の内容およびその事業環境に対する財務諸表利用者の理解に支障をきたさない範囲で，どの程度まで集約して報告セグメントとしてよいのかや，報告セグメントをどこまで増やさなければならないのかに関する最低限の基準が定められていると捉えられる。

**設例27-1** **報告セグメントの決定**

当社は複数の事業を営んでおり，その事業内容は次頁の図表のとおり，a～iまでの9つの事業セグメントに分けられる。各事業セグメントの外部顧客への売上高の全体に占める割合は図表に示されているとおりである。以下の条件とあわせて，報告セグメントを決定する。なお，議論の単純化のため，条件に含まれない利益および資産の金額は無視する。

- 事業セグメントaとbは集約基準のすべてを満たしている。
- 事業セグメントcは当期3,600千円の損失を出している。c以外の事業セグメントはすべて利益を出しており，その合計額は24,000千円である。
- 事業セグメントdとeは経済的特徴が概ね類似しており，かつ，製品の内容および製造方法，販売方法が概ね類似している。

**① 集約基準による事業セグメントの集約**

事業セグメントaと事業セグメントbは　集約基準のすべてを満たしていることから1つの事業セグメントにすることができる。

**② 量的基準による報告セグメントの識別**

事業セグメントa+bは全体の売上高の50％（≧10％）を占めていることから報告セグメントAとしなければならない。事業セグメントcは売上高の割合は10％未満であるが，損失額の絶対値が3,600千円であり，利益発生セグメントの利益合計額の15％（≧10％）であることから報告セグメントB（全体の売上高の9％）にしなければならない。それ以外の事業セグメントは量的基準を満たさないものの，事業セグメントdとeは経済的特徴が概ね類似しており，かつ，集約基準（iii）のうち3つを満たすことから1つに統合でき，その売上高の割合が15％（≧10％）であることから報告セグメントC（全体の売上高の15%）とすることができる。

### ③　報告セグメントの追加

ここまでの作業で報告セグメントとして識別された事業セグメントの売上高の合計額が全体の売上高の74%（<75%）であることから，事業セグメントfを報告セグメントD（全体の売上高の7%）とする必要がある（これにより81%（≧75%）となる)。残りのセグメントは必ずしも報告セグメントとして開示する必要はないことからその他として一括りにする。

各セグメントの売上高（%）

| | 32 | 18 | 9 | 8 | 7 | 7 | 7 | 6 | 6 |
|---|---|---|---|---|---|---|---|---|---|
| 事業セグメント | 事業セグメントa | b | c | d | e | f | g | h | i |
| ①集約基準による事業セグメントの集約 | 事業セグメントa+b | | c | d | e | f | g | h | i |
| ②量的基準による報告セグメントの識別 | 報告セグメントA | | B | C | | f | g | h | i |
| ③報告セグメントの追加 | 報告セグメントA | | B | C | | D | その他 | | |

75%

* ここでは図表の都合上，左（売上高構成比の高いほう）から順番に報告セグメントとして識別されているが，実際にはそうとは限らない点に注意されたい。

## (3)　セグメント情報の開示項目と測定方法

セグメント情報において開示が求められる項目には，以下の4つがある。

①　報告セグメントの概要
②　利益（または損失），資産および負債等の額
③　測定方法に関する事項
④　差異調整に関する事項

**図表27-4 ▒表形式を用いたセグメント情報における各開示項目**

| | ①A事業 | B事業 | C事業 | D事業 | その他 | 調整額 | 財務諸表計上額 |
|---|---|---|---|---|---|---|---|
| ②売上高 | ③XXX | XXX | XXX | XXX | XXX | ④XXX | XXX |
| 利益 | XXX | XXX | XXX | XXX | XXX | XXX | XXX |
| 資産 | XXX | XXX | XXX | XXX | XXX | — | XXX |
| 負債 | XXX | XXX | XXX | XXX | XXX | — | XXX |
| … | … | … | … | … | … | … | … |

**図表27-4**は，セグメント情報を表形式の情報を中心に開示する場合に，上記の①から④までの開示項目がどの部分に関するものかを示している。なお，開示項目のすべてが表形式の情報に収まるわけではなく，定性的な情報として表形式の情報の前後に記述されるものもある。

**①　報告セグメントの概要**

報告セグメントの決定方法は企業ごとに異なるため，企業には事業セグメントの識別に用いた方法（事業セグメントの基礎となっている要素）や複数の事業セグメントを集約したか否かといった報告セグメントの決定方法，各報告セグメントに属する製品およびサービスの種類に関する情報を開示することが求められる。

**②　利益（または損失），資産および負債等の金額**

報告セグメントごとにその内訳を開示する財務諸表項目（図表27-4参照）については，**図表27-5**のとおり，その状況によって次のものとされる（基準17号19項～22項）。

図表27-5 ■セグメント情報で開示が求められる財務諸表項目

| すべての場合 |
|---|
| •利益（または損失）<br>•資産 |
| 負債に関する情報が最高経営意思決定機関に対して定期的に提供され，使用されている場合 |
| •負債 |
| 次に示す項目が報告セグメントの利益（もしくは損失）または資産の額の算定に含まれている場合，または含まれていない場合でも当該項目の各事業セグメント別の情報が最高経営意思決定機関に対して定期的に提供され，使用されている場合 |
| （利益（または損失）の算定に関連する項目）<br>•外部顧客への売上高<br>•事業セグメント間の内部売上高または振替高<br>•減価償却費（のれんを除く無形固定資産に係る償却費を含む）<br>•のれんの償却額および負ののれんの償却額<br>•受取利息および支払利息<br>•持分法投資利益（または損失）<br>•特別利益および特別損失（主な内訳を含む）<br>•税金費用（法人税等および法人税等調整額）<br>•上記に含まれない重要な非資金損益項目<br>（資産の算定に関連する項目）<br>•持分法適用会社への投資額（当年度末残高）<br>•有形固定資産および無形固定資産の増加額（当年度の投資額） |

* 各項目の上部にある網掛け部分がそれらの開示を要する状況を示している。

### ③　測定方法に関する事項

財務諸表項目の各報告セグメントの金額の開示は，マネジメント・アプローチに従って，資源配分または業績評価のために最高経営意思決定機関に報告される金額に基づいて行う[8]。ただし，費用や資産の金額のなかには，特定の報告セグメントだけに帰属させられないものがあるため，これらについては費用の発生により便益を受ける程度や利用面積といった合理的な基準に基づき各事業

8　そのため，報告セグメントの利益の測定方法についても特段定められていない。また，最高経営意思決定機関の意思決定のために報告されている情報が財務諸表利用者の判断を誤らせる可能性があると考えられるとき（たとえば，複数の企業を介在させて，各企業の帳簿上通過させるだけの取引のように，収益の総額表示が明らかに適当ではない取引について，損益計算書上は純額で処理しているにもかかわらず，最高経営意思決定機関に対して顧客からの対価の総額を報告している場合にそれをそのまま開示するなど）には，当該情報をそのまま開示することは適当ではない（基準17号59項）。

セグメントに配分する。また，事業セグメントに配分しないとされたもの（たとえば全社的な費用等）については，以下で解説する④差異調整に関する事項で当該金額を開示する。

また，測定方法に関しては，**図表27-6**のとおり，その状況により少なくとも次の内容を開示しなければならない（基準17号24項）。

**図表27-6 ■測定方法に関する開示内容**

| 報告セグメント間の取引がある場合 |
|---|
| •その会計処理の基礎となる事項 |
| **以下に示す差異が存在するにもかかわらず，差異調整に関する事項の開示からは次の内容が明らかでない場合** |
| •報告セグメントの利益（損失）の合計額と，損益計算書の利益（損失）計上額との差異の内容<br>•報告セグメントの資産の合計額と（連結）貸借対照表の資産計上額との差異の内容<br>•報告セグメントの負債の合計額と（連結）貸借対照表の負債計上額との差異の内容 |
| **事業セグメントの利益（損失）の測定方法を前年度に採用した方法から変更した場合** |
| •変更した旨，変更の理由および当該変更がセグメント情報に与えている影響 |
| **事業セグメントに対する特定の資産または負債の配分基準と関連する収益または費用の配分基準が異なる場合** |
| •その内容 |

＊各項目の上部にある網掛け部分がそれらの開示を要する状況を示している。

### ④　差異調整に関する事項

②で開示することとされた財務諸表項目の各報告セグメントの金額の合計額は当該開示項目の財務諸表計上額と必ずしも一致しない。その場合には当該差異を開示する必要がある。その開示を「調整額」として表形式の情報で開示する場合には，図表27-4のようになる。なお，財務諸表計上額として開示される利益（または損失）の金額については，損益計算書の営業利益，経常利益，税金等調整前当期純利益，当期純利益または親会社に帰属する当期純利益のうち，いずれか適当と判断される科目の金額を記載する[9]。

①から④の開示項目に加え，組織変更等により報告セグメントの区分方法を変更する場合には，その旨および前年度のセグメント情報を当年度の区分方法

9　報告セグメントの利益を測定するにあたって採用されている会計方針が財務諸表の作成で採用されている会計方針と異なる場合など重要な調整事項がある場合には，その内容を個別に記載しなければならない。

により作り直した情報を開示する。ただし，それが実務上困難な場合には，当年度のセグメント情報を前年度の区分方法により作成した情報を開示することができる。

## 3　関連情報等

### (1)　セグメント関連情報

関連情報等の1つであるセグメント関連情報については，**図表27-7**に示す事項を開示しなければならない（基準17号29項～32項）。ただし，セグメント情報のなかで同様の情報が開示されている場合にはその開示は必要とされない。他方で，報告セグメントが1つしかなく，セグメント情報を開示していない企業でも当該情報は開示しなければならない。

**図表27-7■セグメント関連情報の開示項目**

| (i)　製品及びサービスに関する情報 |
|---|
| 主要な個々の製品またはサービスあるいはこれらの種類や性質，製造方法，販売市場等の類似性に基づく同種・同系列のグループ（「製品・サービス区分」）ごとに外部顧客への売上高を開示する。 |
| (ii)　地域に関する情報 |
| 国内の外部顧客への売上高に分類した額と海外の外部顧客への売上高に分類した額，および，国内に所在している有形固定資産の額と海外に所在している有形固定資産の額（いずれも主要な国がある場合にはこれを区分して開示） |
| (iii)　主要な顧客に関する情報 |
| 主要な顧客がある場合には，その旨，当該顧客の名称，当該顧客への売上高および当該顧客との取引に関連する主な報告セグメントの名称 |

このうち，製品・サービス別の情報は，財務諸表利用者が過去の業績と事業の成長可能性を評価するにあたり重要である（基準17号89項）。地域別の情報は，売上高に関しては特定の地域における経済状況の悪化のリスクや経済状況の好転による事業の成長可能性を理解するために有用な情報であり，有形固定資産に関しては企業のリスクの集中度合を理解するために有用な情報である（同90項）。主要な顧客に関する情報[10]は，特定の顧客への依存は事業上のリスクを理解するうえで有用である。

### (2)　固定資産の減損損失に関する報告セグメント別情報

損益計算書に固定資産の減損損失を計上している場合には，その報告セグメント別の内訳を開示する[11]。減損損失に関しては，企業の保有する資産に重要な影響を及ぼす可能性がある項目ではあるものの，マネジメント・アプローチによって開示が必要ないと判断されればセグメント情報において開示されない可能性があり，国際的な会計基準においても同種の情報の開示が求められていることからその開示が求められている。

### (3)　のれんに関する報告セグメント別情報

のれん（または負ののれん）の償却額を計上している場合[12]にはその償却額および未償却残高に関する報告セグメント別の内訳を開示することが求められる。のれんの償却額および未償却残高に関しては，財務諸表利用者が企業の報告セグメント別の将来キャッシュフローを予測するうえで有用な情報であると考えられるほか，国際的な会計基準において同種の情報の開示が求められていることからその開示が求められている。

**図表27-8■セグメント情報の開示例**

（セグメント情報）

1. 報告セグメントの概要

当社の報告セグメントは，取締役会において経営資源の配分の決定および業績管理を行うために定期的に財務情報が提供される事業の単位に従っている。

当社は，日本および米国内に自動車部品等のモビリティ部品および住宅設備の製造拠点を有しており，それら製品の販売も行っているほか，製造拠点のない中国および欧州等には日本または米国から同製品を供給することで製品の販売を行っている。当社は，各国または各地域に現地法人を設立し，事業の管理を行っている。そのため，報告セグメントは主として地理的区分に従っており，「日本事業」，「米国事業」，「中国事業」，「欧州事業」等がある。ただし，日本における「不動産事業」

---

10　同一の企業集団に属する複数の顧客への売上高については，企業が知りうる限り，これを集約して主要な顧客に該当するかを判断するのが望ましいとされる（基準17号93項）。

11　ただし，セグメント情報のなかで同様の情報が開示されている場合にはその開示を要しない。後述するのれんに関する報告セグメント別情報についても同様である。

12　重要な負ののれんを認識した場合には，負ののれんを認識した事象について開示しなければならない（基準17号34-2項）。

だけは地理的区分に基づかないものとなっている。

## 2. 報告セグメントの利益（又は損失），資産及び負債等の額の測定方法

各報告セグメントについて開示されている会計数値は，原則として「連結財務諸表作成のための基本となる重要な事項」に記載されている会計処理方法と同一の方法により測定されている。ただし，セグメント間の売上高および振替高については市場の実勢価格に基づき測定している。

## 3. 報告セグメントの利益（又は損失），資産及び負債等に関する情報

（単位：百万円）

| | 日本事業 | 米国事業 | 中国事業 | 欧州事業 | その他注1 | 調整額注2 | 連結財務諸表計上額注3 |
|---|---|---|---|---|---|---|---|
| 売上高 | | | | | | | |
| 外部顧客への売上高 | 15,000 | 32,000 | 8,000 | 4,500 | 15,500 | 0 | 75,000 |
| セグメント間の売上高又は振替高 | 8,200 | 13,500 | — | — | — | △ 21,700 | — |
| 計 | 23,200 | 45,500 | 8,000 | 4,500 | 15,500 | △ 21,700 | 75,000 |
| セグメント利益 | 8,000 | 9,000 | 1,200 | △ 500 | 1,400 | △ 3,500 | 15,600 |
| セグメント資産 | 24,000 | 42,000 | 3,000 | 2,700 | 1,300 | 1,500 | 74,500 |
| セグメント負債 | 18,000 | 26,000 | 1,200 | 800 | 750 | 2,750 | 49,500 |
| その他 | | | | | | 0 | |
| 減価償却費 | 2,700 | 6,300 | 750 | 680 | 870 | 500 | 11,800 |
| 有形固定資産及び無形固定資産の増加額 | 3,000 | 2,500 | 300 | 450 | — | 750 | 7,000 |

（注）1. その他には，アジア事業，中東事業，不動産事業が含まれる。
2. 調整額は，以下のとおりである。
(1) セグメント利益調整額△3,500百万円には，セグメント間取引消去△2,500百万円，報告セグメントに配分されていない全社費用△1,000百万円が含まれている。
(2) セグメント資産の調整額1,500百万円は，報告セグメントに配分されていない全社資産である。
(3) セグメント負債の調整額2,750百万円は，本社の長期借入金である。
(4) 有形固定資産および無形固定資産の増加額の調整額750百万円は，本社建物の設備投資額である。
3. セグメント利益は，連結財務諸表の営業利益と調整を行っている。

## 4. 製品及びサービスに関する情報

（単位：百万円）

| | 自動車部品 | バイク部品 | その他モビリティ部品 | 住宅設備 | その他 | 合計 |
|---|---|---|---|---|---|---|
| 外部顧客への売上高 | 54,000 | 8,000 | 2,500 | 7,500 | 3,000 | 75,000 |

5. 主要な顧客に関する情報

（単位：百万円）

| 顧客の名称 | 顧客への売上高 | 関連するセグメント |
|---|---|---|
| ○○自動車(株) | 47,500 | 日本事業，米国事業，中国事業 |

（減損損失）

固定資産の減損損失に関する報告セグメント別情報

（単位：百万円）

| | 日本事業 | 米国事業 | 中国事業 | 欧州事業 | その他注 | 全社・消去 | 合計 |
|---|---|---|---|---|---|---|---|
| 減損損失 | — | — | — | 350 | 50 | — | 400 |

（注）その他の金額はすべて中東事業に関するものである。

（のれん）

のれんに関する報告セグメント別情報

（単位：百万円）

| | 日本事業 | 米国事業 | 中国事業 | 欧州事業 | その他 | 全社・消去 | 合計 |
|---|---|---|---|---|---|---|---|
| 当期償却額 | — | — | — | 30 | — | — | 30 |
| 当期末残高 | — | — | — | 480 | — | — | 480 |

# 第28章 会計方針の開示等

**学習のポイント**

財務諸表は，１つの取引に対して複数の会計方針や表示方法が認められる場合，それらの中から選択された特定の方法に基づき作成される。また将来に関する不確定な要素を含む取引については，将来に関する見積りに基づきその作成が行われる。さらに，これらの会計方針や表示方法，会計上の見積りはさまざまな理由により変更されることがある。本章では，財務諸表利用者が財務諸表を正確に理解するために必要と考えられる，会計方針，表示方法および会計上の見積りならびにそれらの変更による影響に関する開示等について学ぶ。

## 1　会計方針の開示等において用いられる用語

会計方針の開示等において用いられる用語は，企業会計基準第24号「会計方針の開示，会計上の変更及び誤謬の訂正に関する会計基準」（以下，本章では基準24号という）により次のとおり定義されている。

### (1)　会計方針等

**会計方針**，**表示方法**および**会計上の見積り**は，**図表28-１**のとおり定義されている。なお，本章ではこれら３つをあわせて会計方針等とよぶ。

**図表28-１■会計方針等に関する用語**

| 用　語 | 定　義（基準24号４項） |
|---|---|
| 会計方針 | 財務諸表の作成にあたって採用した会計処理の原則および手続 |
| 表示方法 | 財務諸表の作成にあたって採用した表示の方法（注記による開示も含む）をいい，財務諸表の科目分類，科目配列および報告様式が含まれる。 |
| 会計上の見積り | 資産および負債や収益および費用等の額に不確実性がある場合において，財務諸表作成時に入手可能な情報に基づいて，その合理的な金額を算出すること |

### (2) 会計上の変更

また会計方針等はさまざまな理由により変更される。当該変更に関しては，**会計方針の変更**，**表示方法の変更**および**会計上の見積りの変更**ならびに**会計上の変更**という用語が**図表28-2**のとおり定義されている。

**図表28-2 ■会計上の変更に関する用語**

| 用　語 | 定　義（基準24号4項） |
|---|---|
| 会計方針の変更 | 従来採用していた一般に公正妥当と認められた会計方針から他の一般に公正妥当と認められた会計方針に変更すること |
| 表示方法の変更 | 従来採用していた一般に公正妥当と認められた表示方法から他の一般に公正妥当と認められた表示方法に変更すること |
| 会計上の見積りの変更 | 新たに入手可能となった情報に基づいて，過去に財務諸表を作成する際に行った会計上の見積りを変更すること |
| 会計上の変更 | 会計方針の変更，表示方法の変更および会計上の見積りの変更をいう。過去の財務諸表における誤謬の訂正は，会計上の変更には該当しない。 |

このうち，会計方針の変更および表示方法の変更については，会計基準等の改正もしくは廃止または新設（以下，あわせて**会計基準等の改正**という）による変更[1]，または，それ以外の正当な理由に基づく自発的な変更[2]に限定されている。会計上の変更は，会計方針の変更，表示方法の変更および会計上の見積りの変更の総称であり，以下で解説する誤謬を訂正するための会計方針等の変更を含まない。

---

1　会計基準等については第3章を参照されたい。なお，表示方法については法令等の改正による変更も含まれるものとする。

2　正当な理由に基づく自発的な変更とは，会計方針の変更に関しては，①会計方針の変更が企業の事業内容または企業内外の経営環境の変化に対応して行われるものであること，および，②会計方針の変更が会計事象等を財務諸表により適切に反映するために行われるものであることの2つの要件が満たされている場合を指す（企業会計基準適用指針第24号「会計方針の開示，会計上の変更及び誤謬の訂正に関する会計基準の適用指針」6項）。具体的には有形固定資産の用途変更に伴う減価償却方法の変更などが考えられる。また，表示方法に関しては会計事象等を財務諸表により適切に反映するための変更を指す（基準24号13項(2)）。

### (3)　過去の誤謬の訂正

**誤謬**は，原因となる行為が意図的であるか否かにかかわらず[3]，財務諸表作成時に入手可能な情報を使用しなかったこと，または，これを誤用したことによる次のような誤りをいう（基準24号４項(8)）。

① 財務諸表の基礎となるデータの収集または処理上の誤り
② 事実の見落としや誤解から生じる会計上の見積りの誤り
③ 会計方針の適用の誤りまたは表示方法の誤り

過去に生じた誤謬を訂正することは**過去の誤謬の訂正**とよばれる。ある科目に関する金額を他の科目に関するものとして取り違えていたことに伴う訂正や，当時すでに入手可能であったにもかかわらず用いられなかった情報に基づき過去に行った会計上の見積りを変更すること，一般に公正妥当と認められない会計方針または表示方法から一般に公正妥当と認められた会計方針または表示方法に変更することなど，会計上の変更の定義を満たさない会計方針等の変更は過去の誤謬の訂正に該当する。

以上のように，会計方針等を変更する行為はその変更理由によって会計上の変更に該当する場合と過去の誤謬の訂正に該当する場合があり，どちらに該当するかによって会計上の取扱いが異なるため注意を要する。

## 2　会計方針等の開示

会計方針および会計上の見積りに関する開示については，基準24号および企業会計基準第31号「会計上の見積りの開示に関する会計基準」（以下，本章では基準31号という）にその詳細が規定されている[4]。基準24号および基準31号にはそれぞれに「開示目的」が定められており，両基準には開示に関する詳細な規定は存在するものの，最終的な判断はこの開示目的に従うこととされている。これは，さまざまな取引に関する個々の会計基準を改正して会計方針等の開示を充実させるよりも，会計方針等の開示に関する包括的な会計基準を作成し，

3　誤謬については，意図的であるか否かによって区別すべきという考え方もあるが，会計上の取扱いを両者で区別する必要がないことから基準24号では区別されていない。
4　表示方法については，その開示に関する特段の規定は設けられていない。

そこで原則（つまり開示目的）を示して開示の充実を図るほうが，企業の置かれている状況等も勘案され，より適切な開示が行われるであろうとの考えに基づくものである。

なお，会計方針等の開示については，財務諸表本体だけではわからない情報を注記により適切に開示することを求める企業会計原則（以下，本章では「原則」という）の一般原則4（明瞭性の原則）（第10章参照）に従ったものでもある。

### (1)　会計方針の開示

会計方針の開示に関する開示目的は，「財務諸表を作成するための基礎となる事項を財務諸表利用者が理解するために，採用した会計処理の原則及び手続の概要を示すことにある」（基準24号4-2項）とされている。会計方針の開示は，財務諸表の作成にあたって採用されている会計処理（どのような場合にどのような項目が計上されるのか，計上金額がどのように算定されているのか）を財務諸表利用者が理解するのに不可欠な情報であり，財務諸表間（企業間）の比較可能性の向上にもつながる。

会計方針の開示については，重要な会計方針を注記することが求められる。**重要な会計方針**については，明確な定義は定められていないものの，次の項目が例示列挙されている。ただし，重要性が乏しいものについては省略できる（基準24号4-5項）。

①　有価証券の評価基準および評価方法
②　棚卸資産の評価基準および評価方法
③　固定資産の減価償却の方法
④　繰延資産の処理方法
⑤　外貨建資産および負債の本邦通貨への換算基準
⑥　引当金の計上基準
⑦　収益および費用の計上基準

企業は，すべての会計事象等に関する会計方針を注記する必要はない。会計事象等に関連する会計基準等の定めが存在し，かつ，代替的な会計方針が認められていない場合には，採用される会計方針は単一であり，かつ，その内容は明確であることから注記を省略できる。他方で，会計事象等に関連する会計基準等の定めが明らかでない場合[5]に適用された会計方針は，開示目的に照らして注記が求められる。

### (2) 会計上の見積りの開示

#### ① 開示目的

会計上の見積りに基づき財務諸表に計上される金額については，その見積方法や見積りの基礎となる情報の入手可能な程度によってその不確実性はさまざまであり，それゆえに翌年度の財務諸表に影響を及ぼす可能性も異なる。しかし，財務諸表利用者がその金額の不確実性や将来に影響を与える可能性を財務諸表計上額のみに基づいて判断するのは困難である。

会計上の見積りの開示に関する開示目的は，「当年度の財務諸表に計上した金額が会計上の見積りによるもののうち，翌年度の財務諸表に重要な影響を及ぼすリスク（有利となる場合及び不利となる場合の双方が含まれる）がある項目における会計上の見積りの内容について，財務諸表利用者の理解に資する情報を開示すること」（基準31号４項）とされている。

#### ② 開示項目の識別

会計上の見積りの開示は，「翌年度の財務諸表に重要な影響を及ぼすリスクがある項目」を識別することから始まる[6]。その識別は，通常，当年度の財務諸表に計上された資産および負債を対象に行われる。しかし，収益および費用のほか，当年度の会計処理の結果として財務諸表に計上されなかった項目[7]や，注記で開示する金額を算出するにあたって見積りを行ったものなども，識別されることを妨げないとされている。

なお，直近の市場価格で時価評価する資産および負債の市場価格の変動は，会計上の見積りに起因するものではないため考慮外とされる（基準31号５項）。また，翌年度の財務諸表に与える影響を検討するにあたっては，その影響の金額的大きさおよびその発生可能性を総合的に勘案して判断する（同５項）。

---

5　特定の会計事象等に対して適用し得る具体的な会計基準等の定めが存在しない場合（新たな取引や経済事象の出現など）を指す（基準24号４-３項）。

6　影響を考慮する期間が翌年度に限定されているのは，期間が長くなれば開示すべき情報が多くなり，情報の具体性も失われ，最も目的適合的な情報が不明瞭になってしまうことが懸念されるためである。

7　たとえば，当年度の財務諸表においてある固定資産について減損損失を認識しないとの判断が下された場合であっても，翌年度の財務諸表に影響を及ぼすリスクを検討した結果，当該固定資産を開示項目として識別する可能性がある（基準31号23項）。

#### ③　注記事項

開示項目については，項目ごとに以下の内容を注記する。ただし，具体的な内容や記載方法（定量的情報もしくは定性的情報，またはこれらの組み合わせ）については，開示目的に照らして判断する。なお，他の会計基準等により既に注記が求められている場合には，注記の重複を避ける観点から当該基準に基づき行われる注記の記載内容を参照することができる（基準31号7～8項）[8]。

（ｉ）　当年度の財務諸表に計上した金額
（ⅱ）　会計上の見積りの内容について財務諸表利用者の理解に資するその他の情報
　(a)　当年度の財務諸表に計上した金額の算出方法
　(b)　当年度の財務諸表に計上した金額の算出に用いた主要な仮定
　(c)　翌年度の財務諸表に与える影響[9]

### (3)　未適用の会計基準等に関する開示

未適用の会計基準等（すでに公表されているものの，いまだに適用されていない新しい会計基準等）がある場合には以下の内容を注記する[10]。なお，もっぱら表示および注記事項を定めた会計基準等に関しては③の注記は要しない（基準24号22-2項）。

①　新しい会計基準等の名称および概要
②　適用予定日（早期適用する場合には早期適用予定日）に関する記述
③　新しい会計基準等の適用による影響に関する記述

## 3　会計上の変更に関する取扱い

会計上の変更および過去の誤謬の訂正に関する会計上の取扱いを整理したものが**図表28-3**である。会計方針の変更および表示方法の変更ならびに過去の誤謬の訂正については，原則的な取扱いとして変更後または訂正後の会計方針等を過去の財務諸表に遡って適用していたかのように会計処理をする**遡及処理**

---

8　連結財務諸表を作成している場合に，個別財務諸表においても開示を行うときは，(ii)の注記事項について連結財務諸表における記載を参照することができる（基準31号9項）。

9　定量的な情報を開示する場合には，単一の金額のみならず，合理的に想定される金額の範囲を示すことも考えられる（基準31号30項）。

10　連結財務諸表で注記を行っている場合は，個別財務諸表での注記を要しない。

（遡及適用，財務諸表の組替えおよび修正再表示の総称）が求められる。他方で，会計上の見積りの変更については，当該変更が影響する期間に応じて将来にわたり会計処理することが求められる。

**図表28-3　会計上の変更および過去の誤謬の訂正に関する会計上の取扱い**

| 会計上の変更の種類および過去の誤謬の訂正 | | 原則的な取扱い |
|---|---|---|
| 会計方針の変更 | 会計基準等の改正 | 遡及適用 |
| | 　経過的な取扱いの定めがある場合 | 経過的な取扱いに従う |
| | 上記以外の正当な理由 | 遡及適用 |
| 表示方法の変更 | | 財務諸表の組替え |
| 会計上の見積りの変更* | | 将来にわたり会計処理 |
| 過去の誤謬の訂正 | | 修正再表示 |

*会計方針の変更と会計上の見積りの変更の区別が困難な場合ならびに有形固定資産の減価償却方法および無形固定資産の償却方法の変更を含む。

### (1)　会計方針の変更

会計方針については，「原則」の一般原則５（継続性の原則）（第10章参照）に従い，原則として一度採用した会計方針を継続して適用しなければならない。ただし，会計基準等の改正またはそれ以外の正当な理由により会計方針の変更が行われることがある。

#### ①　原則的な取扱い

会計方針の変更が生じた場合には，新たな会計方針を過去の期間のすべてに遡及適用する。ただし，会計基準等の改正を理由に会計方針の変更が行われる場合で，会計基準等で特定の経過的な取扱い（適用開始時に遡及適用を行わないことを定めた取扱いなどをいう）が定められる場合には，その経過的な取扱いに従う（基準24号６項(1)）。

**遡及適用**とは，新たな会計方針を過去の財務諸表に遡って適用していたかのように会計処理することをいう（基準24号３項(9)）。遡及適用では，過去の財務諸表の会計数値が影響を受けるが，そのうち財務諸表の表示期間（当期の財務諸表およびこれにあわせて過去の財務諸表が表示されている場合の，その表示期間）より前の期間にかかる累積的影響額は，財務諸表に表示されている最も古い期間の期首の資産，負債および純資産額に反映させ，表示期間にかかる影響額は当該各期間の計上額に反映させる[11]。

会計方針の変更に関する取扱いについては，遡及適用のほかにも，変更後の会計方針により影響を受ける特定の項目に関する情報のみを開示する方法や，変更に伴う影響を将来にわたり会計処理することも考えられる。しかし，財務諸表本体のすべての項目に関する情報が比較情報として提供されるほうが財務諸表全般の比較可能性が高まること，また当期または将来にわたり会計方針の変更による影響を反映するよりも当期の財務諸表の比較情報として過去の財務諸表を変更後の会計方針に基づき作成し直した情報を提供するほうが情報の有用性が高まると期待されることから遡及適用が求められている。

#### ②　原則的な取扱いが事実上不可能な場合の取扱い

原則的な取扱いである遡及適用が実務上不可能な場合[12]には，その状況に応じて次のように取り扱う。

（ⅰ）過去の期間のすべてに新たな会計方針を遡及適用した場合の累積的影響額を算定することはできるものの，表示期間のいずれかにおいて当該期間に与える影響額を算定することが実務上不可能な場合には，遡及適用が実行可能な最も古い期間の期首時点で累積的影響額を算定し，当該期首残高から新たな会計方針を適用する。また，（ⅱ）過去の期間のすべてに新たな会計方針を遡及適用した場合の累積的影響額を算定することが実務上不可能な場合には，期首以前の実行可能な最も古い日から将来にわたり新たな会計方針を適用する（基準24号９項）。

11　会計基準等の改正による場合には会計基準等の名称やその変更内容などを，それ以外の正当な理由による場合にはその変更内容や変更を行った正当な理由などを，経過的な取扱いに従う場合にはその旨や当該取扱いの概要などを注記事項として開示する。

12　そのような状況として，具体的には次のような状況が想定される（基準24号８項）。

（ⅰ）　過去の情報（遡及適用に必要なデータなど）が収集・保存されておらず，合理的な努力を行っても，遡及適用による影響額を算定できない場合

（ⅱ）　遡及適用にあたり，過去における経営者の意図（資産の保有目的など）について仮定することが必要な場合

（ⅲ）　遡及適用にあたり，会計上の見積りを必要とするときに，会計事象等が発生した時点の状況に関する情報について，対象となる過去の財務諸表が作成された時点で入手可能であったものと，その後判明したものとに，客観的に区別することが時の経過により不可能な場合

### 設例28-1　会計方針（棚卸資産評価方法）の変更に伴う遡及適用

以下に示す条件に従って，遡及適用後の連結貸借対照表（B/S），連結損益計算書（P/L）および連結株主資本等変動計算書（S/S）を作成する。注記事項は省略する。

- 当社は，当会計年度（X3年３月期）から棚卸資産の期末評価方法を従来の総平均法から先入先出法に変更する。先入先出法を過去の連結会計年度から遡及適用すること（原則的な取扱いの適用）に問題はない。
- 前会計年度（X2年３月期）の棚卸資産の増減について，先入先出法を適用した場合の金額と総平均法との差額および税金費用への影響は，以下の表（説明の都合上，本設例では当該表を影響表とよぶ）のとおりである。払出高はすべて販売に対応するものである。

（単位：千円）

| | 前連結会計年度（X2年３月期） | | | |
|---|---|---|---|---|
| | 期首残高 | 仕入高 | 払出高 | 期末残高 |
| 総平均法（従来の方法） | 10,500 | 49,000 | 35,700 | 23,800 |
| 先入先出法（遡及適用した場合） | 11,000 | 49,000 | ①35,000 | ②25,000 |
| 税金等調整前当期純利益への影響 | 500 | — | 700 | 1,200 |
| 法人税等調整額への影響 | 200 | — | ③280 | ④480 |
| 親会社株主に帰属する当期純利益への影響 | ⑤300 | — | 420 | 720 |

＊①～⑤は説明の都合上，追加された記号である。

- 連結会社相互間の取引による未実現利益に与える影響額は考慮しない。
- 当社の連結決算日は３月31日であり，法定実効税率は40％である。

以下では，遡及適用前の連結財務諸表（X2年３月期）と遡及適用後の連結財務諸表（X3年３月期）を示している。棚卸資産評価方法が変更されたことによって，遡及適用前の連結財務諸表のX2年３月期の数値が遡及適用後の連結財務諸表の同期の数値のとおり修正されている。遡及適用後の連結財務諸表で太字となっている数値については，影響表や他の財務諸表の値を用いて算出または決定しなければならない値を示している。

なお，ここでは遡及適用による影響を説明するため，実際に開示が求められる連結財務諸表と異なる部分があることに注意されたい。

＜各会計数値（太字部分）の補足説明＞

(*1) 影響表②より
(*2) 遡及適用前・連結B/Sの同会計年度の繰延税金資産計上額5,000千円－影響表④（遡及適用による法人税等調整額の累積増加額(*5)＝繰延税金資産の減少額）480千円=4,520千円
(*3) 遡及適用後・連結S/Sの同会計年度の利益剰余金期末残高より
(*4) 影響表①より
(*5) 影響表③より（法人税，住民税及び事業税（2,000千円）は遡及適用により変わらないものの，税金等調整前当期純利益が700千円増えたことによる法人税等調整額の増加）
(*6) 影響表⑤より（遡及適用による表示期間より前の期間にかかる累積的影響額）
(*7) 遡及適用後・連結P/Lの同会計年度の親会社株主に帰属する当期純利益より

**遡及適用前**・連結B/S（X2年3月期）　（単位：千円）

| | 前連結会計年度（X2年3月31日） | 当連結会計年度（X3年3月31日） |
|---|---|---|
| 資産の部 | | |
| 商品及び製品 | 10,500 | 23,800 |
| 繰延税金資産 | XX,XXX | 5,000 |
| … | … | … |
| 純資産の部 | | |
| … | | |
| 利益剰余金 | 20,000 | 24,000 |
| … | … | … |
| 純資産合計 | XX,XXX | 74,000 |

**遡及適用前**・連結P/L（X2年3月期）　（単位：千円）

| | 前連結会計年度（～X2年3月31日） | 当連結会計年度（～X3年3月31日） |
|---|---|---|
| 売上高 | XX,XXX | 63,000 |
| 売上原価 | XX,XXX | 35,700 |
| … | … | … |
| 税金等調整前当期純利益 | X,XXX | 5,000 |
| 法人税，住民税及び事業税 | X,XXX | 2,000 |
| 法人税等調整額 | XXX | — |
| 法人税等計 | X,XXX | 2,000 |
| 当期純利益 | X,XXX | 3,000 |
| 非支配株主に帰属する当期純利益 | X,XXX | — |
| 親会社株主に帰属する当期純利益 | X,XXX | 3,000 |

**遡及適用前**・連結S/S（X2年3月期）　（単位：千円）

| | 前連結会計年度（～ X2年3月31日） | 当連結会計年度（～ X3年3月31日） |
|---|---|---|
| … | | … |
| 利益剰余金 | | |
| 当期首残高 | XX,XXX | 20,000 |
| 当期変動額 | | |
| 親会社株主に帰属する当期純利益 | | 3,000 |
| … | | … |
| 当期変動額計 | | 4,000 |
| 当期末残高 | 20,000 | 24,000 |

**遡及適用後**・連結B/S（X3年3月期末）　（単位：千円）

| | 前連結会計年度（X3年3月31日） | 当連結会計年度（X4年3月31日） |
|---|---|---|
| 資産の部 | | |
| 商品及び製品 | (*1) 25,000 | XX,XXX |
| 繰延税金資産 | (*2) 4,520 | X,XXX |
| … | | |
| 純資産の部 | | |
| … | | |
| 利益剰余金 | (*3) 24,720 | XX,XXX |
| … | | |
| 純資産合計 | 74,720 | XX,XXX |

**遡及適用後**・連結P/L（X3年3月期）　（単位：千円）

| | 前連結会計年度（～X3年3月31日） | 当連結会計年度（～X4年3月31日） |
|---|---|---|
| 売上高 | 63,000 | XX,XXX |
| 売上原価 | (*4) 35,000 | XX,XXX |
| … | … | … |
| 税金等調整前当期純利益 | 5,700 | X,XXX |
| 法人税，住民税及び事業税 | 2,000 | X,XXX |
| 法人税等調整額 | (*5) 280 | XXX |
| 法人税等計 | 2,280 | X,XXX |
| 当期純利益 | 3,420 | X,XXX |
| 非支配株主に帰属する当期純利益 | — | X,XXX |
| 親会社株主に帰属する当期純利益 | 3,420 | X,XXX |

**遡及適用後**・連結S/S（X3年3月期）　（単位：千円）

| | 前連結会計年度（～X3年3月31日） | 当連結会計年度（～X4年3月31日） |
|---|---|---|
| … | | |
| 利益剰余金 | | |
| 当期首残高 | 20,000 | 24,720 |
| 会計方針の変更による累積的影響額 | (*6) 300 | — |
| 遡及処理後当期首残高 | 20,300 | XX,XXX |
| 当期変動額 | | |
| 親会社株主に帰属する当期純利益 | (*7) 3,420 | X,XXX |
| … | … | … |
| 当期変動額計 | 4,420 | X,XXX |
| 当期末残高 | 24,720 | XX,XXX |

### ⑵　表示方法の変更

表示方法は，財務諸表等規則等にもあるとおり，原則として毎期継続して適用しなければならない。しかし，会計基準等の改正またはそれ以外の正当な理由により表示方法の変更が行われることがある。

表示方法の変更を行った場合には，原則として財務諸表の組替えが求められる。**財務諸表の組替え**とは，表示する過去の財務諸表について新たな表示方法を遡って適用していたかのように表示を変更することをいう（基準24号4項⑽）。財務諸表の組替えが求められるのは，会計方針の変更に遡及適用が求められる理由と同様，財務諸表全般の比較可能性と情報の有用性が高まると期待されるからである。原則的な取扱いが実務上不可能な場合には，財務諸表の組替えが実行可能な最も古い期間から新たな表示方法を適用する。

### ⑶　会計上の見積りの変更

#### ①　会計上の取扱い

会計上の見積りの変更については，当該変更が変更期間のみに影響する場合には当該変更期間に会計処理を行い，将来の期間にも影響する場合には将来にわたり会計処理を行う（基準24号17項）。前者の例としては回収不能債権に対する貸倒見積額の見積りの変更が挙げられ，後者の例としては有形固定資産の耐用年数の見積りの変更が挙げられる。遡及適用ではなく，変更期間を含む将来にわたり会計処理を行うのは，会計上の見積りの変更は新しい情報によってもたらされるものであるため，過去に遡って処理せずその影響を将来に向けて認識すべきであると考えられるからである（同55項）。

なお，固定資産の耐用年数の変更に関しては，これまで臨時償却という会計処理方法が認められていた。**臨時償却**は，減価償却の計算に用いられていた耐用年数または残存価額が予見することのできなかった原因等により著しく不合理となった場合に，耐用年数の短縮や残存価額の修正に基づいて一時に行われる減価償却累計額の修正である（「固定資産の減損に係る会計基準の設定に関する意見書」三2）。臨時償却のもとでは，耐用年数の変更等に関する影響額がその変更期間で一時に認識され，将来の期間にわたってはあたかも固定資産の取得時から変更後の耐用年数により減価償却していたかのように処理される（**キャッチアップ方式**ともよばれる）。しかし，臨時償却については，「実質的に過去の期間への遡及適用と同様の効果をもたらす処理となることから，新たな事実の発生に伴う見積りの変更に関する会計処理としては，適切な方法ではない」（基準24号57項）ことや国際的な会計基準でもその適用が認められていないことから廃止され，変更に伴う影響額を当期以降の費用配分に反映させる方法（プロスペクティブ方式[13]ともよばれる）のみを認める取扱いに変更されている。

**図表28-4 ▩固定資産の耐用年数の変更における会計上の見積りの変更と臨時償却の処理の違い**

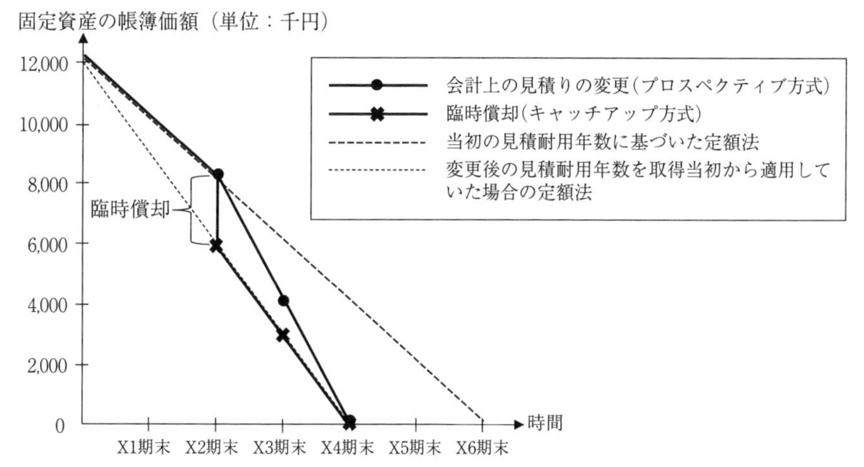


*設例28-2の前提条件に基づき作成

**設例28-2　減価償却の耐用年数の変更**

当社は，新たに得られた情報に基づき，当期（X3期）において保有する備品（X1期期首取得，取得原価12,000千円，定額法により減価償却，残存価額：ゼロ）の見積耐用年数を従来の6年から4年に変更する。

耐用年数の変更は会計上の見積りの変更にあたることから，その影響を当期を含む将来の期間にわたり反映させるため，当期以降の毎期の減価償却額を2,000千円から4,000千円に変更する。

| | 耐用年数6年の場合 | 耐用年数4年の場合 |
|---|---|---|
| 当期首時点の残りの耐用年数 | 4年 | 2年 |
| 当期首時点の帳簿価額 | 8,000千円 | |
| 当期以降の毎期の減価償却額 | 2,000千円 ➡ | 4,000千円 |

13　なお，過年度に遡及適用することは**レトロスペクティブ方式**ともよばれる。

### ②　会計方針の変更と区別ができない場合等の取扱い

会計方針の変更を会計上の見積りの変更と区別することが困難な場合，ならびに，有形固定資産の減価償却方法および無形固定資産の償却方法の変更については，会計上の見積りの変更と同様に取扱い，遡及適用は行わない。

このうち償却方法の変更に関しては，第6章でも指摘されているとおり，償却方法を会計方針の変更と捉えるか，または会計上の見積りの変更と捉えるかをめぐって見解が分かれる。日本では，固定資産の減価を会計期間ごとに個別的に把握することは困難であるという考え方から，定額法や定率法といった規則的・計画的な方法に基づいて減価償却が行われており，償却方法は会計方針として捉えられている。それに対して，IFRSではそもそも固定資産等を減価償却するか否かが会計方針の選択であり，定額法や定率法といった償却方法は将来の経済的便益の予測消費パターンを反映する会計上の見積りであると捉えられている[14]。

この問題について，基準24号では償却方法がいくつかの方法に限られている実態は会計上の見積りと捉える見方と整合しないことなどから，償却方法を会計方針とする見方が採られている。そのうえで，償却方法の変更は会計方針の変更ではあるものの，その変更にあたっては経済的便益の消費パターンに関する見積りの変更が伴うことから，会計上の見積りの変更と区別することが困難な場合に該当するものとし，会計上の見積りの変更と同様に取扱うとされている。

## 4　過去の誤謬の訂正に関する取扱い

過去の誤謬の訂正については，過去の財務諸表における誤謬の訂正を財務諸表に反映させる修正再表示が求められる（基準24号4項（11））。**修正再表示**では，表示期間より前の期間に修正を加えた場合の累積的影響額については財務諸表に表示されている最も古い期間の期首の資産，負債および純資産額に反映させ，表示する過去の各期間に修正を加えた影響額については当該期間の財務諸表に反映させる（同21項）。ただし，重要性の判断に基づき修正再表示をしない場

14　米国会計基準は会計方針の変更と会計上の見積りの変更とを区分することは時として困難であるとし，その一例として償却方法の変更を挙げている（基準24号60項）。

合は，当期の期間損益計算（その性質により営業損益または営業外損益のいずれか）に反映させる。

コラム18

**遡及処理の導入の経緯**

本章で扱った会計上の変更および過去の誤謬の訂正に関しては，2009年に基準24号が公表される以前には財務諸表等規則や「原則」注解12にその定めがあった。そこでは，変更または訂正に伴う影響を変更または訂正を行った期間の損益計算書の特別損益に前期損益修正項目として反映させることや，変更期間の財務諸表に与えた影響を注記することなどは求められていたが，遡及処理の適用までは求められていなかった。過去の財務諸表に遡って処理することはできないという当時の商法の考え方（確定決算主義）が強く影響していたためである。

しかしその後，2006年に旧商法の一部に代わり会社法が制定され，それにあわせて会社計算規則も改定された。そこでは，過年度事項の修正を前提とした計算書類の作成および修正後の過年度事項を参考情報として提供することを妨げないことが明文化された（会社計算規則133条３項）。また当時，日本の会計基準とIFRSとの差異を縮小するプロジェクトにおいて遡及処理が特に優先的に取り組むべき項目とされたこともあり，会計基準の整備が進められた。その結果，基準24号では，会計上の変更（会計上の見積りの変更を除く）および過去の誤謬の訂正については，原則として遡及処理が求められるようになった。ただし，基準24号のもとで遡及処理が適用され，修正後の過去の財務諸表が公表される場合であっても，会社法上，それはあくまでも情報提供の範疇であり，過去の決算を変えるものではないとの立場が採られている。

# 第29章 その他の注記事項

**学習のポイント**

本章では，前章まででとり上げられていない注記事項のうち，「関連当事者の開示」，「1株当たり当期純利益」，および「賃貸等不動産」に関する注記事項を学習する[1]。関連当事者は，企業やその役員と深い関係を有する者であり，関連当事者が企業経営に重要な影響を及ぼすことがあるので，その詳細な開示が求められている。また，1株当たり当期純利益は，企業の収益力や成長性を判断する際に用いる重要な指標の1つである。賃貸等不動産には事業投資に属する不動産も含まれるが，国際的な会計基準とのコンバージェンスの観点から，時価情報の開示が求められている。

## 1　関連当事者の開示

### (1)　関連当事者の意義

企業会計基準第 11 号「関連当事者の開示に関する会計基準」（以下，本章では基準11号という）は，財務諸表の注記事項としての関連当事者の開示内容について規定している。**関連当事者**とは，ある当事者が他の当事者を支配しているか，または，他の当事者の財務上および業務上の意思決定に対して重要な影響力を有している場合の当事者等をいう。たとえば，親会社や子会社，それらの役員やその近親者などの財務諸表作成会社の財政状態や経営成績に影響を及ぼす企業や個人を指す。

関連当事者との取引は対等な立場で行われているとは限らず，また，直接の取引がない場合においても，関連当事者の存在自体が，会社の財政状態や経営成績に影響を及ぼすことがある。このため，その影響を財務諸表利用者が把握

1　それ以外の注記事項としては「継続企業の前提に関する注記」，「重要な後発事象に関する注記」が挙げられる。

できるように適切な情報を提供する必要がある。なお，連結財務諸表で関連当事者の開示を行っている場合，個別財務諸表での開示は求められない。

### (2) 関連当事者の範囲

以下は**関連当事者の範囲**を示しており，それを図示したものが**図表29-1**である。

① 親会社（B社）
② 子会社（C社）
③ 財務諸表作成会社と同一の親会社をもつ会社（D社）
④ 財務諸表作成会社が他の会社の関連会社である場合における当該他の会社（以下，「その他の関係会社※1」という）ならびに当該その他の関係会社の親会社および子会社（E社，E'社，E"社）
⑤ 関連会社および当該関連会社の子会社※1（F社，F'社）
⑥ 財務諸表作成会社の主要株主※2およびその近親者※3（個人G，G'）
⑦ 財務諸表作成会社の役員※4およびその近親者（個人H，H'）
⑧ 親会社の役員およびその近親者（個人I，I'）
⑨ 重要な子会社の役員およびその近親者（個人J，J'）
⑩ ⑥から⑨に掲げる者が議決権の過半数を自己の計算において所有している会社およびその子会社（K社，K'社）
⑪ 従業員のための企業年金（企業年金と会社の間で掛金の拠出以外の重要な取引を行う場合に限る）（L社）

※1　その他の関係会社には，「共同支配投資企業」（財務諸表作成会社を共同で支配する企業）を含み，関連会社には，「共同支配企業」（財務諸表作成会社（連結財務諸表上は連結子会社を含む）と他の独立した企業により共同で支配されている企業）を含む。
※2　主要株主は，保有態様を勘案した上で，自己または他人の名義をもって総株主の議決権の10%以上を保有している株主を指す。
※3　近親者は二親等以内の親族を指す。
※4　役員は，取締役，会計参与，監査役，執行役またはこれらに準ずる者を指す。

なお，連結財務諸表上は，連結子会社を除き，個別財務諸表上は，重要な子会社の役員およびその近親者ならびにこれらの者が議決権の過半数を自己の計算において所有している会社およびその子会社を除く（5項)。

### (3) 関連当事者との取引

**関連当事者との取引**とは，会社と関連当事者との取引をいい，対価の有無にかかわらず，資源もしくは債務の移転，または役務の提供をいう（基準11号5項(1))。これには，関連当事者が第三者のために会社との間で行う取引や，会社と第三者との間の取引で関連当事者が当該取引に関して会社に重要な影響を及ぼしているものを含む。

開示対象となる関連当事者との取引の範囲は重要な取引に限定され，連結財務諸表では，連結会社と関連当事者との取引を開示対象とし，連結財務諸表の作成にあたって相殺消去した取引は開示対象外とする。また，無償取引や低廉な価格での取引については，独立第三者間取引であったと仮定した場合の金額を見積もったうえで，重要性の判断を行う。そして，形式的・名目的に第三者を経由した取引で，実質上の相手先が関連当事者であることが明確な場合には，開示対象に含める。

**図表29-1 ■関連当事者の範囲**

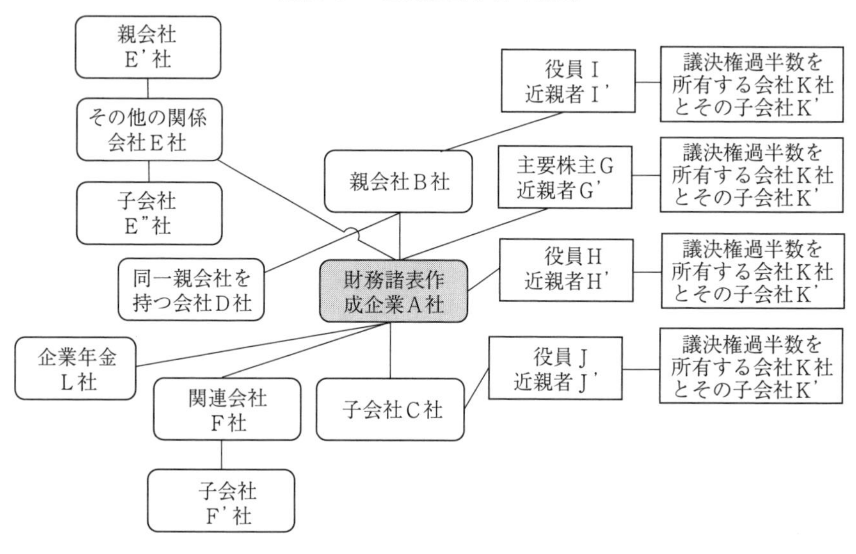


関連当事者との取引のうち，以下の取引は，開示対象外とする。

① 一般競争入札による取引，預金利息および配当の受取りその他取引の性質からみて取引条件が一般の取引と同様であることが明らかな取引
② 役員に対する報酬，賞与および退職慰労金の支払い

役員報酬等が開示対象外とされるのは，現行の「企業内容等の開示に関する内閣府令」では，財務情報としてではなく，コーポレート・ガバナンスに関する情報の中で開示されているためである（33項）。

## (4) 関連当事者に関する注記事項

開示対象となる関連当事者との取引がある場合，原則として個々の関連当事者ごとに，以下の項目を開示する（10項）。

① 関連当事者の概要
② 会社と関連当事者との関係
③ 取引の内容。なお，形式的・名目的には第三者との取引である場合は，形式上の取引先名を記載した上で，実質的には関連当事者との取引である旨を記載する。
④ 取引の種類ごとの取引金額
⑤ 取引条件および取引条件の決定方針
⑥ 取引により発生した債権債務に係る主な科目別の期末残高
⑦ 取引条件の変更があった場合は，その旨，変更内容および当該変更が財務諸表に与えている影響の内容
⑧ 関連当事者に対する貸倒懸念債権および破産更生債権等にかかわる情報（貸倒引当金繰入額，貸倒損失等）。なお，図表29-1の関連当事者の種類ごとに合算表示可

親会社または重要な関連会社が存在する場合，以下の項目を開示する（11項）。

① 親会社が存在する場合には，親会社の名称等
② 重要な関連会社が存在する場合には，その名称および当該関連会社の要約財務情報。なお，要約財務情報は合算して記載可

**図表29-2**は関連当事者との取引の開示例である。なお，図表中の議決権等の被所有割合とは，関連当事者が当社の議決権等を保有している割合のことで

**図表29-2 関連当事者との取引の開示例**

| 種類 | 会社等の名称 | 所在地 | 資本金（百万円） | 事業の内容 | 議決権等の所有（被所有）割合 | 関連当事者等との関係 | 取引の内容 | 取引金額（百万円） | 科目 | 期末残高（百万円） |
|---|---|---|---|---|---|---|---|---|---|---|
| 関連会社 | ×社 | 東京都中央区 | 1,000 | 不動産賃貸 | （所有）20.0%<br>（被所有）5.0% | 土地賃借 | 土地賃借 | 500 | 前払費用 | 200 |
| 子会社役員 | ××× | - | - | 子会社代表取締役 | （被所有）0.01% | - | 資金貸付 | 10 | 短期貸付金 | 10 |

（注）1. 記載金額には消費税等は含まれておりません。
2. 土地賃借については，近隣の取引実勢を参考にして契約により所定金額を決定しております。

ある。

## 2　1株当たり当期純利益

### (1)　1株当たり当期純利益の意義

**1株当たり当期純利益**（Earnings Per Share：EPS）とは，当期純利益を期中平均発行済普通株式数で除した数値であり，企業の収益力や成長性を判断する際に用いる主要な指標の1つである。企業会計基準第2号「1株当たり当期純利益に関する会計基準」（以下，本章では基準2号という）は，EPSおよび潜在株式調整後EPSの算定方法と開示方法について規定している。

なお，EPSおよび潜在株式調整後EPSの算定および開示の目的は，普通株主に関する一会計期間における企業の成果を示し，投資家の的確な投資判断に資する情報を提供することである（3項）。

### (2)　1株当たり当期純利益の算定

EPSは以下の計算式に基づき算定する。なお，損益計算書上，当期純損失の場合にも，当期純利益の場合と同様に，1株当たり当期純損失を算定する。

$$
1株当たり当期純利益=\frac{普通株式に係る当期純利益}{普通株式の期中平均株式数}
$$

$$
=\frac{損益計算書上の当期純利益-普通株主に帰属しない金額}{普通株式の期中平均発行済株式数-普通株式の期中平均自己株式数}
$$

ここで，計算式中の普通株式とは，株主としての権利内容に制限のない，標準となる株式をいう。また，普通株主とは，普通株式を有する者である。普通株式と同等の株式が存在する場合には，これらの株式数を含めてEPSを算定する。

#### ①　分子の計算

上記計算式の分子である「普通株式に係る当期純利益」は，「損益計算書上の当期純利益」から「普通株主に帰属しない金額」を控除したものであるが，「損益計算書上の当期純利益」は，連結財務諸表においては「親会社に帰属する当期純利益」に読み替える。また，「普通株主に帰属しない金額」には優先配当額などが含まれる。優先配当とは，普通株式よりも配当請求権（剰余金の配当を受ける権利）が優先される配当優先株式における優先的な剰余金の配当で，留保利益から行われるものをいう。「普通株主に帰属しない金額」を控除するのはEPSの算定目的が普通株主に関する企業の成果を示すことにあるためである。なお，優先配当額は，配当優先株式が累積型か，非累積型かによって以下の金額となる。

（ⅰ）累積型配当優先株式の場合

EPSの算定対象となる会計期間にかかわる要支払額

（ⅱ）非累積型配当優先株式の場合

EPSの算定対象となる会計期間に基準日が属する剰余金の配当を基礎として算定した額

累積型の場合，ある会計期間における優先配当が定められた金額に達しない際には，その不足額を累積し次の会計期間以降の利益から優先的にその累積不足額を支払うが，この際，要支払額を算定すれば足りる。非累積型の場合，剰余金の配当決議により決定する金額を基礎として優先配当額を算定する。

**②　分母の計算**

上記計算式の分母である「普通株式の期中平均株式数」は，以下のいずれかの方法によって算定する。

（ⅰ）期首時点の普通株式の発行済株式数に，期中に普通株式が発行された場合には，その発行時から期末までの期間に応じた普通株式の発行済株式数を加算し，期中平均自己株式数を控除して算定する方法

（ⅱ）会計期間における日々の普通株式の発行済株式数から自己株式数を控除した株式数の累計を平均して算定する方法

## 3　潜在株式調整後1株当たり当期純利益の算定

ワラント（新株予約権など）や転換証券（転換社債や転換株式）などの潜在株式（その保有者が普通株式を取得することができる権利もしくは普通株式への転換請求権またはこれらに準じる権利が付された証券または契約）の権利が行使されると，新株を発行することで発行済株式総数が増加するために，また，転換社債であれば支払利息等が不要となるために，EPSの算定に影響を及ぼすこととな

る。潜在株式にかかわる権利の行使がすべて行われたと仮定して算定したEPS（以下「**潜在株式調整後1株当たり当期純利益（EPS）**」という）が，EPSを下回ることを希薄化効果という。希薄化効果がある場合，企業はEPSに加えて，潜在株式調整後EPSを開示することとなる。

ただし，①潜在株式が存在しない場合，②存在しても希薄化効果を有しない場合，③1株当たり当期純損失の場合は，その旨を開示したうえで，潜在株式調整後EPSの開示を行う必要はない。

なお，普通株式増加数の算定に当たっては，新株予約権の行使による払込金額によって期中平均株価で自己株式を買い受けたと仮定して算定する（自己株式方式）。例えば，新株予約権（権利行使により1株発行）の個数が100個あり，行使価格100円，期中平均株価125円とする。新株予約権がすべて行使されると10,000円の入金があり，その入金額でもって期中平均株価で自己株式を買い受ければ80株（＝10,000円÷125円）購入できる。このため，普通株式増加数は20株（＝権利行使による発行株式100株－自己株式80株）となる。

この払込金額の扱いについては，上記の①自己株式方式のほかに②無調整方式（行使による入金額の使途は考慮しない）と③利益調整方式（例えば，国債への投資または負債の返済に用いたと仮定する）がある。基準2号では自己株式方式を採用したが，その理由は（a）潜在株式調整後EPSの算定目的が，企業の成果を示すことであり，それは過去の情報として算定することであるため期末の時点のみの株式数・時価を考慮することは適当ではないため，（b）行使による入金額の使途は一概には決められないため自己株式の買受に用いたという仮定にも一定の合理性があるため，（c）自己株式方式が比較的簡便で客観的であるためである（56項）。

潜在株式調整後EPSは，以下の計算式に基づき算定される。

$$\text{潜在株式調整後1株当たり当期純利益} = \frac{\text{普通株式に係る当期純利益}+\text{当期純利益調整額}}{\text{普通株式の期中平均株式数}+\text{普通株式増加数}}$$

計算式中の「当期純利益調整額」および「普通株式増加数」の算定は，①ワラントが存在する場合と②転換証券が存在する場合で**図表29-3**のように取り扱われる（24項～30項）。

**図表29-3 ■当期純利益調整額と普通株式増加数の算定**

<table>
<tr><th colspan="2">潜在株式</th><th>当期純利益調整額</th><th>普通株式増加数</th></tr>
<tr><td colspan="2">ワラント</td><td>（ワラントの権利行使に当たり発生する当期純利益調整額は存在しない）</td><td>下記①から②を控除。<br>①希薄化効果を有するワラントが期首または発行時にすべて行使されたと仮定した場合の普通株式数<br>②期中平均株価にて普通株式を買い受けたと仮定した普通株式数</td></tr>
<tr><td colspan="4">転換証券</td></tr>
<tr><td></td><td>転換負債</td><td>①支払利息，②償却原価法適用時の当期償却額，③利払いに係る事務手数料等(*1)の合計額から，当該金額に課税されたと仮定した場合の税額相当額を控除した金額</td><td rowspan="2">下記①に②を加算。<br>①希薄化効果を有する転換証券が期首に存在する場合，期首においてすべて転換されたと仮定した場合に発行される普通株式数(*2)<br>②希薄化効果を有する転換証券が期中に発行された場合は，発行時においてすべて転換されたと仮定し算定した当該発行時から期末までの期間に応じた普通株式数</td></tr>
<tr><td></td><td>転換株式</td><td>１株当たり当期純利益を算定する際に当期純利益から控除された転換株式に関連する普通株主に帰属しない金額（優先配当額等）</td></tr>
</table>

(*1) 重要性の乏しいものは算定に含めないことができる。
(*2) 転換証券のうち転換請求期間が期中に満了した部分または期中に償還した部分については，期首から当該満了時または償還時までの期間に応じた普通株式数を算定する。また，期中に転換された部分については，期首から当該転換時までの期間に応じた普通株式数を算定する。

## 設例29-1　転換負債が存在する場合のEPSおよび潜在株式調整後EPSの算定

### ①　前提

| | | |
|---|---|---|
| (a) | X1年度（X1/4/1～X2/3/31）の当期純利益 | 2,500,000円 |
| (b) | 転換社債型新株予約権付社債（一括法） | |
| | ・転換価格 | 150円 |
| | ・発行価額（9/30発行） | 4,500,000円 |
| | ・すべて転換された場合の普通株式数 | 30,000株 |
| | ・12/1の転換により発行された普通株式数 | 18,000株 |
| | ・X1年度の支払利息 | 200,000円 |
| (c) | 普通株式の発行済み株式数の状況 | |
| | ・期首残高 | 100,000株 |
| | ・12/1の転換 | 18,000株 |
| | ・期末残高 | 118,000株 |
| (d) | 法定実効税率 | 30% |

② 計算

**ステップ1：普通株式の期中平均株式数の算定**

普通株式の期中平均株式数は，以下の（a）（b）のいずれによっても同数となる。

(a) 期首時点の普通株式の発行済株式数に，期中に普通株式が発行された場合は発行時から期末までの期間に応じた普通株式の発行済株式数を加算し，期中平均自己株式数を控除して算定する方法の場合

| | | 発行済株式数 | 期間 | 期中平均株式数 |
|---|---|---|---|---|
| X1/4/1 | 期首残高 | 100,000株 | 365日 | 100,000株 |
| X1/12/1 | 転換数 | 18,000株 | (*1)121日 | (*2)5,967株 |
| X2/3/31 | 期末残高 | 118,000株 | | 105,967株 |

(*1) X1/12/1～X2/3/31，(*2) 18,000株×121日/365日

(b) 会計期間における日々の普通株式の発行済株式数から自己株式数を控除した株式数の累計を平均して算定する方法の場合

| | 発行済株式数 | 期間 | 期中平均株式数 |
|---|---|---|---|
| X1/4/1～X1/11/30 | 100,000株 | 244日 | (*1)66,849株 |
| X1/12/1～X2/3/31 | 118,000株 | 121日 | (*2)39,118株 |
| | 118,000株 | | 105,967株 |

(*1) 100,000株×244日/365日，(*2) 118,000株×121日/365日

**ステップ2：1株当たり当期純利益の算定**

$$\frac{\text{普通株式に係る当期純利益2,500,000円}}{\text{普通株式の期中平均株式数105,967株}} \fallingdotseq 23.59\text{円}$$

**ステップ3：当期純利益調整額の算定**

支払利息200,000円×（1－法定実効税率0.3）＝140,000円

**ステップ4：普通株式増加数の算定**

| | 発行時の株式増加数 | 期末または転換までの期間 | 期間に応じた株式増加数 |
|---|---|---|---|
| 期末まで未転換分 X1/9/30～X2/3/31 | 12,000株 | 182日 | (*1)5,984株 |
| 転換分 X1/9/30～X1/11/30 | 18,000株 | 61日 | (*2)3,008株 |
| | 30,000株 | | 8,992株 |

(*1) 12,000株×182日/365日

(*2) 18,000株×61日/365日

**ステップ5：潜在株式調整後1株当たり当期純利益**

$$\frac{\text{普通株式に係る当期純利益2,500,000円}+\text{当期純利益調整額140,000円}}{\text{普通株式の期中平均株式数105,967株}+\text{普通株式増加数8,992株}}$$

$$\fallingdotseq 22.96\text{円}$$

## 4　賃貸等不動産の時価等の開示

### (1)　賃貸等不動産の意義

**賃貸等不動産**とは，棚卸資産に分類されている不動産以外のものであって，賃貸収益またはキャピタル・ゲインの獲得を目的として保有されている不動産（ファイナンス・リースの貸手における不動産を除く）をいう（企業会計基準第20号「賃貸等不動産の時価等の開示に関する会計基準」（以下，本章では基準20号という）4項(2)）。

第6章で学習したように，日本基準は有形固定資産を原価評価しており，賃貸等不動産もその例外ではない。一方，IFRSは，投資不動産（賃貸収益またはキャピタル・ゲインの獲得を目的として保有する不動産）に対して時価評価と原価評価の選択適用を認めており，かつ原価評価する場合には時価を注記することとしている。会計基準の国際的なコンバージェンスに向けた取組みの中で，日本基準とIFRSとで投資不動産の取り扱いが異なることが問題となった。

ここで，賃貸収益を目的として保有される不動産は，第10章で学習した事業投資目的で保有する不動産と考えられ，その成果計算にあたって時価評価はなじまない。また，第5章で学習したトレーディング目的で保有する棚卸資産のように，キャピタル・ゲインの獲得を目的とする不動産であれば時価評価して評価差額を損益計上するという考え方もあるが，そのような不動産でも活発な取引が行われる整備された市場が存在しない場合には時価によって直ちに売買・換金を行うことには制約がある（15項)。そこで，基準20号では，IFRSとのコンバージェンスを図りつつ，また，金融商品の時価等の注記対象が拡大したことを踏まえたうえで，財務諸表本体では原価評価しつつも，注記において時価等の開示を行うこととされた。

なお，賃貸等不動産には，①貸借対照表において投資不動産（投資の目的で所有する土地，建物その他の不動産）として区分されている不動産，②将来の使用が見込まれていない遊休不動産，③上記以外で賃貸されている不動産が含まれる（5項)。

### (2)　賃貸等不動産の注記事項

賃貸等不動産を保有している場合は，以下の事項を注記することとされるが，不動産の総額に重要性が乏しい場合には注記を省略することができる。また，管理状況等に応じて，注記事項を用途別，地域別等に区分して開示することができる。

①　賃貸等不動産の概要
②　賃貸等不動産の貸借対照表計上額および期中における主な変動
③　賃貸等不動産の当期末における時価およびその算定方法
④　賃貸等不動産に関する損益

①賃貸等不動産の概要には，主要な賃貸等不動産の内容・種類・場所が含まれる（企業会計基準適用指針第23号「賃貸等不動産の時価等の開示に関する会計基準の適用指針」（以下，本章では指針23号という）9項）。

②賃貸等不動産の貸借対照表計上額および期中における主な変動には，原則として，取得原価から減価償却累計額および減損損失累計額（減損損失累計額を取得原価から直接控除している場合を除く）を控除した金額を計上する。また，期中の変動に重要性がある場合にはその事由と金額を記載する。

③賃貸等不動産の当期末における時価とは，通常，観察可能な市場価格に基づく価額をいい，市場価格が観察できない場合には合理的に算定された価額をいうが，合理的に算定された価額は，国土交通省の「不動産鑑定評価基準」による方法または類似の方法に基づき算定する。

④賃貸等不動産に関する損益にあたっては，重要性が乏しい場合を除いて，損益計算書の金額に基づき，賃貸収益とこれにかかわる費用（賃貸費用）による損益，売却損益，減損損失およびその他の損益等を適切に区分して記載する。

指針23号に示される開示例に基づけば，賃貸等不動産の貸借対照表計上額および期末時点の時価は**図表29-4**のように開示することとなる。

**図表29-4■賃貸等不動産に関する開示例**

（単位：百万円）

| 貸借対照表計上額 | | | 会計年度末の時価 |
|---|---|---|---|
| 会計年度期首残高 | 会計年度増減額 | 会計年度期末残高 | |
| 1,000,000 | △200,000 | 800,000 | 1,050,000 |

（注）1．貸借対照表計上額は，取得原価から減価償却累計額および減損損失累計額を控除した金額です。
2．会計年度増減額のうち，主な増減額は不動産取得（100,000百万円）による増加，不動産売却（150,000百万円），販売用不動産への振替（150,000百万円）による減少等です。
3．会計年度末の時価は，原則として「不動産鑑定評価基準」に基づき自社の鑑定部門にて算定した価額です。

# 中間財務諸表

**学習のポイント**

本章では，中間財務諸表の作成・開示内容について学習する。中間財務諸表は，情報の適時性の観点から期首から6ヵ月間を1つの会計期間として公表される財務諸表である。中間財務諸表の作成にあたっては，原則として年次の財務諸表作成にあたり用いられる会計処理を適用するが，開示の迅速性等の観点から簡便な処理が認められている。

## 1　中間財務諸表の意義

以前は，期中財務諸表については，企業会計基準第12号「四半期財務諸表に関する会計処理」（以下，本章では基準12号という）において，四半期財務諸表の作成・開示方法が規定され，四半期ごとの経営成績や財政状態が開示されてきた。しかし，2023年3月に金融商品取引法等の一部を改正する法案が国会に提出され，2023年11月に「金融商品取引法等の一部を改正する法律」として成立し，これをもって四半期報告書制度が廃止された。これを受けて，第1および第3四半期報告書の提出・開示がなくなり，その代わりとしてこれまでの第2四半期報告書（すなわち上半期6か月間）を半期報告書として提出することとなった。

そこで，2024年3月に基準第12号は企業会計基準第33号「中間財務諸表に関する会計基準」（以下，本章では基準33号という）へと改正され，そこでは半期報告書に含まれる中間連結財務諸表または中間個別財務諸表（以下，あわせて**中間財務諸表**という）にかかわる会計処理および開示に関する取扱いが規定されている。なお，改正後の金融商品取引法の成立日から施行日までの期間が短期間であり，会計処理の見直しによる実務負担が生じることが予想されるため，基準33号では従来の四半期財務諸表作成での実務が継続して適用可能となっている（BC8項）。

上場会社（特定事業会社[1]を除く）の中間財務諸表は，中間会計期間終了後45日以内の政令で定める期間内での提出が求められ，公認会計士または監査法人の期中レビューを経たうえで公表される。

## 2　中間財務諸表の範囲と対象期間

中間連結財務諸表および中間個別財務諸表の範囲は**図表30-1**のとおりである。図表30-1にあるように，中間財務諸表の範囲には株主資本等変動計算書は含まれていない。これは，四半期財務諸表における取扱いを引き継いだものであり，この点について基準12号では，①四半期制度が定着している米国では四半期株主資本変動計算書の開示が求められておらず，②四半期財務諸表の迅速な開示が求められる中，作成の負担を考慮したためとされていた（36項）。ただし，株主資本の金額に著しい変動があった場合には，主な変動事由を注記事項として開示する必要がある。

**図表30-1 ■中間財務諸表の範囲**

| 中間連結財務諸表 | | 中間個別財務諸表(*) |
|---|---|---|
| 一計算書方式に拠る場合 | 二計算書方式に拠る場合 | |
| •中間連結貸借対照表<br>•中間連結損益及び包括利益計算書<br>•中間連結キャッシュ・フロー計算書 | •中間連結貸借対照表<br>•中間連結損益計算書<br>•中間連結包括利益計算書<br>•中間連結キャッシュ・フロー計算書 | •中間個別貸借対照表<br>•中間個別損益計算書<br>•中間個別キャッシュ・フロー計算書 |

(*) 中間連結財務諸表を開示する場合には，中間個別財務諸表の開示は要しない。

また，中間財務諸表の開示対象期間は次頁の**図表30-2**のとおりである。

1　特定事業会社とは，具体的には①銀行法に定める銀行業，②銀行法に定める銀行持株会社の業務にかかわる事業，③保険業法に定める保険業および少額短期保険業，④保険業法に定める保険持株会社および少額短期保険持株会社の業務，⑤信用金庫法に定める全国を地区とする信用金庫連合会の業務にかかわる事業を行う会社をいう。なお，上場特定事業会社の提出期限は中間会計期間終了後60日以内である。

図表30-2 ■中間財務諸表の開示対象期間

| 中間財務諸表 | 開示対象期間 |
|---|---|
| 中間貸借対照表 | • 中間会計期間末日の中間貸借対照表<br>• 前年度末日の要約貸借対照表 |
| 中間損益計算書・中間包括利益計算書 | • 中間会計期間の損益情報<br>• 前中間会計期間の損益情報 |
| 中間キャッシュ・フロー計算書 | • 中間会計期間のキャッシュ・フロー情報<br>• 前中間会計期間の中間キャッシュ・フロー情報 |

## 3　中間財務諸表の作成方法

中間財務諸表の性格づけとしては,「実績主義」と「予測主義」の2つの考え方がある。中間財務諸表を前提とすると,「**実績主義**」とは, 中間会計期間を年度と並ぶ一会計期間とみたうえで, 原則として年度の財務諸表と同じ会計方針を適用して中間財務諸表を作成することにより, その中間会計期間にかかわる企業集団または企業の財政状態, 経営成績およびキャッシュ・フローの状況に関する情報を提供するという考え方である。一方「**予測主義**」とは, 中間会計期間を年度の一構成部分と位置づけて, 年度の財務諸表と部分的に異なる会計方針を適用して中間財務諸表を作成することにより, 中間会計期間を含む年度の業績予測に資する情報を提供するという考え方である。

基準33号では四半期財務諸表の「実績主義」の考え方が踏襲されている。基準12号で「実績主義」が採用されていた理由としては以下の点が挙げられていた（39項)。

① 四半期期間の実績を明らかにすることにより, 将来の業績予測に資する情報を提供するため
② 「予測主義」によると恣意的な判断の介入の余地があり, 会社ごとに会計方針が異なると企業間比較が困難になるため
③ 季節変動性については,「実績主義」による場合でも, 十分な定性的情報や前年同期比較を開示することにより, 財務諸表利用者を誤った判断に導く可能性を回避できるため
④ 実務処理が容易なため

このため, 中間財務諸表の作成にあたり採用する会計方針は, 中間特有の会

計処理を除いて，原則として年度の連結財務諸表の作成に当たって採用する会計方針に準拠しなければならない。ただし，中間連結財務諸表の開示対象期間にかかわる企業集団の財政状態，経営成績およびキャッシュ・フローの状況に関する財務諸表利用者の判断を誤らせない限りにおいて，簡便的な会計処理を採用できる[2]。

中間特有の会計処理，簡便的な処理およびその他の処理については，基準33号に加えて企業会計基準適用指針第32号「中間財務諸表に関する会計基準の適用指針」（以下，本章では指針32号という）に定められている。

### ①　原則的な会計処理

中間連結財務諸表の作成のために採用する会計方針は，原則として年度の連結財務諸表の作成にあたって採用する会計方針に準拠しなければならない。これは，前述の「実績主義」を採用しているためである。

### ②　中間特有の会計処理

中間特有の会計処理として認められるのは，（ⅰ）原価差異の繰延処理および（ⅱ）税金費用の計算に関する処理である（**図表30-3**）。

**図表30-3 ■中間特有の会計処理**

| 項　目 | 内　容 |
|---|---|
| （ⅰ）原価差異の繰延処理（基準33号17項） | 標準原価計算等を採用している場合，原価差異が操業度等の季節的変動に起因して発生したもので，かつ原価計算期間末までにほぼ解消が見込まれるとき，継続適用を条件に，当該原価差異を流動資産または流動負債として繰り延べることができる。 |
| （ⅱ）税金費用の会計処理（基準33号18項，指針32号17項）見積実効税率による税金費用の算定 | 税金費用について，中間期間を含む年度の税引前当期純利益に対する税効果会計適用後の実効税率を合理的に見積り，税引前中間純利益に当該見積実効税率を乗じて計算できる。 |

（ⅰ）原価差異の繰延処理は四半期財務諸表から踏襲された処理であるが，操業度等が季節的に大きく変動することにより，売上高と売上原価の対応関係

2　また，前年度の連結財務諸表および前年度の中間連結財務諸表を作成するために採用した会計方針は，これを継続して適用し，みだりに変更してはならない（基準33号12項）。

が適切に表示されない可能性があることを考慮した処理である（基準12号50項）。四半期財務諸表の処理を踏襲したのは，原価差異の繰延処理を廃止することとした場合には，現在適用している企業に一定の影響があり，四半期での実務が継続して適用可能となる取扱いを定めるという基準33号の基本的な方針と整合しないこととなるためである（BC14項）[3]。

（ii）見積実効税率による税金費用の算定については，法人税等は，基本的には年度決算と同様の方法により計算するが，法人税等は年度末において確定するため，累進税率が適用されるような場合には，中間会計期間を含む年度の法人税等の計算に適用される税率を予測して計算することとしている。

**設例30-1　原価差異の繰延処理**

A社の原価計算期間は事業年度と同一である。また，原価差異（操業度差異）は操業等の季節的な変動に起因して発生したものであり，原価計算期間末までにほぼ解消が見込まれる。標準原価，実際発生額，および原価差異は以下のとおりであった。

| | 上半期 | 下半期 | 合計 |
|---|---|---|---|
| 標準原価 | 1,000円 | 1,000円 | 2,000円 |
| 実際原価 | 1,200円 | 800円 | 2,000円 |
| 原価差異（6か月） | 200円 | △200円 | 0円 |
| 原価差異（累計） | 200円 | 0円 | - |

この場合，第2四半期末（中間期末）の仕訳は以下のとおりである。

（借）売上原価(原価差異)　200　（貸）その他の流動負債　200

**設例30-2　簡便法による見積実効税率による税金費用の算定**

当中間会計期間の税引前当期純利益は500円である。当中間会計期間を含む事業年度の年間税引前当期純利益は1,000円，交際費（損益不算入）は200円と予想される。また，法定実効税率は20%である。この場合，当社の見積実効税率による税金費用と，それに関連する仕訳は以下のとおりである。

**①　見積実効税率の計算**

(a)　予想年間税引前当期純利益　1,000円
(b)　交際費損金不算入額　200円
(c)　補正後税引前当期純利益＝(a)＋(b)　1,200円

3　原価計算期間が中間会計期間と同じまたはそれよりも短い場合や原価計算期間末までに原価差異の解消が見込まれない場合，当該原価差異は繰り延べることができない（基準33号BC15項）。

(d)　法定実効税率　20%
(e)　税金費用＝(c)×(d)　240円
(f)　見積実効税率＝(e)÷(a)　24%

② 税金費用の計算

(a)　税引前中間当期純利益　500円
(b)　見積実効税率　24%
(c)　税金費用＝(a)×(b)　120円

③ 仕訳

| | | | | | |
|---|---|---|---|---|---|
| (借) | 法人税，住民税及び事業税 | 120 | (貸) | 未払法人税等 | 120 |

### ③ 簡便的な会計処理等

簡便的な会計処理としては，たとえば，中間会計期間における棚卸高は前年度にかかわる実地棚卸高を基礎とすることで，棚卸資産の実地棚卸の省略が認められたり（指針32号6項），減価償却の算定にあたって定率法を採用している場合に，年度にかかわる減価償却費の額を期間按分する方法によって，中間会計期間の減価償却費として計上したりすることができる（12項）。また，中間連結財務諸表の作成においても未実現利益の消去[4]などで簡便的な処理が認められている。その他の会計処理は**図表30-4**のとおりである。

**図表30-4 ■ その他の会計処理**

| 項　目 | 内　　容 |
|---|---|
| ①有価証券 | |
| ①-1 減損処理に係わる中間切放し法と中間洗替え法（指針32号4項） | 継続適用を条件に，中間切放し法（減損処理後の中間会計期間末の帳簿価額を時価等に付け替え，当該銘柄の取得原価を修正）と中間洗替え法（中間会計期間末における減損処理に基づく評価損の額を年度決算に戻し入れ，当該戻入れ後の帳簿価額と年度末の時価等を比較して減損処理の要否を検討）のいずれかの方法を選択適用できる。 |

4　連結会社相互間の取引によって取得した棚卸資産に含まれる中間会計期間末における未実現損益の消去にあたり，中間会計期間末の在庫高に占めるその棚卸資産の金額およびその取引にかかわる損益率を合理的に見積もって計算することができ，また，前年度から取引状況に大きな変化がないと認められる場合には，前年度の損益率や合理的な予算制度に基づいて算定された損益率を使用して計算することができる（指針32号28項）。

| ①-2 市場価格のない株式等の減損処理（指針32号5項） | 発行会社の財政状態が悪化しているかどうかの判断にあたっては，中間会計期間末までに入手し得る直近の財務諸表を使用する。 |
|---|---|
| **②棚卸資産** | |
| 棚卸資産の簿価切下げにかかわる洗替え法と切放し法（指針32号7項） | 年度決算において，棚卸資産の簿価切下げに洗替え法を適用している場合は，中間会計期間末においても洗替え法による。年度決算において切放し法を適用している場合は，中間会計期間末において，継続適用を条件に，洗替え法と切放し法のいずれかを選択できる。 |
| **③固定資産の減損** | |
| 減損の兆候（指針32号13項） | 中間会計期間における減損の兆候の把握にあたっては，使用範囲または方法について当該資産または資産グループの回収可能価額を著しく低下させる変化を生じさせるような意思決定や，経営環境の著しい悪化に該当する事象が発生したかどうかについて留意する。 |

## 4　中間財務諸表の開示

中間連結財務諸表の表示方法は，年度の連結財務諸表に準じるが，個々の表示科目は，開示対象期間にかかわる企業集団の財政状態，経営成績およびキャッシュ・フローの状況について財務諸表利用者の判断を誤らせない限りで，集約して記載できる。

中間連結財務諸表における資産，負債，純資産，収益，費用等の各表示科目および表示区分は，年度の連結財務諸表における表示との整合性を勘案しなければならない。これは四半期財務諸表から引き継いだ規定であるが，このような規定が設けられたのは，①中間財務諸表は「実績主義」を基本としつつも，年度の業績予測に資することが期待されており，②中間損益計算書と年度の損益計算書の利益の表示区分とが整合しているほうが，企業業績の分析上は望ましいと考えられるためである（基準12号54項）。

**コラム19**

**四半期報告書の廃止**

本章では中間財務諸表の作成方法をとり上げたが，2024年４月１日以前には上場企業は四半期財務諸表の作成・開示が四半期報告書と四半期決算短信の両方において求められていた。四半期財務諸表は，文字通り四半期（３ヵ月）ごとに決算を行い，四半期会計期間終了後45日以内に公認会計士または監査法人のレビュー手続を経たうえで開示されていた。これが2023年11月の金融商品取引法等の改正によって，四半期財務諸表の開示を四半期決算短信に「一本化」しつつ，第２四半期報告書を半期報告書として開示することとなった。

四半期開示制度の見直しは，岸田内閣が標榜する「新しい資本主義」のなかで打ち出された政策の１つであった。見直しの理由としては当初，企業は長期的な視点に立ち，株主のみならず従業員や取引先などにも配慮した経営を行うことが望ましいなか，四半期報告書の作成が求められることで，経営陣が四半期ごとに業績を上げるためにショートターミズム（短期業績志向）な企業行動をとりかねないという懸念があったとされている。

しかし，見直しに向けたワーキング・グループの議論の中では，四半期報告制度がショートターミズムを助長するという学術的な知見は定まっていないことなどが確認され，開示の廃止に賛成した委員はゼロという事態を招いた。その結果，適時開示の重要性が再確認された一方で，四半期報告書と四半期決算短信の開示事項は重複しているため，開示負担を軽減するという観点から，四半期開示制度の「完全廃止」から四半期決算短信への「一本化」となった。

## ◆参考文献

Paton, W. A., and A. C. Littleton. 1940. *An Introduction to Corporate Accounting Standards.* American Accounting Association.

Robert N. Anthony and Leslie K. Breitner. 2006. *Essentials of Accounting*, 9th ed. Pearson Prentice Hall.

斎藤静樹編. 2007.『詳解　財務会計の概念フレームワーク（第2版）』中央経済社.

斎藤静樹編. 2009.『財務会計（第6版）』有斐閣.

斎藤静樹. 2019.『会計基準の研究（新訂版）』中央経済社.

桜井久勝. 2024.『財務会計講義（第25版）』中央経済社.

辻山栄子編. 2003.『逐条解説　減損会計基準』中央経済社.

# 索　引

## ＜欧文＞



## ＜あ＞



## ＜か＞

## <さ>

## <た>

<ま>



<や>



<ら>

## <わ>

## ＜執筆者紹介＞

**辻山　栄子**（つじやま　えいこ）
担当／第１章-第４章，第８章，第10章
編著者紹介参照

**吉野　真治**（よしの　しんじ）
早稲田大学大学院会計研究科講師　博士（商学・早稲田大学）
担当／第５章，第６章，第９章，第11章-第13章，第18章，第24章-第26章
1982年千葉県に生まれる。早稲田大学大学院商学研究科博士後期課程修了。2020年４月より現職。
主な著作に，「現代会計における持分法会計の意義－一行連結から測定基礎へ」（『会計プログレス』第18号，2017年），「費用－発生主義および費用配分の原則の有効性（特集『企業会計原則』再考）」（『企業会計』第75巻第１号，2023年）などがある。

**山﨑　尚**（やまざき　たかし）
獨協大学経済学部准教授
担当／第19章，第20章，第22章，第23章，第27章，第28章
1984年埼玉県に生まれる。早稲田大学大学院商学研究科博士後期課程単位取得。早稲田大学商学学術院助手，獨協大学経済学部専任講師を経て，2020年４月より現職。
主な著作に，「リース会計における使用権モデル導入の背景に関する一考察」（『獨協経済』第110号，2021年）などがある。

**羽根　佳祐**（はね　けいすけ）
成城大学経済学部准教授　博士（商学・早稲田大学）
担当／第７章，第14章-第17章，第21章，第29章，第30章
1986年東京都に生まれる。早稲田大学大学院商学研究科博士後期課程単位取得。早稲田大学助教，成城大学専任講師を経て，2021年４月より現職。
主な著作に『保険契約の会計―利益測定に関する基礎概念の解明』（中央経済社，2021年），「IFRS 第17号の理論的基礎」（『生命保険論集』第215号，2021年）などがある。

＜編著者紹介＞

**辻山　栄子**（つじやま　えいこ）

早稲田大学名誉教授　博士（経済学・東京大学）　公認会計士

1947年 東京都に生まれる。早稲田大学商学部卒業，東京大学大学院経済学研究科博士課程単位取得。茨城大学助教授，武蔵大学教授，早稲田大学教授を経て，2018年４月より現在に至る。企業会計審議会委員（固定資産部会長），国税審議会会長，国際会計基準審議会基準諮問会議委員，企業会計基準委員会委員，公認会計士監査審査会委員等を歴任。

＜主な著作＞

『所得概念と会計測定』森山書店，1991年

『逐条解説 減損会計基準』編著，中央経済社，2003年

『会計測定の基礎』訳書，中央経済社，2003年

『体系現代会計学第４巻　会計基準のコンバージェンス』責任編集，中央経済社，2014年

『IFRSの会計思考―過去・現在そして未来への展望』編著，中央経済社，2015年

『財務会計の理論と制度』編著，中央経済社，2018年

**財務会計**

2025年２月20日　第１版第１刷発行

編著者　辻　山　栄　子

発行者　山　本　　継

発行所　㈱中央経済社

発売元　㈱中央経済グループパブリッシング

〒101-0051　東京都千代田区神田神保町1-35

電話 03（3293）3371（編集代表）

03（3293）3381（営業代表）

https://www.chuokeizai.co.jp

印刷／三英グラフィック・アーツ㈱

製本／誠　製　本　㈱





ISBN978-4-502-52151-5　C3034